宋人年譜叢刊

第十二册

主編 吴洪澤 尹 波
主審 李文澤 刁忠民

四川大學出版社

全國高等學校古籍整理研究工作委員會規劃項目

全國古籍整理出版規劃項目

國家「211工程」重點學科項目

目録（第十二册）

余玠年譜新編（王曉波）……七六五三
方岳年譜（秦效成）……七六九五
忠簡公年譜（清・李履中）……七七四五
舒閬風年譜（近・干人俊）……七七五一
馬廷鸞馬端臨父子合譜（舒大剛）……七七九五
王深寧先生年譜（清・張大昌）……七八四三
謝枋得年譜（近・崔驥）……七九〇一
草窗年譜（清・顧文彬）……七九四九
劉辰翁年譜（劉宗彬）……七九五九
宋少保右丞相兼樞密使信國公文山先生紀年録（宋・文天祥）……七九八五
陸秀夫年譜（近・蔣逸雪）……八〇二五
謝皋羽年譜（清・徐沁）……八〇五三

【附】宋人年譜叢刊人名索引……一
索引字頭音序檢字表……二五三
索引字頭筆畫檢字表……二六三
宋紀年簡表……二七三

余玠年譜新編

王曉波 編

據《宋代文化研究》第三輯重編

余玠（一一九八—一二五三），字義夫，號樵隱，衢州開化（今屬浙江）人。嘉定間游學白鹿書院，與陶桂一從黄榦游。紹定三年，率義軍與金人轉戰淮安、興化，補官武校尉。六年，爲黄州節度制置司參議官。端平元年，通判襄陽，守父喪。嘉熙元年，起爲將作監主簿，充淮東制置司參議，以詞獻制置使趙葵，葵壯之。二年，遷太府寺丞、知招信軍。三年，遷工部郎官。四年，除淮東提刑兼知淮安州。淳祐元年，以功拜大理少卿，除淮東安撫制置副使。除司農卿、四川安撫制置使兼知重慶府、權四川總領。三年，兼權夔州路轉運使。九年，加四川安撫制置大使。前後在蜀十年，修城築池，抗擊蒙古兵。寶祐元年卒，年五十六。

余玠以抗元知名，在蜀十年，創建了四川山城防禦體系，使動蕩的四川獲得了暫時的安定。其事蹟見余如孫《玠府君墓誌》（光緒《開化縣志》卷一二）、《宋史》卷四一六本傳。

本譜爲王曉波編，據《墓誌》及史傳等資料，考述譜主世系、仕歷、著述及抗元事蹟等，對史傳之誤，有所辨駁。本書所收，爲重編本。

余玠（一一九八—一二五三）是南宋末期卓越的抗元英雄。他投筆從戎，因戰功而仕至四川制置大使。在蜀十年，遴選官吏，大更弊政，築館招賢，整頓軍紀，屯田耕稼，輕徭薄征；同時，又集思廣益，採納了播州人冉璡、冉璞兄弟等人的建議，創建了四川山城防禦體系，有效地抗擊了元軍的入侵，使殘破動蕩的四川逐漸恢復了生機，出現了「邊庭寧肅，人賴以安」（《宋季三朝政要》卷二）的「西土中興」（《宋史紀事本末》卷九四附張溥論）局面。《宋史·余玠傳》（見《宋史》卷四一六）稱：「寶慶以來，蜀閫未有能及之者。」明·何喬新謂其使「宋祚得以少延」（《椒邱文集》卷七），清·王夫之認爲：南宋末正是有了余玠之類人物的撑持，「而兵猶足爲兵，將猶足爲將，戰猶有以戰，守猶有以守，勝猶非其徼幸，敗猶足以自持。」（《宋論》卷一四）這些，對余玠都給予了確切的評價和由衷的贊譽。然而，對于這樣一位重要的、特別在四川歷史上有過重大影響的歷史人物，由于有關他的一些重要資料的散失，至使今之論者對其事蹟諸多問題猜測叢出，莫衷一是。蓋今之述其事蹟者大抵以《宋史》爲根據，然《宋史》雖有其傳，但甚多漏略和訛誤。例如清·徐乾學撰《資治通鑑後編》時，曾根據所見《家傳》改訂《宋史·余玠傳》的錯訛。（《四庫全書總目》卷四七）此《家傳》已曾有海内外的學人尋訪過，「一時尚未找到」（轉引陳世松《余玠傳》，重慶出版社一九八二年版，頁一七八注曰：臺灣學者「姚從吾《余玠評傳》以為徐氏所據為《余玠家傳》，并稱在臺灣『一時尚未找到』，經作者在國内尋訪和請教，也未見有《余玠家傳》。」）。

筆者在光緒《開化縣志》(光緒二四年刊本)卷一二，發現題爲余玠之子余如孫所撰《玠府君墓誌》(以下簡稱《墓誌》)一文，文後有按語，當出于該縣志編纂者潘樹棠之手，曰：「按玠保障全蜀，功在城釣魚山，而《墓誌》不及。蓋《志》出沇手，意詳履歷，罔識其大；又摭拾于皇恐稿葬時，與事久論定之史筆自不倫耳。獨其生于開化，葬于溧陽，明白如此！史傳稱蘄州人，無乃因黄州、襄陽宦迹之訛耶？愚故備録斯《志》以訂之。」代撰者沇爲何人，尚待考證；「玠府君墓誌」五字題前，亦或有脱文，或爲潘樹棠所擬；文意間有不連屬處，亦恐爲碑石年代久遠，文有殘泐。盡管如此，《墓誌》所載余玠生平事蹟，多可直接或間接與其它史籍、史料互相補充或印證，這無疑是一篇珍貴的史料。

這裏還需要説明的是：此次訂補《余玠年譜》時，恰巧陳世松研究員惠賜所著《尋訪余玠家傳》(載《蒙元的歷史與文化》，臺灣學生學局二〇〇一年三月出版)。其尋訪到的光緒三十三年浙江開化《蔓青嶂余氏宗譜》(以下簡稱《宗譜》)中，亦收有余如孫的《玠公墓誌》，世松先生特將此篇墓誌與我先發現使用的光緒二十四年刊本《開化縣志》中的《玠府君墓誌》進行了「對勘校點」，稱：「《蔓青嶂余氏宗譜》所載的余如孫《玠公墓誌》，文字長，内容豐富，光緒《開化縣志》、民國《開化縣志稿》在撰寫人物志時，曾利用過這篇《玠公墓誌》。」此説可能欠妥。光緒《開化縣志》僅有二十四年一種刊本，《宗譜》成書整整晚《開化縣志》十年，不可能反過來被縣志所利用。順理成章的理解極有可能是《宗譜》中的《玠公墓誌》抄自《開化縣志》，且在抄寫過程中抑或誤改、省略等原因滋生了不少文字上的錯誤，從而使其史料價值遜色于《開化縣志》所載的《玠府君墓誌》。世松先生在大作後附録了兩篇墓誌文字上的「對勘校點」，讀者自可比較。當然，我對《宗譜》抄自《開化縣志》這一推斷是基于這樣的前提：即《宗譜》爲光緒三十三年首次纂修。此前有無其它版本《宗譜》的存在，現在還無從得知，是個疑問。如果有早于《開化縣志》的，則另當別論。

從《尋訪余玠家傳》所引《宗譜》的資料來看，《宗譜》有關余玠的內容當較《開化縣志》豐富，但能够補充余玠身世的新資料却也寥若晨星，訂補中擇引補充了世松先生尋訪到的其中兩條，然推論有同有異，皆爲注明，以示不敢掠美之意。

余玠素無年譜。筆者一九九三年爲其所作的年譜，主要得益于《開化縣志》中新資料的發現，此次訂補，除對原作修改外，雖有幸又得上述補充，但仍然不免有「文獻不足」之嘆。此年譜所列時事，主要是國政大事，而尤重於發生在四川的事件，以及與余玠關係較大的宰臣、重要將領的任免。在考證、見解方面，仍基本保持原有觀點。非强以爲是，實望同行方家有以教正。

余玠，字義夫，號樵隱，世居浙江開化縣金水鄉芳塢。

見乾隆《開化縣志》（乾隆六十年刊本）卷七。《墓誌》：「先公諱玠，字義夫。號樵隱，世居衢州開化之芳山。科甲蟬聯，爲邑著姓。」按：芳山恐爲芳塢之誤。

據《墓誌》，其世系可考者如下：

曾祖余復明，贈少保。祖余椿年，贈少傅；祖母王氏。父余千里，贈少師；母劉氏、徐氏、鞏氏（生母），幷贈國夫人。

妻王氏、謝氏，皆封國夫人。

子余如孫，承務郎、太社令，四川安撫制置大使司主管書寫機宜文字。

又《宋史·余玠傳》附：余玠「有子曰如孫，取『當如孫仲謀』之義，遭論改師忠，歷大理寺丞，爲賈似道所殺。」

女一人，婿王雅言，迪功郎、特差監綿州在城商税、權泗州安撫制置大使司主管機宜文字。

孫一人：承務郎。

余玠才兼文武，而以武功爲顯。

《墓誌》：「公力學渾雄，氣宇魁岸。觀書則一覽成誦，爲文則下筆成章。經史之外，善作鍾、王草書。惟至功名，則每慷慨以仲華、孔明、郭子儀之屬自比。出入兵闥數十年，東盡青、齊之境，北至于大河之陰，西至于蔡、蒙、滴、博之墟，皆其馬迹之所暨。其間如平宿、取壽、援豐，入汴保豐，平復應天，捍全蜀以屏蔽上流：此皆其勛業之顯著者。」

慶元四年戊午，一歲。

【時事】因旱，兩浙、江淮、荆湖、四川多流民，詔有司舉行寬恤之政。詔禁僞學。金敕：隨處盜賊，毋以強爲竊，以多爲少，嘯聚三十人以上奏聞；違者杖百。

十二月八日，余玠生于江西分寧（今江西修水縣）。

《墓誌》：「慶元戊午十二月辛未，祖妣鞏氏感異夢而先公生。幼岐嶷，長負四方志，業舉子。……遂東書游白鹿，從李宏齋（燔）、黄勉齋（榦）諸老講明當世之學。」雍正《江西通志》卷六七《余玠傳》：「分寧人，僑寓蘄州。」《宋史·余玠傳》：「蘄州人。家貧，……少爲白鹿洞諸生。嘗攜客入茶肆，毆賣茶翁死，脱身走襄淮。」陽枋《余大使祠堂記》（《字溪集》卷八）：「蘄州蘄春人。」弘治《黄州府治》卷五廣濟縣條：「余玠，本縣人。」

按：余玠祖上何時自開化遷徙至分寧，載籍不詳。然而，自仕宦大家而貧窮衰落，當經歷較長時期，想爲建炎間戰亂遷徙所致。分寧與廬山白鹿書院相距不遠，余玠少年能以「家貧」游學于此，無三月聚糧之費，即此地理之利矣，亦可證「分寧人」之説，對其出生地而言。余氏一族再僑寓蘄州，抑或在余玠脱身逃命之後。史傳失于明言，故令人致疑。至于蘄春、廣濟二縣，同屬蘄州，境土相接，轉徙途中，或先後卜居，似無足煩考。

慶元五年己未，二歲。

【時事】賑浙東、江西、廣東被水州縣貧民。金沿邊築壘九百里，北邊遂寧。

慶元六年庚申，三歲。

【時事】光宗趙惇卒。建寧府、徽、嚴、衢、婺、饒、信、南劍七州水，建康府，常、潤、楊、楚、通、泰、和七州，江陰軍旱。詔改明年爲嘉泰元年。

嘉泰元年辛酉，四歲。

【時事】初置教官試于四川。龍州蕃人寇邊，四川制置司以聞，詔遣官軍討之。以吳曦爲光州都統制、兼知興州。浙西、江東、兩淮、利州路旱。

嘉泰二年壬戌，五歲

【時事】建寧府，福、汀、南劍、瀘四州水，邵州旱。金章宗遣使入宋，戒使臣語宋使曰：「兩國和好久矣，不宜爭細故，傷大體。」

嘉泰三年癸亥，六歲。

【時事】龍川蕃部降。韓侂胄倡議北伐。金國懼宋乘其隙，沿邊聚糧增戍，且禁襄陽榷場。

嘉泰四年甲子，七歲。

【時事】追封岳飛爲鄂王。詔沿江、四川軍帥簡練軍實。詔改明年爲開禧元年。

開禧元年乙丑，八歲。

【時事】宋軍攻洛南之商縣，爲金所敗。江浙、福建、二廣諸州旱，兩浙、京西、湖北諸州水。

開禧二年丙寅，九歲。

【時事】削秦檜王爵，改謚繆醜。五月下詔伐金，六月師敗。四川宣撫使吳曦據蜀叛，金人封吳曦爲蜀王。蒙古鐵木眞稱帝。

開禧三年丁卯，十歲。

【時事】吳曦僭位于興州，旋爲安丙、楊巨源等所誅。韓侂胄因伐金失敗被殺。

詔改明年爲嘉定元年。

嘉定元年戊辰，十一歲。

【時事】復秦檜王爵，贈謚。梟韓侂胄、蘇師旦首送金師，以易淮、陝侵地。史彌遠爲右丞相。金章宗完顏璟卒。

嘉定二年己巳，十二歲。

【時事】以安丙爲四川制置大使，安丙調兵討黎州蠻，敗績。

嘉定三年庚午，十三歲。

【時事】黎州蠻請降。臨安、紹興二府，嚴、衢二州大水。金大饑，蒙古初用兵于金。

嘉定四年庚午，十四歲。

【時事】敘州蠻寇邊。四川制置大使司置安邊司以經制蠻事，命成都路提刑李昇、潼川路安撫許奕共領之。蒙古伐金。

嘉定五年壬申，十五歲。

【時事】敘州蠻請降。蒙古大敗金師。

嘉定六年癸酉，十六歲。

【時事】金人殺其主永濟，完顏珣立。蒙古兵破金九十餘郡，圍中都（今北京）。

嘉定七年甲戌，十七歲。

【時事】安丙遣將與金戰于秦州城下，敗還。召安丙還朝，以成都路安撫使董居誼爲四川制置使。罷金國歲幣。金主遷南京（今河南開封）。

嘉定八年乙亥，十八歲。

【時事】兩浙、江東西路旱蝗。蒙古軍破中都。

嘉定九年丙子，十九歲。

【時事】蒙古軍屢攻金，金屢敗。

嘉定十年丁丑，二十歲。

【時事】金人渡淮南侵，宋軍擊敗之。金步騎萬人侵四川，破天水軍、黃牛堡。

嘉定十一年戊寅，二十一歲。

【時事】金人圍隨州、棗陽軍，權知棗陽軍孟宗政與統制扈再興合兵角敵，歷三月，大小七十餘戰，金人奔潰。金人焚大散關而去，旋復犯。又破西和州，旋去。成、階、西和三州守臣皆焚城遁。

余玠游學白鹿書院當在是年六月或此前。

按：余玠游學白鹿書院，列于李燔、黃榦門牆，見前慶元四年所引《墓誌》。據宋·鄭元肅《勉齋先生黃文肅公年譜》：黃榦于是年六月「由池陽如江州，寓居廬山棲賢僧舍，以俟朝命，朋友生徒游從，講學于山間。」「時有《白鹿講義》、《廬山問答》。」七月離廬山，「遂游麻姑，取道順昌以歸。」（見《勉齋先生黃文肅公集》附，元延祐二年重刊本）《宋史》卷四三〇《黃榦傳》：「（榦）入廬山訪其友李燔、陳宓，……講《乾》、《坤》二卦于白鹿書院，山南北之士皆來集。未幾，召赴行在所奏事，除大理丞。」黃榦講學廬山僅此一次，故推知余玠當在是年六月或此前入白鹿書院。

與同學陶桂一情好甚密。

《宋故陶公提幹堂長壙中記》：「先君姓陶氏，諱桂一。世居南康星〔子〕之長岡里。……北面于朱文公門人弘齋李文定公燔，……與制置余玠情好甚密。」（見《江西出土墓誌選編》，江西教育出版社一九九一版）

按：白鹿書院在星子縣境內，陶桂一師李燔必于白鹿書院，與余玠爲同門弟子。亦可證《墓誌》所載不妄。又，此壙記作于景定三年，「制置」爲稱余玠後之官職。

嘉定十二年己卯，二十二歲。

【時事】聶子述代董居誼爲四川制置使。金人入洋州，焚城而去，董居誼遁。興元軍士張福、莫簡等作亂，以紅巾爲號，掠閬、果二州，四川大震，旋被討平。以安丙爲四川宣撫使。

嘉定十三年庚辰，二十三歲。

【時事】四川宣撫司與夏人夾攻金，會于鞏州城下，攻城不克，遂退。

嘉定十四年辛巳，二十四歲。

【時事】金集諸道兵南侵。四川宣撫使安丙卒，命崔與之爲四川制置使。浙東、江西、福建諸路旱，沔、成、階、利四州水。

三月壬寅，黃榦卒，享年七十。據《勉齋先生黃文肅公年譜》：榦生于紹興二十二年六月壬申。

嘉定十五年壬午，二十五歲。

【時事】金以三路軍馬南侵。宋收復京東州軍。

嘉定十六年癸未，二十六歲。

【時事】金主卒，太子完顏守緒即位。

嘉定十七年甲申，二十七歲。

【時事】召四川制置使崔與之爲禮部尚書，以鄭損代之。八月，寧宗卒，趙昀即位。

寶慶元年乙酉，二十八歲。

【時事】岳飛謚忠武。

寶慶二年丙午，二十九歲。

寶慶三年丁亥，三十歲。

【時事】李全降蒙。趙范爲江東提刑兼知池州。改明年爲紹定元年。蒙古兵破關外諸隘，四川制置使鄭損遁，棄三關。又破西和州。

紹定元年戊午，三十一歲。

【時事】命湖北帥臣桂如淵代鄭損爲四川制置使。

紹定二年己丑，三十二歲。

【時事】成都、潼川路旱。台州水災。

紹定三年庚寅，三十三歲。

【時事】金兵擊破蒙古兵，解慶陽之圍。蒙古太宗自將伐金。

余玠組織義軍與金人轉戰于淮安、高郵、興化間，以功補官爲武校。

《墓誌》：「庚寅，逆金干犯，先公奮衣驅馳于淮安、高郵、興化間，首舉義旗，焚盜糧，剿賊衆。上功幕府，乃補武校。」

按：金于是年進犯淮南，史載不詳。

「金」或爲「全」之訛。時李全叛，引軍攻淮南東路諸州軍，趙范、趙葵八月率軍討伐，玠之義軍或在其中。又「武校」，《宋史·余玠傳》作「進義副尉」。

紹定四年辛卯，三十四歲。

【時事】趙范、趙葵等誅李全于新塘。趙葵爲淮東提刑、知滁州。蒙古軍破武休，入興元，攻仙人關。以李𡌴爲四川制置使、知成都府，趙彥吶爲四川安撫使、知興元府。

冬，赴臨安稟見丞相史彌遠。授修職郎、京制司準備差遣。

《墓誌》：「四年冬，先公以閫命白堂，衛王一見，曰：『天下奇才也。』徑聞于上，特授修職郎、京制司準遣。」《宋季三朝政要》卷二：「余玠者，不羈之士，上于布衣中擢用之。」衛王，指史彌遠，紹定六年九月卒，追封衛王（見《宋史全文》卷三二）。

紹定五年壬辰，三十五歲。

【時事】蒙古大敗金軍，長驅至陝。宋、蒙議夾攻金。金將以盱眙軍降宋，改爲招信軍。桂如淵帥蜀，以不能死守褫職。

余玠在臨安供職。

紹定六年癸巳，三十六歲。

【時事】史彌遠卒，贈中書令，追封衛王，謚忠獻。進趙葵兵部侍郎、淮東制置使兼知揚州。金主逃至蔡州。詔改明年爲端平元年。宋孟珙軍與蒙古軍合攻蔡州。

正月，改官爲黃州節度制置司參議官兼準備差遣。

《墓誌》：「六年正月，改黃州節度制參、準遣。」

端平元年甲午，三十七歲。

【時事】蔡州破。金亡。宋興師收復洛陽，爲蒙古軍所敗。

正月，改官爲淮西制置司參議官。

《墓誌》：「端平改元正月，改淮西制〔參〕。」

克復鹽城，余玠參戰有功。

《墓誌》：「未幾，以克復鹽城，準有功通班。」

十一月，任襄陽府通判兼京西制置司機宜文字。

《墓誌》：「十一月，通守襄陽，兼京閫機宜。」參見端平三年之起復制。時趙范任京西、湖北安撫制置大使，知襄陽府（見《宋史》卷四一《理宗一》）。

十二月，遇祖父椿年去世，解職守喪。

《墓誌》：「十二月，丁祖考大中大夫憂。」

端平二年乙未，三十八歲。

【時事】宋遣使通好蒙古。以鄭清之爲左丞相，喬行簡爲右丞相。蒙古太宗命皇子闊端等侵蜀漢及江淮，破沔州。

居家守喪。疑在蘄州。

六月，余玠之祖母王氏卒。

《墓誌》：「次年六月，丁祖妣王氏夫人憂。」

端平三年丙申，三十九歲。

【時事】三月，襄陽宋南北軍交爭造亂，焚城郭倉庫。蒙古軍長驅入蜀，破成都，旋棄而去。十月，襄陽陷落。詔來年爲嘉熙元年。

居家守喪期未滿，起復爲襄陽府通判兼京西制置司機宜文字。

《墓誌》：「（四）〔三〕年，被旨起復，先公屢疏力辭，迄不獲命。」洪咨夔《余玠起復宣教郎襄陽府通判兼京西制置司機宜文字制》：「敕具官某：奪情非令典也，惟從戎則許其墨。爾以明敏練達，受知于制閫。秋防孔邇，辟置自助。起之堊室，貳政要藩，且參莫府之畫。不以家事辭王事，其禮之變乎！移孝爲忠，勉圖協濟。可。」（《平齋集》卷二三）

按：咨夔卒于是年六月，疑此制書頒發于襄陽亂後的三至四月間。

嘉熙元年丁酉，四十歲。

【時事】以李𡌴爲四川宣撫使，知成都府。蒙古軍破光州，進攻復州，復州降。攻夔州府，宋兵大敗。

三月，余玠任將作監主簿，權發遣招信軍，充淮東制置司參議官。

《墓誌》：「嘉熙改元三月，以將作監簿守招信軍、節制本軍屯戍軍馬、淮東制參。」《宋史·余玠傳》：「擢將作監主簿，權發遣招（進）〔信〕軍，充制置司參議官。」

時趙葵以寶章閣學士知揚州，依舊淮東制置使（見《宋史》卷四一七《趙葵傳》）。

余玠作詞謁見趙葵。

《宋史·余玠傳》：「時趙葵爲淮東制置使，玠作長短句上謁，葵壯之，留之幕中。」

按：余玠詞今存二首，一載《宗譜》卷一四，據《尋訪余玠家傳》云：「全文九十一字，原名爲《玠公水調歌》，顯爲余玠所作之詞牌爲《水調歌頭》的一首宋詞。不過，對照一般《水調歌頭》詞牌，全詞應爲九十五字，此處下闕脫了四字。」詞云：「一片英雄膽，七尺丈夫軀，皇天生我，不知還要做何如？欲展騰空羽翮，曾作宋郊退鷁，壯志未全舒。長嘯一聲起，烟霧謁東吳。　腰金帶，懸金印，佩金魚。縱饒命薄，豈容無□□□□。搏虎屠龍伎倆，烹鳳釣鰲手段，誰識這規模？從此露頭角，一躍到亨衢。」據詞中「長嘯一聲起，烟霧謁東吳」二句，與余玠作詞上謁趙葵的記載恰巧吻合。《尋訪余玠家傳》云：「當年余玠那首長短句之被趙葵所賞識，與其說是《瑞鶴仙》，無寧說是這首《水調歌頭》。」此論當不無道理。二載宋趙聞禮《陽春白雪》卷七，此詞是否也曾同時上呈趙葵，則很難斷定。詞云：「怪新來瘦損，對鏡臺、霜華零亂鬢影。胸中恨誰省。正關山寂寞，暮天風景。貂裘漸泠，聽梧桐、聲敲露井。可無人、爲向樓頭，試問塞鴻音信。　爭忍。勾引愁緒，半掩金鋪，雨欺燈暈。家僮〔困卧〕〔困卧〕，呼不應，自高枕。待催他，天際銀蟾飛上，喚取嫦娥細問。要乾坤表裏光輝，照予醉〔飲〕〔飲〕。」

十月，受趙葵命，提兵解安豐之危。《墓誌》：「冬，賊大舉入寇，聲震河洛，安豐孤壘危甚。時先公方以謁告，聞檄，即力疾趨，提勁兵，倍道疾行，戴雪銜枚，血戰城下，賊遂解去。」《續資治通鑑》卷一六九嘉熙元年：「冬，十月，昆布哈攻黃州，孟珙引師救卻之。遂攻安豐。」

時杜杲守安豐。

劉克莊《杜尚書神道碑》：「嘉熙改元，……其冬，虜必欲得城，掃地而至，……庚牌調盱眙守余公玠，及趙東、夏皐赴援，……公以蠟書約夾攻，虜潰。捷奏，至二年春矣。」（《後村先生大全集》卷一四一）

是役，蒙古軍陣亡一萬七千人（見上引）。

十二月，理宗御札獎諭安豐守杜杲。

《宋史全文》卷三三：「朕聞安豐被兵，不遑寢食，知卿守御勞苦，措置有方，朕爲之少寬。今趙東、夏皐之兵已集，招信余玠之援亦來，軍聲不爲不壯。」

按：《宋史全文》繫此「御札」于嘉熙二年十二月甲寅，誤。杜杲于二年初即調知廬州。《杜尚書神道碑》附此札于安豐之役後，文字稍異，則此札當頒發于嘉熙元年十二月。又，元年十二月戊寅朔，無甲寅日。盱眙軍即招信軍，見紹定五年。

嘉熙二年戊戌，四十一歲。

【時事】蜀漸次收復。

正月辛酉，余玠以援安豐功，進三秩，遷官爲太府寺丞、知招信軍兼淮東制置司參議官。

《墓誌》：「二年正月，援安豐功，遷太府丞，職依舊。」《續資治通鑑》卷一六九嘉熙二年正月條：「己未，詔：『淮西被兵日久，近令荆湖制置使史嵩之應援黄州，淮東制置使趙葵應援安豐，俱能命將出師；……有功將士姓名，命制司等第具上推賞。』」《宋史·理宗二》：正月辛酉詔：「余玠知招信軍兼淮東制置司參議官，進三秩。」

二月，進升爲大理丞。

《墓誌》：「二月，進大理丞。」

九月，蒙古察罕帥兵號八十萬圍廬州，杜杲拒戰，屢敗蒙古軍（《杜尚書神道碑》、《續資治通鑑》卷一六九嘉熙二年九月條）。

十月至十二月，察罕軍被卻于廬州，遂引軍攻滁州。余玠提兵救援，轉戰入青平山拒守，又轉戰入盱眙城拒戰。

吳潛《奏乞賞功以興起人心》：「照得去冬韃爲不道，既不得志於廬，遂并力於滁。時知招信軍余玠親提精卒，轉戰入青平，戮力以赴滁之急，不幸師未達而滁潰。賊既陷滁，悉兵乘時，圍玠于青平。玠極力拒守，賊不獲逞，乃以攻青平之師轉而攻招信之虚。……玠以爲盱一不守，則不惟青平不可保，淮東門户，將遂蕩然，于是不顧危亡，復轉戰而入盱。賊盡銳攻之，玠盡銳應之。」（《許國公奏議》卷二）《奏乞重濠梁招信戍守》：「滁城被圍，守將軍民死守者三千餘口，不幸守臣陳廣光死于飛炮，以故人心離駭，旋至陷沒。……滁至大寨九十里，大寨至青平山六十里，青平山至招信六十里。」（同上）

十一月，余玠兼淮大使司參謀官（《墓誌》）。

十二月二十六日至二十八日，余玠與蒙古軍激戰三日，蒙古軍退去。

吳潛《奏乞賞功以興起人心》：「臘月二十六、二十七、二十八之戰，殺賊無算，賊乃引去。玠被瘡幾以不支。」

嘉熙三年己亥，四十二歲。

【時事】右丞相史嵩之都督江淮、京湖、四川軍馬。孟珙收復信陽軍、樊城、襄陽等。夔州陷，旋收復。

十一月，遷官爲尚書工部郎官。

《墓誌》：「三年十一月，遷尚書工部。」

《宋史·余玠傳》：「進工部郎官。」

嘉熙四年庚子，四十三歲。

【時事】宋兵敗績于夔門。以孟珙爲四川宣撫使兼知夔州。詔改明年爲淳祐元年。

余玠親率舟師，自泗州溯淮入河，沿黄河水系西北上，攻克宿州，殺蒙古守將楚玠，俘其子楚鼎。

《元史》卷一六六《楚鼎傳》：「宋兵來攻宿州，城破，玠死之。宋人囚鼎於鎮江府。」泗、宿二州相鄰，此次北伐，當首攻宿州。

經亳州，攻歸德府。

《元史》卷一四七《張柔傳》：「庚子，……宋兵恃舟楫之利，駐亳、泗，犯汴、洛，以擾河南。」《元史》卷一五二《楊杰只哥傳》：「己亥，宋兵至，已登歸德城，杰只哥率衆拒戰，敗之。率舟師追擊，轉戰中流，溺死，年四十。」「己亥」當爲「庚子」之誤。

轉戰至東京城下，又至河陰（河南滎陽東北）、八柳（疑為河陰縣某地），焚燒蒙古戰船，毁壞橋梁，全師而還。

《墓誌》：「四年春，賊造舟于汴，習戰于河，將爲秋水陸大入計。先公策于府中，謂先發者制人，親督舟師，泝黄河而直指東京城下，入河陰八柳，焚舟斷橋，賊遂狼狽敗走。

師還，淮東制置使趙葵勞軍于盱眙（《墓誌》）。

九月乙丑，除直華文閣、淮東提刑兼知淮西淮安州，節制本州、招信軍馬。

《墓誌》：「九月，除直華文閣。」《宋史·理宗二》：「九月乙丑，詔余玠進三秩，直華文閣、……以玠昨帥舟師溯淮入河抵汴，所向有功，全師而還。」《續資治通鑑》卷一七〇嘉熙四年九月條：「乙丑，詔知招信軍余玠進官三等，以邊報敵造船于汴，玠提師泝淮入河，連獲捷故也。」

按：《宋史·余玠傳》將此役繫于嘉熙三年，誤。據《宋史》卷四一二《孟珙傳》，孟珙于嘉熙四年派遣王堅潛兵燒蒙古所「積船材于鄧之順陽」，實爲此北代戰役的一呼應行動。

十月丁巳，余玠兼節制應天府。泗、宿、永、海、邳、徐、漣水等地屯戍軍馬（《宋史·理宗二》）。

淳祐元年辛丑，四十四歲。

【時事】孟珙爲京西、湖北路安撫制置大使兼夔路制置使，置司峽州。蒙古太宗卒。蒙古軍入蜀，陷成都，制置使陳隆之被殺。又屠漢州。

十月，蒙古兵圍安豐，余玠奉旨赴援。

《續資治通鑑》卷一七〇淳祐元年：「冬，十月，……蒙古兵圍安豐。」《墓誌》：「淳祐改元冬，賊以忿兵再闖安豐，事急，有旨趣先公赴援。」

十一月己亥，余玠以舟師一舉解安豐之圍（《墓誌》、《宋史·理宗二》）。

余玠以功拜大理少卿（《墓誌》、《宋史·余玠傳》）。

淳祐二年壬寅，四十五歲。

【時事】蒙古軍屠通州。十二月，攻叙州，都統楊大全戰死。浙西、常、潤、建康、兩淮大水。

二月，除秘閣修撰、淮東安撫制置副使，兼職依舊（《墓誌》）。

四月，奉旨赴臨安奏事。

《墓誌》：「四月，有旨帶本職赴行在奏事。」

五月己亥，陛見奏對。

《宋史·理宗二》：「五月己亥，淮東制置副使余玠進對。」《宋史·余玠傳》：「升制置副使，進對：『必使國人上下事無不確實，然後華夏率孚，天人感格。』又言：『今世胄之彥，場屋之士，田里之豪，一或即戎，即指之爲粗人，斥之爲噲伍。願陛下視文武之士爲一，勿令偏有所重，偏必至于激，文武交激，非國之福。』帝曰：『卿人物議論皆不常，可獨當一面，卿宜少留，當有擢用。』」《墓誌》：「五月，……先公指陳國事畢，上云：『卿所陳言確實，皆自卿學問中來。』上又云：『今日之患，在士大夫不肯體國。人人如卿體國、人人如卿樸實，朕何憂哉！』上又云：『卿人物議論皆不尋常。』」

五月庚子，晉長農卿。

《墓誌》：「詰朝，晉長農卿。」

六月六日，特授權工部侍郎、四川宣諭使。

《宋史·理宗二》淳祐二年六月：「丁巳，詔以余玠爲四川宣諭使，事干機速，許同制臣共議措置，先行後奏，仍給金字符、黄榜各十，以備招撫。」《墓誌》：「六月，御筆特授權工部侍郎、四川宣諭使。」

被命後，與倉部郎官趙希塈語。

《墓誌》：「先公被命，即語趙公希塈（原誤作『曁』）曰：『天下有何不可爲之事，只恐無天地以容此身，日月以照此心。苟有天地日月，世間之事，便可爲已。』」

七月丙申，余玠陛辭，理宗催促其速入蜀。

《墓誌》：「七月陛辭，上云：『宣諭之命一出，聞中外翕然。西蜀將帥軍民延頸以望卿來，卿宜速行。』先公即奏曰：『此行去天日遠，力綿任重，讒毀易致浸潤，易致稽遲，陛下始終主盟。』上云：『讒毀則無此，報應則當一力應接。』」

《宋史全文》卷三三淳祐二年七月條：「丙申，余玠陛辭，言外攘本于内〔修〕，帝曰：『今日之事，不必問胡運衰與不衰，但自靠實理會治内規摹。』玠奏云：『聖諭及此，宗社生靈之福。』上曰：『卿前所言靠實工夫，玩之有味，此去必能見之行事。……當爲四蜀經久之謀，勿爲一時支吾之計。』」

李曾伯作二詞餞余玠入蜀。

李曾伯《沁園春·壬寅餞余宣諭入蜀》（見《可齋雜稿》卷三二）、《沁園春·餞余蜀帥》（見《可齋續稿》前卷八）。

十二月丙寅，除權兵部侍郎、四川安撫制置使兼知重慶府、權四川總領（《墓誌》）、《續資治通鑑》卷一七〇淳祐二年十二月丙寅條）。

十二月丁卯，詔「余玠任責全蜀，應軍行調度，權許便宜施行。」（《續資治通鑑》卷一七〇淳祐二年十二月丁卯條）。

淳祐三年癸卯，四十六歲。

【時事】三月，皇子闊端率兵入蜀。

春，余玠道過松滋，訪京湖安撫制置大使孟珙，珙餉糧遣兵援蜀。

劉克莊《孟少保神道碑》：「癸卯春，……余玠宣諭四川，過松滋，公一見如舊。玠欲荆閫通融事力，公餉以屯田米十萬石。」（《後村先生大全集》卷一四三）《宋史》卷四一二《孟珙傳》：「珙以重慶積粟少，餉屯田米十萬石，遣晉德帥師六千援蜀，之經爲策應司都統制。」之經爲孟珙之子。

余玠到達重慶當在一至三月間。築招賢館于府治東偏，下招賢令。

曹學佺《蜀中名勝記》卷一七《重慶府一》：「府治枕金碧山，漢時分祀金馬、碧鷄處也。宋淳祐中，制置使余玠因舊址累爲臺，曰金碧臺，嘗草詩餘一闋，隸『友石』二字，刻在治後式燕堂。玠又嘗創招賢館于府東偏，……館中供帳，一如府帥焉。」《續資治通鑑》卷一七一淳祐三年：「余玠至，大更弊政，遴選守宰，築招賢館于府之左，供張一如帥所居，下令曰：『集衆思，廣忠益，諸葛孔明所以用蜀也。士欲有謀以告我者，近則徑詣公府，遠則自言于所在州縣，以禮遣之。高爵重賞，朝廷不吝。豪杰之士，趣期立事，今其時矣。』」

按：余玠入蜀施政之始，即築招賢館。《續資治通鑑》附于是年十一月後，疑誤。

播州冉璡、冉璞兄弟上謁余玠。

《續資治通鑑》卷一七一淳祐三年：「播州冉璡及弟璞，有文武才，隱居蠻中，前後閫帥辟召，皆不至。聞玠賢，兄弟相率詣謁。」

四月，兼權夔州路轉運使，相繼實施治理四川方略。

《墓誌》：「三年四月，權夔路轉運使，于是崇學校，興教化，築城堡，創屯署吏，戮大將之犯令者，靡爛之蜀，自是復見漢官儀矣。」

五月庚子，理宗詔施州創築郡城及關隘六十餘所（見《宋史·理宗二》）。按：由施、忠二州將士共築，二州同屬夔州路。

七月，薦舉楊世威知大安軍。

《宋史·理宗二》淳祐三年七月條：「壬辰，四川制司言：『大元兵破大安軍，忠義副總管楊世威堅守魚孔隘，孤壘不降，有特立之操，可任責邊防。』詔以世威就知大安軍。」

八月，奏向佺、譚淵等人戰功。

《宋史·理宗二》：「閏月（按：閏八月）丁丑，四川總領余玠言，知巴州向佺、鈐轄譚淵，白土坪等戰有功。」

是年，余玠作《經理四蜀圖》上奏，創建

四川山城防禦體系，遷州郡治于各山城。

《宋季三朝政要》卷二：「入蜀，作《經理四蜀圖》奏曰：『願假十年，手挈四蜀之地還之朝廷，然後歸老山林，臣之願也。』上許之。于是悉遷蜀郡平曠之地，分治險要，如合州治釣魚山之類是也。」《續資治通鑑》卷一七一淳祐三年十一月附：「卒築青居、大獲、釣魚、雲頂、天生凡十餘城，皆因山爲壘，棋布星分，爲諸郡治所。」姚燧《中書左丞李忠宣公行狀》：「宋臣余玠議棄平土，即雲頂、運山、大獲、得漢、白帝、釣魚、青居、苦竹築壘，移成都、蓬、閬、洋、夔、合、順慶、隆慶八府州治其上，號爲八柱，不戰而自守矣。」（《牧庵集》卷三〇）

按：築得漢城、徙順慶府于青居城，見後淳祐九年。

築于是年之山城可考者如下：

（一）合州之釣魚城，冉璡、冉璞規築。

《續資治通鑑》卷一七一淳祐三年十一月附：「（二冉）曰：『蜀口形勝之地，莫若釣魚山，請徙諸此。……』玠大喜，遂不謀于衆，密聞于朝，請不次官之。詔以璡爲承事郎，權發遣合州，璞爲承務郎、權通判州事，徙城事悉以任之。」《宋史·地理五》合州條：「淳祐三年，移州治于釣魚山。」

（二）利州、閬州共築大獲山城。

《宋史·地理五》閬州條：「淳祐三年，移治大獲山。」

按：閬州大獲山在蒼溪縣東南三十里（見道光《保寧府志》卷六《山川·蒼溪縣》）。二州共築見後淳祐四年五月奏。

（三）蓬州之雲山城（一名運山城），命知州楊大淵規築。

光緒《儀隴縣志》卷二：「宋淳祐三年，制置使余玠以蓬州舊治經兵革荒廢，移治于營山縣界雲山。」嘉靖《四川總志》卷七《順慶府》：「知州楊大淵徙治營山，乃親相築，蜀民賴之以安。」

（四）渠州之大良城。

光緒《廣安州志》卷二：「淳祐三年，余玠城大良坪爲軍治。」

（五）嘉定築城于舊治。

民國《名山縣志》卷一六：「淳祐三年，以余玠爲四川制置使，城嘉定。」

按：城于舊治，見淳祐四年五月奏。

（六）瀘州之神臂城，余玠、知州曹致大築。

《宋史·地理五》瀘州條：「淳祐三年，又城神臂崖以守。」民國《合江縣志》卷一：「神臂山，一稱神臂崖。……余玠、知瀘州曹致大遷州治于此，築鐵瓶城。」

（七）順慶府之青居城。

明·彭長泰《青居山閱宋時故城》：「然予嘗考余公玠之治蜀也，徙合州于釣魚山，蜀土始爲可守。青居之役，實與同時。」（嘉慶《南充縣志·藝文志》七之三）

築年不詳之山城，附繫于下：

（一）成都府路之雲頂城，余玠、蕭世顯、孔仙築。

嘉慶《金堂縣志》卷一：「雲頂山故城，宋淳祐間……余玠築，……石上嵌有『……提督諸軍修城蕭世顯，……修城提振官孔仙』。」按：雲頂山在金堂縣南五十里。

（二）萬州之天生城。

天生城，俗謂天子城，在萬縣西天城山上（見同治《萬縣志》卷四）。

（三）隆慶府小劍山之苦竹隘。

嘉慶《四川通志》卷二七：「苦竹隘，在州（劍州）北小劍山頂。……宋末置戍于此，亦名苦竹寨。」

（四）夔州之白帝城。按：疑于舊城增築。

（五）犍爲縣之子雲城（又名紫雲城）。

嘉慶《犍爲縣志》卷二：「子雲山，縣南二十五里。……至淳祐中，余玠築城其上，幷置戍，因改名子雲城。」

（六）巴縣之多功城。

道光《江北廳志》卷二：「在巴縣西，宋淳祐中築。……或謂與合州釣魚城同造，即保辜城也，然亦不可考。」

（七）移金州都統司于大獲城，以護蜀口。移沔州都統司于青居城，興元都統司原駐合州舊城，移守釣魚城，共備內水。移利州都統司于雲頂城，以備外水。

（《宋史·余玠傳》、《續資治通鑑》卷一七一淳祐三年十一月附）。

是年，四川宋軍與蒙古軍大小三十六戰。

按：據後淳祐四年正月樞密院奏，則三十六戰皆在本年。然可考者，除上述戰事外，三月尚有資州之戰。（《續資治通鑑》卷一七〇淳祐三年三月條：「蒙古兵破資州。」）餘皆不詳。

任用都統張實治軍旅，安撫王惟忠治財賦，監簿朱文炳接賓客，皆有常度（《宋史·余玠傳》）。

按：任用張、王、朱三人年月不詳，

考余玠治蜀，以招賢授能爲首務，故繫于此。

淳祐四年甲辰，四十七歲。

【時事】蒙古軍圍壽春。以范鍾爲左丞相，杜範爲右丞相。

正月壬寅朔，除余玠華文閣待制，依舊四川安撫制置使、知重慶府兼四川總領財賦（見《宋史·理宗三》）。

戊午（十七日），樞密院言：余玠指揮之大小三十六戰多有勞效，宜第功行賞。詔玠趣上立功將士姓名等第，即與推恩（引同上）。

庚申（十九日），以余玠兼四川屯田使（引同上）。

余玠至嘉定，斬悍將利州都統王夔。

《續資治通鑑》卷一七一淳祐四年正月條：「初，利州都統王夔，素殘悍，號『王夜叉』，自漢州敗歸，益桀驁不受節度，所至劫掠……民不堪命。余玠至嘉定，夔率所部兵迎謁，……玠欲誅夔，患其握重兵，恐輕動危蜀，謀于親將楊成，成曰：『今縱弗誅，養成其勢，一舉足，西蜀危矣。……』玠意遂決。夜，召夔計事，潛以成代領其衆。……夔至，玠斬之。」

按：王夔自漢州敗歸在淳祐元年十一月（見《續資治通鑑》卷一七〇淳祐元年十一月條）。

舉薦楊成爲文州刺史。

《宋史·余玠傳》：「成因察其所與爲惡者數人，稍稍以法誅之。乃薦成爲文州刺史。」

五月，余玠上奏築城事功。

《宋史·理宗三》：「五月庚戌，余玠言：

『利、閬城大獲山，蓬州城營山，渠州城大良平，嘉定城舊治，瀘州城神臂山，諸城工役，次第就緒。神臂山城成，知瀘州曹致大厥功可嘉，乞推賞以勵其餘。』詔致大帶行遙郡刺史。」

丁巳，詔楊价轉官爲右武大夫、文州刺史。

《宋史·理宗三》：「（五月）丁巳，武功大夫、雄威軍都統制楊价世守南邊，連年調戍播州，捍禦勤瘁，詔价轉右武大夫、文州刺史。」

六月庚午朔，以余玠言，沔州都統制、權遂寧府雲拱，因成都之擾，殺奪民財，襲劫龍石泉郡印；權知潼川府張涓，馭軍無紀，殺掠平民；詔并追毀勒停，拱流竄夔，涓竄昭州（見《宋史全文》卷三三淳祐四年）。

按：夔，《續資治通鑑》卷一七一作「瓊」，是。

是年，舉薦陽枋爲昌州酒正，陽枋上書余玠。

《紀年錄》：「淳祐四年甲辰，……是歲，樵隱余公玠諭蜀之二年也，聞公之學與德，檄赴司尊禮，請分教廣安而以昌州酒正剡辟。……至是一出，有『五載彈冠尚覺忙』之詩，上余公用蜀便宜十二事。」（《字溪集》卷一二）

按：陽枋《字溪集》卷一《上宣諭余樵隱書》即此文。

派遣守嘉定將領俞興開屯田于成都疑在是年。

《宋史·余玠傳》：「又屬嘉定俞興開屯田于成都，蜀以富貴。」

淳祐五年乙巳，四十八歲。

【時事】杜範卒。以游似爲右丞相兼樞密

使。蒙古軍入蜀，權成都府馮有碩、權漢州王驤、權成都縣楊兑、權資州劉永、權潼川府魏礪死于官守。

四月，余玠奏報權巴州何震之守城死難事（見《宋史·理宗三》）。

戊子，余玠以職事修舉，升寶謨閣直學士。《宋史·理宗三》四月戊子條：「詔李曾伯、余玠、……職事修舉，曾伯、玠升閣職，……并因其任。」《墓誌》：「五年四月，升寶謨閣直學士。」

是年，余玠以陽枋爲大寧監理曹。《紀年錄》：「淳祐五年，……制閫檄公攝大寧秋官。……遂之官。」（《字溪集》卷一二附録）陽少箕等《……字溪先生陽公行狀》：「五年，……（攝）大寧理曹。」（《字溪集》卷一二附録）

是年，余玠遣都統張實築小寧城。《宋張實小寧城題名記》：「宋淳祐（祐，原誤為『熙』，據道光《巴州志》卷九改）乙巳，制置使余侍郎遣都統張實總帥師城巴，爲興復之基。」（嘉慶《四川通志》卷五一《保寧府》）

是年，培修重慶城。《重慶城淳祐五年城磚銘》：「淳祐乙巳東窖城磚，淳祐乙巳西窖城磚。」（轉引自胡昭曦、唐唯目《宋末四川戰争史料選編》第六四八頁）

淳祐六年丙午，四十九歲。

【時事】孟珙卒。蒙古軍侵京湖、江淮之境，進至黄州。

蒙古軍侵蜀，雄威軍都統制楊文陳保蜀三策獻余玠。《宋沿邊宣撫使播州土司十五世楊文神道碑》：「淳祐六年，以累功轉武功大夫，閤門宣贊舍人。……時蜀事轉亟，君條陳保蜀三策，獻之制使。」（轉引自《宋末四川戰争史料選編》第六二九頁）宋濂《楊氏家傳》：「文移書余玠曰：……玠偉其論，竟狥中計，後果如文言。」（《宋學士集·翰苑别集》卷一）按：楊文，楊价之子。

郤蒙古軍于雲山（運山），斃元將汪直臣。

王鶚《汪忠烈公神道碑》：「丙午，攻運山，率其步卒直前，俄飛石斃所乘馬，步拔外城，其弟直臣死之。」（《隴右金石録》）按：以上皆當在四月之前。

閏四月，余玠上奏四路戰功。

《宋史·理宗三》閏四月癸卯條：「余玠言：北兵分四道入蜀，將士捍禦有功者，輒以便宜推賞，具立功等第補轉官資以聞。詔從之。」

夏，余玠親臨蓬州雲山，令擴建雲山城。

《南宋移治碑》：「淳祐五年五月，……越明年夏，……余公躬履相視，……慨郡治弗稱，于□□……築城□□。」（光緒《蓬州志》卷一五）

是年，升官爲權兵部尚書（見《墓誌》）。

是年，舉薦陽枋等三人。

《紀年録》：「淳祐六年丙午，公年六十，制使樵隱余公推敬之久，乃以學博行修、恬于進取薦；漕使學齋史公以藴于學識、無所競緑薦，憲使勉齋楊公以學問淵源、允爲師範薦。」（《字溪集》卷一二附録）

是年，俞興于夔州創建大成殿，陽枋作記。

陽枋《重修夔州明倫堂記》：「歲丙午，帥環衛俞公興治創大成殿于卧龍山之陽。」（《字溪集》卷八）

淳祐七年丁未，五十歲。

【時事】以鄭清之爲右丞相，游似罷。趙葵爲樞密使兼參知政事，督視江淮、京西、湖北軍馬兼知建康府。臨安、嚴州、鎮江旱。

五月，升徽猷閣學士（見《墓誌》）。

淳祐八年戊申，五十一歲。

【時事】三月，蒙古主卒，廟號定宗。蒙古國内大旱，人不聊生。

五月乙丑，除兵部尚書。

《宋史全文》卷三四淳祐八年：「五月乙丑，詔：余玠除兵部尚書，依舊四川安撫制置使兼知重慶府，仍兼四川總領、夔路轉運使。」

十月，余玠上奏張實等人戰功。

《宋史·理宗三》淳祐八年十月條：「己卯，余玠言：『都統制張實等以戰功，承制便宜與官三轉，給刺史象符，……余將士依等第轉官，給金銀符、錢帛有差。』詔命詞、給告身付之。」

是年，余玠遣嘉定帥俞興西征，楊文發兵五千（一作三千）俱行，三戰三捷，擒蒙古將領禿懣。

《楊文神道碑》：「步騎三千，由碉門（碉門寨，今四川天全縣内）出雪外，遇虜于□州之馬鞍山。□三戰三捷，擒賊酋禿懣于大渡河。」（轉引《宋末四川戰争史料選編》第六二九頁）《楊氏家傳》：「淳祐八年，西帥俞興西征，發兵五千人與俱，大戰者三，皆捷，遷左衛大將軍。」（《宋學士集·翰苑别集》卷一）

是年，舉薦陽枋爲紹慶府教官。

《紀年錄》：「淳祐八年戊申，……用余制使等薦，依選法改從政郎。冬十月，赴紹慶教官任。」（《字溪集》卷一二）

淳祐九年己酉，五十二歲。

【時事】范鍾卒。鄭清之爲左丞相，趙葵爲右丞相。

九月，升寶謨閣學士、加四川安撫制置大使。

《墓誌》：「九年，上以其結約西戎，爲蜀後戶，事任宜重，九月，升寶謨閣學士，加四川安撫制置大使。」

九月，余玠奏請四川交子以十年爲界。

《宋史全文》卷三四淳祐九年九月甲子條：「四川制臣余玠請交引以十年爲界，詔從之。」《宋史》卷一八一《食貨下三》：「九年，四川安撫制置大使司言：『川引每界舊例三年一易。自開禧軍興以後，用度不給，展年收兌，遂至兩界、三界通使；然率以三年界滿，方出令展界，以致民聽惶惑。今欲以十年爲一界，著爲定令，則民旅不復懷疑。』從之。」

十二月，余玠親臨得漢山，命都統制張實創築得漢城。

道光《通江縣志》卷二：「石壁刻云：『宋淳祐（乙）〔己〕酉季冬，大使余學士親臨得漢城山，視其形勢。授都督〔統〕制張實躬率將士，因險壘形，儲糧建邑，爲恢復舊疆之規。』」

是年，余玠徙順慶府治于青居城。

《宋史·地理五》順慶府：「淳祐九年，徙治青居山。」

是年，移文京湖制司請免發援。

李曾伯《催區處援夔兵奏》：「淳祐九年，調兵二千人，差總管焦進總統入蜀，分戍忠、夔，承四川制司公文，以邊面肅清，請免發援，遂即回戍。」（《可齋續稿》前卷四）

梁山軍甘佩誦爲余玠建生祠，陽枋作《余大使祠堂記》疑當于是年。

按：淳祐十年之前，余玠在蜀對蒙古軍基本採取防禦態勢，俞興淳祐八年西征，亦屬防禦性阻擊行動。記文中「無智名，敵畏蜀而技窮；無勇功，國資蜀而勢重。公之勳業，萬全取勝，不戰屈人」等語，即對此而言。至十年，始進軍漢沔，主動進攻，而記文無一語及此，則祠與記文當建作于余玠任制置大使的是年九月至十二月之間。記文見《字溪集》卷八。

淳祐十年庚戌，五十三歲。

【時事】賈似道兼淮西安撫使。趙葵辭相，爲判潭州、湖南安撫大使。蒙古立蒙哥爲帝。

三月，晉升爲龍圖閣學士（見《墓誌》、《宋史·理宗三》）。

十月，理宗下詔褒獎余玠，進官二等。

《宋史全文》卷三四淳祐十年十月條：「詔：余玠任四蜀安危之寄，著八年經理之功，敵不近邊，歲則大稔。既寢還于舊觀，將益懋于遠圖。疇其忠勤，足以褒勉，可進官二等。」又見《續資治通鑑》卷一七三淳祐十年十月辛巳條。

十月，余玠出師興元。獲勝而歸。

《宋史紀事本末》卷九四淳祐「十年冬十月，余玠出師搗興元，不克。」《墓誌》：「十年三月，進龍圖閣學士。至是，先公生聚教訓，威惠久孚，乃親率三軍，問漢沔故地，一鼓而破羅村，再鼓而克西縣，拔三十六山砦，挈遺黎萬二千戶以歸。」《元史》卷一二一《按竺邇傳》：「庚戌，按竺邇安輯涇、汾二州。宋制置

使余玠攻興元，文州降將王德新乘隙自階州叛，執扈、牛二鎮將，領衆千餘走江油。」（又見《蒙兀兒史記·按竺邇傳》）

淳祐十一年辛亥，五十四歲。

【時事】六月，蒙古蒙哥即帝位。十一月，鄭清之解丞相職，尋卒。以謝方叔爲左丞相，吳潛爲右丞相。

正月，余玠命都統制張實、大使余龍學創築平梁城。

《平梁城題名》：「大宋淳祐十一年，都統制、忠州刺史環衛張實，大使余龍學率諸軍創平梁山城。山名取撫平梁州之義，……正月九日興工，三月既望畢。……（嘉慶《四川通志》卷五一《保寧府》）又見《金石苑》卷五。

是月，擴建小寧城。

道光《巴州志》卷一：「淳祐十一年，命都統張實創築平梁城，……小寧城亦同時築。」

按：築小寧城見前淳祐五年。此次當爲擴建。

三月，俞興升任成都安撫副使、知嘉定府，任責威、茂、黎、雅邊防（《宋史·理宗三》）。

夏，余玠率軍北伐。

王鶚《汪忠烈公神道碑》：「辛亥夏，蜀將余玠寇漢中。」（《隴右金石録》）

播州雄威軍都統制楊文奉命遣趙寅會兵渝上。

《楊氏家傳》：「余玠北伐漢中，文命將趙寅會兵渝上。」（《宋學士文集·翰苑別集》卷一）

與蒙古軍戰，俘獲頗衆。

《……楊文神道碑》：「淳祐辛亥，制使

余君欲搗漢中，君承閫令，選銳卒五千，命……于羅村，再戰于梢子頭，三戰于□（西）縣。皆我軍賈勇先□（登），俘獲頗衆。余帥當時親書忠勇趙寅之旗以旌之。」（轉引自《宋末四川戰爭史料選編》第六二九頁）

命王堅收復興元府（見後淳祐十二年正月條）。

蒙古援兵至，余玠撤軍回。

《興元行省瓜爾佳公神道碑》：「辛亥，四川制置使余玠輕我師寡，身率兵入寇，敗我利路元帥王進于金牛，……潛遣裨將燒絕棧道，遏我援繼，自率大軍圍而攻之，……會都元帥圖思來援，無從得涂，值三人自軍所逃還，許貰其死，令導由他山利道出陳倉。玠聞兵大至，焚圍遁去。」（姚燧《牧庵集》卷一六）《汪忠烈公神道碑》：「玠聞公來，設虛寨而遁。」（《隴右金石録》）《宋季三朝政要》卷二辛亥條：「玠在蜀創建城壁……數年之間，邊塵不驚，浸以驕恣。而（鄭）清之再相，因慫恿其進兵。于是，一意出師，雖有小捷，後至興元，無功而還。」

六月，余玠上奏進獻北馬五百匹，理宗下詔趣上立功將士姓名推恩（見《宋史·理宗三》六月甲午條）。

按：六月甲午詔文，見《宋史全文》卷三四、《續資治通鑑》卷一七三。

冬，獻俘于臨安。

《墓誌》：「十一年冬，獻俘於京。」

淳祐十二年壬子，五十五歲。

【時事】宋置池州游擊軍，游擊水軍。追錄彭大雅創築渝城功（大雅築重慶城于嘉熙四年），復元秩，仍官其子。詔改明年爲寶祐元年。蒙古軍分兵屯田，侵隨、郢、安、復州，宋軍拒戰卻。蒙哥命弟忽必烈征雲南。

正月癸巳，武功大夫王堅以復興元府功，轉官爲遙郡團練使（見《宋史·理宗三》）。

余玠晉升端明殿學士疑在是月。

《墓誌》：「十二年，上特晉端明殿學士。」按：當爲酬十一年北伐之功，故置于此。

春，余玠任李卓爲夔州郡守。

《重修夔州明倫堂記》：「淳祐十二年春，蜀閫華明，余公以李侯守夔，始右文也。……侯名卓，字和父，臨邛人，登紹定壬辰進士第。」。（《字溪集》卷八）

秋，李卓重修明倫堂。陽枋作記（引同上）。

十月，蒙古軍攻沔州、漢州，掠成都，薄嘉定，余玠率諸將擊敗之。

《墓誌》：「十二年，……冬，賊擁重兵環攻漢沔，先公馳尺楮授諸將以卻敵事宜，夜半開關，以勁兵三千斃二十萬方張之虜於指揮間。捷書至上齋宮，喜動龍顏。」《續資治通鑑》卷一七三淳祐十二年十月條：「蒙古汪德臣將兵掠成都，薄嘉定，四川大震。余玠率諸將俞興、元用等夜開關力戰，乃解去。」

十一月，余玠遣都統金某往代利州都統司都統制，統制姚世安閉關不納。丞相謝方叔譖余玠于理宗前。

《續資治通鑑》卷一七三淳祐十二年十一月條：「戎州帥欲舉統制姚世安爲代，余玠素欲革軍中舉代之弊，以三千騎至雲頂山下，遣都統金某往代世安，世安閉關不納。世安素結謝方叔子侄，至是求援于方叔；方叔遂倡言玠失利州士卒之心，又陰嗾世安密求玠之短，陳于帝前，帝惑之。」

是年末，徐清叟奏劾余玠。

《宋季三朝政要》卷二淳祐十二年：「徐清叟參知政事，時余玠專制于蜀，……上意不平之。徐清叟奏云：『余玠不知事君之禮，陛下何不出其意而召之？』上不答。清叟留班奏云：『陛下豈以玠握大權，召之或不至邪？臣度玠素失士心，必不敢。』上乃從其言。」

按：徐清叟拜參知政事恰在是年（見《宋史·徐清叟傳》）《政要》係奏劾事于是年十月以後，當在謝方叔進讒言後不久。《續資治通鑑》卷一七四繫此于寶祐元年五月內，今不取。

寶祐元年癸丑，五十六歲。

【時事】蒙古軍侵萬州、入西柳關，與宋軍大戰而退。攻海州，宋軍敗績。忽必烈入雲南。

四月，召余玠以本職奏事（《宋季三朝政要》卷二寶祐元年四月）。

五月甲午（十七日），詔余玠赴闕（《宋史·理宗三》）。

五月十八日，余玠卒于重慶。

《墓誌》：「寶祐改元五月，方以資政殿學士、執政恩例帶職入奏召，而先公以在淮時，宵征露宿，釀成臂恙，至是故疾復作，繼以河魚，不幸於五月十八日薨于重慶府閫治之正寢。」《宋史·余玠傳》：「寶祐元年，聞有召命，愈不自安，一夕暴下卒，或謂仰藥死。蜀之人莫不悲慕如失父母。」

余玠存詩二首，難以繫年，附錄于此。《黃葛晚渡》云：「龍門東去水和天，待渡行人暫息肩。自是晚來歸興急，江頭爭上夕陽船。」《游涂山寺》云：「木魚敲罷起鐘聲，透出叢林萬戶驚。一百八聲方始盡，六街三市有人行。」（并見曹學佺《蜀中名勝記》卷一七）

按：黃葛渡在今重慶南岸涂山下，涂山寺即後之南岸覺林寺。

五月庚申，以余晦爲司農卿、四川宣諭使（《宋史全文》卷三四）。

六月庚戌（三日），四川制司言余玠疾革，詔玠資政殿學士，與執政恩數（《宋史·理宗三》）。

按：是月戊申朔，臨安六月初始聞余玠病危，則四川制司上奏余玠病危當在五月十八日稍前。

七月甲午，以余玠卒，贈官五轉，輟視朝（《宋史·理宗三》、《宋史全文》卷三四）。

八月，以余晦權刑部侍郎、四川安撫制置使、知重慶府兼四川總領財賦（《宋史·理宗三》）。

九月，詔余如孫趣葬余玠。

《墓誌》：「秋九月，仰藉皇明，俯採公論，有旨趣葬。」

十一月九日，余玠葬于江蘇溧陽縣荆山。

《墓誌》：「如孫欽承君命，勉以十一月初九日，奉先公之柩，安葬于溧陽縣荆山之源。日薄事嚴，未暇謁銘于當世立言之君子，姑叙其概而書諸壙。痛淚吞血，莫知所云。孤子如孫百拜謹志。」

疑後遷葬于湖北廣濟縣青蒿舖余公山之南。新編《廣濟縣志》卷二四（漢語大詞典出版社一九九四年）：「余玠墓□位於青蒿鋪余公山南側，面積十五平方米，建於南宋末期，墓爲半園形，四周用條石壘砌，墓前主有石碑，三門四柱，蓋頭雄偉，兩側立有許多石雕墓獸，路旁另有一塊高2.5米、寬1.5米、厚0.2米的「萬歲碑」。清乾隆辛未《廣濟縣志》載：縣東余公山，在青蒿鋪。」（按：此條資料為《尋訪余玠家傳》所首先發現使用）

按：據《尋訪余玠家傳》，余玠墓位於今武穴市（原廣濟縣）太平鄉青蒿村余公林山，墓前碑爲康熙二十四年湖廣黃州知府蘇良嗣所立，銘文爲「宋資政殿大學士前四川制置使余公諱玠之墓」。一九八五年元月一日，被原廣濟縣人民政府列爲縣級重點文物保護單位。《尋訪余玠家傳·後記》又云：《墓誌》稱余如孫將其父「安葬溧陽縣荆山之源」。經寫信向江蘇省溧陽市辦公室詢問，承該辦公室三次來函，負責任地告知：清嘉慶《溧陽縣志》卷四有云『四川安撫使余玠墓在荆山之源』（據《開化縣志》公之子如孫《墓誌》）。」又稱「到目前爲止，（該市）尚未發現余氏族譜」。根據該市現存的三部方志：明弘治志、清嘉慶志、光緒續志中，前後兩種均無余玠墓的記載，惟清嘉慶志有記載，證明嘉慶《溧陽縣志》的記載，純係轉錄，並非確存其墓。同時也證明，余如孫所撰之《墓誌》，早在光緒刊本方志和族譜之前，即在嘉慶時已經面世。據上引證推論，當是說溧陽「並非確存其墓」，因此余如孫《墓誌》「安葬溧陽縣荆山之源」的記載有誤，而是余玠一開始就被安葬在廣濟縣。這推論值得商榷。不錯，嘉慶《溧陽縣志》的記載「純係轉錄」，且也明注轉錄自嘉慶年間修志前的《開化縣志》。但是，單憑從明弘治至今，溧陽縣無余玠墓、今無族譜一二點零星情況，是不可能證明《墓誌》所載有誤。歷代名臣顯宦族譜散佚、陵墓難尋的情形比比皆是，不勝枚舉。因此，在沒有尋找到充分有力的證據之前，我們沒有理由懷疑《墓誌》的這一記載。而世松先生尋訪到的新資料恰好幫助筆者作出以上設想：即余玠開始安葬在溧陽，後遷葬於廣濟。據《宋史》卷四七四《賈似道傳》載：賈似道「聞余玠有玉帶，求之，已徇葬矣，發其塚取之」。余玠墓遷徙的原因或出於此。余氏族人將余玠墓遷到更遠的廣濟，是恐遭到權臣更大的迫害，而居住在溧陽的族人也隨之遷移，亦自在情理之中。由此，諸如溧陽現今無余氏族譜、無余玠墓等現象，似可豁然而解。再者，如果余如孫《墓誌》此記載有誤，余氏族人在纂修宗譜時就應糾正或加以注明。兩個版本的《墓誌》對此的記載都完全一致，這實際上也爲我們提供了《墓誌》所記首葬地確鑿不誤的證據。還有，遷葬溧陽不過僅爲筆者的一種推論。因爲，間接的推論都並非一定是歷史的原貌，我們還可以作出另一種假設：即余玠墓就在溧陽，未曾遷葬，不過由于種種原因逐漸湮沒而不爲人所知，因而也不見諸以後方志的記載；而廣濟縣的余玠墓爲衣冠塚。不過，比較這兩種推論，就情理的可信度而言，我寧可信其前者而遺棄後一種假設。

是年，王堅守合川。

正德十二年《新建王張二公祠堂記》：「釣魚山在合州治東北十餘里，……寶祐癸丑，王公堅來守郡。」（轉引自《宋末四川戰爭史料選編》第六三三頁）

寶祐二年甲寅

【時事】余晦在四川，兵屢敗，邊事日亟，召回。以李曾伯爲四川宣撫使兼荆湖制置大使，置司夔州路。謚秦檜爲繆狠。蜀中春旱。

六月甲寅，侍御史吳燧等奏論余玠聚斂罔利七罪，玠死，其子如孫盡竊帑庾之積以歸。詔簿錄余玠家財（《宋史》卷四四《理宗四》）。

七月己酉，詔使余玠家輸所取蜀財犒師振民（《宋史·理宗四》）。

八月，余晦誣知閬州兼利州西路安撫王惟忠潛通蒙古，下大理獄（見《宋史·理宗四》、《宋季三朝政要》卷二）。

十月甲午，斬王惟忠于都市（《宋史·理宗四》）。

周密《癸辛雜識》別集下：「牟子才、吳燧、胡大昌、陳大方、丁大全皆有疏，疏王惟忠罪狀，乞正典刑；而廟堂亦欲以此掩誤用余晦之失，……并籍余玠家貲三千萬以犒師，治其子如孫之輩，皆陳大方輩作成之也。」

十月丁酉，追削余玠資政殿學士（《宋史·理宗四》）。

十二月，詔余如孫削三秩，勒令停職。《宋史·理宗四》寶祐二年十二月：「余玠男如孫徵所認錢三千萬將足，詔如孫削三秩，勒停。」《宋史紀事本末》卷九四：「詔簿錄玠家財以犒師賑邊。如孫遂認錢三千萬，征之累年，始足。」

寶祐六年戊午

【時事】蒙古軍侵蜀，成都、彭、漢、懷安、綿等州，威、茂諸蕃悉降。張實被俘支解。大獲山、運山、大良、青居山守將降。

十一月癸丑，理宗下詔追復余玠官職（《宋史·理宗四》）。

方岳年譜

秦效成 編

據《秋崖詩詞校注》附録增訂

方岳（一一九九—一二六二），字巨山，號秋崖，祁門（今屬安徽）人。紹定五年進士，歷滁州教授、淮東安撫司幹官，以代淮帥趙葵草書稿責史嵩之主和議，嘉熙間被論罷，閑居四年。淳祐間除太學正兼景獻府教授，除秘書郎，遷宗正丞出知南康軍，忤賈似道，移邵武軍，改知饒州、寧國府，未上而罷。寶祐間起知袁州，復忤丁大全被劾罷。景定初，起知撫州，復元官，時賈似道當國，復寢新命。三年卒，年六十四。

方岳當南宋内憂外患、國運堪憂之際，力斥和議，屢忤權奸，雖不爲時用，而以詩詞見稱。在江湖詩人中，其詩名堪與劉克莊比肩；其詞則近蘇、辛，慷慨悲壯，不乏豪情。著有《重修南北史》一百七十卷、《宗維訓録》十卷，不傳。今存《秋崖先生小稿》八十三卷，四庫館臣重編爲《秋崖集》四十卷，今人秦效成著有《秋崖詩詞校注》（黄山書社一九九八年）。事蹟見元洪焱祖《秋崖先生傳》（《秋崖先生小稿》卷首）。

本譜爲秦效成編，原附於《秋崖詩詞校注》後。本書所收，爲增訂本。

南宋寧宗慶元四年戊午

十一月三十日，生于徽州祁門縣城內何家塢。亦作荷葭塢，或荷嘉塢。岳字巨山，號秋崖。

或曰，方岳生年爲慶元五年乙未，未允。

按：《秋崖先生小稿詩集》卷一《此君室》之九云：「未知回孰賢，自贊午也可。」卷二《明日詩至過相稱謂次韻還之》云：「不似蒙莊解齊物，以吾爲馬以爲牛。」《水調歌頭·平山堂用東坡韻》云：「天地一孤嘯，匹馬又西風。」《水調歌頭·癸丑生日》云：「今古人間一馬，五十五年非。」蓋皆以「午」、「馬」屬相自指。由是知岳生年當爲戊午。

又，《秋崖先生小稿》（簡稱《小稿》）卷二七《答程都大》云：「乃繼鄉先儒（指朱熹，淳熙五年除知南康軍）之後，且得此郡之歲，適皆四十有九。」岳差知南康軍（江西星子縣），在理宗淳祐七年丁未（一二四七），上推四十九年，以實齡計，亦應生于慶元四年戊午。

岳于《鵲橋仙·辛丑生日》中自謂己之生日爲某月「三十」。《答方蒙仲》曰：「既不當作生日，而今年又無此日（小盡）。」

按：《小稿詩集》卷二二有《易地邵武去之日與家人集新作南門書水鏡壁上蓋十一月二十六也》；《小稿》卷二二《與吳參政（潛）》云：「即日解印綬歸，以臘之八抵牛下。」其《賀新涼·己酉生日》注云：「時自康廬歸，猶在道也。」據此，岳于己酉年十一月二十六日離南康，十二月八日（臘之八）抵故里，其生日乃在歸途中度過，故其生辰當爲十一月三十日無疑。

岳祖籍嚴州。《小稿》有詩題曰《元英先生家鸕鶿步》，自注云：「余家自嚴徙徽，而譜系遠矣。」此詩下聯曰：「宗派倘容詩嗣續，橫枝吾亦是兒孫。」據此，知晚唐詩人方干（元英）乃其遠祖。

岳自述家世曰：「嗟予父祖曾，百屈不一伸。」（《別蒙侄》）「八齡失吾祖」（《祭詩》）。父欽祖，鄉稱長者，以岳故，賜宣義郎。妻汪氏，同邑汪清英女（《鄉貢進士汪公夫人李氏墓誌銘》）。兄亦舉爲鄉貢，有三四弟，名子用，大聞。子用壯年下世（《答鄭提管》）。孫石，中童子科文林郎，平江路監倉，登文天祥榜。

《小稿》卷二一《與族人》曰：「某于宗派其行最卑。」自謂「某本耕田夫耳」（《與邵武同官》），「某脫袯襫起民伍中」（《與蔡編修》），「某窮山之鄙細人也，鋤禾之與居，蕘牧之與曹而已耳」云云。蓋其出仕前，以農耕自給，家庭貧苦，門第不高。

元歙人洪焱祖撰《秋崖先生小傳》（簡稱《洪傳》）。焱祖，字潛夫，縣尹椿子。除平江路儒學錄，累轉衢州路學教授、遂昌簿。天曆二年（一三二九）以休寧縣尹致仕。其文根極理要，而憂深思遠，超然游意于語言文字之表。著《新安後續志》、《爾雅翼音注》、《杏庭摘稿》等。

按：焱祖時代與岳較近，傳中所記，詳實可信。

慶元五年己未，一歲。

岳虛歲爲十一個月。其詩文自紀年，均以實齡計，今從之。是年姜白石四十四歲。

劉克莊十三歲。戴復古三十三歲。魏了翁二十二歲。程珌三十六歲，珌，休寧人，工詞，有《洺水集》。端平間以端明殿學士致仕。岳于嘉熙二年爲作《休寧縣修學記》，贊其捐資葺縣學事。

寧宗開禧元年乙丑，七歲。

《洪傳》曰：「七歲能賦詩。」明年祖父卒。岳《祭詩》云：「我生胡不辰，八齡失吾祖。」

開禧三年丁卯，九歲。

《小稿》《回馮憲（去疾）》云：「某兒時學于里東皋，識厚齋，癯然山澤之儒也。」

按：馮椅，字儀之，一字奇之，南康郡都昌縣人，自號厚齋，著名理學家，撰有《厚齋易學》。厚齋乃岳啓蒙師。其子去非，字可遷，椅附《宋史》去非傳中。是年，岳「未十歲」，「試鄉人儺墨義（指迎神驅鬼禮）」，「操筆立就，一座盡驚」（《鄉貢進士汪公夫人李氏墓誌銘》）。

是年史達祖被黥（《四朝聞見録》）。九月，辛棄疾卒，六十八歲。

寧宗嘉定七年甲戌，十六歲。

《洪傳》云：「長入郡庠，嚴陵葉子儀（嘉泰二年進士）教授，挾多聞困苦學者。升論堂，點請諸生復誦《通鑑》，惟秋崖與方瑑（字元圭，歙人方回父）能抗之。相約每舉及《通鑑》某事即須其事及人姓名始見某卷，終至某卷，復問之，葉遂語塞。」洪説未明甲子，姑繫此年。

是年袁甫榜進士及第者：休寧人程夢文，寧國人吳淵。

嘉定十六年癸未，二十五歲。

袁甫知徽州（弘治《徽州府志》）。岳識袁

甫始此。岳《回吳丞》曰：「某辱老先生門下……別京江之雨，敬亭之雲，于今又幾何年。」《答吳丈》曰：「又念辱交賢父子間。」吳丞、吳丈同指吳柔勝（宣州守），岳曾兩次師從之。

嘉定十七年甲申，二十六歲。

寧宗（擴）崩，史彌遠矯詔貴誠嗣位，即理宗。追封生父希瓐爲榮王。以弟與芮承嗣（《齊東野語》）。

按：時休寧人程珌直學士院，彌遠夜召入禁中，珌一夕擬制誥二十又五。岳集中有《內翰程端明挽詩》，言之不諱。又，是年盧子章知徽州，名憲，有《鎭江志》。見《四庫總目附錄》。

理宗寶慶元年乙酉，二十七歲。

游浙。

《小稿詩集》卷一九《乙酉歲游浙中道間盜起霅川遂寓珠溪》可證。珠溪，指祁門縣珠溪寺，僧大才，與岳友善。岳曾爲作《重修珠溪院記》、《只恁麼軒記》。

曹豳知祁門縣事。豳，浙江瑞安方志學家叔遠子，推重方岳文才。岳《暑中雜興》云：「平生多可曹修士（豳），說我唐詩最逼眞。」

是年彌遠令余天錫挾醫至湖州，假稱諭旨，逼濟王竑自縊死，反以疾薨奏聞。眞德秀、魏了翁共爲濟王鳴冤，皆落職罷祠（《理宗紀》）。眞、魏皆著名理學家，爲岳所景仰。

是年陳起以刊《江湖集》啓禍，詔禁作詩。見夏承燾《吳夢窗繫年》。

按：江湖派緣自陳氏所刊《江湖集》。岳被列入江湖派，乃後人論定。《四庫全書》所收《江湖小集》、《江湖後集》

均無方岳之作。

寶慶二年丙戌，二十八歲。

秋闈落第。是年祁門人謝璡、黟人劉駪均登王會龍榜進士（弘治《徽州府志》）。《小稿詩集》卷一一《挽曹侍郎（豳）》附注：「先生宰吾鄉時，相期甚至。秋闈徹棘，步至南門橋接榜，而某適黜于有司，良負盛心。」卷六《次韻梁倅秋日白牡丹》云：「可曾見此春風面，淨洗鉛華試晚霜。」亦寓遭黜之意。梁倅，即寶慶間徽州通判梁鑰，與岳交厚，互相酬唱甚多。後爲奉議郎，轉承議郎。曾于紹定五年摘訪趙汝明（前通判）以下二十五人題名于壁。

寶慶三年丁亥，二十九歲。

原籍歙城寶謨閣少卿汪立中來知徽州。岳集中致汪氏詩計八首，足見交深。卷二二《呈知郡汪少卿》，寫于是年。明年夏爲汪卿撰《秀錦樓賦》。立中，理學家，主講朱子之學，紹定元年五月致仕。

按：方岳青壯年時期，理學熾盛。岳于朱門弟子婺源滕璘、滕珙、李季子、祁門謝璡和同輩學者滕和叔、程若庸、陳慶勉等，或師之，或友之，以是而學有淵源。集中有致李季子詩、《挽謝公玉（璡）》詩和《程達原（若庸）字訓》文。自謂「猶及溪齋識老成……諸郎與我雪燈共」（《次韻滕和叔投贈》）。明言曾師事溪齋（即和叔父滕璘）。另，他又曾尋師訪友于各地，問學于宣州太守吳柔勝（見《答吳丈》），稱徒于名儒陳和仲（《答陳常博》），故對程朱之學推崇備至，其詩作亦間或流露出道學家氣味。

理宗紹定二年己丑，三十一歲。

歙人程元鳳、休寧人程若顔、黟人汪昱均登黄樸榜進士（《徽州府志》）。岳再次落第。其《酹江月·和君用》云：「呵護九關多虎豹，誰道去天一握！」即針對史彌遠弄權，排斥異己，致使自己屢敗場屋而發。

二月，范鍾知徽州，紹定四年四月詔除刑部郎中（《徽州府志》）。岳與之相識始于范守徽期間。

紹定三年庚寅，三十二歲。

再游浙，與著名詞人戴復古相識，是年復古六十四歲。《小稿詩集》卷一四《書戴式之詩卷》注云：「予生後三十二年才此一識。」

紹定四年辛卯，三十三歲。

游浙，漕試第一。岳《南康大比勸諭》云：「每記辛卯浙漕試，林大卿介爲臨安尹，與陳司業塤爲姻家。司業廳待試于江漲橋……盡在孫山之外，惟某僥幸耳。」此即《洪傳》所云「漕試及別省皆爲首選」。

正月，趙范、趙葵誅李全于新塘。四月，葵升淮東提刑，知滁州。

是年嚴羽返故里邵武，時年四十歲（王士博《嚴羽的生平》，見《文學遺産》一九八五年四期）。

三月，原相國謝源明子采伯知徽州，采伯有《密齋筆記》（見《四庫總目》）。

紹定五年壬辰，三十四歲。

登進士第，任南康軍教授。

《洪傳》云：「紹定五年……廷試本第一，以語侵彌遠，遂爲甲科第七人。」《徽州府志》：「廷試甲科第七人，調南康軍教授。」

按：是年八月（吳潛為座主），進士徐元杰等四百九十三人及第，出身有差。同榜鄉人尚有汪應元（歙）、陳慶勉、趙肅（休寧）、吳遇龍（婺源）、陳樾、謝禧年（祁門）等。岳《謝吳總侍（潛）》云：「故雖試別闈主司喜韓愈之奇，然至對殿廬則當路斥子由之直。」「別闈主司」，指上年主浙漕試之名儒陳塤，「當路」暗指史彌遠，前相浩子，鄞人，明年以疾予祠，理宗親政。

宋與蒙古合圍汴京，金主奔歸德府，尋奔蔡州（《理宗紀》）。

是年劉克莊四十六歲。元好問四十三歲。吳潛三十八歲（慶元元年五月五日生）。白樸七歲。方回六歲。劉辰翁、周密皆一歲（夏承燾《周草窗年譜》）。

紹定六年癸巳，三十五歲。

南康軍教授，尋丁母憂，返里。

《洪傳》云：「爲南康軍教授，丁母憂。」是年四月，劉炳知徽州，端平二年四月除司農丞。《小稿》卷十有《通劉徽州》。同卷《通趙通判》，乃致徽州通判趙善書者，同卷《通知縣》，係致祁門知縣徐拱辰者（是年到官）。徐氏，浦城人，名臣徐應龍長孫，工詩，岳與唱酬頗多。其《簡徐宰》之四云：「聞君猶逮從諸老，說到民貧鼻亦酸。」甚贊徐之愛民。

冬十月，宋襄陽軍和元蒙軍合圍金主于蔡州（《理宗紀》）。

理宗端平元年甲午，三十六歲。

丁母憂，服闋，調滁州教授，結織趙葵。

《小稿》卷七《通丁憲》曰：「既傳臚于曉殿，肆分教于康廬，將求白鹿之遺書，喜有伯魚之故武。遽纏悲于風木（丁母憂），永增慨于泮芹。不得已而游琅玡山水之間。」述其來滁之前情況甚詳。按，岳于秋冬間到任，作《通權教蔡僉判》（岳離滁後，蔡除該州教授）。

正月，宋蒙聯軍攻蔡州，金亡。

《宋史·趙葵傳》：「端平元年，朝議收復三京，葵上疏請出戰。」于是，權兵部尚書、京河制置使、知應天府、兼淮東制置使。兵敗，改兵部侍郎、淮東制置使，移司泗州。其兄趙范亦上言：「趙葵、全子才（原趙葵師）輕遣偏師復西京（洛陽）……以師退無律，致後陣敗覆。」詔下，葵削一秩。十二月，元蒙遣王楫來，意欲「劃江脅和」。岳結識趙葵，始于任職滁州期間。

是年理宗起用眞德秀、魏了翁等道學家，號稱「小元祐」。自此理學益盛。岳爲趙葵作《代賀魏（工部）侍郎》。

傅褒知祁門到官。邑人汪汝淵舉鄉貢，第一，岳伯兄薦爲第五。岳爲作《代汪表侄謝啓》、《代大兄謝啓》。後文曰：「獨慚兩宋（庠、祁），弟不可先之；要有一韓（愈），敵自爲之驚耳。」

端平二年乙未，三十七歲。

任滁州教授，尋除淮東安撫司幹官。

《洪傳》云：「除淮東安撫司幹官。」初，「辭不就」。《徽州府志》：「滁州教授，除淮東安撫司幹官。」

《小稿》卷二二《與滁學士友》云：「大梱（趙葵）不知其愚，留之幕府。若非其所樂也。特天寒歲暮，未可以勞吾親。春且和矣，從二三子林霏巖暝之外有日矣。」按：此言「天寒歲暮」，乃指上年冬季。「春且和矣」云云，表明今春并未就任。

同卷《與趙制使（葵）》云：「某忽聞羅致幕司，今已具辟書。」「第區區愚見，以爲自領教事于今，才八閱月耳……惟台慈更少緩之。」所謂「辭不就」，指此。

又，同卷《與何滁州》云：「乃六月既望，聞制稾以帥幕辟。」據此，知岳受命制幹在本年六月，岳「領教事」僅「八閱月」，故其來滁在上年十月或十一月。

《洪傳》云：「高郵軍卒哄，（岳）以制命往易置其事，戮首惡數人，一城帖然。趙葵曰：『儒者知兵，吾巨山也。』」

按：是年蒙軍大舉南侵，淮、蜀、京、襄皆緊。岳于《次韻酬章教授》云：

「端平元二間……馭吏魚去乙……六月道南徐，胥掠無寧室。七月絕江濤，秦沙亂師律。戍樓角聲哀，夕烽酣戰卒。」

知岳于受命制幹後（六月）即赴南徐（鎮江），且述其治「高郵軍哄」事甚詳。

又，岳《後義倡傳》云：「端平乙未（二年）秋，秦郵軍亂，斬關劫守。」此亦可證岳平「軍哄」事，是在本年七月。

《小稿》卷二八《答吳殿撰》云：「某從元戎于高沙，凡七日而歸。驅馳鞍馬間……南徐寇攘甫定，氣象葦然，若非兼領總司，自是掣肘。伏惟百廢經始，不無勞貫。」吳殿撰，即吳淵。端平元年，鄭清之、趙葵等倡用兵中原。淵以爲不可，「未幾，邊事果如淵言。清之致書引咎巽謝……加（淵）集英殿修撰，知鎭江兼總領。」（《宋史·吳淵傳》）岳書所述乃淵知鎭江府事，時在岳平定高郵軍哄後。淵字道天，號退庵，寧國人，秘閣修撰吳柔勝第三子。與其弟潛（嘉定十年狀元）均與岳友善。《小稿詩集》卷二一有《次韻吳侍郎（户部）同集硯山》、《再用韻酬退庵侍郎》兩詩。

按：淵出任户部侍郎恰在被御史唐璘糾劾之後，故岳詩中有「酒不能平詩磊塊，杯行到手已醺醺」等語。

秋崖詞《望江南·乙未生日》注云：「時赴官淮東，以是日次南徐（鎮江），泊舟普照寺下，侍親具湯餅。寺中門扁曰：壽丘山。親意欣然，蓋以丘山爲『岳』字云。」

按：岳生日爲十一月三十日，詞中有「路程不遠」語，知岳于平定高郵軍哄後，始返滁州攜眷再來南徐。

周密《齊東野語》「避諱」條云：「方巨山名岳，或謗其爲南仲（趙葵）丞相幕賓，趙父名方，乃改姓萬。既而又爲丘山甫端明屬，丘名岳，于是復改名爲方山。」按，此既明言「或謗」，顯係詆毁，證之上詞附注内容和岳孤峭剛傲性格，益不足信。

二月，眞德秀參知政事，五月薨。十月，參知政事魏了翁同簽樞院事，力辭，不允。《小稿》卷二二《與魏參政》曰：「同訊白鶴則先生之退信勇矣。」勸其「幡然以起，不得爲泉石計也」。岳自謂曾「謁公南徐」（見《祭魏参政》文），當于是年冬會魏于鎮江。

作《次韻范侍郎（鍾）寄趙校正》詩，有云：「竊憂邊警至，鉦鼓摇神京……願言太白低，滁山足春耕。堂皇坐醉翁，開閣延群英。」蓋寫于是年六月以前，時仍任教滁州。

七月，全子才、劉子澄坐唐州之役棄兵宵遁，各削二秩。全附葵「用兵中原」之議，劉亦「以爲益」。時均趙葵下屬。岳稿中有《别子才司令》詩和《滿庭芳·壽劉參議》詞。

是閏年七月，賜少師特進銀青光祿大夫趙方謚忠肅（嘉定十五年卒）。岳爲趙范、趙葵代作《趙忠肅賜謚謝表》（《小稿》卷一）。

五月，王邁知徽州，邁，字實之，仙游人，嘉定十年進士。與岳和劉克莊皆有唱和。有《臞軒集》。是年郡人李以申作《新安續志》。歙人鄭江（鄭省倉）進士及第。

丘岳知眞州（儀徵）有戰功，進爲淮東提刑。岳作《水調歌頭·壽丘提刑》頌之。

端平三年丙申，三十八歲。

淮東安撫司幹官，在揚州。

五月，趙葵進華文閣直學士。岳爲作《代謝除華文閣直學士》（《小稿》卷八）。按：岳有平「軍哄」功，未賞，故于《次韻酬章教授》中有「兵精畫經天，肉食者遑恤」之嘆。六月，刑部尚書兼侍讀洪咨夔卒。前此岳有《回洪侍郎》文。洪字舜俞，上年兼吏部侍郎，有《平齋集》。按：方岳父賜宣義郎，制詞乃舜俞（知制誥）作，中有「善慶」二字，故岳《答洪宗諭》（舜俞子勛）請「取二字以扁先祠」（復見卷三五《焚黄》）。又，舜俞卒時，御書：「與執政恩例，特贈兩官。」故岳《答洪宗諭》兩文，皆以「先相公」稱其父。

又，爲胡顯作《代謝除軍器監簿》。顯，湘潭人，母爲趙方弟趙雍之女，隨舅父范、葵平李全有功，進軍器監簿。其弟穎，與岳爲同年進士，《宋史》有傳。《小稿詩集》有酬戴式之詩三首。《書戴式之詩卷》云：「七十行年戴石屏，同時諸老各凋零。」戴復古，字式之，號石屏，浙江黃巖人，著名詞家。「七十行年」云云，知寫于是年。按：戴氏生于孝宗乾道三年，是年恰七十歲。

七月，以趙范失襄城，罪重罰輕，詔罷職奉祠。八月，詔更削兩秩，謫居建寧（建甌）府。《四庫提要》云：「至葵兄范爲帥失律，致襄陽不守，所繫不輕，而其罪亦不小。岳以居葵幕府之故，乃作書曲爲寬解，載之集中，則未免有愧詞。」此蓋指《小稿》卷一八《代諸監司與廟堂》一文。文中略謂「尙書（范）力卻數十萬強鞑于襄樊之圍，斯亦難已。而變起于不虞，禍生于所玩，蕭牆之内，梟獍驟興。」「欲各納三官，以贖尙書之罪」等等。并爲葵作《代與趙檢正（與歡）》祈救「鶺鴒之急難」。及范卒，復作《祭趙龍圖》，以庾稚恭（亮弟翼）鎮襄陽受挫喻之。

是年，鄭（清之）、喬（行簡）二相策免（喬尋復留）。許應龍草制，旋權兵部尙書。岳有《賀許兵書》，應龍閩縣人，治潮有聲，與李宗勉「治台」齊名。

《小稿》卷一二《賀呂宗卿》云：「恭審擢從烏府，董正麟宗。」又曰：「其喜于賀廈，出則無車，猶未免鄉人。」呂午，字伯可，號竹坡，歙巖寺人，嘉定四年進士，端平初拜監察御史，是年擢宗正少卿兼國史院編修官，故賀之。《小稿詩集》有致呂午詩三首。兩人鄉誼甚篤。

是年，歙人方回十歲。回，字萬里，一

字囦甫，號虛谷。幼年，吕午、方岳等先輩皆先後稱許之（《徽州府志》）。

理宗嘉熙元年丁酉，三十九歲。

淮東安撫司幹官，在揚州。

《小稿》卷二五《答吴總侍（淵）》曰：「前月二十四日，里人不戒于火，延及所居。」「蓋至今懷居之淚未乾，思親之心欲馳也。近遣迎老人，許以正月。爲此方將丐一舟于先生，而台翰至。」「而數月間當滿（指秩滿），欲就先生謀所以居者。十數日間，拜狀懇舟，又十數日，當迎老人于境上。」

按：岳于端平二年赴官淮東時曾攜父同來，翌年，父返故里。此言「近遣迎老人」，是其父因故居遭火二次來岳任所。文中又言「欲就先生謀所以居者」。《小稿詩集》卷一九有《過北固山舊居》，知其父來後及眷屬均由吴淵安頓于鎮江。

三月，魏了翁卒，年六十。岳作《祭魏參政》。了翁，字華父，稱鶴山先生。理宗親政，累擢端明殿學士、參知政事同簽樞密院事，督視江淮京襄軍馬。有《鶴山詞》。曾爲方岳「着圖書所」題額。

四月，爲狼山寺僧恭率翁（名慧恭，字敬可）作《狼山寺重建僧堂記》，開篇云：「狼山面海朊江，以山水之勝望淮南，而寺又最古。」岳嗜佛，自謂「平生喜從山僧野老游」（《跋月潭净照詩》）。集中有致恭率翁詩文多篇。

七月，元蒙軍自光州、信陽抵合肥。十二月，趙葵于前綫奏捷。《小稿詩集》卷二二有《十二月二十四日雪蓋予三年于淮終見此耳時東師捷書西來走筆呈趙公借官奴與幕友一醉》云：「泗水風聲欲破苻，文城雪意趁禽吾。詩簡擬醉玉跳脫，捷羽已飛金僕姑……那知幕府文書外，更解飛瓊打陣圖。」祝捷之情欣然。

是年除日，岳有詩題爲：《除日雪甚約客不至乃擁貂騾馬于郊外獨飲摘星樓舉鞭謝客曰未可使城中諸公知之但當夸與灞橋驢子上鄭五耳》，歡慶勝利之激情，殆已從題目中見之。其篇終曰：「明日屠蘇催短鬢，過從更覺欠袁安。」袁安，喻趙葵，時在前綫。葵以援安豐有功，明年元月進刑部尚書（《宋史·趙葵傳》）。

按：岳居趙幕期間，愛國詩詞頗多，思深旨遠，詞氣豪邁，乃其前期竭力主戰思想的集中體現。

高定子遷太府少卿，升計度轉運副使，岳作《賀高運使》。定子，蜀利州人，魏了翁同母弟。袁甫遷中書舍人，轉將作監。《小稿》卷一三《賀袁大監》，卷三〇《代與袁大監》，均賀袁甫者。嘉熙三年，甫權兵部尚書，暫兼吏部尚書，致函于岳，岳作《回袁吏部》。甫，字廣微，鄞人，理學家燮之子，嘉定十六年知徽州，與岳有舊。

是年，沈義父領鄉薦。喬行簡孫似孫知徽州。

嘉熙二年戊戌，四十歲。

在揚州，進禮兵部架閣，添差淮東制司幹官。是年，國事家事，多有對岳仕途和思想影響頗大者：

其一，開始與趙葵不和。葵進端明殿學士，岳爲代作《除端明殿學士淮東制置大使謝表》。復作《與趙端明》，謂趙「開閫于今且五年」矣，恐其「坐久則神怠」，特上言五事：曰仗忠義、曰正體統、曰明紀律、曰重選辟等。文中對趙之缺失，直言不諱，自是有隙。《小稿》卷二四《回饒宰》云：「某誤隨弓刀，落塵土，悤悤三年，晉公（喻趙葵）督九節度之時，擇廷臣自從，不可以莫之出也。」岳于端平二年六月入趙幕，至本年夏已滿三年。此時已晉爲禮兵部架閣，應赴京就任，今反爲趙葵強留幕下，「添差幹官」，實非所願。

其二，因力反議和而忤參知政事史嵩之。元月，嵩之進端明殿學士，二月參知政事，仍置司鄂州。元蒙再遣王楫來，嵩之主和，岳爲趙葵擬書稿，語侵嵩之，力反王楫「劃江脅和」。其《代與史尚書》（史前此權兵部、刑部尚書）云：「其呑噬窮北之國十六七，寧皆以和誤之。而我朝之縉紳大夫不以爲復轍之當戒，叛全銜命（指李全），徒以辱國，賊楫再至（王楫），暴兵隨之。此其證候果何如，而通國以爲主和議者執事也。某（葵）竊謂秦檜之得罪于萬世者以此，不圖執事實主之，而其迹遂大異矣。」自是，嵩之嫌之。

其三，父欽祖病篤，兄病歿，岳欲攜父返故里。《小稿》卷二三《回吳提幹》云：「某去冬（元年）里人不戒于火，延及敝廬，老人無所居，始肯來此。鬱鬱不樂中，行歲晚之路。又風雪辛苦，感疾良劇。某馳至在所，幸已小愈，迎侍至止。」知其父于「去冬」提前來居鎮江（原擬今年「正月」，見上年譜）。是年吳淵再知鎮江府。《與吳侍郎》（吳潛于上年授工部侍郎知慶元府）云：「去冬斂廬毁，今春老人病，則近又先兄殁。」（是年殁于鎮江，見《上趙端明》文。又《與陳和仲》曰：「今夏先兄殁。」）

按：上述吳淵、吳潛兄弟之官職，皆本年六月以前者。是年正月吳潛知平江府，王埜劾其不法厲民數事。六月吳淵調知太平州，措置釆石江防，鎮江知府爲其弟潛所代。岳有《水調歌頭·九日多景樓用吳侍郎（户部）韻》。未幾，潛權兵部尚書、浙西制置使。岳有《賀新涼·别吳侍郎》。

《酹江月·戊戌壽老父》自注云：「（老父）是年六十四，屬有末疾，而生日適冬至也。」是岳父之病由春及冬，日益加重。《謝制使趙端明》云：「適老親一病幾危，而羈官百憂之交集。兄伯遽沉于泉壤，室廬久化于灰埃。坐銷少日之壯心，每滴故鄉之老淚。居官何樂？幸已近及瓜之期；將父言歸，豈但爲誅茅之計。用不憚家山之幽阻，亦詎知俗駕之勒回。」足見他極欲于此年冬或明年春攜父歸里。

岳進禮兵部架閣，得助于吳淵、吳潛兄弟。《洪傳》云：「秩滿，任禮兵部架閣，添差淮東制司幹官。」岳《賀新涼·戊戌生日用鄭省倉韻》有「四十飛騰斜暮景」句，「飛騰」指架閣新職。《小稿》卷九有《謝除禮兵部架閣添差制幹》。卷一九《與吳運使（潛）》云：「某自八月發淮揚，九月至在所。」又曰：「才抵關外，已報新差，此固先生與諸公更相推轂之盛心。于我得之，大逾分量。」知岳得架閣新差在是年八、九月間。

《小稿詩集》卷一八《官滿將歸與同幕別平山堂》云：「淮海三年雙鬢短，乾坤萬里一杯深。」「官滿」指「幹官」舊職，非謂所除「架閣」。五月，李宗勉自簽樞院事作參知政事。岳有《賀李簽樞》、《架李參政》。

杜杲守廬州有戰功，詔以安撫廬州，進太府卿、淮西制置副使兼轉運使。岳爲趙葵擬《代賀杜安撫》、《代賀杜制置》。杲字子昕，邵武人，兼文武才，累遷工部、刑部、吏部尚書。岳有酬詩和《祭杜尚書》文。

余玠知招信軍，兼淮東制置司參議官，進三秩。後以入河、抵汴功，朝廷嘉之。岳有《和余義夫行邊聞捷調寄喜遷鶯》（寫于嘉熙三年）。

嘉熙三年己亥，四十一歲。

秋返里，侍父病。尋父卒，丁憂。是年岳父欽祖年六十五，病益篤。《小稿》卷一九《與陳和仲（司成）》曰：「顧吾家則生者無以爲居（居廬遭火），死者無以爲葬（伯兄歿），病者無以爲安（父患末疾），終當丐一岳麓祠官，特未敢遽耳。」同卷《與吳總侍（淵）》云：「某竊聞先生巍揭江淮表裏之樓，雄視南北，其願操觚以從先生後；或者王勃之名托滕王以不朽。而老人趁渡之説甚力，莫可違者，豈山靈勒回俗士駕，固應爾耶！」

按：是年四月吳淵權工部尚書，知江州（未赴）。故有「王勃之名托滕王以不朽」之説。下文謂「老人趁渡之説甚力」，知岳送父返鄉，定在是年四月後。

岳《陶倅母夫人挽詩》云：「往年將父問里舍，病痱中道驚相持。秋山黯慘過縣尹，取急欲謁誰何醫？天方罪予不孝子，行未半驛翁阽危。雲崩日落竟千古，永始此路行無期。」據此，知岳父病逝于是年秋冬返里途中。

岳自謂爲父喪「苦塊三年」（《賀徽州葉（夢鼎）秘書》）。《與趙大資》曰：「伏惟峻秩禁庭，均儀揆路。」「某在衰疢之中，不惟不當言賀，與世疏絶，蓋亦逾時而後始有聞也。孤生多難，日不暇遑，今始能東望扣頭，拜一紙書。」

按：此書寫于淳祐二年十二月。時趙葵先後授命同知樞密院事、資政殿大學士，「峻秩禁庭，均儀揆路」，蓋即指此。「某在衰疢之中……今始能東望扣頭」云云，意乃守孝期滿。自此上推三年，恰爲嘉熙三年，知岳父確于是年逝世。

是年趙范「叙復宫職，與宫觀」，岳爲作《趙龍學落宫觀謝表》。《小稿》卷三四《回程務實》曰：「某與務實居同鄉習同業而生又同甲子，久願一識未能也……斬然衰絰，去死不能以寸，溪雲月石，商略古人，殆非憂居者之事，敬與甲乙稿幷芹篋。」《小稿》卷三二《回方幹（辦）》：「而某也，方抱終天之恨。」同卷《回鄭省倉》：「多難之身，去死不能以寸，亦惟廬門墳墓之故，苟存眠息。」均寫于居家丁憂期間。

是年吳文英四十歲。正月與吳潛觀梅滄浪亭，作《金縷歌》，潛有和章（夏承燾《吳夢窗繫年》）。宛敏灝《吳潛年譜》定「觀梅」事爲上年。

三月，吴潛爲敷文閣學士，沿海制置使兼知慶元（處州）府。岳作《賀吴閣學》（《小稿》卷一二）。謂潛「雖以文章鳴國家，固吾君之親擢，然而忠信爲甲冑，非眞儒而孰歸！」同月，以别之杰權兵部尙書，依舊沿江制置安撫使兼都督行府參贊軍事。之杰，字宋才，郢州人，《小稿》卷二二有《與别制置》，勉其「乃敵王愾，殲此鞠凶，使邊境永淸，復見平世。則閣常鼎彝有不勝載者矣！惟爲國家勉圖之。」《小稿》卷一四有《代賀别尙書》，寫于是年。

五月，吴潛爲兵部尙書，浙西制置使，再知鎭江府。岳作《賀吴尙書》，謂其「峻陟文昌，幷提戎律，總六師，平邦國，已折佛狸窺江之萌。」（《小稿》卷一二）岳另有《木蘭花慢·吴尙書宴漣滄觀》。

八月，以游似參知政事。《小稿》卷二四有《回游參政》。游似，字景仁，四川利州人。嘉定十四年進士。歷任禮部、吏部尙書。淳祐五年任右相兼樞密使。

按：岳居趙幕四年有餘（端平二年夏至本年秋），代葵爲文，廣交諸閫帥政要，詩聲亦隨之益顯。

是年潘釜知祁門縣事。岳集有酬潘氏詩兩首，詞一首，答書三篇。

嘉熙四年庚子，四十二歲。

居家丁父憂。

岳《祭詩》云：「今垂四十年，眉目略可睹……去年汶素蹕，永痛松柏古。」此詩寫于是年，明言其父乃于去年歸途中作古。「四十年」云云，概而言之。又曰：「今年誤一出，竟犯時輩怒。去國不及炊，觸熱到環堵。」「誤一出」，指赴京謀求脫離趙葵幕事。

按：「添差幹官」，非岳所願，曾屢求去，葵不允。今以丁艱求免，然亦觸怒了「時輩」。

岳有《哨遍·問月》詞云：「吾今斷自唐虞起。繫帝曰放勛，甲辰踐祚，數至今，宋嘉熙。」

按：嘉熙計四年，此詞之作，不得遲于是年，姑繫于此。

閏五月，鄭崇知徽州到官。淳祐二年四月替。按：嘉定十五年（壬午）歙人姚源撰《新安廣録》，崇于任上作《新安廣録續編》。

理宗淳祐元年辛丑，四十三歲。

丁父憂，服闋，秋離家赴臨安。

岳有《鵲橋仙·辛丑生日》詞云：「今朝二十九，明朝初一。怎欠秋崖個生日。客中情緒老天知，道這月，不消三十。」

岳生日爲十一月三十日，此明言「客中」，知已離家。唯尙無復官消息，故以「生日」之缺而暗寓之。《壬寅元日》詩云：「自嚼梅花冰片片，無人先後飲屠蘇。」亦明言一人度過新年，益足證其今年秋冬已入京求仕。《玉樓春·秋思》云：「秋風也不管人愁，到處相尋吹短袂。」蓋亦寫未得知遇，反遭冷斥之意。

按：岳有《擬文房四制》八則，注曰：「文房四制，經安晚（鄭清之），後村老筆，無復着手處矣。日長無事，試一效顰，亦可知文章之無盡藏也。」文無甲子，疑爲是年赴京前之作，著以待考。

是年休寧人程珌以端明殿學士致仕。王應麟舉進士，應麟（撝子），字伯厚，慶元

（鄞）人。見《宋史·儒林傳》。

淳祐二年壬寅，四十四歲。

起爲刑工部架閣，居官五十六日，罷職閑居。《洪傳》云：「先是，史嵩之在鄂渚，王楫劃江脅和，嵩之主和議。秋崖嘗代葵稿書，責嵩之，以此取怒，嵩之入相（嘉熙三年），差充刑、工部架閣；而嗾言者論列，閑居四年。」

按：是年二月左相喬行簡卒，右相史嵩之擅權，因而明起用，而暗貶斥。挾嫌報復。

岳《最高樓·壬寅生日》云：「帝鄉五十六朝暮，人間四十四春秋。」此明言是年任職，五十六日而罷，且年已四十四歲。

二月，范鍾自參知政事（嘉熙四年始）除知樞密院事，兼參知政事。同月，趙葵賜進士出身，同知樞密院事。至此，葵駐揚州已八年（自端平元年—淳祐二年）今則離去。岳爲擬《辭免樞密使（二表）》。蓋岳爲史起復，在本年春，故嘗能爲趙代筆。又，葵甥胡穎，與岳爲同年進士，累遷大理司直，移湖南提舉常平，毀衡州靈祠，作「來諗堂」奉母居之。岳以「年家子」賀壽。見《與胡司直》。姑繫此年。

是年秋冬，岳返里。此後壬（本年）、癸、甲、乙四年均在家鄉閑居。《小稿》卷二五《答恭率翁》曰：「闊焉不聞問，蓋自壬、癸、甲、乙四閱歲矣。人生堪幾回別也。某之斥正坐淮梱一書，毛錐子乃能爲祟如此。抱瓮灌園，未嘗以一字入帝城。」此文追述其遭斥緣由，居家年數，均甚詳明。

岳有《哨遍·用韻作月對和程申父國録》，

乃嘉熙間所作《哨遍·問月》之姊妹篇。

按：程元鳳，字申父。「淳祐元年，遷禮、兵二部架閣，以父老不忍去側。遷太學正，以祖諱辭，改國子録。」（《宋史·程元鳳傳》）據此，知《月對》當作于淳祐元年末或是年。

二月，爲徽州守鄭崇（字謙仲，吴人）作《徽州平糴倉記》。三月，于桐廬舟中，作《王周卿注鶴山詩（序）》。桐廬令季著與岳友善，時正在任。

五月，余玠淮東制置使在任。六月，出任四川宣諭使。余去則李曾伯繼任淮東制置使（曾伯有《沁園春·壬寅餞余宣諭入蜀》）。余、李皆岳故交。《小稿》卷十《通李帥制冬書》，寫于是年。

四月，史賓之知徽州府到官，淳祐三年十一月召（《徽州府志》）。岳有《送史子貫歸覲且迎婦也》詩。

黄篪知祁門縣事。先是沈次旻知縣事，未幾而黄篪代之。《小稿》卷一六有《回沈宰》，希沈氏能「留惠疲氓」。同卷《回黄宰》云：「某官家聲江夏，人杰洪都。」知黄篪乃南昌人。又曰：「某自塵一科，不啻十稔。」蓋岳于紹定五年三十四歲登第，今至淳祐二年，已四十四歲，其間恰「十稔」。最後希此「縣公如漢吏之循，則與里老共滕氓之幸」。

《小稿》卷二五《答恭卒翁》（寫于淳祐四年）曰：「前年（指本年）春日有僧餉嘉蔬，戲答以伽陀云：『莫怪青衫霜葉枯，六年不改舊稱呼。』」岳于嘉熙二年除架閣，本年史嵩之又以架閣起復，其間恰已歷時六年。是年《除夜》之二亦云：「莫笑青衫霜葉枯，六年不改舊稱呼。」《除夜》之五：「幸有牛衣暖似春，可曾半字日邊人。不知相國何爲者，撩得諸公屋大嗔。」蓋刺史嵩之者。《除夜》之六：「眼底童烏已七齡，吾伊略已記群經。丁寧莫就中書試，只可松邊竹下聽。」「童烏七齡」指岳之長孫石。

淳祐三年癸卯，四十五歲。

在家閑居。

《癸卯元旦》二首之一云：「政坐聽明誤乃翁，莫將鞭影戲兒童。春皋本分扶犁手，共駕烏犍待歲豐。」證其不僅居家而且參與農事。

作《行香子·癸卯生日》，中有「緊閉柴門」、「雪立前村」、「誰共耕山」等語，亦係居家時所作。

《小稿》卷一九《與吳尚書》（指吳潛，時先進工部尚書，改吏部尚書兼知臨安府）曰：「去春掌故之命，僅謹五十六日而罷。」

按：此書前有「身退而道進，心恬而體胖」等語，而「去春掌故之命」云云，指上年春季起復「架閣」被罷事。知此文應繫是年。

詔以朱熹配祀孔子廟（《婺源縣志》、《黟縣志》）。

六月，爲同邑友人方元美作《萊山堂記》。元美，居城西。另有《與陳司業》兩文（姑繫此年）薦鄉友胡嵩（黟人，胡崇弟）和陳鼎新（祁門人）赴名儒陳塤門下。明年，元美、胡嵩兄弟均登留夢炎榜進士，鼎新淳祐十年亦舉進士。十一月作《淮東轉運使幹辦公事吳公墓誌銘》。吳氏，名天球，字伯玉，休寧人。

淳祐四年甲辰，四十六歲。

在家閑居。

《小稿》卷二〇《與余宣撫》：「某屏廢山林，于今且三年。」

按：岳于淳祐二年壬寅爲史嵩之嗾人論罷，迄今已近三年。此函乃致四川制置使兼知重慶府余玠者，意在向其推薦黟人劉騏（寶慶二年進士），時騏教授于峽，峽與蜀壤相接，故有此舉。卷七有《代通余侍郎》，亦爲代騏所上，以達于玠者（岳自謂不知以何職稱余，仍以侍郎舊銜呼之）。

九月，右相史嵩之以父病，謁告，許之。詔范鍾、劉伯正暫領相事。尋史彌忠卒，詔嵩之起復右相兼樞使。將作監徐元杰上疏論不可。十二月，詔許嵩之終喪。岳作《與徐常卿》（元杰自將作監兼右司郎官，拜太常少卿）。開篇云：「某辱出榜下（徐，紹定五年狀元，岳與同榜）十有三年。」知此文寫于是年。文中盛贊元杰論列史嵩之疏奏，以爲「常卿不出此奏」則「舉朝皆仗馬芻駒」也，故可「爲吾道賀」。

十二月，以范鍾爲左相兼樞密使。杜範爲右相兼樞密使。趙葵同知樞院如舊。王伯大（福州人）擢吏部侍郎。自此，史嵩之等輩之勢稍减（《理宗紀》）。

是年饒虎臣（字宗召，寧國人，嘉定七年進士）以將作監主簿，差知徽州，六月到官，淳祐五年六月以憂去。

《小稿》卷二六《答饒監丞》曰：「某祁之鄙細人，而屏廢北山下者再寒暑矣……伏惟閣下以詩書之澤，父母吾邦……不圖猶關聽聞而續之食也。某之有秩于大府，實昉于史侯（上任知州史賓之）……史侯歸（三年十月去），則止矣。而閣下續之。」據此，則此書寫于是年，且知史、饒兩知州特予岳以秩祿。明年，岳起復，于臨安寫《答饒監丞》（《小稿》卷二五），感其繼廩之賜，且謂「當迎拜都門外，相與道平生」。虎臣後轉秘省監丞，遷秘書郎。度宗景定元年，進參知政事，《宋史》有傳。

《小稿詩集》卷一九《元日甲辰》云：「屠蘇只對梅花飲，茅屋竹籬春意多。」有恬然自適意。

爲本邑珠溪寺僧才老作《只恁麼軒記》。其《跋許兄（簡）桐嶺書院本末》結語曰：「淳祐甲寅臘七新安方某書于荷嘉塢中。」按：淳祐無「甲寅」，「寅」當爲「辰」，應繫是年。且證「臘七」尚未赴京。岳有爲姑丈汪歜（字景漢）作《汪公墓銘》，又曾爲岳母李氏作《鄉貢進士汪公（清英）夫人李氏墓誌銘》。兩文皆寫于淳祐間，然不明甲子，均姑繫于此年。

前祁門宰徐拱辰卒于知道州任，岳作《祭徐知郡》。明年岳爲太學正，應其孫請，作《知道州徐公墓誌銘》。

淳祐五年乙巳，四十七歲。

在臨安，任禮兵部架閣，尋除太學正兼景獻府教授。

《洪傳》云：「嵩之父彌忠死，以營求起復得罪天下（淳祐四年）。范鍾爲左丞相（上年十二月），以禮兵部架閣召，尋除太學正兼景獻府教授。」（寧宗太子榮王曮，賜名為洵。嘉定十三年病逝，謚景獻。十七年理宗嗣位，追封生父趙希瓐為榮王，以其弟與芮承嗣。）

按：右相史嵩之丁父憂，有詔起復。于是學校叩閽，徐元杰輪對爭尤力，謂「臣竊料其（嵩之）何至于忽送死之大事，輕出以犯清議哉！」「凡有父母之心者莫不失聲涕零。」疏出，朝野傳誦，故曰「得罪天下」。

岳《次韻酬卒翁》云：「秋崖一出四年矣，想見松花滿石床。」「四年」云云，乃指淳祐二年（下半年）、三年、四年、五年（受命前）被黜時間。

《小稿》卷二〇《與趙宰》云：「乃者假道宇下，辱所以顧遇者甚備，一篷高卧，君侯賜也；而又酒壺船頭米囊船尾。七日至在所，不至彈鋏嘆行路之難，感當如何！」趙宰即休寧縣令趙師巖，淳祐二年到官。卷二五《答黃宰》（祁門縣令黃箎）曰：「某三年牛下，謂休此生矣。聖上離照于久儲神之後，輪旋于一反手之間，弓旌所招，群蟄咸奮。不才如某猶得以邯鄲故步（指架閣銜），沐浴帝澤。」又謂黃箎爲其家賜「歲除之餉，撫存其妻，甚至兩頑——何等牧牛童，亦許延至」（兩頑指其兩孫石和月）。表示對黃之惠助永志不忘。

按：岳另有孫名月，九歲殤，見《月孫葬磚》。

《小稿》卷二一《與葉殿院》曰：「乃朔日邸狀，殿院以人才薦進于吾君者二十四人，而某亦在選中。」葉殿院，即葉夢鼎，字鎮之，台州寧海人，曾爲徽倅。淳祐三年授秘書省正字，四年，升秘書郎。《小稿》卷一二《賀葉秘書》，卷二五《答葉秘書》均寫與夢鼎者。卷二〇《與吳尚書》曰：「及時之復，群陰伏而微陽升矣。小人以退，君子以進。」足見其于己之復起，極爲感奮（參見岳《代題同銓小録》）。然後文又慨曰：「頑鈍無耻，殆是三入承明（指三任架閣入帝京），顧瞻徘徊，素髮颯以垂領，嗟卑嘆老。」甚至在同卷《與趙宰》中有「八年不改之稱呼」之嘆。蓋岳于嘉熙二年任架閣，至今已八年，而仍爲架閣。

《洪傳》曰：「輪對，首言化瑟雖更，王心未一。謂之剛果，時而陰柔；謂之清明，時而陰晦。殫土木以彰寵賂，何以訓吏廉；污環列以示昵私，何以杜憸謁。奏畢，言東西閫和戰之議，且述代書掇怒之由（指語侵嵩之），上再三嘉嘆。」（詳岳《第一劄子》）乃遷岳爲太學正兼榮王邸教授。

按：是年政治形勢，正如岳輪對中所言，既有好轉，亦有逆流。諸如：正月，杜範辭免右相，不允。四月，卒于任。計範爲相僅九十餘日。同月，侍御史劉漢弼死。六月，工部侍郎徐元杰暴卒，傳言皆爲史嵩之嗾人毒殺。加之，吳淵、吳潛兄弟皆在「端憂讀禮」（丁母憂）之中。岳曾致書吳潛：「日夜望先生爲蒼生起，引衆君子而聚之……乃儼然在衰絰之中，天意竟何如也。」岳又于《謝廟堂》（《小稿》卷九）中曰：「朋比成痼寒之疾，奸諛推狂倒之瀾。」復在《重宿儲文》（乙巳）中曰：「只有詩囊淡似僧，卻嫌官屋冷于冰。桃花盡賴春風笑，慣與劉郎面孰能？」大有知遇無人之恨。其《滿江紅·乙巳生日》云：「問笭箵，何事下磯來，抛雲月」，「重省起，西山笏。」甚至流露悔出山之意。

是年，先後爲左相范鍾擬《賜衣帶謝表》、《賜衣帶鞍馬謝表》等（《小稿》卷三）。其《代范丞相》（奏劄）陳述政見十點：一正人心；二定國本；三別人材；四謹王言；五節邦用；六計軍費；七徽士習；八清仕途；九結人心；十祈天命。此實乃方岳政治見解之集中反映。

十二月，趙葵兼知兩府，代葵擬《除樞密使兼參知政事督視軍馬謝表》、《第二表》（見《小稿》卷一）。同月嗣榮王與芮加少保。岳爲作《代景獻邸謝夫人號》、《代景獻邸賀冬至》等。

《小稿》卷十有《回鄭少傅》。是年正月，鄭清之拜少傅，依前醴泉觀使兼侍讀，進封越國公。（同卷《賀丞相》，乃賀鄭氏復起為右相者，時在淳祐七年。《回鄭丞相》寫于淳祐八年，時岳在南康。）

是年詔賜「文公闕里」額于婺源朱子故里。戚士遜知徽州，九月到官，十月去。太府寺丞韓補繼之，十二月到官，九年正月除戶部郎官（補政建紫陽書院）。《小稿》卷二五有《答韓寺丞》，詩集中有《送寺丞韓君守新安》。兩者均寫于是年。

淳祐六年丙午，四十八歲。

在臨安，由太學正遷宗學博士。

《洪傳》曰：「淳祐六年，遷宗學博士，復當輪對。」《小稿》卷五有《輪對第二劄子》，中謂「丙午爲自古厄運」「而考之國朝，則是李邦彥（「浪子宰相」）從吉之年，而靖康之禍烈矣。何其適相遭也。燭武已老，丐骸而去幸矣；王陵少憨，不知誰可助之。萬有一當饋之思，慨然有不如之嘆，則天下事有不可勝諱。」此蓋言嵩之行將服闋，范鍾以老去，右相游似如王陵之戇，深恐朝政無以爲繼。

二月，范鍾乞歸，詔提舉洞霄宫，任便居住。岳先後爲范氏擬《辭免左丞相表》及《謝表》、《辭免提舉國史會要玉牒要略》、《辭免進書銀絹》（附第二奏）、《辭免生日牲餼》、《辭免除職予祠侍讀奏》（附第三奏）及《謝表》等等。

四月，丘岳兼兩淮屯田副使。岳與丘岳相知較早，誼甚篤厚。《小稿》卷十有《回丘運使》、《與丘運使》。時丘在淮東，主漕運。

是年李曾伯有《丙午登多景樓和吳履齋（潛）韻》及《丙午和淮安朱贊府（渙）韻》。朱贊府，即朱渙，字申父。岳于端平間于趙葵幕，與朱相識。《小稿》卷一六《回朱制幹》，寫于岳在家閑居四年間。

八月，賜劉克莊進士出身，時年六十。周密十五歲。王燾知祁門縣事。《小稿》卷七有《通王宰》。

《小稿》卷二一《宗學進墨碑》（自注，時為宗博）；《御書太學及崇化堂武學及立武學堂牌謝表》（自注，時為宗博）。

作《祭杜丞相（範）》、《祭徐侍郎（元杰）》、《徐貳卿（元杰）與彭監帖》、《程少章文藁（序）》等。應海門方處義請爲其守視父墓之廬作《致存堂銘》。處義父元舉，海門令，岳友。

黟人奚從青（字朝瑞）來訪，岳有《回奚監酒》、《回奚朝瑞》等。奚氏工詩，景定六年進士及第，官祠部員外郎（《黟縣志》)。

淳祐七年丁未，四十九歲。

在臨安，除秘書郎，後赴建康，充趙葵幕參議官。尋差知南康軍。

《洪傳》曰：「七年除秘書郎，遷趙葵以元樞出督(金陵)，辟充行府參議官。遂以宗正丞權工部郎官在行。始至，即以禡祭(軍禮)違禮，與同僚辯論不合。又有欲括金陵隙地鬻蔬規利者，有以陣歿爲死節者，秋崖力辟之。丐去，葵不許。葵行出邊，自言之朝，丐祠，差知南康軍。」

四月，趙葵以樞密使兼參知政事，兼知建康府，岳爲擬《辭免兼知建康府表》、《御書賜常武詩謝表》、《樞使督視兼知建康府到任謝表》、《皇后謝箋》等文。

按：岳曾于嘉熙間，擬《與趙端明書》，直言葵缺失，尋以父病求去，不許，自此萌生嫌隙。今又辟充參議官，實非所愿。故赴任後，抵牾益甚。致使岳屢言之于朝，決意丐去。其間原委，《小稿》卷二一《與廟堂》言之甚詳。文曰：「當某垂滿(指幹官)，督樞泣下留之。未至修門，已有掌故贅幕之命(指除架閣又差充幹官)。某雖不肖，然嘗爲教授，又嘗爲幹官。故事，不復贅幕矣……亟謁告以歸，不圖中途遭罹艱棘(父逝)，服闋，則史集賢(嵩之)當國矣。顧又坐淮東一書，斥逐四載。歲在乙巳(淳祐五年)，濫塵末班……乃四月十八，聽宣布，督樞忽呼召之。話言從容，俾從賓客之後。某不勝恐懼，辭控者累日，亦嘗告急于兩樞密參政(王伯大、吴潛），宛轉一言，今王先生（伯大）可覆也。朝命既出督樞（葵）手書，鐫諭且有『某鄙不足以辱門下之助則有矣，若謂其不可保則高見誤矣』之訓。某再三熟念，以爲辭必不獲命，惟當丐祠。又恐朝廷謂大臣視師既許其擇廷臣以從之矣，丐祠之請必不見允，如此則委之而歸耳。苟至是，不幾太相形迹乎！督府宏開，取一人士而掉頭不肯許，是羞督府，某則不敢。然則某之此來，蓋專爲賓主之交耳。居無幾何，忽忽不樂，隱憂成病，袖手無可爲者。遂以八月初五謁告，初十就道，而督府眷留不已，訓告勤拳。既乃戒其帳下爲挈行李以回，必不容去。所以寬貫之者至矣。今督樞行邊西上，某誼不可以不告而歸。惟是衰疾轉增，難于久待……大鈞無垠，不遺微小，使某苟有藉其口，不至得罪于當世之士大夫，則林密山深無非雨露。」足見岳赴建康乃葵所迫。

《小稿》卷一九《與廟堂》云：「蓋自丁未（即本年）之秋與督府議不合，上書光範，丐一祠官，鈞畫陸離，自天飛下，方且欲著庭還郎省（秘書郎），可謂殊知。流傳子孫，永作鎮寶。時則嘗以啓謝，無何而廟堂造命，使得以南康之紱，藉手而歸。」如是，知除太府寺丞乃其他宰輔之意，改差知南康郡，實出葵意。《小稿》卷二二《與王參政（伯大）》曰：「將以（八月）初十丐去，未及請，而督樞聞之……遂戒其帳下挈行李以回，某非不能挺身逃也，適會荆妻疽作于背，勢不可耳。仰揆督樞均抱，不過以某決從此逝，恐負不相容之名，莫若犬馬畜之……再三熟念，只得告廟堂丐祠耳。如先生念其無罪，與一小壘，固所愿也。」《小稿》卷二七《答程都大（元鳳）》所答與上引錄者略同。唯復謂「然則廬山之命，其廟堂意耶？……乃繼鄉先儒之後（朱熹），且得此郡之歲，適皆四十九。」

按：熹于孝宗淳熙五年除知南康軍（江西星子縣）時年四十九，熹，婺源人，故曰「鄉先儒」。岳赴官南康，在明年春。其居建康趙幕僅五、六月耳（四月十八—九月十日左右）。臨去作《江神子·發金陵》，結語曰：「縱使鍾山青眼在，終不似，侶漁樵。」正道出其乞歸心情。

是年，知邵武軍王邁被左相鄭淸之召爲右郎官。

《小稿》卷一三《賀王右司》云：「上見嗟晚，聿班臺佐，豈久郎潛。歷觀政路之聯，每補侍臣之缺。思皇寵渥，端即禁途。」

按：《宋史·王邁傳》云：「右正言江萬里袖疏榻前曰：『邁之才可惜，不即召，將有老不及之嘆。』帝以爲然。」岳言「上見嗟晚」蓋有所據。

是年，趙與𥲅知徽州。李時英知祁門縣事。《小稿》卷二四有《回李宰》，蓋以岳之族人互爭不休，訟之縣府，岳爲此而答李知縣，祈其秉公處理。卷二一《與族人》，勸戒族人勿紛爭，亦寫于是年。

作《忠烈劉公遺事》。幷爲浮梁人金陵尉操斗祥父明甫、母葉氏作《操處士葉夫人墓誌銘》。爲興國人柯從周作《鄉貢進士柯君墓誌銘》。岳自淳祐五年爲范鍾起復至今歷時三年，屢遷升，廣交游，所作詩文頗多，聲名益高。

淳祐八年戊申，五十歲。

在南康（江西星子縣）。

《洪傳》：「（岳）自言之朝，丐祠。差知南康軍，郡當揚瀾左蠡之衝，風濤險惡，置閘以便泊舟。湖廣總所綱稍，據閘口，邀民錢萬，始得入閘。民船有覆溺者。秋崖取綱稍，杖之百。荆湖閫總領賈似道怒謂『無體統』。移文令秋崖具析。秋崖怒謂湖廣總領所豈可于江東郡尋體統，大書數百語，有曰：『豈不知天地間有一方岳。』還其文，似道益不堪，遂劾諸朝。」按：賈似道于淳祐元年，改湖廣總領。六年，遷京湖制置使兼知江陵府，調度賞罰，得以便宜施行。上述「尋體統」事，出在是年（《宋史·奸臣傳四》、《徽州府志》）。

岳《賀新涼·戊申生日》云：「五十到頭公老矣，只可鷺朋鷗友。便富貴，何如杯酒。」明點「五十」歲，寫于是年。

作《南康軍到任謝表》（《小稿》卷二）曰：「其斯宜若小然，徒得臣熹而重，故凡五老之山水妙天下，正以《四書》之義理在人心。雙朱輪奚所道哉，一白鹿足爲重矣。」決心「師仰仁賢，奉行寬大」，作出政績。《小稿》卷九《南康到任謝廟堂》，所言與上表略同。

岳之前任爲陸中書（亦稱陸宗卿，疑為陸德輿）。《小稿》卷二二《與陸中書》云：「起家爲郡則棠陰蔽芾相去才年歲耳。蕭規如在，顧聞其所以爲教者。謹具啓事一通如左，惟垂紳正笏之暇，少流觀焉。」蓋陸氏已調任京官。陸之去、岳之來，皆有隱因。《與廟堂》（《小稿》卷二一）曰：「假守廬阜，意在以是名其歸耳，前守（陸氏）爲或者所蘖去，徑與畫旨趣行二也。抵治所八閱月，事事風波，而白鹿洞其最甚者也（指晦翁學田為人盜占）。」又，同卷《與廟堂》云：「當陸宗卿出守時，蓋有殺人城中而莫之敢嬰者。某之初至，實以爲長此不已，是生亂階，痛繩治之，委曾擒制數輩而湖廣其一也。」據此，知陸在任時，郡政敗亂，岳來此八月，嚴繩治之，故有懲辦湖廣綱稍之舉。《小稿》卷二〇《與蔡憲》云：「起家爲郡，適在照臨（時蔡抗為江東提刑，故云）。……江城凋瘵，景象葦然。方自月十日來。」卷二二《與廟堂》曰：「蒙恩假守，蓋以今月十二日領郡事。」「今月」云云，未詳何月，疑爲是年二或三月。蓋岳于上年八月受命知南康，後曾返里。《賀新涼·戊申生日》云：「隔塢築亭開野徑，盡一笻，兩屐山前後。」知是年冬，又曾返家度生日（十一月三十日）。

《小稿》卷七《通度侍郎》曰：「恍其惚矣五十年，轉覺許身之拙。」知寫于是年。度氏，名正字周卿，四川合州人。累遷權禮部侍郎兼侍右郎官，再遷禮部侍郎。卷三〇《代與度侍郎》亦寫于是年，中有「領邑叢山之底，數家聚耳」。乃代某求度援引之文。

作《白鹿洞後賦》、《南康諭俗》、《南康郡免設醮》、《就日堂記》、《林君詩卷〔序〕》等。

淳祐九年己酉，五十一歲。

在南康，後還家，差知邵武軍。

《洪傳》曰：「朝不直似道，因兩易秋崖爲邵武軍（福建邵武縣）。」

《小稿》卷九《兩易邵武軍謝廟堂》述賈似道「尋體統」事曰：「獨有湖廣之綱稍，敢據康廬之石閘。薄人于險，竟至漂淪。吁天何辜，有來赴愬，然則爲之長者得不追而杖之夫！奚桀黠吏之單辭，已觸權貴人之盛怒。冠雖蔽不以苴履……其所謂之體統，實可駭于移文。縱自卧上床客卧下床，未除豪氣；然君處北海寡人處南海，胡涉吾疆。驟騰劾奏之章，重費幷包之度。」足見岳據理力爭，正氣凜然。且于「兩易」之詔書，應之以「一丐祠、一丐罷」。時居廟堂者，左相鄭清之，右相趙葵，參知政事應繇、謝方叔、吳潛、徐清叟等，雖「不直似道」，然亦懼忤其意，終以岳與「邵武軍游孝嚴兩易其任」而回避之。《小稿》卷二四《回黃權郡》云：「丐祠、丐罷于再于三，或謂薄淮陽滋罪也。」據此，則岳疑「兩易」之舉，與滋罪趙葵有關。

岳《易地邵武去之日與家人集新作南門書水鏡壁上蓋十一月二十六也》云：「晦庵呼我住山南，五老人知百不堪……吾生只可龜藏六，世事何如狙賦三。」怫憤誹誚之情畫見，且明言去南康之日爲是年十一月十六。

《小稿》卷二一《與吳參政（潛）》自述離南康郡時情狀甚詳：「即日解印綬歸，以臘之八抵牛下。」又曰：「去郡之日，幸無得罪于士民。呱泣之聲塡街，遣之不肯去。曰：『不願得錢，願一過目！』試取觀之，則云：『秋崖秋壑（似道）兩般秋，湖廣江東又不侔。直至南康尋體統，江西自隔兩三州。』亦可發一笑也。」又曰：「或謂冬享之日嘗有進擬，應先生以爲未可。」此蓋言吳潛欲掖引岳而參知政事應䌛阻之。又曰：應氏昔曾薦，後又稱其「大筆鴻文，當不在韓愈氏下」，今則是「讒忌之入也」。

按：岳于南康任上，嚴律令，敦教化，築城池，修書院（白鹿），主鄉選，薦人才，《小稿》多述及之，不贅錄。岳《賀新涼·己酉生日》注云：「時自康廬歸，猶在道也。」詞中有：「笑老子，只堪棋酒。似恁頑疏何爲者，向人前、不解高叉手。」「怪吾今，鬢已成絲，膽還如斗」等語。均係對賈似道之無理迫害而發。

岳既于十一月二十六日離南康，十二月八日抵家，且自言其生日在途中度過。故前述其生于寧宗慶元四年戊午（一一九八）十一月三十日甚確。

三月，歙人程元鳳任江淮等路都大提總，兼知饒州。《小稿》卷二七有《答程都大》。

作《跋岳武穆帖》、《跋崔菊坡（與之）洪平齋（咨夔）與高守（高稼，沔州守）帖》。返里後爲休寧吳竹洲（儆）後人吳元鼎（鉉）作《友梅堂記》；爲吳錫疇（字元倫）作《跋吳兄詩卷》，元倫，儆從孫，自號蘭皐子，見《四庫提要》。岳復自築歸來館，并爲記。

是年，王撝知徽州，二月到官。十年五月去。撝，鄞人，有政績，歙人稱之爲

「淸白太守」。其子王應麟淳祐元年進士，從王埜受學。度宗時，知徽州。徽人曰：「此淸白太守子也。」次子應鳳，亦進士及第。

淳祐十年庚戌，五十二歲。

知邵武軍（福建邵武縣）。

《洪傳》曰：「未至邵武二百里，峒頑作，馳急足榜諭之。寇知威名，迎拜車下而散。」岳爲此作《謝放罪表（邵武）》，略謂「臣方此來，亟其馳入。惟恐變成于瞬息，幸而令信于嚚頑，乃正邦刑，以紓衆怨。」

《小稿》卷二五《答李兄》：「某歸自廬山，方苫草築一室，號歸來館……正月且盡……某之此歸，本非戮揚干僕也，撻一舟子何至是！邵武之命，丐祠，丐罷，皆不許，奈何！」此明言「正月且盡」，知年初尚未赴任。

《小稿》卷二七《答胡文叔》云：「一丐祠，一丐罷，皆不許。而昨日邵武人已至，頗費區處。後山種梅十七八活，歸又趁冬晴築草堂（歸來館）。」按：「邵武人已至」，當在本年「正月」或二、三月。

《小稿詩集》卷一九《春雨庚戌》云：「茅齋堅坐日日雨，竹杖長閑處處苔。半面不曾梅別去，四愁無奈草生來。好山能費幾兩屐，勝日須傾三百杯。說與海棠勿造次，不論早晚待晴開。」從詩意看，是年仲春，岳尚居家，未赴邵武。「待晴開」云云，似有寓意。

《小稿詩集》卷二〇《去年五月十七廬山禱而雨嘗有詩今年五月十七邵武禱而晴因用韻》：「浪漫東西不自期，此公猶有鬼神知。江閩易地誰爲祟，晴雨在天皆及時。年熟且從犀首飲，宦情聊付虎頭癡。舉杯試問樵溪月，今世寧須我輩爲。」此與上詩相比勘，則知岳赴邵武，當在是年夏季。

謝堂知徽州，六月到官。岳《回鄉郡謝守》云：「慨思前載其棄置寬閑之野，流落寂莫之濱者，不爲時所躪藉，則亦幸矣。至訪問其窮獨，慰勞其胼胝，所謂此事今無古或聞也。」「六月到官」，與前「五月十七」禱晴不相符。疑《徽志》誤。

岳赴任前作《題朱兄文（序）》。朱兄，指熹長孫鑒，字子明，官至湖廣總領。

《小稿詩集》卷一七《次韻鄭僉判》八首。其三有云：「衰髮三千餘太白，倦游五十二年非。」寫于是年赴邵武前。

作《邵武到任謝表》。

按：佞臣賈似道實導致南宋覆滅之禍首。岳能早識其奸，不畏強暴，挺身斥之，訟之廟堂；其剛直勇毅，浩然正氣，亦誠可貴。該表略謂：「伏念臣守剛而乏沉潛，學樸而少涵養。事人以直道，豈今世之能容；得封如曲鈎，亦平生之不取。惟知今是，不覺昨非。粤從督議之參商（指與趙葵議不合），出守廬山之僻小。」「夫奚湖廣之餉所，具析江東之守臣。不能忍于一慚，已自甘于三黜。爲臣懼者，皆曰南陽帝親；惟天知之，乃謂東朝公事。第與更其竹使（郡守之竹使符），亦不俟于瓜期。」「天下事惟其是而已，何問賤微，我之心有曲者乎，一惟端直。故雖肺腑之情，曾靡毫釐之偏；肆令危迹，無失故步。臣敢不仰憑公溥，益勵直方。毋虐煢獨，而畏高明，安用前車之戒，與致平理，而銷愁嘆，勉爲後效之圖。」（《小稿》卷二）名爲「謝表」，實皆抗言。

淳祐十一年辛亥，五十三歲。

在邵武。

《洪傳》曰：「郡之廖姓，峒丁派也。教諭廖復之者，與峒表裏，殺人殖貨，爲郡梗。秋崖奏乞竄廖復之而誅廖宗禹。復之等多貲，先爲計，奏格不下。」

按：岳于上年赴任後，即平峒亂。奏乞懲處廖姓，或亦始自上年，然「奏格不下」似已延至本年。

是年正月，兼右司郎官拜監察御史兼崇政殿說書程元鳳上書斥左相鄭清之久專國柄，老不任事，其言明白正大，幷疏言「祈天以實，不以文」。上嘉納之（見本傳）。監察御史潘凱亦劾清之。凱字南夫，永嘉人，岳與交深。卷二七有《答潘南夫》。寶祐三年，潘任刑部侍郎，岳有《與潘侍郎》。另有《潘君詩卷（序）》，見卷三八。

四月，趙與𥲅罷京尹（《癸辛雜識》別集下余晦條）。

按：與𥲅，字德淵，嘉定十三年進士。曾任戶部尚書（《小稿》卷一三有《賀戶書》）。

十一月，吳潛爲右丞相。《小稿》卷二二有《與吳相公》。然此書未言乞懲廖姓事。

淳祐十二年壬子，五十四歲。

在邵武。春曾返里，未幾又回邵武。

《洪傳》：「奏格不下，而下閩帥趙希瀞覆實。希瀞下郡，追人索案。秋崖曰：『吾不可留。』三上疏丐去。」岳《春盤》詩，注曰「壬子」，知是年春曾返里。

作《滿江紅·壬子生日》。詞中有「五十四卦爲歸妹」句，蓋自謂年已五十有四。下闋有謂「放乾坤醉眼，看朱成碧」。蔑世之思，溢于言表。又，作《跋師紹書華嚴經》文。

三月，知徽州謝堂除工部郎中，魏了翁子軍器監丞魏克愚來守。謝堂曾建歙縣學于縣治之左，置學田二百畝，邑人吕午爲記。

《小稿》卷二四《回鄉郡謝守》、《又答謝守》，均寫于是年。

理宗寶祐元年癸丑，五十五歲。

在邵武。冬，返故里。

《洪傳》謂其「三上疏丐去」（見《小稿》卷四《邵武軍丐祠》），然從其《水調歌頭·癸丑生日》觀之，是年尚在邵武。唯其求去之心益切。詞中自謂「老子興不淺，歸矣復言歸」。又有「五十五年非」句，以明其年壽。下闋有「五年今已如此」一語，言其來邵武已「五年」。按：岳于淳祐九年差知邵武，至今恰爲五年，且其生日爲十一月三十日，故其棄職返里最早日期只能限于是年底。岳有《聞罷》詩，蓋于「自罷」後又以「氣憤詞卒」而遭罷。

七月，守蜀名將余玠卒。九月程元鳳升兼侍讀。

五月，賜禮部進士姚勉以下及第、出身有差。元鳳從弟程元岳同榜及第，度宗時權工部侍郎，有《山窗集》。祁門人程鳴鳳爲武狀元。鳴鳳，字朝陽，和善人。《小稿》卷二一《與程朝陽》曰：「伏惟大對昕庭，遂魁天下，不惟居家積累有此盛事，而成吾宅相亦與光榮。先公有知，豈不含笑地下。」又曰「盛名之下難居」，希其「珍重自厚」。岳于鳴鳳爲表兄，故既賀之又誡之。鳴鳳文武兼備，累遷知德慶府（廣東肇慶），有《讀史發微》三十卷。

《小稿詩集》卷一六《郡爲表弟程起狀元之坊幷爲陳人重起省狀元坊》云：「敢同君子名吾里，不料公卿出此途。華表自旌新進士，廢人幷起躃浮屠。」未審寫于何年，然既言「廢人」，姑繫此年。是年費翊知祁門縣事。《小稿》卷三六有《答費宰》。

《小稿詩集》卷十《除夜》之五云：「不是催租夜打門，那知寶祐改新元。人間測度春風意，李白桃紅又一番。」「催租夜打門」對改元更化，極盡諷刺，然知岳于是年冬未確已返歸故里。

岳有《上巳溪泛》曰：「風霜兩鬢五十五，楊柳幾番三月三。」又曰：「禊帖又逢今癸丑。」寫于是年暮春。

與知州魏克愚過從甚密。集中《回魏監丞》計十篇。是年應邀爲作《徽州重建慶豐橋記》。

作《荷嘉塢記》。爲休寧金文剛之祖父（安節）作《跋金尚書奏藁》。爲嘉禾（嘉興）曹鄖作《在庵記》。爲同邑友謝從之作《順齋記》。又，岳《送許允杰序》姑繫是年。允杰，婺源學者許月卿（字太空，有《山屋集》）之從子。

寶祐二年甲寅，五十六歲。

在家閑居。

《洪傳》云：「三上疏丐去，未至，即拜章交郡印與以次官（別駕）而行。」此指上年冬自動棄職返里事。行前作《邵武宴交代權郡》(上年)。《四庫》本《秋崖集》詞增錄岳《滿庭芳·甲寅生日》結語云:「今而後,村書雜字,盡有老生涯。」係返里後冬作。

十一月,謝塈(與理宗有「椒房之親」)來知徽州。《小稿》卷二二《與謝少監》云:「蓋自竊第奉常于今,二十又三年(紹定五年及第至本年,恰為二十三年),計其在官不過五合六聚成七改耳。牛衣無恙,山林日長……明執事之至,仁聲載途,方將父母吾邦,而某則氓也,又奚其書之敢!」《小稿》卷二五《答鄭提管》云:「某六十之年日就,衰朽自計,塵忝于今,二十有三年,大都五合六聚,僅成七改。以此山林之情已痼,仕宦之路甚生。」蓋亦寫于是年。

按:鄭來函有勉岳再出仕意,岳答以「其姑少徐,某當終道所以」。婉言謝之。鄭提管,徽人。岳答書中有「垂念鄉晚此固今人所無也」等語。又卷二三《回鄭監丞》云「惟桑與梓,必恭敬止。某也敢不自訟」。疑此鄭監丞即上述之鄭提管,與岳有同里之誼(卷十亦有《回鄭監丞》)。

《小稿詩集》卷二七有《轉孫初生程弟有詩次韻時余直風適愈》。知岳有孫石外,另有孫名轉。此屏廢居家時寫,姑繫此年。

歙人吳龍翰,字式賢,自號古梅,有《古梅吟稿》,卷末附秋崖和百韻詩,龍翰書其後,自稱門人;程元鳳爲之序。見《四庫總目》。

作《朱氏六可堂記》、《跋趙兄詩卷》、《跋李君蜀議》等。

寶祐三年乙卯，五十七歲。

在家閑居，改知饒州，辭不就。

《洪傳》曰：「既歸，然後得旨如所奏。改知饒州，未上，罷。」《徽州府志》所載同。

《小稿》卷五《申省乞祠》云：「準九月十二日尚書省劄子，三省同奉聖旨：『方某差知饒州。』某蒙恩予郡，何幸起家。而以衰暮之年，莫任承宣之寄。兼有從弟占籍浮梁，大功之親，所合回避。欲望特賜敷奏，收還成命，姑賦叢祠。」蓋以「從弟占籍浮梁」爲口實而辭不就。同卷《又申》又云：「分以魚符，近次無旬月之淹，鄰壤無蹄輪之役，非不感聖恩之寬大，戴元宰之生成。」饒州與祁門接壤，不假蹄輪無需旬月可至，故云。結語曰：「今聞遣迓，敢勿控辭。欲望特賜敷奏，仍畀叢祠，以安孤迹。」此乃二次申奏，不願出仕意甚決。

二月，董槐爲右相兼樞密使。《小稿》卷一九《與董丞相》云：「在邵武則以劾巡屬罷……然亦不過爭公事耳……獨邵武之斥，有足慨嘆。屬邑建寧縣，因有追胥峒頑群輩而劫敓之，敢弄鋤梃。某既繩治，隨已帖息。推原本始，則一小小寄居實爲囊橐（指廖姓）。某以爲此而不治，亂也，乃具按劾，不知何者，章格不下……自劾歸田，得請而罷。一斥不復，五年于兹」（指奏劾廖姓，格不下，被斥，至今五年）。按《小稿》卷二三《與丘文昌》亦云：「一斥五年，不復知有人間事矣。中間當國者履齋（吴潛自淳祐十一年至十二年任右相）知己也，然猶自信薄命，未嘗敢有非意之干。」此寫于是年，追言其罷邵武情狀甚詳。

同月，程元鳳權工部尚書，簽書樞密院事，權參知政事。《小稿》卷二一《與程尚書》云：「某惟吾鄉諸老不登政事堂者有年于此矣（指寧宗末理宗初休寧程珌曾登政事堂）。……然則某之賀也，上以爲天子賀，下以賀其私也。」

《小稿詩集》卷一九《元日雨》二首均寫于是年正月初一。首篇有句云：「春今又綠山中章，酒不能朱鏡裏顏。六十只餘三歲在，百年亦是霎時間。」自謂年五十七歲。次首云：「小試園林栽接手，山中亦是一洪鈞。」自贊在家閑居，別有天地。

婺源友人滕和叔見過，岳爲作《尚書大意序》。和叔，名鉦，著名理學家滕璘子，岳少時同窗。爲歙人汪正己（曾任管轄）作《竹所主人所藏余詩》。

寶祐四年丙辰，五十八歲。

在家閑居。起知寧國府，未上，罷。改知袁州（江西宜春）。

《洪傳》曰：「起知寧國府，未上，罷。時寶祐乙卯、丙辰之間也。」

按：上年「九月十二日尚書劄子」差知饒州，岳辭免。則起知寧國府當在是年（丙辰）。洪氏又曰：「越七載，程元鳳當國，起知袁州。」元鳳于是年七月進右相兼樞密使，岳赴任袁州，當在是年七月後。「越七載」云云，乃自淳祐十一年奏劾廖姓不報，至本年而言。

孔凡禮《全宋詞補輯》錄岳《江城子》云：「五十八翁，堪喜亦堪嗟。」作于是年，「堪喜」者，當爲同里程元鳳擢爲宰臣（是年六月，詔元鳳、蔡抗輪日判事；軍國重務取旨）而賀，「堪嗟」者，自嗟其老而困也。結語云：「緊閉竹門傳客語，那得暇，盡由他。」顯然是拒知寧國府之意。七月，蔡抗參知政事。抗，字仲節，蔡沈之子，處士元定之孫，紹定二年進士。曾任著作佐郎兼侍右郎官，兼樞密院編修官。《小稿》卷七有《通蔡總郎》，卷二一有《與蔡編修》。淳祐七年八月，上其父沈《尚書解》，累遷權吏部尚書。卷二二有《與蔡尚書》。

八月，右相程元鳳上疏言人事。岳之被薦知袁州，當從此月始。

是年，程元鳳起用原福建路計度轉運副使、司農卿高斯得（利州人）爲秘書監。《小稿》卷一三有《賀高秘書》，寫于淳祐五年。

《小稿詩集》卷一九《山中》四首，其二有云：「持戒十年今始定，邯鄲夢不到寒衾。」其四有云：「面壁九年曾悟道，觀棋一局偶成仙。」岳自邵武歸後，更加嗜仙好道。此即一例。

《小稿詩集》卷一四《石孫受命》云：「聖澤如春雨露寬，棄遺猶不絕衣冠。萬釘寶帶翁無分，一幅花綾孫有官。得免白丁何啻足，親曾黄甲不堪看。九經幸自瀾翻熟，但守青燈雪屋寒。」《洪傳》曰：「其孫石，中童子科文林郎，平江路監倉，而登文天祥榜云。」天祥于寶祐四年五月以第一名進士及第。知此詩寫于是年。

寶祐五年丁巳，五十九歲。

知袁州。

《洪傳》云：「起知袁州，新其橋若城。無何，邕廣連兵出湖湘，旁江西而北，袁有城可恃者，公力也。」足見岳守袁政績。

八月，丁大全同知樞密院事兼權參知政事。

史嵩之卒。

是年，謝枋得試于建康，語侵似道，漕使陸景旦上其稿于似道，謫居興國軍。

趙與澤知徽州，元月到官。岳有《與趙寺丞》贊之。祁門宰費翊上年卒于任，是年元月葬，應其從弟平江府司法參軍翿之請，作《知縣奉議費公墓誌銘》。

寶祐六年戊午，六十歲。

在袁州，後除尚書左郎官。

《洪傳》曰：「時丁大全當國矣。以書屬事不從。廣南闖李曾伯辟參謀，不行。除尚書左郎官。」丁大全于是年四月進右丞相兼樞密使。「以書屬事不從」，《徽州府志》載之甚詳。略謂：「時丁大全當國矣，以先求舉剡不從，怒。及令張生者攜槧字，求爲造宅差舟買釘。已差舟矣，求買釘錢，弗與。」是年四月，程元鳳罷相，出判福州，故大全得以挾嫌報復。李曾伯原與岳有交。今任廣南制置大使兼知靜江府，故有「辟充參謀」之舉。岳未就，改除尚書左郎官。

《宋史·馮去非傳》：「程丞相、蔡參政將罷，大全致意去非，去非不理。」《宋史·程元鳳傳》亦曰：「會大全謀奪相位，元鳳力辭。」是程、蔡之去位，皆大全陰謀所致。

按：去非、去疾（號此山）皆岳故交。集中有《回馮此山》。

《小稿詩集》卷一九《春日乘興》十五首。其五結句有云：「寒期雪屋青燈夜，六十猶痴始是痴。」似有悔其出山之意。

理宗開慶元年己未，六十一歲。

改除尚書左郎官後，大全嗾九江制置副使袁玠劾罷之。

《洪傳》云：「除尚書左郎官，而（大全）嗾沿江副閫袁玠劾罷之。下郡磨算應干支遣，追償其錢，鞫勘死者數人。玠遣校詣門索，售田業償之。入兩悍卒索考功印歷，既授之矣，復數日以歷歸，索領狀。秋崖題詩歷上解嘲曰：『一錢太守今貪吏，五柳先生歛富民。』『貪吏』、『富民』，玠疏中語也。」

按：丁大全于是年十月罷相。九月，太學生陳宗、陳宜中等六人，伏闕上書訟大全。同黨袁玠、沈翥、張鎮、吳衍、翁應弼、石正則、王立愛、高鑄，皆奸佞，多遭罷斥（見徐宗仁上書）。御史陳寅上言：「知江州袁玠貪贓不悛，殘賊州邑。」詔削玠五秩，竄南雄州。故岳受害事，均在是年十月前。

元月，李庭芝權知揚州。九月，元蒙兵自黃州渡江。十月，以吳潛爲左相兼樞密使。賈似道爲右相兼樞密使。

是年，王應鳳（應麟弟）中博學鴻詞科。

理宗景定元年庚申，六十二歲。

居家。

《洪傳》云：「賈似道既相，起知撫州。秋崖辭已題廢印歷，無出仕意。似道與再給印歷，盡復原官，給之也。不得已，巽辭以謝。謂似道釋憾而不然，果以言者寢新命。」

按：賈似道于上年軍漢陽時，詭其「再造」之功，進爲右相，本年四月入朝。令沈炎劾吳潛過失，罷其左相（六月，似道改立忠王為太子，潛獨不然)。上述給印復官之騙局，當在潛落職、似道獨專朝政後。

七月，吳潛謫建昌軍。八月，程元鳳爲淮浙發運使，判平江府。十一月，吳潛竄湖州。

四月，饒虎臣參知政事。八月，削二秩，奪資政殿學士，罷祠。岳晚年，方回來訪，失甲子，附此待考。

景定二年辛酉，六十三歲。

在家閑居。

是年七月陳韡卒。吳潛責授化州團練使，循州安置。十月，程元鳳授特進，觀文殿大學士，醴泉觀使兼侍讀，有《訥齋集》。岳有《題訥齋》詩，無甲子，當係晚年之作。姑附此年。

景定三年壬戌，六十四歲。

卒于家，葬荷嘉塢。

《洪傳》云：「景定三年壬戌卒，年六十四。官朝散大夫，自謂秋崖人，所居堂曰歸來館……自謂歸藏之所曰繭窩。氣貌清古，音如洪鐘，詩文與四六不用古律，以意爲之，語或天出。有《秋崖小稿》行于世，重修《南北史》一百一十卷。《宗維訓錄》十卷，未傳。」

三月，程元鳳除少傅、右丞相兼樞密使，進吉國公，明年致仕。婺源人汪立信升直華文閣，知江州，主管江西安撫司公事，節制蘄、黄、興國三郡軍馬。六月，吳潛被毒死于循州謫所。董槐致仕。

是年，劉辰翁舉進士，以廷試對策忤賈似道，列丙等。是年王寔知祁門縣事，岳作《答王宰》。

忠簡公年譜

（清）李履中 編

尹波 校點

光緒刊本《文溪集》卷首

李昴英（一二〇一—一二五七），字俊明，號文溪。前人或書其名爲李昂英、李公昴及李公昂，番禺（今廣東廣州）人。寶慶二年進士，調汀州推官，以退賊功遷太學正，遷博士。端平間爲校書郎，嘉熙間累遷著作郎兼史館校勘，權兵部郎中，出爲福建提舉。淳祐間入朝，請正史嵩之之罪，以伸杜範、劉漢弼、徐元杰之冤，擢右正言兼侍講。以論陳明、趙與𥲅，與在外差遣，三學諸生餞行詩有「庾嶺梅花清似玉，一番香要一番寒」之句。居家數載，起爲江西提刑，兼知贛州。寶祐二年，召爲大宗正卿，兼侍講，除右史，遷左史，擢吏部侍郎。三年，因論救御史洪天錫，與俱貶，歸隱五羊文溪。五年卒，年五十七。謚忠簡。

昴英天性勁直，議論高邁。爲文質實簡勁，詩風遒健，詞風近辛棄疾，以豪語見長。元至元間，其門人李春叟輯其文集爲《文溪存稿》二十卷。事見《廣州人物傳》卷九《宋吏部右侍郎李忠簡公昴英》、李殿苞《忠簡先公行狀》（清康熙七年刊本《李忠簡公文溪集》附）。

清乾隆三十八年，裔孫李履中補修李瑄郎刻本《文溪集》，編爲年譜一卷，今據道光二十年南海伍氏詩雪軒刊本《文溪集》卷首所附年譜校點。譜極簡略，僅概述生平歷官、章奏及子嗣生日、後世崇奉等，雖逐年叙事，然多空白，蓋據家譜掇拾而成，文集、史志均未及細考。

忠簡公年譜

十五世孫履中謹撰

宋寧宗嘉泰元年辛酉

九月二十一日，大星降庭，公生。

壬戌

癸亥

甲子

乙丑，寧宗開禧元年

丙寅

母開國夫人黎氏卒。

丁卯

戊辰，嘉定元年

己巳

庚午

辛未，十一歲。

壬申

癸酉

甲戌

乙亥

丙子

丁丑

戊寅

己卯

庚辰

辛巳，二十一歲。

壬午

鄉科，以《春秋》掄元。

癸未

甲申寧宗帝崩。

理宗寶慶元年乙酉

丙戌

登王會龍榜鼎甲第三名。是年進士榜九百八十七人。

長子將仕郎、轉澤議郎壽道公生。

丁亥

戊子，理宗紹定元年。

己丑

任汀州推官。守陳孝嚴虐下，畔兵王寶閉關欲殺守，公以身翼，守得免。

次子恩蔭文林郎、歷官輅院守道公生。

庚寅

辛卯，三十一歲。

三子癸丑進士、寶謨閣、工部侍郎志道公生。

壬辰

四子直秘閣、中大夫、以軍功特賜進士、廉州提刑、參軍性道公生。

癸巳

朱積寶合礤寇圍汀州，平之，除太學正。家居。

甲午，理宗端平元年

五子壬戌進士、朝列大夫、都督府參幹中外諸軍事由道公生。

乙未

除武學博士，未赴。摧鋒軍曾忠作亂，圍廣州，公縋城諭賊。賊平，除大理司直，復除太學博士。

丙申

陛見，上《謹身用人守法厲俗疏》。

丁酉，理宗嘉熙元年

典試貢闈。

戊戌

除校書郎，兼榮王府教授。五月，改秘書郎，兼沂王府教授。遷著作郎，兼屯田郎。上改過進德、親賢遠奸等疏，帝皆納。除直秘閣、知贛州。奉詔召清獻崔公還朝。尋遷知大宗丞，擢兵部郎。親老，乞外便養，除直秘閣、福建寧憲倉提舉。

己亥

糾劾贓吏，損俸賑饑，全活者數萬人。

十月，清獻崔公卒，請歸服心喪，不許。

庚子

父奉直大夫、贈龍圖閣待制、尚書吏部侍郎、番禺開國男天棐公卒。

辛丑，理宗淳祐元年，公四十一歲。

奉柩葬增城南鄉嶺，築室墓下，累召不起。

壬寅

癸卯

甲辰

廣帥方大琮建四先生祠，一、直秘閣先祖昴英，二、校書古成之，三、秘書溫若春，四、正言郭閶。

乙巳

授吏部郎官，乞祠，不允。

丙午

上《建儲疏》，劾奏范鍾、史嵩之、吳知古奸邪，不報。乞伸杜範、劉漢弼、徐元杰三賢暴死狀，帝動容，除右正言，記姓名御屏。上《道心疏》，復上《建儲疏》。劾奏史嵩之奸邪誤國，不報，三疏乃罷嵩。奏劾陳韡、趙與𥲅誤國，不納；再疏，不納，掛冠歸。

丁未

十一月，除知贛州，不赴。

十二月，依舊直秘閣，除福建提刑，又改知漳州，俱不赴。

戊申

上鄭丞相清之求免贛州書，上免福建提刑狀。

己酉

權鄉帥邱迪嘉誣指平民爲盜，公繳誥敕留郡庫，乞辨民冤，全活數百人。

庚戌

辛亥，五十一歲。

壬子

除直寶謨閣、江西憲使，兼知贛州。罷官酤，置平糴倉，行鄉飲酒禮，親製鄉飲禮文并《禮成》詩二章，大夫士崇奉祠公，公力辭。

癸丑，理宗寶祐元年

江西峒酋亂，公撰《有子孝弟章講義》誨之，峒酋化。御史徐清叟奏其事，詔以其本頒示天下，使爲矜式。陞直寶文閣。

甲寅

除大宗正卿，兼國史院編修、實錄院檢討。奏劾賈似道、丁大全，諫幸西太乙，帝皆納。除兼翰林侍講學士。贊皇子忠王冠禮，進太常卿。禮成，除右史，遷左史，兼權吏部右侍郎，尋除龍圖閣待制、尚書吏部左侍郎，兼翰林學士，監修國史，封番禺開國男，食邑三百戶。

乙卯

劾盧允升、董宋臣二巨閹，不報，再疏不報，遂歸隱文溪。

丙辰

詔除端明殿學士，僉書樞密院事，不赴。御書「久遠文溪嚮陽堂」數大字賜之。

丁巳

秋八月初九，大星隕，公薨。謚忠簡，賜葬增城縣豐湖山。

公薨五年，景定二年辛酉，大夫士奉公木主入祀廣州府學鄉賢祠、番禺縣學鄉賢祠。景定三年壬戌，漕使洪天錫祠公海珠山，請於朝，春秋賜祭。明嘉靖十五年，僉憲李公默祠公於城西。國朝乾隆癸酉，督撫各憲奉公木主入祀粵秀書院先賢堂中。

舒闞風年譜

（近）干人俊 編

李春梅校點

民國年間油印本

舒岳祥（一二一九—一二九八），字舜侯，以舊字景薛行，寧海（今屬浙江）閬風里人，學者稱閬風先生。弱冠識陳耆卿，獲從吴子良游，以文名滿天下。寶祐四年進士，攝知定海縣，爲湖州掌書記，金陵總餉陳蒙以黄州分司大軍倉辟入總幕，沿海制置使鮑度以五鄉酒官辟入閫幕。德祐初，曾淵子承謝堂意辟爲户部酒所準備差遣，辭不就。歸鄉不仕，教授田里，築亭館臺榭，植竹樹花果，曲折爲逕如篆文，命曰篆畦，時與賓友吟咏其間。元大德二年卒，年八十。

岳祥有文名，吴子良以賈誼、終軍、李賀、王令、邢居實比之。宋亡後，義不仕元，而詩文多故國黍離之悲。著有《蓀墅稿》、《史述》、《漢砭》、《補史》、《家録》，成于宋亡以前；《避地稿》、《篆畦稿》、《蝶軒稿》、《梧竹里稿》、《三史纂言》、《談叢》、《叢續》、《叢殘》、《叢傳》、《叢肆》、《昔游録》、《深衣圖説》共二百二十卷，作于宋亡以後，均已佚。今存《閬風集》十二卷，清四庫館臣輯自《永樂大典》。事蹟見門人劉莊孫《舒閬風先生行狀》。

本譜爲近人寧海王人俊撰，自序稱「凡四卷，可四萬言」，今存北京圖書館藏民國年間油印本，僅二萬餘字，分卷首一卷、正譜一卷及附録，則已非原譜。今據以點校，譜中引文，偶有誤字，兹據文淵閣《四庫全書》本《閬風集》覈訂，不另出校。

舒閬風年譜自序

吾寧古稱荒域，僻處海濱。晋唐之間，人物無聞。迨至趙宋，群賢彪炳，而氣節之士尤盛，葉西澗、舒閬風、胡梅磵、劉樗園皆其卓著者。葉爲南渡名相，有年譜一卷，其子應友撰，《浙江通志》著録。舒、胡、劉爲宋遺民，即全謝山所稱天台三宿儒也，而其年譜則未之見。余生三先生之鄉，與其故里僅一峰之隔，且余村雁蒼之麓，爲其同避元亂講學處。每返鄉里，謁其墓堂，瞻其芳躅，而三先生拳拳故國之思，仳離慘惻之狀，時呈心目，感慨不已，因嘗思撰其年譜以昭揚焉。辛巳春，鄞奉陷淪，閬風故里毗連其境，余心戚戚，遂于先生忌日起草是譜。秋間執教柏坑奉中，暇，方續撰而風鶴頻傳，遂又中止。壬午春，以三門偏安，改任古中教導，復續輯。五月，蛇盤洋敵登陸，一夕數驚，事又中輟。癸未秋，奉中遷入鄉之裹岙，余以主纂《新寧區志》，復回教其校。時邑有文展會之舉，促余速成斯譜，旬日脱稿，然淺陋草率，非初意也。甲申秋，余以纂修縣志之餘，欲博證諸志，重爲增訂。詎鄉里匪火，以稿藏不慎，遭雨濕成團，數經薰曝，仍多不可辨。今年春携來天台，偷閑重訂。六月廿七日，閩甌敵寇突竄天台，遂携稿冒雨避北山。七月八日，敵踪已遠，始返城寓，專力斯篇。閲月書成，凡四卷，可四萬言。時寧海城陷一月又十二日也。嗚呼！先生身遭國變，入鄞入剡，寄居棠溪，逃匿荒山，不避吏即避兵，流離坎坷，可謂已甚。後六百餘年，余爲輯其年譜，顛沛困阨，一若其生前者，此真千古傷心人也！先生學出自水心，《宋元學案》已詳，所著見《國史經籍》，《永樂大典》本猶存。余不文，焉足傳先生，而所以兢兢于此者，有冀博雅君子以此爲藍本也。民國乙酉八月十六日，即寧海敵退後一日，新寧干人俊叙于天台華樓巷寓所。

宋舒閬風年譜卷首

寧海干人俊初稿

《明一統志》：舒岳祥，天台人。以文學師表一代，奉化戴表元從而受業。大德間，表元爲東南大家，其學得於岳祥者爲多。案：《大清一統志》略同。

《宋元學案》：舒岳祥，字舜侯，一字景薛，寧海人也。寶祐進士，仕終承直郎。受文法於吴荆溪，荆溪序其集，以「異稟靈識」稱之。宋亡，避地四明之奉化，與戴表元相友善。所著有《史述》、《漢砭》、《補史》、《家録》、《蓀墅稿》、《避地稿》、《篆畦稿》、《蝶軒稿》、《梧竹里稿》、《三史纂言》、《談叢》，又有《叢續》、《叢殘》、《叢隸》、雲濠案：「叢隸」當是「叢肆」之誤。《昔遊録》、《深衣圖説》，共二百二十卷，通曰《閬風集》，雲濠案：《永樂大典》本《閬風集》十二卷，收入《四庫》。今多不傳。然自水心傳於篔窗，以至荆溪，文勝于學，閬風則但以文著矣。

謝鐸《赤城新志》：舒岳祥，字舜侯，一字景薛，寧海人。寶祐四年進士，官終承直郎。年二十六時，以文見吴荆谿，荆谿稱其異稟靈識，如漢賈誼、終軍，唐李觀、李賀，本朝王令、邢居實輩，後果以文學名。奉化戴表元，在元大德間爲東南大家，其學得於岳祥者爲多。所著有《史述》、《漢砭》、《補史》、《家録》、《蓀墅稿》、《避地稿》、《篆畦稿》、《蝶軒稿》、《梧竹里稿》、《三史纂言》、《談叢》、《叢續》、《叢傳》、《叢肆》、《昔游録》、《深衣圖説》凡二百二十卷。學者稱爲閬風先生。案《兩浙名賢録》。

康熙《浙江通志》：舒岳祥，寧海人。寶祐進士，終承直郎。初授奉化尉，葉夢鼎薦起之，憂去。故人陳蒙總餉金陵，辟入幕府，與商軍國之政。蒙以讒去，沿江制閫爭辟之，皆不就。尋有欲留岳祥於都訂論溫公《通鑑》，事成，薦之經筵。岳祥將從之，與門人劉莊孫載書冊以往。時賈似道當國，以岳祥尙氣簡直，將盤折抑挫而後用之，徑棄去不顧。踰年賈敗，始知岳祥審去就之義。弟斗祥，性文雅，好學尙禮。淳祐進士，官長洲令。案：康熙《寧海縣志》、《台州府志》略同。

光緒《台州府志》：舒岳祥，字舜侯，一字景薛，寧海人。七歲能作古文，年二十六，以文見吳子良。子良驚喜，稱其異稟靈識，如漢賈誼、終軍，唐李觀、李賀，本朝王令、邢居實諸人，恨得之晚。寶祐四年登進士第，授奉化尉。葉夢鼎薦起之，憂去。故人陳蒙總餉金陵，辟入幕府。蒙以讒去，沿江制閫爭辟之，皆不就。尋有欲留岳祥於都訂論溫公《通鑑》，事成，薦之經筵，因辟爲戶部酒務準備差遣。岳祥將從之，與門人劉莊孫載書冊往。時賈似道當國，以岳祥尙氣簡直，將挫抑而後用之。命下，徑棄去不顧，人莫解其意。踰年賈敗，始知岳祥去就之義審。終承直郎。宋亡不仕，隱居教授，爲赤城書堂長。嘗避地之奉化，戴表元從其受學。初與袁洪遊，洪遣子桷往師之。晚益覃思著作，詩文皆稱心而出，不事雕續。著有《深衣圖說》、《三史纂言》、《史述》、《漢砭》、《補史》、《家錄》、《蓀墅稿》、《避地稿》、《蝶軒稿》、《梧竹里稿》、《談叢》、《叢續》、《叢殘》、《叢傳》、《叢肆》、《昔遊錄》，都二百二十卷。學者稱閬風先生，祀鄉賢祠。子五人，庭堅、仲容、仲堪、叔獻、季臨。叔獻官新昌教諭，亦能文。弟斗祥，字景韓，好學尙禮。淳祐七年進士第，官長洲令。履祥，字景申，讀書孝謹，舉州學教授。娶臨海謝氏女，以椒房之戚，有恩賜坊。初號松崖，晚自號獨樂翁。又有林處恭，臨海人，性行醇篤，受業於舒岳祥，隱居教授，弟子極盛，著有《四書指掌圖》。

光緒《寧海縣志》：舒岳祥，字景薛，一字舜侯，寶祐四年進士，官終承直郎。童時出語驚人，博通五經。年二十六時，以文見荆谿吴子良，子良稱其異稟靈識，如漢終、賈。爲文刊黜浮華，本之於道。初授奉化尉，葉夢鼎薦起之，憂去。故人陳蒙總餉金陵，辟入幕府，與商軍國之政，暇則談文講道，不煩以吏事。蒙以讒去，沿江制閫爭辟之，皆不就。尋有欲留岳祥於都訂論溫公《通鑑》，事成，薦之經筵。岳祥將從之，與門人劉莊孫載書冊以往。時賈似道當國，以岳祥尙氣簡直，將盤折抑挫而後用之。命下，徑棄去不顧，人莫解其意。踰年賈敗，始知岳〔祥〕審去就之義。宋鼎革，不仕，爲赤城書堂長，教授鄉里。其規約如藍田麗澤，一時人文之盛，五邑無比。剡源戴表元、四明袁桷並從岳祥遊。晚益覃思著作，詩文皆稱心而出，自有不履不衫之致。有《詩訣》一首云：「欲自柳州參靖節，將邀東野適盧同。」其宗旨可見也。當時與甬上王應麟並以文名海內。所著見《藝文》。居閬風里，學者稱爲閬風先生，祀鄉賢。舊志、府志，參《四庫全書總目》、《寧海典略》。按：《通志》作臨海人，非。

宋舒岳祥年譜卷一

寧海干人俊初稿

宋寧宗嘉定十二年己卯，一歲。

是年十一月二十七日乙亥，先生生。有先生《庚辰元旦試筆》詩可證。詩曰：「數我初生歲，今爲第二年。光陰六十過，輩行幾人全。試把新詩寫，閒將好夢圓。兒孫扶出拜，蘇酒讓渠先。」（《閬風集》卷三）

是歲春正月，金人復寇西和、成、鳳州，入黄牛堡。吳政拒戰，死之（《綱鑑》）。

又有《喜孫繩祖彌月》詩可證。詩引云：「臘月朔，第二孫繩祖彌月，喜其與翁同十一月，而又皆乙亥時也。因賦以祝之。」詩云：「繩祖初彌月，清晨抱見翁。頗憐頭額大，兼愛月時同。句法何時就？家聲待汝洪。吾年八十二，方見汝成童。」

是歲，先生曾祖母王夫人年九十六歲。劉正仲《閬風行狀》云：「初，公之生也，其曾祖母王夫人年九十六，夢人授公母安人以珠網。拙齋問其狀，以爲與奎象類，故始名奎。」

宋嘉定十三年庚辰，二歲。

宋嘉定十四年辛巳，三歲。

六月，宋立沂王嗣子貴和爲皇子，更名竑（《綱鑑》）。

宋嘉定十五年壬午，四歲。

宋嘉定十六年癸未，五歲。

本學派祖葉適卒（年七十四）。《水心學案·舒傳》云：「然自水心傳于篔窗，以至荆溪，文勝于學，閬風則但以文著矣。」（《宋元學案》）

六月，天台賈涉卒，賜謚忠肅（《宋史》）。

友人王應麟生（《玉海·深甯年譜》）。

宋嘉定十七年甲申，六歲。

八月，帝有疾，史彌遠矯詔立沂王嗣子貴誠爲皇太子，更名昀。帝崩，昀即位，是爲理宗。封皇子竑爲濟陽郡王（《綱鑑》）。

宋理宗寶慶元年乙酉，七歲。

始能作古文。

袁桷《清容集·先君師友淵源録》云：「舒岳祥，台州甯海人。七歲能作古文。」

二月，賜鄂王岳飛謚忠穆（《宋史》）。

秋七月，彭義斌狥莫定，嚴實以元師來戰。義斌死之。實復盡取京東州縣（史天澤擒義斌，説之降，義斌駡聲曰：「我大宋臣，義豈為他臣屬邪？」遂死之）（《綱鑑》）。

湖州人潘壬起兵，謀立濟王竑，討平之（《綱鑑》）。

宋寶慶二年丙戌，八歲。

能悟象山之學。

劉正仲撰《閬風行狀》云：「拙齋少從其宗人文靖公璘學，得象山大意。微以語，公輒悟。」（《閬風集》附録）

業師吳子良第進士（《台州光緒志》）。

詔贈舒璘謚文靖（《宋史》）。

妻父及邑人鄭發第進士（邑志）。

《故孺人王氏墓誌銘》云：「其里鄰西洲之鄭、東蒼之葉，鄭由發運公霖、尚書公發，葉由丞相太傅公夢鼎，以讀書科第起家，爲台盛大之族。王者諸王有渭翁，與孺人之父處士昺，與鄭、葉諸公以讀書應舉相往來，有聞于鄉。」

宋寶慶三年丁亥，九歲。

能會朱、陸深微之論，作《原性》諸文。

劉正仲撰先生《行狀》云：「是時國家方表章建安朱氏學。公稍長，聞其說於耆老大儒。作《原性》諸文，寔能會朱、陸深微之論。」（《閬風集》附録）

是歲春正月，詔贈朱熹太師、信國公（《綱鑑》）。

宋理宗紹定元年戊子，十歲。

先生父復堂以是歲用趙丞相葵牒試浙（曹）〔漕〕舉場，預薦。

劉正仲撰先生《行狀》云：「復堂以紹定戊子用趙丞相葵牒試浙（曹）〔漕〕舉場，預薦。其後當以累舉恩補官，不拜。」

陳耆卿簣窗除秘書郎（光緒《台州府志》）。

宋紹定二年己丑，十一歲。

妻父友邑人鄭霖（發兄）第進士（邑志）。

宋紹定三年庚寅，十二歲。

十二月，立皇后謝氏（后臨海人，丞相深甫之孫）。

四月，門人胡三省（梅磵）生（考《胡身之墓碑》作寶慶六年）。

陳耆卿除著作佐郎（《台州光緒志》）。

宋紹定四年辛卯，十三歲。

蒙古以耶律楚材爲中書令。

宋紹定五年壬辰，十四歲。

鄉人胡一之（上湖人）第進士。

宋紹定六年癸巳，十五歲。

是歲，先生與王耆奧王昺之女王孺人訂婚，孺人長先生七歲。

《故孺人王氏墓誌銘》云：「孺人年二十二而後歸于我。蚤喪（父）母，〔父〕病末疾。孺人一意順奉，扶翊卧起，湯藥饘粥，必親必躬。初不忍嫁，誓老於親旁，既而考疾稍能自支，不欲遂其不字之志，乃遲之以歸我。」又云：「孺人長予七歲。」

鄉友劉莊孫（正仲）生（《劉氏譜》）。

蒙古伐金，取洛陽，金主走蔡州。

宋理宗端平元年甲午，十六歲。

是歲，陳耆卿兼國史館編修官，除（收使）（將作）少監（《台州光緒志》）。

三月，蒙古滅金。

宋端平二年乙未，十七歲。

是歲，先生與王孺人結婚（孺人年二十二）。

《祭妻父王公文》云：「嗚呼！我年十七，爲公之壻，年三十二，哭公之逝。」（《閬風集》卷十二）

邑人儲國秀第進士（邑志有傳）。

蒙古都和林。

宋端平三年丙申，十八歲。

同年文天祥生（《歷代名人年譜》）。

宋理宗嘉熙元年丁酉，十九歲。

友人葉夢鼎賜出身制科（邑志有傳）。

宋嘉熙二年戊戌，二十歲。

鄉人張玘（裏岙人）第進士（邑志）。

宋嘉熙三年己亥，二十一歲。

是歲，識陳耆卿先生。

劉正仲撰《舒閬風行狀》云：「弱冠識篔窗先生陳公。」（《閬風集》附録）

孟珙復襄陽。

宋嘉熙四年庚子，二十二歲。

宋理宗淳祐元年辛丑，二十三歲。

友人王應麟第進士，年十九歲（《玉海·深寧年譜》）。

鄉人李起潛（深甽人）第進士。

蒙古大破北歐諸國之聯軍。

宋淳祐二年壬寅，二十四歲。

是歲，業師吳子良除祕書丞，提舉淮東（光緒《台州府志》）。

宋淳祐三年癸卯，二十五歲。

是歲，先生遊臨海，于荆谿座中識董楷、董樸弟兄。

《祭董正翁文》云：「癸卯之秋，僕游霞城。荆谿座中，識君弟兄。論雖罕同，心自此傾。丁未進士，華翁（董樸）先登，吾季與焉，爲同年生。君於丙辰，賜第集英，僕廁榜下。」（《閬風集》十二）

宋淳祐四年甲辰，二十六歲。

是歲，以文見吳子良。子良驚喜，稱其「異稟靈識，如漢賈誼、終軍，唐李觀、李賀，本朝王令、邢居實諸人」，恨得之晚（《台州光緒志》、吳子良《閬風集序》）。

吳子良《閬風集序》云：「余自丱學文，諗游從於海內，欲求異稟靈識如漢賈誼、終軍、唐李賀、本朝王令、邢居實輩，杳不可復得。輒過疑天地間春淑秋澄之氣，徒歲鍾於奇葩怪植，殊珍大貝，而人獨受之者少耶？不然，則余之耳目狹，不足以得也。癸卯秋八月，乃始得舒生，首示余兩編。余讀《蓀墅稿》，如登岱華，檜柏松椿、樅杉楩樟之幹掀舞而偃踞，槎牙而陰森；如涉大海，龍蜃蛟螭、鯤鯨黿鼉，號風噀雨，叱霆振電，朝莫變怪之百出；如觀武庫，戈甲犀利，光芒閃爍，毛髮森聳而膽爲寒；如步寒皋，眺遠渚，煙深月淡，雁嘈嗥而鶴孤唳。讀《史述》，如神禹隨山刊木，百川順逆之勢畢露；如季札觀周樂，聘列國，逆料其理亂興亡皆暗合；如馮婦徒手搏虎，

如子路片言折獄。蓋其通達近誼，辯博近軍，瞻鬱近觀，奇詭近賀，勁挺近令，清峭近居實。余驚喜，恨得之晚，進之曰：『誼也隘，軍也諂，觀也膚，賀也浮，令也激，居實也傖，生豈此之儷乎哉？』余聞之也，論太高者奇勝正，其於行流之狂；辭太工者華掩質，其於學失之贅。惟趨平實，則一祖孔氏，莊、列其誕者也；惟務正大，則一宗孟氏，屈、馬其靡者也。生既蚤獵羣書，氣豪骨老，不肯躡舉子後，方且磨礲浸灌於性命道德之說，駸駸焉，異稟靈識，孰如生者，生其此之慎乎哉！今生之年甫二十有六，異稟益宜養，靈識益宜充。又二十六年，巋然以行學立閬風上，追前哲而啓從來者必生也。」（《閬風集》）

鄉人孫乾、孫桂發（均樟樹人）第進士。

門人奉化戴表元生。

《戴先生墓誌》云：「方是時，禮部尚書王公應麟、天台舒公岳祥師表一代，先生獨執弟子禮。」（袁桷《清容集》）

宋淳祐五年乙巳，二十七歲。

是歲，業師吳子良爲兩浙轉運判官，提舉兩道（吴自撰《州學六賢祠記》）。

宋淳祐六年丙午，二十八歲。

是歲，業師吳子良除左郎官（《台州光緒志》）。

蒙古定宗貴由立。

宋將孟珙卒。

友人董樸第進士。

宋淳祐七年丁未，二十九歲。

弟舒斗祥第進士。

康熙《浙江通志》云：「弟斗祥，性文雅，好學尚禮，淳祐進士，官長洲令。」

（《閬風集》附録）

宋淳祐八年戊申，三十歲。

是歲，業師吴子良以朝散大夫除直敷文閣、江南西路轉運判官，兼權隆興府（吴自撰《赤城集序》）。

宋淳祐九年己酉，三十一歲。

始出應進士舉。

《故孺人王氏墓誌銘》云：「己酉，予始勉出應進士舉。偶濫鄉試首薦，既而就省闈，鷁退而反。予自悔此出，林壑改操矣。」其無意功名，于此可見。

宋淳祐十年庚戌，三十二歲。

是歲，先生岳父王公逝世。

《祭妻父王公文》云：「嗚呼！我年十七，爲公之壻。年三十二，哭公之逝。」（《閬風集》卷十二）

宋淳祐十一年辛亥，三十三歲。

蒙古憲宗蒙哥立。

宋淳祐十二年壬子，三十四歲。

宋理宗寶祐元年癸丑，三十五歲。

宋寶祐二年甲寅，三十六歲。

宋寶祐三年乙卯，三十七歲。

是歲，先生中舉。

《故孺人王氏墓誌銘》云：「既而再中乙卯舉，遂忝丙辰科進士。」（《閬風集》卷十二）

是年，友人王應麟差揚州學教授（《玉海·深寧年譜》）。

宋寶祐四年丙辰，三十八歲。

是歲，先生第文天祥榜進士。

其家創築篆畦，有好翁亭、乘桴亭、羽人臺、燕嬉舟、楊柳柢、長友亭、書味軒、芰荷洲諸勝。

《篆畦詩序》云：「篆畦者，予宅西之小

園也。」（《閬風集》卷十）又云：「畦創于寶祐丙辰，今三十年矣。」（《閬風集》卷十）

同年同邑第進士者有鄭瑤、方壽朋、吳思睿、王剛中、胡三省等。

友人王應麟試博學宏詞科，中選（《玉海·深寧年譜》）。

宋寶祐五年丁巳，三十九歲。

蒙古入寇，圍襄陽。

宋寶祐六年戊午，四十歲。

春二月，友人馬光祖爲京湖制置使，知江陵府（《宋史》）。

劉正仲撰《閬風先生行狀》云：「然爲之舉主者皆其時名人，曰……馬參政光祖。」（《閬風集》附録）

友人王應麟通判台州（《深寧年譜》）。

蒙古滅大食，建伊兒汗國。

宋理宗開慶元年己未，四十一歲。

十月，友人吳潛爲左丞相兼樞密使（《宋史》）。

劉正仲撰《閬風先生行狀》云：「然爲之舉主者皆其時名人，曰吳丞相潛。」（《閬風集》附録）

賈似道乞和于蒙古，鄂州圍解。

宋理宗景定元年庚申，四十二歲。

四月，友人吳潛罷（《宋史》）。

是年，先生鄉人趙公時稟邀攝霅州（湖州）書記。

劉正仲撰先生《行狀》云：「有趙公時稟，鄉人也。守霅，以檄公攝其州掌書記。遇度廟登極，例有犒軍錢。時朝廷方廢十七界會子，而以關子與十八界會子並行。民間訛言十八界亦廢，軍人必欲得關子而後謝，突入府廷噪讙，府軍時未有見闕，倚公辦集，立論遏軍人。公立杖主計吏，以便宜立具見闕，曉以一言，皆諾而退。已而陰察倡亂者誅之，若無事。趙公將聞於朝，辟爲眞，公謝止之。」（《閬風集》附録）

宋景定五年甲子，四十六歲。

蒙古世祖入都于燕，改元至元。

宋度宗咸淳元年乙丑，四十七歲。

邑人王渭應翰林修撰。

賈似道封魏國公。

宋咸淳二年丙寅，四十八歲。

宋咸淳三年丁卯，四十九歲。

是年，門人袁桷生（《歷代名人年譜》）。

《先君師友淵源錄》云：「舒岳祥，台州寧海人……以師道自任，好譏侮。晚歲詩益工，官慶元。時與之遊，復作書俾桷往師之。」（袁桷《清容集》）

秋，友人葉夢鼎爲右丞相，兼樞密使，固辭，不許（《宋史》）。

劉正仲撰《閬風行狀》云：「而故相葉信公時在西府，亦以文字官薦。先被旨考授國子生補試，旦夕且除職事官。」（《閬風集》附録）

門人胡三省差充壽春府府學教授（《胡身之墓碑》）。

友人王應麟除禮部侍郎（《玉海·年譜》）。

宋咸淳四年戊辰，五十歲。

從弟舒景雲第進士（《光緒志》）。

劉正仲撰先生《行狀》云：「其弟景雲由太學内舍登進士第，官至奉國軍節〔度〕推官。」（《閬風集》附録）

鄉人孫銘（二都人）、馮唐英（石孔人）、李應雷（上胡人）同第進士。

宋咸淳五年己巳，五十一歲。

友人葉夢鼎上疏乞致仕，不待報而去（《宋史》）。
三月，友人江萬里爲左丞相兼樞密使（《宋史》）。
劉正仲撰先生《行狀》云：「然爲之舉主者皆其時名人，曰……江丞相萬里。」（《閬風集》附録）
宋咸淳六年庚午，五十二歲。
是歲，門人胡三省從淮壖歸杭都，延平廖某見（而）賿之，禮致諸家，俾以授其子弟（全祖望《胡梅礀藏書窖記》）。
六月，江萬里罷（《宋史》）。
友人王應麟知徽州（《玉海·年譜》）。
宋咸淳七年辛未，五十三歲。
蒙古入寇。
蒙古改國號元。
宋咸淳八年壬申，五十四歲。
是歲，謝敬齋昌元惠先生筇杖，有《憶筇竹杖詞》。
詩序云：「謝敬齋昌元所惠，出入與俱五年矣。丙子避地留致庵，歸訪之，已失所在。」詩云：「筇竹杖，筇竹杖，敬齋惠我倖璆蕩。萬里岷江下峽船，大竹一筒中貯兩。四明直在海東頭，我得一條長在掌。蛟龍已蛻脊骨全，色如黄玉中心堅。節圍五寸莖似筆，重如鐵石聲鏗然。杖兮杖兮吾與爾，曾入千巖萬壑裏。虎豹遠遁兮魑魅不逢，走及狙公兮追及鹿。子忽不見兮誰從，寧入水兮爲龍，或以撾馬兮其毀不逢。日暮兮山空篁竹，鬼歗兮霧雨其濛。」
十二月，詔召友人葉夢鼎爲少傅、右丞相兼樞密使，固辭不至（《宋史》）。
宋咸淳九年癸酉，五十五歲。

友人謝堂欲留先生于都，共訂諸儒所評論司馬公《通鑑》事。

劉正仲撰先生《行狀》云：「辟書上，會恕齋謝樞密以節度使奉朝請，名戚里，好賢下士，欲留公於都，共訂諸儒所評論司馬公《通鑑》，將成一家之作，奏入經筵備講讀，公將從之，曰：『此豈不差賢於數千里從人作吏者乎？何惜以此成謝公之美。』乃謂其門人太學劉莊孫曰：『向嘗與子有西湖之約，便當載筆硯書冊，日就湖中共成此事，可乎？』謝公聞之欣然。」（《寧海志·藝文内編》）

樊城陷，襄陽降于元。

宋咸淳十年甲戌，五十六歲。

是歲，風（景）〔京〕尹南豐曾公淵子辟先生爲戶部酒所準備差遣，以賈似道當國，（經）〔徑〕棄去不顧。

劉正仲撰先生《行狀》云：「風京尹南豐曾公淵子辟公爲戶部酒所準備差遣，賈魏公時當國，以此職爲朝士梯級。賈亦素知公名，嘗欲用爲朝士，以公尚氣簡直，向人不肯作輭媚語，不即用，將盤摺抑挫，久困而後用之。命下，意有所不樂，徑棄去不顧。知公者亦莫解其去意。踰年而賈敗，始知公審於去就之義，見機而作也。」（光緒《寧海志·藝文内編》）

鄉友胡三省差充主管沿江制置司機宜文字，官至朝奉郎。自是隱居二十餘年，屏謝人事。以著書爲樂（《胡身之墓碑》）。

鄉人郞濟民（江瑶人）、俞宗可（馬墺人）同第進士（郞，邑志有傳）。

邑人李湑孫、范邦惠同第進士（李，邑志有傳）。

元將伯顏大舉入寇。

宋恭帝德祐元年乙亥，五十七歲。

二月，友人江萬里故相以元人狥饒州，城破，遂赴〔正〕〔止〕水死。左右及子鎬相繼投沼內，積屍如疊。翼日，萬里屍〔濁〕〔獨〕浮出，從者斂葬之（《宋史》）。

同月，文天祥起兵勤王（《宋史》）。

同月，友人李芾遣兵入援（《宋史》）。劉正仲撰先生《行狀》云：「然爲之舉主者皆其時名人，曰……李尚書芾云。」（《閬風集》附録）

同月，賈似道有罪免（《宋史》）。

七月，貶賈似道于循州安置，監押官鄭虎臣諷令自殺。似道不從，虎臣拘似道之子于別室，即廁上拉似道胸殺之。

十一月，友人王應麟除禮部尚書，旋以疏入不報東歸（《玉海·年譜》）。

是年，門人戴表元歸剡源。先生有《喜帥初歸剡》詩。

詩云：「吳客多留越，君尋古剡歸。民貧官箠急，歲歉米船稀。嶺鹿三丫入，谿鱸一尺肥。榆林知可隱，安得翅能飛？」（《閬風集》卷三）

是歲，同年慈溪黃震移浙東提舉常平，兼福王與芮王府長史。

先生亂後有《擬寄》詩，詩引云：「往時予有湖湘之遊，同年黃東發提舉以清江楮衾贈別，藏之四年矣。山房夜寒，覆之甚佳。亂後不知東發避地何處，作此擬寄。」詩云：「我昔向湘潭，故人貽我別。珍於錦鯨贈，未數綈袍脫。溫如陽春曦，白似臘天雪。香收禪榻雲，光映書齋月。政爾獨眠佳，毋使惡臥裂。

陰寒不內侵，和氣無外泄。自從離亂來，袍縕罄攘奪。惟此寄僧房，與書俱不滅。我生本蠹魚，自愛紙中穴。宛如蠶作繭，蛾吐眉眼茁。夜來初肅霜，子美衾似鐵。忽憶此青氈，覆我儉且潔。中有布衾銘，此銘無冷熱。」（《閬風集》卷一）

夏四月，以福王與芮爲浙東安撫使，開府紹興（《宋史》）。

十二月，友人謝堂賜同進士出身，除知樞密院事（《宋史·宰輔表》）。

宋德祐二年丙子，五十八歲。

是歲春，避地雁蒼，爲僧日損作《跋僧日損詩》曰：「今歲春，避地雁蒼，有日損師者，歸自白巖。」（《閬風集》卷十二）

初避居奉化棠奥袁仲素家。

《（慶）〔廣〕孝庵記》云：「丙子避亂，初至棠奥，〔直史館〕袁君延至其家，聚其尊穉而處焉。」（《閬風集》卷十）

初避居新昌雪溪董紹孟家。

《養志堂記》云：「今自新嵊泝源而上，至於雪溪，往往以雪得名……余因避丙子、己丑之亂而〔兩〕至其地。」（《閬風集》卷十）

《雪村聞鵑》（所）〔詩〕殆在此時作。詩云：「故國亡來身已非，千年猶訴不如歸。參天古木魂迷路，誰與黎侯賦式微。」（《閬風集》卷九）

伯顏入臨安，擄恭帝北去。

夏五月，張世傑等立端宗昰于福州，改元景炎。張世傑奉帝走潮州。

是歲，寧海慘遭兵禍。先生有詩。詩引云：「丙子兵禍，自有宇宙，寧海所未見也。予家二百指，甑石將罄，避地入剡，貸粟而食，解衣償之，不敢以淵明之主人望于人也。因讀淵明《乞食》詩，和韻書懷呈達善，亦見達善《燒痕藁》中有《陶公乞食》、《顏公乞米》二帖跋尾也。」詩云：「淵明不可及，適意惟所之。無食不免乞，折腰乃竟辭。主人必義士，知心如子期。厚饋既賙急，復酌我以卮。談諧有眞味，斯人定能詩。柳惠未失正，魯男豈可非？學陶何必乞，書此以自貽。」

元世祖至元十四年丁丑，宋端宗景炎二年。**五十九歲。**

是歲，先生年五十九，有《自壽》詩曰：「閬風老人五十九，白頭飢凍荒山走。偶然脫命得生還，閭里相看驚老醜。今朝初度最可憐，五子三孫在眼前。老妻欲作無麪餅，問訊雞孃渠未肯。海水潮小未登魚，霜後黃柑亦自疏。窮人作事天不與，只有紅梅相媚嫵。爲渠一笑買村酤，老夫自歌稚子舞。明年六十更可謂，大亂不死奈我何！」

八月初九日，倒坐籃輿而歸，有詩紀其事。詩小引云：「丙子兵禍，台、溫爲烈。寧海雖經焚掠，然耕者不廢。丁丑，麤爲有秋。但種秫者少，以醉人爲瑞物。吾亦似陶靖節，時或無酒，雅詠不輟也。八月初九日，連日雷雨，谿路阻絕，山房岑寂。此夕初霽，濁酒新漉數酌，竟步秋樹陰，潭魚可數。望前峰，老楓數十株，已無色。白鳥飛翻去來，是中有惠崇大年筆。家人遣兩力來迎，因倒坐籃輿而歸。或問之，戲答曰：『吾日莫途遠，故倒行也。』記以三絕。」

十一月十六日，作《跋王槼孫詩》。

文曰：「自京國傾覆，筆墨道絕，舉子無所用其巧，往往於極海之涯，窮山之顛，用其素所對偶聲韻者變爲詩歌，聊以寫悲辛、叙危苦耳，非其志也。」故國之思，溢于言表。

《月中桂子記》殆是年作。

《月中桂子記》云：「每遇中秋月明，輒憶此時事。今年五十九，對月悵然，此至清之精英也。」

初次省阮存思庵，有詩可證。

詩引云：「七月望日，避地省阮存思庵，留題。時章林出（自）〔白〕石可爲水晶，有旨差路縣官同金玉提舉差夫取鑿，又宿兵守之。吏卒旁午，指予爲上戶，求雞羊酒米油鐵，無以應其求，且不堪其擾也，來避於此。予念自丁丑之亂至此，凡三避矣。僧舊屋更新，悵然有感，因賦之。」詩云：「去家無十里，過岑即他鄉。避地身三到，傷時淚數行。高檐齊古樹，新屋背斜陽。我欲相鄰住，青山志未償。」亂離苦況，讀之黯然。

張世傑奉帝（端宗）走秀山。

六月二十八日，曝書龍舒山致庵，有《題蕭照山水》詩。序云：「蕭照山水四軸，得之金陵。縑素朽敗，然林壑縹緲、煙靄滅沒之態可見。丙子兵火，以寄藏崇菴，幸存，第蹂踐汙損，可爲惻然。汙此畫者，其桓玄之客歟？何寒具之跡尚存也。丁丑六月二十八日，曝書龍舒山致菴，拂拭泥滓，人與畫爲之相唁也。」詩云：「煙雨峰巒無古今，斷崖迷徑靜愔愔。隔谿樵子遙相語，昨夜春流爾許深。」「林窮磵絕石崖傾，臨水幽（朋）〔明〕更欲登。擬共前峰成小隱，曉來雲盡見高稜。」「何人一舸下清谿，列壑攢峰想舊棲。不雨石林元自溼，無雲山路只長迷。」「翩翩涼樹小茅堂，揖客柴門去棧長。山外橫舟蓬不啓，誰知世有送迎忙。」清淡之至。

元至元十五年戊寅，宋景炎三年。**六十歲**。

五月，作《跋陳莒自畫梅作詩》，文章哀婉欲絕，不忍卒讀。

其文曰：「見梅山此軸，忽憶承平盛時，行孤山之麓，沿馬塍之隅。朝觸雪而往，暮蹋月而還。所見梅往往聯跗疊袂，拗技摺幹，嫣然入宮苑標律，非三家市上籬落間物也。又移百梅於平臯之上，橋斷岸絕，蹇驢策策，風戟戟吹面，翛然獨往，香低影壓，自有一種瘦硬風格。邇來避地薌巖，石磴數梅，出於瀟風晦雨摧剝之餘，泯默相唁，意趣慘淡，非前時比矣。今與君共坐於綠陰之下，披畫閱詩，其清妍如舊都所見，其老勁如平臯所植，其淒絕如薌巖所對也。平生神交盡在是矣，畫然詩亦然。君蓋進於技，倀然有感於予心者，因書其卷後。」（《閬風集》卷十二）

八月，爲同里劉士元卿月作《劉士元詩序》（《閬風集》卷十）。

九月，爲馬峰俞宣民作《俞宣民詩序》（《閬風集》卷十）。

九月望日，爲劉莊孫作《劉正仲和陶集序》（《閬風集》卷十）。

《解梅嘲》詩，殆在此時作。

詩云：「昨夜鵂鶹聲婉孌，斗覺春隨呼喚轉。今朝檢曆知立春，屋角梅花笑初靦。向人帶笑復含嗔，嗔我今爲異代民。我語梅花勿嗔笑，四海已非唐日照。爾花也是易姓花，憔悴荒園守空嶠。閬風自是可憐人，六十年來逢立春。安危治亂幾番見，到此三年哭斷魂。我是先朝前進士，賤無職守不得死。難學夷齊餓首陽，聊效陶潛書甲子。星回世換市朝新，頭白空山與鬼鄰。更有横金拖紫客，臨危不死隱藏身。」（《閬風集》卷二）

夏四月，宋端宗崩，弟昺立，改元祥興，遷厓山。

文天祥被執。

是年，先生年六十，有《感懷》詩。

詩云：「時事傳來日日新，信疑相半向誰詢。一寒一暑成吾老，多雨多愁過卻春。酒畔暫休無限事，花前難買自由身。百年猶有四十在，須見昇平作幸民。」（《閬風集》卷六）一片孤忠流露于字裏行間，（師）〔帥〕初愧之矣。

全祖望《剡源九曲辭》云：「其時流寓榆林者，曰舒閬風、劉正仲，高節可師也。（師）〔帥〕初愧之矣！當立祠以祀之舒、劉二子，而（師）〔帥〕初姑置焉。」

元至元十六年己卯，宋帝昺祥興二年。**六十一歲。**

鄉友葉夢鼎卒，年八十。有《少師丞相國公西磵先生挽歌》二首，云：「宰輔平生望，儒酸貴日同。諸賢親盛德，末俗仰高風。道喪悲謌鳳，時乖歎卧龍。經綸茲日泯，憂愛與身終。」「咸淳無正史，德祐少完人。他日修公傳，終身作宋臣。淵明還死晉，（高）〔商〕皓本逃秦。壯士原無淚，西風自溼巾。」

十二月望日，爲同邑王任作《王任詩序》（《閬風集》卷十）。

二月，元軍陷厓山，帝崩。左丞相陸秀夫死之。宋亡。

元至元十七年庚辰，六十二歲。

是年，避地雁蒼。

《跋劉正仲作潘君石林記》云：「時予避地雁蒼，孤絕無鄰。雖未識君，意甚羨之。今觀正仲爲君記石林，正予昔所經行之地也。故因潘君而識之，且以補地志之闕文也。」（《閬風集》卷十二）

是年，作《雁蒼二石鼓銘》。

銘曰：「閬風之西，華頂之東。山曰雁蒼，與蕩埒崇。綫蹊初入，盤谷有容。花流澗戶，雲涌梵宮。兩僧款予，更躋其峰。循蘿援蔓，稚子肯從。翠斗旋轉，瀉溜濺淙。引物扣之，如鼓逢逢。非雷非霆，可警聾聵。孰知其然?水滿石中。此腹空洞，寂感則通。顧無坡仙，窮辯石鐘。我來避地，坐蔭長松。以不說〔說〕，萬籟號空。」（《閬風集》卷十二）

五月二十二日，作《跋劉正仲作潘君石林記》。

正月初七日，爲東麓陳士表作《陳儀仲詩序》（《閬風集》卷十）。

十月朔日，爲魏天與作《愛閒堂記》（《閬風集》卷十一）。

又二月十八日，作《零陵石》詩。

詩引云：「潘少白前歲惠予零陵石一片，方不及尺，而文理巧秀，有山水煙雲之狀。予以作硯屏始成，因賦長吟以遺之。庚辰二月十八日。」詩云：「白雲際天隅，峰峰爭秀出。浩浩水石灘，歸鳥時滅沒。我欲茅三間，巢此重疊峰。我欲舟一葉，釣此蒼茫中。君從何處得此石，千巖萬壑在方尺。李成范寬格深秀，關仝荆浩骨峭特。殆非一人之所能，欲窮其源不可得。君言此物出零陵，遠近來去皆天成。是中能著元次山，刻詩勒頌留孱顔。後來柳子曾作守，銘記摹寫無遺閑。二子去後精魄在，文章散落水石間。鬼神往往竊餘巧，戲弄筆墨留斑斑。贈我〔以〕作書硯屏，林楓石月秋（冷）〔泠泠〕。蕭齋靜對如有聆，元子柳子突出也大奇，今日之事我爲之。」

元至元十八年辛巳，六十三歲。

是年，先生年六十三歲，有《辛巳自壽》詩。

詩云：「六十三翁自荷天，亂餘骨肉幾家全？不材幸度龍蛇歲，多病休催犬馬年。〔我〕老思親空有恨，人生不飲更堪憐。差池九子森童冠，屢舞交酬且眼前。」（《閬風集》卷七）自述身世，凄涼欲絶。

四月，先生卧病。戴表元來訪于閬風，歸至中途有詩見寄，因次韻和之。

詩引云：「歲庚辰冬，帥初與正仲約過閬風。既而予坐病，二友亦不果至。辛巳四月，帥初特來訪，予時尚在病中，爲予留山庵一宿而去，似不欲勞予應酬耳。歸至中途，有詩見寄，予次韻因貽正仲也。」詩云：「杜宇啼時多是雨，酴醾開後便無春。惜花底學千金子，對酒還思兩玉人。良藥草中閒長葉，幽禽花裏巧藏身。青山百里通來往，衰病何曾厭客頻。」

初，先生欲歸閬風，計未能決，曾有詩與正仲、帥初二友。

詩引云：「正仲訪余棠谿，帥初來會正仲。時余欲歸閬風，計未能決，書呈二友。」詩云：「晴雲高舉雪雲低，日日占天候不齊。菘白僵成茭白筍，麥黃淹作韭黃齏。江湖吐日鼃晞甲，山路成泥獸印蹏。老去欲休官不許，夜來魂夢舊山谿。」（《閬風集》卷七）

帥初和之，有《次韻閬翁將歸故里之作》。詩云：「春風不揀客簷低，吹亂鄉愁與夢齊。白肋夜罾沙石鱠，黃芽冰瓮峽園齏。餘生有累眞蛇足，萬事無言一兔蹏。從此藏名作編住，山中亦有武陵溪。」（《剡源佚詩》卷四）

又有《閬翁許以首夏過榆林然後始歸再次韻詩》，詩云：「久知老子思歸魯，且爲諸生緩去齊。麥麪春深黃可糗，菜苗冰淨碧堪齏。夢中身世餘牛背，句裏江湖半馬蹏。已掃軒前壁如練，待賓醉墨照巖溪。」（《剡源佚詩》卷四）

元至元十九年壬午，六十四歲。

殺宋丞相文天祥。

元至元二十年癸未，六十五歲。

劉正仲于是年留篆畦半歲。

《篆畦詩序》云：「同志劉正仲居梅林而遯于鴈蒼，每一過余畦一相唁也。前後唱和多矣。就中過余最久者，惟癸未留半歲，有子戚而歸。」

元至元二十一年甲申，六十六歲。

七月二十七日，先生元配王孺人卒，享年七十三歲。

《故孺人王氏墓誌銘》云：「孺人長予七歲，生于宋嘉定壬申二月二十八日，卒于至元甲申七月二十七日。」

是歲，劉正仲四至篆畦。

《篆畦詩序》云：「甲申春冬凡四至，今歲又爲余來。窮老不相亡，來當未已

也。」（《閬風集》卷十）

甲申正月二十日，游盤谷道院，《贈石澗錬師》詩在此時作。詩云：「滄海連雲族，青山遠驛塵。回旋成小隱，想像著幽人。桃樹偏臨水，梅花諱說春。扶輿穿确犖，空翠溼衣巾。」（《閬風集》卷五）

元至元二十二年乙酉，六十七歲。

三月望日，自撰《篆畦詩序》（《閬風集》卷十）。

是歲冬，門人胡三省《通鑑注》於此成編（《謝山藏書窖記》）。

元至元二十三年丙戌，六十八歲。

是歲，門人胡三省始作《通鑑釋文辨誤》（《謝山藏書窖記》）。

元至元二十四年丁亥，六十九歲。

三月上巳日，自撰《百一老詩序》（《閬風集》卷十）。行至元鈔。

元至元二十五年戊子，七十歲。

是歲，先生年七十，有《賤生之日邀正仲子堂小酌》詩。詩云：「開歲恰七十，吾衰病已頻。從今數正旦，一月有三辰。甲子添新誌，乾坤寄老身。晚年方學易，此意爲誰陳。」（《閬風集》卷五）

又《老冬詩》云：「四十年前不畏老，酒豪蹋雪買梅花。如今七十愁年盡，遠客悤悤夢到家。」（《閬風集》卷八）

元至元二十六年己巳，七十一歲。

是歲六月十六日，始就棠溪袁仲（奇）〔素〕家（《閬風集》卷七）。

是夏，避地奉化棠谿袁（中）〔仲〕素家。《喋軒稿序》云：「是夏避地奉化棠谿。

袁（中）〔仲〕素、季厚兄弟樂善好事人也，爲予洒掃一室，延入居之。予慨然有感于先生之言，因名所寓曰蝶軒。」（《閬風集》卷十）

是歲春，先生書焚廬毀。

《蝶軒稿序》云：「己丑春，盜起兵作，書焚廬毀，身外無餘物矣。」（《閬風集》卷十）

《蝶軒稿》起（早）〔草〕。

正月二十四日，避地鹽楹，入省阮存思庵，和舊韻。

詩云：「到此於今四，情深即故鄉。新松知改徑，舊竹不依行。平施天猶病，周回日載陽。鄰人飯鷄黍，厚意未能償。」「雪蘖羊羔白，菘芽栗肉黃。爲誰端有此，正爾未能忘。覺後心無惱，修來面有光。道人參妙趣，八炷石爐香。」（《閬風集》卷三）

元至元二十七年庚寅，七十二歲。

三月，由棠溪歸閬風故園。

有詩引云：「余避難明越，五遷至版坑棠谿，袁仲素兄弟邀館其家。己丑六月十六，始就之。明年三月，歸閬風，寓于鳳棲塘田舍。行視篆畦故物，無一存者，惟咸平古松及瑤池無恙耳。作《歸故園二首》遺正仲。」詩云：「千家桑梓兵餘痛，十世楸松火後悲。瓦礫成灘無鳥雀，荆蒿如杖有狐狸。咸平樹在枝柯損，晚易書亡目錄遺。半樹瑤花微雨裏，向誰寂寞淚將垂。」「辟兵辟寇走他方，六徧移家路轉長。百醉與君同出處，五窮隨我共行藏。柳花暗度誰家竹，燕子寒歸何處梁。最羨劉家好男女，隱抛家事客原嘗。」（《閬風集》卷七）

十一月二十七日，袁仲素惠先生羊酒。作《生日仲素惠羊酒作此奉謝》詩。

詩云：「去年蝶軒饋羊酒，主人憐我空無有。座上六客皆解吟，一翁不吟開笑口。今年病叟早還山，烹鷄炰鼈翁對媼。五男四婦六稚孫，更有曾孫依乳姥。往來兩載總遭荒，瓦缾聊以挹酒漿。山蔬滿盤白雪白，野橘堆飣黃金黃。荒村得此已自足，群奴飢啄撑空腸。忽聞棠谿有書至，袁詩陳賦兩輝煌。一松正可枯蘖比，五雛眞與羣鷄爭。舉家病瘧涉三月，一日計減一斗糧。留儲到此作素供，問君何爲特殺生。臟神見夢羊躍菜，便呼茗椀來祓禳。君當戒屠我辟穀，輕身與蝶同飛揚。」（《閬風集》卷二）先生清貧，于此可見。

是歲秋，爲白蓮寺住持景荃作《重建台州東掖山白蓮寺記》。

《重建台州東掖山白蓮寺記》云：「庚寅秋，余目暗耳聵，方欲棄筆硯習禪，觀有蒼蓋眞逸道士葉龍起，持白蓮住持景荃書致殷勤于余，其徒又狀其寺之本末，請記其偉。」（《閬風集》卷十一）

元至元二十八年辛卯，七十三歲。

正月二日，作《蜨軒蚤作詩》。

詩云：「（雅）〔鴉〕背閃晴天，輕明紫翠煙。天將人老大，形與影周旋。鳥語推晨枕，梅花照夜編。池塘春草句，此意有誰傳。」（《閬風集》卷五）

是歲，劉莊孫（在）雁蒼，先生貽正仲詩云：「月生鯨海上，人在雁蒼中。一噓環村轉，雙谿到海同。百年能幾見，七十有三翁。爲此當心惻，詩成走遞筒。」（《閬風集》卷五）

是年，戴表元遊浙西，《送（師）〔帥〕初遊浙西》殆在此時作。

詩云：「吳下吾遊地，因君思又飄。水花香外雨，沙鳥夢邊潮。載酒浮官舫，吟詩上驛橋。三高祠下遇，爲賦楚辭招。」（《閬風集》卷五）

四月十七日，爲新昌董景愈作《養志堂記》（《閬風集》卷十）。

先生在《養志堂記》一文，對養志之道頗多闡明，其言曰：「生曰：昔者孔門三千，各言所志，咸當其才。惟點也獨言浴沂風雩之趣，翛然在事物之外，而夫子與之。僕不敢濳也，然有志焉。青山以爲屏案，流水以爲金石，奉親讀書于是，觴賓俎友于是，彈琴詠詩亦于是，庶幾點之萬一，有以承先生之（初）〔教〕而不媿，儻可進乎？余曰：是足以紀矣。嗚呼！若生者可謂得賞勝之要，攄幽之機者歟？」

是年春間，鄰家食早麥，聞之有喜。

詩云：「七十三翁飲上池，始知糠籺也生肥。麥鬚似筆山雌下，荷葉如錢海鳥飛。天運無窮人自老，川流不返志多違。舊時此日嘗新日，早筍窗前一尺圍。」（《閬風集》卷七）

是年，先生年七十三，有《端午感懷》詩。

詩云：「曾飲昌陽七十三，老來大布當輕衫。豫儲當采三年艾，緩寄空尋六日（詹）〔蟾〕。楚俗舊時沈黍恨，唐宮此日賜衣霑。梔香滿院人如玉，尚想薰風半卷簾。」（《閬風集》卷六）

元至元二十九年壬辰，七十四歲。

《正月胡子持孫平叔劉正仲諸友於雁蒼建赤城先生祠賦唐律一十韻以紀其事》詩，

在此年作。

詩云：「句讀從朱老，經書本釋翁。於藍青所出，他石玉堪攻。文啓吾鄉秀，心知百代崇。推尊非苟合，議論自難同。名節道鄉峻，詞章淮海雄。諸公交贊譽，此老定磨礱。舊祀壖宫側，新祠佛寺東。開山猶別子，傳鉢許宗風。俎豆干戈後，詩書煨燼中。千年期勿壞，印印此心通。」（《閬風集》卷五）

是歲，戴表元由吴歸奉化，先生賦詩。

詩引云：「去春，帥初嘗約爲楡林遊，欲烹羊釀酒爲小孟嘗。既而僕歸鳳樓，後帥初亦往西浙，遂不果。今帥初已歸，當踐前言，但同遊之客，達善已下世矣。因黄甘便作詩以叙其懷。」詩云：「戴子遊西浙，藕花香滿船。因思今日日，又是去年年。揚果珍閩荔，楡林下剡川。烹羊曾有約，已失碧桃仙。」（《閬風集》卷五）

十一月望日，撰《寧海縣學記》，于尊孔氏、隆儒術發表偉論。

「自古一統天下之主，未有不尊孔氏、隆儒術者也。漢高提三尺劍，誅秦滅項，干戈甫定，過魯祠孔氏。秦灰既冷之後，孔壁未發之前，有此偉特，可爲萬世法。東都建武，有唐貞觀，亦一統之時也，皆用此道。立太學，幸國子監，命名儒折衷衆説，集成疏義，使學者有所趨向，豈不偉歟？是故自古一統天下之主，必尊孔氏而隆儒術也。夫一統之主必若是者，何也？六經者，理義之統也；理義者，人心之統也；人心者，天下之統也。崇經術所以明理義，理義明所以正人心，人心正則天下之統定矣。統者何？惟精惟一，允執厥中，堯舜禹湯文武心相授受之統也。孔子心得堯舜之統者也，格物致知，誠意正心修身，此孔子家傳之統也。會其有極，〔歸其有極〕，極者，一統之所也。是以歷代帝王必得此心之統，而後一天下之統也。孔子之徒，儒家者流，博學審問以求其說，慎思明辨以究其歸，終於篤行以踐其道，不雜於異端，不惑於小知。有天下國家者用其說，則治且安；不用，則危且亡。古之聖賢，無六經外之人物，善乎儒者之用心也。其爲學一出於孔子，其用心亦若孔子而已。居無一畝之宮，而區區欲爲有天下國家者治其天下國家，抑何迂也！然而安四海之民而不以爲泰，建萬載之業而不以爲功，此帝王所以尊其師而隆其術也。皇帝蓋深得統天下之要矣，此則天下之士之幸也。」（《閬風集》卷十一）

二月既望，爲奉化棠岙袁仲素作《廣孝庵記》。

「余以己丑夏避婺寇至其地，袁仲素、季厚闢堂下榻，若久故焉。余家三百指，其至如歸。時余杖策度黄甘，貰貸以給朝夕餔，二袁向人不作難色，余以是賢之，欲載其事，附見於余集中，使有傳焉，然未得其目。暇日，行其考潘奧之墓道，有石誌峙焉，乃戴帥初作也。載袁君鎮行事，歷叙丙子避亂，初至棠奥，袁君延至其家，聚其尊穉而處焉。然後知二袁於我禮敬之意，有自來矣。」（《閬風集》卷十一）

元至元三十年癸巳，七十五歲。

《獨坐遣興》殆在此時作。

詩云：「昏眼迷煙雨，修眉隱樹林。杜鵑知夜半，蟋蟀俟秋吟。靜悟平生事，閒思萬古心。蹉跎七十五，既往莫追尋。」（《閬風集》卷五）

元至元三十一年甲午，七十六歲。

是歲，先生與王應麟、劉正仲、陳西麓相倡酬于梅墟陳氏之世綸堂（《玉海·深寧年譜》）。

正月望日，爲梅林應端孫作《故豸峰應君墓誌銘》。

銘中有云：「丙午歸附之初，路府倚之以定寇，從權處變，持其巢穴，獲彼渠魁。路府欲奏官之，君力辭以免。己丑，玉山之寇洊至寧海，軍帥咨之，招集流散，分別淑慝，而全活者甚衆。路府欲以其功再聞於上，君以勞致疾，歸卧湖橋，荏苒不起矣。嗚呼！道固多方，權非一法，天實爲之，可爲浩歎。數必有窮，雖天亦不能亨其施也。」（《閬風集》卷十二）哀世悲天之心，于此可見。

哲學家培根卒。

伯顏卒。

帝崩，皇孫鐵木耳立。

元成宗元貞元年乙未，七十七歲。

升江南諸縣爲州。

元元貞二年丙申，七十八歲。

六月十二日，王應麟卒，年七十四歲（張大昌《深寧年譜》）。

元成宗大德元年丁酉，七十九歲。

是歲夏六月，故孺人王氏墓之左右遭火，燎爲焦土。

自撰《故孺人王氏墓誌銘》云：「丁酉夏六月，穴之左右遭融風煽焰，燎爲焦土。嗚呼！能免於強兵大盜之毒手，而

不免於芻童牧豎之遺燼，使人痛傷也。」（《閬風集》卷十二）

元大德二年戊戌，八十歲。

正月望日，撰《梅林七星塘記》（《梅林應氏譜》）。

臨亡前二日，賦《天門雜詠》三章。其云：「棋尋五老智識長，茶煮八公飢骨仙。應是青（年）〔牛〕遺舊跡，不知白鹿去何年。」此絕筆也。

六月十九日卒。

後五年，大德壬寅正月戊午，鄉友胡三省卒，年七十有三（《胡身之墓碑》）。孫茀侯《戴剡源年譜》作至元二〔十〕四年卒，年五十八歲，誤。

至大德三年庚戌（公元一三一〇年）三月，戴表元卒，年六十有七。

泰定四年丁卯（公元一三二七年），袁桷卒，年六十一歲。

光緒《寧海縣志·藝文》：《閬風集》二十卷、《閬風家錄》三卷、《篆畦集》九卷、《蝶軒稿》九卷、《避地稿》十卷、《蓀墅稿》一卷、《梧竹里稿》，舒岳祥撰，見《四庫全書提要》。《台州外書》：《閬風集》十二卷，《兩浙名賢錄》載岳祥著《史述》、《漢砭》暨《三史纂言》共六卷，《深衣圖說》一卷，類凡二百二十卷。焦竑《經籍志》載《閬風集》二十卷，今所見惟詩九卷、雜文三卷，蓋亡失過半。岳祥晚逢鼎革，遯迹終身，益覃思著作詩文中，隱隱有不忘故主之意。《赤城新志》云，今其家有刊板。

《閬風集十二卷提要》：《永樂大典》本。宋舒岳祥撰。岳祥，字舜俟，寧海人。寶祐四年進士，官奉化尉，終承直郎。宋亡不仕，教授鄉里以終。《兩浙名賢錄》載所著有《史述》、《漢砭》、《補史》、《家錄》、《蓀墅稿》、《避地稿》、《篆畦稿》、《梧竹里稿》、《三史纂言》、《談叢》、《續叢》、《殘叢》、《叢傳》、《叢肆》、《昔遊錄》、《深衣圖說》，凡二百二十卷。今多散佚。焦竑《國史經籍志》載岳祥《閬風集》二十卷，世亦無傳。檢《永樂大典》中所載岳祥詩文，間題《篆畦》、《蝶軒》、《蓀墅》諸集名，而題爲《閬風集》者，居十之八九。似當時諸稿本分帙編次，而《閬風集》乃其總名。今原書卷第已爲《永樂大典》所亂，無可辨別。謹依類裒輯，釐爲詩九卷，雜文三卷，仍其總名以《閬風集》名之。又集中有《百一老詩序》，蓋即所賦老漁、老獵之類，似原本亦別爲一集。然所闕已多，不成卷帙，故亦不復分析焉。岳祥少時，以文見吳子良。子良即稱其異秉靈識如漢終、賈。晚逢鼎革，遯迹終身，乃益覃思於著作。其詩文類皆稱臆而談，不事雕續。集中有《詩訣》一首云：「欲自柳州參靖節，將邀東野適盧仝」，又云「平原駿馬開黃霧，下水輕舟遇快風。」其宗旨所在，可以想見矣。

《舒閬風文集序》：余自丱學文，診游從於海內，欲求異稟靈識如漢賈誼終軍、唐李賀、本朝王令邢居實輩，杳不（復）〔可〕復得，輒過疑天地間春淑秋澄之氣，徒歲鍾於奇葩怪（値）〔植〕，殊珍大貝，而人獨受之者少邪？不然，則余之耳目狹，不足以得也。癸卯秋八月，乃始得舒生，首示余兩編。余讀《蓀墅稿》，如登岱華，檜柏松椿、樅杉楩樟之榦掀舞而偃踞，槎牙而陰森；如涉大海，龍蜃蛟螭、鯤鯨黿鼉號風嘷雨，叱霆捩電，朝莫變怪之百出；如觀武庫，戈甲犀利，光芒閃爍，毛髮森聳而膽爲寒；（如）如步寒皋，眺遠渚，煙深月澹，雁嘈嗥而鶴孤唳。讀《史述》，如神禹隨山刊木，百川順逆之勢畢露；如季札觀周樂，聘列國，逆料其理亂興亡皆暗合；如馮婦徒手搏虎，如子路片言折獄，蓋其通達近誼，辯博近軍，贍鬱近觀，奇詭近賀，勁挺近令，清峭近居實。余驚喜，恨得之晚。進之曰：誼也隘，軍也諂，觀也膚，賀也浮，令也激，居實也傖，生豈此之儷乎哉。余聞之也，論太高者奇勝正，其於行流之狂；辭太工者華掩質，其於學失之贅。惟趨平實則一祖孔氏，莊、列其誕者也；惟務正大則一宗孟氏，屈、馬其靡者也。生既蚤獵群書，氣豪骨老，不肯躡舉子後，方且磨礲浸灌於性命道德之說，駸駸焉，異稟靈識孰如生者，生其此之愼乎哉。今生之年甫二十有六，異稟益宜養，靈識益宜充。又二十六年，巋然以行學立閬風上，追前哲而啓從來者必生也。臨海吳子良序。

《重刻閬風集叙》：光緒甲午以前，予從《四庫全書》中鈔出鄉先正《舒閬風集》十二卷。時海宇無事，從容文學，意以鄉賢遺著錄之，以資矜式，未及究其身爲遺臣，艱難困苦之若是也。自宣統三年辛亥八月，武昌變作，海內騷然。予官京朝，義不能去，風鶴迭警，一鐙熒然。是年臘月，下詔遜位，繼以兵變，自壬子以迄甲寅，三年之間，避地天津、上海、青島，嗣返故里，復寓上海。

或以兵災，或以匪警，或以荒年無所得食而去，流離瑣尾，困苦萬狀，與閬風遭宋末元初之變，入鄞入剡，寄居棠谿，逃匿荒山，窮途凍餓，無一不同。而其集中書事、即事、避地、貸食、罪言、雜言、詠物、託興、贈友、感舊諸作，拳拳故國之思，仳離慘惻之狀，又無一不爲予寫照者。嗚呼！此非予親歷其境，何能知其心之痛耶？烏程劉翰怡京卿侍其本生父澂如學士避地上海，亦身遭此變，老其孤懷，耿耿搜求，古籍甚備，校刻《嘉業堂叢書》，取《閬風集》刻入之。其不第爲表章鄉先哲遺著可知也。予又念寧海宋末多遺民，閬風與胡三省身之皆登寶祐四年文丞相天祥之榜。志行高潔，無愧於丞相。身之《通鑑注》失而復完，今於世其《竹素園稿》百卷，則已無一字存矣。閬風著述百數十卷，僅存十一，翰怡爲梓行於六百年後，大亂之餘，其猶不幸之幸與？予生閬風同縣，會遭斯變。先後同符，校讀一過，率述身世之大略如此。所謂千古傷心人，大都共此懷抱也。至四庫是集，輯自《永樂大典》重錄本，誤字錯見。翰怡又別得一鈔本，校訂多處。王玫伯觀察又寄所錄四庫本所無詩文與吳子良《閬風集叙》諸篇，予並益以光緒《寧海縣志》所載《閬風行狀》，別爲補遺、附錄，附諸卷末云。乙卯春正月，寧海章棱叙於上海寓廬。

《舒閬風先生行狀》：光緒《寧海縣志》二十《藝文内編》。公諱岳祥，字舜侯，以舊字景薛行，台寧海閬風里人也，故稱閬風先生云。蓋舒氏本出姬姓，皋陶之後，至唐有曰桓者爲武昌將校，生四子，曰元輿，爲唐宰相；曰元肱、元迥，並登進士第；曰元褒，舉賢良方正，官至司封員外郎，居婺。元褒生守謙，爲校書郎，自婺徙越，台、明之間，今皆有舒氏，其族有名公巨人，皆越徙也。其徙台而爲遷國之宗者，曰師錫，守謙之子也。師錫生公受，仕吳越錢氏爲金馬召三都。宋興，隨錢氏入朝，告老還里。公受五世孫蒙，生三子，長曰琉，宋宣和間睦寇作亂，傾家助軍，遣琉提民兵破

賊桐巖，憲臣韓侯以功奏補承節郎。承節之孫曰倫，於公為曾祖。倫生橒，是為拙齋先生，於公為

祖。橒生純，是為復堂先生，於公為考。復堂以紹定戊子用趙丞相葵牒試浙曹舉場，預薦。其後當

以累舉恩補官，不拜。以二子並登科第入官，累封宣議郎。有曰虎臣者中江東漕舉，其弟景雲自太學內舍

學舍人選登甲科，官至國子學錄，別於蒙之仲子者也；有曰景愈者，中鄉舉，其弟景雲自太學內舍

登進士第，官至奉國軍節度推官，別於蒙之季子者也。於是舒氏三族俱以進士起家，遂為寧海名族

矣。其初實曰復堂發之。自蒙而下至公二世，為大宗。公生而氣豪骨老，童時出語輒驚人，落筆不

肯隨人後。踔厲風發，士林老宿莫不屈輩行與之交。拙齋少從其宗人文靖公璘學，得象山大意，微

以語公，輒悟。是時國家方表章建安朱氏學，公稍長，聞其說於耆老大儒，作《原性》諸文，寔能

會朱、陸深微之論。弱冠識賀窗先生陳公，公以語荊溪先生吳公，見其文奇之，比之賈誼、終軍。

序之曰：「讀《蒜墅稿》，如登代華，檜柏松椿、樅杉梗樟之幹，掀舞而傴踞，槎牙而陰森，如涉大

海，龍蠻蛟螭、鯤鯨黿鼉號風嘆雨，叱霆捩電，朝暮變怪之百出，如觀武庫，戈甲犀利，光芒閃爍，

毛髮森聳而膽為寒；眺遠渚，煙深月淡，雁嘈噪而鶴孤唳。讀《史述》，如神禹隨山刊

木，百川順逆之勢畢露，辨博近軍，瞻鬱近觀，奇詭近賀，勁挺近令，清峭近君實。余驚喜，恨

片言折獄。蓋其通達近誼，如季札觀周樂，聘列國，逆料興亡理亂皆暗合。如馮婦徒手搏虎；如子路

得之晚。進之曰：『誼也隘，軍也諂，觀也膚，賀也險，令也激，居寔也儋，生豈此之儷乎哉？』」

吳公初待公以文字官選，疑未嫻為吏。每試以民事，移檄日紛下，條分件剖，辭采爛然，益奇之，

乃知公材可大用，不第中文字官選也。旋攝令定海，未幾，丁復堂憂。服闋，注監廣德瞻軍酒庫，

未上。有趙公時橐，鄉人也，守雪，以檄公攝其州掌書記。遇度廟登極，例有犒軍錢。時朝廷方廢

十七界會子，而以關子與十八界會子並行。民間訛言十八界亦廢，軍人必欲得關子而後謝。突入府廷噪讙，府軍時未有見關，倚公辦集，立論遏軍人。公立杖主計吏，以便宜立具見關，曉以一言，皆諾而退。已而陰察倡亂者誅之，若無事。趙公將聞于朝，辟爲眞，公謝止之，蓋不欲以粗材見目於人，而自是益務斂藏。會匊坡趙公與旹尹京，公素相知，以江漲稅官辟入府幕，將面薦之上，而故相葉信公時在西府，亦以文字官薦。先被旨考校國子生補試，旦夕且除職事官。既而哭景韓之喪於長洲，繼丁母安人王氏憂。服闋，會故人山泉陳公蒙總餉金陵，以黃州分司大軍倉辟入總幕。居常相與商論軍國之政，暇則談文講道，之秦淮，登冶城，游東山而招謝安，歷長安而酹李白，周覽晉宋南渡古今之遺跡，賞勝江山，不煩以吏事。陳公後以移用軍餉用讒者得罪，毫髮於公無預。裕齋馬公、恕齋吳公相繼爲沿江制閫，爭辟公，皆不就。謂人曰：「主我者以罪去，而吾固利獨留邪？」士益以此高之。歸而謁選，待次越之理掾。復遇故人於山鮑侍郎度除沿海制閫，以五鄉酒官辟入制閫。已而於山罷去，繼者皆願留公，而公益自厭，將歸遂其初志。故人黃正翁楷除湖南轉運，寓書於公曰：「知先生宦情已薄，倘有意湖湘之遊乎？」公曰：「往時荆溪公守潭，瀟湘岳麓之勝恨未能一寓目焉。倘有餘緣，當一一訪公舊遊也。」辟書上，會恕齋謝樞密以節度使奉朝請，名戚里，好賢下士，欲留公於都，共訂諸儒所評論司馬公《通鑑》事，將成一家之作，奏入經筵備講讀。公將從之，曰：「此豈不差賢於數千里從人作吏者乎？何惜以此成謝公之美！」乃謂其門人太學劉莊孫曰：「向嘗與子有西湖之約，便當載筆硯書冊，日就湖中，共成此事，可乎？」謝公聞之欣然，風京尹南豐曾公淵子辟公爲戶部酒所準備差遣。賈魏公時當國，以此職爲朝士梯級。賈亦素知公名，嘗欲用爲朝士，以公尙氣簡直，向人不肯作輭媚語，不即用，將盤摺抑挫久困而後用之。命下，意有所不樂，徑棄去不顧。知公者亦莫解其去意。踰年而賈敗，始知公審於去就之義，見機而作也。

先是，公嘗修葺家園，娛奉二親，臨高眺遠，築亭館臺樹，列植竹樹花果。歲久成陰，於其曲折為逕如篆文，命之曰篆畦。公既不仕，將於此優遊卒歲，以逸其老。扶輿策杖，穿幽透深，時與賓友詠歸高堂，講論黃虞，談諷孔老，致足樂也。獨不免奪於憂患橫逆者，其數數然。其去是而寓他所者，於雁蒼，於國峰，於越之雪溪，於明之棠奧，或避吏，或避兵，道途所經，冰雪顛沛，人所不堪者，處之超然。大篇小章，把酒成詠，其氣浩乎其不衰，而卓然獨立之志不少挫也。然亦籍北方豪傑知公為江南人物之冠冕，咸施慕敬，或以郡太守，或以部使者屈之學校，行尊老之禮，用以警動流俗，示意於吏民。其在學校，能為公禦侮之子路者，梅林應明叔也。以此亦得以燕樂高年，而一以斯文自娛。其見於所為詩文，皆可考也。公之文，其於南北者，今皆刊本。凡作於丙子以前者，有《蓀墅稿》四十卷，《史述》十八卷，《漢砭》四卷，《補史》一卷，《家錄》三卷。若《避地稿》、《篆畦稿》、《蝶軒稿》、《梧竹里稿》、《三史纂言》、《談叢》、《叢續》、《叢殘》、《叢傳》、《叢肄》、《昔遊錄》、《深衣圖說》，總二百二十卷，皆丙子以後所作也。嗚呼！公之少作，荊溪公既（平）〔評〕文之出於平實正大，由諸老之淵源而泝諸孔孟，其果盡於此乎哉！公之用心於斯文，可謂盡矣。然其之，而人得以知公之道。其作於中年者，明潔而清峻，麗密而深雄。其作於莫年者，詩益精妙，文益宏肆，大約如丹漆白玉，不假雕飾，晶采煥發，如深山大澤，珍異所產，寶藏所興，日月之光景，煙雲之姿狀，出於自然，不可摹寫。世未有知而評之者，固有待於後世之子雲。嗚呼！使公及顯用於當時，得行其道，以其芒未發之於文，為大詔令，為大典冊，將與六經並傳，豈特如是而已哉？歐陽公以文章顯，其道行於天下，然猶自恨其文無所發。有如公之不幸，而發之山林草野、流離傾側，寂寞無人之地，所與上下議論者，不過俗儒寒畯、隱約耕釣之徒，毀譽止於禽魚，褒貶止於草木，豈不可歎也夫！豈不可悲也夫！雖然，自昔聖人賢士，其言之存而至今者，例皆窮愁不得志所爲。然使斯文藉此有傳，苟有得以鳴國家之盛，爲唐虞《典》《謨》，爲商周《雅》《頌》，推其道之所出者，如水下流，衣末裔之於其本領，其事固未可以一時計、一身論也。天生其人，以扶植斯文而存孔孟之道於萬世之下者，固應如是。世之所謂窮達得喪者，宜不得而與焉。公平生爲人，意度超邁，精神散朗。方其年少，以材氣自負，於人少許可之者，固疑其門庭高峻，可望不可親也。然親之者，但見其坦然樂易，語無城府，一觴一詠，時發清言，洒然有魏晉間風流。人有負之者，事已輒止，一笑釋然，未嘗宿怨藏怒。其晚年益去崖岸，苟有一藝一善可稱，見無不納。始乎疑公者，反謂容接太廣也。初，公之生也，其曾祖母王夫人年九十六，夢人授公母安人以蛛網。拙齋問其狀，以爲與奎象類，故始名奎。其卒也，先一年夢有神人傳帝命，授公梅花城長，嘗爲《梅花書塾》三十章記其事。明年，公果卒。嗚呼異哉！梅花之有城，吾固知其神仙境界也。神仙之説，世不能必其有無。使天地間果有梅花之城，非公孰長之哉？公之精英，其得之天者如是，固人中之神仙也。公卒時年八十，無疾病，對客談笑，吟詩作字日不廢，略不見有老人衰憊意。一日，賦《天門雜咏》，甫成三章，其二章云：「棋尋五老智識長，茶煮八公肌骨仙。應是青（年）〔牛〕遺舊迹，不知白鹿去何年。」此絕筆也。越二日而卒。沐浴隱几，略無俗言。門人以故事士有易名，私謚公文靖先生。公生於宋嘉定己卯十一月二十七日，其卒以大德戊戌六月十九日。安人王氏先卒，有丈夫子五人，庭堅、仲容、仲堪、叔獻、季臨。女一人，適故宗正少卿方公猷之孫應飛，亦先卒。孫男六，延祖，早卒；繩叟、楊叟、宏叟、熙叟、溪叟。曾孫光曾。其五子將以今年十二月壬申奉公柩葬於傅嶺之南，其地乃公葬王安人時所卜，公寔以其右爲壽藏。以其地後遭樵火，欲易之，卜今地不食，遂從其舊。公之葬也，宜得聞人爲之銘，其五子命莊孫曰：「銘者必先狀其行爲底，知先人行事之詳者，宜莫如子。」誼不得而辭也，乃取其家系譜、詩文歲月，序其梗概。嗚呼！莊孫豈知公者哉？文既成，其五子復請序其官。按宋制，第進士以選人入官者，法以六考得五舉主改京官，始通籍得上殿，凡仕官常人皆能致。又有不由此法而登貴顯者。公以丞相文文忠公榜下及第，凡二十餘年，書考得舉僅如法，合改官奉議郎，此不足爲公言也。然爲之舉主者皆其時名人，曰吳丞相潛、江丞相萬里、葉丞相夢鼎、馬參政光祖、李尚書芾云。大德三年九月既望，門人劉莊孫狀。

馬廷鸞馬端臨父子合譜

舒大剛 編

據《宋代文化研究》第四輯增訂

馬廷鸞（一二二二—一二八九），字翔仲，晚年號玩芳病叟，饒州樂平（今屬江西）人。淳祐七年進士，調池州教授。寶祐三年召試館職，以對策忤權臣，名重一時，爲史館校勘，被劾罷。景定間累遷中書舍人、直學士院，極言董宋臣不可用。咸淳間歷簽書樞密院事、權參知政事，進參知政事兼同知樞密院事，繼進右丞相兼樞密使，以與賈似道不合罷政，出知紹興府、浙東安撫大使。奉祠歸。宋亡不仕，元至元二十六年卒，年六十八。著有《六經集傳》、《語孟會編》、《楚辭補記》、《洙泗裔編》、《讀莊筆記》、《張氏祝氏皇極觀物外篇》、《玩芳集》、《木心集》，已佚。清四庫館臣輯有《碧梧玩芳集》二十四卷，今人續輯《碧梧玩芳詩餘》一卷。事蹟見《宋史》卷四一四本傳。

其子端臨（一二五四—一三二四），字貴與，號竹洲。咸淳九年漕試第一。入元，曾任慈湖書院、柯山書院山長，陞台州儒學教授。泰定元年卒，年七十一。端臨博極群書，貫穿古今，以二十餘年之力，纂成《文獻通考》三百八十四卷，又著有《多識録》、《義根墨守》、《大學集注》等書。事蹟見《南宋書》卷三七及清王棻《補元史馬端臨傳》。

本譜爲舒大剛撰，譜廷鸞父子事蹟，兼及宋末史事。原載《宋代文化研究》第四輯，本書所收，爲增訂本。

廷鸞二十一世祖馬燧字洵美，唐大曆、建中時人，以武功進同中書門下平章事，封北平郡王，謚莊武，圖形淩烟閣，新舊《唐書》有傳，又見馬廷鸞《碧梧玩芳集》（下稱「本集」）卷一五《題太傅北平莊武王家傳後》。五世祖馬遵字仲塗，仁宗朝御史（本集卷一三《恭題董氏所藏仁宗皇帝御書「政刑」二字下方》）。《宋史·馬遵傳》謂其「性樂易，善議論，其言事不爲激訐，故多見推行。杜衍、范仲淹皆稱道之」。有文集十卷（參本集卷一四《書御史龍圖公集後》）。

先祖馬存，字子才，元祐三年進士第四，鎮南節度推官（陳振孫《直齋書録解題》）。從節孝先生徐積學，以詩文豪於熙寧、元祐間，深得徐積、蘇軾稱道。有《子才集》十一卷（一作八卷）（本集卷一四《題察判學士家集後》）。《文獻通考·經籍考（六四）》引研軒程氏曰：「子才文波瀾雄壯，英毅有奇氣，不可縶。」《宋史·藝文志七》又著録馬存《經濟集》十三卷，研軒斷其「似非本眞」。

曾祖號「盤山翁」，爲詩書文章家（本集卷一六《書二侄分關後》、卷二〇《祭叔父南塘運幹文》）。

祖號「和公」（？—一二〇八），兄弟五人（《書二侄分關後》），「以修身謹行訓其子孫」（卷二〇《祭先姑孺人文》、卷二四《帶湖春樹先和公手植也感而有賦》其二及自注）。

父輩二：信公（馬光）、朝奉公（馬灼），皆不仕。「克守先訓，言忠信，行篤敬，隱德於丘園，而未嘗過求；忍貧如鐵石，而未嘗苟得」（卷二〇《祭先姑孺人文》）。

母親段氏，「饒州樂平人」，善治家，「不逮事君舅，事君姑如事母。旨甘竭力，與小姑之未適人者共處，雍睦若同產，無畛畦焉。」廷鸞父早亡，事姑撫幼，皆夫人之力。「性寬慈深靜，早有共姜之節、孟母之賢，家貧而嫠守林廬，躬桑苧，奉蒸嘗，而尤策厲其子於學」（卷一九《咸寧郡段太夫人墓誌》）。故廷鸞於母感情最深，每每於詩文發之。

馬氏世儒，廷鸞自謂「三世以推梨遜棗爲習」（卷一六《書二侄分鬮後》）。又說：「先人積三世詩書，劬功燾後。」（卷一九《咸寧郡段太夫人墓誌》）父輩亦開學館，授徒爲養。卷一六《書二侄分鬮後》云：「（光、灼）二公授館人門，藉束脯以養其親。」至廷鸞兄弟早年，亦以授徒爲業。卷二〇《祭亡兄提幹文》：「家故窮空，以開門授徒爲業。」

廷鸞兄弟三人：長兄巖甫，舉人，迪功郎，官縣主簿；仲即廷鸞，禮部狀元，官至右丞相；季弟駿孫，進士。姊一人，適修職郎、慶元府學教授張洪（卷一九《咸寧郡段太夫人墓誌》）。

寧宗嘉定十五年壬午，一歲。

廷鸞生。

本集卷一五《題方景雲課稿後》：「余與景雲同生於壬午，同薦於丙午。」

理宗寶慶元年乙酉，四歲。

弟駿孫生。

本集卷二二《十月二十六日甲子》：「莫唱貞元曲，誰爲寶慶人。」自注：「前乙酉，當寶慶時，家弟於是年生。」

紹定元年戊子，七歲。

父馬灼卒。
本集卷一九《咸寧郡段太夫人墓誌》：「夫人生二十有五年，歸同邑馬氏。……歸十有二年而寡居。」按：其母段氏咸淳元年（一二六五）卒，享年七四歲，生於光宗紹熙四年（一一九二），其二五歲歸馬氏，即嘉定九年（一二一六），又十二年馬灼卒，即理宗紹定元年（一二二八）。
家貧無以爲生，廷鸞過繼伯父馬光爲後；弟駿孺，被方氏姑收養。
本集卷二〇《祭亡弟總幹文》：「紹定之元，先人即世，兄纔九齡，弟甫四歲。我生七年，亦未段齒。」「方氏姑欲抱汝去，曰：『勁齋翁實能訓汝。』取諸其懷，涕零而與。」卷一六《書二侄分關後》：「和公既逝，吾所後信公，……吾以弟之子爲兄之子。」《宋史·馬廷鸞傳》：「馬廷鸞……本灼之子，繼灼兄光後。」
廷鸞兄弟，幼孤力學。
本集卷二〇《祭亡弟總幹文》：「獨余從兄，詩書相和，帶經而鋤，飯牛而歌。」卷二〇《祭亡兄提幹文》：「二父遷謝，時兄九齡，率諸弟以學。鷄初鳴，琅琅誦書史，至老不衰。」
母夫人段氏，實執義教子。
本集卷一四《跋孝女記》：「某幼孤，先夫人執誼訓子。」又卷一九《咸寧郡段太夫人墓誌》：「（夫人）歸十有二年而寡居，執誼訓子。」又卷二〇《祭亡弟總幹文》：「母抱群稚，家徒四壁，晝荻而教，採梠而食。」
是年正月，廷鸞夫人張氏生。

本集卷一九《魯國夫人墓誌銘》：「生於戊子正月」，小廷鸞六歲。

紹定二年己丑，八歲。

廷鸞兄弟，從父執吳檠學。

本集卷一二《吳氏寶訓警覽序》：「《警覽》者，先友昭武主簿吳公檠之所著也。公字與權，饒之樂平人。」「先衛公與先生爲忘年交，某少孤失學，一日先生過族黨，先夫人輒爲某兄弟整襟纓、治酒肴，俾袖所業就正。夙蒙獎激。」

端平三年丙申，十五歲。

季弟馬駿孺歸家，與二兄共學。

本集卷二〇《祭亡弟總幹文》：方氏姑既抱季弟去，「每念予季，謀習若何？更六寒暑，微一音郵。母懷弗康，命我往來。川谷之長，林澗之幽。行即其家，忽遇諸塗。魯髪齊履，樵牧與俱。翁耄而荒，子娛以戲。我心不決，告母還諸。又閱三霜，始勇一行。泥塗濺濺，雨雪彭彭。遂挾子歸，俾學我傍。」自紹定元年，歷「六寒暑」、「三霜」（共九年），即此年。

本集卷一六《書二侄分鬮後》：「吾兄弟三人，幼孤，奮身力學。」

淳祐元年辛丑，二十歲。

廷鸞學成，執教鄉里。

《宋史》本傳：「甘貧力學，既冠，里人聘爲童子師。」

廷鸞性至孝，常以家貧無養爲憂。

《宋史》本傳：「遇有酒食饌，則念母藜藿不給，爲之食不下咽。」

淳祐六年丙午，二十五歲。

廷鸞與兄巖甫同舉鄉薦。

本集卷一六《書二侄分鬮後》：「丙午，與兄偕薦。次年偕上春官。」又卷一四

《題周吉甫雲莊數學後》（詳下）。又卷一九《咸寧郡段太夫人墓誌》：「歸十有二年而寡居，又十有九年，伯、仲、季相繼拔薦書。」又云：「子男三人，長巖甫丙午鄉薦。」

淳祐七年丁未，二十六歲。

與湯漢讀書徐巖山中。

本集卷一九《大監李君墓誌銘》：「憶昨余讀書徐巖山中，與東澗湯公考評南渡初中原故老之遺文，……至雲龕李公酹其親家馬大夫之文……當時東澗爲之諷誦不已，余年未三十，叵信此境。」東澗，即湯漢。

廷鸞赴省試途中食物不潔，得胃疾。

周密《癸辛雜識》：「丞相馬公廷鸞以翻胃疾乞去甚苦，……嘗凄然謂余曰：『吾家素貧，少年應南宮試，一日道間餒甚，就村店買螺螄羹，泡蒲囊冷飯食之，遂得此疾。朋友憐之，以二陳湯服之良愈。是歲竊冒省魁。』」

與師吳燊進京應舉。

本集卷一二《吳氏寶訓警覽序》：「淳祐丁未，侍先生，待親策於京師之俞園。」廷鸞兄嘗以財助之（本集卷一六《書二侄分關後》）。

進士及第，爲禮部試第一人。

《宋史》本傳：「甘貧力學」，「登淳祐七年進士第。」《理宗紀三》：「六月癸巳，賜禮部進士張淵微以下五百二十七人及第、出身有差。」本集卷一四《題周吉甫雲莊數學後》：「淳祐乙巳，表兄李改卿問予命於弋陽周雲莊……奮筆方寸紙遺改卿曰：『丙午高壓棘圍，丁未省步蘭宮。』踰明年，予叨薦墨；又踰明年，予冠禮部。」卷一五《題徐徑畈贈詩帖後》：「丁未，（徐霖）參詳省試院，余時以舉人入試，所爲文，知舉監試，稍見推許，議置前列。諸公所擬殊未定，徐公獨指余文，贊其決，遂叨首選。」又卷一九《咸寧郡段太夫人墓誌》「仲冠禮部。」是科，廷鸞爲禮部試第一，張淵微爲殿試第一。

淳祐八年戊申，二十七歲。

廷鸞及第，與徐霖定交；廷試歸，又訪徐霖於衢州徑畈。

本集卷一五《題徐徑畈贈詩帖後》：「待試親策，亟訪謝之，一見如平生，歡居京師，時時往來，則爲予賦碧梧精舍古句。」「會京師大旱，徐公以館職言事，攻諫長、京尹，乞祠，不待命去。……余亦成進士歸，訪之徑畈山中，復爲賦後三數篇。」

廷鸞兄居館，授徒養母。

本集卷一六《書二侄分關後》：「吾獨登第，食貧五年，兄假館，養母育我。」

爲池州州學教授，待次於家。

《宋史》本傳：「登淳祐七年進士，調池州教授，需次六年。」

淳祐九年己酉，二十八歲。

待次池州教授。

廷鸞兄中鄉試舉人。

本集卷一二《續荆玉集序》：「他如己酉鄉賦程文，冠乙選。」乙選，即鄉試，中者爲舉人。

淳祐十年庚戌，二十九歲。

待次池州教授。

始讀《莊子》之書。

本集卷一二《讀莊筆記序》：「余讀莊子

三十二年矣。」本序末署「壬午四月」，爲至元十九年（一二八二），逆數三十二年，即是年。

娶妻張氏。

本集卷一九《魯國夫人墓誌銘》：「夫人張氏，諱某，徽州婺源人，……年二十有三歸於前進士馬某。」生於一二二八年，二十三歲即此時。

淳祐十二年壬子，三十一歲。

待次池州教授。

爲表兄李叔翔跋馬遵所傳《七君子帖》後。

本集卷一五，末署「淳祐十二年。」同卷又有《跋家藏七君子帖》，當爲同時作。

寶祐元年癸丑，三十二歲。

赴池州教授任。旋召回朝，授都堂審察，辭不就。

本集卷一〇有《辭免召命申省狀》：「伏準尙書省劄子，正月一日，三省同奉聖旨，令赴都堂審察者。」又曰：「遭逢聖明，忝塵科第，部授池陽教官，待次六年，甫就初任。……乞朝廷且容某安意職業，講求義理，與一郡諸生，涵泳聖時教育之澤，以備使令於異日。所有上件恩劄，未敢祗受。」題下自注：「時在池陽，召赴都堂審察。」卷一四《又題周吉甫雲莊數學後》：「癸丑、甲寅，予爲教官，吉甫言余且得召。」又《宋史》本傳。

朱熹曾孫朱濬嘗從廷鸞學。

本集卷一九《通判李君墓誌銘》：「君景定三年第七人進士，教授池州。」又：「初君客授池泮，實次補余。處士之來自舊泮者，能言君學政，皆可稱。聞人朱濬深源者，文公之曾孫，而余舊門生也。」

廷鸞在池州，以禮表率生徒。

《宋史》本傳：「寶祐元年，召赴都堂審察，辭。至池，以禮率諸生。」

作縣尉廳記。

本集卷一七《池州貴池縣尉廳記》：「君名穎，字茂實，武夷文公之幾世孫。」

寶祐二年甲寅，三十三歲，子端臨一歲。

入京主管戶部架閣（《宋史》本傳）。

主管架閣，猶今檔案管理員。宋諸路、六部等都置架閣主管，六部頗掌機密，常「擇選人有時望者爲之」（《宋史·職官志三》）。

子臨端生。

《樂平縣志·文學傳》載馬端臨年二十，「漕試第一」；同書《選舉志》載應試年在咸淳九年（一二七三）。則當生此年。

參白壽彝《馬端臨的史學思想》（白氏《學步集》，三聯書店一九六二年一月，又載《中國史學史論集》第二集，上海人民出版社一九八〇年）。

寶祐三年乙卯，三十四歲，子端臨二歲。

爲太學錄，題家傳四印五章。

本集卷一五《題四印五章後》：「先人往年侍親宦游盱江，一日叔父馳書爲言，欲以『勤、謹、和、儉』爲保家四印，先人欣然是之。因爲發明其義，成五章。某幼孤，先人文字散落，表兄李先生，我之自出，乃能收拾序藏之。既而以遺編見授，則五章者其首也。會某錄辟雍，時先生亦薄游輦下。乃掇取手抄爲此卷，以歸於先生。」

召試館職。試策極言「強君德，重相權，收直臣，防近習」，譏及外戚、內侍，遷秘書省正字。

《宋史》本傳：「（寶祐）三年，遷太學錄，召試館職。時外戚謝堂、厲文翁，內侍盧允升、董宋臣用事，廷鸞試策言強君德，重相權，收直臣，防近習，大與時迕，遷秘書省正字。」本集卷一四《又題周吉甫雲莊數學後》：「乙卯丙辰，余入館，吉甫言予且歸。」董宋臣，宦者，極善迎逢，長於智謀，誘導理宗荒淫游嬉，大得愛幸。時人目爲高力士。寶祐、景定中，宋臣糾結丁大全，十餘年間，聲焰熏灼，去臺諫，排大臣，「中外惶惑切齒」（《宋史·宦者四·董宋臣傳》）。

廷鸞試策今已不傳。

《四庫提要》：「（《宋史》）又稱其召試館職時，即以『強君德，重相權、收直臣、防近習』爲對；爲將作監時，論貢舉三事，又言宜蠲除被災州縣租賦；爲起居舍人時，言太史當謹書災異，又言翕受敷施以壯人才之精神，虛心容納以植人言之骨幹，念邦本而以公滅私，嚴邊備而思患預防；同知樞密院時，言培命脈、植根本、崇寬大、行忠厚，又言恢大度以優容，虛聖心而延佇，推內恕以假借，忍難行而聽納，則情無不達，理無不盡云云，其文今皆不見於集中。」

寶祐四年丙辰，三十五歲，端臨三歲。

爲史館校勘。

《宋史》本傳：「（寶祐）四年，尤焴提舉史事，辟爲史館校勘。」本集作尤烔，卷一五《跋家藏七君子帖》：「尤公乾淳名儒，其子木石先生端明公烔，寶祐間提綱史事，以校勘辟余。」當作焴。《宋史》卷四一八《程元鳳傳》：寶祐三年，「高、孝、光、寧四朝國史未就，奏專任尤焴領其事，纂修成之。」《宋史全文》卷三五：寶祐二年九月己未，「以尤焴爲端明殿學士，提舉秘書省兼侍講，提綱史事。」三年二月庚午，「詔尤焴免奉朝，半月一赴經筵進讀，專令精意史事，毋爲他事所奪。」可見，尤焴之領史事有寶祐二年、三年、四年三説，《宋史全文》記載明確，可爲據依。而廷鸞之爲校勘，則當從本傳，在四年。

廷鸞素廉直，不附權貴，旋因輪對忤丁大全，被劾罷歸。

本集《又題周吉甫雲莊數學後》：「乙卯丙辰，余入館，吉甫言予且歸。」理宗時，史彌遠、丁大全、賈似道相繼爲相，竊弄權柄。廷鸞前後與丁大全、賈似道同朝，未嘗依附。《宋史》本傳：「初，丁大全令浮梁，雅慕廷鸞，彌欲鈎致之，廷鸞不爲動。試策稍及大全，及廷鸞當輪對，大全私謂王持垕往瞯焉。廷鸞素厚持垕，且同館，不虞其諜也，密露大意。持垕紿曰：『君猶未改秩，姑託疾爲後圖乎？』廷鸞曰：『此微臣千一之遭，其何敢不力？』持垕以告大全，及候對殿門，格不得見。翼日，以監察御史朱熠劾罷。」又見《朱熠傳》。

按：丁大全，《宋史》入《奸臣傳》，字子萬，鎮江人。嘉熙二年進士。以外戚婢婿，夤緣以至高位。事宦者盧允升、董宋臣，累調朝官。寶祐四年進端明殿學士、簽書樞密院事。鈐制言路，打擊異己，爲當時權奸。「輪對」：即侍從官輪流進對。卷四廷鸞擬

《王持垕除著作佐郎制》，文詞暢美，褒獎有加。據制文，持垕乃高宗朝狀元王十朋後人，廷鸞尙稱他「學素深茂，人有典刑」。可是王氏卻爲人鷹犬，傾陷朋儔，賣友求榮，實有愧乃祖遠甚。

夫人張氏抱其奏篇出城。

本集卷一九《魯國夫人墓誌銘》：「始余以文學擢登朝，列入館輪，當面對，隔班劾去，倉皇奉太夫人出關。夫人整比行李，獨抱余奏篇以出。大璫遺皇城邏者睨索之，不得，乃免。」大璫，指董宋臣。

輪對稿傳於京師，廷鸞名重天下。

《宋史》本傳：「（董）宋臣遣八廂邏士索奏稿，稿雖焚，聞者浸廣，忌者愈深，而廷鸞之名重天下。」

文天祥年二十，舉進士第一（《宋史·理宗紀三》、《文天祥傳》、《王應麟傳》）。

寶祐五年丁巳，三十六歲，端臨四歲。

徐霖父卒，作詩挽之。

卷二二《挽徐朝奉》，題注：「徑畈先生尊人。」徑畈，即徐霖；尊人，蓋稱友人之父。《宋史》徐傳：「寶祐五年丁外艱，哀毀號絕。」

寶祐六年戊午，三十七歲，端臨五歲。

家居。

本集卷一四《又題周吉甫雲莊數學後》：「丙午、丁未之前，予爲士人，……歲行既周，又歲午未。」末署「戊午再題」。

廷鸞弟馬駿孺舉鄉薦。

本集卷一九《咸寧郡段太夫人墓誌》：「季駿孺，戊午鄉薦。」卷二三《題茂林野叟哇鳴集後》：「憶昨戊午歲，余弟拔鄉薦。」

開慶元年己未，三十八歲，端臨六歲。

弟駿孺應試禮部，因丁大全把持仕路，未第。

本集卷二〇《祭亡弟總幹文》：「戊午初薦，我留家巷。姦回曰丁，以癡物相，合者冥陞，背者遠放。」「予於此時，而奉鄉書。」

回朝爲校書郎。

《宋史》本傳：「開慶元年，吳潛入相，召爲校書郎。」按：《宋史·宰輔表五》十月壬申，吳潛爲左丞相。《奸臣三·丁大全傳》：大全以同日罷相。本集卷一〇《除校書郎謝吳丞相啓》：「四年去國，甘負耒於西疇；一旦起家，忽紬書於東觀。」

景定元年庚申，三十九歲，端臨七歲。

兼沂靖王府教授（《宋史》本傳）。

三月，廷鸞疏論董宋臣，貶之。兼權樞密院編修官。

《宋史》本傳：「時（丁）大全黨多斥，（董）宋臣尙居中，言路無肯言者。諸學官抗疏，疏上即行。會日食，與秘書省同守局，因相與草疏。（吳）潛以書告廷鸞曰：『諸公言事紛紛，皆疑潛所嗾。聞館中又將論列，校書宜無與，以重吾過。』廷鸞對曰：『公論也，不敢避私嫌。』踰數日，宋臣竟坐謫。兼權樞密院編修官。」《宋史·天文志五》日食在三月朔日。

廷鸞兄代作沂靖王府講稿《毛詩解》。

本集卷一二《續判玉集序》：「庚申、辛酉，余在都曹，方有公事，兄代述沂邸講卷，作《毛詩解》數百篇。」

賈似道入朝，功高勢盛，廷鸞未嘗依附。

《宋史》本傳：「時賈似道自江上還，位望赫奕，廷鸞未嘗親之。」按：開慶初，蒙古三路大軍攻宋，忽必烈率主力攻鄂州。賈似道駐軍漢陽，援鄂，軍中拜右丞相。十一月，蒙古獻宗皇帝蒙哥卒於合川，鄂州圍解。理宗「以其有再造功，以少傅、右丞相召入朝，百官郊勞如文彥博故事」（《宋史·奸臣四·賈似道傳》）。

廷鸞輪對，以「遏惡揚善，舉直錯枉」諫。

《宋史》本傳：「輪對，言：『國於東南者，楚、越霸而有餘，東晉王而不足。乞遏惡揚善以順天，舉直錯枉以服民。』遷樞密院編修官兼權倉部郎官。」

祀明堂，進詩頌。

本集卷二二《恭進明堂大禮慶成詩》，《序》云：「恭惟皇帝陛下，寅畏寶命，嚴恭帝祖，乃卜中辛，稱秩元祀。」據《宋史·度宗紀》：景定元年九月，「辛巳，祀明堂，大赦。」與序文合。卷二四又有五言絕句《仰和皇太子殿下明禋慶成詩韻》，其二：「夕宿猶疏雨，昕朝睹大明。重光符景貺，熙事慶昇平。」

母段氏封太孺人（本集卷一九《咸寧郡段太夫人墓誌》）。

景定二年辛酉，四十歲，端臨八歲。

進著作佐郎，兼右司，遷將作少監（《宋史》本傳）。

有《館中送鄭著作》詩（本集卷二二）。

賈似道傾陷吳潛，欲置之死地，廷鸞力諫。

弟馬駿孺國子監進士。

本集卷一九《咸寧郡段太夫人墓誌》。卷二〇《祭亡弟總幹文》：「辛酉再薦，我列朝紳。便嬖曰林，以吠犬狺。請誅履齋，欲媒其身。我對延和，細爲上陳：『本朝家法，不殺大臣。無滑此手，以傷吾仁。』一言蹇蹇，萬目睽睽，愛我者我奇，怒我者我麾。子於此時，而薦胄闈。」履齋，即吳潛。據史載，賈似道欲殺吳潛，劉應龍以「祖宗以來，大臣有罪，未嘗輕肆誅戮」爲諫，據廷鸞此文，知廷鸞亦以此爲諫。

有《和南塘叔賞芙蓉韻》。

本集卷二三，有云「自攜敗冊小窗開，三十頭顱四十來。」南塘，爲廷鸞堂叔，盤山公之孫、潛溪之子。

景定三年壬戌，四十一歲，端臨九歲。

四月，理宗賜皇太子生日禮物，廷鸞草詔（本集卷二）。

度宗生於嘉熙四年四月，景定元年六月立爲太子。又本集卷二二有《皇太子生辰詩三首》，依次注「壬戌」、「癸亥」、「甲子」。可見度宗爲太子三年期間都有賀生日詩。

廷鸞不安於內，一再乞外補。不許（見《宋史》本傳）。

論貢舉三事：「嚴鄉里之舉，重臺省之覆試，訪山林之遺逸」（見《宋史》本傳，其文不見於集）。

議荒政，以爲「宜蠲除被災州縣租賦之不可得者」（見本傳。其文已不傳）。

擢軍器監兼左司，兼太子右諭德（本傳。本集卷一有《兼右諭德辭免奏狀》）。

陞左諭德，行國子司業（本傳。本集卷一《除兼國子監司業辭免奏狀》，卷一〇有《再辭免國子監司業申省狀》，卷一〇《除國子司業謝廟堂啓》）。

廷鸞授經畢，獲轉官，乞贈生父。作謝執

政啓（劉克莊《後村大全集》卷六二有制詞）。

本集卷一〇《回授官贈生父謝廟堂啓》：「授經《麟趾》，猥叨懋賞之榮；輟誦《蓼莪》，輒援馳恩之請。」「伏念某起從孱陋，適際休明，冠纓既列於府僚，倚席仍兼於邸講。」「甫竟百篇（《尚書》）之旨，驟躋一秩之華」。

輪對，主治身、養心。

《宋史》本傳：「輪對，言：『集和平之福者自陛下之身始，養和平之德者自陛下之心始。』」

兼翰林權直（《宋史》本傳。本集卷一《除兼翰林權直辭免奏狀》、卷一〇有《再辭免翰林權直申省狀》。又有《除翰林權直謝廟堂啓》）。

卷二三《家藏御製御書詩恭跋》：「臣景定壬戌，以國子司業兼翰林權直。」

擢秘書少監，權直學士院（《宋史》本傳。本集卷一有《除權直學士院辭免奏狀》）。

作《秘省和劉左司韻》。

本集卷二三，有「三年三揖壁奎星，當日曾登著作庭」之句。

母段氏封太令人（本集卷一九《咸寧郡段太夫人墓誌》）。

景定四年癸亥，四十二歲，端臨十歲。

正月元旦，擢起居舍人兼太子右庶子兼國史院編修官、實錄院檢討官（《宋史》本傳。本集卷一有《元日除起居舍人辭免奏狀》）。

四月，皇太子生日，作賀詩。（本集卷二二）。

入奏，以激勵人才、虛心納言、重視邦本、謹嚴邊備爲言。

《宋史》本傳：「入奏言：『太史必當謹書災異。願陛下翕受敷施，以壯人才之精神；虚心容納，以植人言之骨幹。念邦本而以公滅私，嚴邊防而思患豫防。』」其文今已不傳。

時欲召用董宋臣，廷鸞諫阻之。

《宋史》本傳：「時再召宋臣，廷鸞引何郯之説進，極言宋臣不可用，帝從之。」《理宗紀五》載：景定四年秋七月戊戌，「以董宋臣爲入内内侍省押班。」廷鸞所諫，當係此時此事。又紀曰：「八月甲寅，董宋臣以病乞收回恩命，請祠，詔賜告五月。」《廷鸞傳》言帝從廷鸞諫，可能即指給告未任之事。然紀於下年載：「六月乙丑，命董宋臣兼主管御前馬院、御前酒庫。」《董宋臣傳》載：「景定四年，自保康軍承宣使除入内内侍省押班，尋兼主管太廟、往來國信所，同提點内軍器庫、翰林院、編修敕令所、都大提舉諸司，提點顯應觀，主管景獻太子府事。」可見理宗卒用宋臣。

史稱廷鸞薦士二十人，進中書舍人。陞兼直學士院。

《宋史》本傳載其三擢權直學士院，五年陞直學士院，于四年，僅載其進中書舍人事。本集卷二三《家藏御製御書詩恭跋》：「臣景定壬戌以國子司業兼翰林權直。明年癸亥，以中書舍人陞兼直學士院。」卷一《除中書舍人辭免奏狀、再辭免奏狀》。又有《中書舍人謝上表》。

爲外兄張氏作《綠山勝概記》。

本集卷一七《綠山勝概記》：「予前年冬直玉堂，君授簡，而余以文書謝，不暇居二年，並掌外制，予方如沐漆求解，而君數數迫之不置也。方連上祠請，倘幸蒙恩還里，則將挾溪童畦丁，擕茶鼎筆床，從君綠山間，可以翛然而賦矣。」

又言程奎等奸污事，皆取消任命。

《宋史》本傳：「程奎污穢詭秘，不當補將仕郎；王之淵爲大全黨，不當通判江州；朱熠不當知慶元府及爲制置使；林爽、趙必遁、張稱孫不當與郡，皆繳還詞頭。」當係朝廷已有任命，廷鸞拒絕草制。

兼國史、實錄院（《宋史》本傳）。

本集《謝御賜詩表》自署爲：「兼同編修國史、實錄院同修撰」，爲全稱。卷一○有《辭免兼國史申省狀》。

文天祥除尚書禮部員外郎，廷鸞草制，盛贊其正義骨梗。

本集卷三《文天祥除尚書禮部員外郎制》：「爾藻思清新，詞華敏茂。榮進素定，匪徒託於高名；慷慨敢言，蓋已觀其初節。擢從郡最，登之郎闈。」天祥爲官禮部事，《宋史·文天祥傳》不載，史言天祥嘗「出守瑞州，改江西提刑，遷尚書左司郎官，累爲臺臣論罷」，事在理宗時。員外郎之除，當在前後。姑繫於此。

長子端復當蔭補，夫人張氏令推恩於兄子。

本集卷一九《魯國夫人墓誌銘》：「異時從臣奏子授官。癸亥，端復當奏，則勸貺其恩兄子。」

景定五年甲子，四十三歲，端臨十一歲。

遷禮部侍郎（《宋史》本傳。本集有《除禮部侍郎謝上表》，卷一○有《除禮侍謝馬裕齋啓》）。

四月，作《皇太子生日》詩（本集卷二二）。

抗蒙英雄王堅致仕加恩，廷鸞擬制書褒之。

本集卷九《王堅致仕加恩制》：「具官某性根忠義，資稟沈雄。結髮而戰匈奴，飄纓而號飛將。念昔銅梁之績，重淸玉壘之昏。衝梯舞雲，莫奪墨家之守；枯泉飛液，咸敬漢德之神。西師歌心膽之寒；北道褭餱糧而去。」王堅《宋史》無傳，其致仕之年史亦不載。《理宗紀五》：「景定五年三月辛巳，王堅卒，賜謚忠壯。」頭年三月丁酉，「以王堅知和州兼管內安撫使。」是其致仕必在四、五年之交。又本集該制之後，又有《口宣》，曰：「卿有負薪之疾，莫得而留。」可見，致仕正因病疾，其距去世，當不甚遠。

夏，廷鸞遷禮部尚書。

《宋史》本傳不載。《宰輔表五》：「馬廷鸞自禮部尚書除端明殿學士、簽書樞密院事。」在事樞密之前曾爲禮部尚書。《度宗紀》景定元年十二月有「禮部尚書馬廷鸞」，其時已自侍郎陞任尚書。本集《除禮部尚書辭免奏狀》，有「被遇先皇，僥逾近侍」，「惟先帝蛻衣冠而賓空」句，知在理宗既逝、度宗即位之時。又卷二三《恭題從官宅進思堂宸翰》：「景定四年秋，從官宅始成，其明年夏，權禮部尚書臣某。」據此，則權禮部尚書，在是年夏天。

六月，理宗御製詩賜廷鸞及牟子才，廷鸞作表謝，和其韻，將御詩刻石。

本集卷一《謝御賜詩表》：「臣有常憲，遞直玉堂；帝庸作歌，驟頒寶畫。」末署：「景定五年六月某日，朝請大夫試中書舍人、兼權直學士院、兼同編修國史、實錄院同修撰、兼太子庶子臣某表。」又度宗時廷鸞《進先皇御製宸翰表》：「臣某言：臣先於景定五年六月，同前學士牟子才，恭被烈文仁武安孝皇帝賜臣等御書御製《玉堂寓直詩》，臣等尋於學士院刊刻立石者。」又有《進和御製詩表》。又卷二三《家藏御製御書詩恭跋》：「明年癸亥，以中書舍人陞兼直學士院。……又明年甲子……六月丙辰，臣入直。中時，中官李忠輔傳旨，錫臣金香酒肆瓶、新荔枝五百顆，蓋異恩也。臣即援詞苑舊比，具短表奏謝。翼日，遂有宸章之賜。自是七月，而星文示變，玉色弗怡。十月，而先帝棄群臣矣。是詩也，聖作之絕筆也。」卷二三有《恭和御製詩》。

建從官宅、進思堂，理宗題額，廷鸞作記。

本集卷二三《恭題從官宅進思堂宸翰》：「景定四年秋，從官宅始成，其明年夏，權禮部尚書臣某言：『臣待罪春官，幸得與諸臣劄宅而居。』則又爲之規隙地，築室三楹。欲於自公退食之際，修進思盡忠之事。臣敢昧死請『進思堂』三大字，……奏函朝入，天筆夕頒。」「臣等謹奉宸翰，刻之琬琰。因並著其語於下方，以風示同列云。」

七月，彗星出，上書言天人（《宋史》本傳。《天文志九》載在是年七月）。

十月，理宗崩，度宗即位，廷鸞草詔。並作賀登極表。

《宋史》本傳：「理宗遺詔、度宗登極詔，皆廷鸞所草。」本集卷二有《景定五年十月丁卯詔》：「朕嗣守基圖，君臨區寓，歷四十一年。」此代理宗所擬。又有

《求言詔》：「朕荷列聖之儲休，膺先皇之傳祚。」此代度宗所擬。又卷一有《賀皇帝登寶位表》。

廷鸞以太子府故人，轉四官。

本集卷一有《隨龍轉四官辭免奏狀》：「鶴禁執經，漫塵攀附；龍飛賜秩，特愧超逾。」知爲度宗初即位時事。又曰：「三年從龍獲侍於承華，一得何裨於新益。」承華，即太子宮。

度宗即位，賜理宗朝故老，廷鸞草詔。

本集卷二《賜先朝故老大臣詔》：「朕纂承先帝之丕圖，注想朝廷之故老。天下大器，念會托之惟艱；舊德元龜，方咨諏之是急。」

又賜侍讀、侍講諸人，廷鸞草詔。

本集卷二《賜侍讀侍講說書官詔》：「朕以菲質，夙承義方。先皇帝貽厥孫謀，莫詳資善之一記；予小子茲迪彝敎，俾親博雅之群儒。勉奉遺謨，初承大統。」

大赦天下，廷鸞草首尾詞。

本集卷三《皇帝登寶位赦文首尾詞》：「惟先皇丕昭前烈，繼序十有三聖，光紹寧宗，享國四十一年，遠幾仁祖。」「矧屬君臨之初政，式循覃沛之舊章。可大赦天下。」據《度宗紀》，大赦在十月辛未。

度宗初聽政，廷鸞、留夢炎並兼侍讀，繼而廷鸞陞直學士院。

《宋史·理宗紀四》。廷鸞本傳：「兼侍讀，辭，不許。疏列孝宗之政以告。陞直學士院。」本集《兼侍讀辭免奏狀》：「比充員於新益，獲侍龍潛。」又謂「嗣德在初，知人則哲」。《宋史》將直學士院叙在五年，據本集應在四年，詳前。

十二月，廷鸞進講《大學衍義序》，陳「心法」之要。《宋史·度宗紀》。《大學衍義》爲眞德秀作。

是年，廷鸞兄馬巖甫授迪功郎，爲江州彭澤縣主簿。

本集卷一九《咸寧郡段太夫人墓誌》：「男三人，長巖甫，丙午鄉薦，甲子奏迪功郎。」又參卷二〇《祭亡兄提幹文》。

度宗咸淳元年乙丑，四十四歲，端臨十二歲。

閏五月，癸丑，江萬里爲參知政事，作賀啓（本集卷一一《賀江參政啓》）。

除端明殿學士、簽書樞密院事（《宋史·宰輔表五》、《度宗紀》）。

本傳：「咸淳元年，進端明殿學士、簽書樞密院事，兼同提舉編修《經武要略》。」本集卷一《除端明殿學士簽書樞密院事辭免奏狀》：「伏念臣一介孤身，再逢明主」。

母段氏封太夫人。詳下。

八月，丁母憂，家居守孝（《宋史》本傳）。

本集卷一九《咸寧郡段太夫人墓誌》：「咸淳元年，封太夫人。其年八月己巳，薨於正寢。」卷二〇《祭咸寧郡太夫人文》。

咸淳二年丙寅，四十五歲，端臨十三歲。

居母喪在家。

作《祭咸寧郡太夫人文》。

本集卷二〇，有「諸孤失母，亦既踰年。」

十一月，葬亡母段氏於金鵝塘。

本集卷一九《咸寧郡段太夫人墓誌》：「咸淳元年……明年十一月丙申葬於長城鄉金鵝塘。」金鵝塘，又稱鵝塘、金塘。《堅瓠集》：「樂平鵝塘在潭水濱，其地萬山壁立，五水環聚。遇晚，舟皆泊其前，如戈戟然。廖金精瑀有記云：『龍尾掃天下，龍頭水底眠。有人能葬此，山河屬半邊。』宋度宗時，丞相馬廷鸞翔仲卜以葬母，請乩仙降筆云：『我是鵝塘眞土地，丞相請我來問地。識地之人未曾生，得地之人未了未。』翔仲欲留以自葬。神復書云：『丞相好生多事，吾去矣。』」翔仲遂不敢用。」但本集所作母夫人墓誌、吊母詩（《拜屺瞻詩》）累言其母葬於金塘（或稱「金鵝塘」），可證。

十二月，理宗祔廟，廷鸞擬辭。

本集卷三《烈文仁武聖明孝皇帝祔廟德音》。據《宋史·度宗紀》，事在咸淳二年十二月甲申。

作理宗挽詩。

本集卷二二《恭進理宗皇帝挽詞》五首。

題稱「理宗」，理宗廟號之擬在是年十二月，其詩亦當作於是時。

咸淳三年丁卯，四十六歲，端臨十四歲。

服闋，回朝，知貢舉，王應麟權直。

《宋史·馬廷鸞傳》不載，《儒林傳·王應麟傳》：「度宗即位，攝禮部郎官，草百官表。……馬廷鸞知貢舉，詔應麟兼權直，俄兼崇政殿說書。……帝視朝，謂應麟……」據應麟傳，當在度宗即位後。

度宗皇帝賜新進士詩，廷鸞和之。

本集卷二三《恭和御製賜進士韻》：「聖主得賢功烈盛，小臣稽首願昇平。」

廷鸞初知貢舉，失收友人方景雲。

本集《題方景雲課稿後》：「景文之爲人篤實，其文爾雅而深純，場屋之作，非直靈於己，其所沾溉，輒復高列薦名。中間試太常，不奏，余之罪也。初與典舉，多烘遂失景雲，每誦東坡《與李方叔》詩，爲之咏嘆。」

除同知樞密院事。

《宋史·宰輔表五》是年八月，「馬廷鸞自簽書樞密事進同知樞密院事」。又本傳：「三年，同知樞密院事，兼提舉編修《經武要略》。」本集有《提舉官進上經武要略表》。

入奏，以重本、寬大、仁厚爲言。

《宋史》本傳：「入奏，言培命脈，植根本，崇寬大，行仁厚。又言：『恢大度以優容，虛聖心而延佇，推內恕以假借，忍難行而聽納，則情無不達，理無不盡，奸人破膽，直士吐氣，天下事尚可爲也。』」兩書今已不傳。

十一月，李庭芝城楊州，有詔褒之，廷鸞草詔。

本集卷二《獎諭李庭芝詔》：「王公設險，以守封疆；哲夫成城，是資智策。眷言淮左，有若滁陽。」《宋史·李庭芝傳》：「庭芝初至揚時，揚新遭火，廬舍盡毀。」「庭芝乃築大城包之，城中募汴南流民二萬人以實之，有詔命爲『武鋭軍』。」又《度宗紀》：「咸淳二年冬十一月辛丑，兩淮制置使李庭芝立城，屯駐武鋭軍，以工役費用及圖來上。詔獎勞之。」獎勞之詔，即廷鸞所草。

書外祖賦後。

本集卷一四《題外祖看青堂賦手稿後》：「某哭母三年，重班二府，表兄以外大父《看青堂稿》相示，爲之掩卷流涕。」

咸淳四年戊辰，四十七歲，端臨十五歲。

四月，權參知政事。

《宋史》本傳「兼權參知政事」，不繫年，

《宰輔表五》載在是年四月庚寅。本集卷一一有《同知樞密院事兼參政謝上表》。

曹涇進士及第，廷鸞曾召置西席，以教端臨兄弟。

《宋元學案》卷八九：「曹涇，字清浦，休寧人。八歲能通《五經》。咸淳戊辰丙科，授昌化簿。博學知名，馬端臨嘗師事之。入元，爲紫陽書院山長。卒年八十有二。著有《講議》四卷、《書稿》、《文稿》、《韻稿》、《儷稿》各五卷。」又馬端臨小傳：「時休寧曹涇精詣朱子學，先生從之游，師承有自。」又《宋元學案補遺》卷八九馬端復傳引《歙縣志》：「馬端復，丞相廷鸞子。曹弘齋研究經學，尤精朱晦翁書，爲文典故有法。丞相招置賓塾，敎先生兄弟。」

八月，以奉安《寧宗實錄》等書，廷鸞等各轉兩官（《宋史·度宗紀》）。

咸淳五年己巳，四十八歲，端臨十六歲。

正月，葉夢鼎進少保，作賀啓。

本集卷一一有《賀葉丞相少保啓》、《回葉少保啓》。據《宋史》葉傳，事在咸淳四年。《續通鑒》繫在五年正月。

甲子，參知政事兼同知樞密院事（《宋史》本傳）。

《度宗紀》載在五年春正月癸亥，《宰輔表五》載於正月甲子。

三月戊辰，除右丞相兼樞密使，江萬里左丞相，與賈似道並相（《宋史·度宗紀》、《宰輔表五》）。

陳文龍狀元及第，爲文謝廷鸞，作回書。

本集卷一一《答陳狀元（文龍）啓》：「伏惟某官，孕秀七閩，蜚英六館。」又《宋史·陳文龍傳》「咸淳五年廷對第一」。

四月，辭免右相，不允。

《宋史·度宗紀》：「四月辛巳，江萬里、馬廷鸞辭免，詔不允。」

咸淳六年庚午，四十九歲，端臨十七歲。

正月，李庭芝爲京湖路安撫制置使，李作謝書，廷鸞作答書。

本集卷一一《回荆閫李端明庭芝啓》：「陞班規殿，易鎮渚宮。」指其自兩淮移鎮荆湖事，蓋因蒙古圍襄樊事急，移李援助。但終因賈似道任用范文虎故，貽誤戰機，致使襄陽失守。據《宋史》李傳，移任在五年冬，本紀載在六年春。

右丞相，與賈似道並（《宋史·宰輔表五》）。

六月，賈似道托疾辭退，自馬廷鸞以下部司，上書留之（《宋史·度宗紀》六月戊寅）。

十月，理宗忌日，作詩。

本集卷二四《十月二十六日有感》：「賓空後甲再經壬，香斷金爐已七春。四十一年民父母，誰知今日帝乘雲。」理宗在位四十一年，自景定五年至此爲七年，故詩云爾。

咸淳七年辛未，五十歲，端臨十八歲。

右丞相，與賈似道並。

賈似道賜第西湖葛嶺，決事湖中。召馬廷鸞、葉夢鼎飲，行令間，馬、葉以詩譏之，遂結怨。

《西湖游覽志餘》：「似道一日招馬廷鸞、葉夢鼎，行令舉一物與人，還我一聯詩。似道云：『我有一局棋，付與棋師，棋師得之，與我一聯詩：「自出洞來無敵手，得饒人處且饒人。」』廷鸞云：『我有一竿竹，付與漁翁，漁翁得之，予我一聯詩：「夜靜水寒魚不食，滿舟載得月明歸。』」夢鼎云：『我有一張犁，付與農夫，農夫得犁，與我一聯詩：「但存方寸地，留與後人耕。」』似道不悅而罷。」又見《錢塘遺事》，文有出入。

汪泰軒廷對，不稱旨；復上書萬言，訪廷鑾，遂起其辭相之念。

本集卷二三《贈汪泰軒》，序：「咸淳辛未，汪君對大廷，一日羽服訪余，固已警余林下之思矣。君輸思萬言，有司報聞，余以漕幕縻之。君不可，曰：『吾以扁舟歸謁子陵，無愧色足矣。』此其視聲利爲何如，詩以贈之。」詩曰：「萬言朝鳳闕，一笑落漁舟。」

廷鑾以疾辭相，出居六和塔，待命六十餘日。

本集卷一九《魯國夫人墓誌銘》：「國家以余東宮舊臣，引以自近。忠爲妬障，事與志違。憂危薰心，酸辛嘔血，輿疾出次六和塔，室無姬侍，夫人獨處秀江亭上，爲余作粥和藥，待命六十餘日，不得命，再入。」志文又有明年「許之」，則此事在本年無疑。

作詩咏樹，以寄其志。

本集卷二四《帶湖春樹先和公手植也感而有賦》詩，其二：「老樹今踰七十霜，冰魂玉骨自孤芳。大家扶起摧殘後，此是吾家召伯棠。」自注：「和公，戊辰即世，今七十三年矣。」戊辰，寧宗嘉定元年（一二〇八年）。下歷七十三年，是此年。

咸淳八年壬申，五十一歲，端臨十九歲。

右丞相。

十月，廷鑾十疏乞骸骨，詔不允（《宋史·度宗紀》）。本傳作「九疏乞罷政」）。

廷鸞因辭位，暫寓太府寺。

本集卷一九《魯國夫人墓誌銘》：「余內引，乞暫寓太府寺。明社，扈從恭請，馬上骨立，都人咸憐之。國家哀而許之去。」

十一月，力辭免相，以觀文殿大學士知饒州。

《宋史·度宗紀》：「十一月乙卯，右丞相馬廷鸞累乞骸骨，授觀文殿學士、知饒州。」又本傳：「八年，九疏乞罷政。」又《宰輔表五》：「十一月乙卯，馬廷鸞罷右相，除觀文殿學士知饒州。」《續宋宰輔編年錄》曰：「廷鸞扼於賈似道，力辭相位，乃以觀文殿大學士知饒州。」又本傳：「度宗初年，詔詢故老，……廷鸞每見文法密，功賞稽遲，將校不出死力，於邊閫陞辟，稍踰拘攣。似道頗疑異己，黥堂吏以泄其憤。」賈似道專橫跋扈，逼壓廷鸞，是其辭相之根本原因。

廷鸞陛辭，深以時局爲憂。

《宋史》本傳：「及辭相位，帝惻怛久之曰：『丞相勉爲朕留。』廷鸞言：『臣死亡無日，恐不得再見君父。然國事方殷，疆圉孔棘，天下安危，人主不知；國家利害，群臣不知；軍前勝負，列閫不知。陛下與元老大臣惟懷永圖，臣死且瞑目。』頓首涕泣而退。」

己未，辭知饒州，提舉洞霄宮。

《宋史·度宗紀》：「己未，馬廷鸞辭免知饒州，乞祠祿，詔允所請，以觀文殿大學士、鄱陽郡公提舉洞霄宮。」

《宰輔表五》作「以觀文殿學士、鄱陽公提舉洞霄宮」。按：當爲「大學士」。

本集卷一《謝除觀文殿大學士提舉臨

安府洞霄宮表》：「相印上還，愧股肱之已墮。」

端臨以蔭補承事郎（《宋元學案》卷八九）。書其先人《課曆序》後，發奮讀書，凡經史子集，皆所擬讀。

本集卷一五《書課曆序後》。

咸淳九年癸酉，五十二歲，端臨二十歲。

建歸艇小齋，歸臥其中。

本集卷二三《癸酉春暮鍾信甫寄詩次其韻》：「居士病來惟臥室，翟公客去莫書門。人心日月無今古，世道何曾頃刻昏。」又曰：「我有長波一歸艇，枕書春睡興悠哉。」（自注：「小齋，扁以歸艇。」）

端臨兄弟應試，廷鸞作詩勵之。

本集卷二三《二子就試》：「老病吾今業已衰，已還魏笏尙支頤。祝兒指日傳金榜，懷我當年別玉墀。」

端臨漕試第一。以父辭相位，未試於京。

本集卷一九《魯國夫人墓誌銘》：「甲戌，端臨當試，則誡其子留家嘗藥，不得行。」《元書》卷八九《馬端臨傳》：「後咸淳中，中漕試第一，其時廷鸞方與賈似道不合去國，故端臨遂留侍養，不與計偕。」《南宋書》卷三七補《馬端臨傳》：「以蔭補承事郎。嘗省試第一，明年宋亡。」當爲漕試，非省試。又按順治《樂平縣志》卷八《文學傳》（康熙本卷一〇《儒學傳》）端臨年二十，「漕試第一」；同書卷七《選舉志》載咸淳九年，解試下有「馬端臨」。

十二月，除知紹興府，辭，提舉臨安府洞霄宮。

《宋史》本傳：「九年，依舊觀文殿大學

士、知紹興府、浙東安撫大使。上書辭免，依舊職提舉臨安府洞霄宮。」《度宗紀》：「十二月甲子，以馬廷鸞爲浙東安撫使、知紹興府。」又《宰輔表五》同。

歸十日，兄巖甫卒。

本集卷一六《書二侄分鬮後》：「吾抱疾去位，兄終年奔走，扶持而歸，旬日而兄遷謝。此吾所爲終天之痛也。」又卷二〇《祭亡兄提幹文》：「嗚呼，吾兄而止是耶？五十年兄弟之親依，十五年伯仲之出處，而止是耶？」又有「弟年踰五十，官歷二府。」五十年親依，指自己出生以來與兄相親相依，至此正五十年；十五年出處，蓋指淳祐八年（一二四八）自己中進士，次年其兄中鄉試乙選，至此亦十五年。又文曰：「二父遷謝，時兄九歲」，其兄長廷鸞三歲。生於嘉定十二年（一二一九），享年五十四歲。

作《祭亡兄提幹文》。

本集卷二〇云：「吾嘗評兄山林而惓天下之事，畎畝而深當世之憂，簞瓢捽茹而有愛人及物之志，使其官高則首公盡瘁不爲勞，使其家肥則解衣推食不爲吝，使致身則捐軀蹈患不爲難。」同卷《祖祭亡兄提幹文》，云：「憶五十年間，始而褰衣，遜棗推梨；中而摶空，後雁前鴻；終而號旻，摘蒂柘荆。」

爲曾空青文集作序（本集卷一二，末署「癸酉」）。

西蜀費伯恭爲子求婚於馬氏，廷鸞以中女許焉。

本集卷一八《總領秘撰費君墓誌銘》：「余避賢病歸，舊雨無踪，而偃月有萌，公乃拳拳以其子請昏焉。余惟恐累公，公顧欲親我也。」又據上文及卷二三《挽費潔堂》詩，知伯恭字希呂，號潔堂，成都人。又據《魯國夫人墓誌銘》，費氏子費世文，即廷鸞婿。

咸淳十年甲戌，五十三歲，端臨二十一歲。

五月，廷鸞辭免知紹興，不允（《宋史·度宗紀》）。

夫人張氏以疾示使者，朝廷遂允所請。

本集卷一九《魯國夫人墓誌銘》：「不意自歸踰年，復以越帥起家，江東祥刑使者受朝命迫余就道。忧余行者滔滔，邀余止者寥寥，余之出處，實爲狼狽。夫人獨命小史質諸神，得陰壯陽稚之繇。命諸子延使者入卧內視余疾，使者不得已，以疾聞。再與祠。蓋自是，亟上懸車之請。」又周密《癸辛雜識》：「咸淳甲戌之夏，丞相番陽馬公廷鸞字翔仲，以翻胃疾，乞去甚苦，凡十餘疏始得請，則疾已棘矣。以暑甚，病危，不可即途，遂出寓於六合塔。余受公知，間日必出問之。時公偃卧小榻，素無姬侍，止一村僕煮藥其旁。嘗凄然謂余曰：『吾家素貧，少年應南宮試，止草履襆被而已。一日，道間餒甚，就村店買螺螄羹，泡蒲囊中冷飯食之，遂得此疾。既無力治藥，朋友憐之者以二陳湯服之，良愈。是歲竊冒省魁。後爲兩制日，疾復作，醫者以丁香草果飲，亦愈。因念前疾所以不死者，蓋有後來功名故也。今承乏廟堂，分量極矣。疾復作，諸藥皆不效，勢無生理。所恨者時事日異，無以報國，爲不滿耳。』因泣數行下。然賈師憲終疑其托疾，自出關訪之，實覘之也。見其骨立，乃始驚曰：『碧梧乃眞病也。』次日奏聞，以大觀文知鄉郡，以榮其歸。且特賜東園秘器，以爲沿途緩急之需。公即日輿疾以歸，及還鄱陽，疾乃安。未幾，北軍渡江，國隨以亡。使公不疾，則奉璽狩北之責，公實居之。今乃以疾歸，安處山林，著書教子，凡十四年而後薨。此非天相吉德，曲爲之庇哉！」

按：廷鸞辭相在八年，周密云十年，誤。十年所辭乃浙東安撫。

作詩，示程介夫。

本集卷二四《示程介夫》，其一：「流年何必共君參，九瑣青山老一庵。試檢樂天詩集看，明年半百又加三。」

七月，度宗崩，帝㬎即位，年四歲，是爲恭帝。

八月，甲辰，下詔求言於江萬里、葉夢鼎、馬廷鸞等老臣（《宋史·瀛國公紀》）。

幸酉，廷鸞乞歸田，不允（《宋史·瀛國公紀》）。

十一月，廷鸞辭前任官，提舉洞霄宮（《宋史·瀛國公紀》）。

端宗景炎元年丙子，五十五歲，端臨二十三歲。

二月，元軍入臨安。三月，宋恭帝出降。五月，陳宜中等立趙昰於福州，改元景炎，是爲端宗。

廷鸞自號玩芳病叟。參知政事陳文龍致詩，和之。

本集卷二四《陳菊圃參政寄詩千里外，托興於秋燕春花，以示玩芳病叟。叟病，不能吟，強和四章。前二章借來意以自傷；後二章述愚懷以志感》。《宋史·宰輔表五》、《瀛國公紀》、《陳文龍傳》，陳以德祐元年（一二七五）七月兼權參知政事，二年（一二七六）初，朝廷議降，陳文龍辭職歸養。五月，端宗即位於福州，復召文龍爲參知政事。六月，漳州叛，以文龍爲閩廣宣撫使討之。九月知興化軍，固守，元兵不能下。十一月，因通判開城降，文龍被執，不屈絶食而死。則其千里致詩，當在德祐二年六、七月間。

宋亡，端臨以父疾爲由，不復出仕，隱居教授，遠近師之。

《南宋書》卷三七補《馬端臨傳》：「嘗省試（漕試）第一，明年宋亡。隱居教授，遠近宗之。」順治《樂平縣志》卷八《文學傳》馬端臨傳：隱居教授，「門弟子甚衆，有所論辨，吐言如湧泉，聞者必有得而返。」

廷鸞整理《子才集》，作跋。

本集卷一四《題院判學士家集後》：「先世《子才集》十一卷，繕寫藏於家。子才以詩文豪於熙寧、元祐間。迨淳熙中，矸軒程公爲之譜其年，第其卷，訂其述作大概，而惜其器業之未底於成，於斯文用力多，寄意厚矣。去淳熙八十有七年，五世諸孫某，讀遺編，撫而嘆曰」。淳熙末年（一一八八），下數八七年，即是年。同卷又有《書御史龍圖公集後》，當同時作。

元世祖至元十四年丁丑，五十六歲，端臨二十四歲。

廷鸞爲長男端復求婚盧山謝氏。

本集卷一一《盧山謝氏求婚啓》：「曲江之好三十年，夙聯科級；盧山之高幾千仞，新締姻盟。幣之末將，辭無不腆。伏承令愛，嫻於箴史，不誇詠雪之才華，而某長男，迪以詩書，敢騁衝霄之意氣。非吾偶也，以子妻子。當年龍虎榜之兒孫，此日鳳凰占之家室。兩翁相語，俱爲陶令歸來之人；二姓其昌，好畢尚平婚嫁之事。」又《廬山謝氏求婚啓》：「人於同年，已締兩家之好。」自及第至此爲三十年。

秋，作《秋謁屺瞻詩》。

本集卷二三，云：「了知五十六年非，何處空山叫阿嬭。」屺瞻，用《詩經》「陟屺」典故，爲思母之意。阿嬭，即阿母。蓋吊亡母之作。屺瞻詩，本集共六首，多失其年代。詩或謂「一年一度拜金塘」，其母葬於金塘，墓曰屺瞻。

山中，對紫薇花有感，懷故國，作詩。

本集卷二三《山中對紫薇花書感》：「輕盈插鬢膽瓶中，看到山林禁御同。閣下天葩秋月黯，樓頭奎畫曉雲空（自注：紫薇閣三大金字，乃寧宗御書）。高攀玉樹扶斑白（自注：大府寺一株獨盛，余嘗侍親其下），靜掃蒼苔拾墮紅（自注：西省五株，苔痕滿砌，余嘗草制其中）。三十年前天上夢，老來無淚洒西風。」三十年前，指淳祐七年（一二四七）進士及第，至此正三十年。

至元十五年戊寅，五十七歲，端臨二十五歲。

四月，端宗趙昰崩，趙昺立，改元祥興。

元世祖招馬廷鸞赴闕，不至。

《元史·世祖本紀》。《元書》卷八九《馬端臨傳》：「宋主㬎入覲，至元十五年，世祖徵廷鸞赴闕，不至。」

著《洙泗裔編》，書後。

本集卷一四《書洙泗裔編後》：「歲在戊寅，某讀書山中，感時撫事，悼斯文興喪之不可期，適架上抽取《孔叢子》讀之，因摘雅正不謬於聖人者抄爲此編，……乃並攷沂水侯以降出處世次之本末。」

至元十六年己卯，五十八歲，端臨二十六歲。

題徐霖贈詩後。

本集卷一五《題徐徑畈贈詩帖後》：「余之得公手筆，距今三十有三年矣。」淳祐七年會試，徐霖爲「賦碧梧精舍古句」。自茲後三十三年，則此年。

許表兄贈詩，次韻。

本集卷二三《次許表兄韻》：「我若加三逢本命，君今過一漸稀年。」加三逢本命：廷鸞生當壬午，本年只有五十七歲（己卯），再加三歲，則逢壬午之年，故曰「本命」。

作啓爲次男端臨求婚於昌江李氏。

本集卷一一《昌江李氏求婚啓》、《求聘啓》：「某次男稍熟庭闈經」。次男，即馬端臨。又有「生男已當戶」之語，則端臨已成年。又據卷一九《大監李君墓誌銘》：「子應，姓李氏，諱雷應，鄱浮邑人，忠靖公長子也。」「余之仲子，實爲君婿。」忠靖，即李韶。

又作啓爲三男端履求婚於吳園張氏。

本集卷一一《吳園張氏求聘啓》：「某三男，父書梗概。」

又作啓爲四男端蒙求婚於於越許氏。

本集卷一一《於越許氏求婚啓》、《求聘啓》有「某四男授以經」句，知爲端蒙求婚。以上三啓作年不詳，姑繫於此。

友人、姻婭費伯恭，因喪亂自閩而來，廷鸞挽之同處。

本集卷一八《總領秘撰費君墓誌銘》：「鼎移物改，公由閩而鄱而杭，疇昔西山南浦之間，爾宅爾田，不堪回首矣。……挽公來鄱，種秫東皋，結茆西塾，松風萬壑，意及而文哀，夕陽西流，破涕而爲笑。余與公同之，忘其吳與蜀之隔也。」廷鸞與費氏唱酬甚多。

作序。

與長男端復，附注疏於《儀禮》正經之下，

本集卷一二《儀禮本經注疏會編後序》：「余生五十八年，未嘗讀《儀禮》之書。一日從敗帙中得景德中官本《儀禮疏》四帙，正經注語皆標起止，而書文列其下。……長兒請曰：『家有監本《儀禮》經注，可取而附益之，以便觀覽。』意欣然命之，整輯，釐爲九帙。」

至元十八辛巳，六十歲，端臨二十七歲。

拜母墓，作《拜屺瞻墓有感》詩。

本集卷二三，有云：「我走金塘十五年，新年六十意淒然。」其母咸淳二年（一二六六）葬，至此已十五年，又年屆六十，故詩云爾。

作《德壽宮古松……》詩。

本集卷二三，詩題云：「德壽宮古松，太上愛之，嘗持御香醞酒祠土神，以祈屛蝥賊云。時紹興壬午，思陵諴亮之歲也。於今百二十年矣。僕生六十年後，而十月八日，又思陵上仙之晨，感而有賦。」詩曰：「六龍親御奠神州，甲子如今甫再周。」又曰：「南來天馬總辛勤，內禪經今曆再壬。」紹興壬年，至今壬午，正是曆再壬、兩甲子、一百二十年，其時廷鸞已踰六十歲。

生日，張龍山致壽詞，次其韻。

本集卷二四《齊天樂》（和張龍山壽詞），有「其奈滄溟瀲灩，年華婉娩。況六十平頭，底須頑健。」

至元十九年壬午，六十一歲，端臨二十八歲。

四月，成《讀莊筆記》，作序，鈎玄撮要，以寄「感時憂道」之志。

本集卷一二，末署「壬午四月」。

作《次韻周公謹見寄》。

本集卷二二，共五首，其一云「十年思美人，淵淪抑天飛。」「沾衣何足云，八表籠烟霏。」其五云：「我生欠一死，不死當語誰。」當是晚年所作。其十年、八表，蓋指當年乞骸骨事，至此已十年。公謹，即周密，字公謹，流寓吳興弁山，宋亡不仕。

又有《次韻湯淑遜謝筆墨長句》。

本集卷二二，詩云「我生哀傷所欠死，十年破硯烟雨濛。」

至元二十年癸未，六十二歲，端臨三十歲。

八月，書御製御書詩後。

本集卷二三《家藏御製御書詩恭跋》：「天將喪斯文也，遺音絕響，殆止於斯；天之未喪斯文也，回瀾啓秀，尚未可期。」末署「癸未八月中秋後四日庚子，孤臣某百拜恭書。」穆陵，即理宗。是時入元已經八年，文天祥也於頭年被殺，廷鸞跋此御詩，猶曰「回瀾啓秀，尚未可知」，復國之心其猶未已。

侄子端常集其父文章，廷鸞命之爲《續荆玉集》，並爲序焉。

本集卷一二《續荆玉集序》。末曰「時余年六十二」。

至元二十一年甲申，六十三歲，端臨三十一歲。

正月四日，有詩。

本集卷二三《正月四日》：「皇猷紛挐五

季餘，萬兵朝遣暮還都。虎頭預卜淸明旦，鰲足重開混一區，天下歸仁吾有道，日中爲市爾無虞。孤臣白首懷佳節，奠桂焚蘭淚與俱。」正月四日，爲宋太祖陳橋兵變、黃袍加身之日。

拜母墓，作詩。

本集卷二三《過屺瞻墓》：「白髮蒼顔六十三，年年拜母憶中男。」

侄端巽、端常異財分關，廷鸞書後（本集卷一六《書二侄分關後》）。

至元二十二年乙酉，六十四歲，端臨三十二歲。

十月，妻張氏卒。本集《魯國夫人墓銘》：「夫人張氏……年二十三歸於前進士鄱陽馬某。登受封爵，郡：新安、文安、安定，國：吉、慶、魯。生於戊子（一二二八年）正月，歿於乙酉十月。」

廷鸞撰成《讀史旬編》，作自序。

本集卷二一《讀史旬編自序》：「經始於壬午之冬，徹編於乙酉之秋，踰三歲而三十有八帙之書成。殆以備遺忘，授兒曹而已。」「旬者日之甲癸也，書曰『期三百六旬』是也。吾書以日之甲癸比於年之甲癸，謂之旬編，自堯甲辰，至五代周顯德七年庚申，三千三百一十七年，爲三百三十二旬，類而編之。」末署「乙酉秋澣書」。

作詩吊理宗。

本集卷二四《甲子初冬，宿直玉堂，凄風小雨，次日即承先帝晏駕之變。距今二十年矣。大忌前一日，孤臣獨眠山庵，景象正似當年。挑燈危坐，聞田家鼓笛之聲，凄其有感二首》。理宗卒於景定五年（一二六四），至此正好二十年。

端臨約於是年始著《文獻通考》（詳後）。

至元二十三年丙戌，六十五歲，端臨三十三歲。

葬夫人張氏，作墓誌銘。

本集卷一九《魯國夫人墓誌銘》：「葬以丙戌十二月壬寅。其地在德興縣銀山鄉之古蓮塘。」「將葬，其夫念其子之悲，將敘而銘之。」

弟馬駿孺卒，作祭文。

本集卷二〇《祭亡弟總幹文》、《九日祭亡弟總幹文》：「維著雍困頓之歲，無射之月，亡弟總幹止堂君三年制終。」著雍困頓即戊子（一二八八），其弟已卒三年，卒當在丙戌（一二八六），享年六十一歲。無射月，即九月。

作《淨土院舍田記》。本集卷一七，曰：「乾道辛卯，有初施田者……自後迨今百有十六年」云云。自乾道辛卯（一一七一年），下歷一百一十六年，即是年。

至元二十四年丁亥，六十六歲，端臨三十四歲。

留夢炎爲元吏部尚書，召馬端臨，以父老辭。

《宋元學案》卷八九馬端臨小傳：「先是，留夢炎爲吏部尚書，與先生之父在宋爲同相，召致先生，欲用之，以親老辭。」《元書》卷八九《馬端臨傳》：「留夢炎爲吏部尚書，素重端臨，欲薦用之，以親老辭。」

題方景雲書稿。

本集《題方景雲課稿後》：「由丙午至於今，四十又二年矣。」

三月，撰其遠祖馬燧家傳，題其後。

本集卷一五《題太傅北平莊武王家傳

後》：「《唐太傅北平莊武王家傳》二卷，二十一世孫某採前史修成一編，……然自唐、南唐，至本朝，閱代者三，自貞元乙亥至於今丁亥，閱年者四百九十有二矣。」末署「彊圉大淵獻季春中澣前二日。」彊圉大淵獻即丁亥年。卷二三《北平家傳成》詩三首，爲同時作。

重九，爲王氏甥詩集作序。

本集卷一二《王甥儒珍集序》，末署「丁亥重九」。

友人，姻婭費伯恭卒，作墓誌。

本集卷一八《總領秘撰費君墓誌銘》：「公費，漢丞相後，諱伯恭，字希呂。世爲成都人，莊簡公之孫也。」「公歿之日，丁亥五月也，葬以其年十一月。」

至元二十五年戊子，六十七歲，端臨三十五歲。

建小樓於林居之後，儲書其上，讀書其下，命曰老學道院，作《記》。

本集卷一八《老學道院記》：「著雍困敦之歲，無射之月，晦日，余年六十有七，表聖著傳之年也。」著雍困敦即戊子年。卷二四有《題老學道院》七絕四首。

又作《族子德淳字説》。

本集卷一六，有曰：「吾年五十一罷歸，鬢之焦黃久矣。今抱沉痛，年六十有七歲。」

又作軒，命曰遺老軒，並爲《記》。

本集卷一八，云：「士當踰六垂七之年，久生何益，飾巾待終而已。」文曰「踰六垂七」，即超過六十，接近七十。

作《題趙德亮詩論後》。

本集卷一四，署「著雍困敦之歲」。

白鹿洞書院修復，作記。

本集卷一七《廬山白鹿洞書院興復記》稱自淳熙八年（一一八一年）朱熹奏修書院，下歷一〇八年，復修之，作是記。

又題饒娥廟。

本集卷一八《饒娥廟記》：「娥立節唐寶應壬寅，更五代及先朝，迄於今五百二十有七年，歷壬寅者八矣。」按：寶應壬寅（七六二年），下歷五百二十七年，即是年。

重九，作祭弟馬駿孺文。

本集卷二〇《九日祭亡弟總幹文》：「維著雍困頓之歲，無射之月，亡弟總幹止堂君三年制終，將以良月祓除。」著雍困頓爲戊子（一二八八）年。

友人、姻婭李雷應卒，端臨求爲其岳父作墓誌銘。

本集卷一九《大監李君墓誌銘》：「余中子，實爲君之婿。」又曰：「至雲龕李公酹其親家馬大夫之文，……當時東澗爲之諷誦，余年不及三十，亘信此境。柰何三紀之餘，悲又甚也。」按：云「三十」又「三紀之餘」，則已越六十六歲。

拜母墓，作詩。

本集卷二三《過屺瞻夜賦》，其二：「六十年前我已孤，嬰兒抱母泣呱呱。」其父沒於廷鸞七歲，則此詩當作於六十七歲。

至元二十六年己丑，六十八歲，端臨三十六歲。

廷鸞卒，終年六十八歲。

《宋史》本傳：「瀛國公（端宗）即位，召不至。自罷相歸，又十七年而薨。」按：廷鸞罷相在咸淳八年（一二七二），又十七年，即是年。又《四庫全書總目·碧梧玩芳集》：「史稱其罷相後，又十七年而卒。攷廷鸞之罷，在度宗咸淳八年，其殁當在元世祖至元二十六年己丑。」《元書》卷八九《馬端臨傳》正作：「二十六年，廷鸞卒。」又周密《癸辛雜志》謂廷鸞歸，「安處山林，著書教子，凡十四年而薨。」指廷鸞咸淳十年（一二七四）辭浙東安撫使、知紹興府，提舉洞霄宮，至此爲十四年。

廷鸞所著《六經集傳》、《語孟會編》、《楚辭補記》、《洙泗裔編》、《讀莊筆記》、《張氏祝氏皇極觀物外篇》諸書，已佚（《宋史》本傳）。又《四庫提要》：「《宋史》又稱廷鸞所著，又有《六經集傳》、《論孟會編》、《楚辭補記》、《洙泗裔編》、《讀莊筆記》諸書，今並不傳。」

又有《讀史旬編》三十三帙，已佚，僅存緒論。

其後，子端臨編其平生所作表、文、詩、賦爲《碧梧玩芳集》。單行本久佚，明人收入《永樂大典》，四庫館臣輯爲二十四卷。

《四庫提要》：「《碧梧玩芳集》二十四卷，宋馬廷鸞撰。……是集爲其子端臨所編，其曰碧梧玩芳者，廷鸞家有碧梧精舍，晚年又自號玩芳病叟，因以爲名也。自明以來，外間絶無傳本，惟《永樂大典》所收頗存梗概。大抵駢體最工。理宗末年，又居兩制，朝廷大著作，多出其手。其他詩文亦皆典贍秀潤，盎然有卷軸之味。」

有子六人：端復、端臨、端履、端蒙、端頤、端益。三女子：修職郎朱煥文、從事郎費世文、太學生彭開，即其婿（本集卷二〇《魯國夫人張氏墓誌銘》）。

按：本集卷一五《書課曆序後》又稱有「九男子」。卷一九《咸寧郡段太夫人段氏墓誌》「孫男九人，孫女七人。」其所謂九人、七人，通計子、侄而言。

至元二十八年辛卯，端臨三十八歲。

端臨服闋，起爲慈湖書院山長。

《宋元學案》卷八九：「及父卒，稍起爲慈湖、柯山二書院山長。」《元書》八九《馬端臨傳》：「二十六年，廷鸞卒。久之，端臨用薦長慈湖書院，移柯山。」

大德十一年丁未，端臨五十四歲。

端臨歸教於鄉。

端臨著《文獻通考》成，凡三百四十八卷。

《宋元學案》卷八九：「宋亡不仕，著《文獻通考》，自唐、虞至南宋，補杜佑《通典》之闕，二十餘年而成。」《元史類編》卷三四同。《元書》卷八九《馬端臨傳》：「端臨博學多才，以爲宋亡，將一代制度恐至散佚，而家有藏書，及得諸廷鸞所語朝章國政，庶幾文獻足徵。」著爲《文獻通考》。李謹思《文獻通考序》：「過江四丁未矣，而《通考》之書又成。」載《樂平縣志》卷二七（有缺誤），又見元明遞修本卷首所附。四丁未：建炎元年，宋室過江，爲丁未年；歷四丁未二百四十年，即是年。

至大元年戊申，端臨五十五歲。

李謹思作《文獻通考》序（見《樂平縣志》卷二七），末署「至大戊申既望」（又載元刻本《文獻通考》卷首）。

元仁宗延祐四年丁巳，端臨六十四歲。

七月，仁宗遣弘文輔道粹德眞人王壽衍，巡訪有道之士（見《文獻通考》卷首王壽衍《進文獻通考表》、卷端《抄白》）。

延祐五年戊午，端臨六十五歲。

端臨起爲衢州路柯山書院山長。

《抄白》稱端臨「昨蒙都省咨發，再任衢州路柯山書院山長」，詳下條。

王壽衍訪賢至饒州路，路儒學楊教授以馬端臨爲薦。

《文獻通考》卷首《抄白》載，延祐五年十二月十八日，王壽衍轉呈饒州路儒學教授楊某言：「竊見本路樂平儒人馬端臨，前宰相碧梧先生之子，昨蒙都省咨發，再任衢州路柯山書院山長，見類各路儒學教授選內，即目居閑聽除。本儒行履端純，詞章雅麗。家傳鼎鼐之譜，幼翻館閣之儲。知前代之典章，識當世之體要，以所見聞，著爲成書，名曰《文獻通考》，凡二十四類，三百四十八卷。天文、地理、禮樂、兵刑、財用、官職、選舉、經籍、郊祀、封建、戶口、征役之屬，凡於治道有關者，無不彪分彙列，井井有條。治國安民，特舉而措之耳。此可謂濟世之儒，有用之學。其書，本儒用心二十餘年，卷帙繁多，非可卒致。今先將所定序目一本繳進前去，蚤爲轉申上司，令人繕寫成帙，校勘完備，官爲鏤板，以廣其傳。非唯不負本儒平生所學，抑且於世教有所補益。」

饒州路儒學將馬端臨所謄《文獻通考序目》三本，分别呈上行省、集賢院、王壽衍。

《抄白》：「本路儒學申令馬端臨謄寫到所撰《文獻通考序目》一樣三本，裝褫完備，内將二本繳申省府並集賢院照詳，外將一本關發弘文輔道純德眞人收管。」

延祐六年己未，端臨六十六歲。

四月，王壽衍奏上《文獻通考》。

《文獻通考》卷端王壽衍《進文獻通考表》：「臣伏睹饒州路樂平州儒人馬端臨，乃故宋丞相廷鸞之子，嘗著述《文獻通考》三百四十八卷，總二十四類。其書與唐杜佑《通典》相爲出入。杜書肇自隆古，以至唐之天寶。今馬氏所著，天寶以前者視杜氏加詳焉，天寶以後，至寧宗者，又足以補杜氏之闕。其二十四類，類各有考。……其議論則本諸經史而可據，其制度則付之典禮而可行。思惟所作之勤勞，恐致斯文之隱沒。謹謄書於楮墨，遠進達於蓬萊，幸垂乙夜之觀，快睹五星之聚。」末署「延祐六年四月日」。《宋元學案》卷八九端臨傳：「仁宗延祐四年，遣眞人王壽衍尋訪有道之士，至饒州路，錄其書上進。詔官爲鏤版，仍令先生親攜所著稿本，赴路校勘。」《學案》以出訪、奏書、刊刻俱在四年，誤。據引文，出訪在四年，上書在六年，至於刊刻更在其後。

馬端臨親齎文稿赴饒州路鈔正，上於行省，省上之禮部、翰林國史院校勘，請以本省教育費用資助雕版。

《抄白》：「本路繕寫完備，計六十八册，校勘無差。本省今將《文獻考》隨此發去。……禮部呈翰林、國史院，考校得馬端臨所著《文獻通考》，凡二十四類，三百四十八卷。纂集古今，浩汗該博，殫極精力，用志良勤，有益後學。如蒙準呈，咨本省於贍學錢糧內刻板印行。」又曰：「禮請馬端臨親齎所著《文獻通考》的本文籍，赴路謄寫校勘刊印。」同行校勘者，尚有端臨子馬志仁、甥許貴山。

汪光明《馬端臨及其文獻通考》（載《歷史知識》一九八二年第六期）：「英宗至治二年（一三二二年），元政府禮請馬端臨親自到京去校勘，那時他年齡已近七十歲。爲使著作能夠傳世致用，就由他兒子馬志仁、外甥許貴山陪同前往，三人對著作詳加校訂，不遺餘力。」據《抄白》馬氏父子校對鈔正稿在饒州路，不在京師；今傳元刻原版《通考》，刻於西湖書院，在杭州，亦非京師，「到京」之說不確。

元英宗至治二年壬戌，端臨六十九歲。

六月，元英宗詔官府資助刊刻《文獻通考》。

《宋元學案》卷八九：「仁宗延祐四年，遣眞人王壽衍尋訪有道之士，至饒州路，錄其書上進。詔官爲鏤版，仍令先生親攜所著稿本，赴路校勘。英宗至治二年，始竣工。」

按：《學案》以爲《文獻通考》刊成於二年，非。據《抄白》，是年六月，乃皇帝詔令官資雕印之時，非竣工之時。《元書》卷八九《馬端臨傳》：「延祐四年，遣使尋有道之士，至饒州路，錄上其書。六年，詔本路爲校勘刊行，以廣其傳。」以詔書在六年，亦誤。

至治三年癸亥，端臨七十歲。

端臨陞台州路學教授。三月，以年老辭歸。

《宋元學案》卷八九：「教授台州路，三月，引年，終於家。」《元書》卷八九：「俄授台州教授，旋引年，卒。」

泰定元年甲子，端臨七十一歲。

《文獻通考》刊竣（見元刻明遞修本目錄

後附余謙後至元五年《叙記》)。王樹民《史部要籍解題》(中華書局一九八一年版)第二〇八頁說:「至治二年(一三二二年)官家爲之刊行，至泰定元年刊成。馬氏猶及親見其書之印。」甚是。此書元泰定本，近人傅增湘有藏，其《藏園群書經眼錄》(中華書局本)第二冊史部第四七四頁:「《文獻通考》三百四十八卷，元馬端臨撰，有抄配。元泰定元年西湖書院刊元明遞修本。大版心，十三行三十六字。細黑口，左右雙闌。余藏。」莫友芝亦及見之，《郘亭知見傳本書目》卷七史部亦載:「《文獻通考》三百四十八卷，元馬端臨撰。元刻大版本，半頁十三行三十六字。」「元刻本，至大戊申李思(引者按:當作李謹思)序，元祐六年王壽衍進書，江浙等處儒學提舉余謙《序記》。」西湖書院:即宋杭州府儒學，在仁和縣(《西湖游覽志》卷一五)。

端臨卒於家(詳上)。

葬於樂平縣城東南十五里處虎山。

汪光明《馬端臨及其文獻通考》(載《歷史知識》一九八二年第六期)謂端臨「葬於樂平縣城東南十五里處虎山」，一九六三年發現其墳墓，「江西省博物館曾派人前去調查，攝有墓碑照片，碑文僅『馬端臨墓』四個大字，字迹模糊不清」。

王深寧先生年譜

（清）張大昌　編

李春梅校點

約園刊本《四明叢書》第一集

王應麟（一二二三—一二九六），字伯厚，號厚齋，鄞縣（今浙江寧波）人。淳祐元年進士，寶祐四年中博學宏詞科，歷太常寺主簿，以言邊事忤丁大全罷。起爲台州通判，以太常博士召，理宗朝官至著作佐郎。度宗咸淳元年，除著作郎兼翰林權直，累遷起居舍人兼權中書舍人，忤賈似道，奉祠。六年，起知徽州。七年，召爲秘書監，遷起居郎。八年，權吏部侍郎，以母憂去。德祐間再爲中書舍人，累遷至禮部尚書兼給事中，因封駁留夢炎薦章不報，遂東歸，自號深寧老人。元元貞二年卒，年七十四。

應麟號宋末大儒，著述多達六百八十九卷，今存三十餘種，其中《困學紀聞》二十卷、《玉海》二百卷、《詩地理考》六卷、《小學紺珠》十卷、《詞學指南》四卷影響最大。詩文集有《深寧集》一百卷、《玉堂類稿》二十三卷、《掖垣類稿》二十二卷，已佚。明鄞縣鄭真、陳朝輔輯其遺作爲《四明文獻集》五卷，清葉熊復輯三卷，彙爲《深寧先生文抄》八卷。事蹟見《宋史》卷四三八本傳。

《王深寧先生年譜》，有清錢大昕、陳僅（與張恕合編）、張大昌所編三種（《四明文獻集》本《深寧先生文鈔》及《四明叢書》第一集，均有三譜合刊本）。陳譜據《王氏家乘》及應麟子昌世所作《壙記》，參核錢譜及史傳，對錢譜多有釐訂。其後張世昌復據錢、陳二譜，參核文集、史傳，重加編訂，於前二譜補正尤多，且引據資料豐富，考訂較精，王存善謂「張輯經吴子修學使、王雪澄按察校讀，當少訛誤矣」。今據一九三二年刊本《四明叢書》第一集所載張大昌譜點校。

王深寧先生年譜

仁和張大昌小雲輯

宋寧宗嘉定十六年癸未

七月，先生生。

先生姓王氏，諱應麟，字伯厚，又字厚齋。行廿二。以七月二十九日寅時生。本貫開封府祥符縣，曾祖安道，字時中，武經大夫、保信軍承宣使。建炎初扈蹕南渡，乾道間始定居於鄞。

《陳譜》：按嘉靖《寧波府志》：「鄞縣治南一里，宋禮部尚書王應麟所居，至今稱王家府。」謝山全氏《湖語》：「深寧先生封鄞縣伯，故所居亦稱錦里。」今考先生故居在城西南廂鄞縣學前，白鶴廟之東。廟相傳爲先生書堂遺址，即所謂汲古堂書庫也。王家府、錦里名皆不傳。

祖晞亮，字寅仲，武經郎。

《錢譜》云：黃潛撰《王昌世墓誌》云「朝散大夫」。

《陳譜》：按高斯得撰先生父王撝《墓誌銘》云：「大父安道，建炎渡江，從名數於四明，官至武經大夫、保信軍承宣（郎）〔使〕，轉利州觀察使。父晞亮，武經郎，贈朝奉大夫。」

父撝，字謙父，博洽多聞，性耿介，非其友不與語。幼學於樓昉，爲文醇深，善議論。案：「博洽」以下二十五字據康熙《寧波府志·人物傳》。即以是年登蔣重珍榜進士，後官至朝請大夫、吏部郎中兼國史院編修官、實錄院檢討官、兼崇政院說書、直祕閣、知溫州。三字據雍正《浙江通志·選舉》注。卒贈正奉大夫。妣陳氏，贈碩人。

按：錢、陳兩譜均未載先生母姓氏、

封贈，考《登科錄》，應鳳名下云「外氏陳」，先生自製墓銘，稱「先妣陳碩人」。

十七年甲申，二歲。

理宗寶慶元年乙酉，三歲。

三年丙戌，四歲。

侍吏部公於安吉。《陳譜》。時吏部公爲安吉丞，攝長興令，捐俸賙水災。再攝新城，復斥餘財五萬緡代貧民賦。據《延祐四明志》。

三年丁亥，五歲。

紹定元年戊子，六歲。

二年己丑，七歲。

三年庚寅，八歲。

弟應鳳生，字仲儀，小字若鳳，與先生生同月日。《錢譜》。《宏簡錄·道學》本傳：「父撝，同日雙生二子，曰應麟、應鳳云。」《錢譜》謂應鳳後先生八年生同日，誤。竊按《寶祐登科錄》，應鳳名下稱年二十七，七月二十九日寅時生。寶祐四年先生年三十四，而應鳳年二十七。《錢譜》所據者此。《陳譜》恐未合。《宏簡錄》雖有此說，而《宋史》本傳及先生自製《墓誌》、子昌世所作《壙志》，祗稱同日生，未有云同生於某年月日者。今姑依《錢譜》所載，附繫於此。又按：應鳳行第二十三，娶羅氏，亦見《登科錄》。

四年辛卯，九歲。

是年先生通六經。《錢譜》。

五年壬辰，十歲。

六年癸巳，十一歲。

侍吏部公於臨安。《陳譜》。

端平元年甲午，十二歲。

二年乙未，十三歲。

三年丙申，十四歲。

嘉熙元年丁酉，十五歲。

二年戊戌，十六歲。

從鄉先生吳參倚學。《錢譜》。

三年己亥，十七歲。

吏部公遷國子監正、將作監主簿，案：《錢譜》不載。《陳譜》無「將作監主簿」五字。據康熙《寧波府志》。先生隨侍入朝。

是歲，吏部公同年進士余天錫參知政事，屬吏部公敎其子弟。歲終致束脩，堅卻不受，曰：「吾二兒習詞學，鄉里無完書，願從公求尺牘，往借周益公、傅內翰、番陽三洪，暨其餘習詞學者凡二十餘家所藏書。」余欣然應之。吏部公性嚴急，每授題，設巍座，命坐堂下，刻燭以俟，少緩，輒呵譴之，由是先生文益敏捷。

《陳譜》：按，吏部爲樓迂齋高弟，始忤史彌遠，繼忤丁大全，位終不達，文章氣節推重一時。先生之淵源家學蔚爲大儒，有自來矣。

四年庚子，十八歲。

四月，史嵩之依前右丞相兼樞密使，吏部公乞補外以避，通判婺州。據康熙《寧波府志》，參《宋史·本紀》及《宰(相)(輔)表》。

按：《陳譜》謂通判婺州在明年七月，似未合。

八月，先生試國子監，中選。試題：《安人天民之福賦》、《整爾當雲霄詩》、《下逮莊騷太史所錄論》，策問蜀帥北使，次問士氣，末問敎胄子。《陳譜》。

淳祐元年辛丑，十九歲。

二月，別院省記奏名。試題：《□道德賦》、《當春乃發生》詩、《統紀法度如何□□論》，策問科舉，次問道學，末問理刑。案：是科杜範知貢舉，見《咸淳臨安志》。

四月，御史臺覆試。試題《人君之道無私論》。《陳譜》。

五月，廷試乙科，登徐儼夫榜進士，賜及第出身。親試策問正學、吏治、邊防、邦計、耕屯、荒政六事，太祖肇基、高宗中興規模。

六月，聞喜宴，賜御製詩：「涼菲膺圖屢改元，賓興六詔五《陳譜》闕此字。據《咸淳臨安志》。臨軒。勵精思振清明政，策秀欣求讜《陳譜》闕此字，據《咸淳臨安志》。直《陳譜》作「敬」，上下均闕字，恐誤，今依《咸淳臨安志》。言。致《陳譜》闕此二字，據《咸淳臨安志》補。陳譜「敬」字恐即「致」字之譌。主莫如仁與義，立身休計飽和溫。時艱全藉賢經濟，勉力應無負選掄。」

七月，侍吏部公於婺州，從王埜受學，習宏詞科。初，眞文忠從傅伯壽爲詞科，埜與文忠相後先，源緒精密。先生二十六字據《延祐志》。遂得呂成公、眞文忠之傳。《陳譜》。又從徐鳳受習之。據《清容集》。

按：袁桷《清容集·陳志仲墓誌》有云：「宋季詞科，呂成公、眞文忠傳諸徐鳳，徐鳳傳諸王公應麟。」諸書均稱從王埜，不言從徐鳳，未知先生從徐鳳在從王埜之前後。今姑繫此，以備參攷。

先是，先生初登第，言曰：「今之事舉子業者，沽名譽，得則一切委棄，制度典故漫不省，非國家所望於通儒。」於是發憤誓以博學宏辭科自見，假館閣書讀之。據本傳。

每以小冊納袖中，入祕府，凡見典籍異聞則筆錄之，復藏袖中而出。據《至正直記》。

《陳譜》附注此於乙巳作《廣恩崇福寺記》下，云：「先生自登第至試詞科，在朝之日甚淺，其假館閣書未知當在何時，附記於此。」竊按：本傳明云「登第言曰」，則應列於是年，實無疑義。若《至正直記》所稱，乃先生分類輯《玉海》之始，故胡助云公專力三十餘年而後成，當亦在是年肇始也。至所云祕府則公廨案牘正多庋藏，未必專以在朝，而後以祕府稱。況《至正直記》以爲撰《困學記聞》，則所稱祕府不必皆內府也。

二年壬寅，二十歲。

是歲，史彌鞏知婺州，與吏部公同事相得。史公五子，能之、胄之皆先生同年，及有之、肎之、育之均侍焉。據《史鄂州墓誌》增十字。兩家子弟相好也。」

《陳譜》此條移辛丑年末。案先生《史鄂州墓誌》云：「淳祐初，余始第進士，侍先君子吏部婺州倅。明年，少師公來守郡，君侍焉，兩家子弟相好也。」《錢譜》本此列是年，陳移之殊誤。

御史劉晉之誣衢州掾慮囚受賕，刑獄使者不直之，命吏部公審實。公言誠無是事，晉之怒，而婺之士民咸謂公處置實當，晉之不敢犯。晉之蓋史相黨人也。據《延祐四明志》。

三年癸卯，二十一歲。

調衢州西安主簿。《錢譜》云無年月可考，姑繫於此。《陳譜》移列於壬寅年，別無據證，今仍依錢繫此。民以年少易視之，輸賦後時。四字據本傳。先生白郡守繩以法，遂立辦。諸校欲爲亂，知縣事翁甫倉皇計不知所出，先生以理諭服之。《錢譜》。

吏部公攝知婺州，去之日以羨餘數籍於官。據康熙《寧波府志》。

四年甲辰，二十二歲。

吏部公以祕書丞知徽州，郡廩無三月之儲。暨解去，粟支一年，帛萬匹，所宜得錢，復以助少府之用。遷吏部郎中、崇政殿說書。據《延祐四明志》。

五年乙巳，二十三歲。

侍吏部公入朝。《陳譜》。

調浙西提舉常平主管帳司，部使者鄭霖異待之。《錢譜》。

秋，作《廣恩崇福寺記》。

吏部公上疏言羣臣遜志之言多，逆耳矯拂實未之見。其議剴切，深中時病。據《延祐四明志》。

六年丙午，二十四歲。

十月，先生赴西安。《陳譜》。

七年丁未，二十五歲。

六月，昌國令沈壑重建昌國學大成殿，作《重建昌國大成殿記》。據《延祐四明志》。

八年戊申，二十六歲。

十月，差監戶部平江府百萬倉。《錢譜》繫甲辰，《陳譜》依《壙記》繫此。

長洲宰扁其縣圃曰「茂苑」，先生告之曰：「長洲非此地也。」問其故，先生曰：「吳王濞都廣陵。《漢郡國志》，廣陵郡東陽縣有長洲澤，吳王濞太倉在此。東陽，今盱眙縣。故枚乘說吳王云長洲之苑，服虔以爲吳苑，韋昭以爲長洲在吳東，蓋謂廣陵之吳也。」曰：「他有所據乎？」先生曰：「隋虞綽撰《長洲五鏡》，蓋煬帝在江都所作也。長洲之名縣，始於唐武后時。」《錢譜》繫甲辰，文簡略，今與監倉併移此。據《困學紀聞》。

是年，長子良學生，字茂章。

摹刻正月天中節放生池戒宰烹御札成，有《代進放生池御札摹本表》。據《四明文獻集》，參《咸淳臨安志》。

九年己酉，二十七歲。

三月，陞從事郎。《陳譜》。

十年庚戌，二十八歲。

十一年辛亥，二十九歲。

吏部公兼國史院編修官、實錄院檢討官，預修四朝史，撰《輿服志》六卷。《陳譜》作四朝史編修官，恐誤，蓋當稱國史院編修官爲合。茲依《府志》，作預修四朝史，宋代未嘗專設四朝史官也。《輿服志》原作四卷，茲據《浙江通志》改。

理宗賜吏部公御書「竹林汲古傳忠」六字，先生代撰《謝賜表》。吏部公因額其里居堂曰「汲古堂」，所撰文曰《汲古文集》。據《鄞縣志》。

二月乙未，左丞相鄭淸之等上玉牒、日曆、會要及光宗寧宗《寶訓》、寧宗《經武要略》。先生有《擬國史院進光宗寧宗寶訓表》，又有《代宰臣以下賀奉安光宗寧宗寶訓寧宗經武要略今上玉牒日曆會要禮成表》。據《詞學指南》、《四明文獻集》，參《宋史·本紀》。

十二年壬子，三十歲。

理宗賜吏部公御製《周易徹章詩》，先生代撰《謝賜表》。據《四明文獻集》。

吏部公以直祕閣知溫州。據《延祐四明志》、《浙江通志·選舉·職官》、《寧波府志·人物傳》。

四月，差浙西提舉常平茶鹽司主管。

七月，考試臨安。《陳譜》。

八月辛巳，詔改明年爲寶祐元年，有《代賀改元寶祐表》。據《四明文獻集》、《宋史·本紀》。

十二月，吏部公卒於溫州任，先生丁父憂。

《陳譜》：案《壙記》云：「淳祐十二年，差浙西提舉常平茶鹽司主管帳司。是歲，丁吏部公憂。寶祐三年，服闋，差揚州州學教授。」按：吏部以十二月三日卒，年六十九。《錢譜》謂卒於寶祐元年癸丑十二月，則十二月乙卯方再期，不得除服赴差揚州，當以《壙記》爲定。

所著有《汲古文集》、《樂事錄》。據《鄞縣志》。

寶祐元年癸丑，三十一歲。

二年甲寅，三十二歲。

十一月，皇子忠王祺冠。有《代賀皇子忠王行冠禮表》。據《四明文獻集》，參《宋史·本紀》。

三年乙卯，三十三歲。

二月，服闋。《陳譜》。

三月，差揚州州學教授。《錢譜》。

《陳譜》：按先生試宏詞，繫銜云從事郎、新除揚州州學教授。若三月差授，至明年二月，歷時已久，似不得稱新。豈差命雖下而以試事實未及赴任，故仍從初銓之例歟？附疑俟考。

四年丙辰，三十四歲。

二月，以從事郎、新除揚州州學教授，試博學宏詞科，中選。十二日試第一場，題二首：十字據《詞學指南》。《昭慶軍承宣使左金吾衛大將軍荆湖北路安撫副使兼知鄂州授寧武軍節度使龍神衛四廂都指揮使夔路安撫使兼知夔州兼提領措置屯田兼控扼瀘叙昌合四州邊面加食邑食實封制》、《周山川圖記》。十三日試第二場，題：八字據《詞學指南》。《代皇子謝賜御書孝經十六句表》、《堯衢室銘》。十四日試第三場，題：八字據《詞學指南》。《天禧編御集序》、《漢華平頌》。《錢譜》。

三月，有旨聽擢。《陳譜》。

四月，添差浙西安撫司幹辦公事。《錢譜》。

五月，集英殿策進士，宣入殿廬，充覆考檢點試卷官。考第既上，帝欲易第七置其首。案：龔開《文信國傳》作第五。先生讀畢，頓首曰：「是卷古誼若龜鑑，忠肝如鐵石，臣敢爲得人賀！」遂寘第一。及唱名，乃文天祥也。先生弟應鳳是科年二十七，治賦，一舉以迪功郎應試。十四字據《寶祐登科録》。廷對，披腹盡言，六字據《成化四明志》。亦以第二甲第九人登第。《錢譜》。

五年丁巳，三十五歲。

主管三省樞密院架閣文字。《陳譜》。

按：《錢譜》在前一年丙辰。

七月，除國子錄。制曰：「朕欲以理義淑人心，以教法新士習。師儒之官其誰宜？僉曰爾文杓篤實無華，亹洗其質也；爾用存修潔有守，金玉其相也；爾似道識度老成，斂實而秋也；爾應麟才思汗瀾，敷華而春也。儀于周行，聲聞藉甚。是用進文杓於東博，升用存於經博，擢似道於武博，應麟則掌成均之法以飭之。夫業精於勤荒於嬉，行成於思毁於隨，此晨入之誨也。爾豈遜於愈者哉，朕將有考於斯。可。」《陳譜》。

十月，改宣教郎，依舊職。《陳譜》。

庚子，詔皇子忠王祺授鎮南遂安軍節度使，皇女進封昇國公主，有《代賀皇子加兩鎮公主進封昇國表》。據《四明文獻集》，參《宋史·本紀》。

六年戊午，三十六歲。

六月，除武學博士。制曰：「朕新美多士，遴擇庶官，文武之教雖殊，而所以教則一。以爾得吉譽然其文，淵乎其道，其陞師屬，以迪冑子。爾耕學茂而醇，辭麗而則，其□博通，以淑生徒。爾應麟見聞殫洽，才思翩然，其範韜鈐之士。爾□璞年耆德明，氣和守正，其舉糾繩之政。夫古之學者必時，春夏教禮樂，秋冬教詩書，而干戈羽籥之容亦在所必講。爾其惟勤惟思，往以身率，使正音鏘訇於金石，則在泮之莪菁矣。」《陳譜》。

是年，先生上疏言：「陛下閱理多，願治久。當事勢之艱，與圖蹙於外患，人才乏而民力殫，宜彊爲善，增修德，無自沮怠；恢宏士氣，下情畢達，操紀綱而明委任，謹左右而防壅蔽，求哲人以輔後嗣。」既對，帝問吏部公名，曰：「爾父以陳善爲忠，可謂繼美。」《錢譜》多删節，據本傳增。

開慶元年己未，三十七歲。

正月，爲禮部點檢試卷官。有《代知舉謝賜御札表》。

二月，除太常寺主簿。制曰：「奉常□□□□□陳殷置輔隸其畀，非才識兼茂、聞望素高者不畀也。爾應麟博聞強識，積學多聞，固嘗以異科顯矣。由右序而稽秩宗，榮進豈易量哉？聲教四達，文治勃興，非國家盛事歟？尚其勉之。毋但曰供簿正而已矣，則朕以懌。」《陳譜》。

三月，出院。《陳譜》。

五月，輪對後殿。時丁大全以會計得幸于上，擅奏擬，臺諫承風旨。大全招先生諭意，將拜爲御史，而大全諱言邊事，先生入對，言：「淮戍方警，蜀道孔艱，海表上流皆有藩籬脣齒之憂。軍功未集而吝賞，民力既困而重斂，必失軍民心，非修攘之計也。願陛下勿以宴安自逸，勿以容悅之言自寬。」帝愀然曰：「邊事甚可憂。」先生言：「無事深憂，臨事不懼，願汲汲預防，毋爲壅蔽所欺。」由是與大全忤。是日即以臺諫論罷。《錢譜》。

十月辛未朔，丁大全罷。壬申，以吳潛爲左丞相，賈似道爲右丞相。《陳譜》

是年，弟應鳳應博學宏詞科中選，詔褒諭之。先是應鳳中甲科，或謂曰此麗澤先生名弟也。蓋以異自見，及入選，人以三洪並稱。《錢譜》文多删節。據本傳，參四明、鄞縣諸志。

又案：是科試題見《詞學指南》及《鄞縣志》。第一場題：《檢校少保武康軍節度使淮南西路安撫（司）〔使〕兼知瀘州授檢校少傅寧武軍節度使侍衛馬軍都指揮使四川宣撫副使兼知潼川府措置修築沿邊城堡團結民兵捍禦瀘叙思播鎮遠諸處邊面兼屯田使加食邑食實封制》、《漢郡山川風俗記》。第二場題：《代提舉國史已下進重修孝宗皇帝實錄編類寧宗皇帝御集表》，《堯謁者箴》。第三場題：《慶曆新修太常禮贊》、《唐定戎關圖序》。

有《代玉牒洪兵書謝成轉通議大夫表》、又《代洪兵書謝表》。據《四明文獻集》。

按：集稱洪兵書，未載其名。考《宋史》，是時有洪天錫、洪芹二人。《天錫傳》不言居兵書，《洪芹傳》云開慶元年權禮部〔侍〕郎、中書舍人，屬兵興，則此稱兵書當爲洪芹無疑，故繫此。

景定元年庚申，三十八歲。

九月，轉奉議郎，添差通判台州。

《錢譜》在寶祐六年，注云：「此據《延祐四明志》。《宋史》謂『大全罷，起通判台州』，非也。」《陳譜》依《壙記》繫此，與《宋史》合。

二年辛酉，三十九歲。

弟應鳳添差浙西安撫司幹辦公事，遷主管架閣文字。

按：《咸淳臨安志》載應鳳撰《景定二年辛酉五月浙西安撫司僉廳廳壁續記》，有云：「應鳳以未至辱授簡焉。」又云：「敢正列其義，庶幾相規若古僚友。」是曾授是職之顯證。本傳於詔褒諭之後稱添是職，似亦屬應鳳言也。《咸淳臨安志》又載《景定重建廣嚴院記》，稱「王架閣應鳳撰」，則主管架閣文字亦足徵信。殆同由詞科進宦途，則添差遷秩三無不同，惟年月無考，添差似非自此歲。今姑依撰記年月增繫於此。

三年壬戌，四十歲。

八月，赴台州。

《陳譜》：按《家乘》云是歲長子良學登第，而《壙記》未言，《浙江通志》選舉六，是年方山京榜亦無良學名。凡《家乘》中如此類皆不足徵信，今盡削之。

四年癸亥，四十一歲。

二月，轉承議郎。《陳譜》。

五月，除行太常博士。制曰：「奉常，漢樂官也，博士皆以專經選。今惟禮樂是司，視成均尤重，且卒爲緊官要轍之儲。爾以詞學進身，文譽滋著，亦既任師儒之責矣。明禋秩典，召而歸之，講明圭幣之文，品齊俎豆之事。往殫爾職，嗣聽異除，文字官非爾誰屬？」《陳譜》。

七月，供職。《陳譜》。

九月辛卯，祀明堂，爲前導官。有《宰臣以下賀明堂禮成表》。據《四明文獻集》，參《本紀》。

葉熊按：故事，禮部郎官草百官箋表。博士，禮部郎屬也，故表不稱代。

湯漢爲少卿，與先生鄰牆居。朝夕講道，

言關洛濂閩江西之同異，永嘉制度、沙隨古《易》、蔡氏圖書經緯、西蜀史學，通貫精微，剖析幽眇。漢曰：「吾閱士良廣，惟伯厚乃眞儒也。《錢譜》。使眞文忠在，願同在弟子列。」會漢髦年力祈去，遂薦先生於似道。「使」字以下，據《延祐志》。

《陳譜》此附咸淳元年，云：「按《宋史》，湯漢除太常少卿在度宗登極後，《錢譜》附於景定四年。《寧波府志》亦云：『應麟爲太常博士，湯漢爲少卿，比屋而居』，皆失之不考。」竊按：陳氏所考，亦殊未得。《宋史》湯漢本傳云：「遷太府少卿，升太子諭德，改祕書少監，疏論臺諫，乞休致，擢太常少卿。補外爲福建安撫，改知隆興府。度宗即位，召奏事，授太常少卿。」是漢兩除太常，一在登極前。陳失之不考尤甚。《錢譜》除太常博士在景定元年，因繫於元年。陳乃謂《錢譜》附四年，誤。況《錢譜》及《寧波府志》均僅云爲少卿，據本傳於爲太府、太常固無年月，然《府志》云會漢髦年，遂薦先生於似道，是指漢乞休致時。陳直增爲太常少卿，尤爲失考，何若稱少卿以闕疑？況至咸淳元年則似道已因先生撰表驚異，何取乎漢薦邪？今依《壙記》繫爲太常博士於四年，即附繫之，仍稱爲少卿而不稱太常，庶與傳亦不相悖。

五年甲子，四十二歲。

除行祕書郎。制曰：「郎於祕府，職亞南宮，非得名流，曷稱厥職？爾應麟見聞殫洽，學殖淵源，嘗登詞翰之科，則宜游宏達之林矣。雍容冊府，蓋將養資望、培器業，以大其所成就也，賦三都、奏二漢無取焉。勉爾猷爲，對予寵渥。」《陳譜》。

七月甲戌，彗星見於柳，芒角燭天，長十餘丈。自四更從東方見，日高方斂，凡月餘。據《宋史·天文志》。詔求直言。先生率同舍五人扣閣上書，極論執政、侍從、臺諫之罪，積私財、行公田之害。又言應天變莫先回人心，回人心莫先受直言。箝天下之口，沮直臣之氣，如應天何？時直言者多忤權臣，故先生及之。《錢譜》文簡略，據本傳。

八月，輪對延和殿。有旨繳進。

兼沂靖惠王府教授。

九月，赴講堂講《禮記》。

遷行祕書著作佐郎。《錢譜》繫在度宗登極前，與《壙記》合。《陳譜》繫十二月，恐非。制曰：「書省有位，非元元本本殫見洽聞者，不得與於斯文也。爾應麟精筆妙墨，蚤擢詞科。記事纂言，見謂博識。文采炳蔚，學殖深長。讀中祕書，既並游於東觀；攝名表印，嘗草奏於南宮。序遷史筵，益觀文筆。緬懷元豐更官初，皇祖大訓以爲非蘇軾不可，玆豈直取人於詞藝閒哉！尚企前修，益培遠業。」《陳譜》。

十月丁卯，理宗崩，度宗即位。三日（日）庚午，宰執文武百官詣祥曦殿表請聽政。先生兼攝禮部郎官，草百官表，撰請御正殿三表。據《四明文獻集》，參《本紀》。

十一月壬申，宰政以下日表請視朝。故事，嗣君御殿，丞相四上表即允。一夕，百官會臨宮中，似道命省吏致命於臨次曰：「嗣君入纂大統，禮宜加多，願郎中增撰三表。」先生即臨次具以進。《錢譜》簡略，依《本紀》、《延祐四明志》增。

又案：《錢譜》云奉旨增撰，《陳譜》云有旨增撰。然增撰出自似道之意，非由度宗，不謂之爲旨。

撰《賀冬至節表》。據《四明文獻集》增。

原無年月。按：文中兩稱甲子，明係是年表賀，因附繫於此。

推登極改元恩，先生轉朝奉郎。制曰：「生民立君，故尊居於大寶；惟辟作福，斯溥錫於湛恩。玆予一人踐阼之初，是人臣委質之始，粤從京秩，遞進華階。臣事君以忠，宜勤厥職；官量能而授，嗣選爾勞。」《陳譜》。

朱貔孫以華文閣學士知寧國府，有《代謝華文閣學士知寧國府表》。據《四明文獻集》，參《朱貔孫傳》。

案：集中不著所代人姓名，考《宋史·朱貔孫傳》云：「度宗即位，以舊學故雅欲留貔孫，使者旁午於道，而貔孫辭益力，以華文閣學士知寧國府。」惟傳中不載年月，今依繫即位之年末。

十二月甲辰，以上生日爲乾會節。撰《請上乾會節名》四表。據《四明文獻集》，參《本紀》。

草《嗣榮王與芮賜詔書不名依前皇叔太師武康寧江軍節度使判大宗正嗣榮王加食邑一千戶食實封四百戶》。據《四明文獻集》，參《三朝政要》。《本紀》不載，《政要》云上即位時。

度宗咸淳元年乙丑，四十三歲。

正月戊申，乾會節，進《功德疏》，撰《謝獎諭表》。據《四明文獻集》、《本紀》。

直學士院馬廷鸞知貢舉，有旨攝直學士院。《陳譜》。

二月，理宗靈駕發引，有《慰度宗皇帝表》、《慰皇太后表》、《慰皇后表》。及理宗靈駕至攢宮安奉，又有《慰度宗皇帝表》、《慰皇太后表》、《慰皇后表》。據《四明文獻集》。

趙葵授少傅，先生草《趙葵特授少傅依前觀文殿大學士充醴泉觀使冀國公加食邑食實封仍令所司擇日備禮冊命制》。據《四明文獻集》。

集中注云二月三日，考《本紀》及《宰（相）（輔）表》均不載。《趙葵本傳》云：「咸淳元年加少傅。」

三月，兼權禮部郎官。

丞相賈似道護山陵禮畢，癸酉乞解機政，六字據《本紀》。令作辭表三通。吏拱立以俟，先生從容授之，似道大驚異。

案：《錢譜》、《陳譜》均類繫於增請視朝三表後，今據《本紀》繫此。又按：三表今俱佚。

甲申，葬理宗於永穆陵。虞主至行在，群臣詣殿行九虞祭。第一虞至六虞太常卿行禮，第七虞至九虞皇帝親行禮。先生撰《九虞祭告文》九章。據《四明文獻集》，參《本紀》、《禮志·凶禮一》。

四月，考太學補試。《陳譜》。

閏五月，兼翰林權直學士院、崇政殿說書。《陳譜》。

六月，經筵進講《周易》，讀《稽古錄》。《陳譜》。

七月，除著作郎。制曰：「昔神宗謂著作郎非蘇軾不可，聖眷厚矣。然軾未嘗一日安其位，其爲名表郎，爲翰林學士，則皆元祐初年也。爾種學績文，遂登朝列，今由少著升大著，且一日盡踐軾所居官，望彌厚矣。其益以軾之文章節義自勉，以稱予意。」《陳譜》。

是年，程元鳳授少保，草《程元鳳特授少保依前觀文殿大學士充醴泉觀使新安郡開國公加食邑食實封制》。據《四明文獻集》、《本紀》。《宰（相）（輔）表》不載，《元鳳傳》在度宗初即位，無月日，附年末。下同。

高斯得兼侍講，草《高斯得依前起居舍人特授侍講誥》。據《四明文獻集》，參《高斯得傳》。

案：集目作侍讀，刊本誤。考本傳作兼侍講，至擢翰林知制誥，始擢侍讀。

二年丙寅，四十四歲。

正月，除守軍器少監。制曰：「朕妙揀臣工，分典戎器。以詞臣領，率循神考之規，繇望郎進，有若皐陵之晩。爾精探力索，殫見洽聞，承明著作之庭，稽古禮文之事，大易辨問之學，兩漢制誥之風，爲邦之光，咨爾大雅。蓋國家明政必閒暇之時，而器械精能須文學之士。已若玆監，以修我戎，其課參軍，而升儤直。忠信爲甲冑，可殫武庫之材；文章瑞朝廷，尙懋儒林之業。」《陳譜》。

經筵值人日雪，帝問有何故事。先生以唐李嶠、李乂等應制詩對。「帝問」以下十九字，據本傳。因奏春雪過多，民生飢寒，宜謹感召。《陳譜》。按《錢譜》在丁卯，今依《宋史》訂正。

命舉廉吏，草《舉廉吏詔》。據《四明文獻集》，參《宋季三朝政要》。集目旁注「詞科」二字，恐非。

升兼學士院權直。《陳譜》。

三月，援淳熙詞臣倪思故事，乞免兼禮部郎。有旨依所乞，免兼。《陳譜》。

九月，轉朝散郎，除將作監。制曰：「梓慶之論，靜心者能爲；輪扁之言，讀書者有取。欲觀聖人之作，疇若匠氏之功。以爾振發純英，滋漸名訓。更日番入，時則賴以質疑；三年弗言，時則資之作命。往服乃事，以修我戎。甫玆視朔，宜爾陟序。朕奉苑囿無所資益，雉監遂號於簡清；若室家惟其塗茨，鴻業正思於潤色。靡有虛張之繕，可以大肆於文。直中繩，曲中規，爾尙助予而勸學；材有美，工有巧，朕方用汝以爲良。若時超遷，嗣有殊渥。」《陳譜》。

帝視朝，謂先生曰：「爲學要灼見古人之心。」對曰：「嚴恭寅畏，不敢怠皇，克勤克儉，無自縱欲，強以馭下，制事以斷，此古人之心。然操舍易忽於眇綿，兢業每忘於游衍。」帝嘉納之，既而輪對，言人君防未萌之欲，存不已之誠。《陳譜》衹載輪對語，餘據《本傳》。

十一月，賜緋魚袋。

《陳譜》在元年乙丑，據《壙記》繫此。陳蓋沿《家乘》之譌。

十二月，先生叔父宗正少卿正甫公拯卒。

《陳譜》。

三年丁卯，四十五歲。

正月己丑朔，郊，先生爲禮部郎官，奏解嚴，撰《擬賀郊祀禮成進詩表》。黎明肆赦，先生撰《郊祀大禮赦文》首詞、尾詞。

案：「撰擬」以下廿四字，據《四明文獻集》，參《本紀》補日。又案，赦文見《咸淳遺事》。

丁酉，奉皇太后寶上尊號曰「壽和」。辛丑，皇太后受册禮。先生以太常博士爲前導壽和太和册寶官。參《本紀》。禮成，封贈謝氏，草《謝堂該明堂恩曾祖深甫特贈太師進封魯王》、《祖渠伯特贈太師追封魏王》、《父奕昌特贈太師追封魏王》、《母吴氏特贈齊魏國夫人》四誥。據《四明文獻集》，參《謝太后傳》。

戊申，帝詣太學，行舍菜禮，以曾參、孔伋升十哲之位，配食大成。先生撰《酌獻曾參郕國公》《孔伋沂國公樂章》二首。據《四明文獻集》，參《本紀》。

二月乙丑，詔賈似道專拜平章軍國重事，左右相葉夢鼎、江萬里皆畏避去，似道亦求去，上恇恐不知所以。先生在經筵，奏言孝宗朝闕相亦逾年，上亟取慰諭之。似道大疑上語安所從得，後知從經筵所授，深忌之。據《元祐志》，參本傳。按：《陳譜》祇載數語。然素重先生，語包恢曰：「我去朝士若王伯厚者多矣，但此人素著文學名，不欲使天下謂我棄士，彼盍少思自貶。」恢以言告，先生笑曰：「忤相之患小，負君之罪大。」

是月，草《資政殿學士江萬里上表辭免同知樞密院事不允仍斷來章批答》。《陳譜》。

三月，兼侍立修注官，升權直學士院。《錢譜》。以明堂恩數轉官。

據《咸淳遺事》。惟彼文曰「右史王應麟除禮部侍郎」，然除禮侍乃此年事，誤入於彼時也。

草《呂文德依前少保寧武保康軍節度使荊湖安〔撫〕制置大使屯田大使兼四川策應大使兼荊鄂州軍州事兼管內勸農營田使兼侍衛馬軍都指揮使霍邱郡開國公加食邑七百戶食實封三百戶制》。據《四明文獻集》。

案：此制《本紀》無考。原文中有云「稽定郊祀而允集壇，稽正月於漢典；見宗祖而躬執禮，參元日於唐儀。乾度昭清，坤儀肅穆。聞金支羽林之樂，時則興鼙鼓之思；觀玉路辰旂之□，時則念旂常之績」云云，則此制當是明堂恩數轉官也。

四月，次子昌世生。

《陳譜》依《家乘》附元年，今據黃溍《墓誌銘》，依《錢譜》繫此。

六月癸酉，美人楊進封淑妃。草《楊淑妃制》。據《四明文獻集》，參《本紀》。

八月，輪對。

《陳譜》：按此見《家乘》，意當日必有嘉謨，今不可考。

乙丑，草《嗣榮王進封福王主榮王祀事加食邑一千戶食實封四百戶仍令所司擇日備禮冊命制》。據《四明文獻集》，參《本紀》、《通俗辨覺》。

十月庚申，復開州。草《賜呂文德收復開州江面肅清獎諭詔》。據《四明文獻集》，參《本紀》增。詔又見《咸淳遺事》，在七月。

甲戌，大雷電。據《本紀》補日。《咸淳遺事》作十一月戊子，與《紀》異。先生奏：「十月之雷，惟東漢數見。命令不專，姦宄並進，卑踰尊、外陵內之象。當清天君、謹天命、體天德，以回天心。十四字據本傳。守成必法祖宗，御治必總威福。」似道聞之益惡，斥逐之意遂決。

《陳譜》：「按本傳，冬雷事在遷起居舍人之後。」竊疑本傳或與《咸淳遺事》同，故在十一月。《錢譜》繫四年九月庚申，似誤。

是月，除秘書少監。制曰：「我朝治合古則，熠興景化。五星聚奎之歲，兆於文明；上帝羣玉之府，處以儒素。爾學醇而富，詞麗以則。講論經理，諸老生未能言；藻繪上命，古訓誥無以過。今其命爾貳我書省，飾我王度。少蓬乃從臣之選，中禁非他司之比，所典領者重。對時嘉遇，尚克丕欽。」《陳譜》。

升兼侍講。制曰：「朕惟我高宗紹開中興，垂精典學，爰命臣震貳中祕監，執經講幄，緝熙光明之盛，垂法萬世，朕甚慕焉。以爾博綜百氏之籍，自成一家之文，代言鼇禁以潤色皇猷，載筆螭坳以謹書國典，雍容金華之晚席，發揮聖人之微言。朕日聞仁義之陳，庶幾三益之友。是用一日二席，陸侍細旃。爾其飽觀天

祿石渠之藏，敷暢羲文周孔之祕，俾朕
迪我高后之德，爾亦與有無窮之聞。」
《陳譜》。

上疏論市舶，不報。《陳譜》。

十一月，進講《毛詩》、《禮記》。《陳譜》。

除起居舍人，兼權中書舍人，書行吏右禮
工房。制曰：「朕觀一陽之來復，登鑾
獻以同升。君舉必書，古有太史友；王
言作命，今爲三舍人。爾博學精通，靖
共正直。講昭素之《易》，見遇於乾龍；
類臣珪之文，可追於西漢。伊昔書《洪
範》三德，上端拱一箴，介於兩省之聯
萃乃一家之懿。成爾顯德，配前人文。
是用擢寘右螭，兼典西掖。事書之策，
予將廬乎樞機；情見乎辭，亦尚思乎潤
色。庶幾起居號令之重，常如準繩規矩
之陳，則罔所愆，亦克用勸。」《陳譜》。

經筵進讀《孝宗寶訓》終篇，轉朝請郎。
制曰：「歷代寶爲訓，於皇烈祖之謨；
三王惟其師，允賴儒臣之益。爰肆開於
經幄，用祇若於先猷。亦既徹篇，可後
褒典？爾學博而有守，文贍而不浮，談
經得聖人之微，摛辭鼓天下之動。琅然
細氈之講誦，秩若成憲之昭明。予欲率
由舊章，爾惟訓於朕志。進升華序，將
大多聞。治願力行，敢替詒謀之德；學
無止法，尚廬藥石之忠。」

《陳譜》：按《家乘》，轉朝散郎在三月陞
權直學士院下，與《壙記》不合。且丙
寅九月已載，不宜複出，依《壙記》移
正。惟先生既前轉是階，而庚午《慶元府
學大成殿記》仍繫朝散郎，殊不可解，
豈《壙記》亦有誤歟？附疑俟考。
竊按：彼「散」字或傳鈔之誤。

十二月，以杜史故事牒閤門直前奏對，言用人莫先察君子小人。當國者疑之，方袖疏侍班後殿，臺臣亟疏駁之，由是二史直前之制遂廢。

按：《陳譜》有云：「御筆除職與祠。」《錢譜》不載，蓋除職與祠在明年夏也。明年正月猶掌制。

是年，先生與右丞相葉夢鼎以文章政事薦孫枝子璹於朝，命知臨海縣事。據《至正續志·孫枝傳》。

謝枋得自興國軍貶所放還，除史館。草《謝枋得特授祕書省著作郎兼權司封郎誥》。據《四明文獻集》，參《昭忠録·枋得傳》。

四年戊辰，四十六歲。

閏正月，草《科舉詔》。據《四明文獻集》、《咸淳遺事》。

除祕閣修撰，主管建康府崇禧觀。制曰：「□□□□□□□□□□□賢者出處之際，胡遽浩然。深慊予衷，用全體貌。爾性行端謹，問學淹該。緝熙光明，有類執經之益；討論潤色，無非宣誥之文。甫修立坳，乃懷居里。是用寵以書林課次之職，供以詞館恬養之眞。載思丹地之代言，於斯爲稱；毋乃碧山之不負，行矣遄歸。」《陳譜》。

夏，夢游眞逸閣。撰《眞逸閣記》。據《延祐四明志》。

五年己巳，四十七歲。

十二月，依舊職差知徽州。

《陳譜》：按《錢譜》以朝奉大夫、祕閣修撰。然據先生《慶元府學重建大成殿記》，後繫銜朝散郎、祕閣同修撰、知徽州軍州事，兼管內勸農營田事、節制軍馬云云，《錢譜》誤也。

以父諱近州名辭免，不允。《陳譜》。

六年庚午，四十八歲。

三月，先生至徽州任。吏部公守郡，民稱清白太守。先生始至，父老慶曰：「此吾清白太守子也。」在郡遵節用愛人之訓，例所不取者，悉以予民。曰絹，曰折帛錢，皆蠲一分，先期代納；曰布麥錢，曰下戶鹽，隨衣折斛錢，曰坊場錢銀，皆爲民代輸。又減榷酤月額，免折帛茶租、月樁舊欠，除免糧錢，增活人倉田。又以十二萬楮爲平糴本，有水旱則以告糴。始至郡時，帑緡八萬，去之日，凡二十七萬。《陳譜》。

頒賜正月丁卯御製《牧民訓》、《牧民銘》，於州廨摹刻上石。有《謝賜御製牧民訓牧民銘表》、《進御製石刻摹本表》。據《四明文獻集》，參《本紀》。

轉朝奉大夫。《陳譜》。

八月，洪燾重建慶元府學大成殿。撰《重建記》。《錢譜》。

刻羅願《爾雅翼》於郡齋，爲文序之。《錢譜》。

是年，嘗造邑人方回家，與談論彌日。據方回《小學紺珠序》。

七年辛未，四十九歲。

先生在徽州任。《陳譜》。

正月乙丑，皇子昰授左衛上將軍，進封建國公，有《皇子賜名進封建國公表》。據《四明文獻集》，參《本紀》。

七月，除祕書監，兼權中書舍人。制曰：「內史掌王命，外史掌書志，職綦重也。迺今合二命而畀一儒，選顧不重矣乎？以爾學廣聞多，筆精墨妙，書林詞掖，昔嘗從事於斯矣。頃守新安，亦既期月，治狀云最，迭入爲宜。兹命領袖大雅之羣，仍兼代言之職，以蟠胸之典籍，爲近古之訓辭，顧不美歟？」《陳譜》。

先是，劉克（壯）〔莊〕、湯漢死，衆論掌制以先生、陳合、馮夢得三人爲首。馮、陳適以故去，先生守徽方踰年，似道始曰非伯厚不可，因有是召。據《延祐四明志》。先生再辭，不允，有旨候代。據《延祐四明志》。按《本紀》，是時湯漢未卒。

十月，轉朝散大夫。《陳譜》。

解郡組造朝供職。《陳譜》。

書行吏右禮刑房，兼國史院編修、實錄院檢討官、兼侍講。制曰：「王人求多聞，惟學遜志；羣臣示顯行，佛時仔肩。兹以爾汲古用功，績文覃思。太守與我共理，歌乃袴襦；大雅於兹爲羣，職司誥制。是維儀鴻之吉，宜侍清燕之閒。惟《大學》知修齊治平之方，而史志著古今得失之迹。資爾敷繹，迪朕就將。世南五絶之稱，識其大者；祖禹三昧之譽，企其齊而。」《陳譜》。

進講《禮記》、《大學》，讀《九朝通略》、《通鑑綱目》。《陳譜》。

十一月，除起居郎，仍權中書舍人，兼權吏部侍郎。制曰：「書動有史，莫重於左坳；貳職守曹，莫劇於右選。共貳厥事，取諸其能。爾節勁氣龢，學醇才粹。東壁圖書之府，領袖儒流；中舍冊奏之工，黼藻王度。望孚已久，明陟爲宜。洒升侍極之華，仍攝廷臣之要。倚相能讀墳典，可知紀錄之公；王劇可掌銓衡，蓋取品評之審。往欽乃職，毋遜前聞。」《陳譜》。

十二月己亥，謝方叔特叙復元官職惠國公

致仕，有《謝方叔特授特進依前觀文殿大學士惠國公致仕加食邑食實封制》。據《四明文獻集》，參《本紀》。

是年，草《昝萬壽特授復州團練使知嘉定府兼成都路安撫副使誥》。據《四明文獻集》。

八年壬申，五十歲。

二月癸巳，謝方叔卒，贈少師。草《謝方叔特贈少師誥》。據《四明文獻集》，參《本紀》。

三月，進講《禮記》徹章，賜御製詩：「天高地下禮由分，聖哲于焉重糾紛。心法操存無不敬，治功顯設在斯文。會通自可躋明盛，品節因知重儉勤。游夏講磨資衆彥，精微盡處是尊聞。」《陳譜》。

轉朝請大夫。制曰：「禮設莊敬恭儉，具存載籍之間；學有緝熙光明，允賴羣儒之助。屆時竟帙，懋賞有彝。爾業履粹精，文章蔚贍。螭坳載筆，仍參讞約之司；虎觀談經，具有切磨之益。乃若漢儒之禮記，無非孔氏之格言。三百三千，儀文悉備；多聞多見，考論無遺。雖明道未嘗計功，然用德所以彰善。特頒褒頌，爰進文階。大夫執圭，取彼春朝秋請之義；從臣第頌，弘我上嘉下樂之規。」《陳譜》。

六月丁酉，有《章鑑特授端明殿學士同簽樞密院事誥》。據《四明文獻集》，參《本紀》。

七月，書行吏左戶房。《陳譜》。

元兵久圍襄樊，上疏極言邊事，經筵指陳成敗順逆之說。且曰：「國家所恃者大江，襄樊其喉舌，議不容緩，朝廷方從容如常時。事幾一失，豈能自安？」一時朝廷無以邊事言者，帝不懌，似道復謀斥逐之。

《陳譜》附七年辛未，非。據《本紀》、本傳繫此。

九月，祀明堂，攝左相，進玉幣爵。《陳譜》。

丁丑，陳太碩人卒。先生丁母憂，歸居於鄞。《錢譜》。

九年癸酉，五十一歲。

六月，撰輯《周易鄭康成注》。《錢譜》。

十年甲戌，五十二歲。

七月癸未，嘉國公即位。《錢譜》。

十二月，服闋，先生詣臨安造朝。

按：《陳譜》造朝在明年四月，而二月又有云二月有旨，令慶元守臣勉諭赴闕。然《四明文獻集》中如《高達授少保制》，《本紀》在二月，《加張世傑授保康軍使制》、《唐震贈華文制》在三月，則二三月皆在掖垣當制，安得謂四月始造朝哉？《錢譜》以爲三月服闋，亦未合。

恭帝德祐元年乙亥，五十三歲。

正月，葉夢鼎上封事，特授醴泉觀使，兼侍讀，不拜。草《葉夢鼎特授醴泉觀使兼侍讀依前少傅觀文殿大學士信國公加食邑食實封制》。據《四明文獻集》，參《葉夢鼎傳》。

以黃萬石爲江西制置使，草《黃萬（百）〔石〕依前資政殿學士特升江西制置大使兼江西轉運使誥》。據《四明文獻集》、薛應旂《續通鑑》。

草《顯謨閣直學士兩淮制置使知揚州李庭芝築城奬諭詔》。據《四明文獻集》。

按《本紀》：李庭芝築清河城，以圖來上，詔庭芝進一秩，在咸淳十年八月。

惟是時先生服未及禫，安有當制草詔之事？而庭芝別築他城，則《本紀》及《傳》無考，豈下詔在隔年歟？姑附正月末，俟考。

李庭芝制置淮東，擢陸秀夫爲參議官。草《陸秀夫特授淮東提刑兼淮東制置使參議官誥》。據《四明文獻集》，參《陸秀夫傳》。

按：《陸秀夫傳》云咸淳十年擢參議官，或賜誥在隔年歟？姑附正月末，俟考。

二月甲辰，高達檢校少保。草《高達授少保依前寧江節度左金吾衛上將軍判湖北路制置副使兼安撫使馬步軍都總管府兼知江陵軍府事兼管內勸農營田使節制知本府屯戍軍馬固始郡開國公加食邑食實封制》。據《四明文獻集》，參《本紀》。

草《孫虎臣授清遠軍節度使加食邑食實封制》。

庚申，賈似道潰師江上，畿甸震動。

丙寅，趣文天祥入衛。草《賜文天祥詔》。

庚午，令夏貴以所部兵入衛，草《賜夏貴詔》。

令昝萬壽將兵入衛，草《賜昝萬壽詔》。以上均據《四明文獻集》，參《本紀》。

時朝士多棄去，侍從班惟楊文仲留，詔旌二階。文仲疾甚，匄祠，命知漳州。草《楊文仲特授集英殿修撰知漳州誥》。文仲三上章乞休致，改知泉州。

呂大圭知漳州，草《呂大圭特授祕閣修撰知漳州誥》。據《四明文獻集》，參《楊文仲傳》。

三月，除中書舍人，兼直學士院。制曰：「彩筆代言，地莫重於修省；玉堂揮翰，職尤重於北門。妙選一儒，俾當兩制。

朝請大夫王應麟，若古吉士，爲今聞人。蘊藉宏深，富諸子百家之學；文章爾雅，有三代兩漢之風。頃嘗典於絲綸，見謂工於黼黻。矧當事機倥傯之會，玆乃詞命塡委之時。惟誥可以回迷民，惟詔可以戢悍卒。惟立馬一揮之制，各得其體；惟狡兎三穴之語，切中其機。玆惟汝能，不匿厥指。昔在元祐，軾以紫薇而掌禁林；粤若建炎，藻以掖垣而兼翰苑。罔俾專美，其昌斯文。」《陳譜》。

庚辰，草《唐震特贈華文閣待制印應雷特贈端明殿學士誥》。據《四明文獻集》，參《本紀》。

乙酉，加張世傑保康軍節度使。草《張世傑特授保康軍節度使左金吾衛上將軍浙西制置副使兼知平江府仍舊帶行樞密都承旨揚州駐劄御前諸軍都統行樞督府總統一應軍馬加食邑食實封制》。據《四明文獻集》，參《本紀》。

贈江萬里太傅、益國公。草《江萬里特贈太傅誥》。據《四明文獻集》，參《江萬里傳》。

是月，陳宜中起復劉黻，草《劉黻起復授端明殿學士知慶元府沿海制置使誥》。據《四明文獻集》，參《劉黻傳》。黻初以集英修撰知慶元，至似道潰師復授，黻不起。

草《文天祥特授集英殿修撰都承旨依舊江西安撫副使誥》。據《四明文獻集》，參龔開《文信國傳》，事在三月。

四月，內殿奏對，暫權給事中、吏部尚書，兼掌外制，書行吏左戶兵刑房。《陳譜》。

正謝，賜紫金魚袋，兼同修國史、實錄院同修撰，兼侍讀。制曰：「朕監於成憲，惟斆學積厥躬；佛時仔肩，以光明示我德。妙柬多聞之彥，俾居勸誦之班。朝請大夫、試中書舍人、兼直學士院、新兼同修國史、實錄院同修撰，賜紫金魚袋王應麟，高明而沈潛，閎通而博雅。造詣得儒先之奧，游夏淵源；文章爲時人之宗，卿雲河漢。豈惟言語妙天下，方將仁義陳王朝。爰躋進讀之聯，庶幾納誨之助。昔蘇軾之在西掖，嘗侍邇英；而德秀之入翰林，亦兼經幄。此乃我朝崇儒之意，而況新政訪落之初。懋乃嘉猷，光乃前哲。正心誠意之説，朕所欲聞；陳善責難之恭，爾所素講。殫爾忠藎，輔我緝熙。」《陳譜》。

上疏陳十事，曰急征討，曰明政刑，曰厲廉恥，曰通下情，曰求將材，曰練軍實，曰備糧餉，曰舉實才，曰擇牧守，曰防海道。且言：「圖大患者必略細故，求實效者必去虛文。請集諸勤王之師，厚賞以作氣，惟能戰，斯可守」《陳譜》。

甲辰，以高斯得言加贈江萬里太師，謚文忠。草《江萬里特贈太師誥》。據《四明文獻集》，參《本紀》及《高斯得》、《江萬里傳》。

乙卯，《本紀》在五月丁丑。劉師勇復常州，以姚嵓知常州，草《姚嵓特授帶行太府寺丞依舊知常州誥》。據《四明文獻集》，參《昭忠録》。

己酉，命劉師勇守平江。草《劉師勇特授左武大夫依前濠州團練使帶御器械平江府駐劄諸軍都統制誥》。據《四明文獻集》，參《本紀》。

丙辰，詔夏貴入衛。草《賜淮西制置大使夏貴獎諭詔》，草《夏松特贈保康軍節度使誥》。據《四明文獻集》，參《本紀》。

李庭芝率所部郡縣城扼守日，調苗再成戰其南，許文德戰其北，姜才戰其中，將士用命。丁卯，加李庭芝參知政事。草《賜李庭芝奬諭詔》，草《李庭芝特授參知政事依舊淮東安撫制置大使兼知揚州淮西策應大使誥》，草《姜才依前右武大夫特授揚州防禦使依舊建康府駐劄御前諸軍都統制誥》，草《許文德特授揚州觀察使依舊知淮安州淮東安撫使兼淮東策應使誥》，草《苗再成特授拱衛大夫依前知□州防禦除帶行御器械知眞州誥》。以上均據《四明文獻集》，參《本紀》、《李庭芝傳》。

五月甲戌，命李庭芝津遣賈似道歸身終喪。草《責諭賈似道終喪詔》。據《四明文獻集》，注五月四日，按是月辛未朔。

己卯，草《王柏特贈承事郎誥》。

加張珏檢〔校〕少保、知重慶府。草《賜四川制置使兼知重慶府詔》。

庚寅，草《勉諭王爚陳宜中詔》。據《四明文獻集》。原注五月二十日。

丙申，遣使以元兵至，告天地宗廟社稷。撰《遣守臣走告南嶽奏告滁州端命殿太祖皇帝神御文》。

己亥，草《趙與穡特贈朝請郎直華文閣誥》。

六月庚子朔，日有食之，既晝晦如夜，星見，雞鶩皆歸。十一字據《宋史·天文志》。草《日食求言詔》。據《四明文獻集》，詔又見《三朝政要》。

應詔言答天戒五事，陳備禦十策。《錢譜》。進讀《三朝寶訓》。《陳譜》。

丙午，言開慶之禍始於丁大全，凡大全之黨在謫籍者皆勿宥。從之。據《本紀》。

己酉，繳還章鑑、曾淵子錄黃，言韓震爲逆，二人實芘之，且淵子芘翁應龍，致有逸罰，又嘗竊府庫金以遁。庚戌，削鑑一官，放歸田里；淵子再削一官，徙吉州；誅翁應龍，籍其家。據《本紀》。

甲寅，王爚請相留夢炎，乞以經筵備顧問，陳宜中請相夢炎，乞祠。草《王爚依前少保特授平章軍國重事一月兩赴經筵五日一朝仍赴都堂議加食邑食實封制》，草《陳宜中特授左丞相依前兼樞密使都督諸路軍馬加食邑食實封制》，草《留夢炎特授宣奉大夫右丞相兼樞密使都督諸路軍馬加食邑食實封制》。據《四明文獻集》，參《本紀》。

己未，草《加李庭芝知樞密院事兼參知政事誥》、《李庭芝妻徐氏特封永國夫人誥》。據《四明文獻集》，參薛應旂《續通鑑》。

辛酉，草《賜利西路安撫副使兼知涪州楊立詔》、據《四明文獻集》集，注云六月二十二日。《家鉉翁依前直華文閣樞密副都承旨特授知臨安府浙西安撫使誥》。據《四明文獻集》，參《宋季三朝政要》。

庚申，復繳還曾淵子貶吉州錄黃。癸亥，貶韶州。據《本紀》。

七月，除試尚書禮部侍郎，兼中書舍人，兼書行吏右。制曰：「朕宏濟時艱，旁求衆正。夷典朕禮，所以立天下之經；說代予言，所以見王者之志。於昭並命，允謂得人。朝請大夫、試中書舍人、兼直學士院、兼同修國史、實錄院同修撰、兼侍讀、賜紫金魚袋王應麟，肅括而宏深，高明而篤實。銅川之傳遠矣，厥有淵源；鐵筆之操凜然，不淆涇渭。屬更大化，服在邇聯。其文字可獨行於中朝，其論奏可昭示於當世，以崇禮勁節並燭偃月之姦，以黼藻偉詞潤色中天之業。若疇時望，進貳春卿，俾綸掖之兼行，示橐班之增重。粵若穆陵之初政，惟時建水之名儒，未及分六省之書，已擢置少常之列。迺今併錫，視昔有加，疊五組其輝扶，若餘刃之恢拓。噫！禮信之士則被廬伸蒐討之威，赦令之孚則山東興忠憤之感。體予至意，懋爾遠猷。」《陳譜》原注：兼給事中黃鏞行。時西掖獨員，送給舍行詞。辭免，不允。制曰：「朕當國事多艱之時，命卿貳春官，掌西掖，豈緩於武而急於文哉？昔人謂班朝治軍，非禮威嚴不行，詔書之下，能令武夫悍卒感泣，文事必有武備，豈不信然？卿文行粹明，論奏剴切，足以折姦朋之鋒，植善類之幟。卿其爲朕辨上下之分以肅軍容，敷心腹之告以作士氣。渙號已歘，需章爲贅。所辭宜不允。」《陳譜》原注「給事」云云，同前。

庚午朔，江西制置黃萬石移治撫州，詔還隆興府。甲戌，草《勉諭江西制置大使黃萬石置司隆興府詔》。據《四明文獻集》，參《本紀》。

先生請移賈似道鄰州。甲戌，移婺州。丁丑，徙建寧府。權直舍人方應發封還錄黃，乞竄之嶺南，先生與黃鏞又言之，不從。據《賈似道傳》，參《本紀》。

辛巳，草《賜夏貴詔》。據《四明文獻集》。原注七月十一日。

癸巳，以夏貴知揚州，召李庭芝赴行在。夏貴不受代，李庭芝閉門自守。草《賜李庭芝詔》。據《四明文獻集》，參《宋季三朝政要》。

王爚嗾京學生劉九皋等言陳宜中擅權書，宜中徑去，遣使四輩召之。壬辰，下九皋於臨安獄。癸巳，草《賜左丞相陳宜中勉諭詔》。據《四明文獻集》，參薛《續通鑑》。原注七月二十四日。

丁酉，草《賜淮東制置大使李庭芝詔》。據《四明文獻集》。原注七月二十八日。

戊戌，遣使召陳宜中還朝，草《再賜陳宜中詔》。據《四明文獻集》，參《本紀》。

是月，與右史徐宗仁乞追復饒虎臣原官，得旨，守資政殿學士致仕。據《饒虎臣傳》。

按：傳稱禮部侍郎，不得其日，姑繫於此。

草《汪立信特贈正奉大夫誥》。據《四明文獻集》。

八月，正謝，賜金帶。《陳譜》。

壬寅，加夏貴樞密副使、兩淮宣撫大使。草《夏貴授兩淮宣撫大使知揚州依前開府儀同三司寧武軍節度使左金吾衛上將軍樞密副使兼侍衛馬軍都指揮使加食邑食實封制》。據《四明文獻集》，參《本紀》。

陳宜中以母老辭，回永嘉。丁巳，遣使召。草《勉諭陳宜中詔》。據《四明文獻集》，參《本紀》、《宋季三朝政要》。

加張世傑神龍衛四廂都指揮使，總督府諸兵。草《張世傑依前保康軍承宣使帶行樞密都旨特授龍神衛四廂都指揮使誥》。據《四明文獻集》，參《本紀》。

草《獎諭張世傑詔》。據《四明文獻集》。

戊午，趙淇除大理少卿，先生封還錄黄，言昔内外以寶玉獻似道，淇兄弟爲甚。己未，遂罷之。據《本紀》。

甲子，以文天祥爲浙西江東制置使，兼知平江府。草《文天祥依前權工部尙書都督府參議軍事江西安撫使特授浙西江東制置使兼知平江誥》。天祥辭免，草《賜文天祥辭免不允詔》。據《四明文獻集》，參

《本紀》。

庚申，草《張起巖依前武功大夫復州團練使特升除帶御器械知夔州兼夔路安撫副使誥》，草《賜知夔州張起巖獎諭詔》。據《四明文獻集》。原注八月二十二日，是月己亥朔。

是月，草《楊立依前右武大夫加□州觀察使依舊知涪州誥》。據《四明文獻集》。

九月辛未，加田謹賢福州觀察使，楊邦憲利州觀察使，趣入衛。草《田謹賢特授親衛大夫福建觀察使依舊知恩州兼御前諸軍都統制誥》、《楊邦憲特授親衛大夫利州觀察使依舊知播州兼御前諸軍都統制誥》。據《四明文獻集》，參《本紀》。

辛巳，有事於明堂，先生以禮部侍郎眡滌濯九成。黎明，肆赦。撰《明堂大禮赦文》首尾詞。據《四明文獻集》。原注九月十四日。

以明堂恩數加封鄞縣開國伯，食邑九百戶。制曰：「嗟臣工而助祭，清廟所以頌於周；崇禮官而考文，明堂所以圖於漢。若稽古誼，肇舉宗禋。維時持橐之英，相我越紼之事。肆均駿惠，式協慶餘。朝請大夫、試尚書禮部侍郎、兼中書舍人、兼直學士院、兼同修國史、實錄院同修撰、兼侍讀、賜紫金魚袋王應麟，心正而氣和，學博而識茂。欽予時命，皆亹典詔之文；咨汝秩宗，非屑玉帛之末。屬中辛之饗報，於先甲以思恭。發帝之制，則爾潤色於皇猷；酌時之宜，則爾討論於玉律。於昭穆穆皇皇之祀，爰賴元元本本之儒。矧侍祠而肅然，咸秉聰而對越。神人歡洽，祉福函蒙。於邑始封，惟祭有澤。伯之食四一，茲循六典之規，禮之儀三千，其懋中庸之學。」《陳譜》。　推明堂任子恩，子昌世授承務郎。

草《常楙特授端明殿學士提領戶部財用誥》。據《四明文獻集》，參《常楙傳》。《傳》云明堂禮成時進職。

己丑，弟應鳳由淮西制置司參議官，九字據成化《四明志》。以文天祥薦召爲太常博士，甫入國門而卒。所著有《默齋稿》及《訂正三輔黃圖》。「所著」以下據《浙江通志》。

按：《陳譜》此繫咸淳四年，據陳合撰公母《陳太碩人墓銘》爲咸淳九年，云應鳳官至朝奉郎、太常博士，先五年卒。《家乘》所載爲信。竊按《家乘》，《陳譜》謂其不足據，此依《家乘》，非也。《登科錄》載應鳳在寶祐四年時二十七歲，其卒年則四十六，其非咸淳四年卒明矣。文信國在四年適爲似道劾罷，至九年始爲湖南提刑，彼時安有薦除？陳合《墓誌》謂先五年卒者，太碩人先應鳳五年而卒，非應鳳先陳太碩人卒也。蓋謂與先生爲雙生子，故必謂卒在四年，而實未合。至謂詞科《漢郡縣山川風俗記》爲所著書，則尤失之。今依《錢譜》附繫於此。

庚寅，草《孫虎臣特贈太尉誥》。據《四明文獻集》，參《本紀》。

是月，草《李芾特授祕閣修撰樞密副都承旨依舊知潭州兼湖南安撫湖北鎮撫使詔》。據《四明文獻集》。

十月辛亥，以加張世傑爲沿江制置副使，兼知江陰軍，兼浙西策應使，草《張世傑依前保康軍承宣使樞密副都承旨特授沿江制置副使知江陰軍兼浙西策應使誥》，草《勉諭張世傑誥》。據《四明文獻集》，參《本紀》。

戊午，奏請立濟王後，加封賜諡。《陳譜》。

是月，草《楊立特授翊衛大夫依前□州觀察使升帶行御器械知涪州》。據《四明文獻集》。

十一月庚午，草《陳文龍特授同知樞密兼權參知政事誥》。據《四明文獻集》，參《宰（相）〔輔〕表》。

癸酉，草《尹玉特贈濠州團練使麻士龍特贈高州刺史誥》。據《四明文獻集》，參《本紀》。

草《張起巖特授寧遠軍承宣使龍神衛四廂都指揮使依舊知夔州兼夔路安撫副使誥》。據《四明文獻集》。

除兼禮部尚書，辭免不允。制曰：「周官有宗伯大小之職，大禮則小左大之事，小禮則大如小之儀。大者倡而小者隨，大者專而小者貳也。卿博學之識，貫穿九流；渾灝之文，斧藻兩制。言論雖歸於忠厚，封駁不避於權豪。爰陟貳卿，禮典具備；俾攝常伯，民譽必隆。周官大小之職，悉以付卿。昔叔孫不憚□□之難，虞廷不聽秩官之遜，亟其祗受，奚以辭爲？所辭宜不允。」《陳譜》。

案：《錢譜》繫十一月，《陳譜》移十月。然辭免兼給事中，《本紀》在甲申日，若在十月，似不應隔二十餘日，始有辭免不允之事。今雖不得其日，仍依《錢譜》附十一月。

甲申，除禮部尚書，兼給事中，辭免不允。制曰：「朕未有識知，博採羣英。孰司禮如珪之賢，負台斗望；孰批敕如藩之正，號宰相材。以卿學質而文華，行端而履潔，在詞垣則封駁有直氣，居從列則獻納多嘉謨，是用酌之僉言，賁以二命。能貳秩宗，必能長寅淸之職；能還誥命，必能專封駁之長。鎭之執五詔如初，軾之陳六事有益。佇聞忠告。何媿前修？矧國家艱難之時，非臣子辭遜之日，亟祗成渙，毋事沖謙。所辭宜不允。」《陳譜》原注：兼權中書舍人方應發撰。時翰苑獨員，並送西掖草詔。

辭兼中書舍人，從之。

丙戌，贈濟王太師、尚書令，進封鎭王，謚昭肅。令福王與芮擇後奉祀，賜田萬畝。據《本紀》。遣先生致祭，撰《祭濟王文》。據《四明文獻集》。

兼攝吏部尚書，草《翁合特授試尚書禮部侍郎誥》。據《四明文獻集》。

草《趙孟傳特授華文閣直學士沿海制置使知慶元府誥》。

癸巳，以張世傑爲浙西制置副使，兼知平江府。草《張世傑特授保康軍節度使左金吾衛上將軍浙西制置副使兼知平江府仍舊帶行樞密都承旨揚州駐劄御前諸軍都統行樞督府總統一應軍馬加食邑食實封制》。據《四明文獻集》，參《本紀》。

左丞相留夢炎用徐囊爲御史，時江陵制置司朱禩孫、江西制置司黃萬石皆北降，夢炎猶除拜二人。先生繳奏曰：「囊與夢炎同鄉，有私人之嫌；萬石麤戾無學，南昌失守，誤國罪大。今方欲引以自助，善類爲所搏噬者，必攜持以去。吳浚貪墨輕躁，豈宜用之？況夢炎舛令慢諫，讜言勿敢告，今之賁降者多其任用之士。」疏再上，不報，出關俟命。再奏曰：「因危急而紊紀綱，以偏見而拂公議。臣封駁不行，與大臣異論，勢不當留。」疏入，又不報。甲午，遂東歸。《陳譜》，參《本紀》。

十二月丁未，遣中使譚純德以翰林學士宣召，識者以爲奪其要路，寵以清秩，非所以待賢士，先生以力辭，不赴。《錢譜》。「識者」下二十五字據本傳。

二年丙子，五十四歲。

是歲，宋亡，先生杜門不出，朝夕坐堂上，取經史諸書講解論辨。子昌世甫十歲，《陳譜》作十二，茲依《墓誌銘》。聽受無倦。自是，昌世於名理經制治道之體統，古今禮典之因革，殊聞異見，靡不悉究。「自是」以下據黄溍《昌世墓誌》。

三月乙亥，十日。元兵至鄞，袁鏞與戰死。作《悼袁進士鏞》詩。據《四明文獻集》，參蔣景高撰《袁鏞傳》。

是歲，戴表元執弟子禮來受學。據《清容集·戴先生墓誌》。

竊按：《墓誌》云咸淳辛未授建康府教授，在建康以言語筆札爲己任。後二年中秋歸，時王公應麟師表一代，先生獨執弟子禮。竊謂其稱在建康，則當壬申至乙亥遷臨安府教授，其後二年失秩，似當在丙子。

元世祖至元十四年丁丑，五十五歲。

袁洪遣其子桷來受業，桷年十二歲。五字據《至正直記》。居門下十年。五字據《清容集·師友淵源録》。

按：錢、陳二譜均繫二十四年丁亥，據《至正直記》繫此。又按錢氏《疑年録》，稱桷生咸淳三年丁卯，吳修謂《甫里集》伯長生咸淳二年丙寅。

竊考《清容集·先夫人行述》及《外祖母張氏墓誌》，皆自叙生於丙寅夏六月，是丙寅年生之說爲確。自丙寅至此年正十二歲。

十五年戊寅，五十六歲。

十六年己卯，五十七歲。

十七年庚辰，五十八歲。

八月，著《通鑑地理通釋》成。《錢譜》。

案：本傳作十六卷，今存本十四卷。

是歲，長子良學卒，官至兩浙運幹，年三十三。《陳譜》。

十八年辛巳，五十九歲。

五月，著《漢制考》成。《錢譜》。

按本傳、《藝文志》：四卷，今存。

作《四明七觀》。《錢譜》。

十九年壬午，六十歲。

案：文見《鄞縣志》，三千餘言。袁桷亦有《七觀》，作于延祐三年七月，趙孟頫書爲《七觀帖》。

作《乾道四明圖經辨證》。據《四明延祐志》。

二十年癸未，六十一歲。

二十一年甲申，六十二歲。

二十二年乙酉，六十三歲。

二月，夢前宰輔《錢譜》云謂陳宜中。以太學所上書作跋語，寤而識之以詩。

案：宜中在太學上書攻丁大全，大全怒，取旨削籍編管，在寶祐四年。見《宋季三朝政要》。

二十三年丙戌，六十四歲。

正月，著《踐阼篇集解》。《錢譜》。

案：《藝文志》作一冊，《經義考》作一卷，今存。

孔昭孫爲慶元儒學正，以通家子執疑證訛，請益於門。時教授某恣睢自負，語侵先生。昭孫憤然疏其謬誕數十事，鳴於憲府。據《清容集·孔昭孫墓誌銘》。

案：誌稱大德初，《潛研堂集》先生生卒年月考已辨其非，殆傳鈔刊本之誤，今已莫可考證。然文中云「與桷每連席請益」，而桷自稱門下十年，故繫於此。

二十四年丁亥，六十五歲。

四月，作《舒文靖先生璘廣平書院記》。

案：《陳譜》繫德祐乙亥，蓋以文末有「乙亥」二字也。然文中云「文靖先生晚始對策，典教象山縣庠。德祐初元，歸老故里，題戶丹曰廣平書塾。先生歿，門人有像祠於塾，奐飾堂序」云云，其非德祐乙亥可證矣。「乙」字當是「丁」字之誤，今姑移繫於此以俟考。

二十五年戊子，六十六歲。

二十六年己丑，六十七歲。

是歲，台州胡元叙創建寧海赤城先生羅德業祠，作《赤城書堂記》。據《台州府志》。

二十七年庚寅，六十八歲。

城中握蘭橋旁民家穿土得誌石一片，其文乃唐開成四年太原王夫人之墓文，謂其曾祖王元涪錢、陳譜同。《鄞縣志》引《宋詩紀事》作浩。在玄宗時拜諫議大夫、左庶子，慕巢由之志，辭疾不就。作詩紀之。《錢譜》。

奉化令丁濟重修社稷壇，作《奉化社稷壇記》。《陳譜》。

二十八年辛卯，六十九歲。

是冬，肅政廉訪副使陳祥分治慶元路，慕先生名德，屢爲造廬式之。時先生閉門不納客，爲之尊禮開說，俾學者師事之。

《錢譜》。

案：「時」字下二十字，據《清容集·陳公祥神道碑》增。

陳祥造船十有四，聯貫巨纜。《寧波府志》。修州治城東東津浮橋，作《修東津橋記》。據《四明志》。

案：原文云由長慶癸卯迨今四百六十九載，因繫是年。

二十九年壬辰，七十歲。

三月，山長曹漢炎倡建書院於慈湖先生楊文元舊宅故址成，作《慈湖書院記》。《錢譜》。

四月，作觀文殿學士史宇之墓誌銘。據《四明文獻集》。

八月，作《奉化縣重修縣治記》。《錢譜》。

九月，慶元路肅政廉訪使陳祥重建儒學成，作《慶元路重建儒學記》。陳祥建醫學成，作《慶元路建醫學記》。《錢譜》。

三十年癸巳，七十一歲。

八月，陳祥建鄞縣儒學成。壬寅，作《鄞縣重建儒學記》。修義田莊先賢祠堂成，作《先賢祠堂記》。

《錢譜》繫甲午十二月，考原文無年月，惟文中有云「自紹熙庚戌迨今百有四年」，則在癸巳是有顯證。錢蓋因狄桂所建祠堂記亦稱先賢祠堂記，誤以彼記歲月繫此文也。

重錄《四明七觀》舊稿，跋藏於篋。

案：《七觀跋》云：「余頗識鄉里故事，年六十始克爲之。後十年，篋中得舊稿，不忍棄，錄而藏之。」

三十一年甲午，七十二歲。

十二月丙子，狄桂屬郡博士戴友復九先生祠祀。甲午，作《先賢祠祀堂記》，並作

《九先生傳》。據《延祐四明志》。

按：九先生爲楊適、杜醇、王致、樓郁、王說、舒璘、沈煥、楊簡、袁燮。

是歲，先生與舒閬風、劉正仲、陳西麓相倡酬於梅墟陳氏之世綸堂，輯爲《世綸堂雅集詩卷》。據全謝山《句餘土音序》，參《清容集》、《鄞縣志》。有洛社耆英之遺意。據《清容集·書詩卷》。

成宗元貞元年乙未，七十三歲。

二年丙申，七十四歲。

正月，廉訪使完顏貞改建九先生祠堂於鄞縣尊經閣之右，作《九先生祠堂記》。《錢譜》。

六月十二日戊申，先生卒，先期自爲墓銘。《陳譜》。

按《四明文獻集·浚儀遺民自誌文》曰：「王，氏也；應麟，名也；伯厚甫，字也。其先浚儀人，居鄞自曾大父始也。遺民，不忘舊也。世系則先君吏部正奉，先妣陳碩人，誌銘可見也。先君擢第之歲，與弟太常博士應鳳生同日，嘉定癸未七月也。學以先君爲師，伯仲自爲友，閉門讀書，不妄交也。年十九，第進士乙科，淳祐辛丑也。年三十四，以博學宏詞擢用，寶祐丙辰也。初仕衢州西安簿，監戶部百萬倉，主管浙西提舉常平鹽茶帳司，添差浙西安撫司幹辦公事。登朝，出爲添差通判台州，以祕閣修撰知徽州，此在外所歷之官也。始入朝，主管三省樞密院架閣文字、國子錄、武學博士、太常寺主簿，又爲太常博士、祕書郎、兼沂靖惠王府教授、著作佐郎、兼禮部郎、翰林權直、崇政殿說書，遷著作郎、軍器少監，陞學士院權直，遷將作監，陞權直學士院，兼侍立修注官，遷祕書少監，兼侍講，遷起居舍人，兼權中書舍人。又召爲祕書監，兼中書舍人，兼國史院編修、實錄院同修撰，兼侍讀，遷禮部侍郎，兼中書舍人，兼權禮部尚書。遷禮部尚書，兼給事中，攝吏部尚書。此在内所歷之官也。瑣闥封駁不得其言去，詔中使趣召，懇辭，遂老於田園，德祐乙亥也。自初命至朝請大夫，賜服金紫，鄞縣開國伯，食邑九百戶，此其封階也。性謹慤寡慾，介直少通，不苟同流俗也。立朝恬靜，涖官公勤，處家簡儉，治郡潔己愛民，守先訓也。再入翰苑，三入掖垣，制稿凡四十五卷，才弱文不逮古也。嗜學老不倦，爲《困學紀聞》。彙次之書，有《詩考》、《詩地理考》、《漢藝文志考》、《通鑑地理考》、《地理通釋》、《通鑑答問》、《集解踐阼篇》、《補注急就篇》、《王會篇》，輯古今言行爲《蒙訓》。其文稿曰《深寧集》，然不足傳也。自爲誌銘，傚樊川灊山也。生稱逸民，死表其阡。曰前進士王君之墓。歸全奚憾，而在三之報有媿於古之人也。銘曰：學古而迂，志壹而愚。其仕其止，如偓如圖。不足稱於遺老，或庶幾乎守隅。歸從先人，戰兢免夫。」

十二月辛酉，葬於鄞縣東四十五里同嶴。

《陳譜》云舊名同谷山。子昌世作《壙記》。

據《四明文獻集·宋吏部尚書王公壙記》，文曰：「先生王氏，諱應麟，字伯厚，世居開封之祥符。曾大父諱安道，武經大夫、保信軍承宣使、轉和州觀察使，始居四明之鄞縣；妣陳氏、龍氏，並贈宜人。大父諱希亮，朝散大夫；妣張氏，封宜人。父諱撝，朝請大夫、吏部郎中，兼崇政殿説書，累贈正奉大夫；妣陳氏，封太碩人。先公於嘉定十六年七月庚午與叔父太常博士諱應鳳生同日，登淳祐元年進士第，授迪功郎、衢州西安縣主簿。八年，差監戶部平江府百萬東倉。明年，升從事郎。十二年，差浙西提舉常平茶鹽司主管帳司。是歲，丁吏部公憂。寶祐三年，服闋，差揚州學教授。四年，中博學宏詞科，有旨升擢添差浙西安撫幹辦公事。五年，主管三省樞密院架閣文字，除國子錄、宣教郎。六年，除武學博士。開慶元年，除太常寺主簿。景定元年，轉奉議郎，添差通判台州。四年，轉承議郎，召爲太常博士。五年，除行祕書兼沂靖惠王府教授，遷著作佐郎。度宗登極，轉朝奉郎、攝直學士院，權禮部郎官兼翰林權直，兼崇政殿説書，遷著作郎。二年，除守軍器少監，升兼學士院權直，轉朝散郎，遷將作監，賜緋魚袋。三年，兼侍立修注官，升權直學士院，遷祕書少監兼侍講，遷起居舍人兼權中書舍人。經筵徹章，轉朝請郎。四年，除祕閣修撰，主管建康府崇禧觀。五年，仍舊職，差知徽州。吏部公舊治也。六年，轉朝奉大夫。七年，召爲祕書監，權中書舍人，兼國史院編修官，兼實錄院檢討官，兼侍講，遷起居郎，兼吏部侍郎。八年，經筵徹章，轉朝請大夫，兼直學士院，兼同修國史、實錄院同修撰、兼侍讀，賜紫金魚袋，遷禮部侍郎，兼中書舍人，權禮部尚書，兼給事中，攝吏部尚書。以明堂恩封鄞縣開國伯，食邑九百戶。自是歸諗田里，逾二十年，號深寧叟。以元貞二年六月戊申卒於正寢，享年七十有四。嗚呼，痛哉！娶鄭氏，繼娶李氏，先卒，並贈碩人。繼舒氏，封碩人。子男二：長良學，承務郎、兩浙運幹羅買官，先公十六年卒；次昌世。女二，長適通仕郎史萬卿，次適通仕郎戴泳，蚤卒。孫男文遠。曾孫男二，椒孫、去疾。女一。昌世不孝，忍死將以是年十二月辛酉奉柩窆於陽堂鄉同嶴之原，從祖父兆，先志也。葬日薄，謹述官爵始末，以識罔極之痛云。孤子昌世泣血謹記。」

案：元阿殷圖堃堂云，先生著述之書逾三十種，今之存者未得及半，其年月略可稽者已按年附繫，故復列書目所著書目：

如左。

《古易考》一卷。佚。見袁桷《師友淵源錄》，又見《浙江通志》引《經義考》。此種《宋史》本傳、《藝文志》均不載。

《周易鄭康成注》。存，見前，《宋志》、《傳》均不載。

《詩考》一卷。存。《宋史·藝文志》、本傳均作五卷，《經義考》云六卷。序文見《四明文獻集》，稱《詩考語略》。

《尙書草木鳥獸譜》。佚。見倪燦《宋史藝文志補》，無卷數。

《詩地理考》六卷。存。《宋史·藝文志》、本傳、《甬上耆舊傳》均作五卷。

按：《志》、《傳》稱五卷，或以《詩譜地理考》附末，不列卷數。

《詩辨》。佚。見倪燦《宋史藝文志補》，無卷數。

《詩草木鳥獸蟲魚廣疏》六卷。佚。見《宋史·藝文志》、《浙江通志》。此種本傳不載，《經義考》「詩」上有「毛」字。
《補注王會篇》。存。見本傳，而《藝文志》不載，舊《鄞縣志》作《王會九州異物獻會解》，《經義考》作《周書王會解》。
《集解踐阼篇》。存，見前。
《春秋三傳會考》三十六卷。佚。見《宋史·藝文志》、《浙江通志》，此種本傳不載。
《論語考異》二卷。佚。見《浙江採集書目》、《鄞縣志》。此種《宋史》志傳諸書均不載。
《論語鄭康成注》二卷。或謂爲惠氏棟僞託，未詳。
《孟子考異》一卷。佚。見《浙江採集書目》、《鄞縣志》，此種《宋史》志傳諸書均不載。
《六經天文編》。存。
《漢藝文志考證》十卷。存。《宋史》本傳、志不載。
《通鑑答問》四卷。存。《至正四明志》作五卷。
《通鑑地理考》一百卷。佚。見《宋史·藝文志》、本傳。
《通鑑地理通釋》十四卷。存。見前。
《漢制考》四卷。存。見前。
《困學紀聞》二十卷。存。
《筆海》四十卷。佚。見《宋史·藝文志》、本傳。
《玉海》二百卷。存。
《蒙訓》四十四卷。佚。見《宋史·藝文志》，而本傳作四十卷。
壽鏞案：李振裕刊本、《道光府志》俱作七卷。
《小學紺珠》十卷。存。
《小學諷詠》四卷。佚。見《宋史·藝文志》、本傳。
《補注急就篇》六卷。存。
《姓氏急就篇》二卷。存。
《詞學題苑》四卷。佚，見《宋史》本傳。
《詞學指南》四卷。存。

先生應詞科六題及詞學所業諸作均載是書，《四明文獻集》採之，其目今不具錄。又按：《鄞縣志》以《四明文獻集》爲先生著作，然集本鄭眞所輯，非祇先生一家言。今皆佚，僅存先生詩文五卷。國朝陳漁珊、張鐵峰捃拾他書排纂，增三卷，合梓之，題《深寧先生文鈔》，實則非其舊也，故均不入所著書目。

壽鏞案：「《四明文獻集》皆佚」一語非也，余依南潯張氏鈔本鈔得二卷。

《玉堂類稿》《掖垣類稿》四十五卷。佚。

案：《墓誌》稱再入翰苑，三入掖垣，制稿凡四十五卷。《延祐四明志》亦作《內外制》四十五卷，《宋史》本傳作《玉堂類稿》二十三卷，《掖垣類稿》二十二卷。《四明文獻集》選採數十篇，餘文皆佚，而二書先生自識跋語集中猶存，一在卷四，一在卷五。今以史傳核考年月，依次附繫。其無年月可繫者，尚有《仲秋潮汎吳山忠清廟設醮青詞》、《隆興府靖安縣管下利澤昭應普安王屈平特封利澤昭應普安清祐王誥》、《荊門軍玉帛寺壯繆義勇武安英濟王特封忠壯義勇武安英烈王誥》。

《深寧集》一百卷。佚。

見《宋史》本傳，而《藝文志》不載，《延祐四明志》作文集八十卷。全謝山云一百二十卷，未詳。各志及《四明文獻集》諸書所載凡有年月之文皆依次附繫，其無年月者有《代饒禮侍謝大中大夫表》、《德潤齋記》、《詩考語略序》、《跋袁絜齋答舒和仲書》、《史鄂州墓誌》、《越大夫贊》。以上見《四明文獻集》。《天興廟記》、《吳刺史澤民廟記》、《澤民廟詩》七古。以上見《鄞縣志》。《寶慶寺記》、《李猷傳諸經通義序》、《戴氏桃源世譜保傅傳序》、《史彌鞏獨善先生文集跋》、《書王庭秀磨衲集後》、《鄭鍔周禮解義題辭》、《八賢贊》。以上見《深寧文集摭餘篇》。又案：《北江詩話》，陽湖莊刺史炘博學能文，生平（墓）〔慕〕深寧品學，輯其文多至數卷，未見。

昌世，先生次子，以恩廕補承務，未及祿而宋亡。《錢譜》。人皆稱爲承奉公。《王厚孫墓誌銘》。字昭甫。幼端粹，齠齔時，仡然不屑與羣兒狎，長益純慤，視貴游華靡事漠如也。黄溍撰《墓誌銘》。入元，弗（杜）〔仕〕，游其門者多老成博雅之士。

《浙江通志·王厚孫傳》。先生所著述，蒐輯考訂，贊助爲多。蓄書萬餘卷，燬於火，露鈔雪纂，至忘寢食，書以復完。爲文一發於本實，世俗風情月狀語皆所不道。尤精《易》筮，占驗如前知。先生名重當世，謂宜錄其嗣人以表盛德，薦章交上，力辭曰：「士之大節，嗣守爲難，敬身所以敬親，肥遯所以無不利。矧以介直之資，與世寡諧，倘得讀父書，求己志，以畢此生足矣，不願乎外也。」平居不自表襮，與人交無鉤距，亦不苟爲阿附。黄溍撰《墓誌銘》。大德辛丑，欲廣傳先生遺書以成先志，俾張仲友屬牟應龍序《小學紺珠》以付梓。《小學紺珠》牟序。至治二年八月，又遺書應龍曰：「吾父平生書最多，惟《困學紀聞》尤切於學者。今以其書視子，幸爲序所以作之之意。」泰定二年，肅政司副使馬速忽、僉事孫楫助以入梓。《困學紀聞》牟序。泰定四年卒，年六十一。子二，厚孫、寧孫。黄溍撰《墓誌銘》。著有《靜學文集稿》二十卷。《鄞縣志》。

厚孫字叔載，幼而知學。八歲能賦詩，讀書日記數百言。十歲已竟《論》、《孟》、《詩》、《書》、《禮記》，并閱《深寧集》，習經義詞賦，操筆立就。鄉先生王叔龢、趙孟何、戴表元聞而異之，因就見焉。治《詩》，得舒璘、李元白原委，久益充積博洽，人多咨問之。袁桷自翰林歸，問所學，對曰：「近惟《讀書記》、《衍義》、《正宗》，意有所得，以其明潔縝密有成法，易知而可守也。」因言世之學者稍涉朱子數書，輒詆淳熙，然諸老與朱子同時，其言論雖不盡合，而博聞實踐爲所推許。今乃藉口理學以文寡陋，漸成虛誕之風，宜懲其弊。桷著《四明志》，分撰二考，與論歷代史，高下得失甚備。桷歎曰：「先師之道茲不墜矣。」嘗爲郡庠訓導，演說名理，辨析疑難。朔望取四書五經關世教者爲之直說，抑揚反覆，聞者悚然。三試不偶，棄舉子業。用詞學體爲古文，本之三代兩漢，博以唐宋諸家。廉訪副使署郡直學，辭職。牟應龍言之，乃就。拔授象山教授，調浦江教諭，踰月即去官，歸奉母。時李國鳳以便宜用遺逸，署衢州路教授，復薦除邵武路教授。福建分省，又升爲儒學副提舉，皆不赴。貝瓊撰《墓誌銘》。至元中，以先生所著《玉海》稿失後復得，降指揮於慶元路刊刻。至正三年，阿殷圖埜堂知其多闕誤，久未訂正，迺屬厚孫重加校訂，得誤漏六萬餘字。《玉海序》。或讒袁桷所撰《四明志》於僉事苫思丁，將毀其板，厚孫白王郡守元恭，得不毀，因屬撰《至正續志》十二卷。《滎陽外史集》。鄉飲酒禮久廢，郡守屬與鄭覺民遵《儀禮》考訂之。晚年益以詩酒自娛，論宋季事，謂至正史官多詮次失當，且極論陳桱《續通鑑》之失。明洪武九年卒，年七十有七。據此，則厚孫生於大德四年庚子，距先生歿已四年。子二，陞、《錢譜》作陞，茲據黄溍、貝瓊兩《墓誌銘》文中數稱陞名，皆不作陞。鷺。《錢譜》陞、同、鷺。《陳譜》作子二，無同名。考黄溍《昌世墓誌銘》云孫三，陞、同孫、鷺。貝瓊《厚孫墓誌銘》云長陞，次鷺。然則同孫或寧孫子或幼殤，已不可考。著有《遂初稿》三十卷。貝瓊撰《墓誌銘》。

寧孫，字叔遠。《陳譜》：案寧孫之字，徧考誌載皆作叔遠，蓋取諸葛語，非有誤，惟何以取同祖兄名爲字可疑。《錢譜》作叔達，與諸書不合。初治《詩》，後治《春秋》，訂正各傳異同，必格其終始而止。其於文章制度尤致意焉。未嘗一造場屋。僉事戴東皋按浙東，民安其政。適被誣，寧孫奮然直之。戴復職，將薦剡，謝不與通。《滎陽外史集》。至正三年，爲慶元路齋長。慶元路王侯去思碑陰。後爲白鹿洞山長。無子，以兄子鷺爲後。《錢譜》。鷺二子，宗傳、中傳。宗傳還爲陞後。《陳譜》。

附録

陳著《祭禮部尚書王伯厚文》：「柔兆涒灘之歲，孟冬甲辰，契生前進士陳某謹以炙雞絮酒之奠，祭於故內翰尚書王公之靈。公之聞望，北斗泰山。公之學問，洪河長江。青春大科，撼動一世。紫霄闊步，凌歷兩制。凡大詔令，雷風其行。凡大典冊，日星其光。代主之言，爲國之重。進而文昌，行矣柄用。亦既簡在，宵衣之心。時不我與，天乎難諶。與雲俱飛，三島之上。言採其薇，布衣蕙帳。執經於席，問字於庭。其淑我鄉，幾兩周星。誰知其中，難言如海。能無知者，猶有予在。前歲之除，去春之初。相看話舊，耿耿何如。雖不盡言，有不盡意。余八十三，公七十四，自謂予死，當居公先。公而先之，訃音忽傳。季夏聞訃，老病憚暑。哭於寢外，而莫即路。今兹默暄，始獲造門。予亦朝露，其能久存。天高地遠，江空歲晚。公兮有知，歆予一奠。尚饗。」

袁桷《廣招》：「深寧先生乘虯上征，江海殄瘁，湘纍遺痛十載猶一日也。柳車爰行，瞻望永隔，門人袁桷竊取宋玉《招魂》，述廣招以反其義。其詞曰：竊獨悲此翳濁兮，身鞠恧而莫明。服三后之貞則兮，秉忠純以內兢。繩古義以自抗兮，懍微躬之莫勝。懼天命之不吾與兮，晚更號以深寧。委靈魄於玄宅兮，挾清神以上征。重華慘其無容兮，矚下矩之險隘。侈九夷之曠邈兮，申前聖之遺戒。一去而莫返兮，八靈孰能以震駴。乃命小臣戴縱秉旄，注精高冥而下招。曰：茫茫封邱，麕豕萃只。炳靈奔飛，杳交會只。嬋嫣清芬，孰返旆只。縱横幽房，雜龐怪只。魂兮歸來，其益以駭只。東門熒煌，平蕪層陰只。靈宮紫芝，萎以泯只。流鈴搖空，訴夸淫只。玄蛇蒼鼠，若擾馴只。魂兮歸來，激越吟只。蹀躞蹂躪，白蟫飛只。滅方鑿迂，傳致以肥只。闞青綴白，眩纖奇只。析楊黃華，司體儀只。魂兮歸來，彼相疑只。沃隰修畛，鞠薺茂只。狂夫治游，胡懵後只。南山白石，曷以永年只。式擷其薇，悵周原只。歸來歸來，其孰能庥魂只。愁雲旋宇，陰籟振幕只。素空霏塵，淸晝激雹只。虎蜼黃目，屛陳設只。精鑿後置，爗蠡施張只。伊嗚仰天，雜猖狂只。甘脭忞睢，禮不可防只。魂兮歸來，悉無以當只。魂兮乘桴，登瀛壖只。海觀日浴，爛紅殷只。罙容長裾，龔古先只。漆書竹簡，遂研鑽只。崑崙穹隆，疑有至人只。妙顏紫蕤，休德日新只。吐珍納和，與道爲鄰只。雕題祝髮，禮讓興仁只。桂蠹咀吞，味芳辛只。幽蘅嘉芷，佩孔文只。相羊湘纍，肸若存只。承挹淸塵，徘徊翩翻只。天光淳燿，會弁森扈只。肅容展威，受多祜只。斬几破觚，斯黃輔只。龍圖昭回，布高矩只。開陰蔽陽，庶類蕃嘉只。捫歷箕尾，建崇牙只。翦理姦巫，靜無譁只。照示下土，循羲媯只。河公海神，瑰以迅只。貝宮鮫室，祕怪雜孕只。瓊英琪柯，錯繽紛只。鞭龍誅蛟，霈澤湛潤只。魂兮遠游，戢淩紊只。揚歌舒嘯，化幽憒只。重曰嗟所思之不得見兮，儼冰雪之遺容。緊遲遲而容與兮，松柏日其葱蘢。悵幢帷之咫近兮，長虯脫焉以追風。蛻塵居之險艱兮，捨崇蘭之新封。塤箎迭其和奏兮，聯雲車以陪乘。粲琳琅之遺編兮，俾泯絕之足證。匪離羣以自絜兮，誠不忍夫鶩騁。超整駕以言從兮，懼見譏乎後聖。揖虛漠而言旋兮，耕書田以振厲。諒神明不吾欺兮，庶終承乎嘉惠。千秋兮靡長，白雲兮相望。魂兮歸來，其毋我忘也。」

《祭王尚書》：「維年月日，以淸酌之奠，祭于內翰給事尚書先生之靈曰：道大如天，學廣如漢。企而望之，自涯而返。末俗濫觴，昧彼一貫。捨學而言，所執愈渙。伊洛之盛，嗣於乾淳。析仁辨義，修己治人。先民有訓，其言諄諄。稽經探本，纂史輯聞。匪默以高，匪誕以守。降于叔季，其弊莫救。千士一律，躪訛踵陋。坐曹淸談，迎事拱手。文散武萎，禮弛樂虧。孰據其全，以爲國毗。

篤生我公，是宗是師。天清景溫，前旌後麾。窮源崑崙，賓日扶桑。磅礴萬類，衆曷敢當。積潤滉漾，舒光煒煌。探巖排碕，纖巨畢藏。若農有秋，箱輪廩峙。若龍起淵，雷震雨施。九招希聲，昌歜古味。爰薦合宮，以享以涖。灌膏養腴，心君清澄。讜言訪對，屈軼在廷。羣疑未決，神龜示靈。化被姦饕，淳風泠泠。天運悠邈，公亦永歎。學絕道傾，死灰莫然。獨行誰儔，獨立誰言。吾非斯人，其誰與傳。翳翳里門，易窮三陳。捨泣而歌，謂天莫聞。劍失其光，蘭銷其薰。柴桑沈冥，王官混淪。年已逮耇，秉燭繼晷。一杜承天，四海仰企。蔽牛之陰，百草茂美。謂享大耋，以淑後士。云胡微疾，永蛻世塵。歲匪龍蛇，其理莫詢。訴詞重華，蹇玆遺臣。曰士之弊，逮今弗振。桷以蒙昧，請業門下。反覆可教，授以端緒。有疑必開，有謬必舉。語其平生，載出載處。冀登斯堂，舉觴以祝。詎期須臾，望公以哭。蹻蹻小子，抵掌掉目。哀哀吾儕，殞首莫贖。死生之原，千古一致。瘁躬報德，匪哀以旣。風雨神交，卻立鬼魅。秉心靡渝，服義靡墜。庶幾公魂，慰此耿特。皦如玆觴，之志罔慝。拜手薦公，公其來格。矢詞致誠，有淚俱滴。尚享。」

袁桷《輓王伯厚先生詩》云：「秋水孕雙蓮，英英吐異芬。詞章納雲夢，禮樂定河汾。丹詔三軍泣，清名四海聞。西峰頹落日，乘鶴叩蒼雲。」「晚歲艱難意，衡門老病身。蜀山迷望帝，楚澤痛靈均。皮弁終辭詔，深衣晚任眞。蓋棺今已定，千載有遺民。」「燕說經生濫，齊諧學究輕。微言空有意，獨拍已無聲。墨澤雞林貴，青氈虎觀榮。新銘前進士，幽抱付誰明。」「再世登龍舊，淵源可再窺。西山遺正緒，東澗結冥知。腹笥名空在，眉梨壽竟違。重歌妾薄命，寒淚滴塵甁。」

鄭覺民《送王叔載敎諭象山》四首之一：「恭維尚書公，道輝燭乾坤。望古浩千萬，摭拾恣咀呑。坐値時運移，閉門守深根。春陽熙九寓，英曜日盛蕃。後學競奔走，衆屬此文孫。」

全祖望《宋王尚書畫像記》：「往者太原閻丈百詩，篤嗜深寧先生之著述。三屬人入鄞求先生之行狀、神道碑、墓誌，欲附之卷尾，又求其畫像欲摹之卷首，而皆不可得。先生孫枝在鄞者零落，其在紹之上虞者，亦不知其盛與否也。予罷官歸，同學葛君巽亭爲予言榆莢村王氏有先生像，亟喜往請而觀之。亡宋遺民所云咸淳人物面目，當時已等之彝鼎，況大儒如先生乎？先生之學私淑東萊，而兼綜建安江右永嘉之傳，予於《同谷三先生書院記》言之詳矣。生平大節自擬於司空圖、韓偓之間，良無所媿，顧所當發明者有二，其一則《宋史》之書法也。先生於德祐之末，拜疏出關，此與曾淵子輩之潛竄者不同。先生既不與軍師之任，國事已去而所言不用，不去何待？必俟元師入城，親見百官署名降表之辱乎？試觀先生在兩制時晨夕所草詞命，猶思挽既渙之人心，讀之令人淚下，則先生非肯恝然而去者。今與曾淵子輩同書曰遁，妄矣。一則明儒所議先生入元曾爲山長一節也。先生應元人山長之請，史傳、家傳、志乘諸傳皆無之，不知其何所出。然即令曾應之則山長非命官，無所屈也。箕子且應武王之訪，而况山長乎？予謂先生之拜疏而歸，蓋與馬丞相碧梧同科，亦與家參政之教授同科，而先生之大節如青天白日不可掩也。嗚呼！先生《困學紀聞》中有取於姚弋仲、王猛之徒，與楊盛之不改正朔，幷謝靈運臨難之詩，其亦悲矣。而謂士不以秦賤，經不以秦亡，俗不以秦壞，何其壯也！詈李德林之以事周者事隋，更足爲興王用人之戒。今觀先生之像，須眉惆悵，端居不樂，其當杜門謝客之際乎？惜不令百詩見之也。」

又《宋元學案》：「應麟，字伯厚，從王子文埜受學。先生曰：『今之事舉子業者，一切委棄制度典故漫不省，非國家所望於通儒。』於是閉門發憤，誓以博學宏詞科自見，假館閣書讀之。入元不出。學者稱爲厚齋先生。」

又《深寧學派》：「四明之學多出陸氏。深寧之父亦師史獨善以接陸氏，而深寧紹其家訓，又從王子文以接朱氏，從樓迂齋以接呂氏。又嘗與湯東澗遊，東澗亦兼治朱、呂、陸之學者。和齊斟酌，不名一師。《宋史》但夸其辭業之盛，予之微嫌於深寧者，正以其辭科習氣未盡耳。若區區以其《玉海》之少作爲足盡其底蘊，陋矣。王應麟其學侶曰王應鳳、韓性，其同調曰黃震，其子曰良學、昌世，門人曰胡三省、戴表元、黃叔雅、鄭芳叔、袁桷、王惟賢，孫曰厚孫、寧孫。胡三省子曰幼文，戴表元門人曰袁桷，鄭芳叔子曰覺民，孫曰駒、曰眞。

謝枋得年譜

（近）崔驥 編

據《江西教育》第四、第七期整理

謝枋得（一二二六—一二八九），字君直，號叠山，弋陽（今屬江西）人。寶祐四年進士，以對策極攻宰相董槐與宦官董宋臣，被抑爲二甲，除撫州司户參軍，棄去。五年復試教官，中兼經科，除建寧府教授，未赴。吴潛辟爲江東西宣撫司幹辦。景定五年，爲江東漕試官，發策十問指責賈似道誤國，謫興國軍安置。咸淳三年放歸。德祐元年以江東提刑、江西招諭使知信州。二年，信州陷，隱于建寧唐石山中，后變姓名賣卜建陽市中。宋亡，寓居閩中。元至元二十六年，參政魏天祐强其北行，至燕不食死，年六十四。門人誄之爲文節先生。

枋得處南宋滅亡之際，倡大義，抵權奸，提孤軍以保封疆，愛國精神，彪炳史册。又以忠義激發，詩文雄奇，格高調古，見稱於世。其著述今存《詩傳注疏》三卷、《禮經講義》、《碧湖雜記》一卷、《注解章泉澗泉二先生選唐詩》五卷，編有《新編武侯兵要箋注評林韜略世法》一卷、《千家詩》等，評點有《檀弓解》一卷、《陸宣公奏議》十五卷、《文章軌範》七卷，詩文集有《叠山集》。事蹟見四部叢刊影印明景泰五年刻本《叠山集》附李源道《文節先生謝公神道碑》、《宋史》卷四二五本傳。

枋得年譜，除近人崔驥所編外，今人俞兆鵬編有《謝叠山先生繫年要録》（《江西大學學報》一九八七年一期）。本書所收崔驥譜，據《江西教育》第四、第七期（一九三五年）所載整理，譜中引文，據四部叢刊本《叠山集》核訂。

宋理宗寶慶二年丙戌，生。

寶慶二年二月二十四日亥時生（見集首《世系》）。

《宋史·謝枋得傳》：謝枋得，字君直，信州弋陽人也。爲人豪爽，每觀書，五行俱下，一覽終身不忘。性好直言，一與人論古今治亂國家事，必掀髯抵几，跳躍自奮，以忠義自任。徐霖稱其如「驚鶴摩空，不可籠縶」。

元李源道《文節先生謝公神道碑》：先生性資嚴厲，雅負奇氣，風岸孤峭，不能與世軒輊。

寶慶三年丁亥，二歲。

紹定元年戊子，三歲。

紹定三年庚寅，七歲。

聞辛棄疾事慕之。

《辛稼軒先生墓記》：先伯父嘗登稼軒公之門，枋得生五歲，聞公之遺風盛烈而嘉焉。

紹定六年癸巳，八歲。

端平元年甲午，九歲。

端平三年丙申，十一歲。

嘉熙元年丁酉，十二歲。

嘉熙四年庚子，十五歲。

淳祐元年辛丑，十六歲。

慕辛棄疾之節概。

《辛稼軒先生墓記》：年十六歲，先人以稼軒奏請敎之曰：「乃西漢人物也。」讀其書，知其人，欣然有執節之想。

淳祐十一年辛亥，二十六歲。

泰和鷺州書院成，有跋。

按《鷺州書院記跋》云：「周文忠公即世四十有八年，而有書院於此。」周必大卒於寧宗嘉泰四年甲子，下推四十八年，列此。又文中言「吾邦雖復有數書院，猶以爲不足」。既稱「吾邦」，則枋得是年應在泰和也。

淳祐十二年壬子，二十七歲。

寶祐元年癸丑，二十八歲。

寶祐三年乙卯，三十歲。

寶祐三年鄉薦（見《世系》及《神道碑》）。

舉於鄉。

寶祐四年丙辰，三十一歲。

登文天祥榜進士二甲第一。除撫州司戶參軍，不赴。

寶祐四年，枋得試中禮部高等。比對，力詆丞相董槐及宦官董宋臣，意當擢高第矣，及奏名，乃知抑至二甲第一人。授撫州司戶參軍，即棄去。初，枋得父應琇爲潯州僉判，以事忤使者董槐，被劾至死。至是，槐爲執政，而枋得及第，竟不堂參而歸（見《世系》，卷首《疊山公行實》、《神道碑》及本傳）。

康熙間錢塘吳陳琰《桂蔭堂集·宋寶祐丙辰科題名錄記》：此錄首簡載宋寶祐四年五月八日御試策題一道，次列御試勅差詳定官三人、編排官二人、初考官三人、添差初考官三人、覆考官三人、添差覆考官四人、初考檢點試卷官一人，覆考檢點試卷官一人，爲王應麟，對讀官五人、彌封官二人、巡捕官二人。五月十四日，皇帝御集英殿唱名，賜進士文天祥以下及第出身，同出身，共六百一人，當日赴期集所。六月一日，准勅依格賜進士期集錢一千二百貫文，小錄錢五百貫文。七日謝闕。十三日謁謝先聖先師兖國公、鄒國公。二十九日賜聞喜宴，降賜御詩於禮部貢院。七月一日，准省劄爲期集所支用不敷，再給降題名小錄錢一千七百貫。四日拜黄，申叙同年於禮部貢院。二十五日，立題名碑石于禮部貢院。此宋制也。第一甲二十一人：第一名文天祥，字宋瑞，小名雲孫，小字從龍，年二十，治賦，一舉，本貫吉州廬陵縣，父爲戶。時有以遠祖爲户，有以祖父爲户，或自爲户者。南宋户口例也（原記）。第二甲四十人：第一名爲謝枋得，字君直，小名鐘兒，小字君和，年三十一，治賦，兼《易》，一舉，本貫信州貴溪縣，居弋陽縣新政鄉儒林里，父爲戶。第二甲第二十七人爲陸秀夫，字君實，年十九，治賦，一舉，本貫淮安州鹽城縣長建鄉長建里，父爲戶。一甲二甲之表表者，三人而已。嗣是第三甲鄭必復以下七十九人，第四甲楊奇遇以下二百四十八人，第五甲喻用國以下二百一十三人，知名者絶少。然有此三人，可掩千萬人矣。末簡載文公對策一道。

《上程雪樓御史書》：某三十一而入仕，五十一而休官，平生實歷不滿八月。

韓雍《韓襄毅公集·請謚宋臣謝枋得疏》：竊見宋禮部侍郎謝枋得登科對策，力詆權奸；發策漕司，極攻時政。受任於運去祚移之後，抗敵於兵疲民散之餘，力已盡而不支，志有爲而不果。

蘊德堂諸孫校《神道碑》云：《薛鑑》載登第事於寶祐元年癸丑，載除教授事於寶祐四年丙辰。二事俱謬。

寶祐五年丁巳，三十二歲。

試教官，調建寧府教授，未上。

寶祐五年，召試教官，枋得復出應試，

中兼經科。除建寧府教授，未上（見《神道碑》及本傳）。

《回主簿交代劄》之五：某鉛槧晚生，世居昭武烏州，《世系》云：疊山公祖居會稽，歷三十三世，遷閩，徙居邵武烏州，至四十四世。學優而仕，代不乏人。在嘉定間，則伯氏果齋，對策大廷，擢居鼎甲。獨某不克亢宗，少也三預賢書，迨其強仕某年，猶未脫場屋，僥試南廊，疏居次等，遂得今闕。趨來梅川，甫書不考，乃蒙大鑒張先生檄入郡幕，繼蒙繡使李先生俾攝信豐，按《漢書》：侍御史有繡衣直指，出討犴猾，治大獄。武帝所制，不（嘗）〔常〕置。俱以一削收錄，於是羈留幕底者兩年。回識薄職，不無曠瘝，然此心惓惓，無日不在朱墨間。屈指（遂）〔歲〕除，僥倖書滿，幾生脩結，得際交承。洗龜拂篆，以爲告新之圖，某之志也；掩瑕匿過，以爲淑後之計，則執事事也。引領車書，拜手以白。

按：枋得在信豐事，諸傳未言何年。然枋得以寶祐四年登進士，五年再試得教官未上，此後不知所授何官。自此三年，爲開慶元年，則擢兵部架閣；又明年，以賈似道行打算法罷。既新忤似道，宜不爲官。《神道碑》景定元年云「坐廢」，《宋史》云「幾不免」。景定三年，明言小夫竿牘不至門牆者二十七年，則攝信豐事均不洽。情理最洽者，要在寶祐五、六年之間也。故列此。又《上程雪樓》云「某三十一而入仕」，而《回主簿劄》亦云「僥試南廊，疏居次等，遂得今闕」，均無隔一年入仕之語。《宋史》

言「明年試得教授，未上」，而《神道碑》無「未上」二字，不免參差，而《薛鑑》事又不同。竊疑《神道碑》及《宋史》或誤，俟考。

寶祐六年戊午，三十三歲。

開慶元年己未，三十四歲。

元兵渡淮，趙葵辟枋得，枋得率民兵起義以應，擢兵部架閣。

開慶元年九月，元憲宗親率大軍入蜀，勢欲順流東下：一軍自大理斡腹南來，歷邕桂境，南至靜江府，廣帥李曾伯閉門自守；一軍渡江圍鄂州。呂文德提兵援蜀。十月，吳潛入相，賈似道爲右相、荆湖宣撫策應大使，進援鄂州，趙葵爲樞密使、江東西宣撫策應大使，屯兵信州。元兵破江州、瑞州、衡州，圍潭州，向士璧守潭州，不下。十一月，賈似道入黃州。會元憲宗死，似道乞和，北兵退（以上見宋無名氏《宋季三朝政要》）。

是年十月，趙葵（一作吳潛，有辨正）辟枋得差幹辦公事，團結民兵，以捍饒、信；出楮幣十萬貫（《神道碑》。《宋史》作「錢米」）給之。枋得乃說鄧、傅二社諸大姓，得民兵數千人（《神道碑》。本傳作萬餘人，《三朝政要》作二千餘人）守信州，擢爲兵部架閣（見《神道碑》、本傳、《三朝政要》）。

蘊德堂諸孫校《神道碑》云：按《宋史》誤以趙葵爲吳潛。其詞曰：「吳潛宣撫江東西，辟差幹辦公事，團結民兵，以扞饒、信、撫，科降錢米以給之。枋得說鄧、傅二社諸大家，得民兵萬餘人，守信州。暨兵退，朝廷覈諸軍費，幾至不免。」《薛鑑》於寶祐丙辰則云「辟吳潛幕」，蓋用《宋史》，於景定辛酉，則云「辟趙葵幕」，又用本集。離一事而兩紀之，誤之又誤矣！夫募兵之舉，原因兵警，史稱開慶元年己未七月，元兵渡江圍鄂州，取臨江、瑞州，江西大震，十一月以趙江東西宣撫使，與碑正合。若丙辰歲，則未有兵警也。至景定二年，遣使打算諸帥，若向士璧、史巖之、杜庶俱與趙葵同得罪，吳潛不與也。其無兩事審矣。又按公爲趙葵《上賈相啓》與《宋史》事事脗合。如云「乃以三州責之一士」，即饒、信、撫也；云「戍兵絶餉，大姓假錢」，即鄧、傅二社也；云「方吟洗甲之詩，乃有償金之責」，即兵退覈費也。《宋史》所訛，止是「吳潛」二字，方山不能訂正，特爲詳辨。

景定元年庚申，三十五歲。

賈似道行打算法，枋得出萬楮錢，爲趙葵償民軍所費。有《代千丞相免追算功賞錢糧啓》。

景定元年，元兵退，賈似道入爲執政，趙葵罷宣撫司。似道乃會軍興出入簿，核諸軍軍費，枋得毁家爲趙葵償，仍坐廢（見《神道碑》及本傳）。

《三朝政要》：五月，兵退，行打算法。賈似道忌害一時之閫臣，故欲以此污之。向士璧守潭城，費用委浙西閫打算；趙葵守洪，則委建康閫馬光祖打算。江閫史巖之，淮閫杜庶，廣西帥皆受監錢之苦。徐、李、杜追繫獄，杜死後，追錢猶未已也。謝枋得舉民義，科降招軍錢，給義兵米，及行打算，曰：「不可以累趙宣撫也！」自償萬楮，餘無所償，乃上書於賈似道云云，因得免焉。

《代干丞相免追算功賞錢糧啓》：出車還邑，方吟洗甲之詩；計簿見疑，乃有償金之責。此生此日，惟公惟天。……洪惟仁厚之朝，善用英雄之士。……盛時不計分穀之微，故忠臣得爲社稷之計。……車轔馬蕭，雖恨捐金之晚；弓弭矢箙，即云上簿之欺。始因一二事之可疑，併與千萬人而不信。爲父摧子，甯不痛心？以君使臣，亦必以禮。伏念某承家忠義，賦性狂愚。參中原文獻之傳，頗知大節；得安定體用之學，不事空談。流涕讀興元之詔，血誠起雍邱之兵，清朝將以勸忠，宣幕因而假寵。非有祖逖千人之廩，又無張巡百里之權，用官券能幾何，得義士以萬計。戍兵請餉，間逢子敬之指囷；大姓假錢，多藉軍師之作保。方狂虜入清江之境，以孤軍守臨汝之城。悍將武夫，固有坐而觀者；監師太守，幾欲委而去之。乃以三州，責之一士，賴元勳再整乾坤之力，使內地不見師旅之勞。豈其全軀保妻子之臣，皆讒人者，不念援枹先士卒之伍，將屬子乎？謗言來自貪夫，貝錦成於邇列。……忽傳拘索之甚嚴，不曰會計之已當。千金而募徙木，將取信於市人；二卵而棄干城，豈可聞於鄰國？況子文之家已毀，顏氏之瓢屢空。慈母忍貧，久缺南陔之養；室人徧謫，何止北門之憂？……強爲師說，誰知子弟以萬鍾？亦有誥身，不直將軍之一醉。興言及此，撫己知危。……使稼軒之簃屢空，無辭於罰；若師魯之錢公使，當辨其冤。萬形有弊，惟理難磨；一心合天，何事不濟？……特在出爾反爾之間，即爲生我育我之時。

景定二年辛酉，三十六歲。

星變，曆者言文運將晦矣（見《送方伯載歸三山序》）。

景定三年壬戌，三十七歲。

《上丞相留忠齋書》：某自壬戌以後，小夫竿牘，不至門牆者二十七年，孰不以爲簡？先生曰：「斯人也，非簡我也，必愛我也。」今天下能知某之心者，孰有過先生者乎？

景定四年癸亥，三十八歲。

景定五年甲子，三十九歲。

枋得教士建康，命題，指謫賈似道專權誤國，坐安置興國軍。居興國軍疊山，因以爲號。

景定五年七月甲戌，彗星出柳，芒角燭天，長十餘丈，自四更從東方見，日高方斂，如是者月餘。楊棟謂是蚩尤旗，非彗也。遭論去國。己卯，丞相賈似道、參政楊棟、同知葉夢鼎、僉事姚希得奏事。上曰：「彗出於柳，彰朕不德，夙夜疚心，惟切危懼。」似道等奏：「陛下勤於求治，有年於兹，寧有闕失？實臣等輔政無狀所致，上貽聖憂。臣見具疏乞罷免，庶可以上弭天災。」上曰：「正當相與補救闕失，上迴天意。」（見《三朝政要》）是時元兵壓江上，宋社日替，江東漕司猶試士徵校藝。枋得校文宣城及建康，憤似道竊政柄，害忠良，誤國而毒民也，因發策十問，摘其姦，極言天心怒，地氣變，民心離，人才壞，國有亡證，辭甚剴切。漕使陸景忠銜之，上藁于似道。坐居鄉不法，起兵時冒破科降錢，妄訕謗，追兩官，興國軍安置。

時馮夢得知信州，恤枋得家。枋得乃獨赴謫所，因謫所山自號叠山。守令皆及門執弟子禮（見《行實》、《神道碑》、本傳、《三朝紀事》）

《上丞相留忠齋書》：某江南一愚儒耳，自景定甲子，以虛言賈實禍，天下號爲風漢。

《叠山先生注解章泉澗泉二先生選唐詩》卷一劉禹錫《石頭城》、《烏衣巷》二絕句註：予客金陵，見名流題詠多矣，撫時懷舊，感慨興亡，豈無驚人語？李太白詩云：「鳳凰臺上鳳凰遊，鳳去臺空江自流，吳宮花草迷幽逕，晉代衣冠成古邱。」許渾詩云：「英雄一去豪華盡，只有青山似洛中。」王介甫詞云：「六朝舊事隨流水，但衰草寒煙凝綠。」葉水心《晉元帝廟記》云：「運去物改，臣主同盡，名跡俱泯，一抔之土且不暇爲謀，徒使文士弄筆於墜編遺簡之餘，騷客費吟於寒烟衰草之外，其亦有可哀已！」皆未若劉夢得二詩之妙，有風人遺意。石頭城在金陵之西，去六朝宮殿舊基三十餘里。東晉因石頭城之險，築城壘，屯重兵，今遺址尚可考。旁有清涼寺女牆，城雉也，俗呼爲女牆，又曰箭眼。「山圍故國周遭在」，山無異東晉之山也；「潮打空城寂寞回」，潮無異東晉之潮也。「淮水東邊舊時月，夜深還過女牆來」，淮水東邊之月，無異東晉之月也，求東晉之宗廟宮室，固不可見，求東晉之英雄豪傑，亦不可見矣。意在言外，宰有於無。朱雀橋、烏衣巷，乃東晉將相功臣所居，猶漢西都，冠蓋如雲，七相五公也。東晉將相，惟王、謝兩人功名最盛，宗族最蕃，第宅最多。由東晉至唐元和四百年，世異時殊，人更物換，豈特功名富貴不可見，其高門甲第，百無一存，變爲尋常百姓之家。正如歐陽公所謂：「今其江山雖在，而頹垣廢址，荒烟野草，過而覽者，莫不躊躇而悽愴。」朱雀橋邊之花草，如舊時之花草；烏衣巷口之夕陽，如舊時之夕陽，惟功臣王、謝之第宅，今皆變爲尋常百姓之室廬矣。乃云：「舊時王謝堂前燕，飛入尋常百姓家。」此風人遺韻。兩詩皆用「舊時」二字，絕妙。金陵四圍皆青山，與洛陽相似。許渾云：「只有青山似洛中。」李太白云：「山似洛中多。」劉禹錫云：「山圍故國周遭在。」曾景建詩云：「青山四合繞天津，風景依然似洛濱。江左如今成樂土，新亭垂涕亦無人。」

按：《孯經室外集提要》謂「枋得是書，能得唐詩言外之旨，且罕傳本。」故錄此段見例。所謂客金陵，應在是年，其餘諸詩各注，事蹟多無可考。

按：興國有二處：在武昌府者，宋爲興國軍，元改路，明爲州，清因之，民國改縣，尋又改爲陽新縣。在贛州府者，宋所置興國縣，至今因之。《行實》、《神道碑》、本傳及《三朝政要》並云「謫居興國軍」，則枋得所謫爲湖北之興國也。《神道碑》又云：「興國軍安置，因謫所山號叠山，守令皆及門執弟子禮。」明韓暘（字伯暘，一作陽，有《思庵集》。文見《廣信府志》）《重修叠山書院序》亦云：「謫興國軍安置，公謫所講道自適，守皆及門執弟子禮，因所居山自號叠山，叠山之名，蓋肇於此也。」則叠山在興國軍可證。至信州有叠山書院，是後人思仰先賢，而於其鄉里祠祭之，非指叠山山川在是也。《神道碑》云：「先生死之二十有四年，門人虞舜臣率其徒築室買田祠公弋陽之東江浙行省，請於朝，爲叠山書院。」明周廣（崑山人，字充之，有《玉巖集》。文見集中）《叠山祠碑》云：「嘉靖元年，廣既至信州，謁先生之像而拜焉。周視垣宇，苔侵於壁，蝸篆於室，小徑紆潛，浮屠障蔽，因謀諸太守張翀新之。」又明李奎（字文耀，弋陽人，有《九川集》）《叠山書院序》云：「信郡城南之麓，有叠山書院。既建之三年，御史韓公永熙將巡撫之命，按臨是邦。明日，謁拜祠下，顧瞻形勢，川合山迴，閲視庭階，窗明戶敞。」此則所叙書院也。或以爲叠山地在上饒橫峰之間，係誤指書院地址爲興國軍叠山之處也。

度宗咸淳元年乙丑，四十歲。

在興國軍。

咸淳二年丙寅，四十一歲。

在興國軍。

咸淳三年丁卯，四十二歲。

遇赦歸，賈似道以史館召之，不赴。

咸淳三年赦放歸，似道奇其才，欲收爲己用，召以史館，令余安裕諭意。枋得曰：「似道餌我耶？」不赴，閉戶講道，聞之者翕如。若周人、熊朝、余安裕、楊應桂、余炎、謝禹謨，若輩皆知名士，介然自持，足跡不及權門。里中人行事，或不循於理者，輒曰：「謝架閣聞乎？」有持兩爭必來質平，遣以理，無秋毫假與人意，人亦高其風，必自審乃進，非義者未嘗敢至其前也（見《神道碑》、本傳、《三朝政要》）。

按：余安裕爲枋得之甥，集中雜著有甥余安裕爲國子正字一條：「客有甚談安裕之文學於枋得者」云云。

咸淳四年戊辰，四十三歲。

咸淳五年己巳，四十四歲。

學辟穀養氣已二十載。今年六十三矣（見《上丞相留忠齋書》）。

咸淳六年庚午，四十五歲。

咸淳七年辛未，四十六歲。

謁辛棄疾祠。

作《平山先生毋制機墓銘》有云：襄樊圍急，將相皆天奪其鑒，陽援而陰棄。公有策可以解圍，可以餌兵，可以使南北百萬億蒼生全性命，知時宰必不用，襄必陷，國必亡，天下必大亂，憂憤成疾，竟以庚午閏十月十三日終於黃州官舍。家無餘財。公諱廷瑞，字仁叔，家世河中之龍門。辛未正月十一日，子孫奉公柩葬於興國軍大冶縣。枋得與公仲子相識，晚而相知深，請予銘公墓，乃銘曰云云。

《與劉（季）〔秀〕巖論詩書》：詩與道最大，與宇宙氣數相關。人之氣成聲，聲之精爲言，言已有音律，言而成文，尤其精者也。凡人一言，皆有吉凶，況詩乎？詩又文之精者也。某辛未年爲陳月泉序詩云：「五帝三王自立之中國，仁而已矣。中國而不仁，何以異夷狄？理之變，氣亦隨之。近時文章似六朝，詩又在晚唐下，天（氣）〔地〕西北嚴凝之氣，其盛於東南乎？」當時朋友皆笑之，言幸而中。

【附錄一】《與楊石溪書》：宋朝盛時，文章家非一人：歐、蘇起遐方僻壤，以古道自任，發爲詞華，經天緯地，天下學士皆知所宗，隱然絜宋治於兩漢之上。七十年來，文體卑陋極矣。天運循還，必有作者。是不難，亦爲之而已矣。枋得有興起斯文之意，倡而無和，言而莫聽。近來始得張伯大與習之（楊以成，字習之，石溪乃號也，白石人）兄弟，能卓然自立，不從俗浮沈，豈特時文，當爲天下雄。今之同志，即後之同傳，枋得深有望焉。

按：歐陽修卒於神宗熙寧元年，蘇軾卒於徽宗建中靖國元年。自軾之卒以下七十年，爲理宗紹定四年，枋得才六歲，則七十固未能斷始於何年。然是文可與論詩相發明，附錄於此。

【附錄二】《行實》：枋得平生無書不讀，爲文章高邁奇絕，汪洋演迤，自成一家，學者師尊之。

【附錄三】《神道碑》：少力學，六經百氏悉淹貫，爲文章偉麗，卓然天成，不踐襲陳言宿說，論古今成敗得失，上下數千年，較然如指掌。尤善論樂毅、申包胥、張良、諸葛亮事，常若有千古之憤者。而以植世教、立民彝爲任。富貴貧賤，一不動其中。其言曰：「清明正大之心，不可以利回；英華果銳之氣，不可以威奪。」其自信悉類此。

《辛稼軒先生祠記》：器不大，不能以運天下。余談稼軒，久知其人於同志。會於金相寺，過其庵，可以想見夫器大。夜宿祠堂前。公平日爲官，但以隻鷄斗酒爲膳，明日，奠以隻鷄斗酒。庸人謂武侯祠堂，不可忘悲其定中原、興漢室，有志而不遂也。天地間好功名，必待眞男子，儘多，器大者得之。吾黨必有成稼軒之志者，毋忘此會。同志者：闕大猷子遠、應君實伯誠、虞公著壽翁、南方應得人、王濟仲、胡子敬雲晃、藍國舉、張海潛、顔子宗、吳志道、袁太初、林道安、鄒人傑淑貞、吳仁壽、李仁叔、趙平民，外有稼軒之孫辛徽慶美加會。咸淳七年十月二十三日記。

《辛稼軒先生墓記》：枋得先伯父嘗登公之門，生五歲，聞公之遺風盛烈而嘉焉。年十六歲，先人以稼軒奏請教之曰：「乃西漢人物也。」讀其書，知其人，欣然有執節之想。乃今始與同志升公之堂，瞻公之像，見公之曾孫多英傑不凡，固知天於忠義有報矣。有疾聲大呼於祠堂者，如人鳴其不平，自昏暮至三更不絕，聲近吾寢室，愈悲，一寺數十人驚以爲神。公有英雄之才，忠義之心，剛大之氣，所學皆聖賢之事，朱文公所敬愛，每以「股肱王室，經論天下」奇之。二聖不歸，八陵不祀，中原子民不行王化，大讎不復，大恥不雪，平生志願，百無一酬，能無抑鬱？六十年呼於祠堂者，其意有所托乎？枋得倘見君父，當披肝瀝膽，以雪公之冤，復官、還職、卹典、易名、錄後，改正文傳，立墓道碑，皆仁厚之朝所易行者。然後錄公言行於書史，昭明萬世，以爲忠臣義士有大節者之勸。此枋得敬公本心，親國之事，亦所以爲天下明公論扶人極也。言至此，門外聲寂然。枋得之心，必有契於公之心也。以隻鷄斗酒酬於祠下，文曰云。

咸淳八年壬申，四十七歲。

咸淳九年癸酉，四十八歲。

咸淳十年甲戌，四十九歲。

恭帝德祐元年乙亥，五十歲。

任江東提刑、江西招諭使。

《神道碑》：德祐元年，連以史館校勘，祕書省著作郎召，牢辭。

按：《儒富莊二絶》第二首云：「東觀羣儒作好官，東書不許散人看。何時遂作西林友，讀得韓文熟已難。」第二句自注云：「余與李叔翔、馬碧梧、李伯玉，躋寶章閣校書，故云。」又爲張子惠作《甯庵記》云：「某嘗執史筆，當大書其事。」則枋得實嘗入史館。然《神道碑》叙景定元年以趙葵事坐廢，《宋史》亦云幾不免，至景定五年，中間事無可考。自景定五年至咸淳三年，謫在興國軍。咸淳三年，得赦，似道以史館召之，不往。至德祐元年二月，似道始敗。未幾，元兵下饒州，是年，枋得募饒州兵勤王，爲江東提刑、江西招諭使。明年，宋亡。則枋得入史館，非在景定元年至五年間，即是年似道敗以後、提刑江東以前事。集中屢云：「平生實就官，不滿八閲月。」則入史館，亦必甚暫也。

又第三句自注云：「西村，即儒富莊舊址。余與叔翔諸人同爲親友，共筆硯於此。」第四句自注云：「當年同窗時，立程每晨各讀韓文三首，成誦爲樂。余追念今昔，情事如昨，因感而作焉。」詩與事年月並無考。附此。

德祐元年，呂文煥導元大兵東下，鄂、黃、蘄、安慶、九江，凡其親友部曲，皆誘下之，遂屯建康。枋得與呂師夔善，乃應詔上書，以族保師夔可信，乞分沿江諸屯兵，以師夔爲鎮撫使，使之行成，且願身至江州，見文煥與議。從之。使以沿江察訪使行，會文煥北歸，不及而返。以江東提刑、江西招諭知信州，募兵援饒州（見《世系》、《行實》、《神道碑》、本傳、《三朝政要》）。

明陳中州《斗山先生傳》：乙亥，元兵入臨安。兄伯鎮來自京，奕持兄擗哭大成殿，仰天呼曰：「賈賊負國，吾故知必有今日！」移書叠山曰：「吾無爲矣，天下事叠山勉之！」遂棄官入山。

按：斗山先生姓王，名奕，字伯敬，玉山石田人。宋亡，入玉斗山隱居，稱玉斗山人。與謝枋得交甚摯，集中有《和贈枋得》詩十餘首。所著《斐稿》二卷，《梅巖雜詠》七卷，《斗山文集》十二卷。今傳《遺集》三卷，有四庫本。陳中州，明青田人，嘉靖間爲玉山縣教諭。

恭帝德祐二年丙子，五十二歲。

宋亡，枋得兵敗於安仁，又敗於信州，奔入閩。

德祐二年正月，元丞相伯顏大軍至臨安，宋皇太后遣使奉璽降。呂師夔與武萬戶分定江東地，枋得以兵逆之，使前鋒呼曰：「謝提刑來。」呂兵馳至，射之，矢皆及馬前。枋得走入安仁，調淮士張孝忠逆戰團湖坪，矢盡，孝忠揮雙刀，擊殺百餘人，前軍稍卻，後軍繞出孝忠後，衆驚潰，孝忠中流矢死。馬奔歸，枋得坐敵樓見之曰：「馬歸，孝忠敗矣！」遂奔信州。師夔下安仁，枋得累戰，敗不能軍，遂失信州。乃變姓名棄家，入建寧唐石山，轉入蒼山、茶坂等處，朝遷暮徙，崎嶇山谷間，寓逆旅中，日麻衣躡履，東向而哭，人不識之，以爲風漢也。竟得脱。行卜建陽市中，有來卜者，惟取米屨而已，委以錢，悉謝不取。其後人稍稍識之，多延至其家，使爲子弟論學。其後大勢已定，遂居閩（見《世系》、《行實》、《神道碑》、本傳）。

《蔡氏宗譜序》：予避元竄建陽之唐石，敬謁我理宗皇帝御書廬峰書院，祀肖西山先生父子，予則再四叩拜而起，毛髮倏然而森凜也。

《上程雪樓書》：某五十一休官。

《上留忠齋書》：某自丙子以後，一解兵權，棄官遠遁，即不曾降附。

按：《仙隱觀》詩云：「秋日閒十日，面懷秋山空。煙霞固嘗態，敗葉鋪山紅。平生五大夫，投老一禿翁。相看各蕭索，事付不語中。」五大夫臆是：（一）兵部架閣，（二）校試建康，（三）史館，（四）沿江察訪使，（五）江東提刑、江西招諭使也。

《雲衢夜月》：長虹跨陸登雲衢，會同海宇皆車書。日斜市潰夜喧息，月來雲淨天無疵。水劫金蟆形不槁，常生玉兔藥常搗。可憐滄海幾桑田，照耀古今人盡老！

《華峰霽雪》：朔風吹折寒梅枝，嚴凝凍合彤雲癡。華峰屹立亘今古，堆累積聚皆昏迷。楊花飛舞盈三尺，蜨翅交加呈六出。朝陽發燄照乾坤，萬壑千崖消粉飾。

按：原注云：「此書林十景，在建陽縣崇化里。」原詩凡《書林筆峰》、《仙亭暖翠》、《龍湖春水》、《南山脩竹》、《岱嶂寒泉》、《龜嶺暮霞》、《雲衢夜月》、《仰寺疏鐘》、《寶應朝陽》、《華峰霽雪》十首，錄其二。

《題龜峰》：三十二峰峰最高，腳踏高處眞人豪。遠觀靈山一培塿，俯視彭澤無波濤。眼明始見滄海闊，心閒卻憐人世勞。後百千年誰獨立？萬古一覽皆秋毫。

《武夷山中》：十年無夢得還家，獨立青峰野水涯。天地寂寥山雨歇，幾生修得到梅花。

《斗山先生傳》：丙子安仁之敗，疊山入閩，奕邀就定計。

按：其下又云：「居兩月，雪樓御史物色之，遣俱入閩。無何，奕山就執北行」云云。枋得自安仁之敗至就執，凡十三年，不得言無幾何也。疑有誤。

《宋史》本傳：伯父徽明，以特奏恩爲富陽尉，攝縣事，時天基節上壽，元兵奄至，徽明出兵戰死。二子君恩、君錫，趨進抱父屍，亦死。《世系》同。

按：《宋史》不著年月，然富陽離杭州最近，元兵下富陽，必在本年，故列此。

《世系》：兄君禹，鎭越學生，與元兵戰於九江，被執不屈，斬於市。

《神道碑》：又有兄君禹，在九江，亦不屈，斬於市。

宋李養吾《讀疊山先生北行詩跋》：公季

弟君澤，游太學，早有聲，詩文推本色。彗星應詔書，尤絕出。九江潰後，惠予書曰署爲立禮生宋仁，悲哉其爲志也！澤因伯氏，過康廬，與謝章謀和議，落人疑忌中，械繫良久。

按：宋端宗二年丁丑以後，文天祥起兵匡復，江西境内起應者最遠不過撫、吉，時隆興已開府，駐重兵，則隆興已北、九江一帶必無宋遺兵，故君禹等起事，史雖未具年月，當在此年也。

《世系》：弟君舉任大理寺評事。德祐丙子，元捕親屬，遯迹適居。弟君祿，亦遷居。

《行實》：丙子二年春正月，元兵入信，鏤銀榜根捕（《宋史·李夫人傳》）。謝枋得之妻李氏，乃饒州安仁李梅山之女也，適謝氏，色美而慧，通《女訓》諸書，事舅姑，奉祭待賓，皆有禮。枋得起兵守安仁，兵敗逃入關中，武萬戶按：武秀也。以枋得豪傑，恐其煽變，迹捕之，根及其家人，李氏攜二子匿貴溪山荆棘中，採草木而食。

《北行詩跋》：閩人居亭曰虞氏，爲信所蹤，竟殞深囹。虞嘗注《易》，沒齒無怨言，獨行傳中人也。

端宗景炎二年即元世祖至元十四年**丁丑，五十二歲。**

妻李氏就俘於貴溪。

《行實》：執得枋得之妻李氏、二子、一女，送江淮行省，拘於建康。

《神道碑》：信守將悉捕公妻子弟姪送建康獄跡至。

《宋史·李夫人傳》：至元十四年冬，信兵蹤山，令曰：「苟不獲李氏，屠而墟！」

李聞之曰：「豈可以我故累人？吾出事塞矣。」遂就俘。

《送方伯載歸三山序》：景定二年，司曆者曰：「星有天尾旅於奎，塡於辰，從月後會，四星不相能也，乃季春月朔同軌，其占爲文運不明，天下三十年無好文章。」儒者望靑臺而詬曰：「何物瞽叟，爲此妖言！」司曆者聞而笑曰：「豈特無好文章？經存而道廢，儒存而道殘，科舉程文，將無用矣！」皆疾其爲妖言也。後十六年而驗。滑稽之雄以儒爲戲者，曰：「我大元制典，人有十等：一官、二吏，先之者，貴之者也，貴之者，謂有益於國也。七匠、八娼、九儒、十丐，後之者，賤之也，賤之者，謂無益於國也。嗟乎卑哉！介乎娼之下、丐之上者，今之儒也。」當事哀憐之，令江南路縣每置教諭二人。又用輔臣議，諸道各置提舉儒學二人。提擧旣曰「大有司」，設首領官、知事、令史，尤繁。學帑有羨鈔，廩有羨粟，歲磨時鮮，月稽日察，有欺弊毫髮，比去之，十年亦責償無赦。饑雀羸鼠，饞涎吞吐，不敢啄嚙，學宮似尊貴，實卑賤，祿不足以救寒餓，曹類啁啾，相呼而謀，攉肌剜肉於儒戶，儒不勝其苦，逃而入他途者十九。建安科舉士餘二萬戶，儒者百六，儒貴歟？賤歟？榮歟？辱歟？可以發一慨也。

按：《儒富莊》第一首：「一從孔氏去藏書，直至秦人不喜儒。」意同。

景炎三年帝昺祥興元年，即元至元十五年**戊寅**，**五十三歲**。

妻李氏自殺於建康獄中，二弟君烈、君澤

皆死。

《神道碑》：夫人李氏有德容，有廉帥者欲妻之，一夕自經死。弟君烈、君澤，三姪、一女、二婢，俱死於獄中。惟二子熙之、定之，移廣陵獄得釋。熙之歸自廣陵，卒；定之賢而善文，累薦不起。《行實》同。

《宋史·李夫人傳》：明年，徙囚建康，或指李言曰：「明當沒入矣！」李聞之，撫二子凄然而泣；左右曰：「雖沒入，將不失爲官人妻，何泣也？」李曰：「吾豈可嫁二夫耶？」顧謂二子曰：「若幸生還，善事吾姑，吾不得終養矣。」是夕，解裙帶自經獄中死。

《北行詩跋》：二子從母遊金陵，聞洶洶有異，殷勤撫二子不忍釋。子既熟寐，解衣帶自經。其長弟君烈伯姪同禍彌慘。

公二子亂離間力學自立，能詞章。

《上留忠齋書》：妻子嬰婢，以某連累故死於獄者四人，寄殯叢塚十一年矣。

《行實》：母夫人以老疾得免。

《宋史·李夫人傳》：母桂氏尤賢達，自枋得逋播，婦與孫幽遠方，處之泰然，無一怨語。人問之，曰：「義所當然也。」人稱爲賢母云。

《北行詩跋》：李氏既死，君烈等殉難，列婦及子婦懼傷太夫人心，不敢以凶服見。太夫人見二婦不膏沐，不言不笑，曰：「將無大故乎？」又曰：「名義至此，將何逃？」信興羅織之獄，所親如薛，如詹，捐重貲，得無恙。

元盛如梓《庶齋老學筆談》：天兵南下，時叠山謝先生率衆勤王，潰散而遯。兵至上饒，拘謝母，必欲得其子。母曰：

「老婦今日當死，不合教子讀書，知禮義，識得三綱五常，是以有今日患難。若不知書，不知禮義，不識三綱五常，那得許多事？老婦願得早死。」且語言從容，略無愁嘆之意，主者無如之何，遂釋之。原注：鉛山葉有大説。

《江西通志·烈女葵英傳》：謝氏葵英，弋陽人，枋得女，適安仁通判周銓爲妻。早寡無子，聞母李死於獄，父死於燕，闔門盡節，遂盡鬻奩貲以造橋，橋成，投水死。鄉人嘉之，名其橋爲孝烈橋。

《安仁縣志》載安仁倪倏晉《孝烈橋記》：謝枋得女適金竹源周氏，早嫠無子，聞母李氏爲元兵所執，不屈辱死；後又知父爲魏天祐拘繫赴燕，不食四十餘日死。乃悉出其貲，築夫水次所居之橋，易木以石，橋成，赴水死。時人義之，因以孝烈名其橋。昔賢詩有「至今溪上連宵月，照徹貞魂萬古心」之句。按：《江西通志》載甯都鄭瀣所作《孝烈橋詩》末二句。隆慶庚午，予館於朱氏，始至其墟，溪水澄碧，英爽波浮，乃躬滌仆碑，樹於道左。朱生文琢，復樂施鳩工，仍謝女之制而更新之，而橋之名益著。涉是橋者，忘揭厲之勞，而思謝女之烈，激忠矢節，百世而下，莫不興起，與清波湯湯，憶劫無斁，則斯橋之成，所係匪渺（涉）〔渺〕也。乃爲請於邑侯謝公汝韶勒石，而予爲述其略以風世云。

《安仁縣志》順天孫躍龍《孝烈橋序》原注：橋在安仁崇義鄉二都跨洪源澗。《饒州府志》上海朱在鎬《孝烈橋引》：一橋至微也，其成與廢至闊遠也。鄉之人朱一光、一新者，吾不知其蹈禮義、讀聖賢之書否，而徬徨追賞，從數百年後，傾家折產以成數百年而上一凌霜皎日之志而不惜。

按：《江西通志·西江古蹟》尚有鄭澥、胡儼等《孝烈橋》詩詠數篇，無關宏旨，不錄。

蔡沈之後人，宋亡後爲元民戶，有蔡希暨、希塾、希仁，遭酷吏破家，且奪其田地，又累及同堂兄弟，罰至驛站養馬，枋得憐之，爲書呈福建尙書省府，得蒙寬恤，行建寧路建陽縣，將沈八孫希淸等，特賜出站，與儒戶一例優免（見《蔡氏宗譜序》，序作於至元十五年戊寅十一月既望）。

集中有《爲蔡文節公兒孫免差料書》。

祥興二年即元至元十六年**己卯，五十四歲。**

二月，厓山破，陸秀夫負衛王投海死，宋滅。

元至元十七年庚辰，五十五歲。

至元十八年辛巳，五十六歲。

至元十九年壬午，五十七歲。

至元二十年癸未，五十八歲。

至龍虎山。

《與建寧路毋府判薦朱山長書》：某寓閩十三年，所交朋友，能讀《四書》者儘多，求其明辨力行，眞踐實履，無愧文公《四書》之教者，惟泳道朱公沂一人。癸未年初識之逆旅中，狀貌與文公無異，揖而問其姓字，則文公曾孫也。聽其議論，覘其志趣，絕似西北人，無一點江南時文氣習，遂爲莫逆交。每歲或一相會，觀其論古今人物高下，國家興廢，善類仕止久速之故，掃盡華葉，獨存根株，使其老爲太平民，正謂「胡瑗嘉祐眞講官」也。生不逢時，可爲浩歎！願以建安武夷書院山長或提督官待之，亦扶持世道，興起斯文第一義也。

《蕭冰崖詩卷跋》：詩有江西派，而文清昌之，傳至章泉、澗泉二先生，詩與道俱隆。自二先生沒，中原文獻無足證，江西氣脈將間斷矣。幸而二先生所敬者，有澗谷羅公在，巍巍然窮壤間之魯靈光也。冰崖乃澗谷所知詩家，因取其詩二十六卷刊以示余。逃虛空而聞跫音也，觀其詩可以知其人。歲在癸未清明日，龍虎山敬題卷後。

《與菊圃陳尙書書》：某少日酷信書，謂患難夷狄，皆可行道，避世者，小丈夫也。易居吾無才，諧世吾無術，薾然役役氛埃中。武夷訪九曲（有詩，見前德祐二年下），龍虎訪仙巖，秦人之家計猶在，今而後知避世者非小丈夫也。

至元二十一年甲申，五十九歲。

大赦得出。

《行實》：至元甲申黃華平，大赦，枋得乃出，得還，自寓於茶坂，設卜肆於建陽驛橋，榜曰「依齋易卦」，小兒賤卒，亦知其爲謝侍郎也。

按：黃華山名，在福建建甌縣東北，殆宋遺民最後鬥爭之地。

枋得賣卜，不取錢，惟索米屨。久之，人多有識之者，延至家課子弟（見前德祐二年事下）。

《思親詩》：九十萱親天下稀，十年甘旨誤庭闈。臨行有懇慈心喜，再睹衣冠兒使歸。

（其二）九十萱新天下稀，吾王何在子何之？倚閭日望無他念，一片好心天得知。

（其三）九十萱親天下稀，人無容力荷天慈。衣冠禮樂江東聚，此是癡兒奉母時。

（其四）九十萱親天下稀，平生教子欲何爲？楚王肯立韓公子，良也歸韓亦有辭！

（其五）九十萱親天下稀，教兒只誦白華詩。溪冰山玉人無愧，百拜慈幃喜可知。

按：枋得母是年蓋九十一歲，其云「九十萱親」，概言之也。

至元二十一年乙酉，六十歲。

《乞醯》：平生忍酸寒，鼻吸酢三斗。先民恥乞字，乞醯良可醜。賣鷄買魚烹，鷄魚誰舍取？將爲水晶鱠，聊悅苦吟口。主人曰無醯，調和只宜酒。一夜嚴霜寒，池冰堅可扣。雖知酒不冰，流斯魚可走。旁觀粲然笑，易牙知此否？始知五味和，鹹酸必相有。提壺我有求，君甕肯發瓿？宿諾惠未來，望梅渴已久。似聞君釀醯，巧心出楊柳。楊柳屬他人，腸斷香山叟。舉瓢酌醯時，又意玉纖手。一顧一心酸，淚珠滿翠袖。此亦人至情，可不告朋友？古人有乞漿，得酒意愈厚。又恐酒具來，太歲正在酉。自注：時年乙酉歲。

《謝惠酢啓》：切以設醴雖微，庸見尊賢之意；饋漿亦末，可觀敬老之誠。物雖薄而用宏，禮若輕而義重。伏念某言無可口，事不皺眉。靜觀世味之喚喁，堪憐聚蚋；獨愛道眞之嚅嚌，又笑醯鷄。渴飢不足以害心，飲饌何求於養體？猶未安於微分，爰有請於淡交。恭惟某官滿懷蘊藉，落筆森嚴，遂令寒窶之庖，獨知曲折之味。

按：枋得晚年蓋甚貧，故母死無以爲葬，衣物米酒，多人所資助。集中有

《求紙衾》詩、《覓茶》詩，及《謝宋亦山惠米啓》、《謝人惠米線》、《謝麵》、《謝惠椒醬》、《謝人冬至送皃酒》諸詩，《謝人惠紙衾啓》、《謝張四居士惠紙衾》、《謝惠楮衾》、《謝劉純父惠布》、《謝送夏衣》、《謝惠藥》諸詩。惟《乞醯》詩有年代可考，故全錄之。

至元二十三年丙戌，六十一歲。

丁母憂。元集賢學士程文海薦宋臣二十二人於朝，以枋得爲首，辭不赴。

妣桂氏封碩人，二月二十六日卒，年九十三（見《世系》、《神道碑》、《上程雪樓御史書》）。

至元二十三年，元帝求江南人材甚急，集賢學士、行御史台侍御史程文海薦宋臣三十人，據《神道碑》。本傳云「二十二人」。以枋得爲首，以丁憂辭，不肯赴（見《行實》、《神道碑》、《宋史》本傳、《三朝政要》）。

《上程雪樓御史書》：十月朔日，丁憂人謝枋得稽顙再拜奉書於雪樓御史中丞相公執事：大元制世，民物一新，宋室孤臣，只欠一死。某所以不死者，以九十三歲之母在堂耳。罪大惡極，獲譴於天，天不剿厥命，而奪其所恃以爲命。先妣於今年二月二十六日考終於正寢，某自今無意人間事矣。禮曰：「傷哉貧也！生無以爲養，死無以爲葬。」某幼讀此書，何知其苦？乃今身履之，而後痛楚不能禁。某三十一而入仕，五十一而休官，平生實歷，不滿八月，俸祿無一毫歸家養親，已不可言孝矣。惟黽勉送死，或可以少贖前過，親喪在淺土，貧不能禮葬，苫塊餘息，心死形存。小兒傳到郡縣公文，乃知皇帝欲求「至誠無僞，以公滅私，明達治體，可勝大任」之才，執事薦士凡三十，賤姓名亦玷其中，執事將隆旨督郡縣以禮聘召，有願應詔者，以資幣厚遣乘傳上京。弓旌召賢，輪帛迎士，此禮不見於天下久矣，豈非清明一盛事乎？有志經世者，孰不興起？惜乎求異才而及某，非其人。非其人，貽笑於天下，取譏於後世，非皇帝夢人求賢之初意也。揚善者順天，薦賢者報國，執事爲君謀亦忠矣。自燕京至上饒五千里，當執事薦士時，豈知有某母之喪？衰絰之服，不可入公門，草士之御，不可徹殿陛，姓名不祥者，不可辱古靈薦藁也。稽之古禮，子有父母之喪，君命三年不過其門，所以教天下之孝也。解官持服，在大元制典尤嚴。自伊尹、傅說之後，三千年間，山林匹夫，辭烟霞而依日月者亦多矣，未聞有冒喪匿服而膺幣聘者。傳曰：「求忠臣者，必於孝子之門。」爲人臣不盡孝於家，而能盡忠於國者，未之有也。爲人君不教人以孝，而能得人之忠者，亦未之有也。某喪親未克葬，持服未免三年，若違禮背法，從郡縣之令，順執事之意，其爲不孝莫大焉。皇帝以道德仁義治天下，取士必忠孝，人有不葬其親而急於得君者，人心何在？天理何在？非聖君賢相所忍聞也。且夫「至誠無僞，以公滅私，明達至體，可勝大任」，三代而下，眞足當此選者，惟諸葛孔明一人。孔明居隆中，執事生古郢，皆荆楚奇才也。孔明未遇時，立心制行，必有大過人者，襄陽耆舊能言之，此執事所熟聞，亦執事所願學。今天下果有人物彷彿孔明乎？有斯人，應斯詔，固世道之福，亦儒道之幸。光獄之氣裂者久未全，六經之道久微者未昌，置八紘，羅六合以求才，老者怯而不可用，壯者狂而不可信，少者未成才而不可得，如取吉人善士，以和光同塵，當饋可無思，（附）〔拊〕髀可無歎，野史記之曰：「甚哉，上下之相蒙也！」此豈皇帝所樂哉？此豈執事所願哉？語曰：「人苦自不知。」某自知不才久矣。亡國之大夫，不可以圖存，李左車猶能言之，况頗識詩書，頗知禮義者乎？某之至愚極闇，決不可辱召命，亦明矣。當執事薦士時，特不知某有母之喪耳，倘知之，必不以不祥姓名瀆旒冕。執事豈不聞前朝之事乎？淳祐甲辰，丞相史嵩之父沒，天子詔起復，嵩之雖不來，

太學生叫閶闔而攻之，其詞曰：「天子當爲國家扶綱常，爲天地立人極，奪情非令典，起服非美名。」朝臣惟徐忠公元杰上疏主正論，力勸君父，宜令嵩之終三年喪。人心天理，不可泯滅，此嵩之所以壽終，吾宋之所以幸存三十年也。咸淳甲戌而後，不復有禮法矣。賈似道起復爲平章，文天祥起復爲帥閫，徐方直起復爲尚書，陳宜中起復爲宰相，劉黻起復爲執政，饒、信斗筲穿踰之徒，鑽刺起復，不可勝數。三綱四維，一旦斷絕，此生靈所以爲肉爲血，宋之所以暴亡不可救也。豈非後車之明鑒乎？忠臣論事，必識大體，君子取人，先觀大節。執事不可稱匪其人，而孤皇帝求才之意，某不可進不以禮，而誤執事知人之明，不待智者而知矣。傳曰：「爲人

子，止於孝，爲人臣，止於忠。」某不能爲忠臣，猶願爲孝子。又曰：「君子成人之美，不成人之惡。」執事能亮某之心，使某幸而免不孝之名，是成我者之恩，與生我者等也。某家在弋陽，執事僑寓盱江，相望二百餘里，當徒跣以謝門牆，惟服色悽慘，不可以謁達官貴人，敢以書白於侍御者。語曰：「士屈於不知己，而伸於知己。」執事豈不聞某爲江南一愚直人乎？人無所不至，惟天不可欺，某所以發露眞情而不暇文飾其辭者，亦恃執事必知己也。不肖某稽首拜。

《送黄六有歸三山序》：窮而能固者，聖人所尚；老而能壯者，詩人所美。漢人合而言之曰：「窮當益堅，老當益壯。」古之人有行之者，太公是也。秦漢以下，有斯人乎？晚唐士大夫，若能以憂道救世之心，易其嗟老歎卑之心，則唐之天下何至於亂亡？羨光榮，求一飽，雖大賢亦不能免，歐陽子悲之。流弊數百年，其禍不至於中國皆被髮左衽不止也。三山黄六有坐太學，以文章爲諸公貴人重，逢世大亂，貧不能自活，擕二子行五百里，教學以代。暇則歷訪先賢講習之所，借書吟誦，著述不休。聞有好善者，雖窮途巔崖邃谷，必杖屨求見。遇某於途，立談而莫逆交，氣愈豪，志愈不屈，夜相與席地擁爐，談太公大節。六有拊髀雀躍，若有契於心者。斯人也，馬文淵之徒歟？六有歸其鄉，見菊圃陳公、芳山陳公，及諸老先生與吾同志者，道吾言，豈不曰：斯人也，向來狂殺，今尚狂乎？丙戌建子月序。

《洪山廟照華嚴第十五會疏》：善人長者，

共成華嚴會丙戌年第十五會，供食科儀，隨人喜舍，此爲好事。

《謝黄禪師華嚴會供餐》：十兆九萬拜，求道心如惔。毗盧頂上珠，直欲一手探。流年急如梭，長歌愧仙藍。勇尋趙州關，何畏白髮鬖？

按：枋得集中多與道、佛、醫、卜、相、畫人物往還文字，疑皆是晚年所交結者也。《賀蔡芳原判鎭爲道士啓》云：「滿目氛埃，儒術不勝其拘賤；遊神清靜，道家尚可以逍遙。」《與天師張簡齋書》云：「閩右武夷一派，士大夫尊道傳法，能奉行正一教法，的有契人行道濟物活人之功者，惟建安周君震一。其尊父質軒先生，年六十四，精神豐度，如三十少年。家在城府，不妄友一人。某遊建上，一見如故交，辱館粲於迎仙道院者兩旬。持敬，乃其虛子也，晨夕事玉虛元帝如嚴君。」《與道士桂武仲書》云：「某於建寧城中識周質軒先生，有道之士，其人忠厚篤敬，言不妄發，人不妄交，行不妄動，猶有趙信庵、王脩齋之風。某不知何脩何飾，獨蒙異顧，館粲兩旬，聽其議論，挹其精神，脩然出塵埃之外，眞可謂可與神遊八極之表者。」《圓峰道院祠堂記》云：「許眞君立功江湖，建邵墇上民營道院於圓峰山，祠隱君魏公，創祠堂一區。自有道院，凡捐助力財者，皆祭祀之。昔六蓼失國，國人不自哀，而臧文仲哀之曰：『皋陶庭堅，不祀忽諸！』其時皋陶子伯益之後，猶有嬴趙，而臧文仲悲傷憯惻如是也。使其見秦滅趙，楚滅嬴，其爲皋陶哀當如何？文、武、成、康之宗廟，盡爲禾黍，東遷之君相，曾不動念，心搖搖而不忍去，天悠悠而不我（和）〔知〕，一行役大夫之外無人矣。春秋臣子，寧無豺獺之心乎？以老子之學尊其師，崇其教，能壯其宮室，又不忘先後勤勞之人；爲人臣而念其君父，能以魏公之心爲心，臧孫可無哀，《黍離》可不作，天下事何至如今日乎？」《賀玄天上帝生辰表》云：「伏念臣一善蔑聞，百殃寧免。逢南方之喪亂，何地逃生？賴北極之明靈，助天濟世。」《化道衣疏》云：「某人熟朝眞之科教，習事帝之儀容，入我觀門，共成道法。」此外有《許旌陽飛昇日賀表》，《和道士陳天隱》詩三首，《賀道士阮太虛》詩，

《贈秋山道人》詩等。《觀音經序》云：「人窮必呼天，疾痛必呼父母。天與父母，未必能救之也，捨天與父母，則無可呼籲者矣。觀世音獨以尋聲救苦自任，不待人之鳴號於我，尋其窮苦之聲而拯救之。仁矣哉，天地父母不能盡之仁，觀世音盡之矣！」《景祐眞君生辰疏》云：「緬思唐世，爰有忠臣，助兩賢而守一城，提孤軍而勝百萬。宗社資其翼載，江淮得之安全。幽爲神明爲人，節義無慚於天地；生當封死當廟，英靈永鎮於華夷。茲遇乘東維之旦，誰無拱北極之心？」《祀城隍疏》云：「恭惟城皇土主，乃武乃文。佐漢有功，四百載綿延社稷；配天無極，億萬年帶礪山河。」《曁公聖者疏》云：「全危身於離亂，

歎生活之艱難。日虞虐吏之誅求，時有過軍之煩擾。十室而九無溫飽，五年而屢告饑荒。賴有覆載，疾疫無憂。」《東山白蓮堂脩造疏》云：「要識白蓮靜土，世世無窮；請看火日出山，朝朝如是。」《東嶽廟裝塑天堂地獄閻羅疏》云：「天堂果有，宜君子之先登；地獄豈無，必小人而後入。」《白蓮社經堂疏》云：「任他栽火裏凡紅，看我出泥中清白。」此外有《鳳林新建蓮堂疏》、《福善生辰疏》、《重建觀音寺疏》、《永福堂塑佛像疏》、《虎溪蓮社道堂脩諸天閣疏》、《吾友張四居士爲僧敢獻善頌》等。《贈何古梅學醫》云：「笙鶴一去二百年，東南忽變爲腥羶。爲血爲肉生靈苦，在者瘡痍何日痊？上界眞人有同性，不學神仙學孔孟。有術醫國無人知，要爲吾民救微命。我聞上帝最好生，活人功多朝玉京。請看耆叟至陶葛，神仙多是良醫成。東西干戈二十秋，人無貧富眉長愁。遺黎若要家平康，但願良醫自天降。」《贈宋相士》云：「墮甑看無益，乘軒計亦疏。忍貧吾自解，過論子姑徐。但得耆而艾，飽觀詩與書。時乎一杯酒，此外盡從渠。」《贈畫梅吳雪塢》云：「誰能奈得此雪過，春風去後終須還。千紅萬紫爭爛漫，梅竹攜手隱空山。皋陶庭堅不祀苦，程嬰杵臼存孤難。豈無當門獨立者？五更風雪不相干。」其餘有《贈儒醫陳西巖》、《贈卜者魏易齋》、《贈相士吳楚峰》、《贈相士郭少山》、《贈畫士劉信可二首》等詩。枋得雖遊於方外，而觀其文字，寄感遙深，蓋心懷不可言之悲痛，不可斷絕，故爲寄託以自解也。

至元二十四年丁亥，六十二歲。

元忙兀台奉旨召之，不赴。

《宋史》本傳：又明年，行省丞相忙兀台將旨召之，執手相勉勞。枋得曰：「上有堯舜，下有巢由，枋得名姓不（詳）〔祥〕，不敢赴。」丞相義之，不强也。

至元二十五年戊子，六十三歲。

元江浙行省參政管如德求賢士於江南，留夢炎薦枋得，不赴。九月，福建行省參政魏天祐復召枋得，執之北行。

至元二十五年，元江浙行省參政據《上留忠齋書》。碑作「江浙行左丞」，本傳作「福建行省參政」，並非。管如德將旨如江南根尋好人，根尋不虧面皮底人。元尚書留夢炎薦枋得，枋得以書辭謝（見《神道碑》、本傳及《上丞相留忠齋書》）。

《上丞相留忠齋》：七月吉日，門生衰絰謝枋得謹齋沐裁書百拜，託友人吳直夫獻於內相尚書大丞相國公忠齋先生鈞座：惟天下之仁人，能知天下之仁人，惟天下之義士，能知天下之義士。賢者不相知多矣，能灼見三俊之心者，必聖人也。某自壬戌以後，小夫竿牘不至門牆者二十七年，孰不以爲簡？先生曰：「斯人也，非簡我也，必愛我也。」今天下能知某之心者，孰有過於先生乎？有當言而不言，則其所以待知己，某不敢避誅斥而僭言之：君子之所爲，必非衆人之所識。湯可就，桀亦可就，必道義如伊尹者能之，伯夷、柳下惠不能也；佛肸召可往，公山弗擾召可往，必聖神如孔子者能之，曾、顏、閔不能也。傳曰：「人各有能有不能。」先生之所能，某自知某必不能矣。皇帝本無滅宋之心，郝奉使將命來南，欲使南北百萬億蒼生，同享太平之樂，至仁也。只此一念，自足以對越上帝。賈似道執國命十六年，欺君罔上，誤國殘民，其惡不可一二數。拘行人，負歲幣，滿朝無一人敢言其非；兵連禍結，亡在旦夕，滿朝無一人敢聲其罪，善類亦可自反矣！天怒於上，人怨於下，國滅主辱，理固宜然。天實爲之，人豈能救之哉？皇帝之禮三宮，亦可謂厚矣；皇帝保全亡國之臣，亦可謂有恩矣。江南無人才，未有如今日之可恥！春秋以下之人物，本不足道，今可求一人如瑕呂飴甥、程嬰、杵臼廝養卒，亦不可得矣。先生少年爲掄魁，晚年作宰相，功名富貴，亦可以酬素志矣。奔馳四千里，如大都，拜見皇帝，豈爲一身計哉？將以問三宮起居，使天下後世知君臣之義不可廢也。先生此心，某知之，天地鬼神知之，十五廟祖宗之靈亦知之，衆人豈能盡知之乎？師友之相知，古今寧幾人哉？事有可效忠於朝者，某不可不言，先生亦不可不察。近觀路、縣及道錄司備奉尙書省指揮，江浙行省參政管公將旨來南「根尋好人，根尋不虧皮面正當底人」。此令一下，人皆笑之。何也？江南無好人，無正當人久矣，謂江南有好人，有正當人者，皆欺皇帝也。何以言之？紂之亡也，以八百國之精兵，不敢抗二子之正論，武王太公凜凜無所容，急以繼滅興絕謝天下。殷之後，遂與周並立。使三監淮夷不叛，則武庚必不死，殷命必不黜，殷之位號必不奪，微子亦未必以宋代殷，而降爲上公也。多士多方，依依然不忘舊君者三十年，成王周公以忠厚之心，消其不平之氣，曰「商王士」，曰「有殷多士」，曰「殷逋播臣」，未敢以我周臣民例視之。太平君相待亡國臣民，何如此其厚也？豈非殷故國舊都，猶有好人，猶有正當人乎？唐人哀六國之滅者也，「妃嬪媵嬙，王子皇孫，辭樓下殿，輦來於秦，朝歌夜絃，爲秦宮人」，至今讀者猶惻楚。六國臣子無一痛心刻骨，亦可謂無人矣！楚懷王不過一至愚極闇之主耳，播棄忠直，信任姦邪，送死咸陽，無足哀者，楚人乃憐之，如悲其親戚，豈不曰：「楚本無罪，不過弱而不能自立耳？」楚滅矣，義陵一邑，惓惓於舊君者惟一心，扶老攜幼，肥遯桃源。後六百年，兒孫尚不與外人相接。以秦皇帝之威靈，蒙恬蒙毅之智勇，豈不能盡執楚人而拘之？天常民彝，不可泯滅，始留此輩以勸吾忠臣義士可也。豈非楚之舊國故都，猶有好人，猶有正當人乎？女眞之破汴京也，劫二帝，據中原，土地人民，皆其有矣。黏罕多智人也，知地廣人稠，未易心服，一讀馬伸、秦檜議狀，爲之痛心變色，亟思一策處之。後南北戰者六七年，女眞之待二帝亦慘矣。宋之臣子（耳）不敢置兩宮於度外也，今年遣使祈請，明年又遣使祈請，今年遣使問安，明年又遣使問安，一使死於前，一使繼於後。王倫一市井無賴狎邪小人耳，謂「梓宮可還，太后可歸」，諸君子切齒怒罵，終則二事皆符其言。行人洪忠宣拘留燕山，開門授徒，室撚敬其忠信誠愨，一日問之曰：「天下何時可太平？」忠宣曰：「息兵養民則太平。」又曰：「何如則可以息兵養民？」忠宣讀《孟子·齊宣王問諸侯救燕》一章以對，和聲朗誦曰：「天下固畏齊之強也，今又倍地而不行仁政，是動天下之兵也。」又讀《孟子·樂天畏天》一章曰：「小國能畏天，大國能信天。」室撚曰：「善哉善哉，吾計決矣！」曾幾何時，密授秦檜以江南稱藩國納歲幣之說，而息兵養民矣。女眞自丁未以後，安處中原，享國百有八年，而宋自戊午至甲午，偷安江南者九十七年，非秦檜之功，皆洪忠宣讀《孟子》勸室撚之力也。豈非江左臣子猶有好人，猶有正當人乎？以某觀之，江南無好人無正當人久矣。求好人正當人於今日尤難。某江南一愚儒耳，自景定甲子以虛言賈實禍，天下號爲風漢，此先生之所知也。昔歲程御史將旨招賢，亦在物色中，既披肝瀝膽以謝之矣。朋友自大都來，乃謂先生以賤姓名薦，皇帝過聽，遂煩旌招。某乃丙辰禮闈一老門生也，先生誤以「忠實」二字褒之。入仕二十一年，居官不滿八月，斷不敢枉道隨人，以辱大君子知人之明。今年六十三矣，學辟穀養氣已二十載，所欠惟一死耳，豈復有他志？自先生過舉之後，求得道高人者物色之，求好秀才者物色之，求藝術人者物色之，奔走逃遁，不勝其苦。中書行省魏參政之言，勒令福建有官不仕人呈文憑根腳者，又從而困辱之，此非先生之賜而何？然先生豈有心於害某哉？大抵皇帝一番求賢，不過爲南人貪酷吏開一番騙局，趁幾錠銀鈔，欺君誤國莫大焉。今則道錄司備參政管公將隆旨「根尋好人不虧面皮正當人」，又物色及某矣。某斷不可應聘者，其說有三：一曰，老母年九十三而終，殯在淺土，貧不能傭，則不可大葬。妻子爨婢，以某連累死於獄者四人，寄殯叢冢有年矣，旅魂飄飄，豈不懷歸？弟姪死國者五人，體魄不可不尋，游魂亦不可不招也。凡此數事，日夜關心，某有何面目見先生乎？此不可應聘者一也。二曰，有天下英主，必能容天下之介臣，微介臣不能彰英主之仁，微英主不能成介臣之義。某在德祐時爲監司，爲帥臣，常握衆兵當一面矣，蒯通對高祖曰：「彼時臣但知有齊王韓信，不知有陛下也。」滕公說高祖曰：「臣各爲其主，季布爲項羽將而盡力，乃其職耳，項氏臣可得而盡誅耶？」某自丙子以後，一解兵權，棄官遠遁，即不曾降附。先生出入中書省，問之故府：宋朝文臣降附表，即無某姓名；宋朝帥臣監司寄居官員降附狀，即無某姓名；諸道路縣所申歸附人戶，即無某姓名。如有一字降附，天地神祇必殛之，十五廟祖宗神靈必殛之。甲申歲，皇帝降詔，赦過宥罪，如有忠於所事者，八年罪犯，悉置不問，某亦在恩赦放罪一人之數。夷齊雖不仕周，食西山之薇，亦當知武王之恩；四皓雖不仕漢，茹商山之芝，亦當知高帝之恩，況蒸黎含糲於皇帝之土地乎？皇帝之赦某屢矣，某受皇帝之恩亦厚矣，若效魯仲連蹈東海而死則不可。今既爲皇帝之游民也，莊子曰：「呼我爲馬者，應之以爲馬；呼我爲牛者，應之以爲牛。」世之人有呼我爲宋逋播臣者亦可，呼我爲大元游惰民者亦可，呼我爲宋頑民者亦可，呼我爲皇帝逸民者亦可，爲輪爲彈，與化往來，蟲臂鼠肝，隨天付予。若貪戀官爵，昧於一行，縱皇帝仁恕，天涵地容，哀憐孤臣，不忍加戮，某有何面目見皇帝乎？此不可應聘者二也。某受太母之恩亦厚矣，諫不行，言不聽而不去，猶願勉竭駑鈍，以報上也。太母輕信二三執政之謀，挈祖宗三百年土地人民，盡獻之皇帝，無一字與封疆之臣議可否，君臣之義亦大創矣。三宮北遷，乃自大都寄帛書曰：「吾已代監司帥臣具姓名歸附，宗廟尚可保全，生靈尚可救護。」三尺童子知其必無是事矣，不過紿羣臣以罷兵耳。以宗社爲可存，以生靈爲可救，陽紿臣民以歸附，此太母之爲人君自盡爲君之仁也。知祖宗不可存，生靈不可救，不從太母以歸附，此某爲人臣自盡爲人臣之義也。《語》曰：「君行令，臣行志。」又曰：「制命在君，制行在臣。」「大臣者，以道事君，不可則止。」孔子嘗告我矣。君臣者，以義合者也，合則就，不合則去。某前後累奉太母詔書，並不回奏，惟有繳申二王，乞解兵權，盡納出身以來文字，生前致仕，削籍爲民，遯逃山林，如殷之逋播臣耳。聞太后上仙久矣，北望長號，恨不即死。然不能寄一功德疏如任元受故事，今日有何面目捧麥飯灑太母之陵乎？此不可應聘者三也。今皇帝欲根尋好人、不虧皮面正當底人，某決不敢當此選。先生若以三十年老門生，不倍負師門爲念，特賜仁言，爲某陳情，使江浙行省參政管公，願移關諸道路縣及道錄司，不得縱容南人貪酷吏多開騙局，脅取銀鈔，重傷國體，大失人心，俾某與太平草木同沾聖朝之雨露，生稱善士，死表於道曰「宋處士謝某之墓」，雖死之日，猶生之年。感恩報德，天實臨之。司馬子長有言：「人莫不有一死，死或重於泰山，或輕於鴻毛。」先民廣其說曰：「慷慨赴死易，從容就義難。」先生亦可以察某之心矣。干冒鈞嚴，不勝恐懼戰慄之至。

九月，元福建行省參政魏天祐見時方以求才爲急，欲薦枋得以爲功。將如京師，使建寧總管撤的迷失往建陽驛橋，僞召枋得入城卜易，已而使其友趙孟逵來說之，枋得駡曰：「天祐仕閩，無毫髮推廣德意，反起銀冶害民，顧以我輩飾奸耶？」及見天祐，傲岸不爲禮，與之言，坐而不對。天祐初甚容忍，久而不能堪，乃讓曰：「封疆之臣，當死封疆，安仁之敗何不死？」枋得曰：「程嬰、公孫杵臼二人，皆忠於趙，一存孤，一死節，一死於十五年之前，一死於十五年之後，萬世之下，皆不失爲忠臣。王莽簒漢十四年，龔勝乃餓死，亦不失爲忠臣。司馬子長云：『死有重於泰山，輕於鴻毛。』韓退之云：『蓋棺事始定。』參政豈足知此？」天祐曰：「強辭。」枋得曰：「昔張儀語蘇秦舍人云：『當蘇君時，儀何敢言？』今日乃參政之時，枋得百口不能自辨，復何言？」將行，士友餞詩盈几，多勸以死節昭天下忠義，枋得心許之。九月十一日，至嘉禾，北困卧，久之，不得死。按：《與魏容齋書》云：「九月吉日，謝某致書於大參政公閣下：某自九月十一日離嘉禾，即不食煙火，今則并勺水一果不入口矣，惟願速死。」《行實》亦云：「九月，參政魏天祐執枋得北去。」而《行實》、《神道碑》、本傳並云：「夏四月至京師，不食死。」枋得自九月斷食，至明年四月至京，凡六閱月乃死，世無此理，殆中途或嘗復食，如文天祥耳。碑云：「二十六年正月北行。」則與枋得九月書中云「至嘉禾」不合。然自福建北行，不逾月而至嘉禾，自嘉禾北行五六閱月乃至京師，相差太甚。或魏天祐中途有所勾當，則不可考也。枋得之北行也，貧苦甚，衣結屨穿。行雪中，人有嘗德之者，賙以兼金重裘，不受（見《世系》、《行實》、《神道碑》、本傳、《與參政魏容齋書》）。

《與參政魏容齋書》：九月吉日，前宋逋播臣皇帝遊民謝某謹齋沐頓首致書於大參政公閣下：大元制世，民物一新，宋室逋臣，止欠一死。上天降才，其生也有日，其死也有時，某願一死全節久矣，所恨時未至耳。皇帝慈仁如天，不妄殺一忠臣義士，雖曰文天祥被奸民誣告而枉死，後來冤狀明白，奸人亦正典刑，其待亡國之逋臣，可謂厚矣。某雖至愚極闇，豈不知恩？所以寧爲民不爲官者，忠臣不事二君，烈女不事二夫，此天地間常道也。有伊尹之道，伊尹之志，則何事非君？何使非民？若伯夷、柳下惠，則自知不能爲伊尹，決不敢學伊尹矣。自内戌程御史號雪樓將隆旨宣喚之後，今第五次，蒙皇帝以禮招徠。上有堯舜，下有巢由；上有成湯，下有隨光；上有周武，下有夷齊。某所以效虞人之死而不往，願學夷齊之死而不仕者，正欲使天下萬世，知皇帝之量可與爲堯舜，可與爲湯武，能使謝某不失臣節，視死如歸也。兹蒙大參相公（居）〔拘〕管周先生道院，日夜勞動録事司吏卒十餘人，及坊正、屋主、監守，豈不憂某之逃走耶？某是男兒，死則死耳，不可爲不義屈，何必逃走？大參相公憂慮亦太勞矣。先民有言：「慷慨赴死易，從容就義難。」兹某蒙大參相公縲絏而至大都，以縗絰見留忠齋諸公，且問諸公容一謝某，聽其爲大元間民，於大元治道何損？殺一謝某，成其爲大宋死節，於大元治道何益？只恐前誤大宋，後誤大元。上帝監觀，必有報應，諸公自無面目立於天地間！某母喪未葬，據禮經不可除服，只當縗絰見公卿。凶服不可入公門，皇帝有命，當歷寫江南官吏貪酷、生靈愁苦之狀，作萬年書獻陛下，一聽進退。

忠臣不事二主，烈女不事二夫，此某書中第一義也。某自九月十一日離嘉禾，即不食煙火，今則並勺水一果不入口矣，惟願速死，與周夷齊、漢龔勝同垂青史，可以愧天下萬世爲臣不忠者。兹蒙頒賜，仰見禮士之盛心。某聞之，食人之粟者，當分人之憂；衣人之衣者，當任人之勞；乘人之車者，當載人之難。某既以死自處，度此生不能報答恩遇矣，義不敢拜受。所有鈞翰臺饋事件，盡交還來使，回納使帑。外郎又傳鈞旨云，欲訪問某何事，某初亦願效一得之愚，今則決不敢矣。魯有公父文伯死，其母敬姜不哭，室老曰：「焉可有子死而不哭者夫？」其母曰：「孔子聖人也，再逐於魯，而此子不能從。今其死也，未聞有長者來，内人皆行哭失聲，閨中自殺者三。此子也，必於婦人厚而於長者薄也，吾所以不哭。」君子曰：「此言出於母之口，不害其爲賢母也；若出於婦人之口，則不免爲妒婦矣。」言一也，所居之位異，則人心變矣。某義不出仕者也，今雖有忠言奇計，則人必以爲妒婦矣，恐徒爲天下所笑，惟相度容之。干冒鈞嚴，不勝悚懼。

《魏參政執拘北行有期死有日詩別二子及良友》：雪中松柏愈青青，扶植綱常在此行。天下久無龔勝潔，人間何獨伯夷清？義高便覺生堪舍，禮重方知死甚輕。南八男兒終不屈，皇天上帝眼分明。

《和毛靖可韻》：孟韓相慕久懸懸，恨不論詩早十年。吾道不行知有命，斯文將喪更由天。此生何恨爲龔勝，來世誰能知少連？不信無人扶宇宙，是邦豪傑已潸然。

【附】毛靖可《贈疊山先生》詩：一襟書傳日星懸，湖海聲名五十年。事不求知惟此理，文之未喪豈皆天？人方驚怪歐陽子，我獨悲傷魯仲連。看鏡倚樓秋已暮，風巾霜履重依然。

《和葉愛梅韻》：道逢患難正當行，禮食從來孰重輕？綠鬢行藏堪檢點，白頭去就要分明。了知死別如龔勝，未必生還似子卿。緯地經天文不喪，許君獨擅大聲名。

【附】葉愛梅《贈疊山先生》詩：后土茫茫兩屬行，綱常事重此身輕。大江有士一人壯，千載見君雙眼明。俯仰元無愧今古，英雄何必盡公卿？早知莫賣成都卜，省得人知大隱名。

《和游古意韻》：死易程嬰豈不知，十年

後死未爲非。文辭未必改秦館，敲扑徒能抱御衣。無志何勞悲廟黍？得仁更不食山薇。儒冠有愧一廝養，何忍葵心對落暉？

【附】游古意《贈叠山先生》詩：滿腔忠孝有天知，不管人間事已非。萬里乾坤雙草履，百年身世一麻衣。行藏自信牀頭《易》，卧病惟餐隴首薇。儻過宗周見離黍，幾回新淚向殘暉？

《和斗山送北行》詩：耐寒松柏萬年青，無奈秋風欲送行。爲米折腰五柳綠，棄瓢洗耳一溪清。時來鳳誥千斤重，人去鴻毛一羽輕。讓效孔陶留介蹟，玉琊峰邃任良明。此詩集中不載，據《斗山遺集》中注文録出。

【附】王奕《謝叠山先己丑三月四庫本作「九月」，並誤。當作「戊子九月」。被執北行閩士以詩送之倚歌以餞》：皇天久矣眼垂青，盻盻先生此一行。《遺表》不隨諸葛死，《離騷》長伴屈原清。兩生無補秦興廢，一出誠關魯重輕。白骨青山如得所，何須兒女哭清明？

（其二）襄漢無人替一肩，遂令杞國墜青天。是誰鑄此一大錯？此事公知三十年。盡愛中都爲宰相，豈知上界有神仙？縱饒不返南飛翼，也合津橋化血鵑。《斗山遺集》。

【附】邵武張子惠仁叔《送叠山先生北行》：流落崎嶇二十年，幾回灑血杜鵑前。一雙芒履乾坤窄，萬古丹心日月懸。案上靈龜原不食，樊中孤鶴且安眠。逃名不得名終在，行止非人亦有天。

（其二）打硬脩行二十年，如今訂驗一儒仙。人皆屈膝甘爲下，公獨高聲駡向前。

此去好憑三寸舌，再來不值一文錢。到頭畢竟全清節，留取芳名萬古傳。

《崇眞院絶粒偶書付兒熙之定之并呈張蒼峰劉洞齋劉華甫》：西漢有臣龔勝卒，閉口不食十四日。我今半月忍饑渴，求死不死更無術。精神常與天往來，不知飲食爲何物？若非功行積未成，便是業債償未畢。太清羣仙宴會多，鳳簫龍笛鳴瑶瑟。豈無道兄相提攜，騎龍直上寥天一。

《絶粒偶書》：丹府金童善主家，百神聽命靜無譁。從今何必餐松柏，但吸日精與月華。

（其二）龜啣甘露爭先到，鳳吸醴泉隨後來。捉在太清仙酒甕，道人日飲兩三杯。

《辭洞齋華甫二劉兄寒衣并序》：離羅內阱，何損麒麟？反君事仇，忍爲狗彘！凡勸吾入燕吐胸中不平而後死者，皆非忠於謀人者也。南八男兒死爾，不可爲不義屈，豈敢曰「將以有爲乎」？平生學問，到此時要見分明，辱惠寒衣，義不當受。大顛果聽明識道理，胸中無滯礙，何必受昌黎先生衣服爲別耶？小詩寫心，謾發一笑。

（原詩）平生愛讀龔勝傳，進退存亡斷得明。范叔綈袍雖見意，大顛衣服莫留行。此時要看英雄樣，好漢應無兒女情。只願諸賢扶世教，餓夫含笑死猶生。

《小孤山》：人言此是海門關，海眼無涯駭衆觀。天地偶然留砥柱，江山有此障狂瀾。堅如勇士專場立，危比孤臣末世難。明日登峰須造極，渺觀宇宙我心寬。

【附】王奕《和疊山小姑海門第一關》詩：此是長江第一關，孤峰矯首聳遐觀。

人今人古興亡事，帆去帆來上下瀾。廟有神明司地險，舟藏鬼蜮過門難。吾儕出處憑天道，浪自春撞意自寬。

按：集中北行詩，仍有《和詹蒼崖韻》、《和曹東谷韻》、《和道士陳天隱》三首、《示兒》二首，《北行詩鈔》有魏天應《和叠山老師韻二首並序》、蔡正孫《和叠山老師韻並序》、陳達翁《送叠山先生北行》、王濟淵《送叠山先生北行誌詩》，又李養吾有《讀叠山先生北行詩跋》，并未錄，錄其倡和原文俱有者。

《與建寧路毋府判薦朱山長書》：某寓閩十三年。

《送方伯載歸三山序》：予方挾龜策坐卜肆，豈得已哉？是亦不願爲儒者。序作於戊子四月甲子日。

《宋史》本傳：郭少師從瀛國公入朝，既而南歸，與枋得道時事曰：「大元本無意江南，屢遣使使頓兵，令無深入，但還歲幣，即議和，無枉害生靈也。張晏然上書乞歛兵從和，上即可之。兵交二年，無一介行李之事，乃挈百年宗社而降。」因相與痛哭。

有《薦寫神黃鑑堯書》。

至元二十六年己丑，六十四歲。

四月至燕，卒於憫忠寺。

枋得二月至淮安，淮安路敎授謝西溪餞之於敬義堂，淮安士友多集。枋得爲詩送之。四月一日至燕京，先問謝太后攢所及恭帝所在，再拜痛哭。已而疾，遷憫忠寺，見壁間曹娥碑，泣曰：「小女子猶爾，吾豈不汝若哉？」留夢炎使醫持藥，雜米飲進之，枋得怒曰：「吾欲

死，汝乃欲吾生耶？」擲之於地，終不

食。四月五日卒。據《行實》。《斗山公遺集》

作「七日」。

八月，其子定之裹父骨以歸，葬於廣信。

明年九月，葬其鄉之玉亭龔源，門人諶

而題之曰「文節先生謝公墓」。

枋得死之二十四年，門人虞舜臣乃率其

徒築室買田，祠枋得於弋陽之東。江浙

行省請於元廷，爲叠山書院。又五年，

關中李源道乃爲之碑（見《行實》、《神道

碑》、本傳、《北行詩跋》、《斗山公遺集》）。

按：《斗山公遺集》有《和叠山隆興

阻風》、《和叠山小姑廟》、《和叠山舟

過櫓港》、《和叠山拜李太白墓》、《再

和前叠山峨周亭》、《和叠山拜虞雍公

祠》、《淮安路教授謝西溪己丑二月飲

叠山於敬義堂有詩後三日僕至西溪見

示叠山已行矣》、《和叠山送淮安士友

韻》、《和叠山到山陽郡學四詩》等。

則枋得沿途，當有所吟咏，今原詩不

存，故不錄其和。

〔附〕王奕《聞叠山己丑四月七日死於

燕》：聲名如此付杯羹，滿腹琅玕不得

呈。諾仕倘能如孔子，殺身未必死盆成。

骨埋北壤名山重，冤入南天上帝驚。當

日刀圭成謾爾，今華仙籍再書名。《斗山

公遺集》。

《行實》：所著有《詩傳注疏》、《易說十

三卦取象》、《易》、《書》、《詩》三傳

及注解《四書》，雜著、詩文六十四卷，

《批評陸宣公奏議》，編次《祕笈新書》，

選定《文章軌範》並《唐詩解》行於世。

草窗年譜

（清）顧文彬 編

刁忠民 校點

《過雲樓書畫記》卷二

周密（一二三二—一二九八），字公謹，號草窗，又號蕭齋、蘋洲。祖籍濟南（今屬山東），爲當地望族，因自署齊人、華不注山人。南渡後居湖州（今屬浙江），置業于弁山之陽，遂號弁陽老人、弁陽嘯翁。居臨四水，又號四水潛夫，章良能外孫、晉子。以蔭監建康府都錢庫，監和劑藥局。景定二年，入浙西安撫司幕，忤時宰，以母病歸。咸淳初爲兩浙運司掾屬。十年，監豐儲倉。景炎初，遷義烏令，旋解職歸里。宋亡不仕，與王沂孫、張炎、唐珏等往還，爲詞多亡國哀思，又以網羅輯錄故國文獻自任。元大德二年卒，年六十七。

生平著書二十餘種，尤精于詞，編選有《絕妙好詞》七卷，號稱「精粹」。詞集有《蘋洲漁笛譜》、《草窗詞》，詩集有《蠟屐集》、《弁陽詩集》、《草窗韻語》，筆記有《武林舊事》、《齊東野語》、《癸辛雜識》、《浩然齋雅談》、《志雅堂雜鈔》、《雲烟過眼錄》等，均影響較大。事蹟散見各書序跋及《珊瑚木難》卷五《弁陽老人自銘》等。

周密年譜，有清顧文彬所編《草窗年譜》、近人馮沅君《草窗年譜擬稿》（《國學月刊》第一卷第四期，一九二七年）及夏承燾《周草窗年譜》（《唐宋詞人年譜》，一九五五年上海古典文學出版社）。夏譜最翔實，流傳也最廣。而本譜編年最早，然較簡略，今據清光緒八年元和顧氏刊本《過雲樓書畫記》卷二所載點校。

宋理宗紹定五年壬辰

先生生於是年五月廿有一日，見朱存理《珊瑚木難·弁陽老人自銘》。

先生先世齊人。六世祖芳，隱歷山，熙甯間以孝廉徵，不就，賜光祿少卿。五世祖孝恭，吏部郎中、知同州，贈殿中監。高祖位，贈大中大夫。曾祖祕，御史中丞，贈少卿。隨蹕南來，始居吴興。祖珌，刑部侍郎，贈少傅。父晉，知汀州。母章宜人，參政文莊公良能女，見《自銘》及王英孫墳諱。

又按《癸辛雜識》後集，紹定四年辛卯，先生父宰富春，九月到任。壬辰歲，先生生於縣齋。

紹定六年癸巳

端平元年甲午

端平二年乙未

端平三年丙申

嘉熙元年丁酉

嘉熙二年戊戌

嘉熙三年己亥

嘉熙四年庚子

先生九歲。父（住）〔任〕閩漕幕。時方壺山大琮爲漕。見《齊東野語》。

是年，父留富沙。見《癸辛雜識》後集。

淳祐元年辛丑，先生十歲。

父守臨汀，先生侍親自福建還。見《齊東野語》。

淳祐二年壬寅

淳祐三年癸卯

淳祐四年甲辰，先生十三歲。

外舅楊彦瞻以工部郎守衢。見《齊東野語》。

先生娶楊氏，匠監伯嵒女。見《自銘》。

淳祐五年乙巳

淳祐六年丙午，先生十五歲。

父監州太末，時刺史楊泳齋員外、別駕牟存齋、西安令翁浩堂、郡博士洪恕齋，一時名流星聚。先生時甚少，執杖屨，供洒埽，聞諸老緒論。見《蘋洲漁笛譜》。

淳祐七年丁未

淳祐八年戊申

淳祐九年己酉

淳祐十年庚戌

淳祐十一年辛亥，先生二十歲。

試吏部銓第十三人。見《癸辛雜識》。

又爲國局，嘗祠禱，充奉禮郎兼太祝。見《齊東野語》。

已上二事無年月，以皆紀門蔭，故繫作令之前。

淳祐十二年壬子，先生二十一歲。

官義烏令。見《武林舊事》。

提要云：「淳祐末年嘗官義烏令。」故《刻源集》有《周義烏象贊》。《圖繪寶鑑》則云寶祐間爲義烏令，蓋就到官後言之。先生以大父澤初調建康府都錢庫。自是六上辟書，幾漕京閫幕府。由豐儲倉□改秩陞朝，出宰婺之義烏。見《自銘》。《癸辛雜識》亦云「嘗爲京尹幕」，當在此年之前。

寶祐元年癸丑

寶祐二年甲寅，先生二十三歲。

外舅捐館。見《齊東野語》。

寶祐三年乙卯，先生二十四歲。

父守鄞江。見《癸辛雜識》前集。

寶祐四年丙辰

寶祐五年丁巳

寶祐六年戊午

開慶元年己未，先生二十八歲。

得薛尙功摹鐘鼎款識眞蹟於外舅泳齋書房。見都穆《銕網珊瑚》。

景定元年庚申，先生二十九歲。

客輦下，會菖蒲節，偕一時好事者邀趙子固，各攜所藏，買舟湖山，相與評賞飲酬。見《齊東野語》。

景定二年辛酉，先生三十歲。

夏，足瘍發於外臁，涉秋徂冬，不良於行。見《齊東野語》。

景定三年壬戌

景定四年癸亥，先生三十二歲。

春，（治）〔沿〕檄荆谿，郡僚載酒相慰薦。見《蘋洲漁笛譜》。《自銘》云：「景定限民田，毘陵數最夥，朝命往督之。至則除其浮額十之三，大忤時宰意，禍且不測。會母病，即日歸養醫藥，刲體捐年。再歲卒罹憂棘，盡心葬禮。輯《愼終篇》五卷。」然則先生丁母憂在景定五年矣。

景定五年甲子，先生三十三歲。

夏，霞翁會吟社諸友逃暑於西湖之環碧園，先生賦《采綠吟》。見《蘋洲漁笛譜》。

度宗咸淳元年乙丑，先生三十四歲。

秋晚，同盟載酒爲水月游，先生賦《秋霽》。見《蘋洲漁笛譜》。

十月，游大滌洞，題詩於蓬山堂。見《洞霄詩集》。先生與陳厚、韓翼甫、李義山咸淳初爲運司同僚，俱有吏才。見《清容居士集·師友淵源錄》。

咸淳二年丙寅

咸淳三年丁卯，先生年三十六歲。

七月既望，偕同志放舟邀涼於三匯之交，

脩太白采石、坡仙赤壁故事。嘗賦詩三百言。

歲未除三日，乘興櫂訪李商隱周隱於餘不之濱，賦《渡江雲》。見《蘋洲漁笛譜》。

咸淳四年戊辰，先生三十七歲。

子鑄五歲，病骨蒸，勢殆甚。見《齊東野語》。

咸淳五年己巳

咸淳六年庚午

咸淳七年辛未，先生四十歲。

首夏，以書舫載客游蘇灣園，賦《乳燕飛》。見《蘋洲漁笛譜》。

咸淳八年壬申

咸淳九年癸酉，先生四十二歲。

冬，會疏清翁孤山下，出所藏《逃禪雙清圖》。先生次韻《柳梢青》四闋。見《蘋洲漁笛譜》。

咸淳十年甲戌，先生四十三歲。

春，爲豐儲倉。病瘧，連日不出。見《癸辛雜識》續集、《志雅堂雜鈔》。

夏，丞相番陽馬廷鸞乞去，出寓六和塔。先生閒日必出問之。見《癸辛雜識》。

帝㬎德祐元年乙亥，先生四十四歲。

秋，秘書監丞黄怪汝濟以蓬省句點邀先生偕行。於是登祕閣，見所藏法書名畫。見《齊東野語》、《雲烟過眼錄》。

端宗景炎元年丙子，先生四十五歲。

甲戌冬，王沂孫别先生於孤山之下。次冬，先生游會稽，相會一月。又次冬，先生自剡還，執手聚别。沂孫賦《淡黄柳》。見《絶妙好詞》、《花外集》。

景炎二年丁丑

帝昺祥興元年戊寅

祥興二年己卯，宋亡。

元世祖至元十七年庚辰

至元十八年辛巳

至元十九年壬午，先生五十一歲。

五月二十八日，杭城金波橋馮氏火作。次日，勢益張。雖相去幾十里，惶惶不自安。時楊大芳、潘夢得皆同居，相慰勞，毋庸輕動。先生挈家湖濱，是夕四鼓，遂成焦土。見《齊東野語》。

至元二十年癸未

至元二十一年甲申

至元二十二年乙酉

至元二十三年丙戌，先生五十五歲。

成《弁陽詩》。見《剡源集》。

三月三日，先生修蘭亭故事，合徐天祐、王沂孫、戴表元、陳方、洪師中、仇遠、白珽、屠約、張模、孫晉、曹良史、朱棻凡十有四人，共讌於楊承之第之流觴曲水，探韻賦詩。見《剡源集》。

至元二十四年丁亥，先生五十六歲。

九月，偕錢菊泉至天聖觀訪褚伯秀，遂同道士王磐隱游寶蓮山韓平原故園。見郎瑛《七修續稾》引《癸辛雜識·游閱古泉記》。

至元二十五年戊子

至元二十六年己丑

至元二十七年庚寅，先生五十九歲。

正月二十九日癸酉，送女子嫁吳氏。見《癸辛雜識》續集。

至元二十八年辛卯，先生六十歲。

孟春，編《齊東野語》。見《剡源集》戴表元序。

至元二十九年壬辰，先生六十一歲。

《自銘》云：「偷生後死甲子且一周，是用飾巾治棺，以俟考終。或火或土，隨時之宜，歸祔先塋，以遂首邱之志。」是先生自銘，在至元辛卯、壬辰間。《淸容居士集》有《復菴銘》云：「弁陽老人周公謹父卜終老之丘於先中丞公墓左，築室其上，揭名曰復菴。」即其時也。

至元三十年癸巳，先生六十二歲。

九月，觀《楚辭》。見《志雅堂雜鈔》。

至元三十一年甲午，先生六十三歲。

夏，玩《易》。見《志雅堂雜鈔》。《自銘》云所居有志雅堂、浩然齋、弁陽山房，所著有《經傳載異》、《浩然齋可筆》、《齊東野語》、《臺閣舊聞》、《澄懷集》、《武林舊事》、《詩詞叢談》及詩文樂章等。今《經傳載異》、《可筆》、《臺閣舊聞》、《詩詞叢談》均佚矣。

成宗元貞元年乙未，先生六十四歲。

還霅，省墓杼山。見《癸辛雜識》別集。

松雪爲先生作《鵲華秋色圖》。見《曝書亭集》。

元貞二年丙申

大德元年丁酉

大德二年戊戌，先生六十七歲。

二月廿三日，與霍肅、郭天錫、張伯淳、廉希貢、馬煦、喬簣成、楊肯堂、李衎、王芝、趙孟頫、鄧文原集鮮于伯機池上，觀右軍《思想帖》眞蹟。見郁逢慶《續書畫題跋記》。

按：《松雪齋集》又有《次韻周公謹見贈》及《部中暮歸寄周公謹》二首，則松雪與先生往還甚密也。

大德三年己亥，先生六十八歲。

據先生所遺王大令《保母帖》卷跋云：「辛卯之秋，余同伯壽過浩然齋，弁陽翁俾賦詩題此卷。今已九春秋矣，詩尚未就，良可一笑。然今公往矣，壽甫其寶之。趙由礽重題。大德三年子月十日。」則先生没在此年前也。

余作《草窗年譜》，據趙跋謂先生卒於大德己亥，年六十七。及檢《疑年録》，下方有海鹽吴子修注，至大戊申年七十七，尚無恙。亟取《雜識》重讀，亦無確證。惟别集下卷第二條録《高炳如與妾銀花帖》，最後云：「事余七十七歲老人。」其末先生自述：「余及炳如之歲，室中散花之人空也。」意子修所據蓋此，由七十七歲故推知爲至大戊申耳。然其帖始稱六十七，繼稱壽余七十，未必指最後年歲。且以無妾自明，其專指炳如年六十六始有妾時言，情事尤合，趙跋不謬也。恐援子修説難余，故辨之如此。

劉辰翁年譜

劉宗彬 編

據《吉安師專學報》第十八卷第三期增訂

劉辰翁（一二三二—一二九七），字會孟，號須溪，廬陵（今江西吉安）人。景定元年補太學生。三年第進士，以親老請爲贛州濂溪書院山長。五年，入福建轉運司幕，復隨江萬里入福建安撫司幕。咸淳元年，爲臨安府教授。四年，入江東轉運司幕。五年，爲中書省架閣，丁母憂去。德祐元年，丞相陳宜中薦居史館，辭不赴。又授太學博士，以元兵迫近臨安，未赴。旋入文天祥江西幕府，參預抗元。宋亡，託方外以歸，隱居著述，以終其身。元大德元年卒，年六十六。

劉辰翁是南宋末年著名詞人，尤以善於評詩著稱，今存所點評詩文集，有《王摩詰詩集》、《孟浩然集》、《韋蘇州集》、《批點選注杜工部詩》、《箋注評點李長吉歌詩》、《蘇東坡詩集》、《簡齋詩集》、《須溪精選陸放翁詩集》、《放翁詩選後集》等，明人曾匯刊爲《劉須溪批評九種》，可見其影響。此外還有《班馬異同》、《越絶書》、《老子道德經》、《莊子南華真經》、《列子冲虚真經》、《世説新語》、《陰符經》、《大戴禮記》、《荀子》等多種。所著《須溪先生集》一百卷，久已散佚，清四庫館臣輯有《須溪集》十卷，今人段大林校點有《劉辰翁集》（江西人民出版社一九八七年）。事蹟見《新元史》卷二三七、《宋季忠義録》卷一六、《宋史翼》卷三五。

本譜爲劉宗彬所撰，原載《吉安師專學報》第十八卷第三期（一九九七年九月），本書所收，爲作者最新增訂本。

宋紹定五年壬辰，一歲。

劉辰翁于是年十二月二十四日生于廬陵須溪里，今江西吉安縣梅塘鄉小腀村。《須溪詞》卷二《二百字令·少微星小》中自注云：「僕生紹定壬辰。」卷三《沁園春·再和槐城自壽韻》：「劉子生時，當月下弦，輸大半輪。」卷一《念奴嬌·槐城賦以自壽》：「前三例好，不須舉後三例。」句末自注云：「槐城廿一日生。」卷一《鵲橋仙·自壽二首》：「誰識小年初度。」宋代的小年指農曆十二月二十四日。文天祥《二十四日》詩：「春節前三日，江鄉正小年。」明陳士元《俚言解》卷一：「宋人以臘月二十四日爲小節夜，三十日爲大節夜。今稱小年夜、大年夜。」《小腀芳徑甘溪劉氏三派五修通譜》（以下簡稱《通譜》）載：「劉辰翁，良佐公次子，字會孟，號須溪……宋紹定壬辰九月十五生。」卷三《水調歌頭·謝和溪園來壽》中自注：「僕故居須山之陽，曰須溪山，即公行窩，故云。」

父良佐，配蕭氏，繼張氏。須溪當爲張氏所生。

《劉須溪先生記鈔·中興泰廟記》有「外祖張公北來」句，劉將孫《養吾齋集》卷三二《戴勉齋墓誌銘》：「勉齋之先世與吾祖母張夫人家有連。」張氏去世，江萬里爲其撰寫墓誌。《通譜》載：須溪兄弟二人，兄名貴，字浩溪。

紹定六年癸巳，二歲。

端平元年甲午，三歲。

端平二年乙未，四歲。

端平三年丙申，五歲。

五月，文天祥生于廬陵純化鄉富田，今江西吉安縣富田街。

嘉熙元年丁酉，六歲。

嘉熙二年戊戌，七歲。

蒙古窩闊臺派王楫來議和（《元史》卷一五三《王檝傳》）。

入蒙學。

《須溪集》卷七《蕭壽甫墓誌銘》：「余七八歲時，表氏抱余學，稱堯章先生。」

卷三《本空堂記》：「予年七八，與西家二三兒共受書屬對于鄉城曾深甫。」

嘉熙三年己亥，八歲。

嘉熙四年庚子，九歲。

趙青山出生。

淳祐元年辛丑，十歲。

江萬里四十五歲，創辦白鷺洲書院。

《宋史》本傳：「知吉州，創白鷺洲書院。首致守道爲諸生講説。」

歐陽守道（一二〇八—一二七三），當年舉進士，授于都主簿。

《須溪集》卷七《祭師江丞相古心先生》：「念公守吉，余甫十歲。」

是年，辰翁父良佐去世。

《須溪集》卷七《蕭壽甫墓誌銘》：「先人死，吾十歲。」元人陳櫟曾批評辰翁：「其人好怪，父喪七年不除，以此釣名。」（陳櫟《定宇集》卷八）此言不知何據？

淳祐二年壬寅，十一歲。

淳祐三年癸卯，十二歲。

淳祐四年甲辰，十三歲。

參加縣童子試。

《須溪集》卷三《廬陵縣學立心堂記》：「余年十三，以童子試縣學堂上。」

淳祐五年乙巳，十四歲。

淳祐六年丙午，十五歲。

淳祐七年丁未，十六歲。

淳祐八年戊申，十七歲。

淳祐九年己酉，十八歲。

淳祐十年庚戌，十九歲。

賈似道任端明殿大學士，兩淮制置大使，兼淮東淮西安撫使，知揚州。

淳祐十一年辛亥，二十歲。

蒙古蒙哥（憲宗）即大汗位。

淳祐十二年壬子，二十一歲。

忽必烈帥師遠征雲南。

寶祐元年癸丑，二十二歲。

宋召四川制置使余玠爲資政殿學士，余玠一夕暴卒。大理降蒙。

與鄧剡始交。鄧剡，廬陵富田人。

寶祐二年甲寅，二十三歲。

寶祐三年乙卯，二十四歲。

歐陽守道任白鷺洲書院山長，時年四十七。

文天祥入白鷺洲書院求學，并于當年在吉州舉貢士。劉岳申《文丞相傳》：「寶祐乙卯，年二十，以字貢。」言以字天祥舉貢士。臘月望日，天祥攜弟文璧赴臨安應明年春進士考試。

寶祐四年丙辰，二十五歲。

文天祥登進士第一。廬陵知縣劉汝礪令建「進士第一堂」于縣堂。

朱古平，即朱埴，字聖陶，鄉試第一。見《文天祥文集》。朱埴爲辰翁啓蒙師。

寶祐五年丁巳，二十六歲。

賈似道知樞密院事。

長子劉將孫出生。

劉將孫《養吾齋集》卷六《游白紵山》：「咸淳己巳，余年十三。」但《通譜》載：「劉將孫……宋景定辛酉生，元延祐庚申年歿。配胡氏，合葬祖塋。子一，璋。」一則將孫生年在一二六一年。目前所見介紹將孫生平的資料，皆言「生卒未詳」。

辰翁妻蕭氏，本邑社坪人。將孫有《哭長舅斯濟蕭國渝》，見《養吾齋集》卷五。辰翁何時結婚，不詳。辰翁還有一次子，何時出生，名字如何，不詳。其次子曾爲將孫《養吾齋集》作序，所娶媳婦乃吉水虎溪蕭宗之女。《養吾齋集》卷二八《登仕郎贛州路同知寧都州事蕭公行狀》：「三世之好，姻親之宜……季弟晚爲公婿。」元人許有壬有《劉須溪父子三人畫像》和《廬陵劉須溪父子三人畫像贊》，見許有壬《至正集》卷五、卷六七。元人稱頌劉氏父子三人文名如北宋蘇氏父子三人。可知辰翁有兩子。但《通譜》載：「劉辰翁……配社坪蕭氏，合葬六公山蛇形……子一，將孫。」

寶祐六年戊午，二十七歲。

蒙哥親征西蜀。宋以丁大全爲右丞相，兼樞密使。

六月，爲鄉里長老賀壽，作《青玉案·壽老登八十六歲戊午六月十七日》詞。

秋九月，文天祥爲辰翁小艫村首修族譜作序。文天祥與辰翁族伯劉良臣爲姻友。

秋，舉于鄉。

《養吾齋集》卷三〇《梅所曾貢士墓誌銘》：「元祐戊午，與先君子同舉于鄉。」曾梅所是廬陵宣化（今吉安縣永陽）人，與辰翁同舉于鄉。按：「元祐」爲北宋哲宗年號，誤，當爲「寶祐」。當時豐城人甘定庵校文廬陵，《須溪集》卷六《甘定庵文集序》說：甘定庵「得余論策，驚置首選，殆兩窮自相得也。」廬陵人王壽朋亦同舉于鄉。

開慶元年己未，二十八歲。

蒙哥死于合州釣魚山下。丁大全罷相，賈似道爲右丞相，兼樞密使。吳潛爲左丞相，兼樞密使。賈似道入黄州，私自與忽必烈議和。

三山（今福州）人陳俞（字舜卿）來吉州任節度推官。

景定元年庚申，二十九歲。

忽必烈即位。賈似道還朝，吳潛罷相。

結交陳俞，與陳「自是莫逆于心，每坐尙友齋，倚梧竹，極談世事成壞，即使長急召不顧，幕辨粲然無所回屈。」（《須溪集》卷七《陳禮部墓誌銘》）

至臨安補太學生，受知國子祭酒江萬里。

萬斯同《宋季忠義錄·劉辰翁傳》：「補太學生。江萬里爲國子祭酒，亟稱賞其文。」《宋史·江萬里傳》載，江萬里于景定元年任國子祭酒，辰翁補太學生當在此年。

景定二年辛酉，三十歲。

七月，忽必烈舉兵攻宋。賈似道入相。

仍在太學爲諸生。上元作《虞美人》（黄簾緑幕窗垂霧）。

江萬里除授端明殿學士，同簽書樞密院事。十二月即罷任。

《續資治通鑑·宋紀》：「景定二年十二月壬寅，簽樞密院事江萬里罷。」十二月壬寅，即十二月十四日。旋即退居故里江西都昌。

年底，辰翁第一次前往都昌，看望江萬里。

景定三年壬戌，三十一歲。

至臨安赴進士試。

《養吾齋集》卷三一《梅所王公墓誌銘》：「吾廬陵科第，景定壬戌榜最得人，……吾先君子嘗稱同年梅所王公最長者。」《吉安府志》卷二〇《選舉志》載，景定三年方山京榜，廬陵及進士第者有：王國望、李振龍、朱士可、陳解、王夢震（梅所）、劉璪、王介（夢震侄）、鄧光薦、蕭碩、朱一飛、劉景豐、蕭會、劉辰翁、劉炎發、曹杰、胡松。

劉辰翁在廷對時，因言「濟邸無後可慟，忠良戕害可傷，風節不競可憐」，語涉忌諱，忤賈似道，但得到理宗嘉許，置丙第，錄在歐陽守道門下。歐陽守道因江萬里薦舉以秘書省正字知貢舉。

《養吾齋集》卷三一《曾御史文集序》：「壬戌同第于巽齋，同師古心，同門。」

此年中進士者有後來爲相的陳宜中，進士第二。

劉辰翁以親老請爲贛州濂溪書院山長。

宋嘉祐間（一〇五六—一〇六三）周敦頤曾爲虔州通判，後人建濂溪書院于水東玉虛觀旁，以紀念。據載，宋末劉辰翁、羅耕、彭呂先先後授山長，爲官府主持設官治理的山長。至元代，仍有山長姓名可考。濂溪書院爲宋代贛州三大書院之一。可惜，今存《贛州府志》、《贛縣志》皆無劉辰翁在書院活動的記載。

景定四年癸亥，三十二歲。

廬陵化仁鄉郭德章，人稱梅垣先生，入沅時，辰翁作序送之。見《須溪集》。

景定五年甲子，三十三歲。

十月，宋理宗死，度宗立。

十一月，文天祥除授江西提刑。

春，游水東（今吉安市河東）桃花園。

《摸魚兒·水東桃花下賦》：「悵二十五年，臨路花如故。」詞中自注云：「甲子初見」。言甲子年第一次渡江游桃花園。

江萬里知建寧府（今福建建甌），兼權福建轉運使，致劉辰翁于幕下。辰翁開始在福建生活。

《養吾齋集》卷一一《魏槐庭詩序》：「先子每爲將孫言，甲子秋，彗出柳，會大比。……是時適留古心公三山館中。」

九月，爲賈似道母兩國太夫人壽辰作賀詞《臨江仙·代賀丞相兩國夫人生日幷序》。

小序云：「甲子之秋，九月吉日，大丞相國公壽母兩國太夫人初度，謹上小詞，用獻爲王母千年之曲。」賈似道時任右丞相兼樞密使，封衛國公，加封太傅，稱之爲「師臣」。詞代江萬里作。

作《水調歌頭》（雨聲深院裏）。

年底，仍在福建。

《須溪集》卷七《陳禮部墓誌銘》：「景定末，余留建，君留京。君畫二龍寄余，題曰：『甲子上元日幷贊』。」

咸淳元年乙丑，三十四歲。

春、夏間仍在福州。

閏五月，江萬里入相，「召同知樞密院事，又兼權參知政事，遷參知政事」（《宋史·江萬里傳》）。

萬斯同《宋季忠義錄·劉辰翁傳》：「乙丑，江萬里還樞府，以書招，辰翁奉母來京。數月，母病，還。萬里薦辰翁學宜史館。參政王爚贊之。除臨安府學教授。拔四明戴表元、三衢何新之、三山馬鈞諸生中，後皆名進士。」

在京期間，辰翁爲豐城甘定庵戊午（一二

五八）三削之事鳴冤。《須溪集》卷六《甘定庵文集序》：「乙丑紹陵登極，古心在政府，余爲京教。白公冤，榜朝天門：甘某三罪三雪。衆歡嘆奇事。」

子將孫隨侍身邊。

《養吾齋集》卷一三《送劉復村序》：「往乙丑丙寅間，余侍親客西府堂西榮。其東榮則廬山公外甥小村劉宰先在焉。」

九月九日，作《聲聲慢》（西風墜綠）。

咸淳二年丙寅，三十五歲。

江萬里與賈似道不合，罷相。

辰翁罷職。「乙丑紹陵登極，……明年，余劾去，公代。」（卷六《甘定庵文集序》）

罷職歸故里時，過洪州（今南昌市），游紫極宮。

《須溪集》卷四《紫極宮寫韻軒記》：「余舊過洪都，游紫極宮……後十六年，當閏辛巳之正月。」辛巳，指一二八一年。

須溪友人張仲實有《寄須溪》詩（載《詩淵》）。

咸淳三年丁卯，三十六歲。

辰翁又前往都昌拜見江萬里。

「丁卯，訪公芝山之下。爲西林請，奉之以歸，以致之西林者。」（《養吾齋集》卷二六《題古心先生墨迹後》）芝山，在今江西都昌縣。西林，所指不詳。廬陵有吳西林，但早在一二六五年病歿，文天祥有《挽湖守吳西林》詩。

咸淳四年戊辰，三十七歲。

文天祥自朝廷罷歸，居故里。

江萬里又被起用，「（罷相）後二年，知太平州兼提領江淮茶鹽兼江東轉運使，召拜參知政事，進封南康郡公。」（《宋史·江萬里傳》）。

江萬里辟辰翁參轉運幕事。

《宋季忠義錄·劉辰翁傳》：「戊辰，德祐參政江萬里鎮太平兼漕節，辟爲江東漕幕。」

由是，劉辰翁在安徽當涂逗留七個月。

咸淳五年己巳，三十八歲。

仍在漕運司任職。

《養吾齋集》卷六《游白紵山》：「咸淳己巳，余年十三，隨侍漕幕。時幕中多名士。」

子將孫讀書于昭文館中。

《養吾齋集》卷一二《送劉復村序》：「己巳再讀書昭文館中。」

三月，江萬里被宋度宗任命爲左丞相。「既至，拜左丞相兼樞密使。」（《宋史·江萬里傳》）

由江萬里舉，辰翁又至臨安中書省任職。

不久，丁母憂，歸廬陵。

這一年的大致經歷，在《須溪集》卷二《虎溪蓮社堂記》有載：「又三年，起，從廬山公江東七閱月。從江東得掌故入修門。四十五日，以憂歸。」中書省任職是辰翁一生唯一的一次在朝廷做官。所任之職，從文天祥給辰翁的《回劉架閣會孟》札題（見《文山先生全集》卷五）可知，是中書省架閣庫之職，「掌儲藏賬籍文案以備用，擇選人有時望者爲之。」（《文獻通考》卷五二《職官》）。後來，辰翁曾回憶此段短暫的朝廷生活，《宋詩紀事》卷六八《讀杜拾遺百憂集行有感》詩云：「往年承乏佐中書，大官羊膳供堂食。」辰翁言在朝中任職僅四十五日，《養吾齋集》之《須溪先生集序》中則言「先生登第十五年，立朝不滿月，外庸無一考」，是非不可考辨。

母張夫人亡故，文天祥寫信吊唁：「某于夫人，契家子弟，以故不能攀望引紼，負負幽明，不勝愧恨，謹成此章一。」（《文山先生集》卷五《回劉閣架會孟》）。

夏，從臨安歸廬陵。

《須溪詞》卷三《金縷曲·聞杜鵑》詞中自注云：「予往來秀城十七八年，自己巳復歸，又十六年矣。」詞是十六年後的甲申年憑吊故都時所作。秀城，指南宋京城臨安。歸廬陵後，在故里居住七年，事見《須溪集》卷三《虎溪蓮社堂記》。

咸淳六年庚午，三十九歲。

江萬里再罷相。

秋，廬陵早澇晚旱，文天祥致書贛守李雷應、吉守江萬頃（萬里之胞弟），陳賑濟之策。

歐陽守道應廬陵縣守劉汝礪之請，作《進士第一堂記》。

咸淳七年辛未，四十歲。

十一月，蒙古建國號曰大元。

將孫在吉水文昌鄉虎溪讀書。

《養吾齋集》卷二八《登士郎贛州路同知寧都州事蕭公行狀》：「將孫往歲辛未讀書龍巖西塾。」

咸淳八年壬申，四十一歲。

在廬陵，常與鄉賢王槐城唱和。時王槐城六十歲。

九月，爲鄉賢朱渙壽作《酹江月》（五朝壽俊）。

咸淳九年癸酉，四十二歲。

江萬里「授知潭州、湖南安撫大使」（《宋史·江萬里傳》），時七十六歲。夏，文天祥謁見江萬里于長沙。

五月（一說正月），歐陽守道病逝。

莆田參政敬軒守廬陵，辰翁與其交厚，敬軒歸莆田時，辰翁作送歸詩贈之，序曰：「追念江東辭舉，姑蘇惠予，孰非可感。」（《養吾齋集》卷六《呈敬軒公詩序》）

作《金縷曲·壽繆守》。吉州知府繆元德于是年離任。

咸淳十年甲戌，四十三歲。

宋度宗死。七月，恭帝立。十二月，鄂州陷，詔天下勤王。

《養吾齋集》卷三〇《前太學進士復心崔公墓誌銘》：「往歲甲戌，聚江右士，大試于洪，以十數萬計。于是復心以書擢第一。先君子須溪先生聞之，喜得人。考官爲溋陵邵宗斗，留郡幕。」

秋，至湖南訪江萬里。

《須溪集》卷七《祭師江丞相古心先生》：「七年又見，無約不酬。昨秋三宿，吾餞江畔。」指的是咸淳五年臨安分別後，六年（「七年」誤，當是六年）後又見，即這次湖南之行。辰翁在湖南逗留的時間很短。

十二月「大元兵渡江，萬里隱草野間，爲游騎所執。大詬，意欲自伐。」（《宋史·江萬里傳》）年底，萬里遁歸江西。

德祐元年乙亥，四十四歲。

正月，文天祥奉詔起兵抗元。在此前十年間，時常罷官家居。

二月，饒州通判萬道同降元，城破。江萬里聞而在都昌赴水殉國。其弟江萬頃被元兵所執，支解之。是月，賈似道督師至太平洲魯港，未見敵而鳴鑼敗退，辰翁聞此賦《六州歌頭》紀之。賈似道罷相，十月，被殺于漳州。

文天祥起兵勤王，辰翁參與江西幕府，短期。

《養吾齋集》卷一六《文氏祠堂記》：「將孫之先人交丞相兄弟爲厚，蓋嘗與江西幕議。」

正月，在廬陵，作《減字木蘭花·乙亥上元》。二月作《六州歌頭·乙亥二月》。

五月，丞相陳宜中薦辰翁除史館檢閲，辭未行。

居山中，開始批點前人詩文。

《養吾齋集》卷九《刻長吉詩序》：「先君子須溪先生于評諸家詩最先長吉。蓋乙亥辟地山中，無以紓思寄懷，始有意留眼目，開後來，自長吉而後及諸家。」

十月，除太學博士。時元兵三路逼臨安，斷了江西至臨安通道。欲往臨安，不成。

十二月，避難于吉水虎溪。

《須溪集》卷三《虎溪蓮社堂記》：「德祐初元五月召入館，辭，未行。十月除博士。道已阻。歲晚自永新江轉入虎溪，留虎溪三月矣。」「元年冬十二月，予避地虎溪，主蕭氏諸君幸哀我，館且穀我。」虎溪蓮社堂，于宋咸淳二年靜觀居士建（《廬陵縣志》）。

游香城山朝仙觀，作《朝仙觀記》，「是爲德祐元年」。吉州南華山朝仙觀記。」香城山，或曰薌城山，在今吉安縣東南境內，古稱南華山。相傳浮邱公與弟子王、郭二眞人遊此（《廬陵縣志》）。香城山距虎溪二十餘里，辰翁當是避難虎溪時前往游歷的。

是年，作《金縷曲·和潭東勸飲壽觴》。

景炎元年丙子，四十五歲。

正月，元兵至臨安，宋帝奏表請降。三月，

宋恭帝、謝太后被擄北上。文天祥泛海南走溫州，旋至福建，尊奉宋帝昰、帝昺，舉義兵抗元，轉戰福建、江西、廣東。

二月，吉州陷落。

《錢塘遺事》卷八：「丙子二月，大元至吉州，權城周天驥以城降。」

社日（二日戊午社）在虎溪作《虎溪蓮社堂記》。

暮春，辰翁離開虎溪。其間作了《浣溪沙·虎溪春日》、《蘭陵王·丙子送春》、《青玉案·暮春旅懷》等詞。從是春至一二七九年，辰翁常漂流在外。

將孫二十歲生日，辰翁作《臨江仙·將孫生日賦》紀之。

中秋，在飄泊旅途中，作《燭影搖紅·丙子中秋泛月》詞，有「同是江南倦旅」之句。中秋前，寫了一組步劉過《蘆葉滿汀洲》韻的《唐多令》詞，詞序云：「丙子中秋前，聞歌此詞者，即席借蘆葉滿汀洲韻」，寄國破傷懷之情。

三山陳俞（舜卿）病故，年四十九，葬伏虎山。文天祥爲之慟哭，辰翁作《陳禮部墓誌銘》。

景炎二年丁丑，四十六歲。

宋帝趙昰被元兵追逼逃至南海。八月，鞏信以數十卒阻擊元大軍于盧陵東固。文天祥兵敗永豐空坑。

辰翁于上元節在廬陵縣城，作《戀繡衾·當年三五舞太平》詞，又作《菩薩蠻·丁丑送春》詞，序云：「余自乙亥上元誦李易安《永遇樂》，爲之涕下，今三年矣。」詞中有「江南無路，鄜州今夜，此苦又誰知否」句。

春，作《蘭陵王·丁丑感懷和彭明叔韻》。

是年辰翁在故里住了一段時間。

《養吾齋集》卷三〇《梅所曾貢士墓誌銘》：「往丙丁間，先君子辟地永水上，去梅所鄉十許里。」丙丁間，指丙子、丁丑年之間，永水，指廬陵永陽。

祥興元年戊寅，四十七歲。

四月，端宗趙昰以驚悸死。五月，趙昺即位。十一月，文天祥于海豐被元兵所執。

辰翁于上元節與鄉友鄧中甫交往，因傷海上義軍苦難而賦詞，作《永遇樂·燈舫華星》，序云：「余方痛海上元夕之習，鄧中甫適和易安詞至，遂以其事吊之。」

春，辰翁在廬陵，爲鄉友胡盤居壽辰作《雙調望江南》詞。

秋，游江西臨川崇仁，登華蓋山，與敖秋崖唱和，有《齊天樂·戊寅登高即席和秋崖韻》詞，序云：「是日，共二僧登華蓋。」華蓋山在今江西崇仁縣。

元至元十六年己卯，四十八歲。

二月六日，宋與元兵厓山海上大戰，陸秀夫負宋帝趙昺在厓山蹈海。宋亡。十月一日，文天祥被押至大都（燕京）。

劉將孫作《摸魚兒·己卯元夕》詞。

春，長沙朱佐來廬陵，請辰翁爲作《古山樓記》，記云：「記成于己卯庚辰之春日。」

是年至都昌，爲謀葬江萬里事。此時，江萬里已殉難四年。

《須溪集》卷三《南康軍昭忠禪寺記》：「後十有八年，以負土之役再至綠野。」後十八年，即指景定三年（一二六一）劉辰翁首次到都昌至今。

白鷺洲書院山長曹奇建古心祠祀江萬里，

劉辰翁作《鷺洲書院江文忠公祠堂記》。

至元十七年庚辰，四十九歲。

春，作《減字木蘭花·庚辰送春》詞，亡國周年吊念，寄託哀思。

居故里，鄱陽柴堂長（字景實）來訪。

《養吾齋集》卷一四《送柴景實序》："往歲庚辰，先君子須溪留先溪（"先溪"當為"須溪"）時，鄱陽柴堂長景實來，相與亹亹談古心、東澗間師友聞見，序而送之。"

爲葬江萬里，前往都昌。在都昌滯留數月。

《養吾齋集》卷一三《送劉復村序》："乙亥……又六年，用周始相聞。先君走廬山，葬文忠公。用周，公子也。"乙亥（一二七五）江萬里殉難，劉辰翁與江萬里之子江用周失去了聯繫，六年後才聯繫上。用周，名鎬。"萬里無子，以蜀人王櫄子爲後，即鎬也。"

在都昌，結識黄純父（丙炎）。

《須溪集》卷七《黄純父墓誌銘》："歲庚辰，予初與純父遇風雪東湖之上。"黄純父（一二三六—一二八六），臨川人，人稱思梅先生。

十二月，爲懷念恩師江萬里，在都昌建歸來庵，并作《歸來庵記》，文曰："歸來者，古心先生石山庵也。……作歌者誰？先生之門人宋玉也。""記成于庚辰十二月。"辰翁把江萬里比作屈原。

至元十八年辛巳，五十歲。

正月初，離開江萬里墓，道經南昌，重游紫極宫。

《須溪集》卷四《紫極宫寫韻軒記》："當閏辛巳之正月，余自廬山還，滯留過之。"

上元節在南昌，有《江城梅花引·辛巳洪都上元》詞。

五月端午，有《臨江仙·辛巳端午和陳簡齋韻》之作。

是年閏八月。前八月之初，辰翁游歸，回到廬陵。

《水調歌頭》序云：「辛巳前八月九日夜，自黄州步歸，蕭英甫以舟泛余，艤本覺寺門外。夜深未能睡，明日爲賦此寄之。」本覺寺在今吉安縣永和鎮（見《吉安縣志》卷七）。

辰翁自此歸後，久居故里，并開始與佛家道人交往。

《須溪詞》卷三《沁園春》：「笑如今別駕，前時方外；塵埃半百，歲月如流。」後人指出句中當是前時別駕，如今方外之誤。《宋季忠義錄·劉辰翁傳》：「丙子宋亡，江萬里死節。辰翁馳哭之。壬午歸，托方外以自詭。」此處兩誤，當是江萬里于乙亥死節，辰翁辛巳歸。皆誤推後一年。由此可知辰翁自歸後便「託迹方外。」

作《吉州能仁寺重修記》，在吉安城內。

冬，在山村與鄧光薦來往，相唱和，有《摸魚兒·辛巳冬和中齋梅詞》。《漢宫春·壬午開爐日戲作》：「記去年醉裏，題字傾敧。」是指辛巳冬十月開爐日之事。

十二月，辰翁五十生辰之日，作《摸魚兒·辛巳自壽年五十》。

大年在家中過，有《促拍醜奴兒·辛巳除夕》詞。

至元十九年壬午，五十一歲。

文天祥于十二月九日就義，吉水士人張弘毅攜文氏齒、髮、遺文歸廬陵。天祥死後，須溪作《古心文山贊》、《文山先生像贊》。

五月五日，作《金縷曲》詞。

七月七日，作《臨江仙》詞。

八月中秋節，是夕下雨無月，因感作《虞美人·壬午中秋雨後不見月》詞。

九月九日，作《浣溪沙》詞。

冬，在鄉間山裏，《漢宮春·壬午開爐日戲作》曰：「容膝好，團圞分芋，前村夜雪初歸。」農曆十月一日，冬季之始，宋代于是日開設爐子，舉行暖爐會，圍爐飲啗。

至元二十年癸未，五十二歲。

上元節至吉安城中，并作《唐多令·癸未上元午晴》詞。

中秋，在吉文（即今江西吉水），與友人馬德昌（廬陵鄉飲酒按察）泛江賞月，作《水調歌頭》兩首紀之。

九月，爲廬陵縣治習溪橋作《習溪橋記》。據《廬陵縣志·地輿志》載：「習溪橋在郡城南門外，傳爲習溪公重修是橋，因以名之。」

十二月，與鄉賢王槐城唱和，有《念奴嬌》詞數首，皆爲王槐城二十一日的生辰而作。除夕，在鄉間度過，有《摸魚兒·守歲》紀此事，詞曰：「嘆五十加三，明朝領取，閑看五星聚。」

至元二十一年甲申，五十三歲。

春，攜子將孫前往臨安，憑吊故都。途中，將孫作《摸魚兒·甲申客路聞鵑》，辰翁作《金縷曲·聞杜鵑》以和，其中有「十八年間來往斷」句，自注云：「予往來秀城十七八年。己巳夏歸，又十六年矣。」己巳年，指一二六九年，距一二八四年達十六年。這次故都之行，寫了多首詩詞，如《留京詩》、《戀繡衾·宮中吹簫》、《江城子·西湖感懷》等。

至元二十二年乙酉，五十四歲。

作《南岡禪寺記》（《須溪集》卷四）。寺在吉水縣東山，距治二十里。《記》曰：「寺修于五星聚前，記成于五星聚後三月，又六月爲中元。乙酉并書。」以此推論，五星聚斗乃在甲申年之十月。此記當是乙酉正月所作，并書其寺額。《吉安府志·建置志》載：宋紹聖中，黃庭堅延青原僧惟信住持，南宋後僧師能易寺曰南岡，以崇義名山。

三月，爲龍泉（今遂川縣）作《吉州龍泉縣新學記》（《須溪集》卷四），《記》云：「乃五星聚斗之明年乙酉三月，龍泉改夫子廟……伻來愿記其始。」

九月重陽日，游玉笥山，并作《玉笥山承天宮雲堂記》（《須溪集》卷四），《記》云：「其明年乙酉九日，登高把菊，望數峰如笥，意欣然記之。」玉笥山，名勝之地，在今江西峽江縣境內。道教福地，《名山洞天福地記》列其爲天下「第十七洞」，稱其山中鬱木洞爲天下「第七福也」。是日，作詞數首，如《南鄉子·乙酉九日》、《玉樓春·乙酉九日》。

至元二十三年丙戌，五十五歲。

春，爲新喻縣學重修作《臨江軍新喻縣學重修大成殿記》（《須溪集》卷一），《記》云：「喻學丙戌之修，禮殿爲大。」「乃乙酉十月……命修學……月三望而功畢。」修成而受托爲記。

吉州知州劉煥于本年主持吉水縣儒學屋舍重修事宜。《法駕導引·壽劉侯》即爲劉煥賀作。

七月，作《萬安縣舜祠買田記》。

九月九日，作《金縷曲·丙戌九日》詞。

十月，西昌蕭壽父靜安去世，辰翁爲之作墓誌銘（《須溪集》卷七《蕭壽甫墓誌銘》）。西昌，今吉安縣永和鎮。

至元二十四年丁亥，五十六歲。

年初，閉門在家。「（黄純父）前年猶寄余詩，去年有持書來，視緘題若不識，則君死矣。余以歲初謝客。」（《須溪集》卷七《黄純父墓誌銘》）黄純父，江西崇仁人，咸淳進士，與劉辰翁交誼甚深厚。黄純父卒于丙戌，此銘作于吉葬之丁亥三月。

春，桃花開時，郊游水東（今吉安市河東）并作《摸魚兒·水東桃花下賦》詞。

至元二十五年戊子，五十七歲。

孟春，偕二三友人游吉水洞巖朱陵觀，作《吉水洞巖朱陵觀玉華壇記》（《須溪集》卷一）。

洞巖在今吉水縣西水南鄉境內，古之名勝。《記》云：「南唐徐鍇開寶初記，稱浮邱、王、郭嘗游此。」「東坡、山谷游焉。」此記作于「歲諏訾月旅蕤賓丙丁統日庚子御辰，余游山并記。」又：「貞元六年（七九〇），閻使君釆棄吉州。」以此推算，游洞巖當在此年。諏訾，星次名。《禮記·月令》：「孟春之月，日在營室。」漢鄭玄注：「此云孟春者，日月會于諏訾，而斗建寅之辰也。」賦《水調歌頭·遊洞巖夜大風雨彭明叔索賦醉墨顛倒》。

至元二十六年己丑，五十八歲。

豫章（今南昌市）大梵寺新成，辰翁應請作《大梵寺記》（《須溪集》卷一）。記云：「既告成，己丑求文爲記。」外游歸里，作《減字木蘭花·相州錦好》詞，以賀尙學林壽辰。詞序云：「尙學林己丑壽旦，適歸廬陵。其先世相州人，居永和，今家臨川。」（《須溪詞》卷一）從劉將孫《別尙學林》詩「此來七十日，多情共徘徊」（《養吾齋集》卷二）得知，尙學林在廬陵客居時間不長。

至元二十七年庚寅，五十九歲。

秋，丞相莽哈岱死于廬陵，「秋九月，丞莽哈岱以江西省治廬陵，凡四十日，薨于位。」「闔城士大夫……無不相向而吊。」（《須溪集》卷七《丞相莽哈岱美棠碑文》）須溪作祭文：「公來何暮，公逝何速。嗚呼哀哉，江西無福。」（周密《癸辛雜識》）。

江萬里之曾外甥劉復村來廬陵訪辰翁父子。《養吾齋集》卷一三《送劉復村序》：「歲庚寅而行省治廬陵。有同姓來訪，稱自廬山。問其名居，則小村子之復村也。執手泫然。何至此？乃有職于奉新之學官。有程，惘惘而別。」

至元二十八年辛卯，六十歲。

爲鄉賢王槐城八十大壽作詞以賀，作詞《水調歌頭》，與壽翁唱和。《未信仙都子》自注云：「仙都，槐城所領宮觀。」王槐城曾爲閑官。《百千孫子子》曰：「八十老翁翁」，是爲王氏八十壽辰作。《我有此客否》注云：「先生與槐城同月生，先後三日。」指他們都在十二月生，王槐城二十一日生，辰翁二十四日生（《念奴嬌》中有注云「槐城廿一日生」）。

應湖南肅政廉訪司者之請，作《長沙廉訪司題名記》（《須溪集》卷一）。

《記》云：「肅政廉訪司者，至元二十有八年，以按察司玩（疑是「既」之誤）廢更其名……伻來（此處疑脱漏）文于廬陵以爲之記，重新制也。」

至元二十九年壬辰，六十一歲。

春，丞相莽哈岱在廬陵死于其位已兩年，官府爲其立碑，請辰翁作碑文。

《須溪集》卷七《丞相莽哈岱美棠碑文》：「二十九年春……則相與植碑于學，以其詩來請。」

受江萬里門人鄱陽趙倅（名介如，字道遠）之請，作《雙溪書院記》。

《記》云：「吾子有意于鄱也，則愿以壬辰之記爲請。余蓋矯焉念之，而未有以復也。」（《須溪集》卷一）雙溪書院建于至元十七（一二八〇）年，浮梁南宋進士、曾任饒州通判趙介如創建并任山長。書院辦學宗旨，趙氏説：「書院不趨城闕而于山林，不事科舉而專議理學。先賢遺規也。」劉辰翁應趙氏之請，在書院講學，并作此記。

鄉賢王城山八十高齡生辰，辰翁作《促拍醜奴兒·壬辰壽王城山八十》。

至元三十年癸巳，六十二歲。

春，應友人請作《南劍龜山書院記》。

《記》云：「至元三十年春，蜀某府判以都督至縣，……乃白總府臺省爲書院，如舊殿門祭器踵就以記請。」（《須溪集》卷一）南劍，今福建南平。龜山書院在將樂縣北，宋咸淳二年尚書馬初心奏立，度宗賜以院額，其後屢毀（《延平府志》）。

十二月，鄉友尹濟翁作《風入松》詞爲辰

翁祝壽，詞中題曰：「癸巳壽須溪。」（見《全宋詞》第五册）

至元三十一年甲午，六十三歲。

春，作《摸魚兒·甲午春》詞。

九月，在故里，有《減字木蘭花·甲午九日牛山作》、《水調歌頭·甲午九日牛山作》等。

牛山，也叫牛形山，《吉安府志》載：「牛形山，在安平鄉四十六都嶺背。」安平鄉即辰翁所居之鄉。《減字木蘭花》中「午山」疑是「牛山」之誤。

元貞元年乙未，六十四歲。

四月，爲友人陳俞作《陳禮部墓誌銘》。

往湖南衡山游歷，與僧道刻期爲約。

《養吾齋集》卷一四《送道士秋泉序》：「昔先吾君子須溪先生游南岳之興，豈不十八九年。蓋屢招山僧客道流，刻期爲約。固有聞風先路迎候者。又嘗約長沙平遠公，信信必不負，……秋泉固歲歲來赴先君子之期者，平生夜話，想象湘山之上，岳麓之下。」

元貞二年丙申，六十五歲。

從劉將孫《丙申正月五日晚步用陶韻》、《丙申元日》等詩可知，辰翁游歷湖南，將孫未陪同前往。詩云：「家書宿報平安字，尊酒相于南北賓。」原注：「時數客留學于此，南北皆有焉。」將孫此時在延平書院。夏，將孫由福建歸廬陵。

辰翁抵達湖南茶陵後，因故未赴約去衡山。游茶陵時，爲尹氏友人書寫「紫微峰」匾額。

《養吾齋集》卷一八《覺是堂記》：「尹氏心甫自茶陵來，……西南雲陽、紫微諸峰羅立，則先君子丙申所書『紫微峰』揭焉。」尹氏後人心甫向劉將孫求作堂記而述此事。

中秋，與道人唱和數日，作《水調歌頭》詞，序云：「丙申中秋，兩道士出示四十年前濯纓賞月《水調》。濯仙和，意已盡，明日又續之。」又，讀二十年前（一二七六）舊作《唐多令》，用劉過「蘆葉滿汀州」韻，又和韻作《唐多令·丙申中秋》。

中秋後，辰翁從湖南返歸。劉復村再訪辰翁于廬陵。

《養吾齋集》卷一三《送劉復村序》：「秋晚，而復村來。」

冬，居故里。

《養吾齋集》卷一四《送樊仲璋序》：「元貞丙申冬，客有賈文廣與匠監蒲坂樊君仲璋來謁先君子須溪先生。」

年底，爲廬陵縣學立心堂命名幷作記。

《須溪集》卷三《廬陵縣學立心堂記》：「丙申冬終，求堂名，予命之立心。」

大德元年丁酉，六十六歲。

正月上元節，作《寶鼎現》詞，自題「丁酉元夕」。此詞寄故國之思，言情極苦，爲辰翁的絕筆。

正月下旬去世。

《養吾齋集》卷三二《戴勉齋墓誌銘》：「先君子復嘆曰：『是其人多可稱，惜也病三年不出門，屢殆復甦。』而乃後先君子四閱月死。死四年卜吉葬，求銘。」又「（勉齋）卒以大德丁酉五月一日，以庚子某月某日葬某所。」戴勉齋于五月初一去世，比辰翁後四個月而死，辰翁在元宵日填寫詞，則可推測，其去世時間在正月底之前。《通譜》載：劉辰翁，「元大德丁酉正月二十歿，享祀鄉賢祠。」可信。

「丁酉閏月庚申，四方學者會葬須溪先生北郊外。」(宋王夢應《哭須溪墓》)是年閏十二月。《元史》卷一九《成宗本紀》：「閏十二月壬戌，太陽犯壘闕陣。」據陳垣《二十史朔閏表》，「閏月庚申」係閏十二月的初二。辰翁去世十一個月後，擇吉日而葬。其墓在須溪山之陽。今仍存。

辰翁去世後，生前好友懷念他，如鄧光薦《祭劉須溪文》(元周南瑞《天下同文集甲》卷三六)、安福江村先生胡端叔「手書來唁，以斯文屬望，語深至知」(《養吾齋集》卷三一《江村先生胡公墓誌銘》)、長沙王夢應《哭須溪墓》(《天下同文集甲》卷三七)、劉詵《挽須溪劉先生二首》(《桂隱詩集》卷三)。

主要參考文獻：

一、段大林校點《劉辰翁集》，江西人民出版社，一九八七年八月。

二、劉將孫《養吾齋集》，四庫本。

三、元脱脱等撰《宋史》，中華書局，一九七七年十一月。

四、明宋濂撰《元史》，中華書局，一九七六年四月。

五、《吉安府志》，光緒元年版。

六、《廬陵縣志》，民國九年庚申秋月版。

七、《小輪芳徑甘溪劉氏三派五修通譜》，民國九年庚申版。

八、馬群《劉辰翁事蹟考》，載《詞學》，一九八一年十一月。

宋少保右丞相兼樞密使信國公文山先生紀年録

（宋）文天祥 編
佚 名補編
尹 波校點

《文山先生全集》卷一七

文天祥（一二三六—一二八三），原名雲孫，字天祥，後以字爲名，改字履善，又字宋瑞，號文山，吉州廬陵（今江西吉安）人。寶祐四年舉進士第一，爲寧海軍節度判官。景定間累遷著作郎，權刑部郎官，出知瑞州，除江西提刑。咸淳間知寧國府，除軍器監兼學士院權直，忤賈似道，乞致仕歸。起爲湖南提刑，移知贛州。德祐初，奉詔勤王，除樞密副都承旨、江西安撫使，權兵部尚書，知平江府。二年除右丞相兼樞密使，入元軍請和，被拘，輾轉逃歸。端宗即位，復除右丞相，以樞密使同都督諸路軍馬抗元。景炎三年加少保、信國公，兵敗被俘，被拘囚大都，終不屈，至元十九年十二月就義，時年四十七。

文天祥是宋末著名的民族英雄，耿耿忠心，彪炳史册。著有《文山先生全集》二十卷。事蹟具《宋史》卷四一八本傳、劉岳申《文丞相傳》。文天祥在獄中，嘗自著《紀年録》，今據四部叢刊影印明萬曆本《文山先生全集》卷一七所載年譜校點，並據明景泰六年刻本《文山先生文集》别集卷六所載年譜校正。

文天祥年譜，除自著《紀年録》之外，在當時還有杜滸所編《丞相年譜》（《文山先生全集》卷一九），未見流傳。今傳本有佚名編《宋丞相信國忠烈文公年譜節要》（北京大學圖書館藏拓本）、清許浩基編《文文山年譜》一卷（一九二七年杏蔭堂刊本），近人蔣守一、傅抱石、姚海坊、翁其榮亦撰有年譜，楊德恩所撰《文天祥年譜》（商務印書館一九三九年）較詳細。今人李安有《宋文丞相天祥年譜》（《新編中國名人年譜集成》第十輯）、萬繩楠有《文天祥事蹟編年》（一九八五年河南人民出版社出版《文天祥傳》附）。

宋少保右丞相兼樞密使信國公文山先生紀年録

正文乃公獄中手書，附歸全文集註，雜取宋禮部侍郎鄧光薦中甫所撰《丞相傳》、《附傳》、《海上録》，宋太史氏管發國（實）〔寶〕至元間經進甲戌、乙亥、丙子、丁丑四年野史，平慶安刊行《伯顔丞相平宋録》，參之公所著《指南前後録》、《集杜句詩》前後卷，旁采先友遺老話舊事蹟，列疏各年之下。

丙申，宋理宗端平三年。

予以五月二日子時生。大父夢予騰紫雲而上，命名雲孫。既長，朋友字曰天祥。後以字貢于鄉，字之者改曰履善。理宗覽對策，見其名，曰：「此天之祥，乃宋之瑞也。」朋友遂又字之曰宋瑞，而通稱之。

盧陵文氏來自成都，公六世祖炳然居永和鎮，五世祖正中徙富田。曾祖安世，贈太保、邢國公。大父時用，贈太傅、永國公。父儀，字士表，人稱爲革齋先生，贈太師、惠國公。母曾氏，齊魏國夫人。

丁酉，宋理宗嘉熙元年

庚子，嘉熙四年

辛丑，宋理宗淳祐元年

壬子，淳祐十二年

癸丑，宋理宗寶祐元年

甲寅，寶祐二年

是歲公夢召至帝所，帝震怒，責其不孝。公哀訴以臣實孝，帝曰：「人言卿不孝，卿言卿孝。」賜以金錢四遺去。公出門，而震雷欲擊之，自嘆曰：「幸免不孝之罪，而又不免雷擊。」驚覺，汗如雨。後一舉登第而有父喪，但未解四金錢爲何義。

乙卯，寶祐三年

是歲大比，以字舉郡貢士，弟璧同舉。冬，俱赴省，侍父革齋先生行。予既以字爲名，字之者改曰履善。提舉知郡李迪舉送。

革齋先生與弟書曰：「道由玉山，遇異僧指長男曰：『此郎必爲一代之偉人，然非一家之福也。』」

丙辰，寶祐四年

二月朔，禮部開榜，中正奏名，弟璧同登。及大庭試策，有司置予第五。理宗皇帝覽予對，親擢爲第一。臨軒唱名，蓋五月二十四日也。時革齋先生卧病客邸，予自期集所，請朝假侍湯藥。二十八日，革齋先生棄世。天府治喪，榜下士資送，道路費粗給。兄弟即日扶護還里，以君子不家於喪，沿途餽送並不受。

丁巳，寶祐五年

九月，葬革齋先生。

戊午，寶祐六年

八月，從吉。時丞相丁大全用事，或勸通書者，予曰：「仕如是其汲汲耶？」郡侯欲爲言于朝除初官，力辭謝得止。

己未，宋理宗開慶元年

五月，臨軒策士，旨差簽書寧海軍節度判官廳公事。朝廷檢會照格，授承事郎。予聞命辭免，乞行進士門謝禮。旨令朝謝訖之任。

九月，入京，時江上有變，吳丞相潛再相。初入都，知董宋臣主遷幸議，京師洶洶。

予門謝訖，即上疏乞斬董宋臣，以一人心，以安社稷。建明倣方鎮建守、就團結抽兵、破資格用人數事。書奏，不報。還里。

舊例，三魁唱名罷，賜袍笏，謝恩。入幕，賜御饌，進謝恩詩。出賜席帽，於闕門上馬，迎入期集所，又名狀元局。官給錢物供張皀隷等，於此聚同年，待賓客，刊題名小録，賜聞喜宴，進謝宴詩，如此者一月。然後率榜下士詣闕謝恩，謂之門謝。門謝後授初階，內狀元授承事郎、簽書某軍節度判官廳公事。至後一科放進士榜，則前一科狀元召入爲秘書省正字，名曰對花召。

庚申，宋理宗景定元年

二月，差簽書鎮南軍節度判官廳公事，辭免。乞祠祿，旨差主管建昌軍仙都觀。

辛酉，景定二年

十月，除秘書省正字。時賈丞相似道當國年餘，頗訝不通名。及除入館，得予書舉張師德兩及吾門故事，始重嘉歎。誥詞曰：「倫魁登瀛，故事也。然始進大率以虛名，既久乃知其實踐，爾則異於是。初以遠士奉董生之對，繼以卑官上梅福之書。天下誦其言，高其風，知爾素志不在溫飽。麟臺之召，其來何遲！語有云：『居大名難。』又云：『保晚節難。』爾其厚養而審發之，使輿論翕然，曰朕所親擢敢言之士。可。」劉克莊行。

壬戌，景定三年

四月，供正字職，尋兼景獻府教授。

五月，充殿試考官，進校書郎。誥詞曰：「新進士唱第，前舉首必召，故事也。爾以陟岵之故，稽登瀛之擢。一旦來歸，如麟獲泰時，鳳集阿閣。甫繙黃本，俄映青藜。在他人爲速，在爾爲晚矣。人之不可及者年也，不磨者名也，至哉天下樂者書也。朕將老汝之才而極其用焉耳。」

癸亥，景定四年

正月，除著作佐郎。

二月，兼權刑部郎官。刑部事最繁重，居官者率受成於吏，號淸流者尤所不屑。爲之鈎考裁決，晝夜精力不倦，吏不能欺，懾服焉。

八月，以董宋臣覆出爲都知，上疏論其惡，不報。束擔將出關，丞相遣人謂公不可，差知瑞州。

十一月赴郡，十二月迎親就養。郡兵火後，瘡痍乍復，予撫以寬惠，鎭以廉靜。郡兵素驕，取其桀黠寘之法，張布綱紀，上下肅然。於交承外，積緡錢萬，創便民庫。去之日，塡兵出前窠名，爲楮百萬有奇。遺愛在民，久益不忘。

甲子，景定五年

十月，召赴行在，尋除禮部郎官。

十一月，除江西提刑，辭免，不允。

乙丑，宋度宗咸淳元年

二月，就瑞州交割提刑職事。時大赦後，推廣德意，全宥居多。惟平寇扶楮，稍振風采。

四月，行部至吉州太和縣。伯祖母梁夫人歿，予父所生母也。申解官承心制。間臺臣黃萬石以不職論罷。

是歲闢文山。

臨江城中金地坊銀匠陳，見負關會過于市者，歎曰：「我等困苦，止欠此䭾耳。」翼早盜殺負關會人慧力寺後山中，捕司跡盜急，市荷擔行鬻糗餌者以所聞陳語告，捕司鞫陳箠楚，誣服。將受刑，辭其母曰：「爲子不能終養，必宿冤債，無可説者。望吾母焚紙錢於吾死處，告土神乞指引我到盜殺人處。又焚紙錢於盜殺人處，告土神乞指引我到殺人正賊之家。」母如其言，後月餘，母夢子告曰：「謝母。已得正賊，乃府衙後李某家，所得鬭會具在暗閣上竹籠内。於吾死後，止用訖鬭會買牲酒賽謝神福，内覆紙單，籠上用草爲遮蓋，塵灰積滿。一二日，文提刑到，請母爲陳訴。」越數日，公到，陳母乞屏左右，持素紙以所夢訴。公即命有司同陳母詣（辛）〔李〕閣，悉如夢。遂以李償負鬭會人死，推司及元捕人償陳死，官贍養陳母終身。此趙君厚言也。

丙寅，咸淳二年

丙寅戊戌庚戌丙子，長男道生生。

丁卯，咸淳三年

丁卯壬寅甲午丙寅，次男佛生生。

二月，女柳生。

三月，女環生。

九月，除尚左郎官，辭免，不允。

十二月，赴闕供職。誥詞曰：「蘇軾有云：『仁宗皇帝在位最久，得人最盛，進士高科，類至顯位。』我理宗享國，庶幾仁祖取士之數，卻又夥焉。當時裦然之選，今其存者，無不登進。獨爾以陳情之表，讀禮之文，淹恤在外，尙遲嚮用。夫風之積不厚，則其負大翼無力。若爾之植立不凡，非特以高科也。而又益培厥栽，則其滋長也孰禦？尙左高於郎位，其以是起家，方天之休，敬之哉。

可。」馮夢得行。

戊辰，咸淳四年

正月，兼學士院權直、兼國史院編修官、實錄院檢討官。是月，臺臣黃鏞奏免所居官。

冬至，除福建提刑，臺臣陳懋欽奏寢新命。

己巳，咸淳五年

四月，差知寧國府，辭免，不允。

十一月，領府事。府極彫弊，始至，爬梳條理，曠然無事。寧國爲郡，居上流斗絕，稅務無所取辦，則榷剝爲民害，予奏罷之。別取郡計以補課額，百姓歡舞。去後，爭釀錢立祠。

先是乙卯春，公家趍城三十里，曰冷水坑。旅店胡翁夜夢門外巨石，有龍蛻爪其上。夢甚著，覺而異之。昧爽即擁帚掃除石，驗所夢。已而公至，則坐于石更履。翁言早寒，願飯而去，詞意甚勤。公問故，以夢告，且曰：「他日必富貴，願垂憐我家。」公諾焉。由是公家人往還經從，必飯其家。歲時翁媪至公家，必優贈與。至是公載家寧國弭任歸，午飯胡店，胡以宿諾請，公笑曰：「諸擔中任擔取其一。」胡屢謝不敢，則擇取一擔以告。公令衆啓擇視之，則扇也。公曰：「此遠方土宜，爲鄉里親友餽者，汝無用焉。」命衆估時值，以其直與之。蓋胡以公五馬貴，如他人皆輜重充溢，不知公行橐固枵然，是以任其自擇無嫌也。公之子孫過之，胡之子孫仍奔走迎送不倦，公家亦時優恤之。一夢之吉，乃纏綿受實惠，異哉！此胡老之言也。

庚午，咸淳六年

正月朔，除軍器監，兼右司，辭免，不允。

四月，供監職，免兼右司，尋兼崇政殿説書，兼學士院權直，兼玉牒所檢討官。會平章賈似道託疾歸紹興，乞致仕，旨令學士院降詔不允。賈有要君之志，予當制，裁之以正義。時内制相承皆呈稿當國，改竄惟命，重失王言之體。予直道而行，遂忤賈意。

七月，除秘書少監，兼職依舊，臺臣張志立奏免所居官。

辛未，咸淳七年

冬至，除湖南運判，臺臣陳堅表寢新命。是年起宅文山，山在廬陵南百里，居予家上游。兩山夾一溪，溪中石林立，水曲折其間，從高注下，姿態横出。山下石尤奇怪，跨溪綿谷，低昂卧立，各有天趣。山上下流泉四出，隨意灌注，無所不之。其高處面勢數百里，俯視萬壑，雲烟芊綿，眞廣大之觀也。其南曰南涯，可五里，主人日領客其間，窮幽極勝，樂而忘疲。其北曰北涯，以南長潭爲止，清遠深絶，蓋以時至焉。宅基在南涯，其地平曠，長可百丈餘，深可三十丈。溪水至其前，泓渟演迤，山勢盤礴，如拱如趨，蓋融結非偶然者。宅當其會，青山屋上，流水屋下，誠隱者之居也。予於山水之外，别無嗜好。衣服飲食，但取粗適，不求鮮美。於財利至輕，每有所入，隨至隨散，不令有餘。常歎世人乍有權望，即外興獄訟，務爲兼并。登第之日，自矢之天，以爲至戒。故平生無官府之交，無鄉鄰之怨。閑居獨坐，意常超然。雖凝塵滿室，若無所睹，其天性澹如也。於宦情亦然，自以爲起身白屋，解逅早達，欲俟四十三歲，即請老致仕，如錢若水故事。使國家無虞，明良在上，退爲潛夫，自求其志，不知老之將至矣。時之不淑，命也何尤？山中新宅，後聞江上有變，即罷匠事，惟廳堂僅成。

癸酉，咸淳九年

正月，除湖南提刑，辭免，不允。三月，領事。疏決滯淹，一路無留獄。連平巨寇，道路肅清。冬，乞便郡侍親，差知贛州。

是年夏，見古心先生江公萬里於長沙。公從容語及國事，憫然曰：「吾老矣！觀天時人事當有變。吾閲人多矣，世道之責，其在君乎！」居一年而難作，公家番易，城陷，義不辱，自沉而死。予灑血攘袂，顛沛驅馳，卒以孤軍陷沒，無益於天下。追念公言，輒爲流涕。

甲戌，咸淳十年

三月，赴贛州。平易近民，與民相安無事。十縣素服威信，人自相戒，無有出甲，廣人以按堵，故具官設位，家置香火以報恩。

六月，慶祖母劉夫人年八十七，郡民自七十以上，與錢酒米帛有差。有婦人百三歲者。

十一月二十一日，哀痛詔：「勑門下：先帝傾崩，嗣君沖幼。吾至衰耄，勉御簾帷。曾日月之幾何，凛淵冰之是懼。憒兹醜虜，闖我長江。乘隙抵巇，誘逆犯順。古未有純是夷虜之世，今何至泯然天地之經。嘅國步之阽危，皆吾德之淺薄。天心仁愛，示以星文而不悟；地道變盈，警以水患而不思。田里有愁嘆之聲，而莫之省憂；介胄有飢寒之色，而莫之撫慰。非不受言也，而玩爲文具；非不恤下也，而壅於上聞。靖言思之，出涕滂若。三百餘年之德澤，入人也深；百千萬姓之生靈，祈天之祐。亟下哀痛之詔，庶回危急之機。尙賴文經武緯之臣，食君之祿，不避其難；忠肝義膽之士，敵王所愾，以獻其功。有國而後有家，胥保而相胥告。體上天福華之意，起諸路勤王之師。勉策勳名，不吝爵賞。故茲詔諭，想宜知悉。」

乙亥，宋幼主德祐元年

正月朔日，得報虜渡江，尋詔下召諸路勤王。奉詔起兵。

二月，除右文殿修撰、樞密副都（丞）〔承〕旨、江西安撫副使、兼知贛州，尋兼江西提刑，進集英殿修撰、江西安撫使。

四月，領兵下吉州，除權兵部侍郎，職任依舊。

五月，丁祖母劉夫人憂，解官承重。

六月，葬劉夫人。起復命下。

七月七日，大軍發吉州。至衢州，除權兵部尙書，職任依舊。

八月，至闕下，駐兵西湖上。

九月，除浙西、江東制置使，兼江西安撫大使，知平江府事。陛辭，乞斬呂師孟釁鼓，不報。

十月十五日，入府，尋除端明殿學士，職任依舊。遣軍解圍常州，敗於五木。正城守間，准朝命以獨松關急，趣師入衛。辭以吳門空虛，願分兵戍守。命再下，還師。進資政殿學士、浙西江東制置大使，兼江西安撫大使，置司餘杭，守獨松關。

管史云：正月十三日，有旨：文天祥江西提刑，照已降指揮，疾速起發勤王義士，前赴行在。十六日，公移檄諸路，聚兵積糧。二月，賈似道駐師魯港，復公書，勉以宗忠愍功名。二十二日，賈似道師潰。章鑑乃啓除右文殿修撰等職。四月，用老將王輔佐爲總統，領兵下吉州。王尋卒，以廣東統制方興代之。江西副使黃萬石有舊嫌，又忌公聲望出己右，以公軍烏合兒戲無益言於朝，近臣與厚者佐之，遂有留屯隆興府之命。

太史氏管發曰：人心天理，誰獨無之？文魁義聲一倡，而土豪蠻蜒裹糧景從，斯亦壯矣，而或者猶以猖狂議之。時士友爲之歌曰：「出師自古尚張皇，何況長江恣擾攘。聞道義旗離澧口，已驅北騎走池陽。先將十萬來迎敵，最好諸軍自裹糧。說與無知饒舌者，文魁元不是猖狂。」有旨：「文都承將所部人兵留屯隆興，非但爲隆興守禦計，異時隨機用事，其爲效與勤王等。今據文都承申，所部之兵皆土豪忠義，鋭氣方新，戰鬬可望勝捷，不可閉之城郭。詞氣甚壯，此朝廷之所樂聞。劄江西安撫副使、提刑、知贛州、殿撰文都承，且照累劄，時暫駐隆興府，續聽行下，以圖隽功。奉寶批知。」察院孫嶸叟奏言：「江西安撫使文天祥申，准省劄，令江西副使黃萬石星馳入衛，文天祥將所部勤王義兵留隆興府事。天祥以身許國，義不辭難，上下東西，惟命奔走。伏念天祥猥起書生，豈諳兵事？昨者恭承太皇太后詔書，召天下勤王。天祥待罪一州，忠憤激發，不能坐視，移檄諸路，冀有盟主，願率兵以從。人心未易作興，世事率多沮撓，北兵日迫，血淚橫流。伏蒙公朝除天祥右文殿修撰、樞密都承旨、江西安撫使，續准除江西提刑。天祥極知該恩過當，所當辭免，痛心時危，無暇爲平時揖遜，亟憑使名，召號所部。惟是帥司無兵無將，無官無吏，無錢無米，徒手自奮，立爲司存。今已結約贛州諸豪，凡溪峒剽悍輕生之徒，悉已糾集。取四月初一日提兵下吉州，會合諸郡民丁，結爲大屯，來赴闕下。忽得留屯隆興指揮，觀聽之間，便生疑惑。緣天祥所統純是百姓，率之勤王，正以忠義感激使行，又有官資在前，爲之勸勵。此曹銳氣方新，戰鬬可望勝捷。若閉之城郭，責以守禦，日月淹久，烏合之衆，不堪安坐，必至潰逃。此勤王與留屯，較然利害之不同也。謹瀝忠忱告鈞慈，特與收回留屯隆興之命，容天祥照累降旨揮，將所部義兵來赴闕下。」至衢州時，以公軍抗健有紀，所過秋毫無犯，近臣大驚，遂除權工部尚書。八月十七日，內批文天祥除權工部尚書，兼都督府參贊軍事，職任依舊。十九日，奉詔入衛，墨絰從戎，仰藉朝廷威命，獎率江右、湖南、淮、廣諸項軍馬，見抵京畿。除已具狀申省，乞判命重臣交管，放令終喪外，謹具兵籍六冊繳申。詔敕：「三省進呈卿狀辭免（二）〔工〕書兼督贊事，具悉。自吾有敵難，羽檄召天下兵。惟卿首倡大義，糾合熊羆之士，誓不與虜俱生。文而有武，儒而知兵，精忠勁節貫日月，質神明，惟寵嘉之。投袂纓冠，提兵入衛，師律嚴肅，勝氣先見。宗社生靈，恃以爲安。繇少常伯進長冬卿，未足以酬賢勞。相臣督師于外，命卿參佐，庶幾集允文采石之功。夫移孝爲忠，以國爲家，古有明訓。矧急危之秋，其往求朕攸濟。理考親擢魁彥，以貽孫謀，意其在此，又何遜乎。故茲詔示，想宜知悉。」二十六日，起復朝奉大夫、江西安撫使，辭免，不允。內批文天祥依舊工部尚書，兼督贊，除浙西、江東制置使，兼江西安撫大使，知平江府事。二十八日，敕：「三省進呈卿狀辭免權工部尚書、江東制置使、兼知平江府恩命事，具悉。朕未堪多難，疆圉孔棘，御事罔不曰艱大。天毖我成功，所惟時魁儒。秉忠倡義，奬率三軍，入衛社稷，國勢爲之增重，人心恃以爲安。精神折衝，文武是憲。若稽高廟，命臣頤浩，開制閫于江浙，宏濟中興之業，耆定敉功。卿器度才猷，克邁前哲。惟長江之險要未復，畿甸之備守當嚴。命卿以大常伯兼領二使，表裏撑拓，以固吾圉，東西運掉，以清虜氛。儒師一臨，士勇百倍，用保乂我文祖受命。民茲惟豐芑貽謀之意，亟其禡牙紓服宵旰之勞。所辭宜不允。」正言曾唯奏：吳門奧區，今爲邊地。倫魁雋至，忠孝勤王。軍中喧騰小苑甲兵之謠，河上尚稽光世節制之命。九月初七日，勘會文尚書奬率義兵，入衛王室，忠忱義槩，深可嘉尚。除已頒三路制帥之命，仍兼督府參贊、知平江府。今已日久，秋風浸致，事不可緩，合行催促，須議旨揮，旨令文天祥不候辭朝，疾速前去之任。所有一行軍兵，除已別議支犒外，其餘諸項管軍頭目人，合與優加推賞，及辟置官屬，科降錢糧，一應合行事件，並仰逐項條具開申，以憑施行。史云：「文尚書開閫，招軍備禦。朝廷科降十八界二千萬貫，金一千兩，銀五千兩，迪功、從事、承信、崇義郎官誥各五十道，校副尉資帖各一百道，鹽萬五千袋，節次支犒錢十八界四百七十九萬七千五百貫，口劵錢米十八界一百二十六萬三千九百五十貫，米二萬四千二百五十餘石，貼助軍士使用錢十八界一十萬貫，截撥錢、銀、米十八界十八萬八千三百貫，銀五千五百五十一兩，米四萬九千五百二十餘石，起發特支犒錢十八界二百萬貫，已上總計金一千兩，銀六千五百五十兩，鹽一萬五千袋，十八界二千八百三十四萬六千餘貫，官誥二百道，資帖二百道，米七萬三千七百七十餘石。」十六日，除端明殿學士，制詞曰：「勑：元戎十乘先行，式倚眞儒之望；師中三命承寵，遹隆方面之權。朕若稽先朝之舊章，最重承明之邃職。王內以傳畿廷之彥，外亦褒帥閫之賢。素之牧平涼，程劭之蒞益部，皆膺茲選，今得其人。某官實學濟時，英猷緯國。文有武備，義槩質于神明；儒知軍情，忠忱貫于霜日。傳檄召兵而志士奮，纓冠赴難而國勢張，不負素定之榮，允謂寡二之略。予欲復江表之疆宇，命爾攘除；予欲壯浙西之翰藩，咨爾修扞。威稜聳前茅之令，夷虜折破竹之威。惟任之專者位必崇，惟名之至者功必集。乃躋班規殿之峻，以增華帥閫之嚴。噫！邦咸喜戎有良翰，茂對陟明之渥；身雖外心在王室，趣成敵愾之勳。」二十七曰，文制使辟周天驥帶告院，添差江西撫參，留司隆興府；楊仔帶行吏架，添差江西撫機；何時帶工轄，添差江西撫參，並分司吉州；文天祐帶史館檢閱，添差江東制幹，分司徽州；林棟帶禮兵架閣，添差浙西制幹，分司常州。十月，弟璧旨除直秘閣，主管崇道觀。誥詞曰：「勑具官某：惟爾哲兄，以鴻儒魁望，倡義勤王，忠於爲國，而不謀家，乃命閫制，修扞我難。爾競爽有令譽，虞侍陔養，叔出季處，恩義兩盡。寓直木天之峻，賦祿桐栢之祠，清且佚矣。孝友是亦爲政，往其祗若。」季弟璋特與免銓，充浙西制司内機。十一日，賜詔曰：「卿秉忠忱以濟時難，倡義旅以衛王室。經營四方如召虎，獎率三軍如武侯。爰咨常伯之英，赴奮制閫之寄。將士用命，遂汛掃於虜氛；精神折衝，益振揚於勝氣。有嘉體國之志，亟奏攘夷之勳。元戎啓行，周邦咸喜。載加錫賚，式示眷懷。今賜卿金二十兩注盌一副，金十五兩盤盞一副，細色二十匹，纈羅二十匹，龍涎香三十餅，度金香合一具十兩，清馥香三十帖，龍茶十斤，至可領也。故兹劄示，其體吾注倚之意。」二十八日，常州破。公在平江四十日，去三日而通判王矩之、環衛王邦傑以城迎降。二十三日，北兵破獨松關，留夢炎遁。十二月，内批文天祥簽書樞密院事。十六日，隆興府劉槃以城降，制置黃萬石移閩撫州，聞北兵至而遁。都統密宥迎敵，就擒。通判施至道以城降。

丙子，宋德祐二年五月，改景炎元年。

正月二日，除知臨安府，辭不拜。詣門陳

大計，不得見。日贊廟謨救宗社危亡。十八日，伯顔至臯亭山。是夕，宰相陳宜中遁。十九日早，除樞密使，午除右丞相兼樞密使，都督諸路軍馬，懇辭。間奉旨詣北軍講解。二十日，以資政殿舊職詣北營，見伯顔陳大誼，詞旨慨慷，虜頗傾動，留營中不遣。明日，宰相吳堅、賈餘慶以下以國降。予責伯顔留使失信，罵呂文煥逆賊引虜陷國，并數呂師孟叔姪罪惡，求死北營。虜置兵衛守，遂不復還。其勤王兵，朝廷放散西歸。

二月八日，虜驅予隨祈請使吳堅、賈餘慶等入北。十八日，至鎮江。二十九日，予與杜滸以下十一人夜走眞州。

三月初一日，入眞州城。初三日，眞州紿出西城，門閉弗納，尋遣兵護送出境。是夕三更，抵揚州西門，不敢入。從者四人逃。初四日，伏城西荒山空屋中，虜騎萬計過屋後，幾不免。初五日，移止賈家莊，卧敗牆糞穢中。是夜趍高郵，迷失道。初六日早，遇哨，縛去一人，殺傷一人，餘幸完。初七日，匍匐至高郵，亟下船，歷七水寨。十一日，至泰州，伏城下。二十二日，發舟，與虜騎相先後。二十四日，至通州。

閏三月十七日，遵海而南，三十日至台州境，地名城門鎭，自城門陸行。

四月八日，至溫州。

五月朔，景炎皇帝於福安登極改元，以觀文殿學士、侍讀召赴行在。是月二十六日至行都門，授通議大夫、右丞相、樞密使，都督諸路軍馬。連上章辭，改樞密使，同都督諸路軍馬。

七月四日，發行都。十三日，至南劍聚兵。

十一月，入汀州。

正月初八日乙亥，劉察院廷瑞進稱臣表。公請以福王、沂王判臨安，係民望，身爲少尹，以死衛宗廟，不許。張世傑宿重兵六和塔，公又請於世傑，京師義士可二十萬，背城借一，以戰爲守。世傑勉公歸據江西，已歸淮堧，以爲後圖。十五日壬午，在朝臣一時俱逸。十七日，伯顔至(高)〔皋〕亭山，距臨安三十里。趙吉甫、賈餘慶獻傳國玉璽、降表。是夕，宰相陳宜中遁，世傑遁。十八日乙酉，北兵至臨安北五十里，益王、廣王乃從母家出關渡江，大將蘇劉義以兵衛，間走永嘉，公實陳此議也。十九日早，除公樞密使。時北兵已迫修門内，戰、守、遷皆不及施。搢紳大夫士萃於吳堅左丞相府，會伯顔邀當國者相見，旨令公詣北軍講解，衆謂公一行爲可以紓國難。國事至此，公不得愛身，意虜尚可以口舌動也。初，奉使往來，無留北中者，公亦欲覘之，歸而求救國之策。於是二十日詣北營，至則留營中，唆都忙古歹館伴，深悔一出之誤。從臾者有意推陷，公不覺也。二十一日，宰相吳堅、賈餘慶等以國降，且降詔副以省札，俾各州縣歸附。左丞相吳堅等五人捧表獻土北庭，號祈請使。二十四日辛卯，伯顔遣鎮撫唐兀兒、宋趙興相等先罷散文天祥所招義兵一萬餘衆，令各歸鄉里，給與文榜。公聞之，流涕不自堪。二月初八日，驅公隨祈請使入北。公不在使列，蓋驅逐之使去耳，盡出賈餘慶計陷。先一夕，公作家書，已處置家事，擬翼日行則引決。家參政則謂公：「死傷勇，祈而不許，死未爲晚。」公亦以是隱忍，猶冀一日有以報國。先是正月十九日，客贊公使北，天台杜滸、梅壑議斷斷不可，客逐之去。後二十日，公北行，諸客皆散。梅壑憐公孤苦，慨然相從，朝旨改宣教郎，除禮兵部架閣文字。十八日，至鎮江，請十九日渡江。公自（乂）〔入〕京城外北兵營，日夜謀脫，不得間。至是益急，謀舟夜渡。杜遂醉遊於市，銀三百兩賄老校引間道，走十里至江岸，以三人寄老校家。老校，余元慶眞州故舊也，許銀千二百兩得船。公於河岸上沈頭家坐卧，從公者曰王千戶，狼突相隨，不頃刻離。是夕，公以明日行，買酒辭別鄉土，因以（其）〔醉〕王千戶諸人，伺其寢熟，啓門出。杜狎飲妓家者小卒提官燈，公變服從杜出。至人家盡處，杜以銀與小卒，紿使來日候某所。遂至甘露寺下，李成、呂武以船至。北船連亘十數里。至七里港，有喝問歹船，賴巡船潮退閣淺，聞哨齒聲甚清厲，舟子拜且禱云：「江南田相公。」即得順風，各稽首以更生賀。二月二十三日，阿朮平章令諸祈請使手扎勉李庭芝歸附，獨公不署名。阿荅海左丞入宮，召宋太后、幼主即日出宮，封府庫，以全太后、幼主及福王與芮、沂王乃裕、樞密使謝堂、隆國夫人、度宗生母也。王昭儀等行。三月朔旦，至眞州，守將苗再成迎見，語國事，感慨流涕。越日，約觀城，王都統導至城外，出制司小引脫回人朱七三等供云：「軍前見一丞相，差往眞州賺城。」制使遣提舉官來殺丞相，安撫不忍加害。張路分、徐路分來歸行橐衣物，五十卒弓劍送行。海陵唐杜密謂張、徐曰：「朝廷事未可知，文公宰相也，今雖奉制司命，他日必將移過於下以說，汝其審之。」張、徐然之，行久之，云：「安撫令某二人便宜從事，某見相公口口是忠義，如何敢殺相公。」遂與張、徐以賜金百兩，與五十兵以銀百五十兩，乃相繼辭去。明日，至揚州。杜架閣謂：「制臣欲殺我，不如趍高郵、通州，渡海歸江南，見二王，伸報國之志。徒死城下無益。」初四日，李茂、吳亮、蕭發、余元慶見行止未決，攜所腰金各百五十兩逃去。外既顛躋，內又飢渴，至半山土圍糞堆中，掃淨數尺地，以衣貼地睡。午，北騎數千自土圍東至，忽大風雲雨昏暝，騎馳西去，遂得免。古廟樵出糝羹，乞其餘。又迷失道，通夕行田間。後乃聞北以高郵米擔濟揚州，夜遣騎截諸津，若非迷途，當一網無遺，若有鬼神鼓動其間者。旦霧，隱隱見哨騎，趍避竹林，騎遶林呼噪。予藏處，馬過傍三四，不之見。時萬竅怒號，雜亂人聲，疑有神明相之。初七日，遇樵夫，以簣舁至高郵，買舟。二十四日，至通州。得之諜者云，上下常與北騎隔三四十里。又云鎮江走了文丞相，大索數日，許浦一路馳騎追捉。聞之駭汗，何僥倖甚也。通州守楊練使師亮出郊，聞而館公於郡，衣服、飲食、舟楫皆其爲料理。閏月十七日，發城下。四月八日，至溫州。聞端宗皇帝於福安建大元帥府，公奉書勸進，議遂決。舊客張汴、鄒渢、部曲朱華等皆自閩來迎。景炎元年五月朔，福安登極，以觀文殿學士、侍講召赴行在。二十六日，授通議大夫、右丞相、樞密使、都督諸路軍馬。制詞曰：「帝王之立中國，惟修政所以攘夷；輔相之重朝廷，惟用儒所以無敵。朕作其即位，圖厥敉功。介臣不二心，歷險夷而一致；咨汝宅百揆，賴文武之全才。亟歸右揆之班，并授元戎之柄。肆敭大號，專告群工。具官某，骨鯁魁落之英，股肱忠力之佐。仁不憂，勇不懼，坎維心之亨；國忘家，公忘私，蹇匪躬之故。適裔虜之猾夏，率義旅以勤王。慷慨施給鎧之資，豪傑雷動；感激灑登舟之淚，忠赤天知。雖成敗利鈍，逆覩之未能；然險阻艱難，備嘗之已熟。獨簡慈元之愛，爰升次輔之聯。方單騎以行，驚破夷虜之膽；及免冑而入，大慰國人之心。天地之所扶持，鬼神亦爲感泣。今職方雖非周邦之舊，而關輔未忘漢室之思。伊欲闖輦轂而追三宮，復鍾簴而妥九廟。非內治飭，何以實元氣；非國威振，何以折遐衝。披荆棘於靈武之初，予未知濟；收桑榆於澠池之後，事尚可爲。思昔元勳，有如臣浚，在思陵已登於亞相，更孝廟乃復於舊班。式同今日之中興，罔俾前修之專美。況同列崇皋陶之遜，而初政俟公旦之來。庸再秉於國鈞，仍惠長於樞宥。優督府琱戈之錫，峻文階黃繖之除。申拓賦（會）〔奮〕，式隆寵數。於戲！春秋以歸季子爲喜，朕方徇於私情；晉人謂見夷吾何憂，爾共扶於興運。尚堅忠孝，大布公忱。迄圖社稷之安，茂紀山河之績。其祗予命，永弼于彝。」連上章辭，改樞密使，同都督諸路軍馬。十一月，入汀州，公遣督參趙時賞、督諮趙孟濼以一軍取道石城，復寧都；遣督贊吳浚以一軍屯瑞金，復雩都。時北軍逼福安，車駕航海，福安遂陷。

丁丑，宋景炎二年

正月，移屯漳州龍巖縣。

三月，至梅州，始與一家相見。旨授銀青光祿大夫，職任依舊，時經略江西。

五月，入贛州會昌縣。

六月三日，戰雩都，大捷。二十一日，入興國縣，遣兵攻贛、吉，斬汀州僞天子黄從。臨、洪、袁、瑞豪傑響應。興國軍、黄州新復，號令通於江、淮。不幸攻贛、吉兵敗，行府趍永豐，就處置司會兵。尋爲追騎所及，至空坑，失歐陽夫人、一子、二女，行府收拾散兵。

十月，入汀州。

十一月，至循州，屯南嶺。

正月，北兵大入，汀關不守。公欲據城拒敵，汀守黄去疾聞車駕航海，擁郡兵有異志。公移次漳州龍巖縣，時賞、孟濼還軍，追及於中途。吳浚以虜命來招降，人情洶洶，殛浚乃定。時唆都右丞、阿刺罕左丞、董參政入閩，李珏、王積翁等已降，仍爲福建宣慰、招撫等使，乃使淮軍羅輝持書來。二月，復梅州。

四月，斬二大將之跋扈者曰都統錢漢英、王福以釁鼓。出江西，開府興國縣。淮西野人原寨劉源等兵復黄州壽昌軍，用景炎正朔者四十日。潭州衡山縣趙璠等起兵岳下，張琥起兵邵、永間，跨數縣，撫州何時起兵應同都督府，分寧、武寧、建昌三縣豪傑，皆遣使詣軍門受要束。

七月，督謀張汴監軍，率趙時賞、趙孟

灤等盛兵薄贛城，招諭鄒㵯率贛諸縣兵擣永豐、吉水，招撫副使黎貴達率吉諸縣兵攻太和。時贛惟存孤城，吉八縣復其半，半垂下。臨、洪諸郡豪傑送款無虛日，大江以西，有席卷包舉之勢。福建斬汀州僞天子黄從，淮西兵復興國軍，黄州復壽昌軍，湖南所在起義兵不可數計，四方響應。孔明有云：「漢事將成也，天未悔禍。」相望旬日間，贛、吉州皆以驚潰。北兵自隆興來，適乘其弊，戰於廬陵方石嶺下，我師不利。及永豐空坑，軍士解散，妻子爲虜。公收拾餘衆，奉老母入汀州，轉移諸州。將請命行朝，請益兵再舉，會北帥劉深自海至，唆都自陸至，道路梗塞，朝訊斷絶。公駐循之南嶺，柵險以自全。黎貴達觀望有陰謀，事覺，伏誅。八月，黎貴達以

正軍千人，民兵數千，次鍾步，遇北軍，民兵驚潰。未旬日，汴、賞、灤率民兵數萬逼贛城，北軍以百餘騎衝之，衆奔潰。㵯聚兵數萬在永豐境，亦潰。北元帥李恒等以大軍乘其弊，追及於東固方石嶺下。都統鞏信率數十卒短兵接戰，北帥駭其以寡拒衆，疑山中有伏，斂兵不進。信坐巨石，餘卒侍左右，箭雨集，屹不動。北愈疑，獲村夫引間道。踰嶺至山後，闃無人焉。就視信等，創遍體，死未仆耳。以此北騎稽滯，公遂得遠去。空坑陳師韓曰：二十七日，公至空坑。潰卒困憊，藉地睡。公宿山前師韓家，夜得報，追騎已逼。陳送公由間道去，諸卒不之知也。追騎至，詰公所在，無知之者，遂攻破其寨，屠之。公行山逕逼窄，民老幼負荷，奔走塡塞，公窘迫

不能前。既而山墜巨石，橫壅于路，追騎至，迂迴扳緣，前公去遠矣。至今居民指爲相公石。

鄧古庭主簿曰：公既遁，追騎將及。是早重霧，尋丈遠不相覩。公猶聞後喧鬨聲，乃騎見轎中人風姿偉然，問爲誰，曰姓文。騎以爲丞相也，群擁至帥所。問之必曰姓文，問轎夫，咸不知也。遍求俘虜人識認，乃有曰此趙通判時賞也。以此追騎逗留，公又得遠去。趙至隆興帥府，罵不絕口，遂受害。

歐陽夫人曰：空坑敗，潰卒意公所向，疾至隨護。公命五百弩手斫山樹爲鹿角，（池）〔扼〕隘道。頃之，數人負傷至，則五百弩手已摧踣不支。公即去，夫人驚問故，則追騎已林立于前。夫人與佛生、柳小娘、環小娘、顏孺人、黃孺人等皆爲俘虜。夫人沿路意有深水險崖即投死，而一路坦平。至元帥所，已失佛生，必有愛其俊秀，養爲己子矣。

戊寅，宋景炎三年

二月，進兵惠州海豐縣。

三月，屯麗江湧衝，遣問使沿海訪問車駕。

六月，行朝至厓山，行府移船澳，規入覲。

八月，授少保、信國公，職任依舊。封母曾氏齊魏國夫人。

九月，齊魏國夫人薨。旨起復。

十一月，進屯潮州潮陽縣。

十二月十五日，移屯趍海豐。二十日，爲虜騎追及於道，軍潰被執，服腦子不死。見張元帥，抗節不屈，張待以客禮。

四月十六日，大行皇帝遺詔曰：「朕以幼冲之資，當艱厄之會，方大皇命之南服，黽勉于行；及三宮胥而北遷，悲憂欲死。臥薪之憤，飯麥不忘，柰何乎人猶托於我？涉甌而肇霸府，次閩而擬行都。吾無樂乎爲君，天未釋于有宋。強膺推戴，深抱懼慚。而夷虜無厭，氛祲甚惡。海桴浮避，澳岸棲存。雖國步之如斯，意時機之有待。乃季冬之月，忽大霧以風，舟楫爲之一摧，神明拔於既溺。事而至此，夫復何言！矧驚魂之未安，奄北哨其已及。賴師之武，荷天之靈，連濱於危，以相所往。沙洲何所，垂閱十旬。氣候不齊，積成今疾。念衆心之鞏固，忍萬古以違離。藥非不良，數不可逭。惟此一髮千鈞之託，幸哉連枝同氣之依。衛王某聰明夙成，仁孝天賦，相從險阻，久繫本根。可於柩前即皇帝位，傳璽綬。喪制以日易月，內庭不用過哀，梓宮毋得輒置金玉，一切務從簡約安便，州郡權暫奉陵寢。嗚呼！窮山極川，古所未嘗之患難；涼德薄祚，我乃有負於臣民。尙竭至忠，共持新運。故茲詔示，想宜知悉。」十七日，祥興皇帝登寶位，詔曰：「朕勉承丕緒，祗若令猷。皇天付中國民，既勤用德；聖人居大寶位，曰守以仁。藐茲渺沖，適際危急。惟我朝之聖神繼統，而家法以忠厚傳心。滲漉在人，億萬年其未泯；遭逢多事，百六數之相乘。先皇帝聰明出乎群倫，孝友根於天性。痛憤三宮之北，未嘗一日而忘。遺大投艱，丕應徯志。除凶刷耻，惟懷永圖。托於神明，辱在草莽。上霧下潦之所偃薄，洪濤巨浪之所震驚。謂多難以殷憂，宜祈天而永命。胡寧予忍，而不其延。日月爲之無光，社稷凜乎如髮。攀髯何及，繼志其誰？

以趙孤猶幸僅存，盍使爲宗祧之主；以漢賊不容兩立，庶將復君父之讎。大義攸關，輿情交迫，閔予小子，遭家不造。而況斯今，于前寧人。圖功攸終，其難莫甚。尙賴元勳宿將，義士忠臣，合志而并謀，協心而畢力，敵王所愾，扞我于難。茲用大布寬恩，率循彝典。于以導迎和氣，于以迓續洪休。可大赦天下。於戲！人心有感則必通，世運無往而不復。成誦雖幼，有周寧後於四征；少康之興，祀夏實基於一旅。往求攸濟，咸與維新。」十七、十八、十九日，文武百官詣大行皇帝几筵殿，早晚臨。二十日，卒哭行香。二十一日，以登極，差官奏告天地。初獻張世傑，亞獻趙溍，終獻林永年，奉禮郎潘岳、丁應張，太祝陶士遜，太官令辛大濟。宗廟初獻曾淵子、陸秀夫，亞獻蘇景瞻、辛嚴，終獻賈純孝、茅相，奉禮郎王子宜、張祺孫，太祝朱拱戊、趙時侉。社稷初獻蘇劉義，亞獻劉鼎孫，終獻趙槖，奉禮郎傅半千、曹部，太祝徐天麟。二十二日，內批百官議謚號孝恭仁裕懿聖濬文英武勤政皇帝，廟號端宗。二十三日，太皇太后加上尊號。

鄧《傳》云：五月，公始聞端宗皇帝晏駕于化州之碙川，今上即位，以明年爲祥興。初三日，碙川神龍見祥，臣庶咸覩，合議優異，碙川可升爲祥龍縣，置令、丞、簿、尉，隸化州，免租稅、諸色科羅。（五年）五月二十五日，內批文璧除權戶部侍郎、廣東總領，兼知惠州。六月，公規入覲，爲張世傑所格，不得進。遣使奉表起居，仍自劾督師罔功。

降詔奬諭，詔曰：「勑天祥：才非盤錯，不足以別利器；時非板蕩，不足以識忱臣。昔聞斯言，乃見今日。卿早以魁彥，受知穆陵。歷事四朝，始終一節。虜氛正惡，鞠旅勤王。皇路已傾，捐軀徇國。脫危機於虎口，涉遠道於鯨波。去桀就湯，可觀伊尹之任；歸周辟紂，咸喜伯夷之來。方先皇側席以需賢，乃累疏請身而督戰。精神鼓動，意氣慨慷。以匈奴未滅爲心，棄家弗顧；當王事靡盬之日，將母承行。忠孝兩全，神明對越。雖成敗利鈍非能逆睹，而險阻艱難亦既備嘗。如精鋼之金，百鍊而彌勁；如朝宗之水，萬折而必東。尙遲赤舄之歸，已抱烏號之痛。朕勉當繼紹，未有知思。政茲圖任舊人，克戡多難。倏來候吏，疊覽封章。巋然靈光之固存，此殆造物者陰相。胡然引咎，益見勞謙。至如諗問之勤，備悉忱悃之至。朕今吉日既戒，六月于征。倚卿愛君憂國之忠，成我刷耻除兇之志。緬懷耆俊，深切嘆嘉。」公又奏乞除鄒渢右文殿修撰、樞密都承旨、江西安撫副使、兼同都督府參謀官，趙孟濼遙（縣）郡團練使、左驍衛將軍、江西招捕使、兼同提刑、都督府諮議官，杜滸帶行軍器監、廣東招諭副使、兼同都督府參謀官，鄒臻帶太府寺丞、同都督府參議官，陳龍復帶行兵郎、廣東招諭司使、兼同都督府參議官，章從範帶行閤門祗候、同都督府計議官，丘夢雷、林琦、葛鍾各帶行架閣、同都督府幹辦公事，朱文翁同都督府準備差遣，旨特依奏除。公又奏潮、循、梅三郡幷已取到返正狀，乞將陳懿除右驍衛將軍、知潮州、兼管内安撫使，張順帶行環衛官、權知循州，李英俊帶行閤門祗候、差梅州通判，暫權州事，旨特依奏。文璋帶行大理寺丞，知寧武州。公欲移軍入朝，優詔不許。公欲入廣州，凌震、王道夫始復廣自恣，憚公望重，陽遣舟迎，中道散回，遂不果。自去冬宜中遁占城，世傑以樞副柄國，日以迎候宜中還朝爲辭。蓋諸大將嘗受宜中超擢，樂其寬縱，忌公英氣，或以副貳受節制，意不便其至。八月，授少保、信國公，封母曾氏齊魏國夫人。同都督府官屬，各轉五官，金三百兩犒軍。公以書抵秀夫：「天子冲幼，宰相遁荒，制詔敕令出諸公之口，豈得不恤軍士，以游詞相拒？」秀夫太息不能荅。時同督府疫死者數百，公亦數病。九月六日，母曾夫人薨，旨遣使宣祭。十月，長子道生卒。陳懿兄弟五人號五虎，本劇盜，據潮州，數叛附，人苦其虐，又不聽同督府節制。公聲其罪討之，懿走山寨。潮士民請移行府于潮。十一月，進屯潮州潮陽縣，殪兇攻逆，稍正天討。假以歲月，因潮之民，阻山海之險，增兵峙糧，以立中興根本，亦吾國之莒即墨也。劉興爲潮宿寇，叛服不常，據數郡跋扈，殺掠尤慘，遂誅之。十二月十五日，聞北帥張弘範自明、秀步騎水陸並進，乃入南嶺，柵險自固。二十日，弘範以水陸兵奄至。公引避山谷，行且數日，虜輕騎疾馳，追及於道，軍潰被執。求死於鋒鏑，不可得。服腦子，以必得冷水乃死，告監者以渴甚，於田間蹄涔中掬水飲之。時公病目旬餘，遂泄瀉而目愈，竟不得死。越七日，至虜營，踊躍請劍。弘範知不能屈，乃曰：「殺之名在彼，容之名在我。且天祥見伯顔（高）〔皋〕亭山，吾實在傍。」遂以平揖相見，叙間闊如客禮，蓋歲除前三日也。先是適鄒渢等自江西以民兵數千至，公少留勞之。又駐和平市，攻陳懿黨與，駐軍造糧，亦意後隔海港，步騎未能遽前。陳懿以問罪窘迫，百計不能救解，乃挾重賄，迎導北帥張弘正，潛具舟海岸濟輕騎，直指督帳。公坐虎皮胡床，與客飯五坡嶺，不意虜至，遂被執。

己卯，宋祥興元年

正月二日，張元帥（王）〔下〕海，置予舟中。初六日，發潮陽。初八日，過官富場。十三日，至厓山。

二月六日，厓山行朝潰。

三月十三日，虜舟還至廣州，張元帥遣都鎭撫石嵩護予北去，以四月二十二日行。

五月二十五日，至南安軍。明日東下，鑰予於船。二十八日，至贛州。

六月一日，至吉州。初五日，過隆興。十二日，至建康，囚邸中。

八月二十四日，北行渡江，頗有事會，不濟。二十六日，至揚州。

九月七日，哭母小祥於邳州。初九日，至徐州。十五日，至東平府。二十日，至河間。二十一日，至保定府。

十月一日，至燕。初至，立馬會同館前，館人不受，蓋謂館以受投拜人，不受罪人也。久之，引去一小館。置予於偏室，館人不之顧。次日晚，供帳飲食如上賓，館人云稾博羅丞相得語云然。初四日，張元帥者始至。初五日，見其用事大臣，具言予不屈狀。至午，送予於兵馬司，枷項縛手，坐一空室，衛防甚嚴。所攜衣物錢銀，官爲封識，日給鈔一錢五分爲飲食。坐十餘日，然後解手縛。又坐十餘日，得疾。

十一月二日，疏枷，惟繫頸以鍊，得出戶負暄。初五日，赴樞密院，院官不及見，自是日赴院，輒空歸。至初九日，院官始引問。院官者，博羅丞相、張平章。有所謂院判、簽院等，不能識也。倨坐，召見，予入長揖。通事曰：「跪！」予曰：「南之揖即北之跪，吾南人行南禮畢，可贅跪乎？」博羅叱左右曳予於地，予坐不起。數人者或牽頸，或拏手，或按足，或以膝倚予背，強予作跪狀。予動不自由。通事曰：「汝有何言？」予曰：「天下事有興有廢，自古帝王以及將相，滅亡誅戮，何代無之。天祥今日忠於宋氏社稷，以至於此，幸早施行。」通事曰：「更有何語，止此乎？」予曰：「我爲宋宰相，國亡，職當死。今日拏來，法當死，復何言！」博羅曰：「你道有興有廢，且道盤古王到今日，是幾帝幾王？我不理會得，爲我逐一說來。」予怒甚，曰：「一部十七史，從何處說起！我今日非赴博學宏詞科，不暇泛言。」博羅愧，乃云：「我因興廢，故問及古今帝王。你既不肯說，且道古時曾有人臣將宗廟城郭土地分付與別國人了，又逃走去，有此人否？」予曰：「謂予前日爲宰相，奉國與人，而後去之耶？奉國與人，是賣國之臣也。賣國者有所利而爲之，必不去；去者必非賣國者也。我前日除宰相，不拜，奉使伯顔軍前，尋被拘執。已而有賊臣者獻國，國亡，我本當死，所以不死者，以度宗皇帝二子在浙東，老母在廣，故爲去之之圖耳。」博羅曰：「德祐嗣君非爾君耶？」曰：「吾君也。」曰：「棄嗣君，別立二王，如何是忠臣？」予曰：「德祐吾君也，不幸而失國。當此之時，社稷爲重，君爲輕。吾別立君，爲宗廟社稷計，所以爲忠臣也。從懷愍而北者非忠，從元帝爲忠；從徽、欽而北者非忠，從高宗爲忠。」博羅語塞，平章皆笑，一人忽出來曰：「晉元帝、宋高宗皆有來歷，二王何所受命？」張平章曰：「二王是逃走底人，立得不正，是篡也。」予曰：「景炎皇帝乃度宗皇帝長子，德祐皇帝之親兄，如何是不正？登極於德祐已去天位之後，如何是篡？陳丞相奉二王出宮，具有太皇太后分付言語，如何是無所受命？」諸人無辭，堅以無受命爲解。予曰：「天與之，人與之，雖無傳授之命，推戴擁立，亦何不可？」諸人但支離不伏，予曰：「仁者見之謂之仁，知者見之謂之知，各是其是可也。」博羅云：「你既爲丞相，若將三宮走，方是忠臣。不然，引兵出城，與伯顔丞相決勝負，方是忠臣。」予曰：「此説可以責陳丞相，不可以責我，我不曾當國故也。」又曰：「你立二王，做得甚功勞？」予曰：「國家不幸喪亡，予立君以存宗廟，存一日，則臣子盡一日之責，何功勞之有！」曰：「既知做不得，何必做？」曰：「人臣事君，如子事父，父不幸有疾，雖明知不可爲，豈有不下藥之理？盡吾心焉。不可救，則天命也。

今日文天祥至此，有死而已，何必多言！」博羅於是怒見之辭色，云：「你要死，我不教你便死，禁持你。」予曰：「我以義死，禁持何害也。」博羅愈怒云云，通事亦不以轉告，予不荅。遂呼獄令史云：「將下去，別聽言語。」初十日冬至，入假，予意假滿即見殺，乃囚在獄中，久無消息。

十二月半後，一令史報云，丞相語獄官宣差烏馬兒，云文丞相性猶硬不硬。又二日，令史報云：「博羅語烏馬兒，遲數日更與文丞相說話。」會歲終釋放諸囚，烏馬兒語博羅：「獄囚皆已寬放，惟文丞相一人在獄。」博羅云：「我奏卻來喚你。」博羅至今重於一喚者，憂予之硬也。予誓死決矣，此行決死在於再說話之頃。昔人云：「薑桂之性，至老愈辣。」予亦云：金石之性，要終愈硬。性可改耶？予自記一宗入獄本末於此，曰：予死矣，庶幾有知予心者。

所記言語，大略如此。當時泛應尚多，不能盡記。己卯除日書。自古中興之君，如少康以遺腹子，起於一旅一成；宣王承厲王之難，匿於召公之家，周、召二相立以爲王；幽王廢宜臼，立伯服爲太子，犬戎之亂，諸侯迎立宜臼，是爲平王；漢光武起南陽爲帝，蜀先主帝巴蜀。皆是出於推戴，何論有無傳授之命？如唐肅宗即位靈武，不稟命於明皇，卻類於篡，然功在社稷，天下後世猶無甚貶焉。禹傳益不傳啓，天下之人曰：「啓，吾君之子。」謳歌朝覲訟獄者歸之焉。漢文帝只是平、勃諸臣所立，豈有高祖、惠帝、呂后之命耶？春秋亡公子入爲君者何限，齊桓、晉文其大者也，何謂逃走不當立？羿之於夏，莽、丕之於漢，方是篡。德祐亡而景炎立，謂之篡，何居？可惜當時不曾將此一段言語敷陳，頗有餘憾耳。

鄧《傳》云：正月十三日，至厓山。張元帥索公書諭張世傑降。公曰：「我不能救父母，乃教人背父母，可乎？」強之急，乃書《過零丁洋》詩與之，弘範笑而置之。二月六日，厓山潰，公不勝悲憤，作長歌哀之，南北傳誦。三月十三日，還至廣州。公日俟北方生殺之命，弘範於公禮貌日隆，盡取公所亡妾婢僕役以奉之。十四日，弘範置酒海上，會諸將，因舉酒，從容謂公曰：「國亡矣，忠孝之事盡矣！正使殺身爲忠孝，誰復書之？丞相其改心易慮，以事大宋者事大元，大元賢相，非丞相而誰？」公流涕曰：「國亡不能救，爲人臣者死有餘罪，況敢逃其死而貳其心乎！殷之亡也，夷、齊不食周粟，亦自盡其義耳。未聞以存亡易心也。」弘範爲之改容。是日，弘範具公不屈與所以不殺狀奏於朝。四月十一日，使臣還，言上有「誰家無忠臣」之歎，旨令善視公以來。公曰：「使予死於兵，死於刑，則已矣。而萬里行役，不得逃焉，命也。」或曰：「明知其不可而爲之，柰何？」曰：「吾所謂盡心者，人人諉天下之責，古今世道不屬之人乎？是烏可以成敗爲是非哉！」二十二日，北行，與厓山朝士鄧光薦俱發廣州。五月二十五日，至南安軍。石嵩與囊家歹議，出江西處篡奪，遂鑰公於船。公即絶粒，爲《告祖禰文》、《別諸友》詩，遺孫禮取黃金市，登岸馳歸。約六月二日，復命於吉城下。公將以心事白諸幽明，即瞑目長往，含笑入地矣。乃水盛風駛，前一日達廬陵，孫禮期不至。公且行，忍死以待。垂至豐城，忽有見孫禮在他舟，乃悟竟不曾往，爲之痛哭流涕。暮始見主者，取孫禮還舟。明早飯已，送之豐城岸，從其自便，追之不可及矣。公不食已八日，若無事然。公私念：死廬陵不失爲首丘，今使命不達，委身荒江，盍從容以就義乎？遂復飲食如初。從者七人，或逃或死或逐，僅存一人，曰劉榮。六月初五日，至隆興，觀者如堵。北人有駭其英毅者，曰：「諸葛軍師也！」十（三）〔二〕日，至建康。十三日，鄧光薦以病遷寓天慶觀就醫，留不行。八月二十四日，石嵩等以公自東陽渡江，淮士有謀奪公江岸者，不果，以弘範命兵衛夾舟陸至揚州故也。十月一日，公至燕，供帳飲饌如上賓。公義不寢食，乃坐達旦，雖示以骨肉而不顧，許以穹職而不從。南冠而囚，坐未嘗面北。留夢炎說之，被其唾罵。瀛國公往說之，一見，北面拜號，乞回聖駕。平章阿合馬入館驛坐，召公。公至，則長揖就坐，馬云：「以我爲誰？」公云：「適聞人云宰相來。」馬云：「知爲宰相，何以不跪？」公云：「南朝宰相見北朝宰相，何跪？」馬云：「你何以至此？」公曰：「南朝早用我爲相，北可不至南，南可不至北。」馬顧左右曰：「此人生死尚由我。」公曰：「亡國之人，要殺便殺，道甚由你不由你。」馬默然去。博羅欲殺公，而上意及諸大臣不可，張弘範病中亦表奏天祥忠於所事，願釋勿殺，故囚之連年。冬，於獄中遇靈陽子，指示大光明正法。公自謂於死生之際，脱然若遺，自是詩文時有超灑忘世之意。公獄中與弟書曰：「廣州不死者，意江西可以去之。及出南安，繫吾頸，縶吾足，於是不食，將謂及吉州則死，首丘之義也。乃五日過吉，又三日過豐城，無飯八日，不知饑。既過吉，思之無義。且尚在江南，或尚有生意，遂入建康。居七十餘日，果有忠義人約奪我於江上，蓋眞州境也。及期失約，惘然北行，道中求死，無其間矣。入幽州，下之狴犴，枷頸鎖手，節其飲食，今已二十日。吾舍生取義，無可言者。今千萬寄此及詩達吾弟。」蓋絕筆也。

庚辰

是歲囚。

五月，弟璧自惠州入覲，右丞相帖木兒不花奏，其略曰：「此人是文天祥弟。」上曰：「那箇是文天祥？」博羅對曰：「即文丞相。」上嘆嗟久之，曰：「是好人也。」次問璧，右丞相奏：「是將惠州城子歸附底。」上曰：「是孝順我底。」

辛巳

是歲囚。

正月元日，公爲書付男陞。公在縲絏中，放意文墨，北人爭傳之。公手編其詩，盡辛巳歲，爲五卷。自譜其平生行事一卷。集杜甫五言句，爲絕句二百首，且爲之叙。其詩自五羊至金陵爲一卷；自吳門歸臨安，走淮至閩，詩三卷，號《指南錄》。以付弟璧歸。

夏，璧與孫氏妹歸，公剪髮以寄永訣。與弟書曰：「潭盧之西坑有一地，已印元渭陽所獻月形下角穴，第淺露非其正。其右山上有穴，可買以藏我。如骨不可歸，招魂以封之。陞子嗣續，吾死奚憾。女弟一家流落在此，可爲悲痛。吾弟同氣取之，名正言順，宜極力出之。自廣達建康，日與中甫鄧先生居，具知吾心事，吾銘當以屬之。若時未可出，則姑藏之將來。文山宜作一寺，我廟於其中。」

七月大雨，兵馬司牆壁頹落，移司宮籍監，得一室，頗瀟灑。十一日，回舊兵馬司，得一室，地高燥空涼。八日返故處，依然臭穢蒸濕。

壬午

是歲春，作贊，擬絵時書之衣帶間。敘云：「吾位居將相，不能救社稷，正天下，軍敗國辱，爲囚虜，其當死久矣。頃被執以來，欲引决而無間。今天與之機，謹南向百拜以死。」其贊曰：「孔曰成仁，孟云取義。惟其義盡，所以仁至。讀聖賢書，所學何事。而今而後，庶幾無媿。宋丞相文天祥絶筆。」

鄧《傳》云：正月二十後，公卧病發熱，右臂轂道傍患癰。二月四日，流膿。平生痛苦，未嘗有此。是時南人士于朝者，謝昌元、王積翁、程飛卿、青陽夢炎等十人，謀合奏請以公爲黄冠師，冀得自便。青陽夢炎私語積翁曰：「文公贛州移檄之志，鎮江脱身之心固在也，忽有妄作，我輩何以自解？」遂不果。八月，王積翁奏，其略曰南方宰相無如文天祥。上遣諭旨，謀授以大任。昌元、積翁等以書諭上意，公復書：「數年于兹，一死自分。舉其平生而盡棄之，將焉用我？」事遂寢。後積翁又奏，其略曰：「文天祥，宋狀元宰相，忠於所事。若釋不殺，因而禮待之，亦可爲人臣好樣子。」上默然久之，曰：「且令千戶所好好與茶飯者。」公聞之，使人語積翁：「吾義不食官廩數年矣，今一旦飯於官，果然，吾且不食。」積翁乃不敢言。公死後，有以危言憾積翁者，積翁曰：「得從龍逢、比干遊地下足矣。」言者遂止。積翁累以銀物餉公。福王與芮聞其不屈，嘆曰：「我家有此人耶？」餉以銀百兩，獨積翁轉致之。公因繫久，翰墨滿燕市。時與吏士講前史忠義傳，無不傾聽感動，其長李指揮、魏千戶奉事之尤至。麥述丁參政嘗開省江西，見公出師震動，每倡言殺之便，又以公罪人，下千戶所收其棋奕筆墨書冊。初，閩僧妙曦號琴堂，以談星見是春進言。十一月，土星犯帝座，疑有變，群臣有言瀛國公族在京不便者。而中山府薛寶住聚數千人，聲言是眞宋幼主，要來取文丞相。又有書於櫝者曰：「兩衛軍儘足辦事，丞相可以無慮。」又曰：「先焚城上葦子，城外舉火爲應。」大臣議所謂丞相，疑爲天祥。太子得櫝以奏，京師戒嚴，遷趙氏宗族往開平北。十二月初七日，司天臺奏三台拆。初八日，上召天祥入殿中。長揖不拜，左右强之拜跪，或以金撾摘其膝傷，公堅立不爲動。上使諭之，其略曰：「汝在此久，如能改心易慮，以事亡宋者事我，當令汝中書省一處坐者。」天祥對曰：「天祥受宋朝三帝厚恩，號稱狀元宰相。今事二姓，非所願也。」上曰：「汝何所願？」天祥曰：「願與一死足矣。」遂麾之退。是夜，回宿千戶所。初九日，宰執奏文天祥既不願附，不若如其請賜之死。麥述丁力勸之，上遂可其奏。是日，宣使以金鼓迎詣市，公欣然曰：「吾事了矣！」及行，顏色不少變。至刑所，問左右孰南向，於是南向再拜曰：「臣報國至此矣！」遂受刑，得年四十有七。時連日大風埃霧，日色無光，都城門閉，甲卒登城，街對鄰不得往來行，不得偶語。時翰林學士趙與票以宋宗室亦被監閉一室，諸衛士弓刀環席地坐，聞門外弓馬馳驟聲者久之。人競穴窗窺，乃是出丞相。頃之，又聞馳騎過者。及回，乃聞有旨教再聽聖旨，至則已受刑。明日，歐陽夫人從

東宮得令旨收屍，江南十義士奉柩葬于都城小南門外五里道傍，爲他日歸骨便路。後大德二年戊戌，男陞至都城，見公舊婢綠荷，已嫁順承門內石橋織綾人，及見劉牢子，引到墓所。自後留都城，春秋必往酬奠望拜。時已有二僧塔，其大塔小石碑刻有信公二字。舊殯在大塔南右址，又右畔塹外有墓林，聚塚在大路傍。

至元二十年癸未歲，公柩歸至故里。時弟璧任臨江路總管兼府尹，辦喪葬，男陞祗奉几筵。舊歲璧遣家人至廣，遷奉母曾夫人靈柩。是日，適與公柩舟會于江滸，人咸驚嘆，以爲孝念所感，不期而會。二十一年甲申，葬公富田東南二十里木湖之原，葬師則吉水王仁山也。陞廬墓三年。

世傳吉州太和縣贛江濱黄土潭有神物棲其間，歲亢旱，邑民禱雨澤焉。自公之生，潭沙淸淺。公沒之歲，潭近居民夢神物歸，騶從甚盛，即而覩之，乃公也。既而聞公死，諸老驚相語曰：「公兩任贛州提刑，去往輒江水泛溢。其勤王召募，江泛溢尤甚，師行而水同去。又公家居，當暑日，喜溪浴。與奕者周子善，於水面以意爲枰，行奕決勝負。他人久浸不自堪，皆走，惟公逾久逾樂，忘日早暮，或取酒炙就飲啖。是應神物出世，沒而爲神，自其常也。潭是後又深黑不可測矣。公平生嗜象奕，以其危險製勝奇絶者命名，自玉層金鼎至單騎見虜，爲四十局勢圖，悉識其出處始末，玉層蓋公所居山名也。又傳公方爲童子時，游鄉校，見所祀鄉先生歐陽修、楊邦乂而下，咸謚忠節，祠祝像設甚嚴，意欣然慕之，竊嘆曰：「沒不俎豆是間，非夫也。」故出而舉事，志氣素定，雖崎嶇萬折，終不撓屈。後至治三年癸亥，吉安郡庠奉公貂蟬冠法服像，與歐陽文忠公修、楊忠襄公邦乂、胡忠簡公銓、周文忠公必大、楊文節公萬里、胡剛簡公夢昱序列，祠于先賢堂。士民復於城南忠節祠增設公像，以肯齋李芾配。廬陵舊有四忠一節之稱，（余）〔今〕爲五忠一節云。

歐陽夫人被虜後，即到燕都，與二女皆留東宫，服道冠氅，日誦道經。後隨公主下嫁駙馬高唐王，居大同路豐州栖眞觀，日請一正一從分例，其女婢曰翠哥。大德二年戊戌冬以年老不禁寒凍，得請向南去。至都城，男陞迎養。遇時節，夫人輒嗟嘆舊家典故，陞亦爲辦南食品，邀鄰嫗伴坐。諸士大夫謁拜所餽，遺命女侍專收貯，不他用。大德七年癸卯臘，至寧州，時從子隆子任寧州判官，寧州党知事以夫人歸爲不應，赴陳草庵宣撫陳狀，委南康李淸之推官臨問。隆子以夫人所受公主懿旨、高唐王鈞旨，所與路引及支給口食文憑呈之，李爲惻然，事遂消釋。明年，歸故里，凡親友餽遺，仍專收貯之。又明年正月，夫人曰：「吾海上禍亂中，叩之神祇乞保庇，擬建靈寶醮筵以謝。又叩佛氏乞保庇，擬建水陸齋供以謝。寓豐州，累申前請。今得生還，拜神佛之賜，合以己所得餽遺，正月元夕酬道醮，二月八日酬佛供，畢此心願，即死瞑目矣。」二月望，得痰疾。越四日，家人諸婦侍疾，亹亹語平昔事如常時。問浣婢索衣上舊香囊，浣婢見損污甚，已棄之矣，急拾至，夫人持示諸人曰：「此件吾未嘗須臾離也。落齒時，得之父母。祭文云：『烈女不更二夫，忠臣不事二主。天上地下，惟吾與汝。』得之丞相。吾死必仍懸吾心前，將以見吾父母、見吾夫於地下，爲無媿也。」頃之，命諸人退：「俟吾少休。」諸人候窗外，聞伏枕痰響，就視則氣已絶，實大德九年乙巳歲二月十九日也。葬富田南二十里洞源。

柳小娘從公主下嫁趙王沙靖州，大德年間歿。環小娘從公主下嫁岐王西寧州，弟姪輩間得會于都城。至正元年辛巳歲，猶傳聞其居河州養老，皆無所生。

陸秀夫年譜

（近）蔣逸雪　編

據一九三六年上海商務印書館排印本整理

陸秀夫（一二三八—一二七九），字君實，鹽城（今屬江蘇）人，徙居鎮江。寶祐四年進士。李庭芝鎮淮南，辟置幕中，以代草《失襄陽謝放罪表》得名，三遷至主管機宜文字。咸淳十年，庭芝制置淮東，擢參議官。德祐元年，元兵沿江東下，秀夫等堅守不去，除司農寺丞，累遷宗正少卿兼權起居舍人。二年，以禮部侍郎使元軍請和不成，太皇太后率宋恭帝投降，遂追從益、廣二王。與陳宜中、張世傑等于福州擁立益王爲帝，進端明殿學士、簽書樞密院事。元兵入福建，宋君臣南走廣東。衛王立，遷居厓山，拜左丞相，與張世傑共執政。祥興二年，厓山破，朝服負祥興帝，投于海。

秀夫以忠烈稱，也有文才，張世傑死，其挽詩有云「曾聞海上鐵斗膽，猶見雲中金甲神」（《山房隨筆》），人爲之感慟。事蹟見《宋史》卷四五一本傳。

秀夫年譜，現存三種。最早爲元黄溍所撰《陸右丞年譜》，附於《陸右丞蹈海録》後，以記海上死難事蹟爲主；清陶性堅編《宋左丞相陸公年表》一卷，見《宋左丞相陸忠烈公全書》卷首，較簡略；近人蔣逸雪所撰《陸忠烈公年譜》則考述其一生仕歷事蹟，較爲詳細，有一九二六年鹽城光華印書局排印本、上海商務印書館排印本及《新編中國名人年譜集成》影印本。今據上海商務印書館排印本整理。

序

甲子春，偶行京師小市中，得於露攤上見《陸丞相全集》，蓋清咸同間鹽城王夢熊先生所搜集也。亟購之歸，讀之，則所收丞相遺作，不過寥寥數篇，餘皆追輓贊頌之辭而已，意頗不懌。越丙寅春，復見蔣子逸雪尋所爲《陸秀夫年譜》。自云取材於江南圖書館，而於王氏所搜集者，又未之見，意益爲之惘然；乃馳書告蔣子，並謄以前集，供其參稽。蔣子既勤於搜討，乃就原稿補綴之，復自郡城遠郵寄示。且曰：「王氏《丞相集》，本刻於郡城丁氏，今不百年，遍尋之書肆及藏書家皆不獲。」以此知余之所得爲海内孤本，益以見文字流傳，其保存之不易也。而余以爲文字者，特古人塵影之餘耳。自來國家柱石之臣，勤勞王事，盡瘁匪躬，本不欲以文字增重。若忠烈之孤忠大節，日月争光，即使寸楮無存，而其精光灝氣之發揚於天地間者，固自無窮也。觀蔣子是編，蓋不勝先正典型之思矣。泗陽張相文。

宋史本傳

陸秀夫，字君實，楚州鹽城人。生三歲，其父徙家鎮江。稍長，從其鄉人孟先生學。孟之徒恆百餘，獨指秀夫曰：此非凡兒也！景定元年登進士第。李庭芝鎮淮南，聞其名，辟至幕中；時天下稱得士多者以淮南爲第一，號小朝廷。秀夫才思清麗，一時文人少能及之。性沉靜，不苟求人知，每僚吏至閤，賓主交驩，秀夫獨斂焉無一語。或時宴集府中，坐尊俎間，矜莊終日，未嘗少有希合，至察其事皆治。庭芝益器之，雖改官，不使去己。就幕三遷至主管機宜文字。咸淳十年，庭芝制置淮東，擢參議官。德祐元年，邊事急，諸僚屬多亡者，惟秀夫數人不去。庭芝上其名，除司農寺丞，累擢至宗正少卿，兼權起居舍人。二年正月，以禮部侍郎使軍前請和，不就而反。二王走溫州，秀夫與蘇劉義（迫）〔追〕從之，使人召陳宜中、張世傑等皆至，遂相與立益王于福州，進端明殿學士、簽書樞密院事。宜中以秀夫久在兵間，知軍務，每事咨訪始行，秀夫亦悉心贊之，無不自盡。旋與宜中議不合，宜中使言者劾罷之。張世傑讓宜中曰：「此何如時，動以臺諫論人！」宜中皇恐，亟召秀夫還。時君臣播越海濱，庶事疏略，楊太妃垂簾，與群臣語，猶自稱奴，每時節朝會，秀夫儼然正笏立，如治朝；或時在行中，凄然泣下，以朝衣拭淚，衣盡浥，左右無不悲動者。屬井澳風，王以驚疾殂，群臣皆欲散去，秀夫曰：「度宗皇帝一子尚在，將焉置之？古人有以一旅一成中興者，今百官有司皆具，士卒數萬，天若未欲絶宋，此豈不可爲國邪！乃與衆共立衛王，時陳宜中往占城，與世傑不協，屢召不至，乃以秀夫爲左丞相，與世傑共秉政。時世傑駐兵厓山，秀夫外籌軍旅，內調工役，凡有所述作，又盡出其手，雖匆遽流離中，猶日書《大學章句》以勸講。至元十六年二月，厓山破，秀夫走衛王舟，而世傑、劉義各斷維去，秀夫度不可脫，乃杖劍驅妻子入海，即負王赴海死，年四十四。翰林學士劉鼎孫，亦驅家屬並輜重沉海，不死，被執，搒掠無完膚，一夕得脫，卒蹈海。鼎孫字伯鎮，江陵人，進士也。方秀夫海上時，記二王事爲一書，悉以授禮部侍郎鄧光薦曰：君後死，幸傳之。其後厓山平，光薦以其書還廬陵。大德初，光薦卒，其書存亡無〔從〕知，故海上之事，世莫得其詳云。

陸秀夫年譜

宋理宗嘉熙二年戊戌

十月初八日寅時，公生於鹽城長建鄉之長建里。

公姓陸氏，名秀夫，字君實，一字實翁，別號江東，蓋世家原始江東派也。高大父某爲淮安管勾，遂籍淮安州鹽城縣。曾大父榮。祖大有。父芳春，母趙氏，生二子：長清夫，字君明；次則公也。

《宋史》謂公得年四十有四，此說果信，則公之生當在丙申端平三年（一二三六）。案：陸清夫《家譜自序》，公十九歲登文天祥榜進士。《宋史》云公成進士在景定元年（一二六〇），蹈海在祥興二年（一二七九）；據是以計，則公得年僅三十有八，其說前後顯然不符。龔開《陸君實傳》，謂公己卯四十二歲蹈海，丙辰用鄉書登乙科；由丙辰逆推至戊戌爲十九年，己卯逆推至戊戌爲四十二年，故知公之生，爲是年也。

是年爲朱熹卒後二十七年；謝枋得生十三歲，文天祥三歲。

嘉熙三年己亥，公二歲。

嘉熙四年庚子，公三歲。

是年，芳春公徙家京口。

龔《傳》：「生三歲，父母攜抱避地南來，居京口。」

案：鹽城於南宋爲邊疆，是年蒙古張柔等分道入寇，且《志》稱：「理宗初年，射陽湖浮居者數萬家，家有兵仗，侵掠難制。」是則內憂外患，其勢不得不遷矣。

淳祐元年辛丑，公四歲。
淳祐二年壬寅，公五歲。
淳祐三年癸卯，公六歲。
是年，入塾。
《宋史》本傳：「稍長，從其鄉人孟先生學，孟之徒恆百餘，獨指秀夫曰：『此非凡兒也。』」
淳祐四年甲辰，公七歲。
淳祐五年乙巳，公八歲。
淳祐六年丙午，公九歲。
是年，蒙古主貴由立。
淳祐七年丁未，公十歲。
淳祐八年戊申，公十一歲。
是年，蒙主貴由卒，后斡兀立海迷失聽政。
淳祐九年己酉，公十二歲。
淳祐十年庚戌，公十三歲。
淳祐十一年辛亥，公十四歲。
是年，蒙主蒙哥立。
淳祐十二年壬子，公十五歲。
是年，應鄉舉，得貢補太學牒，非其好也。
公雖有聲科第，然舉子業非所好也；篤信理學，尤服膺晦庵。說者謂：「公設不以節烈著，則定屬《道學傳》中人也。」讀《編正孝經刊誤跋》一文，可知其致力之所在矣。
《孝經》一書，古文不可得而攷見矣，所可攷者，《漢書·藝文志》顏氏、劉氏、司馬氏編次之文而已。要之，皆古文之舊也。秀夫幼而讀之，莫覺其非，長而疑焉，涉獵載籍，罔非類是，莫敢有所與。既入仕，濫次西藏勾當，得朱元晦《刊誤》一編而玩味之，夫然後心目開朗，欣欣然若有所得，於是與在館諸同志，因元晦之議，從而刪削次第之。然而敢以粟絲己意，妄有所參涉於其間，以得罪於先正！庶幾是經燦然可復，而元晦刊正之功不泯，聖世以孝治天下之化，或不能無少助云。

寶祐元年癸丑，公十六歲。

是年，讀書鶴林寺，有詩：「歲月未可盡，朝昏屢不眠。山前多古木，牀下半殘編。放犢飲溪水，助僧耕稻田。寺門久斷掃，分食愧農賢。」

案：沈光宸弔公詩，有云：「知是正心功有素，鶴林秋夜一燈殘。」徐燧詩亦有「鶴林燈火傳心學，粵嶺衣冠即首丘」之句。

寶祐二年甲寅，公十七歲。

寶祐三年乙卯，公十八歲。

是年，魁省元。

陸清夫《家譜自序》：「君實自幼穎悟，文章英邁，年十八，魁省元。」

寶祐四年丙辰，公十九歲。

是年，成進士，與文、謝同榜。

《陸氏家乘忠烈全傳》：「公登寶祐丙辰科二甲第二十七名進士，與文天祥同榜。」又云：「及拜黃甲，叙同年於禮部貢院，出謂鎮江舊契同年王良臣，本邑同年劉幼發曰：『今日皇恩渥重，吾儕當思報國，相勉爲天下第一等人物，方爲不負此舉！』時考官王應麟聞之，召而謂之曰：『閱卷得文天祥，予不勝喜；今聞賢論，何讓天祥，可賀！可賀！』」

《四庫全書簡明目錄》：「《寶祐四年登科錄》一卷，宋文天祥榜進士題名也。宋登科錄存者二本：紹興十八年榜，以朱子名列第五甲九十人，故講學家寶而傳之；此錄狀元爲文天祥，二甲第一人爲謝枋得，第二十七人爲陸秀夫，並孤忠勁節，照映百世，其精神亦自不朽也。」又此書清葉封觀跋云：「右《宋理宗寶祐四年丙辰登科錄》，計六百一人，而宋亡死事之臣，若文天祥、謝枋得、陸秀夫三公，皆出是榜，不綦盛歟！秀夫于祥興己卯抱帝赴海死，宋乃以亡，其情事有足悲者。越三年，天祥盡節死柴市；又七年，枋得以不食死憫忠寺中。雖時迹先後不齊，要其受命則一也。」又云：「如三公者，誠無負國家求士之典，而國家之科名，豈不亦以若人爲重哉？」章琰以兄之孫子妻公。

《年表》謂：「十八歲，贅壻京口章。」似不碻。龔《傳》：「年十五，應鄉舉，得貢補太學牒，非其好也。後三年歲在丙辰，用鄉書登乙科。是時殿撰章子美琰居京口，負時望，以兄之孫子妻之。」

案：十五又三年，爲十八歲；而丙辰年，公又實係十九歲。龔特著丙辰，則三年當是四年之誤，科名顯達，聯以婚姻，固人之情也。

沈儼《陸丞相世系考》：「端宗立，進公端明殿學士，簽書樞密院，旋謫潮州。公乃奉太夫人就養於潮，兄清夫亦爲潮州管勾，夫人趙氏，側室倪氏。長子繇，年十五；次子七郎，年十一；三子八郎，年七歲；四子九郎，年五歲。家人端兒、正兒，皆從於潮。」又自注云：「案《家譜》，太夫人趙氏，夫人亦趙氏，但龔《傳》又云『公居京口，章殿撰子美琰以兄之孫子妻之』，則夫人又係章氏。或先娶於章，繼室於趙耶？並載之，以待考。」

陶性堅又云：「公夫人之爲章爲趙，幾難辨别，但龔翠巖先生既言之鑿鑿，公孫海亦云祖母趙氏，又非屬無稽。大抵元配章氏夫人，繼配趙氏夫人。龔《傳》言章不言趙，從其朔而言之；《家譜》言趙不言章，要其終而紀之，是亦理之可信者歟？如是，則仗劍以驅者，殆趙氏夫人也。若諸子之所從出，或皆趙氏夫人，或兼章氏夫人，或併出於倪氏，則不可曉，姑闕之。」

案：沈、陶之説，元配章氏，繼配趙氏，是也。至陶氏謂諸子所從出不可考，竊疑諸子或出趙氏，或出倪氏，章氏似無出，蓋公之澤綿延於後者，祇長子緜一脈，《家譜》但稱趙氏，設緜爲章氏出，豈有人子擯其生母而不載者乎？

寶祐五年丁巳，公二十歲。

是年，賈似道知樞密院事。

寶祐六年戊午，公二十一歲。

是年，賈似道兼兩淮宣撫使。

開慶元年己未，公二十二歲。

八月，忽必烈將兵渡淮。九月，渡江圍鄂州。十月，拜賈似道右丞相兼樞密使，軍漢陽以援鄂。閏十一月，呂文德知鄂州，賈似道乞和於蒙古，鄂州圍解。

景定元年庚申，公二十三歲。

是年，入李庭芝幕。

《宋史》本傳：「景定元年，李庭芝鎮淮南，聞其名，辟至幕府。時天下稱得士之多者，以淮南爲第一，號小朝廷。秀夫才思清麗，一時文人罕及，性沈静，不苟求人知，每僚吏至閣，賓主交驩，秀夫獨斂容無一語。或時宴集府中，坐樽俎間，矜莊終日，未嘗稍有希合。至察其事，皆治，庭芝益器之。」

四月，蒙主忽必烈立。六月，立忠王禥爲太子。

蒙古李璮寇淮安，李庭芝擊敗之。

景定二年辛酉，公二十四歲。

景定三年壬戌，公二十五歲。

長子繇生（據沈儼《陸丞相世系攷》推計，下次子、三子、四子生年，同）。

沈儼《陸丞相世系攷》：「公全家俱赴海，惟長子繇以好漁獵放迹海島，居潮奉太夫人。太夫人聞公變，亦驚愀以死。繇生三子：曰海，曰道，曰浩。散居潮之海陽城東城南，併移居饒平、揭陽、澄海等處，皆繇裔也。」

案：四子九郎亦留潮，未赴海，後以病夭，說詳咸淳八年。

蒙古以阿朮爲征南都元帥。

景定四年癸亥，公二十六歲。

景定五年甲子，公二十七歲。

八月，蒙古入都於燕。十月，帝崩，太子禥即位。

度宗咸淳元年乙丑，公二十八歲。

咸淳二年丙寅，公二十九歲。

次子七郎生。

咸淳三年丁卯，公三十歲。

咸淳四年戊辰，公三十一歲。

是年，阿朮圍襄陽。

咸淳五年己巳，公三十二歲。

正月，李庭芝爲兩淮制置大使，兼知揚州。

二月，蒙軍圍樊城。十二月，呂文德卒。

是年，成《廣陵牡丹詩卷》。

宋林霽山有《白石山人樵唱稿》，中有

《題陸大參秀夫廣陵牡丹詩卷》，云：「南海英魂叫不醒，舊題重展墨香凝。當時京洛花無主，猶有春風寄廣陵。」明孝宗、武宗年間，葉元玉爲潮州郡守，時潮有高士陸大策者，公之裔孫也。元玉訪徵丞相遺聞軼事，猶得見其家藏《廣陵牡丹詩卷》，惟破爛已甚耳。

咸淳六年庚午，公三十三歲。

正月，李庭芝爲京湖制置大使，督師援襄樊，公隨參軍機。

龔《傳》：「京湖制使呂少傅薨，詔李制使改鎮江陵，君實仍以機宜在行。」

是年，三子八郎生。

咸淳七年辛未，公三十四歲。

作《丹陽館記》。

丹陽館之所始，無可攷。按《郡志》，紹興十四年，朝廷命守臣鄭滋建之，於時和議計成，館是用作。中門南向，接送伴使在東館，客使在西館，厥後凡奉法銜命者皆館焉，部使者亦如之，在郡國諸邑爲特鉅。屋與歲陳，廩廩將壓，於是百二十有六年矣。咸淳五年冬，長沙趙公以外司農典刑，顧謂是邦江、淮、閩、浙之所交也，四海賓客之所合也，軺車驛騎之所會也，而舍於隸人，不亦羞當世之士乎？七年春，乃一大修之，悉撤其舊，而新是圖，木甓瓦石，厥材孔良，孔惠孔時，役不告勞。暨訖工，功與創略等，而其鉅也加於昔。落成，馳書秀夫曰：「子之居是邦也，盍記諸？」竊嘗稽之《周官》，里有市，市有候館，館有積。嗟夫！此王者之政也。晉文公崇大諸侯之館，猶汲汲焉繕修是務；褒城驛甲天下，才幾何時，庭除蕪，堂廡殘，過者太息。今州縣皆驛，夫以古人則視館如寢，後世則視州縣如驛，蓋學之不講，而吏道之衰也久矣。公共工於茲，能以達之，廉以奉之，心休而力有餘，茲館固舉廢之一事。於乎！古之所以創，中之所以弊，今之所以修，其可以弗記！公名潛，字元晉，忠靖公之子，忠肅公之孫。忠肅師張宣公，淵源所漸，有自來矣。

十一月，蒙古改國號曰元。

咸淳八年壬申，公三十五歲。

四子九郎生。

元至元十七年，潮州總管丁聚碑記云：「九郎俊秀，能文，予愛之，不幸繼卒，祔於大母之側。」

咸淳九年癸酉，公三十六歲。

正月，樊城失。二月，呂文煥以襄陽降元。是年，李庭芝投閑，公乃出幕，著《莊子評》。

《續資治通鑑》：「范文虎大敗於元軍，及聞庭芝至，貽書賈似道曰：『吾將兵數萬入襄陽，一戰可平，但願無使聽命於京閫，事成，則功歸恩相矣。』似道即命文虎之兵從中制之。庭芝屢約進兵，文虎但與妓妾嬖倖擊鞠飲宴爲樂，以取旨未至爲辭。」以是公雖參贊戎機，而卒不得展其智謀。

龔《傳》：「襄陽失守，李制使投閑，君實與親友朝暮見，日從事詩酒，如在山林間也。」間讀《莊子》自遣，有所見，隨手紀錄，成《莊子評》一書。

陶鑲《陸公故里記》云：「鑲考吾鹽顏不愚先生編《丞相後記》，謂：『丞相雅好《南華經》，每篇俱有評論，其書久佚，無傳之者。』以愚所見，惟歸震川先生批閱《莊子》書，間載丞相語，雖僅寥寥數則，皆足以提要而蔽其全，故評《莊》者不啻數十家，而震川獨有取乎丞相之言，則丞相之獨具手眼、特出心裁者，於此益見之矣。」

咸淳十年甲戌，公三十七歲。

七月，帝崩，子嘉國公㬎即位。封兄是爲吉王，弟爲信王。八月，元丞相伯顏大舉入寇。

是年，李庭芝爲淮東制使，公爲參議官。

《宋史》本傳：「咸淳十年，庭芝制置淮東，擢參議官。」而《續通鑑綱目》謂：「是年李庭芝在淮東，聞秀夫名，辟置幕下。」實則公之隨庭芝，最初在景定元年，此則再起已。

恭帝德祐元年乙亥，公三十八歲。

是年，鄭虎臣殺賈似道於漳州。元兵圍揚州，李庭芝力戰禦之。

公除司農寺丞，累擢至宗正少卿，兼權起居舍人。

《宋史》本傳：「德祐元年，邊事急，諸僚屬多亡者，惟秀夫數人不去，庭芝上其名，除司農寺丞，累擢至宗正少卿，兼權起居舍人。」

元軍渡江，取臨安。文天祥起兵勤王。

德祐二年五月以後，端宗景炎元年。**丙子，公三十九歲。**

正月，進封吉王昰爲益王，信王昺爲廣王。元伯顏軍臯亭山。遣文天祥至北營講解。二月，文天祥亡入眞州。三月，伯顏入臨安，以帝及皇太后全氏北去。益王、廣王同走溫州。

公至溫州，奉益王爲都元帥。

《宋史·瀛國公本紀》附二王云：「二王走溫州，陸秀夫、蘇劉義繼追及於道，遣人召陳宜中於清澳，宜中來謁，復召張世傑於定海，世傑又以所部兵來。溫之江天寺，舊有高宗南奔御座，衆相率哭座下，奉昰爲天下兵馬都元帥，昺副之。」

四月，文天祥浮海如溫州。

五月，益王即位福州，遙上帝尊號（孝恭懿聖皇帝），改元景炎。進封廣王爲衛王。公爲直學士院。

授文天祥右丞相兼樞密使都督諸路軍馬，詔出公手。（《宋史·本傳》：「凡有所述作，盡出其手。」）

「帝王之立，中國惟修政所以攘夷；輔國之重，朝廷惟用儒所以無斁。朕作其即位，圖厥敉功。介臣不二心，歷險夷而一致；咨汝宅百揆，賴文武之全才。亟歸右揆之班，並授元戎之柄。肆敭大號，耑告群工。具官某，骨鯁魁落之英，股肱忠力之佐。仁不憂，勇不懼，坎維心之亨；國忘家，公忘私，蹇匪躬之故。適北兵之奄及，率義旅以勤王。慷慨施給鎧之資，豪傑雷動；感激灑登舟之淚，忠赤天知。雖成敗利鈍，逆覩之未能；然險阻艱難，備嘗之已熟。獨簡慈元之愛，爰升次輔之聯。方單騎以行，驚破北敵之膽；及免胄而入，大慰國人之心。天地之所扶持，鬼神亦爲感泣。今職方雖非周邦之舊，而關輔未忘漢室之恩。伊欲闖輦轂而追三宮，復鐘簴而妥九廟。非內治飭何以實元氣，非外威振何以折遐衝。披荆棘於靈武之初，予未知濟；收桑榆於澠池之後，事尚可爲。思昔元動，有如臣浚，在思陵已登乎亞相，更孝廟乃復於舊班。式同今日之中興，罔俾前修之專美。況同列崇皐陶之遜，而初政俟公旦之來。肅再秉於國鈞，仍惠長於樞密。優督府琱戈之賜，峻文階黃轍之除，申拓賦畬，式隆寵數。於戲！《春秋》以歸季子爲喜，朕方循於私情；晉人謂見夷吾何憂，爾共扶於衰運。尙堅忠孝，大布公忱，迄圖社稷之安，茂紀山河之績。其祗予命，永弼於彝。」

元主忽必烈廢恭帝爲瀛國公。

六月，公罷直學士院，謫居於潮。友人陳經國等爲治產講學，周裕并以女妻公長子繇。

龔《傳》：「陳宜中既得政，兼將相權，知君實久在兵間，歷諳戎事，引以自近，多所咨訪，君實亦傾心贊助之，期於能濟。未幾政論不合，宜中使言者劾罷之，謫居於潮。」

《陸丞相世系考》：「潮之海陽年友陳經國、許君輔、周裕、方寶印爲公擇地沙岡港口，立學士館以講學。旁有荒田百畝，墾成收租贍口。周又以女妻繇。」

七月，揚州陷，李庭芝死之。十一月，元軍入建寧府邵武軍，陳宜中、張世傑奉帝航海至泉州，又走潮州，復次惠州。

景炎二年丁丑，公四十歲。

正月，公致陳文龍書。

「秀夫誠不自揆，冒言遠寄，前直院不越月貶潮，迂戇無補，分所宜甘。第因潮以韓子過褒，非所與聞。韓處唐中葉，盛時也，衰朽送殘，僅此憂耳。今車駕蒙塵，中原荆棘，淮東、江西、閩、廣諸路俱敗陷，北向長望，無寸土乾凈，秀夫豈敢遊逸此土哉！十數年來，賢者朝者退，野者隱，如黃元仲、陳瑀、鄭獻翁、鄭鉞、吳子純、陳子修、方公權材器，宣撫每誦不輟口，竟亦落落隱去，不出一謀佐軍事於臺下。《詩》曰：『人之云亡，邦國殄瘁。』非必死而爲亡也，隱去亦爲亡。忠臣義士痛哭流涕亦何及！曹澄孫、方應發輩僥行，今當不勝誅戮。宣撫被執，不降亦不死，比復何如？想身死不足惜，國事不可爲，爲可恨也。周粟雖佳，夷齊恥食，毋令首陽獨孤潔。罪人數千里遠祝。臨風悵悵，涕泗交流而已。」

案：書首尚有「景炎二年春正月二十日，寓潮州罪人陸秀夫謹具啓大宣撫陳相公閣下」云云，《續通鑑綱目》謂：「丙子十二月，元人入興化軍，陳文龍死。」與此書時日不合。史載文龍被執，不屈，乃械送杭州，其後不食死；則當公致書時，文龍猶未死也。《書》末云：「周粟雖佳，夷齊恥食，毋令首陽獨孤潔。」文龍之不食而死，公有以感之矣！

二月，元軍入廣州。九月，帝遷潮州之淺灣。

十月，公由潮還，同簽書樞密院事。

龔《傳》：「君實之謫潮也，大將張世傑謂陳宜中曰：『大業未濟，人才有限，動輒令臺諫排論人，世傑若不可相公意，亦當如此。』宜中惶恐，即日召還。遷海上，君實遂執政事。海濱誅茅捧土爲殿陛，時節朝會，君實端笏盛服，如立太古班，未嘗少怠；既罷，則望海山凄然，至以朝衣揾淚，悲動左右。草莽中百種疏略，君實隨宜裨補，盡心力而爲之。」

十一月，元軍襲淺灣，帝奔井澳。十二月，元襲井澳，帝奔謝女峽，陳宜中逃之占城。

景炎三年五月，帝昺祥興元年。**戊寅，公四十一歲。**

二月，元兵陷潮州。三月，帝遷碙州。

四月，帝崩，公立衛王爲帝。

《續資治通鑑》：「端宗以驚疾崩，群臣多欲散去，秀夫曰：『度宗皇帝一子尚在，將焉置之！古人有以一旅一成中興者，今百官有司皆具，士卒數萬，天若未欲絕宋，此豈不可以爲國耶！』乃與衆共立衛王昺，年八歲矣。」並草《景炎皇帝遺詔》及《祥興皇帝登寶位詔》，昭示天下，以安人心。詔書載《全集》中。

「朕以沖幼之資，當艱危（傳抄本亦作「艱難」）之會，方太皇命之南服，黽勉於行；及三宮胥而北遷，悲憂（亦作「憂悲」）欲死。卧薪之憤，飯麥不忘。奈何乎人，猶託於我，涉甌而肇霸府，次閩而擬行都，吾無樂乎爲君，天未釋於有宋。強膺推戴，深抱懼慚；而敵志（亦作「夷虜」）無厭，氛祲甚惡。海桴浮避，澳（亦作「隩」）岸棲存，雖國步之如斯，意時機之有待。乃季冬之月，忽大霧以風，舟楫爲之一摧，神明拔於既溺，事而至此，夫復何言。矧驚魂之未安，奄北哨其已及，賴師之武，荷天之靈，連濱於危，以相所往。沙洲何所，垂閱十旬；氣候不齊，積成今疾。念衆心之鞏固，忍萬苦（亦作「古」）以違離，藥非不良，命（亦作「數」）不可逭。惟此一髮千鈞之重（亦作「託」），幸哉連枝同氣之依。衛王某（傳抄本作「昺」）聰明夙成，仁孝天賦，相從險阻，久繫本根，可於柩前即皇帝位，傳璽綬。喪制以日易月，內廷不用過哀，梓宮毋得輒置金玉，一切務從簡約，安便（亦作「妥便」）州郡，權暫奉陵寢。嗚呼！窮山極川（傳抄本作「窮凶極冤」），古所未嘗之患難；涼德薄祚，我乃有負於臣民。尚竭至忠，共扶新運。故茲詔示，想宜知悉。」《景炎皇帝遺詔》。

「朕勉承丕緒，祗若令猷。皇天付中國民，既勤用德；聖人居大寶位，曰守以仁。藐茲眇冲，適際危急。惟我朝之聖神繼統，而家法以忠厚傳心。滲漉在人，億萬年其未泯；遭逢多事，百六數之相承。先皇帝聰明出乎群倫，孝友根於天性，痛憤三宮之北，未嘗一日而忘。遺大投艱，丕應徯志，除凶刷恥，惟懷永圖，託於神明，辱在草莽，上霧下潦之所偃薄，洪濤巨浪之所震驚。謂多難以殷憂，宜祈天而永命。胡寧忍我，而不其延？日月爲之無光，社稷凜乎如髮。攀髯何及，繼志其誰？以趙孤猶幸僅存，盍使爲宗祧之主；以漢賊不容兩立，庶將復君父之讎。大義攸關，輿情交迫。閔予小子，遭家不造，而況斯今，於前寧人，圖功攸終，其難莫甚。尚賴元勳宿將，義士忠臣，合志而並謀，協心而畢力，敵王所愾，扞我於艱。茲用大布寬恩，率循彝典，於以導迎和氣，於以迓續洪休。可大赦天下。於戲！人心有感則必通，世運無往而不復。成誦雖幼，有周不後於四征；少康之興，祀夏實基於一旅。往求攸濟，咸與維新。十七、

十八、十九日，文武百官詣大行皇帝几筵殿早晚臨，二十日卒哭行香，以二十一日登極。」（《祥興皇帝登寶位詔》。）

六月，帝遷厓山。

厓山在新會縣南八十里鉅海中，與奇石山對峙。張世傑以爲天險，可扼以自固，乃奉帝移駐於此。《新會縣志》云：「宋故行宫在厓山，祥興初，帝昺南遷時建，凡三十間，環以軍屋千餘，又有行朝草市。祥興二年，丞相陸秀夫負帝沉海死之，其地遂墟。」

公爲左丞相，政餘，日書《大學章句》勸講。

《宋史》本傳：「時陳宜中往占城，與世傑不協，屢召不至，乃以秀夫爲左丞相，與世傑〔共〕秉政。秀夫外籌軍旅，内調工役，匆遽流離中，猶日書《大學章句》〔以〕勸講。」

文天祥兵敗，上表自劾，朝廷下詔勉諭之。

「勅天祥：才非盤錯，不足以别利器；時非板蕩，不足以識忱臣。昔聞斯言，乃見今日。卿早以魁彦，受知穆陵，歷事四朝，始終一節。敵氛正惡，鞠旅勤王；皇路已傾，捐軀殉國。脱危機於虎口，涉遠道於鯨波。去桀就湯，可觀伊尹之任；歸周避紂，咸喜伯夷之來。方先皇側席以需賢，乃累疏請身而督戰，精神鼓動，志氣慨慷。以匈奴未滅爲心，棄家弗顧；當王事靡盬之日，將母承行。忠孝兩全，神明對越。雖成敗利鈍，非能逆睹；而險阻艱難，亦既備嘗。如精鋼之金，百鍊而彌勁；如朝宗之水，萬折而必東。倘遲赤舄之歸，已抱烏號之痛。朕當繼紹，未有知思，政兹圖任舊人，克勘多難。倏來候吏，疊覽封章，巋然靈光之固存，此殆造物者陰相。胡然引咎，益見勞謙。至如諗問之勤，悉備悃忱之至。朕今吉日既屆，六月於征，倚卿愛君憂國之忠，成我刷（志）〔耻〕除凶之志。緬懷耆俊，深切嘆嘉。」

案：天祥奉詔，謙遜不遑，曾移書於公云：「天子幼沖，宰相遁荒，詔令皆出諸公之手，豈得以游詞相拒！」

閏十一月，文天祥被執。

十二月，著《二帝信錄》。

《宋史》本傳：「方秀夫海上時，記二帝事爲一書，甚悉，以授禮部侍郎鄧光薦曰：『君後死，幸傳之。』其後厓山平，光薦以其書還廬陵。大德初，光薦卒，其書存亡無從知。故海上之事，世莫知其詳云。」

祥興二年己卯，公四十二歲。

二月六日癸未，厓山陷，公負帝赴海死，宋亡。

《宋史紀事本末》：「元張宏範繇潮陽港乘舟入海，至甲子門，獲斥候將劉青、顧凱，知帝所在，乃至厓山。或謂張世傑曰：『北兵以舟師塞海口，則我不能進退，盍往據之。幸而勝，國之福也；不勝，猶可西走。』世傑恐久在海中，士卒離心，動則必散，乃曰：『頻年航海，何時已乎？今須與決勝負！』遂焚行朝草市，結大舶千餘，作一字陣，碇海中。中艫外舳貫以大索，四周起樓棚如城堞，奉帝君其間，爲死計。人皆危之。厓山北淺，舟膠不可進，宏範繇山東轉而南，入大洋，與世傑之師相遇，薄之，且出奇兵斷官軍汲路。世傑舟堅不能動，宏範乃舟載茅茨，沃以膏脂，乘風縱火焚之。世傑戰艦皆塗泥縛長木以拒火，舟不爇，宏範無如之何。二月癸未，宏範乃四分其軍，自將一軍，相去里許，令諸將曰：『宋舟西艤厓山，潮至必東，急攻之，聞吾樂作，乃戰，違令者斬！』時黑氣出山西，李恆乘早潮退，攻其北，世傑以淮兵殊死戰。至午，潮上，元軍樂作，世傑以爲且懈，不設備，宏範以舟攻其南，世傑南北受敵，兵士皆疲，不能復戰。俄有一舟檣旗仆，諸舟之檣旗皆仆。世傑知事去，乃抽精兵入中軍，諸軍大潰。翟國秀、凌震等皆解甲降元。元軍薄中軍，會日暮風雨，昏霧四塞，咫尺不相辨，世傑遣小舟至帝所，欲取帝至其舟中，旋謀遁去。秀夫恐來舟不得免，又慮爲人所賣，或被俘辱，執不肯赴。秀夫因帝舟大，且諸舟環結，度不得出走，乃先驅其妻子入海，謂帝曰：『國事至此，陛下當爲國死。德祐皇帝辱已甚，陛下不可再辱！』即負帝同溺。

龔《傳》：「兩軍相見於厓山，南軍大舟三百舵，分前後中三部，以對敵者爲前鋒，而以中部居宸扆，中堅反居其後。前鋒失利，波濤掀舞，旌旗交錯，部位爲之混亂。君實出倉卒，仗劍驅妻子先入海，哭號拜幼君：『陛下不可再辱！』拜起抱幼君，以匹練束如一體，用黃金硾腰間，君臣赴水而死。」旋張世傑海陵舟覆，宋亡。

吾家子正《山房隨筆》云：「『曾聞海上鐵斗膽，猶見雲中金甲神』，乃陸樞密君實挽張郢州世傑詩。郢州擁德祐、景炎、祥興於海上，擁兵南北岸，一夕忽大風雨，行止皆不利，郢州舟覆而薨。翌早，尋屍棺殮，焚島上，其膽如斗，更焚不化，諸軍感慟。須臾，雲中現金甲神人，且云：『今天亡我，關係不輕，後身當出恢復矣。』此詩全篇不傳，忠誠義烈，雖亡猶耿耿也。」

案：郢州死在公後，且厓山舟覆，鯨海沸騰，烏有吟詠之暇？詩必誤傳也。

朱國楨《湧幢小品》：「厓山舊有石勒云：『元大將張弘範滅宋於此。』嘉靖中，督學陳塏磨去之，改曰：『宋少帝及其臣陸秀夫死國處。』」區海目詩有云：「崖無滅宋字，濤有憾胡聲。」

《新會縣志》：「丞相陸秀夫墓在二城村，故人指二城爲忠臣山。」《潮州舊志》云：「宋丞相陸秀夫墓在郡城南海中嶼上，石碑尚存。」《新志》云：「聞海上有侍郎嶼，秀夫墓在焉，碑已不存，莫能得其處。」

案：厓山之去潮州，海程且千里，大兵未息，交通阻梗，歸葬勢所難能。墓在新會二城村，似較可信。吾鹽今有公衣冠墓，在縣城西南五十餘里之大陸壯，疑在潮者，亦衣冠墓也。

文信國有輓公詩（《集杜》）。序云：「君實文筆英妙，自維揚幕入朝，京師陷，永嘉推戴有力。及駐厓山，兼丞相，凡朝廷事，皆秀夫潤色綱紀之。厓山陷，與全家赴水死。」

「文彩珊瑚鉤，《奉同郭給事靈湫作》。淑氣含公鼎。張九齡。炯炯一心在，嚴武。天水相與永！《美陂西南臺》。」

案：此詩作時，信國已被執，壬午，信國成仁，與公可謂後先輝映者已。

胡奪漢祚，前代忠義之士，俱湮没不彰。至明萬曆四十七年，始謚公忠烈，蓋上去宋之亡，已三百四十載矣。

明王紀《請謚陸秀夫忠烈疏》：「題爲宋室死節忠臣，久缺謚典，伏乞勅部議補，以慰忠魂，以勵臣節事。萬曆四十七年五月内准禮部諮，據直隸淮安府山陽縣籍鹽城縣人陸應袍，係宋左丞相陸秀夫後裔，原任湖廣黄州府蘄水縣典史告前事内稱：『先祖宋丞相陸秀夫，孤忠大節，久無謚典，蒙鹽城知縣陳美通詳申請到部，備諮到院，行查』等因。臣自早歲受書，讀史至陸丞相負帝赴海事，未嘗不掩卷太息，喜其節而悲其志也。自行都航海，如泉如廣，亡君立君，遺孽弱息，寄命於茫茫大海中。即三尺童子，亦知宋祚將絶，斷斷不可爲矣。秀夫猶且間關南溢，百折不回，庶幾乎一旅一成之再奮。迨厓山破，度不可脱，乃仗劍驅妻子先入海。奏曰：『德祐皇帝已辱，陛下不可再辱！』遂負帝赴海死。嗟夫！當宋季顛危之時，奸臣賣國降敵，甘受萬世之唾罵者，無論已。即平日所號爲鬚眉男子，一遇禍難，全軀保妻子之念，横結胸中，往往散去。甚且有縋城匿影，屈膝請命，偷息於人間者，卒之身死名滅，與糞土無異。乃丞相遭古今未嘗有之大變，而能全天地無所逃之大倫，忠魄浩氣，炳炳琅琅，照映宇宙，千載而下，讀其傳，猶凛凛有生氣，謂丞相爲不死，可也。文天祥所云：『人生自古誰無死，留取丹心照汗青。』正秀夫之謂矣。以彼精忠大節，何減於文、謝二公，乃文、謝二公，景泰俱被有美謚，而丞相獨遺，豈非缺典？《厓山錄》、《文獻志》及《鹽城邑乘》，雖有『忠貞』二字，説者疑其爲後人私謚。臣不揣固陋，敢以臆斷：丞相亡時，宋亦亡矣，元未必謚也，忠貞二字，爲公謚，爲私謚，皆不可知。就令謚出國朝，亦殊不類丞相之爲人。試觀仗劍驅妻子，負帝入海光景，眞有視死生同晝夜，棄血肉如泥沙者。正昔人所謂殺身成仁，舍生取義，臨大節而不可奪者也。宋亡死節忠臣，此非其最苦最烈者耶？竊謂必以『忠烈』易名，始足快千古之公評矣。伏乞勅下禮部，再加查覆議上，請早爲補謚，庶忠魂得慰於九泉，而聖朝亦可無闕事也。」

案：旋奉旨依議，故今稱陸忠烈公云。

本書參考書籍[一]

（一）《宋史》
（二）《南宋書》
（三）《續資治通鑑》
（四）《宋史紀事本末》
（五）《昭忠録》
（六）《寶祐四年登科録》
（七）《陸丞相蹈海録》
（八）《陸丞相全集》
（九）《陸氏家乘》
（十）《淮安府藝文志》
（十一）《鹽城縣志》

[一]原在卷末，今移至此。

附後儒弔公詩

題《陸秀夫抱帝入海圖》　元姚燧

紫宸黃閣共樓船，海氣昏昏日月偏。赤縣已無行在所，丹心猶數中興年。身藏魚腹不見水，手挽龍髯直上天。板蕩純臣有如此，流芳千古更無前。

弔陸丞相　明宋濂

身抱龍髯兮眼不見水，鳳闕雖遐兮龍堂則邇。玉雪皎如兮肯污泥滓，赤帝出海兮爾心不死！

大忠祠　明陳獻章

天地神祇此大忠，百年舟楫更誰同？蒼厓不是無春色，吹盡斜陽一笛中。

遊厓山泊舟奇石下風雨夜作　明陳獻章

千尋鐵索鎖江雲，南北當年一水分。晚泊孤舟奇石下，兩厓風雨夜深聞。

與李世卿同遊厓山　明陳獻章

海風晝號山木折，黑浪夜撼蒼厓裂。有廟於此昭臣節，吾昔大書吾腦熱。天冠地履君臣別，萬古不使綱常滅。角聲嗚嗚旗獵獵，樓船將軍過擊楫。楚客旁觀默無說，肝腸裏有三公鐵。南山老人紅玉頰，笑坐松根待明月。

弔陸公祠　明陳獻章

傷心欲寫厓山事，惟有東流去不回。草木暗隨忠魄弔，江淮長爲節臣哀！精神貫日華夷見，氣脈凌霜天地開。耿耿聖旌何處是，英靈抱帝海濤隈。

弔陸公祠　明李東陽

國亡不廢君臣義，莫道祥興是靖康！奔走耻隨燕道路，死生惟著宋冠裳。天南星斗空淪落，水底魚龍欲奮揚。此恨到今猶未極，厓山東下海茫茫。

汴城杭國總邱墟，三百年來此卜居。海外河山非漢有，嶺南人物是周餘。行宮草草慈元殿，講幄勤勤《大學》書。辛苦相臣經國念，有才無命欲何如！

北風吹浪覆龍舟，溺盡江南二百州。東海未填精衛死，西川無路杜鵑愁。君臣寵辱三朝共，宗社興亡萬古讎。若遣素王生此世，也須重紀宋春秋。

題陸公祠　明吳國倫

雙厓縣作勢，一水怒排空。國難身何惜，親征氣尚雄。魚龍吞玉璽，麋鹿卧行宮。舉目都遺恨，蕭蕭起颶風。

題陸公祠　明宋曹

北斗南遷王氣迷，潮鳴瘴海雨凄凄。天窮宋室龍爲遯，地盡厓門馬不嘶。一代君臣歸社稷，全家妻子逐鯨鯢。寒山每墮千岩淚，明月飛烏空夜啼。

颶風吹臘指花冠，千古忠魂淚未乾。戰血久涵南海碧，石燐高燭一天寒。鮫宫不輟朝參夜，魚腹仍尊講學壇。漠漠孤厓一卷石，至今猶爲趙家看。

弔陸丞相　清潘耒

厓山尚住宋遺民，文陸當年事苦辛。窮海不春猶正朔，孤航無主自君臣。忠魂鬱作潮頭怒，浩氣蒸成蜃闕新。異代流風多感激，草間時有納肝人。

題陸公祠　清夏之蓉

丞相大義星日光，身逐滄海蛟龍翔。維桑與梓召魂魄，褒衣大冠千載藏。鹽邑大陸莊有衣冠墓。荒祠峰屼峙道側，古柏蒼藤圍野色。試看先軫面如生，只恐萇宏血猶碧。我來親奠几筵前，一拜再拜心拳拳。文山疊山並科目，得人之盛非偶然。

謝皋羽年譜

（清）徐沁 編

吴洪澤校點

昭代叢書甲集卷二一

謝翱（一二四九—一二九五），字臯羽，自號晞髮子，又號宋纍，長溪（今福建霞浦）人，徙浦城（今屬福建）。咸淳間試進士不第，慨然倡古文，作《宋鐃歌鼓吹曲》、《宋騎吹曲》上太常，傳唱一時。德祐二年，率鄉兵數百人投文天祥于延平，任諮議參軍。景炎二年，以文天祥被俘，潛逃至浙東，寄居山陰王修竹家。三年，元浮屠總統楊璉真伽盡發宋陵，翺與唐珏、林景熙等密收遺骨，葬于蘭亭附近，作《冬青樹引別玉潛》一詩紀其事。其後往來于永嘉、括蒼、鄞、越、婺、睦州等地，與方鳳、吴思齊、鄧牧等結汐社。元貞元年卒于杭州，年四十七。

謝翺爲宋遺民，所作詩文桀驁有奇氣，常以濺血之筆，抒亡國之痛。著有《金華遊録》一卷、《楚辭芳草譜》一卷、《晞髮集》十卷、《遺集》一卷、《天地間集》一卷。事蹟見方鳳《謝君臯羽行狀》、任士林《謝翺傳》。

清徐沁編有《謝臯羽年譜》一卷。沁爲會稽人，嘗刊《晞髮集》，因採其遺事，考訂而爲是譜。譜雖簡明，然亦偶有失誤，《四庫全書總目》摘其考訂疏失二事，甚是。

欽定四庫全書總目

謝皋羽年譜一卷，國朝徐沁撰。沁字埜公，會稽人。嘗刊謝翺《晞髮集》，因復搜採遺事，爲作是譜。中間如扎木楊喇勒智原作楊輦真加，今改正。發宋陵事，以《元世祖本紀》參核，當在至元戊寅，不當在乙酉。沁則據周密《癸辛雜識》定爲乙酉。黄宗羲爲作序，頗疑其非。又姜夔乞正雅樂，在寧宗慶元間，而譜以爲理宗時，亦沁之誤也。

謝皋羽年譜小引

爲忠義于國尚存之日猶易，爲忠義于國已亡之日倍難。夫國既已亡矣，舉凡耳之所聞，目之所見，身之所接，無一不與斯人相忤。又況所聞所見與所接者，咸能觸其黍離之感，而悲痛于不自知，則斯人者，其必爲山川間氣之所鍾。較之國亡與亡諸臣，雖有生死之不同，而其爲忠義則一也。有宋謝皋羽，當文信國既殁之餘，猶時時登西臺而慟哭。余曾于嚴先生祠堂中一拜其位，後復得於越徐埜公氏所著《年譜》及《金華遊録注》讀之，不自知涕泗之何從也。豈非忠義之氣其感人有獨深歟！皋羽生于〔淳祐〕理宗九年，距臨安之陷二十有八年。次年端宗航海，又二年而宋亡，皋羽年三十有一。又三年而信國死，又十六年而皋羽始死。其作《冬青樹引》及開月泉吟社，與夫金華之遊，汐社之會，皆在信國死後，殆所謂爲忠義于國已亡之日者也。苟非埜公氏詳考而備録之，曷由知其初終次第有如是之曲折乎哉。則皋羽爲信國功臣，而埜公又皋羽之功臣矣。心齋張潮譔。

謝皋羽年譜

會稽徐沁埜公著

己酉，宋理宗淳祐九年

先生世居福州長溪，後徙建之浦城。曾祖景煜。祖嘉。父鑰，娶秘書省正字繆烈女。生先生，其月日時無攷。

庚戌，淳祐十年，時年二歲。

辛亥，淳祐十一年，時年三歲。

壬子，淳祐十二年，時年四歲。

癸丑，理宗寶祐元年，時年五歲。

甲寅，寶祐二年，時年六歲。

乙卯，寶祐三年，時年七歲。

丙辰，寶祐四年，時年八歲。

丁巳，寶祐五年，時年九歲。

戊午，寶祐六年，時年十歲。

己未，理宗開慶元年，時年十一歲。

庚申，理宗景定元年，時年十二歲。

辛酉，景定二年，時年十三歲。

壬戌，景定三年，時年十四歲。

癸亥，景定四年，時年十五歲。

甲子，景定五年，時年十六歲。

乙丑，度宗咸淳元年，時年十七歲。

先生父鑰治《春秋》，著《春秋衍義》、《左氏辨證》諸書，爲時所稱。先生世其業，既冠，有聲，乃從父如臨安，經嚴陵，初登釣臺。

丙寅，咸淳二年，時年十八歲。

侍父寓臨安。

丁卯，咸淳三年，時年十九歲。

試進士不第。初，（理）〔寧〕宗朝姜夔以紹興大樂多用大晟，致人事不和，天時多忒，因上《大樂議》，復自作《聖宋鐃歌曲》十四篇，詔付太常。至是先生亦作《宋祖鐃歌鼓吹曲》十二篇，又爲

《宋騎吹曲》十篇，上太常樂工習之。論者謂其文句炫煌，音韻雄壯，堪與唐柳宗元相並。

戊辰，咸淳四年，時年二十歲。

以下無考，要皆落魄漳、泉間。

己巳，咸淳五年，時年二十一歲。

庚午，咸淳六年，時年二十二歲。

辛未，咸淳七年，時年二十三歲。

壬申，咸淳八年，時年二十四歲。

癸酉，咸淳九年，時年二十五歲。

甲戌，咸淳十年，時年二十六歲。

乙亥，恭帝㬎德祐元年，時年二十七歲。

丙子，德祐二年，五月，端宗改景炎元年。時年二十八歲。

是歲正月，臨安陷。丞相文公天祥亡走江上，逾海至閩。

五月朔，端宗登極于福安，改元景炎。文公改樞密使，同都督諸路軍馬，檄州郡大舉勤王之師。

七月十三日，至南劍聚兵。先生傾家貲，率鄉兵數百人赴難，杖策詣軍門，遂署諮議參軍。

丁丑，景炎二年，時年二十九歲。

是歲，車駕航海。文公于正月自汀州移漳州龍巖縣，謀入衛，道阻不通。

三月，入梅州。

五月，兵出梅嶺，入贛州會昌縣。

六月，戰雩都，捷，號令通于江淮。引兵至吉州，戰于終步，不利。戰永豐，又不利。戰于空坑，大敗。攻贛，軍又敗，文公妻妾男女皆被執，幕僚張汴等死之。公僅與長子道生、客杜滸以數騎免，趨永豐。

按：《西臺慟哭記》所謂「別公漳水

涓」者，即贛郡西南之章江，而非閩之漳州。其過張睢陽所常往來處者，乃永豐之睢陽廟也。見韋素跋語。後先生有祭公文曰：「章貢之別，言猶在耳。水寒天空，老淚如霰。」是歲相別于贛，益較然矣。

戊寅，景炎三年，時年三十歲。

按：文公是歲移軍惠州行朝，入覲，授少保、信國公。十一月，屯潮陽，移屯海豐，兵潰被執。

按胡翰《傳》云：公被執時，翺匿民間，流離久之。第先生章水之別在前，故未及從公于難。其匿迹流離者，要自贛還浦之時耶？

己卯，帝昺祥興元年，宋亡，時年三十一歲。

先生既歸浦城，家室散亡，于軍伍中購得一子，力作自給。屬繇役繁興，不堪迫辱，因委而出游。

初，文公有端硯一方，腰縈白紋如玉，名玉帶生，自爲贊題其背曰：「紫之衣兮綿綿，玉之帶兮卷卷，中之藏兮囦囦，外之澤兮日宣。於乎！磨爾心之堅兮，壽吾文之傳兮。」文天祥造籀文凡四十四字，甚寶愛之，後贈先生，故獨攜此硯以行。

按方鳳《行狀》曰：「避地浙水東，留永嘉括蒼四年。」其游樂清之雁山，縉雲之鼎湖，雖不詳歲月，當在此時。

庚辰，元世祖至元十七年，時年三十二歲。

留甌括間。

辛巳，至元十八年，時年三十三歲。

留甌括間。

壬午，至元十九年，時年三十四歲。

是歲十二月九日，文公死節于燕，乃別贛

之後五年也。嗣是先生悲不能禁，每隻影行游浙水東，逢山川池榭、雲嵐草木與所别處及其時適相類，則徘徊顧盼，失聲痛哭。

癸未，至元二十年，時年三十五歲。

方鳳《行狀》曰：「往來鄞、越復五年。」自癸未迄丁亥，皆其時也。越于行都爲輔郡，故家大俗多存[二]，人尚風節。會稽王才翁英孫與山陰徐受之天祐並爲衣冠避亂者所宗。英孫爲宋戚、少保、端明殿學士克謙之子，仕將作監主簿，别號修竹，長于詩文，有集行世。時方延致四方游士，賦咏相娱，先生依焉。偶出所長，見者皆自爲不及，不知其爲文公客也。

甲申，至元二十一年，時年三十六歲。

先生在越主王修竹家。

乙酉，至元二十二年，時年三十七歲。

此文公死節之後三年也。攷《西臺慟哭記》：「過姑蘇」，「望夫差之臺而始哭公」。維時六陵難作，詳考始末，按《元史》世祖至元二十一年九月丙申，以江南總攝楊璉眞伽發宋陵冢所收金銀寶器修天衣寺，又按宋文憲《書穆陵遺骼事》及邱文莊《續資治通鑑》，皆云至元二十一年甲申，僧嗣占妙高上言欲毁宋會稽諸陵，江南總統楊璉眞伽與丞相桑哥表裏爲奸，明年乙酉正月，奏請如三僧言。蓋其謀始于甲申，而成于乙酉，與周草窗密《癸辛雜識》年月正同。是時會稽唐玉潛珏、永嘉林景熙德陽、鄭宗仁樸翁與先生咸主王監簿家，協謀收掩陵骨，故别玉潛，作《冬青樹引》

以紀其事。而景熙《答皋羽》詩亦有「夜夢繞勾越，落日冬青枝」，豈非諸公共事之明證乎？胡翰《傳》云「翺嘗上會稽，循山左右窺祐思諸陵」，正指此舉。又楊維禎爲文弔翺，中言楊璉發陵，翺有陰移冥轉之功，其詞曰：「過橋山之攢陵兮，重又罹彼璉毒。機不容于一髮兮，幸首邱之遄復。豈人力之我假兮，實在天之遺靈。封抔土之手植兮，指冬青以爲徵。」其《冬青行》中所謂「文山老客智且勇」者，特歸美于皋羽，益顯而著矣。第諸本歲月紀載不同，彭山季本以皋羽《引》中有「白衣種年星在尾」之句，謂與羅雲溪有開《唐義士傳》歲次戊寅之說相合。善乎彭瑋解之曰：「星在尾者，寅月也，此即乙酉正月。若係寅歲，無論相距甚遠，是時先生尚未入越，安得作《冬青引》相別耶？

丙戌，至元二十三年，時年三十八歲。

先生寓越。此文公死節之後四年也。

按：《登西臺記》「哭公于越臺」，任士林《傳》所謂「過勾越，行禹窆間，北嚮而哭。間乘舟至鄞，過蛟門，登候潮山，感夫子浮海之歎，則又哭」。其游四明諸勝及新昌之沃洲、天姥，雖歲月無攷，要皆往來鄞、越之日也。

維時蒲江有吳清翁渭，曾仕義烏令，退居吳溪。邑人方韶卿鳳，宋太學生，授容州學正，未仕高隱，延于家。永康吳子善思齊者，乃陳亮之外曾孫，用蔭補官，嘗攝嘉興丞，自號歸全子。與鳳善，同居浦汭。

是歲十月之望，渭開月泉吟社，徵檄遠近，

以《春日田園雜興》爲題，期明年丁亥三月上巳定殿最，榜示同人，一如科舉法。

按田水南序云：「清翁退食吳溪，延致鄉遺老方韶父與閩謝翺、括吳思齊主于家，始作月泉吟社。四方吟士從之，三子者乃爲其評校揭賞」云。是先生固嘗往來于浦陽，至戊子歲而始決計去越也。

丁亥，至元二十四年，時年三十九歲。

月泉吟社于正月望日收卷，月終竣局，共得二千七百三十五卷，中選者二百八十人。首爲羅公福，即三山連文鳳；次馬澄翁，即義烏馮澄；又次高宇，即武林梁相，各贈貽有差。啓事者凡三十人，授梓者倍之，一時傳爲盛事。先生既與參校，當在浦江。

戊子，至元二十五年，時年四十歲。

先生居越。自念久不去，人將虞我，猶惓惓于窆骨事，因作《冬青樹引》別唐珏，即于是夏去而之浦陽，主吳渭家。渭爲吳溪著姓，雅好客，故遺逸多依焉。其子幼敏字功父，登宋亞榜進士，素嚴事先生。無子，以從子貴爲嗣。渭命貴受先生《春秋》業，方鳳亦命其子肖學，從者翕然。渭之弟謙字仲恭，與先生雅相善。其子似孫，時從先生游。謙方延鳳與思齊爲江源講經社。初，先生亦立汐社以會友，至是始合爲一，情好彌篤。游月泉、仙華巖麓諸勝，當在此時。

是歲又西至睦，主翁登家。其弟衡與馮桂芳俱執弟子禮。睦有小爐峰，遂窮三瀑布之勝。擬四亭二橋名，屬同志經度之。又西入杭，慕屈原懷郢都，託興遠游，自號晞髮子，又稱宋纍者。

歲晚歸浦陽，爲文祭信公，復賦《短歌行》以寄餘悲。

己丑，至元二十六年，時年四十一歲。

正月五日，先生偕方韶卿鳳、子肖翁、陳君用公凱、其弟帝臣公舉、吳續古似孫與金華葉審言謹同游金華仙洞及北山諸勝，凡留山中旬有五日，作《游錄》一卷。

是歲寓浦江，受徒著書，有《除歲》詩。

庚寅，至元二十七年，時年四十二歲。

先生寓浦江。是歲爲文公死節之後八年。冬杪過嚴陵，登西臺，設文公主，酹酒哭奠，作《西臺慟哭記》。語多廋詞，稱文山爲唐宰相魯公，三友人爲甲乙若丙。張丁注以甲爲吳思齊，乙爲馮桂芳，丙爲翁衡。先生以竹如意擊石，歌招魂之詞，竹石俱碎。距乙丑歲侍父鑰初登臺時，蓋二十六年所矣。

辛卯，至元二十八年，時年四十三歲。

元旦立春，有詩。時寓浦江，作《浦陽先民傳》，應是此時。

壬辰，至元二十九年，時年四十四歲。

先生往來婺、睦間，憩睦主翁登兄弟家。嘗過嚴陵，于釣臺南得唐方干舊隱處，名白雲原，有終焉之志。顧其徒曰：「死必葬我于此。」因作《許劍錄》，思集同好姓字、年爵、居里勒石，未就。睦產薪炭，先生每于秋暮載至杭易米，以其羨充游資。

癸巳，至元三十年，時年四十五歲。

先生憩睦，其遊跡無攷。

甲午，至元三十一年，時年四十六歲。

先生復由鄞入越，與錢唐鄧牧遇于會稽。

因爲言杭大都會，文士輩出，余知若干人，盍往見之。後從游皆前所聞者。第牧所舉，不知爲何人。

按：剡源戴表元作《楊氏池堂讌集詩序》，凡十四人，如山陰徐天祐斯萬、王沂孫聖與、台陳方申夫、番洪師中中行，皆客于杭霅。周密公謹與杭楊承之大受有連，依之居杭，遂爲杭人。杭人之有文者，仇遠仁近、白珽廷玉、屠約存博、張楧仲實、孫晉康侯、曹良史之才、朱棻文芳。先生所往還者，或即此數君耶？且表元作《千峰酬倡序》，復引故友謝皋羽之言，似皆聲氣應求之侶。惜晚年詩卷無存，故亦莫得而考矣。

是時寓杭，娶遺人劉氏女。買屋西山，日與能文詞者往還。惟牧《傳》云先生館嚴陵故舊，因娶某氏女。又云「逮牧歸杭，君已挈家錢唐江上」，初不知娶于杭之劉氏女。九鎖山人與先生同時交好，何未之悉耶？

是歲秋九月，爲吳謙作《樂閒山房記》。

乙未，成宗元貞元年，時年四十七歲。

先生復過婺、睦，尋汐社舊盟。

是夏，由睦入杭，肺疾尋作。八月壬子，終于劉氏舍。辛酉，訃聞，婺方鳳、方幼學、方焘、吳思齊，睦馮桂芳、翁登、翁衡，會小爐峰，相嚮哭，遂度釣臺南可葬地。甲子，具舟之杭，哭諸劉氏。庚午，以遺骨歸殯桐廬，買山營兆。越明年丙申正月二十八日丁酉窆，以文稿殉。同年生吳謙爲誌，納諸壙。兆在故起居舍人范端臣墓右。倣剡上戴容墓表，題曰「粵謝翺墓」。其徒吳貴虞而歸婺，貴之父幼敏乃捐田，祀于浦江月泉精舍，以奉蒸嘗，學者稱爲晞髮先生。

時有嚴侶字君友，子陵三十五世孫，居瀨上，嘗從先生游，乃與社中友即墓前築許劍亭。憲使盧摯高其義，爲之書。今嚴陵子陵祠設位，侑方千右。臺南之墓久荒，幷故碣亦失。至正間，楊維禎爲建德理官，即其地得先生所藏故硯名玉帶生者，且爲文刻石以表墓，亦俱湮沒。嘉靖中，有里豪傅稿治塚據其上，郡守當塗楊金力爲淸復，屬郡人鄧椿記之，道旁碑亭是也。墓前方石題「謝公之墓」，左一碣題「宋隱士謝皋羽先生墓」，右一碣叢薉莫辨。當墓爲許劍亭，重建于萬曆末，碑文直指張養素撰，觀察米萬鍾書，亭楔乃溫陵蔣德璟天啓壬戌歲題。宰木扶疎合抱，森罨亭際，每舟過輒遙見之。康熙乙卯歲杪，予經釣臺渡溪南謁墓，適土人伐而爲薪，歎惜久之，愛其人以及其樹者，今亡矣夫！庚申孟夏旬有二日，復酹酒墓上，爲文哭之，以志悲感云。

〔一〕俗：疑誤，或當作「族」。

跋

人當耆艾之年，苟欲追録前此歲月所歷，而爲之譜，已難于追思索摸，又况生于數百年之後而追溯乎數百年之前，不尤難之難乎！徐埜公所作《謝皋羽年譜》，考訂詳明，援引精當，覺宋纍之魄，面目如生，晞髮之魂，鬚眉畢現，誠可云發潛德之幽光者已。心齋居士題。

封面題簽:劉　琳
責任編輯:吴雨時
責任校對:文　瑜
封面設計:王蓉貴
責任印制:李　平

圖書在版編目(CIP)數據

宋人年譜叢刊 / 吴洪澤,尹波主編. —成都: 四川大學出版社,2013. 11(重印)
ISBN 978－7－5614－2321－9

Ⅰ. 宋…　Ⅱ. ①吴…②尹…　Ⅲ. 歷史人物－年譜－中國－兩宋時代－叢刊　Ⅳ. K820. 44－55

中國版本圖書館 CIP 數據核字(2002)第 002748 號

書名　宋人年譜叢刊

作　　者	吴洪澤　尹　波　主編
出　　版	四川大學出版社
地　　址	成都市一環路南一段 24 號 (610065)
發　　行	四川大學出版社
書　　號	ISBN 978－7－5614－2321－9
印　　裝	四川和樂印務有限責任公司
成品尺寸	140mm×203mm
印　　張	262. 25
字　　數	5000 千字
版　　次	2003 年 1 月第 1 版
印　　次	2013 年 11 月第 2 次印刷
定　　價	2360. 00(全套 12 册)

ISBN 978-7-5614-2321-9

宋人年譜叢刊人名索引

凡　例

一、本索引收錄《宋人年譜叢刊》中之宋代人名字號。所收範圍爲年譜正文及序跋、附錄，凡有事蹟及相關評論之宋代人名，均予收錄。

二、所收人名以本名爲主條目，字號、別稱用小字附注於後，其後列本條目(含本名、字號)所在冊頁，如“7/4549”則表示第七冊第四五四九頁；宋代帝王則以廟號立目，本名、別稱附注其後；凡附注於主條目後之異稱，另列參見條目；部份無從查考本名的宋人，則以本書中之稱謂作爲主條目。

三、《叢刊》所收年譜之譜主，主條目下首列本人年譜起始冊頁，用“*”標識，本譜中出現的譜主名，不再列入索引。

四、所收人名以頁爲斷限，同一頁中出現的同一人名，僅列一次；跨頁次的同一段文字中重復出現的同一人名，也只列一次。

五、《叢刊》中所收宋人名稱在不同年譜中可能有歧異，如“田晝”與“田畫”、“何祺”與“何麒”之類，本索引均兩存之，并以小字注明。

六、本索引按首字四角號碼排序，首字相同，再按後續字符排序。

七、本索引後，附有首字音序、筆畫檢字表。

0010_5 童

童文卿 8/5209
童政 4/2162
童伯羽蜚卿 3/2045
童持之 10/6476
童旻 7/4468
童氏(鄧肅妻) 7/4549
童居易 10/6705
童居善 10/6670 10/6710
童貫 5/3430 5/3433 5/3434 5/3437 6/3620 6/3621 6/3622 6/3708 6/3914 6/3915 6/3917 6/3920 6/4107 6/4109 6/4115 6/4127 6/4136 7/4195 7/4342 7/4343 7/4345 7/4352 7/4583 7/4639 7/4767 7/4784 8/5104 8/5239 9/5605 9/5635 9/5670
童鏞 10/6705
童鋐 10/6705

0010$_{8}$ 立

立庵　見章琰
立齋　見杜範
立子　見戴栩
立之　見陳宗禮
見喬竦
見沈立
見王柏
見王聞禮
見王直方
立禪人　7/4310
立道　見劉大中
立夫　見唐文若
立義　見周葵

0012$_{7}$ 病

病翁　見劉子翬

0018$_{1}$ 癡

癡絶叟　見顧禧

0020$_{7}$ 亨

亨仲　見鄭剛中
亨伯　見陳遇
見陳遘
亨之　見孟震
亨道　見朱泰卿

0021$_{1}$ 龐

龐謙孺祐甫
9/6204
龐元英懋賢
8/4972
龐之道　3/1738
龐安時安常
5/3256　5/2790
龐氏(陳師道母)
5/3339
龐籍醇之、莊敏
1/625　1/626
1/652　2/721
2/771　3/1459
3/1481　3/1701
3/1707　3/1708
3/1709　3/1715
3/1716　3/1717
3/1718　3/1720
3/1721　3/1735
3/1737　3/1911
4/2288　4/2291
4/2293　4/2295
4/2297　5/3327
5/3339　5/3371
8/4972
龐榮　8/5166
8/5181

0021$_{2}$ 充

充誠　見郭有憑
充媛董氏　3/1734
充甫　見楊宏中

0021$_{2}$ 兖

兖國公主　2/1129

0021$_{2}$ 鹿

鹿門居士　見米芾
鹿敏求　3/1922

0021$_{2}$ 廬

廬陵民　見李珏

0021$_{5}$ 雍

雍故有容　8/5322
雍公　見虞允文

0021$_{7}$ 亮

亮功　見李寅

0022$_{2}$ 彦

彦亨　見金安節
彦高　見吳激
彦文　見陳經仲
彦章　見汪藻
見易祓
彦誠　見李忱
彦正　見張綱
彦平　見李衡
彦霖　見王巖叟
彦發　見婁機
彦確　見汪介然
彦羣　見陳季雅
彦柔　見陳剛中
彦政　見張仲綱
彦衡　見上官均
彦能　見鄭僅
彦先　見高登
彦休　見岑穰
彦升　見陳薦
見舒杲
彦和　見曾旼
彦修　見劉拯
彦倫　見儲惇叙
彦濟　見羅汝楫
彦安　見宋紹恭
彦實　見張擴
彦遠　見董逌
彦沖　見劉子翬
彦遲　見洪彦先
彦深　見李原
彦祥　見易祓
彦直　見趙方
彦博　見李孝博
見張文叔
彦恭　見王趯
彦若　見王汾
彦執　見施德操
彦聲　見陳宗譽
彦振　見陳敏
見林攄
彦輔　見史經臣
見王得臣
彦成　見魏安行
彦國　見富弼
見胡輔之
彦思　見唐棣
彦昇　見史會
彦回　見蔣湋
彦明　見邵革
見尹焞
見章夏
彦昭　見王克明
彦質　見周文之
彦猷　見唐詢

見王之道
彦光 見王葆
彦恢 見李宏

0022_2 廖

廖正文 5/2913
廖正一明略、竹林居士 2/1358 3/1922 4/2257 5/2798 5/2898 5/2915 5/3009 5/3057 5/3111 5/3244 5/3245 5/3250 6/3699
廖琮致平 5/3089 5/3091
廖玖 8/4919
廖子孟 3/1615
廖季繹等觀居士 7/4303 7/4305 7/4306
廖獻臣 5/3008
廖獻卿 5/3023
廖倚 2/1045 2/1120
廖德明子晦 9/6071 9/6131 9/6142 10/6274 10/6480 10/6609 11/7030
廖復之 12/7735
廖宗禹 12/7735
廖浩然 2/1235
廖晝 1/238
廖恩 3/1673
廖顒 8/4918 8/4919
廖公昭 7/4413 8/4874
廖瑩中群玉、藥洲 9/5988 11/7644

0022_3 齊

齊齋 見倪思
齊慶冑 8/5302
齊諶子期 4/2711
齊碩 11/7527 11/7528
齊仲 9/5783
齊之 見陳長方
齊宗矩 3/1376
齊述 9/5872
齊域 4/2473
齊卿 見陸軫
齊賢 見黃日新
齊恢 5/2870

0022_7 方

方彦老元卿 10/6824
方應龍 1/354
方應發 12/7877 12/7882 12/8041
方應飛 12/7792
方誼 10/6352
方元寀道輔 4/2544 4/2687
方元舉 12/7725
方元美 12/7719
方石 12/7698 12/7719 12/7722 12/7738 12/7741
方雲翼景南 7/4829 9/5569 9/5645
方孟卿 8/5019
方琢元圭 12/7699
方子容南圭 4/2752 5/2851
方子用 12/7698
方信孺詩境、孚若、紫帽山人、好庵 5/3276 5/3283 8/5366 11/7563 11/7564
方千里 5/3440 5/3443
方采伯采伯 11/7553 11/7586
方處義 12/7725
方任 2/1301
方巖 見王居安
方山京 12/7966
方山子 見陳慥
方崧卿季申 1/214
方允迪 7/4687
方峻 4/2544
方幼學 12/8064
方仲永 3/1948 3/1952
方仲荀 1/336
方泉 見周文璞
方勺仁聲、泊宅翁 6/3992
方舟子 見李石
方阜鳴子默 11/7562
方叔 見李廌 見李正民 見劉鎮
方宙 4/2669
方寶印 12/8040
方溥成大 10/6617
方洪 8/5470
方造 3/1922
方澤公悦 5/3109
方澤孺 11/7554 11/7555
方遲明父 11/7234
方遇時父 11/7556 11/7580
方滋務德 7/4243 7/4311 7/4316 7/4322 8/5470 8/5471
方導肩吾、希吾 7/4244 8/5470
方左鉞武城、武成 11/7564
方希則 2/1033
方燾 12/8064
方友民 11/7580
方壽朋 12/7765
方七佛 7/4195 8/5503
方大琮德潤、壺

山、忠惠、鐵庵
11/7574 11/7575
12/7749 12/7951
方大閒 12/7698
方楷 1/614
方蒙 6/3555
方若 7/4656
方轉 12/7738
方耕道 10/6342
方回 見賀鑄
見張淵
方景雲 12/7798
12/7818 12/7834
方明 見劉昉
方臘 1/351
1/355 4/2200
5/3432 5/3434
5/3435 5/3436
6/3478 6/3623
6/3769 6/3835
6/4044 6/4081
6/4107 7/4194
7/4195 7/4345
7/4346 7/4347
7/4348 7/4563
7/4566 7/4635
7/4639 8/4979
8/5239 8/5461
8/5503 9/6021
方氏（劉彌正妻）
11/7552
（劉克遜妻）
11/7592
方岳秋崖、巨山
＊12/7695
11/7410 12/7709
方鳳韶卿、韶父、巖南、存雅、景山
12/8061 12/8062
12/8063 12/8064
方肥 5/3434
方興 12/7996
方公權 12/8041
方猷 12/7792
方欽祖 12/7698
12/7711
方符 6/3500
方肖 12/8062
方慎言 2/752
方性夫 6/4013

0022_7 帝

帝臣 見陳公舉

0022_7 席

席正 4/2428
席震 5/3107
席貢 6/3756
席延年 4/2428
4/2436 4/2623
席延賞子澤
5/3055
席汝言君從
2/973 3/1839
3/1840 3/1849
4/2598
席旦 6/3615
6/3757
席益 6/3858
8/5134

0022_7 商

商元 8/5142
商霖 見鮑若雨
見何溥
商飛卿翬仲
11/7266
商倚 3/1922
5/3261 5/3264
商伯 見黃灝
商老 見李彭
見徐夢莘
商卿 見俞灝
商翁 見陶弼
商炳卿 11/7526
商榮 11/7441

0022_7 廌

廌山先生 見游酢

0022_7 高

高商老 10/6499
10/6557 11/7213
高文虎炳如
8/5350 9/5738
9/6158 9/6253
高文達 9/5765
高文昇 9/5661
高端 1/651
高詵 1/213
1/215
高至言 5/3033
高元舉 3/1569
4/2475
高登彥先、東溪
6/4039 6/4070
高延慶 1/623
高延德 2/792
高延昭 6/3496
6/3512 6/3513
高瓊 1/429
高聚 8/5122
8/5124
高子演 10/6826
高子潤 11/7150
高子莫執中
11/6968 11/7054
11/7079 11/7121
高勇 8/5156
8/5174
高君素 5/3066
高政 2/935
高衛 5/3102
高處約 10/6643
高穎 8/5161
高鼎 1/230
高崇西叔 11/7505
11/7501 11/7511
高俅 6/3621
6/3750 6/4109
6/4115 7/4355
高弁公儀 2/746
高稼南叔
8/5432 11/7360
11/7459 11/7465
11/7471 11/7501
11/7505 11/7510

11/7511 12/7732
高化 2/907
高德順 9/5992
高仲 8/5126
8/5130
高仲本 5/3094
5/3095 5/3098
高伸 1/520
高岫 8/5156
高伯震 7/4641
高繹 9/5790
高復 4/2712
高繪 11/6968
高宜 3/1753
3/1761
高守道 9/5992
高良夫 1/642
1/643 1/649
1/651 1/661
高定子著齋、瞻叔
11/7479 11/7480
11/7501 11/7503
11/7510 11/7512
11/7541 12/7710
高宗商應朝
10/6513 10/6599
10/6605
高永能 4/2515
高漸 3/1922
高述 5/3061
高遠 1/45
高達 12/7871
12/7872
高清 1/426
1/436
高澤民 8/5174
高潤 1/230
高淑 8/5055
高遵裕 4/2516
高道格 3/1922
高太后元祐太后、英宗宣仁聖烈高皇后 2/972
2/1358 3/1856
3/1899 3/1904
4/2130 4/2134
4/2604 4/2605
4/2630 4/2648
4/2744 5/2763
5/2793 5/2794
5/2797 5/2798
5/2802 5/2806
5/2807 5/2907
5/2953 5/2954
5/3160 5/3196
5/3320 6/3508
6/3599 6/3649
7/4787 7/4660
高士育 3/1922
高士敦 5/2949
5/3061
高士談 7/4216
高士宏 1/426
高士曈 7/4197
高克明 9/5611
高南金 1/230
高志寧宗儒
8/5281
高吉父 11/7526
11/7528
高斯謀 11/7506
高斯得不妄
8/5332 11/7453
11/7462 11/7468
11/7472 11/7474
11/7480 11/7481
11/7483 11/7651
12/7741 12/7861
12/7874
高載東叔 11/7505
11/7501 11/7506
高荷子勉、還還先生 5/3103
5/3111 7/4624
高茂 11/7501
高茂華居實
3/1922 6/3901
6/3902 6/3974
高若訥文莊、敏之
1/617 1/618
2/748 2/785
2/824 2/984
2/1049 3/1457
4/2290 4/2293
4/2295 4/2296
高老虎 8/5132
高世定 11/6968
高世則仲貽
6/3517 6/3774
6/3775 6/4111
7/4787
高黄中 11/7501
高朝奉 4/2642
4/2684
高松 10/6457
11/7152
高青 8/5174
高本之 11/6968
高惠連 1/434
高夫人（葉適妻母） 11/7057
高泰叔 11/7360
11/7459
高頔 1/219
1/228 1/229
高托 7/4350
高抑崇 10/6476
高冕 1/520
高景逸 4/2530
高隱處士
見林敏功
高氏（邢皇后姨）
7/4215
（魏苹妻） 11/7501
（韓世忠祖母）
7/4333
（葉適妻） 11/6968
高閌 8/4895
8/4913
高居簡 2/770
2/1249 2/1251
3/1772 3/1774
高舉 6/3993
高勝 6/4057
高無悔 5/3187
高夔 11/7250
高公應 3/1922
高公繪 7/4439

高公惕　6/4138
高鑄　12/7743
高錫天錫　1/7　1/102　1/221
高符仲　5/3187
高敏　3/1817
高惟肖　11/7349
高懷德　1/6　1/11　1/13　1/15　1/17　1/292
高愼交　1/45
高懌　1/437

0022_7 庸

庸齋　見趙葵　見趙汝騰

0023_0 卞

卞世長　2/747
卞楚材　2/747

0023_0 亦

亦齋　見岳珂
亦大　見王奕

0023_1 應

應齋居士　見趙善括
應端孫　12/7784
應武　11/7518
應孟明仲實　9/5733　9/5738　9/6088　9/6090　10/6539　10/6759
應君實伯誠　12/7916
應繇　12/7731　12/7732
應山　見連文鳳
應先　見沈有開
應伯　見劉詵
應之　見木待問　見石宗昭　見史鏄　見楊國寶
應之　2/1037
應祥　見陽熙載
應求　見陳俊卿　見王說
應懋之　11/7121
應恕艮齋　9/5934　11/7537
應朝　見高宗商
應明叔　12/7791
應昭式　5/2864
應氏(胡承師妻)　1/319　1/324　1/346
應隆　見鄒應龍
應賢　見洪邦直

0023_7 廉

廉彥　見周鍔
廉靖處士　見滕宬
廉叔　見陸珪
廉遜處士　見王庠
廉布射澤老農、宣仲　6/3749
廉希貢　12/7956

0024_1 庭

庭藻　見蘇著

0024_7 度

度正樂活、周卿、性善　3/1515　3/1519　3/1520　3/1523　4/2419　4/2562　8/5403　8/5430　8/5452　11/7339　11/7360　11/7425　11/7455　11/7459　11/7464　11/7605　11/7606　11/7607　11/7609　11/7616　12/7730
度武　11/7616

0024_7 慶

慶香　1/370
慶先　見周邦彥
慶源　見王雅奇
慶禪師漳南道人　5/3192
慶湖遺老　見賀鑄
慶輔　2/1170
慶善　見洪興祖
慶美　見辛徽

0024_7 廏

廏父　見宋駒

0026_5 唐

唐彥舉覺軒　7/4310
唐庚子西　＊6/3593　7/4278
唐庾端孺　6/3597　6/3607　6/3608　6/3612　6/3615　6/3617　6/3619　6/3620
唐文若立夫　6/3614　6/3623　6/3624　7/4280　7/4313　7/4322　8/5528　8/5530　9/5874　9/5875
唐謂　1/400
唐詢彥猷　2/1291　3/1482　3/1483
唐元若　6/3596
唐震忠介、景實、景賢　12/7871　12/7873
唐珏玉潛、菊山　12/8060　12/8062
唐蜑　6/3619　6/3624
唐聃　6/3624
唐瑑　8/5542
唐子壽致遠　9/5787
唐翼　2/761
唐璘　12/7706

唐孚 8/5017
唐處士 1/610
唐處厚 6/3621
唐佐 見茅宗愈
見姚汝賢
唐佐 5/2967
唐德明 9/5993
唐仲俊 9/5706
唐仲溫與直
9/6246 9/6248
唐仲友與政、子正、説齋
*9/6243
8/5297 9/5948
9/5953 9/5973
9/6044 10/6664
10/6785 10/6839
10/6842 11/7517
唐仲義與信
9/6246 9/6249
唐船娘 6/3620
唐淹 6/3596
6/3599 6/3600
6/3612
唐淑問 4/2144
唐次公 5/3113
唐通直 5/3224
唐士特 9/6246
唐士濟 9/6246
唐堯封嘉猷
9/6245 9/6249
唐去華 11/7200
唐木蘭(唐庚女)
6/3609 6/3624
唐夢震 11/7616
唐英 見史堯弼
唐杜 12/8004
唐棣彥思 4/2423
4/2537 4/2676
4/2684 8/4988
唐垌林夫 3/2045
5/2774 5/2838
5/2840 5/2893
唐慤 7/4627
唐夫 見陳堯叟
唐輔 見劉宗傑
唐輅 6/3624
唐耜 3/2053
唐睦 6/3598
唐瞻望之
6/3597 6/3607
6/3608 6/3614
唐氏(張詠妻)
1/99
(周輔成妻)
3/1510
唐履 5/3084
唐居正 6/3621
唐問之 5/3368
唐卿 見陳造
見黃鑒
見掌禹錫
唐與正 8/5299
唐介子方、質肅
2/717 2/723
2/725 2/835
2/959 2/1149
2/1304 2/1307
3/1481 3/1482
3/1771 3/1796
3/1986 3/2038
4/2068 4/2091
4/2143 4/2144
4/2145 4/2295
4/2686 6/3562
8/5224
唐義問 3/1922
5/2918 5/3264
唐錡 9/5863
唐恪 5/3432
6/4052 6/4053
6/4118 6/4135
6/4136 8/4980

0028_6 廣

廣平 見舒璘
廣平先生 見游酢
廣仲 見胡實
廣微 見袁甫
見曾淵子
廣道者 7/4273
廣慧禪師 1/83

0029_4 庥

庥士龍 12/7881

0029_9 康

康靖 見趙槩
康王 見宋高宗
康王構 見宋高宗
康戩 1/399
1/415
康功 見楊景略
見楊宗惠
康師孟 8/5055
康允之 6/3533
6/3951 7/4677
康先之 7/4385
康仲穎 11/7417
康侯 見胡安國
見孫晉
康叔 見朱壽昌
康秋 11/7527
康甯 6/4070
康湑 8/5280
9/5775
康劦 6/3496
6/3510
康森 6/3496
6/3510
康孝基 2/898
康執權平仲
7/4579
康履 7/4370
7/4670
康與之順庵、伯可
8/5011 8/5029
康公 見韓絳
康簡 見孫永
康節 見邵雍

0033_1 忘

忘機 見周純

0033_6 意

意一 見徐清叟

0040₀ 文

文彥博寬夫、潞國公、忠烈
1 /190　1 /191
1 /625　1 /652
2 /711　2 /712
2 /718　2 /725
2 /730　2 /752
2 /835　2 /934
2 /935　2 /936
2 /939　2 /942
2 /945　2 /965
2 /970　2 /972
2 /973　2 /976
2 /1091　2 /1115
2 /1168　2 /1251
2 /1252　2 /1254
2 /1291　2 /1302
3 /1383　3 /1394
3 /1396　3 /1410
3 /1481　3 /1482
3 /1611　3 /1794
3 /1771　3 /1807
3 /1837　3 /1839
3 /1850　3 /1875
3 /1893　3 /1907
3 /1910　3 /1921
3 /1962　3 /1999
3 /2025　3 /2042
4 /2077　4 /2123
4 /2135　4 /2157
4 /2290　4 /2291
4 /2295　4 /2299
4 /2300　4 /2306
4 /2392　4 /2406
4 /2487　4 /2514
4 /2534　4 /2563
4 /2585　4 /2587
4 /2593　4 /2598
4 /2627　4 /2629
4 /2634　4 /2648
4 /2681　4 /2682
4 /2687　4 /2737
5 /2788　5 /2795
5 /2802　5 /2811
5 /2837　5 /2879
5 /2900　5 /2901
5 /2938　5 /2942
5 /2947　5 /2950
5 /2994　5 /2996
5 /2998　5 /3000
5 /3042　5 /3203
5 /3260　5 /3263
5 /3376　5 /3400
6 /3601　6 /3605
6 /3633　6 /3704
6 /3726　9 /5752
文彥明　8 /5123
文慶曾　3 /1850
文康　見葛勝仲
見王曙
文端　見戴溪
文靖　見李沆
見梁克家
見呂夷簡
見史彌忠
見舒璘
見徐榮叟
見楊時
見游九言
見張肩孟
見張守
文毅　見洪天錫
文效　2 /735
文正　見蔡卞
見陳康伯
見司馬光
見王旦
見王曾
見范仲淹
文正中　12/7987
文璋　12/8000
12/8012
文元　見賈昌朝
見晁迥
文雲山　11/7612
文天祐　2 /844
12/8000
文天祥雲孫、宋瑞、履善、文山
＊12/7985
2 /843　10/6691
11/7636　11/7643
11/7645　11/7647
11/7648　11/7649
11/7650　11/7652
12/7698　12/7741
12/7761　12/7764
12/7769　12/7774
12/7777　12/7788
12/7807　12/7813
12/7832　12/7853
12/7872　12/7873
12/7878　12/7880
12/7904　12/7905
12/7921　12/7930
12/7942　12/7961
12/7962　12/7963
12/7964　12/7966
12/7968　12/7969
12/7970　12/7971
12/7972　12/7973
12/7974　12/7976
12/8030　12/8032
12/8033　12/8038
12/8039　12/8044
12/8045　12/8047
12/8058　12/8059
12/8063
文天祥婢　見綠荷
文環(文天祥女)
12/7991
文務光逸民
4 /2736　5 /2787
5 /2836　5 /2953
5 /2970
文及　見文及甫
文及甫文及、周翰
4 /2157　5 /2811
5 /3258
文及翁本心、時舉
10/6699　10/6704
文子　見戴栩
見彭大雅
文季　見錢文子
文行先生　見鄧牧
文山　見文天祥
文信　見陳彭年
見錢惟演
文信公　見錢惟演
文仲　見皇甫斌

見楊籍
文佛生　12/7991
12/8008
文伯　見丁黼
見李賀
文穆　見侯蒙
見呂蒙正
見王欽若
見范成大
文象　3 /1612
文紀道者　7 /4293
文叔　見鄧綰
見黃度
見黃裳
見李格非
見潘脩
見張彥博
見鄭清之
見范仲黼
文叔　9 /6134
文儀士表、革齋
11/7643　12/7987
12/7988
文之　見周彥質
文憲　見宋白
見王柏
文安　見洪遵
見陸九淵
見宋白
見王堯臣
見楊椿
文安禮　5 /3217
文安世　12/7987
文定　見陳宗禮
見胡安國
見李迪
見劉克莊
見蘇轍
見汪應辰
見吳獵
見許將
見曾鞏
見張方平
見張齊賢
見趙安仁
見趙雄
見鄭性之
文潛　見劉焞
見張耒
文淵　見宋齊愈
見徐璣
文溪　見李昴英
文遠　見陳藻
文達　見陸九齡
文清　見程元鳳
見李宗勉
見呂本中
見湯漢
見徐僑
見曾幾
文潛　見劉焞
文通　見毛奎
見沈遘
文道生　12/7991
12/8012　12/8058
文九(蘇籀表兄)
7 /4780
文友　見慕容彥逢
文莊　見高若訥
見夏竦
文芳　見朱棻
文恭　見陳康伯
見胡宿
見劉筠
見王珪
文若　見韓宗武
文懿　見孫抃
見張士遜
見趙汝談
文好謙　8 /4972
8 /4974
文柳(文天祥女)
12/7991
文抗少激　5 /3091
5 /3092
文肅　見梅詢
見盛度
見吳奎
見吳儆
見游酢
見曾布
見章穎
見鄭伯熊
見鄭湜
見鄭戩
文惠　見陳合
見陳堯佐
見鄧溫伯
見洪适
見喬行簡
見史浩
見釋秘演
見王隨
見薛居正
文忠　見陳堯叟
見富弼
見江萬里
見京鏜
見歐陽修
見蘇軾
見張九成
見張商英
見眞德秀
文授　見李孟傳
文甫　見王齊萬
文時用　12/7987
文勛安國　5 /3109
5 /3112
文昭　見胡瑗
見曾肇
文晦　見趙時煥
文璧　12/7963
12/7988　12/8000
12/8010　12/8019
12/8020　12/8022
文長老　5 /2831
文驥　4 /2744
5 /2843　7 /4628
7 /4629
文質　見羅從彥
文陞　12/8019
12/8020　12/8022
12/8023
文同與可、笑笑先生
*3/1609
2 /1306　4 /2147
4 /2167　4 /2735
5 /2772　5 /2795
5 /2830　5 /2838

5/2940　5/2953
5/3334　5/3380
6/3631　6/3632
7/4628
文周　見杜鎬
文卿　見楊芾
文翁　見王武子
文父　見蘇渙
文公　見王安石
　見朱熹
文饒　見蔡薿
文簡　見畢士安
　見程公許
　見程琳
　見丁度
　見馮京
　見李燾
　見劉爚
　見向敏中
　見尤袤
　見章得象
文範　見鄧約禮
文節　見蔡元定
　見林光朝
　見林希
　見倪思
　見魏杞
　見衛涇
　見吳師古
　見謝枋得
　見楊萬里
　見張知白
文敏　見洪邁
　見李邴
文炳然　12/7987
文恪　見王陶

0040_1 辛

辛雍　5/2903
辛文郁　10/6579
辛褒　10/6587
辛棄疾幼安、坦夫、稼軒
　*10/6577
　3/2047　8/5012
　8/5029　8/5030
　8/5057　8/5271
　8/5312　8/5313
　8/5381　8/5497
　9/5620　9/5638
　9/5650　9/5677
　9/5678　9/5693
　9/5694　9/5719
　9/5754　9/6157
　9/6188　9/6206
　10/6549　10/6732
　10/6814　10/6817
　10/6854　10/6885
　10/6899　10/6900
　10/6913　11/7209
　11/7255　11/7256
　11/7315　11/7318
　11/7319　11/7377
　11/7381　11/7386
　12/7699　12/7903
　12/7914　12/7915
　12/7916
辛穮　10/6587
辛穰　10/6587
辛秬　10/6587
辛稏　10/6587
辛巖　12/8010
辛贊　10/6579
辛稙　10/6587
辛秸　10/6587
辛仲甫　1/10
　1/19　1/22
辛叔禧　6/3522
辛徽慶美　12/7916
辛以初　11/7257
辛穟　10/6587
辛永宗　7/4379
　7/4743
辛泌克清　11/7276
辛次膺起季
　8/4995　8/5534
辛道宗　6/4088
　6/4134　7/4197
　7/4379
辛太　8/5172
辛有則　4/2136
辛大濟　12/8010
辛成之　4/2124
辛匵　10/6587
辛氏(蘇頌妻)
　4/2136
辛興宗　5/3434
　7/4195　7/4345
　7/4347
辛企宗　6/4137
　6/4138　7/4393
　7/4394　7/4395
　7/4412　7/4413
　7/4414　7/4415
　7/4416　7/4463
　7/4614　7/4677
　9/6080
辛公祐　5/2899
辛炳　6/3945
　7/4441　7/4694
　7/4725

0040_3 卒

卒逢原　10/6427

0040_6 章

章廈　6/3874
章訪　4/2178
　4/2181
章端武　8/5205
章斌龍　1/353
章誼宜叟、忠恪
　6/3851　6/3967
章望之表民
　2/1147　2/1338
　3/1500
章許　4/2177
章夏彥明　7/4230
章珙　5/3339
章君庭明揚
　5/3083
章琰立庵、子美
　11/7581　11/7583
　12/8033
章綡子京、子上
　4/2181　4/2184
　4/2192　4/2200
章衡子平　1/364

2 /1303 2 /1352
3 /1602 3 /1645
3 /2001 4 /2108
4 /2180 4 /2184
4 /2438 4 /2728
4 /2730 5 /2826
5 /2829 5 /2934
章處厚 5 /3163
章頻 1 /496
4 /2177 4 /2178
章穎文肅、茂獻
3 /1521 7 /4329
7 /4330 7 /4511
8 /5351 9 /6140
9 /6159 10/6436
10/6480 10/6549
10/6550 10/6556
10/6609 10/6625
10/6626 10/6644
11/7029 11/7059
11/7075
章能 8 /5386
章綖君遂 4 /2200
4 /2201
章獻明肅
見劉太后
章倧道祖 6 /3829
6 /3834 6 /3853
6 /3854 6 /3863
6 /3869
章綰 4 /2200
章縝 4 /2201
章綜 4 /2200
章德象德章
8 /5549
章綍伯成 4 /2180
4 /2182 4 /2185
4 /2199
章縯 4 /2201
章仲至 10/6537
章傳傳道 4 /2732
5 /2776 5 /2833
章傑 7 /4464
章得象文簡、希言
1 /548 1 /628
1 /632 2 /753
2 /884 2 /911
2 /917 2 /924
2 /1044 2 /1232
2 /1298 3 /1473
3 /1629 4 /2177
4 /2179 4 /2331
8 /5278 8 /5512
10/6800
章和甫 5 /3035
章泉 見趙蕃
章岷 1 /613
2 /1086 2 /1088
2 /1286
章從紹 1 /331
章從範 12/8011
章縱矩 5 /3278
章良能達之
12/7951
章良朋 8 /5034
8 /5063 8 /5064
章寅臣 11/7502
章浩 8 /5476
章楶質夫、莊簡
*4/2175
4 /2735
章友直 2 /842
2 /1344
章吉老 5 /3283
章大醇 1 /353
章森德茂 8 /5271
9 /5612 9 /5735
9 /5971 10/6849
10/6881 10/6887
10/6902 10/6913
10/6918
章茇 4 /2201
章如壎 5 /3083
章藎 4 /2201
章惠 見王隨
章援致平 5 /2798
6 /3703 8 /5499
章甫端叔、冠之、轉庵居士、易足居士 5 /3409
章拱之 3 /1500
章思臺 6 /3991
章嗣功禹直
5 /3071
章氏(洪皓曾祖母)
7 /4188 8 /5503
(洪士良妻)
9 /5632
(周密母) 12/7951
章用中 10/6456
11/6990
章服德文 10/6770
章鐸 1 /330
章鑑 11/7513
12/7870 12/7875
12/7996
章簡 8 /5499
章簡 見元絳
見張綱
章敏 見滕甫
章惇子厚 1 /27
1 /28 2 /1183
3 /1868 3 /1869
3 /1871 3 /1872
3 /1904 3 /1905
3 /1906 3 /1911
3 /1913 3 /1922
3 /1923 3 /1986
3 /2011 3 /2017
4 /2134 4 /2135
4 /2155 4 /2177
4 /2179 4 /2183
4 /2184 4 /2188
4 /2191 4 /2192
4 /2197 4 /2248
4 /2251 4 /2321
4 /2322 4 /2325
4 /2366 4 /2651
4 /2653 4 /2666
4 /2714 4 /2715
4 /2716 4 /2717
5 /2787 5 /2789
5 /2790 5 /2793
5 /2794 5 /2798
5 /2803 5 /2811
5 /2813 5 /2814
5 /2924 5 /2926
5 /2945 5 /2959

5 /2965 5 /3075
5 /3077 5 /3164
5 /3167 5 /3232
5 /3267 5 /3356
5 /3359 5 /3367
5 /3376 5 /3398
6 /3457 6 /3459
6 /3462 6 /3464
6 /3465 6 /3468
6 /3492 6 /3558
6 /3559 6 /3602
6 /3603 6 /3604
6 /3605 6 /3609
6 /3611 6 /3634
6 /3660 6 /3677
6 /3692 6 /3703
6 /3746 8 /5499
9 /6124 9 /6125
11/7478
章惇裕 2 /762
章悰 6 /3797
章燮 9 /5998

0044$_1$ 辯

辯才 見釋元淨

0060$_1$ 言

言幾 見李至
言禪師 5 /3179

0063$_1$ 譙

譙定 4 /2665
4 /2683 6 /3528
6 /4049 7 /4167
7 /4168 7 /4179
8 /4866 8 /4868
8 /4885 9 /6022
11/7432

0073$_2$ 衮

衮公適 3 /1922

0073$_2$ 襄

襄陽漫士 見米芾
襄公 見余靖
襄敏 見王韶

0080$_0$ 六

六一居士 見歐陽修

0090$_6$ 京

京超 8 /5126
8 /5127
京鏜文忠、仲遠、松坡居士
9 /6000 9 /6140
9 /6161 9 /6184
11/7077 11/7294
11/7295 11/7296
11/7309 11/7519
11/7520

0121$_1$ 龍

龍衮 2 /1022
龍可伯康 10/6735
龍川先生 見陳亮
龍洲道人 見劉過
龍溪 見汪藻
龍溪老人 見宇文虛中
龍大淵 8 /4995
8 /5197 8 /5218
8 /5482 8 /5483
8 /5487 8 /5536
9 /5668 9 /5709
9 /5761 9 /5763
9 /5875 9 /6029
龍井 見釋聰
龍昌期起之
1 /337 1 /348
2 /1138 4 /2089
龍眠居士 見李公麟
龍丘子 見陳慥

0128$_6$ 顏

顏度魯子、如山
8 /5180 9 /5859
顏孺人 12/8008
顏子宗 12/7916
顏子堅 10/6514
顏師魯 9 /5608
9 /5619 9 /5688
9 /5969
顏徒 見黃友顏
顏岐 6 /3950
6 /3951 6 /4049
6 /4120 6 /4121
6 /4133 7 /4793
7 /4794 7 /4807
顏和 1 /658
顏復長道 2 /1148
2 /1203 4 /2734
5 /2835 5 /2899
5 /3321 5 /3344
5 /3360 7 /4793
顏太初醇之、鳧繹先生 3 /1386
顏博文 6 /4124
顏棫 9 /5916
顏孝恭 8 /5127
顏贇 8 /5281
顏坦 7 /4345
顏知藏 7 /4290
顏簡卿 7 /4314

0164$_6$ 譚

譚望 2 /1024
2 /1025
譚元吉 1 /524
譚允 2 /761
3 /1588
譚勉翁 6 /3613
譚稹 5 /3433
5 /3434 6 /4053
7 /4195 7 /4345
7 /4639 9 /5605
9 /5670
譚仲通 1 /461
譚純德 12/7883
譚伯顧 2 /752
譚扆 5 /3264
5 /3265
譚淵 12/7675
譚汲 4 /2749
5 /2849

譚嘉震 1 /661
譚世勣 9 /5605 9 /5670
譚拂塵 7 /4851
譚惟寅子欽、深甫、蛻齋 9 /6141
譚燦 6 /3537

0180₁ 龔

龔端頤 9 /5608 9 /6150
龔敦頤 見龔頤正 9 /5606 9 /5686
龔元 1 /149
龔璹 7 /4202 7 /4231 7 /4250 8 /5511 8 /5554
龔何 7 /4172
龔穎 1 /454
龔鼎臣輔之 1 /152 2 /889 5 /2940 10/6774 10/6855
龔叔虎 11/7530 11/7536
龔夢龍 1 /199
龔茂良實之、莊敏 8 /4996 8 /5230 8 /5301 8 /5309 8 /5310 9 /5582 9 /5728 9 /5729 9 /5806 9 /6035 9 /6116 9 /6119 9 /6120 9 /6122 10/6414 10/6415 10/6470 11/6991 11/7017
龔夬 3 /1922 5 /3261 5 /3264 8 /4912 11/7031
龔明之五休居士、希仲 8 /5033 9 /5861
龔原深之、深甫、深父、括蒼先生、蛻齋 3 /1887 5 /3023 5 /3164 5 /3245 8 /5355 9 /5686 9 /6217
龔頤正龔敦頤、芥隱、養正 8 /5355 9 /5686 9 /5754 9 /5867 11/7438
龔開聖予、翠巖、龜城叟 12/7853
龔美 1 /440

0212₇ 端

端彥 4 /2428
端誠 見羅愚
端孺 見唐庾
端伯 見曾慥
端叔 見章甫 見丁逢 見潘友端 見李之儀
端憲 見沈煥
端良 見羅願
端友 見李文會
端慤 4 /2428
端兒(陸秀夫家人) 12/8033
端卿 見程揆

0292₁ 新

新仲 見朱翌

0365₀ 誠

誠齋 見楊萬里
誠允 見錢儼
誠之 見李師中 見王信 見翁忱 見游九言 見諸葛千能
誠甫 見錢槱 見汪立信

0369₂ 詠

詠之 見王思詠
詠道 見趙師蔵

0460₀ 計

計氏(秦國夫人、張栻祖母) 7 /4312 7 /4322 10/6258 10/6259 10/6260 10/6261
計用章 1 /650 2 /908

0460₀ 謝

謝方叔德方、瀆山 11/7611 12/7686 12/7688 12/7689 12/7731 12/7869 12/7870
謝廓然 9 /6121 11/7017 11/7343 11/7517
謝應琇 12/7904
謝文瓘聖藻 3 /1921 5 /3263 6 /3460
謝文灝 5 /3031
謝奕昌 12/7863
謝諤昌國、艮齋先生 9 /5716 9 /5840 10/6904
謝璡 12/7701
謝晉臣 5 /2814
謝西溪 12/7947
謝天伸用休 4 /2683 6 /3591
謝子高 5 /2998
謝子蘭 6 /3553
謝君烈 12/7922 12/7923
謝君禹 12/7920
謝君澤 12/7921 12/7922
謝君祿 12/7921
謝君恩 12/7920
謝君舉 12/7921
謝君錫 12/7920
謝禹謨 12/7913
謝采伯元若 11/7324 11/7521

12/7702
謝維新　1 /578
謝師稷　9 /5732
謝崇禮　1 /451
謝紫微　見謝絳
謝縝通微　2 /1090
2 /1097
謝仲規　3 /1506
謝純孝　9 /5611
謝純粹　7 /4309
謝伯初景山
2 /1032　2 /1053
謝嚮　7 /4411
7 /4412　7 /4413
7 /4414　7 /4415
7 /4416　7 /4417
7 /4419
謝伋藥寮居士、景思　8 /4926
9 /5566　9 /5643
謝翺皋羽、晞髮子、宋累
＊12/8053
謝絳謝紫微、希深
1 /541　1 /542
1 /543　1 /544
1 /619　1 /633
2 /781　2 /782
2 /783　2 /789
2 /819　2 /821
2 /823　2 /826
2 /827　2 /900
2 /983　2 /985
2 /1030　2 /1034
2 /1035　2 /1038
2 /1039　2 /1042
2 /1044　2 /1056
2 /1057　2 /1076
2 /1090　3 /1374
3 /1951　3 /1978
4 /2288
謝徽明　12/7920
謝從之　12/7737
謝從善　5 /2978
謝安道　9 /5891
9 /5895
謝良佐　3 /1594
4 /2435　4 /2438
4 /2473　4 /2474
4 /2494　4 /2495
4 /2496　4 /2497
4 /2514　4 /2515
4 /2577　4 /2578
4 /2579　4 /2592
4 /2602　4 /2659
4 /2665　4 /2671
4 /2672　4 /2683
4 /2690　4 /2691
5 /3264　5 /3265
5 /3387　5 /3395
8 /5309　9 /5943
10/6769
謝定　5 /3380
謝定之　12/7923
12/7946　12/7948
謝濳　3 /1922
謝源明　12/7702
謝淵　9 /5978
10/6432
謝泌　1 /22
1 /399
謝溥　10/6621
謝濤濟之　1 /157
2 /784　2 /819
謝禧年　12/7703
謝湜　4 /2662
4 /2678　4 /2681
4 /2683
謝深甫　9 /5650
10/6434　11/7295
11/7296　11/7306
11/7309　11/7313
11/7379　11/7519
11/7520　11/7521
11/7531　12/7760
謝逸溪堂先生、無逸　7 /4623
謝太后　12/7863
12/7973
謝直希孟、古民、晦齋　11/7517
謝克家任伯
6 /3575　6 /3731
7 /4801　7 /4817
7 /4813
謝堯仁嶺庵先生、夢得　9 /6203
9 /6235　9 /6240
謝希孟母儀
2 /1053
謝嘉　12/8057
謝枋得君直、叠山、文節
＊12/7901
5 /3375　11/7315
12/7742　12/7867
12/8030　12/8033
謝適　7 /4624
謝葵英（謝枋得女）　12/7924
謝如意　9 /6079
謝起巖　8 /5067
8 /5189　8 /5190
謝昌言　2 /789
謝昌元　12/7767
12/8020
謝固　2 /1025
謝圖南　8 /5209
謝景平師宰
2 /807　4 /2444
4 /2474
謝景仁　5 /2798
謝景溫師直
2 /818　4 /2163
4 /2393　4 /2444
4 /2474　4 /2661
4 /2687　5 /2772
5 /2899　5 /3025
5 /3056
謝景初師厚、今是翁　1 /544
2 /1089　4 /2565
5 /3000　5 /3002
5 /3003　5 /3004
5 /3005　5 /3006
5 /3007　5 /3009
5 /3025　8 /5038
謝景回　3 /1978
謝景煜　12/8057
謝曉純　5 /2993

謝疇元錫 8/5335
謝堅 12/7738
謝氏（王安石祖母） 3/1963
（張景妻） 1/98
1/134 1/180
（范仲淹母）
1/600
（梅堯臣妻）
2/819 2/829
2/830
（介休縣君、黄庭堅繼室） 5/3007
（余玠妻） 12/7658
謝鵬 8/5207
謝熙之 12/7923
12/7946
謝舉廉民師
6/3699
謝舉之 8/4892
謝卿材 4/2386
4/2452
謝與叔 6/3613
謝公山人
見郭祥正
謝鑰君啓、草堂
12/8057
謝愔公静 5/3002
5/3009 5/3056
謝堂恕齋 12/7734
12/7736 12/7768
12/7770 12/7790
12/7805 12/7863
12/8003
謝悰公定 5/3004
5/3046 5/3334
8/5280 8/5281

0461_5 謹

謹仲 見滕處厚

0462_7 訥

訥齋 見程元鳳
訥禪師 3/1390

0464_1 詩

詩境 見方信孺

0464_7 護

護國 見釋遠

0466_0 諸

諸葛雷奮 11/7540
諸葛千能誠之
10/6513 10/6523
10/6540 10/6599
諸葛受之 10/6516
諸葛泰 11/7533
諸葛叙時 9/5799
諸葛省己 11/7526

0468_6 讀

讀易老人
見劉安世

0512_7 靖

靖逸 見葉紹翁
靖裕先生 見朱昂

0662_7 謂

謂之 見丁謂

0710_4 望

望之 見唐瞻
見王賞

0569_6 諫

諫從 見鄧元卿

0712_0 翊

翊之 見蹇拱辰

0722_7 鄺

鄺詢 7/4369

0724_7 毅

毅齋 見徐僑
見鄭性之
毅夫 見吳潛
見鄭獬
毅甫 見孔平仲

0733_8 戇

戇庵温伯 見曾黯

0742_7 郭

郭雍 4/2437
4/2639 6/4050
8/4869 9/6146
9/6237
郭庭誨 5/2999
郭慶 3/1817
郭慶宗 1/651
郭慶道 9/5993
郭文 5/3008
10/6549
郭京 6/4039
6/4054
郭詢直 6/3486
郭諮 2/1071
郭三益 7/4661
8/4979
郭正孫 8/5426
11/7360 11/7459
郭元邁 7/4229
郭震滕 9/5694
郭醇仁 10/6517
郭磊卿正肅、子奇、兑齋
11/7524 11/7539
郭天信 6/3804
6/3816
郭天錫 12/7956
郭延珍 1/642
郭延卿 1/543
郭聖俞 6/3617
郭承祐 2/701
2/722 2/1068
2/1082
郭子先 8/5471
郭喬年 7/4495
郭倬 8/5373
8/5377 11/7102
郭師中 5/3433
郭師愈 2/751
郭俊民 6/3499

6 /3534
郭德 8 /5139
郭德章梅垣 12/7966
郭仲堪 7 /4315
郭仲荀 7 /4580
郭仲威 6 /4061 7 /4673 7 /4689
郭皇后真宗章穆皇后 1 /72 1 /73 1 /545
郭皇后仁宗后、清悟、冲静元師 1 /296 1 /575 1 /577 1 /612 1 /615 2 /902 2 /1133 3 /1376 4 /2087 4 /2124
郭皇后妹 1 /546
郭倪 9 /5719 11/7255 11/7380 11/7381
郭彖 9 /5583
郭僎 11/7381 11/7441
郭叔瞻 10/6910
郭紹彭 11/7221
郭從範 7 /4750
郭進 6 /3538 7 /4834 8 /5172
郭守文 1 /232
郭良臣德鄰 11/7046
郭宗儀 7 /4496 7 /4500 7 /4502
郭江伯山 11/7046 11/7152
郭沰 8 /5531
郭源明 3 /1770
郭澄 11/7046
郭汝賢 7 /4589
郭浩 6 /3981 8 /5079 8 /5151
郭逵仲通、忠穆 2 /704 2 /1254 2 /1307 2 /1326 3 /1671 3 /2011 3 /2012 4 /2575 5 /3004
郭津 11/7078
郭遘 5 /2838 5 /2839
郭邈山 2 /918
郭逢叔 6 /3860
郭祥正謝公山人、醉吟先生、功甫、功父、漳南浪士 2 /838 2 /1103 5 /2792 5 /2815 5 /3105 5 /3141 5 /3309 5 /3310
郭遂 8 /5498
郭遵 4 /2575
郭才舉 9 /5999
郭有憑充誠 9 /5730
郭友仁 11/7609
郭吉 8 /4991 8 /5112
郭森卿 1 /97 1 /198
郭藐三 2 /1231
郭勸 1 /340 1 /539 1 /575 1 /613 2 /697 2 /723
郭茂倩德粲 9 /5617
郭茂恂 4 /2161 4 /2164
郭孝友 6 /4008
郭世濟 3 /1475
郭世模 7 /4750 9 /6211
郭藥師 6 /3773 7 /4573 7 /4678 7 /4785 7 /4789 7 /4790 7 /4808
郭執中 3 /1922
郭贄 1 /16 1 /17 1 /112 8 /5273
郭忠孝 4 /2412 4 /2639 4 /2664 4 /2683 4 /2688
郭泰發 9 /5867
郭振 6 /4068
郭邦逸 10/6541
郭恩 2 /704 3 /1718 4 /2080
郭杲 11/7065
郭時亮 6 /3558
郭明父 5 /2994
郭昭選 3 /1772
郭照 5 /3344 5 /3356
郭槩 5 /2944 5 /3319 5 /3321 5 /3325 5 /3344 5 /3351 5 /3360 5 /3369 5 /3370 5 /3372
郭剛 8 /5544 8 /5546 9 /5836
郭氏(陳師道妻) 5 /3344
(李夙妻) 8 /5237
郭熙 5 /2797 5 /3052 5 /3425
郭闓 12/7749
郭公甫 3 /1478
郭知章明叔 4 /2721 5 /2924 5 /2959 5 /3035 5 /3069
郭鈞 9 /5818
郭小的 8 /5524 8 /5555
郭惇愿 5 /2943
郭少師 12/7947
郭少山 12/7934
郭忱 5 /3297

0766$_2$ 韶

韶卿 見方鳳
韶父 見方鳳

0821_2 施

施應龍 11/7143
施慶之 9/5571 9/5648
施廣文 10/6420
施康年 9/6188
施至道 12/8000
施元之德初 *8/5009 8/5274 8/5275 8/5277 8/5280 8/5285 9/5567 9/5819
施元長 2/748 2/775 5/3125
施廷臣 8/5256
施又新 7/4857
施師點正獻、聖與 9/5602 9/5732 9/5891 11/7159
施德操彥執、持正先生 8/4932
施宿武子 *8/5009 5/2762 5/2764 5/2815 5/3272
施宏 8/5052
施寅 8/5052
施淵然 9/6142
施逵 7/4412 7/4416 7/4417 7/4419
施逢辰 11/7641
施大倫 6/3843
施垌 9/5943
施四九 6/3851
施昌言 2/748 3/1752
施景仁 2/832
施景明 5/3387
施鉅 7/4230

0824_0 放

放翁 見陸游

0844_0 敦

敦立 見徐度
敦實 見周敦頤
敦老 見吳居厚
敦夫 見孟厚

0861_2 說

說齋 見唐仲友

0863_7 謙

謙仲 見王藺 見鄭崇
謙叔 見范致虛
謙之 見陳著 見林光朝
謙問 見葛郯

0864_0 許

許亢宗幹譽 6/3752 6/3927 6/3939 6/3961 6/3962
許亮山人 2/746
許彥先覺之 5/3116
許應龍恭甫、東澗 10/6621 10/6623 12/7708
許文德 12/7874 12/7875
許衮 1/270 1/273
許奕成子 8/5388 8/5390 8/5398 11/7425 11/7444 11/7445 11/7454 11/7458 11/7459 12/7661
許端卿 3/1922
許毅 5/2810
許元 1/653 2/1093 2/1102 2/1109 2/1128 4/2289 4/2297
許及之深甫 7/4255 8/5461 8/5494 8/5497 8/5497 8/5533 9/5690 9/5763 9/6087 10/6302 11/7118 11/7119 11/7125
許子紹季韶 9/5569 9/5645
許君輔 12/8040
許製 1/273
許允杰 12/7737
許俊 11/7471
許德恭 3/1538
許仲宣 1/396
許伯虎子威 9/5706
許將文定、沖元 2/1157 2/1305 3/1905 4/2202 4/2716 4/2717 5/2917 5/2951 5/2960
許份子大 6/3952 7/4598 7/4599 7/4725 7/4807
許從道 11/7251 11/7252 11/7254
許安修 3/1922
許安世少張 3/1767 3/1980 4/2274 5/2873
許遷 1/661
許渤仲容 1/632 3/1530 3/1538 4/2497 4/2497 4/2579
許清臣 8/5141
許洞淵天、洞天 1/47
許遵 3/1782 3/1792 3/1794 3/1989 5/2832
許九言 1/10
許克甫 3/1922
許壽源 7/4301

許世安　7/4475　7/4492　7/4499　7/4500　7/4502　9/5571　11/7342
許世厚　6/3858
許超　9/5573
許翰崧老　6/3528　6/4089　6/4117　6/4128　7/4251　8/5327
許中應　10/6552
許申維之　2/742　2/746
許成大　11/7508
許國　11/7327
許國大長公主太祖女　1/550
許昌朝　10/6496
許景衡少伊　4/2639　4/2683　4/2694　6/3528　6/3540　6/3757　7/4685　8/4925　10/6658
許氏(岳立妻、越國夫人)　8/5100
許堅　3/1532
許月卿山屋、泉田子、宋士、太空　12/7737
許興裔　11/7126
許簡　12/7721
許懷德　2/716　2/717　2/1139　2/1228
許懷宗　3/1483
許忻　10/6500　10/6504
許輝先　8/5207

1000_0 一

一龍　見曾從龍
一行　4/2131
一梅老人　見蔣重珍
一丈青(張用妻)　8/5116
一拂居士　見鄭俠
一鶚　見陳開祖
一翁　見鄒極

1010_0 二

二山　見朱正剛

1010_1 三

三變　見柳永
三山先生　見林之奇
三山老人　見胡舜陟
三茅翁　見劉誼
三教外人　見鄧牧

1010_1 正

正平　見釋祖可
正孺　見周尹
正子　見崔與之
正己　見陳剛
正信　見李浩
正獻　見陳俊卿　見杜衍　見呂公著　見施師點　見袁燮　見鄭聞　見范祖禹
正仲　見王存　見吳幵　見宋德之　見林頤叔　見劉莊孫　見陳讜
正叔　見程頤
正儀　見吳淑
正之　見劉學雅　見羅適　見孫逢年　見孫侔　見王正己　見楊大昌
正憲　見吳充
正裕先生　見朱昂
正肅　見郭磊卿　見王遂　見吳育　見袁甫
正惠　見胡則　見林大中　見馬知節　見趙希懌
正夫　見傅侹　見汪輔之　見張端義　見趙挺之
正素　見張壆
正輔　見程之才
正甫　見陳貴誼　見林湜　見倪思　見曲端　見王拯
正思　見程端蒙
正則　見葉適
正臣　見張孝忠
正兒(陸秀夫家人)　12/8033
正屋　見曾致堯
正卿　見馬夢得　見沈清臣
正民　見張表臣
正愍　見呂大防
正翁　見董楷
正父　見陽枋
正公　見程頤
正堂　見釋辯

1010_2 五

五休居士　見龔明之
五峰　見胡宏
五峰先生　見胡宏
五峰居士　見翁挺

1010_2 亞

亞之　見陳洎　見趙鄰幾
亞夫　見晏淵

亞卿 見葛次仲
亞父 見黃庶

1010_3 玉

玉山 見汪應辰
玉泉 見喻樗
玉峰山民 見車若水
玉潛 見唐珏
玉淵 見劉子澄
玉斗山人 見王奕
玉池先生 見鄧忠臣
玉汝 見韓縝 見陳琰
玉瀾 見朱槔
玉臺先生 見王賞
玉老禪師 6/3820
玉林 見黃昇
玉成 見薛疑之
玉甫 見王珪
玉田 見張炎
玉父 見洪炎
玉笥山人 見王沂孫

1010_4 王

王立愛 12/7743
王立之 5/3059 5/3241 5/3242 5/3324 5/3334 5/3335 5/3374 5/3380 5/3381
王抗 3/2015
王充道 5/3097 5/3103
王雍 1/182 2/1278 2/1279
王彥 6/3531 6/3541 6/4133 8/5104 8/5107
王彥充 6/4063
王彥休 6/4008
王彥祖 5/3063
王彥直 6/3601 6/3610
王齊萬文甫 4/2737 5/2788 5/2836
王方 2/1352 3/1398 4/2727 5/2767 6/3627 7/4443
王旁 3/2015 3/2021 3/2027
王應麟伯厚、深寧老人、厚齋 *12/7843 10/6475 10/6701 12/7716 12/7733 12/7757 12/7759 12/7761 12/7763 12/7764 12/7765 12/7766 12/7767 12/7769 12/7784 12/7818 12/7853 12/7904 12/8032
王應鳳仲儀、若鳳、默齋 12/7733 12/7743 12/7846 12/7855 12/7856 12/7880 12/7887 12/7889 12/7900
王庶子尚、敏節、當叟 6/3542 7/4484 7/4507
王廉清仲信 7/4750 9/5708
王庭璋 6/4007 6/4014 6/4022 6/4024
王庭珪盧溪、民瞻 *6/4001 7/4723 7/4742 7/4743 9/5992 9/5997 9/6032
王庭瑋 6/4008 6/4022
王庭珍 6/4007 6/4023
王庭秀穎彥 6/3945 7/4381
王庭溫 4/2287
王夜叉 見王夔
王度君玉 8/5047 11/7134
王慶 4/2148
王庠廉遜處士、周彥、賢節 3/1572 5/3095 6/3652
王廣廉 4/2386 4/2452
王廣淵 3/1758 3/1772 3/1917 3/1991 3/2003 4/2462
王庚應 11/7580
王文玉 5/2923
王文遠 12/7890
王文通 5/3054
王文才 9/5802 9/5817
王文振 4/2191
王交 3/1922
王袞 1/602
王襄幼安 6/3583 6/3767 6/3929
王奕亦大、玉斗山人、伯敬、斗山 12/7918 12/7945
王稟 5/3433 5/3436 7/4345 7/4346 7/4347 7/4348 10/6738 12/7946 12/7948 12/7920
王旂' 3/2015 5/3329
王誠中 6/3610
王詵晉卿、榮安 4/2730 4/2744 5/2786 5/2787 5/2797 5/2798 5/2800 5/2806 5/2834 5/2842 5/2843 5/2847 5/3047 5/3054 5/3062 5/3063 5/3132 5/3238

5 /3239 5 /3240
6 /3467 6 /3468
王謹言 3 /1840
王謹常 6 /3742
王靖詹叔、瞻叔 8 /5103
王竦 5 /2805 5 /2846
王諤 3 /1862
王韶襄敏、子醇、子純 3 /1592 3 /1844 3 /1993 3 /1997 3 /1998 3 /2003 3 /2004 3 /2006 3 /2007 3 /2012 3 /2014 4 /2319 4 /2320 5 /2777 7 /4784
王旂 3 /2015
王放 3 /2015
王斿 2 /1357 3 /2015 5 /2793 5 /2812 5 /3329
王旃 5 /2812
王說應求、巖夫、桃源先生 8 /5165 12/7887
王訟 4 /2075
王謙 9 /5900 9 /6141 10/6480 10/6609 11/7029 11/7433
王謙德 9 /6153
王詳 9 /5642
王誨 5 /2772 5 /2830 5 /2831 5 /2832
王麟 6 /3518
王讜 4 /2650 4 /2687
王雩子予 5 /2976 5 /3096
王正己正之、慎言、酌古居士、伯仁 9 /5731 9 /5733 10/6582
王正甫茂直 3 /2042
王正路宜甫 5 /2842
王至 11/7641
王霂 4 /2451
王元 4 /2289
王元均 5 /3329 5 /3373
王元規 3 /1798
王元父 8 /5418
王雅言 12/7658
王雅奇慶源 5 /2799 5 /3085
王雱元澤 3 /1936 3 /1954 3 /1980 3 /1996 3 /2002 3 /2004 3 /2011 3 /2012 3 /2015 3 /2024 3 /2027 3 /2034 3 /2050 3 /2054
4 /2464 5 /2776 8 /5237 8 /5301 8 /5444 9 /5861
王震子發 4 /2169 4 /2257 5 /2795 5 /3057 5 /3180
王震午 11/7616
王雯 5 /3256
王平 2 /759
王再興 6 /3498 6 /3530 6 /3541
王晉老子康 10/6617
王雲子飛 4 /2313 5 /3319 5 /3381 6 /3514 6 /3516 6 /3517 6 /4050 6 /4085 9 /5683
王珏 8 /5522
王礪 2 /1076
王棐 11/7068 11/7152 11/7520
王[illegible] 1 /377 1 /572
王延慶 2 /1011 2 /1190
王延政審知 1 /5540
王廷王鐵面 9 /5584
王廷秀 7 /4383
王飛子雲 6 /3608
王武子文翁、王子武、子武 7 /4195
王瑊 10/6504
王瓛 5 /3281
王球夔玉 2 /754 5 /3029 5 /3030
王珪(高宗時御史) 6 /3877
王珪玉甫 10/6619
王珪禹玉、文恭 1 /26 1 /27 1 /422 2 /839 2 /949 2 /1005 2 /1063 2 /1123 2 /1125 2 /1127 2 /1155 2 /1159 2 /1166 2 /1167 2 /1174 2 /1201 2 /1203 2 /1241 2 /1242 2 /1247 2 /1352 3 /1444 3 /1485 3 /1505 3 /1513 3 /1638 3 /1760 3 /1763 3 /1780 3 /1784 3 /1798 3 /1837 3 /1922 3 /2021 3 /2025 3 /2047 4 /2076 4 /2127 4 /2131 4 /2135 4 /2340 4 /2361 4 /2438 4 /2483 5 /2767 5 /2773 5 /2787 5 /2790 5 /2792 5 /2793 5 /2811 5 /2870 5 /3039 5 /3184 5 /3263 5 /3376

6 /3460 8 /5278
王瓘 5 /2933
王琦表文 10/6617
王珙 4 /2287
王琪君玉 1 /407
2 /829
王瓚 11/7242
11/7542
王琳 6 /3560
王臻及之 8 /5327
王聖紀 2 /1048
王環中 5 /3032
王璪季文 9 /5730
王聽 1 /643
王孟丙 8 /5196
8 /5208
王珣 8 /4980
王璆 8 /5053
王弱翁 9 /6231
10/6516
王珉 6 /4026
王瓊 1 /645
王瓊奴 5 /3371
王承可 7 /4645
王承衍 1 /231
8 /5516
王承勛 1 /493
王子庸 10/6626
王子辯 4 /2737
王子韶聖美
3 /1605 4 /2157
4 /2219 5 /3061
王子誨安簡
4 /2731
王子元 2 /751
2 /760
王子武 見王武子
王子建 4 /2287
王子俊才臣、格齋、巨臣 8 /5330
8 /5331 8 /5385
8 /5389 8 /5391
王子獻 6 /4016
王子宜 12/8010
王子安 5 /3360
王子申 11/7360
11/7459
王子居 5 /3072
王鞏定國、清虛先生 1 /107
3 /1921 3 /2043
4 /2160 4 /2734
4 /2735 5 /2787
5 /2790 5 /2791
5 /2793 5 /2794
5 /2797 5 /2798
5 /2805 5 /2835
5 /2843 5 /2847
5 /2940 5 /2944
5 /2952 5 /3037
5 /3039 5 /3043
5 /3053 5 /3054
5 /3063 5 /3095
5 /3101 5 /3186
5 /3249 5 /3250
5 /3260 5 /3261
5 /3264 5 /3336
5 /3381 6 /3640
6 /3662
王君白 2 /1069
王君錫 4 /2748
王乙 3 /1968
4 /2287 4 /2289
4 /2295 4 /2296
4 /2298
王瑜 10/6701
王致 12/7887
王致遠 8 /5418
8 /5419
王瓔 6 /3959
6 /4126 6 /4128
6 /4137 7 /4412
7 /4438 7 /4463
8 /5109 8 /5110
8 /5125 8 /5129
8 /5133
王耿 1 /498
王秀弼 11/7533
王禹偁元之、王黄州
*1/251
1 /20 1 /21
1 /44 1 /45
1 /54 1 /55
1 /59 1 /61
1 /100 1 /102
1 /108 1 /109
1 /113 1 /118
1 /120 1 /124
1 /125 1 /134
1 /135 1 /139
1 /143 1 /144
1 /148 1 /182
1 /218 1 /400
1 /404 1 /405
1 /406 1 /407
1 /408 1 /411
1 /417 1 /451
1 /454 1 /456
1 /457 1 /458
1 /507 1 /554
1 /555 1 /556
1 /557 1 /558
1 /560 1 /587
1 /588 1 /591
2 /1087 3 /1455
5 /2834 5 /3042
5 /3255 8 /5226
8 /5273 8 /5292
王禹圭 1 /255
1 /269 1 /282
1 /286 1 /295
王舜卿 6 /3555
6 /3556
王信誠之 1 /207
1 /642 5 /3021
6 /3805 6 /3834
9 /5616 9 /5688
9 /5732 10/6394
10/6532 11/7433
王信州 7 /4593
王季和 10/6474
王維藩 9 /5996
王仁山 12/8022
王仁傑 4 /2287
4 /2288
王仁贍 1 /12
1 /14 1 /15
1 /16

王優 9/6240
王師正 6/3536
王師元 3/1989
王師儒 5/2950
王師心 9/6246
王師古 6/4083
王師錫 3/1968
王秬嘉叟
8/5221 9/5664
9/5876 9/6222
9/6226 10/6395
王綽 2/730
4/2078 4/2121
10/6457
王縉 7/4476
7/4480
王穎叔泉起
5/3089
王能甫 4/2721
王任 12/7774
王嵩 8/5126
8/5128
王鼎 2/724
4/2121
王偁王稱 8/5341
8/5354 9/5606
9/5682 9/5685
9/5686 9/6148
王巖起 7/4701
王巖叟彥霖
2/1358 3/1921
4/2132 4/2159
4/2160 4/2162
4/2163 4/2249
4/2403 4/2409
4/2474 4/2509
4/2604 4/2605
4/2630 4/2648
4/2687 5/2795
5/2796 5/3250
5/3261 5/3263
6/3600 8/4912
8/5292
王巖翁 4/2748
王山 7/4497
7/4498
王山民隱甫
4/2066 4/2124
王幾 3/1561
4/2707 4/2709
5/3156 5/3157
王崇古 1/38
王繼元 1/643
王繼先 7/4300
7/4530
王繼英 1/13
1/420 1/423
1/427
王繼忠 1/423
王繼恩 1/125
1/126 1/128
1/129 1/132
1/133 1/135
1/160
王允文 10/6542
王允修 8/5556
王傅 7/4700
7/4701
王俊王鵬兒
6/4090 6/4139
7/4423 7/4519
8/5164 8/5166
8/5181 8/5182
王俊乂堯明
7/4540
王俊卿 8/5387
8/5388
王俊民 3/1516
王獻可 5/3264
5/3265
王獻之 7/4645
王然從道 8/5327
王先 6/3760
王佐宣子 8/5271
9/5601 9/5945
9/6023 9/6218
王德 6/3980
6/3986 7/4360
7/4387 7/4388
7/4389 7/4390
7/4437 7/4438
7/4459 7/4477
7/4478 7/4503
8/5075 8/5076
8/5090 8/5143
8/5145 8/5147
王德文 11/7512
王德謙 9/6065
王德淵 2/844
王德祈 12/7686
王德祖 7/4316
王德用 1/396
2/934 2/1131
2/1302 4/2297
4/2302 8/5548
王佑 3/1625
王休叔賓、蓀渚
10/6705
王升 7/4497
7/4498
王告 5/3251
5/3252
王緯 5/3168
王仲孺時中
5/3248 5/3256
王仲穎 4/2282
4/2283
王仲德 10/6907
11/7006
王仲脩 4/2240
王仲儀 2/1203
王仲寶 2/1226
王仲嶷豐父
7/4598 7/4807
7/4807
王仲時 7/4622
7/4653
王仲賢 9/5787
王仲符叔重
4/2165
王傳 7/4695
7/4697
王肆 6/3632
王純亮世弼
5/2998 5/2999
5/3003 5/3004
5/3005

王積翁 12/8006
12/8020
王自中道甫、厚軒居士 9/5998
10/6812 10/6813
10/6877 11/6994
王皇后高宗顯恭王皇后 6/3916
王伯庠伯禮
7/4642 8/5487
王伯虎炳之
5/3054
王伯大幼學、留耕
9/6103 12/7720
12/7727
王伯勳 5/2795
王伯朋昌齡
8/5199 8/5205
8/5207 8/5208
8/5211 8/5213
8/5219 8/5230
王得一 1/410
王得修 9/5934
王得臣彥輔、鳳臺子 1/115
1/130 2/1089
王俁 5/3425
王峴 11/7203
王絪縕 4/2711
王繹 6/3911
王稷 1/633
王凱 1/437
4/2650
王向子直、公默先生 3/1646
3/1654 3/1956
4/2120 4/2124
4/2125 5/2809
5/2815 5/2855
王侗 1/287
王象之儀父
1/196 2/1019
2/1052 6/3885
8/5423 9/5597
王詹 6/4036
王磐隱 12/7955
王綱 8/5153
8/5516
王絢 6/4134
7/4394 7/4402
7/4641
王叔毅 7/4662
王叔容 6/3863
王叔瞻 5/3174
王叔簡 10/6480
10/6609 11/7029
王紹 6/4124
王佺子真、佺期
4/2596 4/2687
王倫(虎翼卒)
1/580 1/629
2/1067 3/1465
王倫正道 6/4092
6/4150 6/4151
7/4198 7/4205
7/4207 7/4225
7/4229 7/4258
7/4483 7/4485
7/4488 7/4489
7/4491 7/4710
7/4822 8/5462
8/5463 8/5504
9/5637 12/7937
王微 2/1024
王復幾道 1/659
2/821 2/823
2/900 2/1034
2/1036 2/1038
2/1041
王復 6/3769
6/4026
王從益 1/489
王以寧周士
7/4644 7/4647
7/4648 7/4703
7/4746
王以道 2/748
王綸 6/3483
7/4848 8/4956
8/4958
王繪 7/4447
7/4458
王宣 6/3499
6/3534 6/3536
王淮季海、魯公
7/4612 7/4850
8/5293 8/5299
8/5303 8/5315
8/5323 8/5333
8/5339 8/5340
9/5570 9/5604
9/5608 9/5614
9/5635 9/5681
9/5684 9/5690
9/5751 9/5753
9/5820 9/5826
9/5836 9/5879
9/5900 9/5931
9/5973 9/5974
9/5996 9/5997
9/6001 9/6031
9/6042 9/6044
9/6048 9/6112
9/6120 9/6138
9/6147 9/6246
9/6252 9/6254
10/6401 10/6418
10/6839 10/6881
10/6902 10/6907
11/7016 11/7017
11/7022 11/7023
11/7026 11/7271
11/7377 11/7378
11/7436 11/7517
11/7518
王寧孫叔遠
12/7895 12/7900
王濟仲 12/7916
王濟淵 12/7947
王寓 6/4050
王進 6/4090
6/4139 7/4423
7/4504 12/7687
王進之 6/3725
王之望瞻叔、敏肅
8/5481 8/5535
8/5536 9/6029
9/6224 9/6245
王之淵 12/7813

王之道彦猷、相山居士 9 /5980
王之奇 8 /5271
9 /5878 9 /6101
王適子立 2 /1359
4 /2735 4 /2737
5 /2791 5 /2798
5 /2800 5 /2839
5 /2941 5 /2942
5 /2950 5 /2970
5 /3063 5 /3227
5 /3357 5 /3358
6 /3632 6 /3633
6 /3644 6 /3677
6 /3709
王守 3 /1922
王守琪 1 /644
王守信 1 /304
王守忠 2 /907
4 /2296
王宰 5 /3101
10/6570
王準 1 /525
王安 4 /2287
王安石介甫、半山、文公、荆公
*3/1931
*3/1937
1 /26 1 /174
1 /201 1 /380
1 /391 1 /566
1 /579 1 /585
2 /682 2 /769
2 /842 2 /939
2 /941 2 /946
2 /951 2 /952
2 /953 2 /956
2 /957 2 /959
2 /960 2 /964
2 /969 2 /970
2 /971 2 /975
2 /1090 2 /1091
2 /1111 2 /1112
2 /1122 2 /1124
2 /1125 2 /1129
2 /1140 2 /1147
2 /1168 2 /1193
2 /1195 2 /1196
2 /1201 2 /1210
2 /1213 2 /1231
2 /1246 2 /1255
2 /1257 2 /1259
2 /1303 2 /1305
2 /1307 2 /1308
2 /1326 2 /1354
2 /1364 3 /1369
3 /1382 3 /1385
3 /1388 3 /1389
3 /1394 3 /1395
3 /1396 3 /1398
3 /1403 3 /1412
3 /1413 3 /1414
3 /1418 3 /1420
3 /1421 3 /1422
3 /1429 3 /1434
3 /1435 3 /1436
3 /1440 3 /1443
3 /1515 3 /1535
3 /1541 3 /1564
3 /1577 3 /1579
3 /1605 3 /1635
3 /1641 3 /1643
3 /1644 3 /1646
3 /1654 3 /1655
3 /1657 3 /1711
3 /1715 3 /1716
3 /1723 3 /1728
3 /1733 3 /1737
3 /1769 3 /1772
3 /1774 3 /1776
3 /1777 3 /1780
3 /1782 3 /1784
3 /1788 3 /1789
3 /1792 3 /1794
3 /1795 3 /1796
3 /1800 3 /1802
3 /1807 3 /1808
3 /1809 3 /1810
3 /1815 3 /1819
3 /1823 3 /1824
3 /1830 3 /1831
3 /1832 3 /1843
3 /1844 3 /1864
3 /1873 3 /1877
3 /1880 3 /1881
3 /1885 3 /1886
3 /1889 3 /1905
3 /1911 3 /1912
3 /1913 3 /1920
3 /1923 3 /1925
4 /2059 4 /2081
4 /2109 4 /2126
4 /2127 4 /2130
4 /2145 4 /2146
4 /2154 4 /2164
4 /2217 4 /2218
4 /2230 4 /2238
4 /2254 4 /2287
4 /2289 4 /2290
4 /2294 4 /2295
4 /2296 4 /2297
4 /2298 4 /2302
4 /2303 4 /2304
4 /2305 4 /2306
4 /2307 4 /2308
4 /2309 4 /2310
4 /2311 4 /2312
4 /2319 4 /2321
4 /2322 4 /2324
4 /2330 4 /2331
4 /2341 4 /2342
4 /2362 4 /2368
4 /2385 4 /2386
4 /2453 4 /2461
4 /2462 4 /2463
4 /2465 4 /2468
4 /2472 4 /2474
4 /2479 4 /2483
4 /2493 4 /2498
4 /2503 4 /2504
4 /2517 4 /2523
4 /2529 4 /2535
4 /2565 4 /2574
4 /2588 4 /2686
4 /2695 4 /2708
4 /2714 4 /2716
4 /2731 5 /2768
5 /2770 5 /2771
5 /2772 5 /2773
5 /2774 5 /2787
5 /2792 5 /2795
5 /2800 5 /2808
5 /2809 5 /2812

5 /2868 5 /2870
5 /2874 5 /2875
5 /2899 5 /2906
5 /2934 5 /2935
5 /2937 5 /2938
5 /2939 5 /2994
5 /2996 5 /3044
5 /3116 5 /3141
5 /3145 5 /3156
5 /3182 5 /3183
5 /3202 5 /3225
5 /3250 5 /3260
5 /3264 5 /3277
5 /3294 5 /3299
5 /3310 5 /3343
5 /3352 5 /3407
6 /3459 6 /3468
6 /3474 6 /3481
6 /3484 6 /3489
6 /3599 6 /3600
6 /3612 6 /3619
6 /3628 6 /3641
6 /3789 7 /4633
7 /4833 8 /4937
8 /4941 8 /5237
8 /5239 8 /5240
8 /5242 8 /5281
8 /5292 8 /5301
8 /5302 8 /5314
8 /5329 8 /5340
8 /5396 8 /5444
9 /6064 9 /6069
9 /6212 10/6348
10/6416 10/6445
10/6534 10/6648
10/6741 10/6800
10/6918 11/7135
11/7343 11/7540
12/7911
王安上 3 /1947
3 /1965 3 /1967
3 /2013 3 /2033
王安仁常甫
3 /1947 3 /1961
3 /1962 3 /1963
王安之 4 /2474
4 /2486 4 /2487
王安禮和甫
1 /585 1 /592
2 /1014 3 /1877
3 /1947 3 /2021
3 /2022 3 /2025
3 /2026 3 /2033
5 /2890 6 /3551
王安道勤甫
3 /1947 3 /1962
3 /1963
王安道時中
12/7845 12/7845
12/7888
王安世 3 /1947
11/7257
王安中初寮、履道
5 /3134 5 /3449
王安國平甫
1 /380 2 /838
2 /1124 3 /1575
3 /1647 3 /1670
3 /1934 3 /1947
3 /1961 3 /1965
3 /1967 3 /1984
3 /2007 3 /2008
3 /2009 3 /2023
3 /2041 3 /2042
3 /2048 3 /2050
4 /2709 5 /2812
5 /3158 5 /3329
5 /3334 5 /3345
5 /3371 8 /5049
王容環澗、南强
9 /5607 9 /5687
王審琦 1 /6
1 /11 1 /12
1 /231 8 /5516
王良存 8 /5089
王良臣 9 /5860
12/8032
王良肱 4 /2711
王良學茂章
12/7856 12/7884
12/7890 12/7900
王寔見王實
王寔 12/7744
王寅慎中 1 /537
5 /2978 5 /3051
王寅亮君俞
3 /1642 3 /1653
王賓 1 /409
6 /4132
王實王寔、仲弓
3 /1494 5 /3042
6 /3745 6 /3752
6 /3925 6 /3926
6 /3933
王寶 12/7748
王宗望 4 /2280
王宗說 2 /832
王宗承 9 /5664
王宗道 1 /615
王察 3 /1922
王寀道輔、南陔、輔道 6 /3478
8 /4982
王涉 1 /145
王沔 1 /18
1 /19 1 /20
1 /22 1 /23
1 /266 1 /267
1 /277 1 /408
王潛 2 /1309
王源政 1 /633
王福 12/8006
王顧 2 /1042
2 /1097
王顧問 11/7217
王逐客 見王觀
王淵 5 /3434
6 /3943 6 /3952
6 /4059 6 /4131
7 /4198 7 /4335
7 /4345 7 /4346
7 /4349 7 /4350
7 /4352 7 /4355
7 /4356 7 /4357
7 /4360 7 /4361
7 /4364 7 /4367
7 /4369 7 /4370
7 /4371 7 /4372
7 /4375 7 /4376
7 /4385 7 /4386
7 /4663 7 /4669

8 /5120
王淵 11/7365
王沂孫玉笥山人、聖與、碧山、中仙 12/7954 12/7955 12/8064
王遜 1 /212
王沇 9 /5999 10/6436 11/7074 11/7346
王沇之 4 /2131
王溥 1 / 6 1 / 7 1 / 9 1 /17 1 /42 1 /54 3 /1634 6 /3561 8 /5023
王浚明 5 /2970 7 /4414 7 /4607 7 /4608 7 /4609 7 /4612 7 /4613 7 /4614 7 /4698 7 /4799 7 /4843
王浚朋 9 /5765
王演 4 /2713
王補之無咎 3 /1560 3 /1645 3 /1660 3 /1665 3 /1996 4 /2706 4 /2707 4 /2708 5 /3155 5 /3156 5 /3157 5 /3164 11/7220
王黼將明 3 /2032 5 /3429 5 /3430 5 /3433 5 /3448 6 /3622 6 /3771 6 /3827 6 /3828 6 /3834 6 /3839 6 /3932 6 /4109 6 /4115 6 /4136 6 /4153 7 /4190 7 /4191 7 /4192 7 /4195 7 /4281 7 /4583 7 /4615 7 /4639 8 /4979 8 /5239 8 /5279 9 /5605 9 /5670 9 /6097 10/6294
王沈 8 /5043
王汝翼 4 /2386 4 /2452
王瀆希聖 2 /870
王祜叔子、景叔 1 /209 1 /217 1 /218
王祐 1 /267
王逵仲達 2 /718 2 /722 2 /723 2 /1341 3 /1469 3 /1512 3 /1542 3 /1546 3 /1549 3 /1568
王邁實之、臞軒、貫之 11/7574 11/7575 11/7578 11/7641 12/7707 12/7728
王達 1 /644
王逨致君 9 /57610
王沖景儒 3 /1865 4 /2079 4 /2092
王津 見王澡
王清 5 /3100
王洙原叔 1 /607 1 /634 1 /654 2 /747 2 /756 2 /918 2 /923 2 /992 2 /995 2 /1055 2 /1060 2 /1071 2 /1075 2 /1080 2 /1124 2 /1127 2 /1129 3 /1484 3 /1711 3 /1766 4 /2063 4 /2076 4 /2077 4 /2333 4 /2334
王迪 6 /4029
王渭應 12/7766
王渭翁 12/7759
王潩 11/7360 11/7459
王澡王津、瓦全、子知、身甫 8 /5044 11/7518
王渥 9 /5968
王湑 7 /4746
王鴻 3 /1580 6 /4030
王汲 2 /796 2 /1036
王沿 1 /339 2 /748 2 /804
王澮 6 /4036
王次聖 1 /238
王次點與之 4 /2356
王次翁 7 /4219 7 /4223 7 /4224 7 /4230 7 /4493 7 /4507 7 /4797 7 /4824 7 /4836 8 /5484
王渙 2 /927 2 /1103 7 /4347
王渙之 4 /2715
王濱 9 /6143
王深之 3 /1577
王滌長源 5 /3066
王初 2 /768 9 /5694
王迥 4 /2734 5 /2834 5 /2884
王遹子敏 4 /2735 4 /2737 6 /3632 6 /3708
王過幼觀 11/7223
王逢會之 3 /1977
王咨 1 /416
王汾彥若 1 /253 1 /256 3 /1921 5 /2793 5 /2802 5 /3254 5 /3255 5 /3263
王滋 7 /4494
王洋王南池、元渤 6 /4020 6 /4021 6 /4022 7 /4238 8 /5399

王洽 10/6710
王祥 6 /4005
王遂正肅、穎叔、去非 8 /5440 10/6658 11/7234 11/7243 11/7468 11/7480 11/7508 11/7513
王遵誨 1 /437
王道濟 5 /3052 7 /4542
王道恭 2 /1309 4 /2073 4 /2075
王道夫 12/8012
王道損 2 /1143
王導 1 /352
王肇 6 /3586
王十朋龜齡、梅溪、忠文 *8/5193 *8/5201 3 /1506 6 /3672 7 /4176 7 /4177 7 /4757 8 /5271 8 /5350 8 /5487 8 /5491 8 /5533 8 /5536 9 /5635 9 /5648 9 /5654 9 /5663 9 /5664 9 /5675 9 /5753 9 /5935 9 /6202 9 /6204 9 /6211 9 /6222 9 /6226 9 /6240 10/6266 10/6294 10/6337 10/6392 10/6396 11/6976 11/7072 11/7102 12/7807
王太冲 1 /70
王直方立之、歸叟 5 /2981 5 /3044 5 /3366 7 /4624
王直夫 11/7504
王才 6 /3957 6 /3973
王克謙 12/8060
王克貞 1 /35
王克基 2 /1067
王克明彦昭 11/7046
王克臣 5 /2899 5 /2949
王克愼 5 /3300
王堯臣文安、文安公、子難、伯庸 1 /626 1 /648 2 /684 2 /910 2 /936 2 /1061 2 /1068 2 /1133 2 /1143 2 /1286 2 /1337 3 /1510 3 /1631 4 /2066 4 /2076 4 /2295 4 /2296 4 /2302 4 /2331 5 /3026
王希 3 /1643 3 /1656
王希道 12/7889
王希允 11/7614
王希呂仲行、仲衡 8 /5271 8 /5322 9 /5616 9 /5617 9 /5691 9 /5780 9 /5841 9 /5860 9 /6100 9 /6101 10/6814 10/6817 11/6985 11/6986 11/6988
王有大 10/6553 10/6554
王南池 見王洋
王存正仲 1 /98 2 /1019 3 /1921 4 /2255 4 /2409 4 /2423 5 /2802 5 /2899 5 /2907 5 /3000 5 /3158 5 /3261 5 /3263 7 /4356 8 /5015 8 /5018
王燾 12/7725
王友 10/6738
王嘉言仲謨 1 /182 1 /256 1 /269 1 /281 1 /299 1 /305 3 /1455
王嘉祐 1 /100 1 /135 1 /143 1 /256 1 /257 1 /259 1 /269 1 /305 1 /417
王古敏仲 4 /2256 5 /2807 5 /2847 5 /3263 5 /3264 6 /3670 6 /3676 6 /3677 6 /3678
王右 3 /1921
王吉 3 /1922
王奇 1 /524
王壽 1 /100 1 /256
王壽朋夢齡 8 /5199 8 /5205 8 /5211 9 /6220 9 /6221 9 /6222 12/7965
王去疾 12/7890
王大卞 8 /4913
王大受仲可、宗可、拙齋、易齋 7 /4280 11/7008 11/7046
王大寶元龜 8 /5535 9 /6222 10/6261
王大郎 6 /3498 6 /3530 6 /3539
王大有 10/6616
王大昌 7 /4341
王大臨 3 /1894
王大節 8 /5142
王爽叔雅 6 /4005 6 /4010 6 /4015
王銜夷仲 9 /5761 11/7152
王概王塈 11/7524
王柄 8 /5039
王彭大年 4 /2650

王博文 2/1223
王式 2/740 2/741 2/744 2/750
王城山 12/7981
王越石 4/2287 4/2291 4/2298
王朴子厚 2/685 3/1848 5/3093
王求甫 4/2474
王棫才元 5/3058 5/3241
王埜子文、潛齋 12/7712 12/7733 12/7848 12/7899 12/7900
王藻 6/3566
王夢應 12/7984
王夢龍 11/7164 11/7522
王夢震梅所 12/7966
王夢易 3/1566
王萬必大 8/5119 8/5126 8/5128 8/5130 9/5765
王萬修 7/4340
王蘭謙仲、軒山居士 8/5351 9/5735 9/5973 9/5980 9/5998 9/6159 10/6436 10/6529 10/6530 10/6535 10/6539 10/6913 11/7075 11/7518 11/7533
王蒙正 1/540
王茂剛 10/6481
王蘋震澤、信伯 4/2681 4/2683
王葆彥光 6/3872 9/5709 9/5755 9/5756 9/5766 9/5872 9/6091
王芝 12/7956
王莘 7/4478 7/4650
王孝竭 7/4196
王孝和 1/659
王孝迪 5/3448 6/3825 6/4046 7/4619
王孝先 5/2955 5/2956
王孝忠 6/3519 6/3521
王革 4/2283
王著成象 1/237 6/4005
王蕃子宣、覲復 5/3083 5/3095 5/3097 5/3379 6/3605 6/3608
王世修 7/4384 7/4385 7/4386
王世倫 4/2287 4/2288 4/2289
王世安 5/2951
王世則 1/266 1/267
王世臣 6/4017
王世隆 2/803 10/6580
王鬱林 5/2813
王英孫修竹、才翁 12/7951 12/8060 12/8060
王英伯 11/7257
王英臣 9/5999
王植 11/7076 11/7093 11/7121 11/7123
王權 7/4336 7/4365 7/4469 7/4475 7/4497 7/4498 7/4502 8/4962 8/5109 8/5111 9/5651 9/6217 10/6371
王林 7/4438
王楙孫 12/7890
王執中 6/3774
王贄至之 2/873 4/2445 5/3030
王櫄 11/7652 12/7975
王枏木叔、合齋 10/6480 10/6609 11/7030 11/7072 11/7148 11/7522
王枏賞 6/4072
王棣 7/4367
王坦 1/33 6/4054
王觀王逐客、通叟 3/1968 5/3174 5/3181
王觀之 3/1948
王恕 7/4189 11/6999
王覿 2/896 2/1358 3/1921 4/2162 4/2188 4/2251 5/2794 5/2795 5/2798 5/2907 5/3160 5/3174 5/3254 5/3263 8/5278
王柏立之 6/3813
王柏伯會、會之、魯齋、長嘯、文憲 9/6246 12/7875
王槐城 12/7970 12/7977 12/7980
王楫 12/7711
王均 1/130 1/147 1/148 1/191 1/301 1/302
王朝雲朝雲、老雲、蘇軾妾 4/2732 4/2749 4/2751 5/2761 5/2809 5/2810 5/2849 5/2850 5/2851 6/3627 6/3652 9/5820

王朝英 9/6206
9/6217 9/6220
王好古 1/158
王磬 6/4030
王耀彥恭 10/6379
王超 1/328
1/420 8/5548
王極 3/1922
王松 9/5910
王松壽 8/5150
8/5154
王中正 1/533
3/1774 3/1775
3/1844 4/2148
4/2390 4/2493
王中玉 5/2802
王中呂 10/6816
10/6817
王扑 9/6123
王摭粹翁 7/4542
王胄希載、是庵
11/7391
王本 7/4644
王忠甫 3/1519
王奉諲 4/2287
王貴 6/3530
7/4519 8/5083
8/5085 8/5094
8/5098 8/5100
8/5112 8/5121
8/5124 8/5126
8/5128 8/5129
8/5136 8/5140
8/5142 8/5151
8/5152 8/5154
8/5159 8/5164
8/5183
王素仲儀 1/192
1/193 1/654
2/753 2/757
2/829 2/832
2/884 2/916
2/919 2/1060
2/1066 2/1067
2/1069 2/1070
2/1136 3/1452
3/1463 3/1464
3/1467 3/1476
4/2098 5/2835
5/3261 11/7414
王東美 5/2967
王振 8/5481
王岫 6/4015
6/4023 6/4029
6/4036
王搗 12/7732
12/7845 12/7846
12/7847 12/7848
12/7849 12/7850
12/7851 12/7852
12/7868 12/7889
王挺 1/460
王輔佐 12/7996
王輔父 8/5195
王彧 6/3820
王成 9/5978
王成謂 3/1611
王威 7/4491
王甥 3/2015
6/3496 6/3512
王持垕 12/7806
王拱 7/4468
7/4469
王拱辰君貺、懿恪、拱壽
1/631 1/654
2/714 2/754
2/756 2/879
2/942 2/951
2/973 2/1066
2/1072 2/1075
2/1117 2/1148
2/1177 2/1232
2/1286 2/1302
3/1385 3/1445
3/1458 3/1484
3/1485 3/1530
3/1535 3/1541
3/1840 4/2144
4/2536 4/2537
5/2937 5/3057
8/5292 9/5812
王弗(蘇軾妻)
2/1352 3/1398
3/1441 4/2729
4/2747 4/2748
5/2767 5/2823
5/2829 5/2847
6/3627 6/3649
8/5484
王摶 1/109
3/1581
王揚休 5/3054
王靚 9/5871
王拯正甫 12/7863
王邦傑 12/8000
王軫 4/2330
王日休 7/4319
王旦文正、子明
1/25 1/80
1/85 1/105
1/113 1/162
1/166 1/168
1/169 1/170
1/181 1/182
1/184 1/193
1/258 1/277
1/373 1/383
1/399 1/409
1/425 1/428
1/434 1/435
1/468 1/477
1/481 1/528
3/1369 3/1920
3/2040 5/2955
5/3261 5/3264
6/3462 8/5273
8/5365 8/5537
9/5602
王國望 12/7966
王昺 12/7759
12/7760 12/7764
王思詠詠之
9/5730
王田 1/196
9/5719
王旻 8/5431
王昇 6/3989
王甲 4/2078

王回深甫、深父
2 /1096　2 /1098
2 /1147　2 /1168
3 /1562　3 /1579
3 /1646　3 /1654
3 /1922　3 /1956
3 /1964　3 /1979
4 /2120　4 /2124
4 /2125　5 /3335
5 /3380　6 /3560
6 /3561　9 /6140
王昌　2 /1204
王昌達　1 /493
王昌世昭甫
12/7864　12/7880
12/7883　12/7888
12/7890　12/7893
12/7900
王昂叔興　6 /3826
6 /4012
王賅　9 /5997
王杲　4 /2478
王果　2 /1080
王景彝　2 /841
王顯　1 /17
1 /23　1 /99
1 /147　1 /166
1 /409
王則　2 /1091
2 /1233　3 /1389
3 /1393　3 /1708
王畹（徐鉉妻）
1 /33　1 /39
王貽永季長
4 /2123　4 /2297
王晞亮寅仲
8 /5516　8 /5517
12/7845
王時　7 /4695
王時雍朝美
6 /4124　6 /4159
7 /4641　8 /5327
10/6738
王疇　2 /1001
2 /1002　2 /1003
2 /1144　2 /1163
5 /2933　5 /2934
王暐　3 /1919
王曮日嚴　9 /5584
8 /5284　9 /5581
9 /5582　9 /5586
9 /5641　9 /5665
9 /5666　9 /5667
9 /5668　9 /5948
9 /6101
王曙文康、晦叔
1 /163　1 /189
1 /407　1 /439
1 /441　1 /442
1 /443　1 /447
1 /525　1 /529
1 /541　2 /782
2 /784　2 /821
2 /983　2 /1040
2 /1041　4 /2200
王睍　7 /4199
王眴　7 /4243
王明　9 /5590
王明復　5 /2989
5 /2994
王明之　5 /3048
王明清仲言
2 /1022　6 /3775
6 /3999　6 /4159
6 /4160　7 /4415
7 /4520　7 /4568
7 /4750　8 /5506
11/7071
王昭　8 /5116
王昭度　1 /304
王昭瑋　1 /649
王昭儀　12/8003
王昭明　2 /989
2 /1254　6 /3774
王嗣宗希元、景莊
1 /75　1 /77
1 /170　1 /232
1 /434　1 /440
1 /520
王晦之　5 /2990
5 /2992
王防　3 /2015
3 /2027　3 /2030
王驤　12/7681
王阮南卿　9 /6087
9 /6089　9 /6205
9 /6238　9 /6240
王辰　8 /5452
王辰應　11/7360
11/7459
王厚　7 /4784
王厚孫　12/7894
12/7900
王厚之順伯
8 /5012　8 /5041
8 /5042　8 /5055
8 /5060　8 /5061
9 /5939　9 /5949
9 /5972　9 /6160
10/6436　10/6519
10/6541　11/7075
王原　4 /2749
4 /2750　6 /3658
6 /3660
王原父　7 /4667
7 /4669　7 /4675
王頤　5 /2770
5 /2829
王頤伯　8 /5063
王剛　8 /5554
王剛中恭簡、時亨
1 /163　1 /193
1 /195　8 /5251
8 /5253　8 /5255
8 /5515　12/7765
王爪角　8 /5142
王髯　5 /2989
王氏（張詠妻）
1 /99　1 /180
（濮安懿王妻）
2 /1174　3 /1970
（周豫妻）8 /5492
（晏殊妻）8 /5548
（陸游妻）9 /5717
（周必大妻）
9 /5872　9 /5916
（張栻曾祖母）
10/6258
（陸九淵妻）
10/6504

(舒岳祥妻) 12/7761 12/7777
(舒岳祥曾祖母) 12/7758
(余玠妻) 12/7658
(余玠祖母) 12/7666
王質子野 1/525 1/616 2/763 2/1024 2/917 2/920 5/3045 5/3353 6/3886 6/3891
王質雪山、景文 8/5271 9/6205 9/6211 9/6215 9/6232 9/6240 10/6510 10/6680
王馳 7/4252 7/4254
王肱力道 5/2979
王隨文惠、章惠、子正 1/339 1/377 2/1032 2/1223 2/1283
王陽 3/1922
王堅 12/7687 12/7688 12/7693 12/7814
王閏之潤芝、蘇軾繼室 2/1360 5/2807 5/2823 6/3627 6/3628 6/3649 6/3662
王隆 7/4194
王用之 3/1949
王冏容季 3/1572 3/1647
王陶文恪、樂道 2/740 2/841 2/1065 2/1149 2/1197 2/1252 2/1253 2/1304 3/1434 3/1729 3/1769 3/1771 3/1837 3/1971 5/3148 6/3745 6/3926
王周卿 11/7480
王鵰兒 見王俊
王闢之聖涂 1/110 1/400 5/3080 5/3082
王居之 10/6321
王居安方巖、資道、居敬、簡卿 11/7518 11/7522 11/7523 11/7529
王居實 11/7528
王熙元 1/472
王熙叔 4/2257 5/3006 5/3057
王聞詩興之 8/5199 8/5203 8/5212 8/5213 8/5220 8/5222 11/7057 11/7102
王聞禮立之 8/5199 8/5203 8/5212 8/5213 8/5220 8/5222 11/7102
王舉正伯仲、安簡 1/627 2/723 2/724 2/985 2/1030 2/1060 2/1068 3/1465 3/1482 4/2093
王民 7/4411
王民極 3/1512
王貫 3/1922
王勝 7/4336 7/4496 7/4497 7/4498 7/4501 7/4510 7/4511 8/5153 10/6738
王勝之 3/1854
王仝善 2/744 2/745
王益舜良、損之 1/174 1/649 3/1947 3/1948 3/1949 3/1950 3/2053
王益柔 1/631 2/1013 2/1204 2/1232 2/1286 3/1384 3/1460 3/1631 3/2026 5/2792 5/2793 5/2840
王益恭 2/784
王全 6/4064 9/5648
王全斌 1/8
4/2650 8/5516
王鎬德高、從周 1/602 10/6661
王介中甫 3/1496 3/1604 3/1605 3/1982 5/2792 5/2841 5/3218
王介 8/5039
王介(夢震侄) 12/7966
王羲 1/644
王羲叔 6/4060
王令逢原、鍾美 *4/2285 3/1934 3/1969 4/2210 12/7755 12/7762
王令圖 3/2005 4/2156
王無咎補之 3/1659
王愈 7/4458 7/4459
王夔王夜叉 12/7679 8/5224 12/7679
王普 3/1738 7/4829 9/5659
王善 6/3498 6/3505 6/3520 6/3530 6/3541 7/4356 7/4673 8/5108 8/5109 8/5114 8/5173

王曾孝先、文正、沂公 1 /26
1 /366 1 /380
1 /425 1 /463
1 /477 1 /478
1 /486 1 /487
1 /490 1 /491
1 /494 1 /501
1 /506 1 /521
1 /522 1 /523
1 /524 1 /530
1 /533 1 /541
1 /607 2 /784
2 /875 2 /880
2 /897 2 /904
2 /905 2 /1043
2 /1157 2 /1224
2 /1261 2 /1263
2 /1333 3 /1629
3 /1735 3 /1920
4 /2288 4 /2524
7 /4209
王會 8 /5166
8 /5171
王會龍 11/7396
11/7530 11/7634
12/7701 12/7747
王谷永 6 /4063
王公亮 7 /4514
王公彥 3 /1922
王公袞 8 /5271
9 /5733 9 /6140
9 /6215
王公石 3 /1910
王公弼 10/6420
王公輔 2 /1288
王銍性之 1 /111
2 /836 5 /2786
5 /3147 5 /3148
7 /4650 7 /4683
7 /4688 8 /5550
王矩之 12/8000
王榘孫 12/7771
王鉌 7 /4640
王鐵面 見王廷
王錡 5 /3297
王鑄 7 /4243
王鎮 8 /5156
王鉉稚川 5 /3013
5 /3013 5 /3014
王鈍齋 11/7613
王鈇 7 /4644
7 /4645 7 /4746
王智 1 /171
王鈞甫 7 /4384
王鏐 8 /5053
王欽若文穆、冀公、定國
1 /25 1 /45
1 /67 1 /68
1 /73 1 /75
1 /77 1 /79
1 /80 1 /148
1 /168 1 /179
1 /181 1 /184
1 /372 1 /415
1 /422 1 /423
1 /425 1 /427
1 /429 1 /444
1 /489 1 /490
1 /504 1 /516
1 /517 1 /520
1 /522 1 /523
1 /528 1 /566
1 /588 2 /895
3 /1369 8 /5322
王欽臣仲至
2 /1361 3 /1921
5 /2806 5 /2847
5 /2913 5 /2915
5 /2917 5 /2948
5 /3050 5 /3067
5 /3239 5 /3254
5 /3263
王欲 1 /194
1 /201
王筌 4 /2596
王箴元直
3 /1922 5 /2802
6 /3644 6 /3645
6 /3701 6 /3760
王策 6 /3536
王小波 1 /24
王惟忠 12/7678
12/7693
王惟賢 12/7900
王懷德 1 /652
王光 6 /3760
王光祖仲顯
4 /2073 5 /2951
9 /5799
王尙宮 3 /1839
王尙恭 2 /973
2 /1036 2 /1045
3 /1849
王尙喆 2 /1036
王賞望之、玉臺先生 9 /5686
王炎雙溪、晦仲、晦叔、公明
8 /5351 9 /5711
10/6378 10/6380
10/6381 10/6382
10/6384 10/6385
10/6388 10/6596
10/6819 11/6976
11/7264 11/7310
王粹公 6 /3737
王愼言不疑
2 /973 3 /1849
王惲 7 /4209
王灼晦叔、頤堂
5 /3422 7 /4851
王煥 1 /244
2 /1100
王爚仲潛、伯晦、修齋 12/7875
12/7876 12/7877
12/7932 12/7967
王榮 1 /369
1 /388

1010₄ 至

至能 見范成大
至之 見王贄
至游居士 見曾慥
至明 見鄒洞
至父 見劉及

1010₈ 巫

巫子先 7/4316
巫伋 7/4230 8/5482

1010₈ 靈

靈秀 見趙師秀
靈源和尚 7/4278
靈淵 見徐璣
靈暉 見徐照
靈舒 見翁卷

1010₉ 丕

丕顯 見林謨

1017₇ 雪

雪齋野叟 見孫介
雪巖 見鄭霖
雪山 見王質
雪巢 見林憲
雪峰 見釋空
雪坡 見姚勉
雪堂行禪師 7/4309

1020₀ 丁

丁應張 12/8010
丁度文簡、公雅 2/677 2/791 2/1078 3/1484 3/1765 4/2178 4/2291 8/5395 9/5881
丁端祖 10/6561
丁詵 1/507
丁諫 1/495 1/496 1/507
丁謂謂之、公言、晋公 *1/49 *1/449 1/51 1/54 1/58 1/59 1/60 1/62 1/63 1/64 1/66 1/68 1/70 1/72 1/75 1/77 1/78 1/80 1/81 1/82 1/83 1/84 1/85 1/87 1/88 1/89 1/91 1/92 1/93 1/94 1/122 1/157 1/171 1/174 1/179 1/187 1/239 1/255 1/258 1/259 1/264 1/268 1/286 1/294 1/305 1/327 1/333 1/336 1/337 1/341 1/348 1/355 1/419 1/434 1/437 1/439 1/440 1/441 1/442 1/443 1/444 1/445 1/526 1/528 1/529 1/530 1/531 1/532 1/534 1/537 2/1262 3/1367 3/1482 8/4928
丁誦 1/495 1/496 1/507
丁說 1/495 1/496
丁珷 1/495 1/496 1/507
丁珙 1/88 1/452 1/489 1/495 1/496 1/507
丁玘 1/495 1/496 1/507
丁珝 1/93 1/486 1/495 1/496 1/505 1/507
丁子齊 10/6450
丁順 6/4131 7/4356 7/4357
丁德隅 1/507
丁特起 6/4101
丁仲京 7/4829
丁進 6/3498 6/3505 6/3532 6/3533 6/3534 6/3538 6/3540 6/3541 6/4058 6/4059 7/4362 7/4363 7/4365 7/4367 7/4369 10/6738
丁濟 12/7885
丁守節 1/451
丁寶臣元珍 2/1045 2/1051 2/1105 2/1140 2/1183 3/1563 3/1981 3/1986
丁顧 1/24
丁黼文伯、延溪、忠愍 11/7360 11/7473
丁逢端叔 8/5350 11/7077
丁克 11/7196
丁希亮少詹 10/6785 11/6988 11/6991 11/6997 11/7056 11/7072
丁大全子萬 11/7590 12/7693 12/7742 12/7750 12/7806 12/7808 12/7847 12/7855 12/7875 12/7964 12/7965 12/7884 12/7988
丁木丁本、子植、松山 11/7073 11/7523
丁彬 5/3425
丁世雄 11/7072

丁朝佐　7 /4413
　8 /4874
丁本　見丁木
丁鷺公點　5 /2905
　5 /2907
丁氏(葛郜妻)
　6 /3802
丁錞　5 /2868
丁公默　5 /2786
丁鈞　1 /640
丁焴　11/7360
　11/7459

1021_2 元

元高　見胡仰
元應　見李新
　見樓弆
元度　見蔡卞
元章　見查籥
　見米芾
元褒　見梁周翰
元誠　見程叔達
　見沈大經
元晉　見趙潛
元發　見黃叔度
　見滕甫
元功　見侯蒙
　見范圭
元弼　見劉茂實
元承　見劉安節
元子發　3 /1574
元珍　見丁寶臣
元秀　見林鼐
元受　見任盡言
元師　見釋祖元
元任　見胡仔
元鼎　見吳鉉
元獻　見晏殊
元化公(秦觀父)
　5 /3174
元德　見蔡彌邵
　見李祥
　見張洽
元德皇后見李賢妃
元休　見趙恆
元積中　1 /654
元侃　見趙恆
元魯　見戚師道
元龜　見王大寶
元龜年　8 /5165
元絳章簡、厚之
　2 /1256　2 /1257
　3 /1769　3 /1889
　3 /1993　3 /2000
　3 /2001　3 /2004
　3 /2050　4 /2244
　5 /2872　9 /5959
元倫　見吳錫疇
元龍　見曹組
元之　見王禹偁
元憲　見宋庠
元賓　見刁衎
　見舒璘
元實　見范溫
元述　6 /3845
元渤　見王洋
元達　見董逵
元禮　見劉安上
　見蒲大防
元澤　見王雱
元禪師　3 /1978
元潔　見陳藻
元祥　見鄒夢遇
元直　見呂頤浩
　見王箴
元圭　見方瑑
元嘉　見陳昌運
元吉　見黃叔豐
　見葉祐之
元城先生
　見劉安世
元考　見趙彥若
元耆弼　2 /1024
元耆寧　5 /2913
　5 /3245
元若　見謝采伯
元藹　1 /240
元老　見歐陽獻
　見楊椿
元英　見舒琪
元觀　見范寅賓
元均　見呂陶
元極　見楊棟
元中　見李冲元
　見吳敏
元忠　見劉瑾
　見孫諤
　見孫朴
　見周良
元素　見楊繪
元東　見張規臣
元播　見崔鈞
元規　見孫沔
元量　見裘萬頃
元則　見陳規
元明　見黃大臨
　見厲邦俊
元暉　見黃葆光
　見李珏
　見米友仁
元昭　見李蘩
　見吳偉明
元晦　見朱熹
元長　見蔡京
　見范冲
元長老　3 /2017
　5 /2792
元氏(孫覺母)
　4 /2206
元質　見舒璘
元用　見沈晦
　見徐璹
元用　12/7688
元履　見魏掞之
元卿　見方彥老
　見金大亨
　見錢廓
　見楊杞
　見范端臣
元輿　見陳軒
元覽　7 /4309
元翁　見周燾
元善　見詹體仁
　見張體仁

元首座　7/4271
元公　見周敦頤
元鎭　見趙鼎
元錫　見謝疇
元鈞　見陸宰
元範　見吳錫疇
元當可　7/4579

1021_2 死

死齋　見畢良史
死心和尚　7/4306

1021_5 霍

霍交　2/1309
霍端友　6/3910　6/3933
霍蠡　6/3972
霍安國　6/4125　10/6737
霍汝弼　9/5883
霍漢英　5/2814
霍肅　12/7956
霍堅　8/5153
霍翔　5/2791　5/2841
霍箎和卿　9/6140

1022_3 霽

霽山　見林景熙

1022_7 万

万俟卨元忠
6/4069　7/4219
7/4221　7/4230
7/4512　7/4513
7/4514　7/4519
8/4922　8/5163
8/5165　8/5178
8/5181　8/5182
10/6359
万俟雅言　5/3421　5/3429

1022_7 霄

霄賓　見黃伯思

1023_2 震

震澤　見王蘋

1040_0 于

于山　見鮑度
于憲　8/4891
8/4920　8/4922
于定遠　8/4891
于湯臣　4/2131
于湖　見張孝祥
于肇　3/1922
于太古　4/2131
于有成　8/4892　8/4929
于恕　8/4891
8/4916　8/4920
8/4929　8/4931
于耕　見杜杲
于鵬　8/5165　8/5166
于興　1/645

1040_6 覃

覃師明　4/2078

1040_7 夏

夏庭簡迪卿
11/7154　11/7536
11/7520　11/7536
夏廙致宏　7/4541
夏康佐　8/5470
夏誠　8/5132
8/5136　8/5138
夏竦文莊、子喬
1/379　1/381
1/623　1/626
1/631　1/641
2/703　2/753
2/754　2/757
2/758　2/788
2/791　2/792
2/793　2/794
2/795　2/799
2/801　2/874
2/884　2/887
2/888　2/889
2/917　2/921
2/925　2/927
2/1066　2/1076
2/1225　2/1226
3/1714　3/1920
3/1954　4/2068
4/2290　4/2291
夏廷茂　8/5226
夏琛　10/6940
夏子壽　11/7538
夏君玉　5/3013
夏肯父　11/7536
夏倚　3/1719　3/1721
夏伯虎　8/5208
夏臯　12/7668
夏倪均父　7/4624
夏侯旄節夫
4/2686　4/2687
夏侯嘉正會之
1/43
夏侯成　11/7104
夏叔　見孫永
夏之時　11/7420
夏守贇　2/906
夏守恩　1/493
夏安期　1/655
夏永壽　9/5978
夏有章　2/1067
夏志宏　7/4305　7/4309
夏恭　10/6939　10/6940
夏松　12/7874
夏執中　9/5982
夏貴　12/7872
12/7874　12/7877
12/7878
夏巨源　8/5548
夏氏（范成大曾祖母）　9/5752
（吕師愈妻）
10/6940　11/7062
夏開　10/6940

夏卿　見喻師
夏全　11/7473
夏金吾　8 /5085
夏煥　10/6939

1040_9 平

平庵　見項安世
平齋　見洪咨夔
平仲　見康執權
　見寇準
　見毛幵
平叔　見李端民
　見張伯端
　見趙檗
　見祖士衡
　見胥元衡
平甫　見陳槪
　見王安國
　見項安世
　見周坦
平國　見黃衡
　見劉宰
平園　見周必大

1044_1 聶

聶震　3 /1700
聶子述　8 /5398
　8 /5399　11/7353
　11/7494　12/7663
聶名世　6 /4011
聶冠卿長孺
　2 /1063　2 /1336
　4 /2120
聶昌　6 /4052
　6 /4053　6 /4115
　6 /4118　6 /4136
　9 /5605　9 /5670
聶氏(司馬光母)
　3 /1700　3 /1703

1060_1 晉

晉彥　見張祁
晉仙　見周文璞
晉之　見何大圭
晉臣　見趙不干
晉卿　見陳綰
　見王詵

1060_1 雷

雷允恭　1 /492
　1 /494　1 /495
　1 /532　1 /534
雷德驤　1 /9
　1 /10　1 /11
雷有終　1 /147
　1 /301　1 /302
雷有鄰　1 /10
雷孝先　1 /428
雷孝友　11/7117
　11/7118　11/7119
雷世賢　9 /5590
雷勝　5 /2835
雷簡夫　2 /1121
　3 /1400　3 /1401
　3 /1402　3 /1404
　3 /1406　3 /1408
　3 /1420

1060_2 石

石彥和　7 /4315
石諒信道
　5 /3085　5 /3089
　5 /3090　5 /3093
　5 /3094
石端申　5 /3438
石斌賢　11/7104
石竘　10/6738
石𡼖子重　8 /5491
　10/6318　10/6336
　10/6341
石正則　12/7743
石元孫　1 /662
　2 /790　2 /908
　8 /5377
石丙　2 /869
　2 /877　2 /878
石不矜　11/7524
石延年曼卿
　1 /628　2 /1032
　2 /1060　2 /1062
　2 /1206　2 /1207
　2 /1284　3 /1530
　6 /3644
石帚　見姜夔
石豫　5 /3136
　6 /3463　6 /3565
石𢘉敏若　5 /3072
　5 /3075
石君豫　5 /3115
石師訥　2 /889
石崇昭見石宗召
石稽中　7 /4743
石保吉　8 /5516
石皐　7 /4400
石龜　見翁逢龍
石悠　5 /3072
石牧之聖咨
　2 /1312
石守信　1 /6
　1 /10　1 /11
　1 /14　1 /18
　8 /5516
石宗昭應之
　8 /5497　10/6379
　10/6513　10/6599
　10/6480　10/6609
　11/6999　11/7029
石憑　5 /3072
石斗文天民、緝齋
　10/6480　10/6609
　10/6762　10/6783
　10/6815　10/6816
　10/6818　10/6866
　10/6902　10/6904
　11/7029
石汝礪　6 /3653
石湖居士
　見范成大
石澗　見劉元茂
石澗　11/7531
石祖仁　3 /1631
石芳　3 /1922
石萬　9 /5971
石林　見李壁
石林居士
　見葉夢得

石起宗 9/6139
石中立 2/1044
2/1224 2/1283
石惠叔 9/6228
石振興宗 5/3072
5/3075
石揚言 3/1368
石揚休昌言
2/839 2/1130
3/1368 3/1372
3/1380 3/1385
3/1394 3/1406
3/1422 3/1703
3/1722 6/3630
石田 見林景熙
石長卿 5/3091
石氏(蘇邁妻)
6/3732
石屏 見戴復古
石熙載 1/14
1/16 1/17
石民瞻 11/7277
石鑒 2/766
石全斌 4/2071
石介徂徠、守道、公操
*2/867
1/205 1/242
1/626 1/631
1/633 2/672
2/675 2/681
2/742 2/743
2/744 2/748
2/760 2/801
2/880 2/886
2/887 2/898
2/916 2/925
2/927 2/1047
2/1062 2/1066
2/1067 2/1074
2/1084 2/1090
2/1121 2/1231
2/1262 2/1340
3/1382 3/1407
3/1530 3/1534
3/1535 3/1536
3/1542 3/1543
3/1545 3/1954
4/2288 4/2539
4/2726 5/2825
10/6741
石普 1/423
石公弼 6/3920
6/3921
石公鼎 11/7606
石公揆 6/3966
6/4150
石公轍 6/3793
石械 6/3475
6/3477 6/3487
6/3490 6/3492
石恪 5/3092

1060_2 百

百正 見連文鳳
百源先生 見邵雍
百衲居士 見蔡絛

1060_4 西

西山 見蔡元定
見眞德秀
西叔 見高崇
見范仲芑
西溪 見姚寬
西池 見游次公
西澗 見劉渙
見葉夢鼎
西澗居士 見劉渙
西塘先生 見鄭俠
西坡 見黃灝
西麓 見陳允平
見周端朝
西園居士 見衛涇
西美 見舒琥

1062_0 可

可齋 見陳塏
見李曾伯
可久 見程迥
見鞠常
可遷 見馮去非
可權 見吳與

1064_7 醇

醇之 見龐籍
見顏太初
醇老 見錢藻
醇甫 見陳型
醇叟 見張肩孟

1064_8 醉

醉吟先生
見郭祥正
醉翁 見歐陽修

1071_7 瓦

瓦全 見王澡

1073_2 雲

雲庵居 4/2741
雲孫 見文天祥
雲巢 見曾三異
雲我 見鄭鉞
雲壑 見吳琚
雲峰 見釋悅
雲峰悅禪師
7/4270
雲溪遺叟 見呂皓
雲莊 見劉爚
雲林子 見黃伯思
雲拱 12/7680
雲卧菴主 7/4270
雲叟 見臧賓卿
雲卿 見甄龍友
雲龕 見李邴
雲谷 見張淏
雲谷老人 見朱熹
雲堂 1/64

1080_4 天

天童 見釋覺
天誠 見孫亶
天球 見程琳
天任 見蔡戡
天樂 見趙師秀
天休 見史祥
見鄭戩

天和　見林徽之
天倪　5/3071
天祺　見張戬
天游　見曾開
天啓　見蔡肇
見鄧迪
天林　見史祥
天隱　見阮逸
見徐確
見楊恬
見曾恬
天覺　見張商英
天民　見黄叔獻
見石斗文
天錫　見高錫
天粹　見全璧

1080_6 貢

貢父　見劉攽

1080_6 賈

賈文廣　12/7983
賈玄　1/237
賈端　10/6580　11/7319
賈端修　8/5313
賈端老　10/6417　10/6457
賈誼　4/2141
賈竑　8/4973
賈訥　5/2795
賈敦詩　7/4201
賈元實　8/5203
賈天錫　5/3047
賈子莊　6/3735　6/3738
賈信臣　5/3084
賈處嚴　8/5204
賈循　8/5209
賈德生　11/7513
賈德潤　1/442
賈純孝　12/8010
賈似道師憲、秋壑
9/5988　11/7371　11/7513　11/7532　11/7537　11/7540　11/7646　11/7649　12/7658　12/7685　12/7729　12/7731　12/7732　12/7734　12/7743　12/7750　12/7756　12/7765　12/7766　12/7768　12/7769　12/7790　12/7806　12/7809　12/7820　12/7821　12/7823　12/7826　12/7855　12/7859　12/7860　12/7863　12/7865　12/7870　12/7872　12/7875　12/7877　12/7906　12/7907　12/7908　12/7910　12/7913　12/7917　12/7936　12/7963　12/7965　12/7966　12/7967　12/7968　12/7971　12/7989　12/7993　12/7996　12/8034　12/8037　12/8038
賈收耘老　4/2136　5/2775　5/2785　5/2786　5/2793　5/2836　5/2837　5/2848
賈宣吉　2/687
賈進　7/4350　8/5102
賈安宅　6/3952　8/5237
賈涉忠肅　11/7526　11/7527　11/7528　11/7592　12/7758
賈汝奇　3/1615
賈祐之　9/6042
賈蕃　5/2942
賈黄中媧民
1/23　1/43　1/266
賈如規　11/7072
賈易明叔　2/1150　3/1921　4/2132　4/2134　4/2164　4/2166　4/2410　4/2648　5/2803　5/2806　5/2906　5/2952　5/3191　5/3250　5/3254　5/3263
賈黯直孺　1/633　1/634　2/1087　2/1115　2/1162　2/1166　2/1302　3/1488　4/2066　4/2072　4/2076　8/5313
賈昌衡　4/2430　4/2484　4/2486
賈昌朝文元、子明
1/615　1/631　1/655　2/753　2/884　2/1069　2/1073　2/1115　2/1118　2/1123　2/1152　2/1232　2/1305　2/1326　3/1990　4/2125　4/2290　4/2302　4/2306　4/2644　6/3726　6/3756　8/5356　8/5358　8/5512
賈氏(王十朋妻)
8/5228　8/5230
賈同希得、存道先生、公疏　1/446
賈闢索　8/5142
賈興　8/5085　8/5156
賈餘慶　12/8001　12/8002
賈光祖　9/6121

1090_0 不

不妄　見高斯得
不二居士　7/4309
不伐　見田爲
不疑　見曾易占

見張師正
不空居士 見張處俊
不朋 見孫介

1090_4 栗

栗齋 見鞏豐
栗先 5 /3433

1111_2 玩

玩芳病叟 見馬廷鸞

1111_7 甄

甄龍友雲卿、甄良友 10/6379
甄良友 見甄龍友
甄援 7 /4372

1112_0 珂

珂田山人 見沈琯

1113_6 蜚

蜚卿 見童伯羽

1118_6 項

項文卿 11/7536
項璵 11/7530
項安世平庵、平甫、江陵病叟 1 /196 1 /197 8 /5351 8 /5383 8 /5419 9 /5980 9 /6159 10/6436 10/6480 10/6522 10/6523 10/6609 11/7030 11/7057 11/7065 11/7075 11/7303 11/7320 11/7325 11/7426
項士龍 11/6966
項隨 3 /1582 3 /1583
項用中 10/6376

1120_7 琴

琴山 見傅子雲

1121_6 彊

彊立 見張頡

1122_7 彌

彌性 見仲并

1123_2 張

張庖民翔夫 5 /3012
張亢 1 /642 1 /643 1 /657 2 /793 10/6816
張彥淸 7 /4309
張彥博文叔 3 /1564 3 /1643 3 /1653 3 /1990
張序進之 5 /3405
張齊賢文定、師亮 1 /13 1 /18 1 /19 1 /21 1 /22 1 /23 1 /25 1 /143 1 /147 1 /267 1 /284 1 /297 1 /300 1 /302 1 /303 1 /367 1 /409 1 /416 1 /429 1 /430 1 /462 1 /543 10/6931
張方平文定、張益州、樂全居士、安道 1 /610 1 /624 1 /642 1 /654 2 /706 2 /732 2 /733 2 /880 2 /912 2 /938 2 /963 2 /989 2 /996 2 /1060 2 /1062 2 /1075 2 /1085 2 /1093 2 /1121 2 /1122 2 /1124 2 /1136 2 /1143 2 /1174 2 /1232 2 /1307 2 /1352 2 /1354 2 /1356 3 /1396 3 /1398 3 /1399 3 /1400 3 /1401 3 /1402 3 /1403 3 /1405 3 /1406 3 /1408 3 /1411 3 /1412 3 /1414 3 /1443 3 /1447 3 /1471 3 /1729 3 /1779 3 /1780 3 /1920 3 /2038 4 /2133 4 /2727 4 /2730 5 /2773 5 /2774 5 /2787 5 /2790 5 /2793 5 /2826 5 /2830 5 /2834 5 /2836 5 /2845 5 /2846 5 /2933 5 /2938 5 /2939 5 /2940 5 /2941 5 /2952 5 /2954 6 /3631 6 /3646 6 /3716 8 /5302 8 /5305 8 /5410 9 /5962 10/6793 10/6889
張裔 8 /4889
張商佐 10/6494
張商英文忠、天覺、無盡居士 3 /1446 3 /1905 3 /1921 3 /1923 4 /2201 4 /2386 4 /2710 5 /2797 5 /2906 5 /3054 5 /3242 5 /3429 5 /3430 6 /3473 6 /3474 6 /3479 6 /3487 6 /3603 6 /3606 6 /3609 6 /3614 6 /3615 6 /3616 6 /3617 6 /3618 6 /3619 6 /3620 6 /3621 7 /4194 7 /4274 7 /4278 7 /4279 7 /4281 7 /4282

7/4284　7/4296
8/5499　9/5697
張應　8/5084
8/5152　8/5174
張庭堅　3/1922
4/2714　4/2715
5/3261　5/3264
6/3471　6/3560
6/3561
張唐輔　1/159
張唐卿　1/574
5/2981
張唐民　2/1063
張唐公　3/1568
張廣　6/4064
7/4637　7/4666
9/5842
張康國　6/3921
7/4281
張文伯正夫
9/6229
張文裕　3/1889
3/1993
張文蔚　2/951
張文質　1/442
張六　4/2283
張龍山　12/7831
張端　4/2131
張端士　10/6441
10/6450　10/6457
張端義正夫、荃翁
10/6664
張新叟　3/1854
張斌　8/5148
張誠一　4/2156
張詠復之、乖崖
*1/49
*1/95
1/52　1/54
1/55　1/56
1/57　1/58
1/59　1/60
1/61　1/62
1/64　1/65
1/67　1/69
1/71　1/73
1/76　1/78
1/79　1/80
1/81　1/83
1/221　1/256
1/257　1/265
1/302　1/398
1/399　1/400
1/417　1/418
1/419　1/428
1/478　1/499
3/1520　3/1947
3/2044　4/2746
11/7358
張竑　7/4620
7/4621　7/4752
張詵樞言　1/100
張詰　4/2063
張謨　1/659
張謀父　5/3298
張靖　7/4620
7/4621
張竦　7/4620
7/4621
張諤　1/53
3/2006
張毅　7/4414
張諷隱直　1/637
張記　11/7580
張詢仲謀　5/2990
5/2991　5/2992
5/2993　5/2994
5/3010　5/3043
5/3047　5/3048
5/3064　5/3079
張詔君卿　9/5617
張施州　見張十九
張敦頤養正
9/6024
張說　8/5542
9/5664　9/5779
9/5780　9/5789
9/5793　9/5794
9/5860　9/5878
9/5949　9/6097
9/6100　9/6104
9/6113　10/6294
10/6340　10/6350
11/6986
張一之　7/4316
張正彥　8/5253
張亞仲　6/3840
張玉若瓊　2/733
張至柔　5/3260
張瓌　1/548
2/1004　2/1005
2/1006　2/1109
2/1122　5/3254
張元方　5/2955
5/2956　6/3831
張元度　10/6608
張元弼　6/3890
張元淳　2/763
4/2713
張元直　9/5827
張元幹仲宗、真隱山人、蘆川居士
*7/4605
6/3846　6/3847
6/3898　6/3956
6/3994　6/3995
6/3997　7/4598
7/4604　9/6204
張元鑒　7/4747
張元簡敬父
8/5429　11/7236
張震真父　8/5271
8/5528　8/5530
8/5533　8/5536
9/5575　9/5663
9/5770　9/5874
9/5925　11/7265
張震臣　7/4620
7/4621
張覃　1/56
1/111　1/112
1/201　1/398
張平甫　11/7292
11/7294　11/7295
11/7297　11/7299
11/7313
張晉　4/2106
張百祥　11/7343

張可久 2/715
張雲 8/5057
張天經 6/3556 6/3568
張天驥 5/2802 5/2805 5/2835 5/2844 5/2846
張珏 12/7875
張琥 見張瑮
張琥 12/8006
張棐 2/1042
張瑀 7/4391
張瑗 3/1980
張弘毅 12/7976
張延壽 9/5917
張廷傑漢卿 9/5787
張廷叟 5/3449
張孫厚 8/4892
張琬 5/2793
張戩天祺 3/2029 4/2105 4/2108 4/2109 4/2110 4/2219 4/2464 4/2473 4/2483 4/2491 4/2503 4/2504 4/2523 4/2571 4/2572 5/2772
張珪君瑞 7/4616
張琦 8/5089
張璹秉道、全翁 4/2745 5/2801
張琪 7/4410
張琳 5/3264 5/3265
張勔臻道 7/4608 7/4611 7/4616 7/4621
張建豐 1/7
張建侯 1/642 1/646 1/652
張理 5/3213
張瑮張琥、邃明、簡翼 2/1012 3/1834 3/1864 4/2155 4/2156 4/2157 4/2158 4/2248 4/2254 5/2890 5/2946 5/2947
張丑 5/3283
張丞震 2/697
張玘 12/7761
張鄧州 5/3010
張承老 6/3476
張承範 2/788
張及 1/137 1/153 1/154 1/164
張子立 3/1425
張子諒 2/932
張子顏幾仲 8/5022 8/5512
張子正 8/5512
張子列 5/2991
張子琦 8/5512
張子建 8/5353
張子仁 7/4340 8/5512 9/5982 10/6428
張子先 6/3738
張子皋 1/435 1/437 1/443 1/447 1/448 2/805
張子儀 7/4482 9/6000 9/6001
張子憲 4/2083
張子直 4/2474
張子奭 1/655 2/923 2/1074
張子蓋 7/4330 8/5478
張子蒙 6/3840
張子惠仁叔 12/7917
張子益 6/3846
張子善 11/7538
張翬 3/1787 3/1792
張邵才彥 7/4189 7/4203 7/4222 7/4224 7/4225 7/4257 9/6202 9/6206 9/6210
張己之 8/5387 8/5388
張政 7/4390 7/4391
張致遠 7/4416 7/4463 7/4725 8/4878 8/5241 8/5351 9/6160 10/6436 11/7075 11/7077
張孜 2/941
張珖 8/5271
張秀樗延卿 11/7128
張禹臣 7/4620 7/4621
張舜臣 7/4620 7/4621
張舜民芸叟、浮休居士 1/581 2/1051 2/1171 3/1886 3/1921 3/2054 4/2112 4/2162 4/2163 4/2164 4/2169 4/2238 4/2596 5/2797 5/2898 5/3264 5/3326 5/3329 5/3332 5/3339 5/3349 5/3366 5/3371 5/3373 5/3376 5/3399 5/3400 6/3908
張信 1/651
張集 3/1922
張秉孟節 *1/49 1/24 1/53 1/54 1/57 1/59 1/60

1 /61　1 /65
1 /66　1 /68
1 /74　1 /77
1 /78　1 /79
1 /81　1 /84
張維(烏程人)
2 /682　4 /2223
張維仲欽　7 /4203
8 /5432　9 /5707
9 /6225　9 /6227
9 /6228　9 /6229
10/6273
張順　12/8012
張行己　10/6535
張衎季悦　10/6557
張衡　4 /2131
張慮　8 /5440
10/6666　10/6698
張處俊不空居士
7 /4311
張師顏　9 /5590
張師正不疑
2 /836　7 /4352
7 /4353
張師德　8 /5365
12/7989
張師厚　4 /2735
4 /2737　5 /2786
張師臣　7 /4620
7 /4621
張師民　4 /2347
張秬　5 /3212
5 /3219　5 /3258
5 /3259　5 /3266
張秠　5 /3219
張綽　1 /100
張偁　7 /4317
張巖　8 /5378
11/7310　11/7313
11/7320　11/7321
11/7322　11/7381
11/7522
張山甫　4 /2443
張繼勳　1 /646
1 /656
張稱　7 /4475
張稱孫　12/7813
張佖　1 /418
張允之　8 /5531
張允恭　10/6664
張俌　2 /978
張俊　6 /3980
6 /3984　6 /3986
6 /4146　7 /4198
7 /4200　7 /4303
7 /4329　7 /4330
7 /4335　7 /4355
7 /4356　7 /4357
7 /4361　7 /4364
7 /4365　7 /4366
7 /4367　7 /4371
7 /4372　7 /4373
7 /4374　7 /4375
7 /4376　7 /4377
7 /4379　7 /4380
7 /4381　7 /4382
7 /4393　7 /4394
7 /4395　7 /4406
7 /4409　7 /4410
7 /4431　7 /4445
7 /4456　7 /4457
7 /4458　7 /4459
7 /4460　7 /4461
7 /4462　7 /4464
7 /4468　7 /4470
7 /4471　7 /4473
7 /4474　7 /4477
7 /4480　7 /4483
7 /4485　7 /4490
7 /4493　7 /4503
7 /4505　7 /4506
7 /4507　7 /4509
7 /4510　7 /4511
7 /4512　7 /4514
7 /4516　7 /4519
7 /4521　7 /4523
7 /4524　7 /4531
7 /4533　7 /4534
7 /4670　8 /5075
8 /5076　8 /5077
8 /5082　8 /5086
8 /5087　8 /5088
8 /5089　8 /5090
8 /5091　8 /5113
8 /5114　8 /5115
8 /5116　8 /5117
8 /5139　8 /5141
8 /5144　8 /5147
8 /5157　8 /5160
8 /5161　8 /5163
8 /5164　8 /5167
8 /5169　8 /5171
8 /5172　8 /5177
8 /5182　8 /5183
8 /5185　8 /5512
9 /5611　9 /5612
9 /5685　9 /5689
9 /5970　9 /5997
11/7269　11/7292
張俅　2 /1110
張纊季長　9 /5715
張綜　1 /100
張動幾道、安道
7 /4608　7 /4611
7 /4613　7 /4614
7 /4615　7 /4621
7 /4623　7 /4668
張兟茂宗　5 /3084
張先子野　1 /557
1 /571　1 /591
2 /900　2 /1056
2 /1148　3 /1458
4 /2224　4 /2732
5 /2776　5 /2802
5 /3294　5 /3296
5 /3311　5 /3450
7 /4350　7 /4747
張德　6 /3518
張德遠　9 /6214
張德潤　5 /3108
張升卿　4 /2151
張幼昭(陳傅良妻)　10/6412
10/6434
張幼厚　8 /4892
張紘　10/6258
張秸　5 /3219
5 /3266
張續　2 /1074

張生 8/5537
張仲 5/3197
張仲綱彥政 6/3727 6/3737
張仲宣 4/2126 4/2131
張仲遠 11/7282
張仲連負山居士 5/3321 5/3322 5/3360 5/3362
張仲友 12/7893
張仲吉 5/3089
張仲暘 7/4301
張伸 8/4890 8/4901 8/4910 8/5395
張紳 1/100
張穠(張俊妾) 7/4503
張績 2/881 4/2260 7/4403
張纘 5/2949
張自強 6/3595 6/3623
張皇后溫成皇后、張美人、張堯封女 2/1073 2/1302 3/1486 4/2070
張伯端平叔、紫陽真人、用誠 2/742 2/763
張伯麟 7/4236
張伯玉 1/632
張伯強 10/6535
張伯淳 12/7956
張伯垓德象 8/5350 11/7433
張伯壽 8/5466
張伯厚 8/4892
張伯常 3/1570
張侃直夫、拙軒 6/3903
張保源 3/1921 5/3101 5/3261 5/3264
張嵲巨山 7/4541 8/4909
張和 5/3219
張和叔 5/3078
張和父 5/2995
張總之 3/1613
張繹思叔 3/1522 4/2412 4/2413 4/2421 4/2423 4/2444 4/2639 4/2662 4/2666 4/2667 4/2668 4/2671 4/2682 4/2683 4/2684 4/2686 4/2688 4/2692 4/2693 6/3582 11/7127
張釋 10/6768
張龜正 2/984 2/1042 2/1046 2/1084
張偓佺 5/2840
張向 5/3082 5/3088
張象先 8/4892
張仔 8/5156
張磐 6/3809 6/3813
張峋子堅 4/2567 4/2687
張久中 3/1654
張桀 11/7528
張約 1/100
張綱彥正、章簡、華陽老人 7/4847 9/5619 9/5691
張絢 7/4463
張叔夜嵇仲、忠文 5/3433 10/6738
張叔椿 7/4467 9/5978 11/7059
張叔甫 5/2987
張紹 10/6438
張復 4/2105
張復之 4/2148
張從祖 9/6125 9/6126
張從革 3/1706
張從質 1/99
張牧 4/2319
張峪 8/5155
張綸 1/605 2/896
張繪 4/2146
張宜 4/2059
張宜父 5/3032
張汴 12/8004 12/8006 12/8058
張淳 3/1904
張肩孟文靖、醇叟 7/4608 7/4610 7/4621 7/4632 7/4645
張憲 7/4421 7/4519 8/5079 8/5080 8/5082 8/5083 8/5093 8/5094 8/5098 8/5099 8/5100 8/5121 8/5127 8/5128 8/5130 8/5151 8/5152 8/5154 8/5155 8/5164 8/5165 8/5166 8/5172 8/5178 8/5180 8/5183 8/5191
張守文靖、子固、東山居士、全真 5/3408 6/3578 6/3950 6/3951 6/4019 6/4020 7/4394 7/4397 7/4479 7/4685 7/4686 7/4687 7/4696 7/4701 7/4739 7/4809 7/4811 7/4815 7/4817 7/4819
張守忠 7/4202

張守卿 9 /6222
張宇 7 /4215
張宇林 7 /4695
張安仁 9 /5901
張安世 2 /935
張安中 9 /5898
張宏 1 /19
1 /20 1 /22
張宏(南宋人)
8 /5490
張實 12/7678
12/7681 12/7683
12/7684 12/7686
12/7694
張宗道源
5 /3089 6 /3516
張宗顏 7 /4330
7 /4478 7 /4484
張宗諤 4 /2151
張宗誨 1 /339
2 /805
張宗元 7 /4174
7 /4180 7 /4319
8 /5146 11/7292
張宗武 1 /644
1 /646
張宗尹 2 /985
11/7064 11/7065
張宗師 3 /1865
張宗永 1 /644
張宗古 2 /1336
張宗本 8 /5177
張宗惠 4 /2091
張宗臣 8 /4900
張宗範 3 /1515
3 /1576
張永德 1 /5
1 /13 1 /124
1 /125
張永載 7 /4381
張窠 8 /4891
8 /4929
張沔 4 /2098
張灝 8 /5327
張祉介卿 5 /3085
5 /3089 5 /3090
5 /3092
張福 7 /4205
7 /4213
張福(興元軍士)
8 /5398 8 /5399
8 /5400 8 /5401
8 /5402 11/7356
11/7506 12/7663
張洲 1 /238
張淵方回 5 /3005
5 /3025 5 /3036
5 /3051 5 /3055
9 /6088
張淵微 12/7801
12/7802
張淵道 8 /5279
9 /5623 9 /5624
張澄 5 /2978
5 /3036 7 /4174
張漴 5 /3426
張近 6 /3727
6 /3728 6 /3730
6 /3738 6 /3739
6 /3740 6 /3743
6 /3747
張遜 1 /21
1 /22 1 /23
1 /408 1 /409
張泌 9 /6143
張溥 5 /3084
張浚紫巖、紫巖先生、德遠、魏公、忠獻 1 /28
4 /2668 5 /3408
6 /3585 6 /3587
6 /3952 6 /4030
6 /4031 6 /4092
6 /4114 6 /4120
6 /4132 6 /4133
6 /4134 6 /4141
6 /4144 6 /4147
6 /4148 6 /4149
6 /4154 6 /4157
6 /4159 6 /4160
7 /4176 7 /4199
7 /4200 7 /4228
7 /4243 7 /4276
7 /4297 7 /4300
7 /4305 7 /4312
7 /4316 7 /4320
7 /4321 7 /4326
7 /4358 7 /4359
7 /4370 7 /4371
7 /4372 7 /4373
7 /4374 7 /4375
7 /4376 7 /4377
7 /4378 7 /4379
7 /4380 7 /4381
7 /4383 7 /4384
7 /4409 7 /4457
7 /4458 7 /4459
7 /4461 7 /4462
7 /4466 7 /4468
7 /4470 7 /4471
7 /4474 7 /4475
7 /4477 7 /4479
7 /4480 7 /4507
7 /4513 7 /4609
7 /4669 7 /4670
7 /4671 7 /4694
7 /4709 7 /4712
7 /4718 7 /4719
7 /4720 7 /4796
7 /4813 7 /4815
7 /4817 7 /4845
8 /4969 8 /4970
8 /4990 8 /4995
8 /4996 8 /5071
8 /5072 8 /5073
8 /5074 8 /5075
8 /5076 8 /5080
8 /5085 8 /5113
8 /5134 8 /5135
8 /5137 8 /5138
8 /5139 8 /5140
8 /5141 8 /5145
8 /5147 8 /5176
8 /5179 8 /5197
8 /5218 8 /5219
8 /5246 8 /5251
8 /5253 8 /5301
8 /5378 8 /5427
8 /5434 8 /5485
8 /5531 8 /5535

8 /5536 8 /5538
8 /5556 9 /5612
9 /5613 9 /5662
9 /5663 9 /5689
9 /5709 9 /5710
9 /5970 9 /5991
9 /5992 9 /5993
9 /5997 9 /6113
9 /6144 9 /6202
9 /6204 9 /6208
9 /6214 9 /6222
9 /6223 9 /6224
9 /6225 9 /6233
9 /6247 9 /6250
10/6258 10/6259
10/6260 10/6261
10/6262 10/6263
10/6264 10/6265
10/6266 10/6267
10/6268 10/6270
10/6282 10/6339
10/6345 10/6348
10/6359 10/6372
10/6373 10/6374
10/6376 10/6419
10/6595 10/6607
10/6737 10/6807
10/6859 11/7117
11/7264 11/7292
11/7342 11/7426
11/7428 11/7509
11/7512
張演 1 /441
張述 2 /944
張法善 9 /6211
張汝弼 10/6647
張汝士堯夫
1 /100 1 /193
1 /545 2 /821
2 /1033 2 /1034
2 /1040
張汝明 6 /4027
張汝賢 4 /2245
張洪 12/7798
張漢 9 /6035
張漢之 8 /5176
張禕 11/7307
張祺子履 5 /3085
張祺孫 12/8010
張逵(成都人)
1 /137 1 /153
1 /154
張逵(南宋人)
7 /4384 7 /4390
張達可 11/7298
張津 9 /5829
張清河 2 /760
張清臣 7 /4620
7 /4621
張迪 4 /2105
4 /2491
張洎 1 /21
1 /406 1 /414
1 /415 5 /3254
張溫 1 /630
張滉昭遠 7 /4302
7 /4303 7 /4305
10/6259
張涓 12/7680
張湯臣 7 /4620
7 /4621
張渭渭叔 10/6626
10/6647
張淏雲谷、清源
6 /3897
張禆 11/7360
11/7459
張遇 1 /652
張遇(南宋人)
6 /4058 7 /4359
7 /4360 7 /4361
7 /4362 7 /4368
張洞明遠 2 /8730
張洞仲通 2 /874
2 /880 2 /1099
2 /1101 2 /1102
2 /1139 4 /2088
4 /2123 4 /2124
張次立 3 /1766
張次應 6 /3770
張次賢子齊
11/7519
張渙臣 7 /4620
7 /4621
張深 7 /4343
7 /4361
張祖順 8 /5012
8 /5023 8 /5043
張禴 3 /1986
張祁晉彥、總得
7 /4315 9 /5756
9 /6201 9 /6205
9 /6207 9 /6208
9 /6213 9 /6214
9 /6215 9 /6220
9 /6239 9 /6241
張通古 6 /3589
張逢 5 /2965
張逢 5 /2812
5 /2965
張運 8 /5175
8 /5544
張軍大 11/7228
張汾清叔 10/6626
張澂達明、澮巖、如瑩 6 /3519
6 /3945 6 /3946
6 /3947 6 /3950
7 /4673
張澈 9 /5768
9 /5769
張海 1 /628
2 /918 2 /1231
張海潛 12/7916
張洽元德 3 /2046
8 /5311 8 /5452
11/7572
張裕 3 /1922
張遵 4 /2142
張道用叟 9 /6160
10/6436 10/6625
10/6626 11/7075
張肇 1 /653
1 /662
張沙河 5 /3008
張十九張施州
5 /3079
張九微 5 /3100

張九齡 8 /5468
張九成子韶、橫浦、無垢居士、文忠
*8/4887
1 /364 4 /2435
5 /3409 7 /4189
7 /4246 7 /4300
7 /4302 7 /4303
7 /4307 7 /4311
7 /4314 7 /4318
7 /4322 7 /4326
7 /4520 7 /4854
8 /4982 8 /4993
8 /5490 9 /5858
9 /5942
張九思 8 /4891
8 /4929
張太平 9 /6242
張太素 2 /821
2 /1034
張士廉 8 /4890
張士元 5 /3295
張士程 8 /4890
張士良 5 /3264
張士宗 8 /4890
張士遜文懿
1 /26 1 /409
2 /745 2 /915
3 /1461 4 /2288
張士壽 8 /4890
張士佺子真
9 /5730 11/7461
張奎 2 /905
2 /931 2 /991
2 /1076 3 /2016
3 /2017 4 /2290
張垓 9 /5614
9 /5689
張才翁 5 /3030
張克仁 8 /4892
張堯佐 2 /716
2 /722 2 /723
2 /725 2 /755
2 /835 3 /1481
3 /1714 4 /2295
張堯封 3 /1486
張堯臣 7 /4620
7 /4621
張堯民 1 /100
張希顏 1 /177
1 /336 1 /355
張希澤 3 /1615
張存 1 /433
1 /643 3 /1701
3 /1703 3 /1825
張存復 2 /750
張志立 12/7993
張燾忠定
1 /655 2 /772
3 /1840 4 /2144
4 /2341 6 /3952
7 /4658 7 /4822
7 /4826 8 /4968
8 /4995 8 /5243
8 /5251 8 /5253
8 /5256 8 /5260
8 /5531 9 /5574
9 /5614 9 /5654
9 /5689 9 /5709
張友 11/7575
張嘉甫 5 /3266
張壽 2 /973
張雄 7 /4418
10/6293
張去爲 7 /4323
8 /4961 8 /5087
8 /5088
張去華 1 /44
1 /285
張去惑 1 /651
1 /655
張大亨嘉父
5 /3282 7 /4780
張大一 7 /4740
張大經 9 /6252
張大同 5 /3087
11/7530
張奭 9 /6000
張來孫 8 /5150
8 /5154
張森 10/6552
張垣明仲 9 /5730
張頡彊立、冲卿
5 /2946 6 /3871
張博 7 /4592
張式 1 /644
8 /5122
張載子厚、橫渠先生、明公
*4/2103
1 /622 1 /636
2 /1141 3 /1570
3 /1573 3 /1833
3 /1916 4 /2385
4 /2423 4 /2433
4 /2435 4 /2437
4 /2438 4 /2439
4 /2440 4 /2444
4 /2453 4 /2463
4 /2464 4 /2466
4 /2473 4 /2474
4 /2481 4 /2490
4 /2491 4 /2492
4 /2496 4 /2499
4 /2501 4 /2560
4 /2561 4 /2571
4 /2572 4 /2573
4 /2574 4 /2576
4 /2577 4 /2584
4 /2585 4 /2588
4 /2641 4 /2656
4 /2657 4 /2658
4 /2687 4 /2695
4 /2699 5 /2892
5 /3403 8 /5301
8 /5443 8 /5444
8 /5512 9 /5615
9 /6011 9 /6012
9 /6014 10/6302
10/6308 10/6724
10/6767 10/6768
11/7023 11/7448
11/7506 11/7507
張赴 3 /1616
張栻敬夫、欽夫、南軒、葵軒
*10/6255
3 /1517 3 /1518
3 /1522 3 /1587

4 /2355 6 /3455
6 /3492 6 /3561
6 /4031 6 /4159
6 /4160 7 /4318
7 /4460 7 /4646
8 /5259 8 /5264
8 /5271 8 /5288
8 /5295 8 /5309
8 /5310 8 /5312
8 /5316 8 /5317
8 /5321 8 /5335
8 /5342 8 /5350
8 /5536 9 /5710
9 /5778 9 /5779
9 /5780 9 /5787
9 /5948 9 /5957
9 /5994 9 /5995
9 /5996 9 /6030
9 /6031 9 /6036
9 /6038 9 /6057
9 /6066 9 /6091
9 /6097 9 /6113
9 /6137 9 /6144
9 /6158 9 /6205
9 /6233 9 /6235
9 /6236 10/6387
10/6395 10/6402
10/6411 10/6456
10/6456 10/6479
10/6505 10/6518
10/6519 10/6538
10/6732 10/6814
10/6816 10/6821
10/6840 10/6910
10/6950 11/6972
11/6997 11/7089
11/7196 11/7409
11/7426 12/8037
張棫 7 /4644
7 /4651 7 /4652
張夢得 5 /2840
張勸宏道 6 /3825
7 /4608 7 /4611
7 /4617 7 /4621
張茂實 2 /911
2 /912 4 /2096
4 /2097
張茂直 4 /2201
張茂則平甫
3 /1740 3 /1785
3 /1787 3 /1792
4 /2407 4 /2629
5 /3261 5 /3262
10/6352
張蒼峰 12/7946
張孝先光武
5 /3000
張孝伯伯子、篤素居士 8 /5354
9 /6206 9 /6207
11/7425
張孝祥安國、于湖、張光孝
*9/6199
3 /2034 5 /3102
5 /3117 6 /3874
7 /4318 7 /4320
7 /4323 7 /4748
7 /4749 7 /4750
8 /5012 8 /5221
8 /5417 8 /5432
8 /5548 9 /5637
9 /5664 9 /5675
9 /5724 9 /5726
9 /5753 9 /5756
9 /6141 9 /6212
9 /6248 10/6276
10/6580 10/6732
11/7319 11/7382
張孝忠正臣
12/7918
張孝曾 8 /5044
8 /5056 8 /5057
張孝愷 10/6412
張若水 3 /1775
8 /5505
張若濟 3 /2011
3 /2012 3 /2013
3 /2019
張若谷 1 /463
張世 10/6655
張世慶 7 /4373
7 /4374
張世傑 12/7770
12/7772 12/7871
12/7873 12/7878
12/7880 12/7882
12/8002 12/8010
12/8017 12/8028
12/8039 12/8040
12/8041 12/8044
12/8045 12/8046
張世才 7 /4695
張世南光叔
9 /5614
張世顯 11/7537
張世賢 5 /3398
張共 3 /1718
張模仲實 12/7955
12/7968 12/8064
張横 8 /5156
張棣 7 /4743
8 /5245 8 /5537
張塤叔和 5 /3005
5 /3046 5 /3084
5 /3106
張觀思正 1 /333
2 /1032 2 /1044
張觀(南宋人)
8 /5481
張恕 3 /1922
5 /2929 5 /2940
張賀 1 /155
張覿 6 /4139
張柙 8 /5375
張慤 6 /3529
7 /4656
張轂 7 /4790
張起巖 12/7879
12/7881
張超 8 /5103
張杓定夫 7 /4845
9 /6233 9 /6235
10/6258 10/6261
10/6285 10/6287
10/6302 10/6313
10/6324 10/6329
10/6345 10/6419
10/6478 10/6479
10/6606 10/6864

10/6918
張根知常 6/4010
6/4077 6/4104
張敬之 9/6001
張松 8/5540
8/5543 8/5556
張中 4/2754
5/2812 5/2853
6/3682
張中彥 6/4139
7/4228
張中庸 1/618
張抃 11/7412
張擴彥實、子微
6/3888 6/3996
7/4830
張青 7/4369
7/4531
張忠 1/651
2/1232
張忠恕 8/5420
11/7425 11/7458
11/7459 11/7463
11/7508
張表臣正民
8/5465
張貴謨子智
9/6140 11/6999
張貴模 9/6068
張耒文潛、宛丘先生、柯山
*5/3215
2/1035 3/1576
3/1920 3/1921
3/1996 4/2334
4/2339 4/2342
4/2367 4/2370
4/2747 5/2809
5/2813 5/2894
5/2895 5/2896
5/2898 5/2899
5/2909 5/2913
5/2917 5/3044
5/3050 5/3053
5/3054 5/3065
5/3105 5/3106
5/3120 5/3129
5/3130 5/3151
5/3187 5/3191
5/3193 5/3196
5/3198 5/3204
5/3206 5/3209
5/3212 5/3214
5/3261 5/3264
5/3291 5/3292
5/3294 5/3308
5/3313 5/3316
5/3320 5/3324
5/3325 5/3334
5/3354 5/3355
5/3357 5/3368
5/3369 5/3378
6/3599 6/3600
6/3649 6/3658
6/3666 6/3694
6/3702 6/3704
6/3713 6/3720
6/3739 6/3901
6/3912 7/4651
7/4782 8/4912
張東野 10/6412
張泰伯 5/3011
張泰定 7/4602
張泰臣 7/4620
7/4621
張攄 8/5210
張撝 6/3499
6/3535
張彧 5/3219
張成 8/5122
8/5124
張威 8/5399
8/5400 8/5412
張威武 8/5112
張咸 10/6258
張甫 3/1922
張勣衛道
7/4608 7/4611
7/4617 7/4621
張扶 1/270
1/293
張扶少持 9/6208
張擇行 2/717
張規臣元東
7/4540
張邦基子賢
2/1120
張邦昌 4/2682
5/3448 6/3521
6/3522 6/3523
6/4039 6/4045
6/4055 6/4112
6/4113 6/4120
6/4122 6/4124
6/4152 6/4159
7/4354 7/4578
7/4579 7/4619
7/4624 7/4659
7/4794 8/4979
9/5636 11/7035
張軫 7/4458
7/4459
張掄才老、才甫、蓮社居士、材甫
7/4267 9/5575
9/5576 9/5578
9/5655 9/5656
9/5659 9/5662
張輸 8/5206
張敷 4/2428
4/2522
張龕 2/1308
張掞 3/1994
4/2073 4/2075
張日新 11/7222
張旦 8/5174
張昷之 1/654
2/919 2/922
2/988
張四 12/7934
張易簡 4/2725
5/2825
張思訓 4/2131
張恩 8/5156
張恩孺 3/1618
張田 2/728
2/734 2/736
2/940 2/1103

張旻 1/334
張晏 5/3230
張晏然 12/7947
張昇 2/703
2/1240 2/1302
2/1303
張昪 1/635
1/640 2/705
2/706 2/935
2/939 2/1115
2/1148 2/1156
2/1168 4/2306
張因 4/2105
張員 7/4612
7/4613 9/6079
張彔 4/2105
張果 5/3445
5/3447 5/3450
張景晦之 1/52
1/98 1/125
1/180 1/205
1/223 1/233
1/244 1/245
1/249 2/872
10/6741
張景方 7/4652
張景修敏叔
6/3911
張景儉 5/3084
張景憲 2/807
張景常 5/3401
張晙 8/5531
張默 9/6141
張晞顔 10/6303
張時泰 6/3557
張疇 10/6438
張勛 8/4892
張暘叔 6/3972
張曙 1/398
張曙阿灰 11/7307
張嚴 7/4361
7/4362
張器 2/1096
2/1097
張明 1/649
張昭 6/3941
張昭立 4/2483
張昭壽 2/767
張嗣古 8/5033
8/5054 8/5057
8/5367 8/5452
張晦叔 5/3089
張匯 7/4677
張巨源 7/4547
張所 6/3528
6/3531 6/4087
6/4088 6/4126
6/4127 6/4128
6/4133 6/4134
6/4152 8/5104
8/5106 8/5177
10/6738
張氏(尹洙妻)
2/810
(尹焞妻) 6/3584
(司馬光妻)
3/1703 3/1841
3/1877 3/1878
3/1919 3/1961
(鄒浩母) 6/3549
6/3564 6/3568
(鄒浩妻) 6/3564
6/3565
(包拯母) 2/712
(葛勝仲妻)
6/3809 6/3827
6/3833 6/3836
6/3869
(洪邁妻) 9/5623
(李綱妻) 6/4077
6/4104
(李壁妻) 8/5378
9/5633
(韓元龍妻)
9/6211
(梅堯臣母)
2/837 2/989
(馬廷鸞妻)
12/7799 12/7803
12/7813 12/7833
12/7834
(劉辰翁母)
12/7961 12/7970
(陽枋妻) 11/7606
11/7610
(周必大祖母)
9/5871
(歐陽修姪女)
2/1046
張勵深道 7/4608
7/4611 7/4615
7/4616 7/4621
張體仁元善
9/5846 10/6549
10/6552 10/6883
張壆子厚、正素
2/1141
張夙 3/1922
張覺 11/7616
張覺夫 5/3143
張用 7/4673
8/5109 8/5114
8/5116 8/5118
張同甫 9/5659
張周臣 7/4620
7/4621
張礐 5/3439
6/4019 7/4614
7/4725
張履信遂初、遊初、思順
11/7320 11/7320
張居 3/1922
張居實 7/4569
7/4576
張闡大猷 8/5197
9/6030 9/6222
張舉 4/2254
6/3904
張問昌言 1/622
2/973 3/1840
3/1921 5/2797
5/2801 5/2905
5/3048 5/3051
張闇 5/3092
張即之 11/7425
11/7471
張閎中 4/2674

4 /2684
張巽 5 /3261
5 /3262 5 /3264
9 /6131
張巽臣 7 /4620
7 /4621 7 /4752
張興龍 10/6682
張興宗 4 /2443
張八 1 /431
張人傑 10/6380
張益謙 6 /4133
張益孺 3 /1619
張益州 見張方平
張益臣 7 /4620
7 /4621
張全 8 /5119
8 /5121
張釜君量、隨齋
9 /6161 11/7322
張鎬 3 /1611
張介 7 /4383
張令鐸 1 /6
張無擇 10/6666
張愈白雲居士、才叔、少愚 3 /1383
張夔 7 /4350
張弁 2 /801
張義和 10/6639
張會卿 8 /5498
張谷 2 /1037
2 /1042 2 /1108
6 /4031
張公裕 7 /4689
9 /6097
張公美 5 /2894
張美 1 /13
張美人
見溫成皇后
張鍩仲平 11/7510
張鑄 6 /3556
6 /3568
張錤 11/7292
張鎮 12/7743
張錶 7 /4651
張錫 1 /504
張智 6 /3575
張知白文節
1 /26 1 /382
1 /489 1 /529
1 /605 3 /1735
3 /1920
張鈞 8 /5375
張欽臣 7 /4620
7 /4621 7 /4622
張銳 7 /4202
張鎰 11/7292
張鑑德明 1 /133
8 /4889
張鎡功甫 1 /151
9 /5684 9 /5997
11/7280 11/7283
11/7292 11/7298
11/7326
張簡齋 12/7932
張籀 7 /4614
張敏中 2 /844
張餘 1 /126
1 /134
張小唱 5 /3449
張小眼 7 /4387
7 /4388
張惟德 4 /2148
張惟簡 5 /2954
張懷信 2 /909
張懷素 6 /3764
張懷恩 2 /1302
張懷民 4 /2740
張少石 10/6535
張光孝 見張孝祥
張肖翁 8 /5366
張常勝 3 /2005
張炎叔夏、玉田、樂笑翁 4 /2105
張焯 10/6258
10/6320 10/6322
張慥 8 /5375
張郯 2 /716
9 /6206
張煇 10/6412
張塋 4 /2283
張榮 8 /5116

1142_7 孺

孺文 見錢景祥

1173_2 裴

裴彥臣 5 /3264
6 /3464 6 /3467
6 /3468
裴維甫 5 /2792
裴綸仲謨、仲謀
5 /2987 5 /2988
5 /3038
裴濟 1 /367
裴凜 8 /5110
裴祖德 6 /3534
裴士傑 5 /2878
裴煜如晦 2 /828
2 /830 2 /837
2 /1124 2 /1084
2 /1208 3 /2048
4 /2065

1211_0 北

北磵 見釋居簡
北山 見陳孔碩
見程俱
見鄭剛中
北溪 見陳淳
北湖居士
見吳則禮
北塔祚和尚
7 /4277
北林 見羅愚

1212_7 瑞

瑞新道人 3 /1963
瑞達 見黃雲

1218_5 璞

璞玉 見孟珙

1223_0 弘

弘齋 見曹涇
見李燔

1240_1 延

延平 見李侗
延平先生 見李侗
延之 見潘興嗣
見尤袤
延溪 見丁黼
延卿 見張秀樗

1240_1 廷

廷玉 見白珽
廷秀 見楊萬里
廷本 見程廉

1241_0 孔

孔彥舟 6/3505 6/4058 7/4478 7/4493 7/4494 7/4495 7/4689 8/5109 8/5141 8/5142
孔彥威 6/3498 6/3520 6/3521 7/4409
孔康仲 5/2864
孔文仲經父 *5/2859 3/1519 3/1540 3/1635 3/1823 3/1921 4/2120 4/2133 4/2146 4/2164 4/2257 4/2409 4/2630 5/2797 5/2798 5/3050 5/3051 5/3261 5/3263 10/6890
孔文質 5/2863
孔顏父 8/5042
孔元方 5/2929
孔元忠復君 11/7007
孔平仲毅父、毅甫、義甫 *5/2859 1/160 2/1357 3/1590 3/1921 4/2738 5/2790 5/3007 5/3023 5/3030 5/3049 5/3101 5/3261 5/3264
孔百福 5/2929
孔百禮 5/2929
孔百祿 5/2929
孔百朋 5/2929
孔延之長源 2/1308 3/1518 3/1530 3/1587 3/1593 3/1669 5/2862 5/2863 5/2865 5/2866 5/2869 5/2870 5/2874 5/2876 5/2878 5/2879 5/2881
孔武仲常父、彥常 3/1921 5/2797 5/2993 5/2999 5/3048 5/3049 5/3071 5/3073 5/3254 5/3263
孔承恭 1/45
孔倬禮 5/2929
孔仙 12/7677
孔山 見喬行簡
孔伯元 5/2929
孔伯迪 5/2929
孔和仲 5/2864
孔宗武 5/2929
孔宗翰周翰 4/2238 4/2473 4/2485 4/2494 5/2910
孔宗旦 3/1658
孔宗願 4/2072
孔沔 2/1076
孔道輔 1/377 1/612 2/696 2/878 2/1282 3/1464
孔直溫 2/889 2/926
孔南仲 5/2864
孔中正 5/2863
孔揩 8/4954
孔旼寧極 3/1976
孔昭孫 12/7884
孔羲仲 5/2864
孔煒 10/6349 10/6560

1249_3 孫

孫亶天誠 10/6854
孫立節介夫 6/3629 6/3700
孫彥 8/5084
孫應時季和、竹隱、燭湖居士 8/5011 8/5012 8/5032 8/5033 8/5034 8/5035 8/5043 8/5044 8/5057 8/5338 9/6046 10/6478 10/6483 10/6513 10/6599 10/6604 10/6636 10/6942 11/7012 11/7254
孫應長 9/5867
孫文 3/1865
孫奕季昭、履齋 5/2835
孫端子實 4/2260 4/2265 4/2266 5/3067
孫誼 10/6670 10/6710
孫諤元忠 4/2257
孫謙益 2/1015
孫三四 5/3449
孫元方 1/496
孫元卿 9/6160 10/6436 11/7075
孫平叔 12/7781
孫再忻 4/2206
孫晉康侯 12/7955 12/8064

孫不愚 5 /2990 5 /2991 5 /2992
孫珪 3 /2014
孫琦 6 /4057 6 /4058 7 /4359
孫璹 12/7867
孫琳 2 /1071 4 /2097
孫確信道 7 /4541
孫建 8 /5116 8 /5118
孫琛 3 /1922
孫承議 5 /3024
孫承祐 1 /514
孫子發 5 /3134
孫子安 7 /4810
孫翬 8 /5174
孫邵 2 /751
孫億 4 /2206
孫孚器 10/6601
孫季輔 4 /2136
孫航 1 /544
孫皜子尚 8 /5205 8 /5213
孫虎臣 12/7872 12/7880
孫何孫傳、漢公 1 /238 1 /286 1 /54 1 /59 1 /238 1 /239 1 /258 1 /259 1 /260 1 /263 1 /282 1 /285 1 /290 1 /294 1 /305 1 /431 1 /452 1 /454 1 /455 1 /456 1 /555 1 /557 1 /558 1 /559 1 /560 1 /561 1 /586 1 /590 1 /592 6 /3584 10/6737
孫行冲 4 /2136
孫處厚 4 /2136
孫川 4 /2162
孫允從 10/6462
孫傅 5 /3437 7 /4656
孫侔正之、少述 2 /1300 3 /1951 3 /1953 3 /1959 3 /1967 3 /2053 4 /2078 5 /2786
孫先覺 8 /5206 8 /5210
孫僅鄰幾 1 /155 1 /239 1 /245 1 /258 1 /260 1 /286 1 /431 1 /455 1 /519 1 /558
孫勴志舉 4 /2756 5 /2814 5 /2854 6 /3695 6 /3700 7 /4763
孫德輿行之 4 /2136 11/7225 11/7239
孫偉奇甫、奇父 7 /4542
孫佑 6 /4019
孫升君孚 2 /1181 4 /2155 4 /2184 4 /2214 4 /2248 5 /2795 5 /2808 5 /2848 5 /2951 5 /3254 5 /3261 5 /3263
孫勉 5 /2835
孫生 見孫明復
孫仲鰲 6 /3871 6 /3873
孫仲舉 6 /3774
孫傑 4 /2201
孫純 4 /2128
孫儼 3 /1577
孫保漢公 1 /348
孫峴 1 /35
孫衆 6 /3940
孫象先 4 /2136
孫叔慈 5 /3089
孫復明復、泰山先生、孫生 1 /595 1 /607 1 /614 1 /622 1 /652 2 /671 2 /675 2 /679 2 /688 2 /742 2 /743 2 /744 2 /752 2 /754 2 /756 2 /827 2 /839 2 /840 2 /869 2 /870 2 /871 2 /873 2 /874 2 /875 2 /879 2 /880 2 /881 2 /882 2 /883 2 /886 2 /887 2 /888 2 /915 2 /917 2 /1129 2 /1231 2 /1238 3 /1530 3 /1534 3 /1536 3 /1543 3 /1545 3 /1571 4 /2521 4 /2595 7 /4776 8 /5443 10/6741
孫嶸叟 12/7996
孫之宏 11/6970 11/7125 11/7169 11/7170
孫守彬 1 /244
孫準 3 /1886 3 /1894 3 /1895 5 /2898
孫察 3 /1835
孫永康簡、夏叔、曼叔 4 /2131 4 /2601 4 /2687 5 /2794 5 /2795 5 /2870 5 /2899 5 /2936 5 /3231 5 /3245
孫沔元規、威敏 1 /623 1 /643 2 /703 2 /765 2 /766 2 /769

2 /799 2 /931
2 /932 2 /935
2 /1060 2 /1102
2 /1138 2 /1164
2 /1260 2 /1344
3 /1464 3 /1488
3 /1500 3 /1960
4 /2096 4 /2296
4 /2297 4 /2505
4 /2538 10/6816
孫兆 4 /2740
孫近叔詣 7 /4230
7 /4709 7 /4725
9 /5971
孫洧 2 /763
孫汝聽 7 /4757
孫汝翼 8 /5554
10/6359 10/6361
10/6363 10/6364
10/6366 11/6979
孫淇 8 /5156
孫沖(冲) 1 /432
4 /2330
孫淸 8 /5109
孫洙巨源 2 /1134
2 /1135 3 /1662
4 /2213 4 /2214
4 /2731 5 /2774
5 /2832
孫祖德 1 /544
1 /612 2 /696
2 /1036
孫逸 7 /4432
7 /4439
孫逢吉獻簡、從之、青�居士
8 /5351 9 /6060
9 /6065 9 /6088
9 /6090 9 /6141
9 /6159 10/6436
11/7031 11/7075
孫逢辰 9 /6090
9 /6142
孫逢年正之、定齋
9 /5999 9 /6090
孫海 8 /5108
8 /5109
孫海若 6 /3649
6 /3727 6 /3730
孫道夫 8 /5251
孫九鼎 7 /4218
孫南仲 7 /4584
孫大雅 7 /4322
孫奭 3 /1367
孫楷 10/6710
孫朴元忠 4 /2543
5 /3057 6 /3476
孫蒙正 10/6263
孫茂 7 /4367
孫韓 10/6738
孫革 8 /5165
8 /5174
孫謦叔静 2 /1310
3 /1382 3 /1439
5 /2813
孫蕃 3 /1583
孫世詢 7 /4383
7 /4399 7 /4401
7 /4403
孫桂發 12/7763
孫枝 10/6462
12/7867
孫椿年 11/7079
11/7124
孫緦志康 6 /3629
6 /3643 6 /3661
6 /3667 6 /3700
6 /3727 6 /3731
6 /3735 6 /3736
6 /3738 6 /3740
6 /3741 6 /3742
6 /3760 6 /3782
孫覿仲益、鴻慶居士 4 /2200
5 /3348 6 /3797
6 /3798 6 /3803
6 /3805 6 /3809
6 /3862 6 /3865
6 /3870 6 /3940
6 /3945 6 /3946
6 /4053 6 /4114
6 /4124 6 /4133
7 /4316 7 /4334
7 /4335 7 /4340
7 /4341 7 /4343
7 /4391 7 /4513
7 /4534 7 /4580
7 /4609 7 /4646
7 /4802 8 /5327
9 /5605 9 /5670
9 /5671
孫朝俊 11/7606
孫朝陽 7 /4831
孫乾 12/7763
孫松壽牧齋
8 /5284 9 /5820
孫抗和叔 2 /762
2 /763 2 /764
2 /766 2 /770
3 /1645 3 /1962
4 /2180
孫抃文懿、道卿、夢得 1 /395
2 /687 2 /987
2 /989 2 /996
2 /1070 2 /1113
2 /1115 2 /1116
2 /1148 2 /1150
2 /1152 2 /1302
3 /1434 3 /1737
3 /1744 4 /2090
4 /2122 4 /2125
5 /2913
孫青 4 /2148
孫貴 6 /3740
孫貴妃(太宗妃,守彬女) 1 /244
孫振 6 /3520
孫甫之翰 1 /634
1 /635 1 /654
2 /800 2 /804
2 /806 2 /809
2 /885 2 /918
2 /923 2 /1071
2 /1075 2 /1079
2 /1080 3 /1471
3 /1472 3 /1474
4 /2334
孫思恭 2 /1180

2 /1182
孫冕伯純 8 /5531
孫昇 3 /1921
孫固和甫 2 /1257
2 /1263 3 /1702
3 /1737 3 /1836
3 /1921 3 /1986
3 /2000 5 /2870
5 /2871 5 /3261
5 /3263 10/6637
孫默 6 /3534
孫明仲 10/6601
10/6615
孫暉 7 /4478
孫昭遠 5 /3399
6 /3532
孫暨 1 /145
孫頎 3 /1670
3 /1671
孫長文 7 /4315
7 /4319
孫長卿 2 /1166
3 /1760
孫氏(文天祥妹)
12/8020
(薛季宣妻)
10/6359
(黄庭堅妻)
5 /2988
孫覺莘老
*4/2203
2 /1125 3 /1561
3 /1662 3 /1809
3 /1810 3 /1921
3 /1935 3 /1991
4 /2300 4 /2303
4 /2305 4 /2387
4 /2404 4 /2464
4 /2483 4 /2484
4 /2503 4 /2608
4 /2624 4 /2628
4 /2687 4 /2731
5 /2772 5 /2775
5 /2776 5 /2794
5 /2795 5 /2798
5 /2830 5 /2831
5 /2899 5 /2911
5 /2944 5 /2949
5 /2977 5 /2979
5 /2981 5 /3015
5 /3039 5 /3057
5 /3063 5 /3176
5 /3177 5 /3188
5 /3254 5 /3263
5 /3320 5 /3321
5 /3358 5 /3359
5 /3361 8 /5019
孫貫冲季
10/6753 10/6780
10/6781
孫覽 4 /2214
4 /2236 4 /2238
4 /2239 4 /2249
4 /2256 4 /2262
4 /2264
孫勝 8 /5109
孫全興 1 /15
1 /16 1 /265
孫介雪齋野叟、不朋 10/6481
孫夔 11/6966
孫公誠 4 /2206
孫公善 5 /3024
孫鍾元 4 /2679
孫錫昌齡 3 /1986
孫銘 12/7766
孫敏行 5 /3244
孫小九 9 /5563
9 /5640
孫惟信季蕃、花翁
11/7532 11/7534
11/7538 11/7564
11/7579
孫惟寅 1 /198
孫郯 5 /3148

1280$_1$ 冀

冀公 見王欽若

1290$_0$ 水

水雲 見陳謙
水心居士 見葉適

1314$_0$ 武

武襄 見狄青
武平 見胡宿
武仲 見趙范
武穆 見劉錡
見岳飛
武永孚 2 /1309
武赳 8 /5171
武城 見方左鉞
武戡 3 /1718
3 /1719
武英 2 /793
武成 見方左鉞
武髾 7 /4350
武眷 7 /4498

1412$_7$ 功

功甫 見郭祥正
功顯 見曹勛
功父 見郭祥正
見吳幼敏

1513$_0$ 璉

璉師 3 /1437

1519$_4$ 臻

臻道 見張勔

1519$_6$ 疎

疎山益侍者
10/6540

1523$_6$ 融

融堂 見錢時
融堂先生 見錢時

1540$_0$ 建

建翁 見劉起晦

1610$_4$ 聖

聖謨 見黄襄
聖功 見葛敏修
見呂蒙正
聖予 見龔開
聖先 見馮理
聖從 見何郯

聖神武文憲孝皇帝 見趙構
聖祖趙玄朗 1/179 1/471
聖咨 見石牧之
聖涂 見王闢之
聖求 見鄧潤甫
聖藻 見謝文瓘
聖思 見晁端頤
聖陶 見朱埴
聖與 見施師點
見王沂孫
聖俞 見梅堯臣
聖美 見王子韶
聖錫 見厲文翁
見汪應辰

1613_2 環

環澗 見王容
環小娘 12/8008

1623_6 強

強立 見盧奎
強至幾聖 2/947 2/960 2/963 2/1268 3/1647 5/3168 6/3623
強行父幼安 6/3602 6/3622
強淵明 5/3426 6/3909
強浚明 3/1907 5/3263 6/3909
強氏(曾肇妻) 5/3168
強父 見李宗勉
強煥 5/3418 5/3440 5/3442 5/3446

1643_0 聰

聰老 5/2963

1660_2 碧

碧山 見王沂孫

1661_2 硯

硯山居士 見徐林

1661_5 醒

醒老 見林希

1710_2 孟

孟彥卿 9/6058
孟庾富文 6/4137 6/4138 6/4139 7/4258 7/4411 7/4415 7/4415 7/4416 7/4421 7/4423 7/4427 7/4428 7/4429 7/4430 7/4431 7/4432 7/4440 7/4441 7/4493 7/4494 7/4598 7/4599 7/4698 7/4725 8/5133
孟玄喆 1/239 1/240
孟元善長 1/658 4/2648
孟元老幽蘭居士 5/3449
孟震亨之 4/2740 5/2788 5/2793 5/2837 5/2841
孟珙璞玉、忠襄、無庵 11/7404 11/7531 11/7532 11/7534 11/7537 11/7538 11/7544 12/7761 12/7763 12/7665 12/7668 12/7670 12/7671 12/7672 12/7674 12/7681
孟嵩 11/7016
孟皇后元祐皇后、哲宗昭慈聖獻孟皇后、隆祐太后 4/2648 4/2659 4/2682 5/2952 6/3565 6/3952 6/4016 6/4055 7/4367 7/4369 7/4378 7/4382 7/4408 7/4410 7/4670 7/4830 7/4849 8/5047 8/5050 8/5464
孟皐 7/4389 8/5156
孟翺 3/1514
孟之經 12/7674
孟賓于 1/301
孟宗政 11/7327 12/7662
孟必先 8/5351
孟浩養直 9/5730 9/6160 10/6436 11/7075
孟達 見李兼
孟昶 1/53 1/54 1/240 4/2725 10/6906
孟導達甫 11/7007 11/7016 11/7144 11/7162
孟在 4/2648
孟世寧 7/4362
孟忠厚仁仲 6/3993 7/4294 7/4316
孟揆 7/4568
孟邦傑 8/5084 8/5151 8/5152
孟思恭 9/5658
孟厚敦夫 4/2668 4/2684 4/2692
孟氏(柳承贊妻) 1/208
孟堅 見徐筠
孟猷良甫 11/7007 11/7016 11/7144 11/7149 11/7162
孟鑄 8/5370
孟鏗聲遠 8/4911

8 /4917　8 /4917
孟節　見劉棐

1710_2 叠

叠山　見謝枋得

1712_0 刁

刁靡　8 /4903
刁衎元賓
＊1/49
1 /52　1 /54
1 /55　1 /57
1 /60　1 /61
1 /63　1 /65
1 /67　1 /69
1 /76　1 /81
6 /3936
刁經臣　2 /830
刁純臣　2 /828
刁約景純　2 /832
2 /832　2 /1031
2 /1055　2 /1059
2 /1060　2 /1302
3 /1458　3 /1969
4 /2094　4 /2128
4 /2134　5 /2831
刁湑　2 /831
刁氏(梅堯臣妻)
2 /830　2 /831
2 /841
刁駿　8 /4892

1712_7 鄧

鄧文志　4 /2065
鄧文原　2 /844
12/7956
鄧靖　7 /4323
鄧元中　3 /1922
鄧元卿諫從
11/7461
鄧子立　7 /4308
7 /4319
鄧綰文約
2 /962　2 /965
3 /1822　3 /2009
3 /2011　3 /2012
3 /2020　4 /2574
鄧伯壽　7 /4316
鄧保信　2 /677
2 /678　2 /683
2 /687
鄧名世　8 /5101
鄧約禮文範
10/6537　10/6548
鄧紹密　6 /4060
鄧從訓　9 /5895
鄧牧文行先生、三教外人、牧心
12/8063
鄧宜人　11/7608
鄧守安道立
5 /2849　6 /3658
鄧守恩　1 /472
鄧迪天啓
8 /4937　9 /6024
鄧洵武子常
5 /3430　6 /3476
6 /3492　6 /3613
6 /3933
鄧洵仁　6 /3474
6 /3476　6 /3492
鄧潤甫聖求、安惠、温伯
2 /1339　3 /1637
3 /2009　4 /2134
4 /2244　4 /2255
5 /2794　5 /2807
5 /2842　5 /2899
5 /2904　5 /2950
5 /2956　5 /3069
5 /3238　5 /3250
6 /3901　8 /5525
鄧資　1 /640
鄧道　3 /1595
鄧克強　6 /4010
6 /4013
鄧友龍伯允
8 /5057　8 /5365
8 /5367　8 /5371
8 /5373　8 /5374
8 /5376　11/7387
鄧戡　2 /741
2 /744
鄧考甫成之
3 /1922
鄧夢眞　10/6623
鄧轂南夫　6 /3478
7 /4547　7 /4548
7 /4552　7 /4560
7 /4562
鄧柞成材　7 /4547
7 /4596　7 /4597
鄧晝志中　7 /4549
7 /4587
鄧肅德恭、志宏、栟櫚
＊7/4545
6 /3622　6 /4057
7 /4633　7 /4693
7 /4694　7 /4695
7 /4725　7 /4807
鄧忠臣玉池先生、慎思　3 /1922
5 /2990　5 /3243
鄧成彥　7 /4559
鄧氏(江萬里妻)
11/7362
(陸九淵母)
10/6504　10/6519
鄧驛(馹)　9 /6065
9 /6067　9 /6153
鄧慈　7 /4549
7 /4597
鄧普　7 /4549
鄧餘　1 /445
1 /492
鄧剡中齋、中甫、光薦　12/7963
12/7966　12/7974
12/7976　12/7984
12/7987　12/8017
12/8018　12/8020
12/8029　12/8045

1717_2 瑤

瑤卿汴京妓　1 /569

1720_7 了

了齋　見陳瓘

了禪師 7/4291
了翁 見陳瓘
了堂 見陳瓘

1721_5 翟

翟亮 7/4362
翟霖 4/2660 4/2687
翟廷玉 1/227
翟琮 7/4439 8/5125
翟伯壽 9/6239
翟進 6/3537
7/4361 7/4362
7/4363
翟守素 1/22
1/23 1/257
翟安常 5/2807 5/2848
翟汝文忠惠、公巽
5/3251 5/3271
6/3764 6/3910
6/3914 6/3921
6/3942 6/3943
6/3960 6/3962
7/4618 7/4629
7/4694 7/4695
7/4808
翟逢亨 6/3672
翟國秀 12/8046
翟思 4/2247 5/3077
翟驤 1/268
翟興 7/4689

1722_7 務

務德 見方滋
務觀 見陸游

1722_7 胥

胥訓必先
10/6521 10/6607
胥元衡平叔
2/830 2/832
2/1084 4/2065
胥偃景純
1/248 1/526
2/982 2/983
2/1030 2/1031
2/1048 2/1057
胥山 見沈晦
胥氏(歐陽修妻)
2/983 2/1023
2/1028 2/1036
2/1040 2/1056

1722_7 酈

酈瓊 6/3965
6/4092 6/4148
7/4477 7/4493
7/4494 7/4495
7/4500 8/5068
8/5076 8/5077
8/5090 8/5143
8/5145 8/5147
8/5160 8/5174
10/6259

1723_2 承

承君 見田晝
見田晝
承之 見李平
見趙鼎臣
承公 見胡世將

1723_2 豫

豫章先生
見羅從彥

1724_7 及

及 見文及甫
及之 見王臻
及甫 見汪伋

1732_7 鄢

鄢氏(徐夢莘妻)
9/5733 9/5743

1740_7 子

子立 見王適
子充 見周必大
子充(葛勝仲僚友)
6/3813
子齊 見張次賢
子方 見曹輔
見唐介
子高 見陳克
見錢彥遠
子應 見蔡樞
見何祺
見何麒
見史定之
子康 見王晉老
子文 見安丙
見毛奎
見邵伯溫
見王埜
子章 見盧憲
子諒 見任諒
子京 見宋祁
見章綡
見滕宗諒
子龍 見陳文龍
子靖 見周端朝
子翊 見曾宰
子韶 見陸九皋
見虞剛簡
見張九成
子敦 見顧臨
子正 見蔡挺
見常同
見胡則
見樂史
見舒雅
見蘇不欺
見唐仲友
見王隨
見吳思
見楊大雅
見游仲鴻
子工 見周必達
子玉 見柳瑾
子至 見李若川
子元 見馬知節
子平 見韓昴
見宋準
見田鈞
見薛居正
見章衡

子西 見唐庚
見晁公遡
子醇 見王韶
子雲 見傅子雲
見王飛
子張 見姚辟
見姚闢
子斐 見洪簡
子發 見葛密
見路振
見王震
見朱震
子飛 見李士雄
見錢明逸
見王雲
子副 見吳則禮
子武 見王武子
子功 見范百祿
子羽 見蔡詵
子予 見王雱
子翼 見鍾棐
子政 見蔡挺
子重 見蔡任
見石憝
子喬 見夏竦
子上 見章綜
子止 見晁公武
子仁 見林敏功
見毛洵
子虛 見鍾宏
子師 見韓彥古
子經 見吳孝宗
子邕 見滎輯
子山 見程敦厚
見劉鎮
見沈邈
子允 見常立
子我 見江端友
子勉 見高荷
見劉懋
子純 見王韶
子和 見江端禮
見劉靖之
子修 見劉克永
子象 見陳巖肖
子舟 見黃彝
子約 見呂祖儉
見馬純
子紹 見盛光祖
子微 見陳著
見張擴
子復 見彭仲剛
見熊克
子儀 見李綖
見劉筠
見陸九敘
見徐鳳
見范正國
子宜 見徐誼
子宣 見王蕃
見曾布
子濟 見滕康
子進 見呂希純
子之 見江端本
子安 見楊畏
子容 見蘇頌
子實 見孫端
見魏掞之
子永 見李泳
子潛 見金文剛
子濬 見曾汲古
子淵 見傅夢泉
見任淵
見朱晞顏
子澄 見劉清之
子漸 見尹源
子遠 見關大猷
見江萬里
見羅椅
子溫 見韓琚
子澤 見席延賞
子深 見洪彥先
子祥 見徐元杰
見鄒夢遇
子直 見蔡抗
見王向
見楊方
見趙汝愚
子才 見馬存
見徐木
見喻樗
子南 見詹阜民
子奇 見郭磊卿
見范中濟
子壽 見沈瀛
見彭龜年
見陸九齡
見余璹
子大 見李洪
見許份
子眞 見王佺
見張士佺
見潘淳
見李燾
見李夷伯
見周沆
子爽 見陳塏
子難 見王堯臣
子莊 見蕭顗
子萬 見丁大全
子蒼 見韓駒
子華 見曹璪
見陳韡
見韓絳
子楚 見何薳
子材 見徐木
子植 見丁木
子期 見齊諶
子中 見林希
見俞澹
見周必正
子申 見史嵩之
子由 見黃由
見史嵩之
見蘇轍
子夷 見范正平
子靜 見陸九淵
見周端朝
子輔 見梁介
子威 見許伯虎
子耕 見黃畱
子量 見吳濴
子思 見李舜臣
見劉儼
子固 見劉厚南

見曾鞏
見張守
見趙孟堅
子是 見錢時
子昕 見杜杲
子默 見范正思
見方阜鳴
子賤 見潘良貴
子嚴 見任紹
子明 見賈昌朝
見林旦
見梅灝
見王旦
見游次公
見朱鑒
子瞻 見蘇軾
子野 見王質
見吳復古
見張先
見趙汝淳
子晦 見廖德明
子厚 見黃銖
見陸惟忠
見王朴
見章惇
見張載
見張壆
子長 見李庚
見薛仲庚
子駿 見傅崧卿
見韋驤
見鮮于侁
子陽 見呂皓
子堅 見張峋
子履 見陳經
見陸經
見張祺
子居 見苗時中
子駒 見劉芮
子開 見曾肇
子卿 見丘崈
子貫 見史賓之
子賢 見張邦基
子兪 見周堯卿
子兼 見陳善
子善 見吳思齊
見吳固
子公 見陳均
子美 見陸九韶
見蘇舜欽
見章琰
子智 見張貴謨
子知 見王澡
子欽 見譚惟寅
見趙彥輔
子範 見李覯
子敏 見王遹
子餘 見黃掞
子尙 見孫嵪
見王庶
子常 見鄧洵武
子忱 見賀允中

1740_8 翠

翠巖 見龔開

1742_7 邗

邗溝居士 見秦觀

1742_7 邢

邢純 6/3585 6/3590
邢皇后(高宗憲節皇后、懿節皇后) 6/3866 6/3992 7/4215 7/4224 9/5706 9/5992
邢繹九思 7/4542
邢之美 9/5730
邢孝揚 7/4219
邢世材邦用 10/6398
邢恕和叔 3/1679 3/1868 4/2411 4/2446 4/2472 4/2474 4/2477 4/2529 4/2543 4/2591 4/2659 4/2660 4/2683 4/2710 5/2803 5/2811 5/2890 5/3046 5/3250 5/3347 5/3348 5/3354 6/3462 9/6125 10/6769
邢中和 1/493
邢居實惇夫 4/2745 5/2843 5/3046 5/3064 5/3320 5/3341 5/3354 5/3355 12/7755 12/7762

1742_7 耶

耶律适嚕 9/5978 9/5979

1750_6 鞏

鞏庭芝德秀 7/4853
鞏信 12/7973 12/8007
鞏豐栗齋、仲至 9/5719 11/7061 11/7069 11/7147
鞏湘 9/6140
鞏來若 7/4853
鞏申 3/2048
鞏氏(余玠生母) 12/7658

1750_6 翬

翬仲 見商飛卿

1750_7 尹

尹玉 12/7881
尹崇珂 1/9
尹臧 1/155
尹穡少稷 8/5481 8/5482 11/7371
尹仲宣 2/779
尹濟翁 12/7981
尹憲 1/18 1/404
尹潛 見周莘
尹源子漸

2 /779　2 /780
2 /798　2 /802
2 /811　2 /900
2 /1083　3 /1460
6 /3581　6 /3583
尹沂　2 /810
尹心甫　12/7982
尹淸　4 /2131
尹洙師魯
＊2/777
1 /93　1 /540
1 /541　1 /542
1 /543　1 /547
1 /616　1 /618
1 /623　1 /633
2 /748　2 /821
2 /823　2 /825
2 /900　2 /917
2 /928　2 /982
2 /985　2 /1031
2 /1034　2 /1035
2 /1038　2 /1040
2 /1041　2 /1048
2 /1049　2 /1050
2 /1052　2 /1076
2 /1078　2 /1081
2 /1090　2 /1121
2 /1140　2 /1161
2 /1226　2 /1232
2 /1263　2 /1279
3 /1374　3 /1377
3 /1391　3 /1405
3 /1407　3 /1457
3 /1458　3 /1460
3 /1462　3 /1474
4 /2059　4 /2060
6 /3581　6 /3583
9 /5965　9 /5977
10/6741　11/7308
尹湘　2 /789
尹機　8 /5312
尹朴　2 /796
2 /798　2 /811
尹夢龍　9 /6234
尹材　2 /810
3 /1922
尹植　2 /798
尹林　2 /811
6 /3581
尹構　2 /807
2 /812　2 /1140
尹均　6 /3584
尹墺　6 /3584
6 /3585
尹起莘　9 /6103
尹焞彥明、德充、和靖
＊6/3579
2 /811　3 /1522
3 /1565　3 /1589
4 /2411　4 /2412
4 /2413　4 /2423
4 /2428　4 /2475
4 /2578　4 /2580
4 /2631　4 /2637
4 /2638　4 /2640
4 /2646　4 /2651
4 /2653　4 /2664
4 /2665　4 /2666
4 /2667　4 /2668
4 /2669　4 /2671
4 /2672　4 /2678
4 /2681　4 /2682
4 /2683　4 /2685
4 /2688　4 /2692
4 /2693　7 /4813
8 /4869　8 /4879
8 /4906　9 /6033
9 /6058　10/6769
尹燭　6 /3584
6 /3585
尹煥梅津、惟曉
2 /811　2 /843
11/7538

1752_7 邢

邢叔明　8 /5422

1760_2 召

召叟　見蘇泂

1760_2 習

習庵　見陳塤

1760_7 君

君亮　見李寅仲
君謨　見蔡襄
君玉　見王度
見王琪
見戴汝白
君瑞　見張珪
君弼　見姜唐佐
君孚　見孫升
君行　見李潛
君衡　見陳允平
君倚　見傅肩
見錢公輔
君特　見吳文英
君復　見林逋
君從　見席汝言
君實　見洪皜
見陸秀夫
見司馬光
君澤　5 /3109
君遂　見章綖
君啓　見謝鑰
君直　見謝枋得
君友　見嚴侶
君賁　見陳文龍
君載　見袁采
君表　見何正臣
君成　見晁端友
君量　見張釜
君疇　見洪天錫
君貺　見王拱辰
君貺　4 /2257
君明　見陸淸夫
君用　見陳公凱
君舉　見陳傅良
君卿　見張詔
君全　見楊琳
君兪　見王寅亮
見魏綸
君美　見陳倩
君猷　見徐大受
君錫　見李中師
見曾從龍
君輝　見曾治鳳

1762₀司

司馬童 3/1710
司馬亮 3/1710
司馬齊 3/1710
司馬方 3/1710
司馬裔 3/1710
司馬育 3/1710
司馬廣 3/1711
司馬康公休
3/1710 3/1798
3/1819 3/1825
3/1826 3/1853
3/1878 3/1888
3/1901 3/1903
3/1904 3/1911
3/1919 3/1921
3/1926 3/1928
3/1930 4/2166
4/2333 4/2362
4/2364 5/2898
5/3041 5/3073
5/3084 5/3245
5/3264 8/5271
10/6293
司馬章 3/1710
司馬衰 3/1710
司馬奕 3/1710
司馬稟 3/1710
司馬京 3/1710
3/1816
司馬元 3/1710
司馬弘 3/1831
司馬佑 3/1928
司馬伯康 3/1711
司馬伋 3/1907
3/1928 9/5595
9/5676
司馬迈 3/1870
司馬富 3/1710
3/1901
司馬宏 3/1711
司馬良 3/1710
司馬池和中
1/585 3/1700
3/1701 3/1702
3/1703 3/1704
3/1706 7/4234
司馬邁 9/6066
司馬爽 3/1710
司馬朴 3/1711
3/2042 7/4225
司馬世孫 3/1928
司馬植 3/1904
3/1928
司馬楨 3/1928
司馬威 3/1928
司馬旦 3/1700
3/1706 3/1707
3/1840 3/1849
3/1851 3/1863
3/1913 3/1930
4/2598
司馬里 3/1707
3/1723 3/1765
司馬原 5/2913
司馬興老 3/1928
司馬堂 3/1710
司馬光君實、迂夫、迂叟、涑水先生、文正、溫公
*3/1683
1/27 1/104
1/137 1/397
1/413 1/577
2/842 2/878
2/914 2/949
2/953 2/972
2/973 2/975
2/1005 2/1066
2/1150 2/1162
2/1163 2/1166
2/1182 2/1238
2/1239 2/1244
2/1245 2/1251
2/1262 2/1266
2/1302 3/1422
3/1530 3/1547
3/1606 3/1633
3/1638 3/1964
3/1975 3/1980
3/1985 3/1986
3/1988 3/1989
3/1991 3/1992
3/2001 3/2004
3/2007 3/2026
3/2028 3/2029
3/2037 3/2039
3/2042 3/2044
4/2059 4/2126
4/2130 4/2131
4/2134 4/2135
4/2146 4/2155
4/2160 4/2240
4/2247 4/2248
4/2327 4/2329
4/2330 4/2331
4/2332 4/2335
4/2336 4/2338
4/2339 4/2340
4/2341 4/2342
4/2343 4/2345
4/2346 4/2347
4/2348 4/2350
4/2352 4/2353
4/2355 4/2356
4/2361 4/2362
4/2363 4/2364
4/2369 4/2392
4/2394 4/2402
4/2409 4/2414
4/2423 4/2431
4/2453 4/2469
4/2473 4/2479
4/2481 4/2483
4/2484 4/2485
4/2486 4/2490
4/2491 4/2492
4/2523 4/2524
4/2599 4/2601
4/2608 4/2622
4/2624 4/2625
4/2628 4/2634
4/2639 4/2648
4/2659 4/2669
4/2673 4/2687
4/2691 4/2693
4/2697 4/2698
4/2712 4/2714
4/2728 5/2768

5 /2772 5 /2774
5 /2787 5 /2793
5 /2794 5 /2796
5 /2808 5 /2811
5 /2834 5 /2842
5 /2868 5 /2873
5 /2883 5 /2898
5 /2900 5 /2934
5 /2935 5 /2944
5 /2946 5 /2963
5 /2964 5 /2967
5 /3041 5 /3046
5 /3075 5 /3101
5 /3159 5 /3229
5 /3230 5 /3234
5 /3237 5 /3248
5 /3260 5 /3263
5 /3265 5 /3267
5 /3320 5 /3356
5 /3376 5 /3403
6 /3457 6 /3460
6 /3462 6 /3472
6 /3474 6 /3484
6 /3570 6 /3599
6 /3600 6 /3605
6 /3609 6 /3641
6 /3650 6 /3704
6 /3904 7 /4648
7 /4764 8 /4912
8 /4926 8 /5141
8 /5195 8 /5236
8 /5240 8 /5242
8 /5246 8 /5261
8 /5264 8 /5268
8 /5292 8 /5296
8 /5300 8 /5301
8 /5314 8 /5329
8 /5332 8 /5333
8 /5335 8 /5344
8 /5349 8 /5350
8 /5443 8 /5444
8 /5446 9 /5676
9 /6012 9 /6033
9 /6066 9 /6079
9 /6094 9 /6102
9 /6105 9 /6113
9 /6135 9 /6189
9 /6191 9 /6194
9 /6252 10/6681
10/6741 11/7423
11/7424 11/7436
11/7478
司馬炫 3 /1700

1762_0 酌

酌古居士
見王正己

1762_7 邵

邵雍堯夫、康節、百源先生、安樂先生 2 /937
2 /941 2 /942
2 /951 2 /966
2 /968 2 /969
2 /971 2 /1183
3 /1530 3 /1532
3 /1549 3 /1809
3 /1828 3 /1832
3 /1870 3 /1916
3 /1925 3 /1929
3 /2042 4 /2473
4 /2479 4 /2480
4 /2481 4 /2482
4 /2484 4 /2486
4 /2487 4 /2489
4 /2490 4 /2496
4 /2521 4 /2524
4 /2564 4 /2567
4 /2572 4 /2573
4 /2574 4 /2576
4 /2624 4 /2673
4 /2687 4 /2692
4 /2695 5 /3402
7 /4848 8 /4912
8 /5301 8 /5443
8 /5444 9 /6012
9 /6047 9 /6066
9 /6100 9 /6147
9 /6165 9 /6166
9 /6182 10/6274
邵亢安簡、興宗
2 /1307 3 /1715
4 /2216 5 /3250
邵彥肅道士
4 /2752 5 /2812
5 /2813
邵彥瞻 5 /3179
邵文炳 9 /5915
邵經邦 8 /5513
邵穎 9 /6235
邵俅 8 /5174
邵德新 4 /2487
邵緯 8 /5114
邵仲良 4 /2487
邵伯溫子文
2 /895 2 /973
2 /1036 3 /1571
3 /1904 3 /2042
4 /2470 4 /2474
4 /2487 4 /2567
4 /2630 4 /2653
4 /2669 4 /2683
7 /4848
邵叔誼 10/6539
邵叔豹隱甫
11/7074
邵之才 5 /2991
邵宏淵 8 /5218
8 /5535 8 /5544
9 /6247
邵良佐 3 /1466
邵宗斗 12/7971
邵宗益 6 /3955
邵必 2 /1206
2 /1302 4 /2292
4 /2294 4 /2300
4 /2301
邵溥澤民 4 /2683
4 /2692 6 /3584
邵澤 11/7590
邵迎茂誠 4 /2226
邵遵古 3 /1870
邵古 4 /2487
邵大受 8 /5212
邵壎 4 /2713
邵博公濟 2 /836
7 /4848
邵革彥明 5 /3118
邵林宗 8 /5470
邵青 6 /3850

7 /4505 7 /4673
邵成章 6 /4121
邵持正 8 /5047
11/7033 11/7142
邵昇華彦 5 /3118
邵景先 2 /982
邵曄 8 /5537
邵降年 8 /5290
邵公 見程端愨
邵公序 10/6738
邵餗 1 /614
邵錦 2 /756
邵飾 3 /1475
邵懷英 10/6303
邵煥 1 /519

1780₁ 翼

翼之 見胡瑗

1790₄ 桑

桑仲 7 /4689
桑達 4 /2087
桑懌 2 /792
2 /793 2 /1048

1814₀ 攻

攻媿 見樓鑰

1814₀ 致

致平 見廖琮
見章援
致君 見王逨
致能 見范成大
致宏 見夏廙
致遠 見湯鵬舉
見唐子壽
見葉濤
致道 見程俱
致中 見劉勉之
見徐璣
致堂先生 見胡寅

1865₁ 群

群玉 見廖瑩中

1874₀ 改

改之 見劉過

1948₀ 耿

耿京 10/6580
10/6732 11/7381
耿龍學 7 /4287
耿天騭 5 /3310
耿延禧 6 /3517
7 /4584 7 /4585
7 /4668
耿延年 8 /5043
8 /5045
耿秉直之 9 /5961
10/6944
耿傅 2 /794
3 /1460 3 /1461
耿克從 2 /789
耿南仲希道
6 /3523 6 /3842
6 /4052 6 /4115
6 /4116 6 /4124
7 /4585 7 /4656
7 /4657 7 /4658
8 /5327
耿著 7 /4493
7 /4510 7 /4512
8 /5162 8 /5182
耿時舉 9 /5765
耿氏(尤袤母)
9 /5916 9 /5944
耿堅 7 /4201
7 /4231
耿枏 9 /5619

2010₅ 重

重辯 5 /2854

2022₇ 秀

秀巖 見李心傳
秀伯 見陳堯英
秀叔 見李彥穎
秀實 見周芑
秀老 見俞紫芝

2022₇ 禹

禹謨 見劉昌言
禹玉 見王珪
禹之 見洪楀
禹直 見章嗣功
禹圭 見薛大圭
禹臣 2 /772

2022₇ 喬

喬竦立之 4 /2206
喬行簡文惠、孔山、壽朋 6 /3500
8 /5438 8 /5440
11/7372 11/7531
11/7532 11/7533
11/7537 11/7540
12/7666 12/7708
12/7710 12/7717
喬仕安 11/7408
喬幼聞 11/7535
喬仲福 7 /4356
7 /4357 7 /4358
7 /4387 7 /4389
7 /4390
喬似孫 12/7710
喬執中希聖
4 /2214 5 /2960
5 /2979
喬拱德瞻 10/6297
10/6397
喬握堅 8 /5155
喬匡舜 1 /37
1 /39 1 /40
1 /45
喬仝 4 /2743
5 /2842
喬年 見朱松
喬叙 5 /2794
5 /2833 5 /2841
喬簣成 12/7956

2025₂ 舜

舜徒 見呂好問
舜從 見呂切問
舜良 見王益
舜長老 5 /3070

舜舉 見畢士安
見徐良佐
見鄭汝諧
舜卿 見陳俞
舜俞 見洪咨夔

2026_1 信

信庵 見趙葵
信齋 見楊復
信王 見趙榛
信伯 見王蘋
信叔 見程節
見劉錡
信之 見鄭性之
信祖 見楊符
信道 見石諒
見舒亶
見孫確
信中 見范寥
信民 見汪革

2031_6 鱣

鱣堂先生 見楊杞

2033_1 焦

焦瑗公路 4/2684 10/6462 10/6463 10/6476
焦千之伯强 2/1096 2/1098 2/1099 2/1107 2/1108 2/1116 2/1123 2/1124 2/1138 2/1148 2/1158 3/1413 3/2048
焦邕 1/245
焦浚明 5/2991
焦進 12/7684
焦遂卿 1/651
焦蹈 5/3184

2033_1 熏

熏父 見魏沐

2040_0 千

千巖 見蕭德藻
千峰 見陳宗禮

2040_4 委

委羽居士 見左緯

2040_7 孚

孚若 見方信孺

2040_7 受

受之 見徐天祐
受益 見趙禎

2040_7 季

季高 見劉岑
季度 見滕宬
季文 見凌景夏
見馬樸
見蘇籍
見王璪
季章 見李壁
季言 見李綸
季端 見尤爀
季韶 見許子紹
季敵 見李彤
季琮 9/6154
季壬 見陳桷
季能 見羅愚
季允 見李壆
季和 見孫應時
見楊適
季修 見李塾
季魯 見傅子雲
季永 見吳昌裔
季池 10/6939
季遠 8/5017
季汲 見胡夢昱
季通 見蔡元定
季海 見王淮
季裕 見莊綽
季才 見范蓀
季克 見呂勝己
季真 見蘇嶠
季木 8/5017
季莊 見錢易直
季恭 見江端禮
季著 12/7718
季蕃 見孫惟信
季共 見江端禮
季相 見李鏐
季申 見方崧卿
見富直柔
季成 見潘良能
季思 見洪夢炎
季默 見歐陽辯
季明 見蘇昺
季昭 見胡夢昱
見孫奕
季路 見汪逵
季長 見侯延慶
見王貽永
見張縯
季氏（劉大聲繼母） 10/6939
季隨 見胡大時
季與 見程公許
季益 見薛良朋
季翔 9/5838 9/5839
季節 見徐庭筠
季常 見陳慥
見薛疑之
季悅 見張衍

2040_7 愛

愛梅 見李迪

2040_7 雙

雙溪 見王炎
雙荷葉（賈收歌妓） 5/2836
雙槐居士 見鄭禹功
雙竹湛 5/2778

2060_9 香

香山 見喻良能

2071_5 毛

毛應佺 2/744

2 /747
毛靖可 12/7944
毛敦書 8 /5088
毛幵平仲、樵隱居士 6 /3956
8 /5021
毛子中積夫
11/7142
毛維瞻國鎮
5 /2941
毛伯奮 2 /747
毛注 6 /3917
毛滂澤民、東堂居士 4 /2751
5 /2800 5 /2801
毛密 10/6408
毛溥 2 /747
毛洵子仁 2 /747
2 /760
毛奎文通、子文、澹然居士 7 /4612
毛友達可、友龍
5 /3427 6 /3921
毛友達 6 /3478
毛國華 5 /2831
毛原善 10/6516
毛剛伯必强
10/6536
毛氏(楊萬里母)
9 /5991

2080₄ 奚

奚從青朝瑞
12/7725

2090₁ 乘

乘成 見周必正

2090₇ 采

采伯 見方采

2090₇ 秉

秉信 見蔣存誠
秉道 見張璹
秉國 見韓維

2091₅ 稚

稚川 見王鉉
稚山 見徐林
稚圭 見韓琦
稚卿 見呂公孺

2091₅ 維

維之 見許申
維心 見鄭知幾
維善 見陳合

2108₆ 順

順庵 見康與之
順伯 見王厚之
順寧 見劉芮
順之 見樂備
見李易
見林豫

2110₀ 上

上官正 1 /135
1 /136 1 /137
1 /147 1 /188
上官佖 1 /496
上官均彥衡
3 /1905 4 /2160
4 /2162 4 /2164
4 /2257 5 /2951
5 /2959 5 /3057
5 /3244 5 /3250
上官知十 1 /271
上官悟 7 /4579

2110₀ 止

止齋 見陳傅良
止止先生
見宇文之邵
止堂 見彭龜年

2120₁ 步

步諒 6 /4090
6 /4139

2121₀ 仁

仁仲 見孟忠厚
見胡宏
見蘇師德
見趙不息
見杜知仁
仁伯 見徐元杰
仁叔 見毋廷瑞
見張子惠
仁近 見仇遠
仁聲 見方勺
仁夫 見眞志道
仁甫 見李燾
見周正
仁叟 見畢士安
仁父 見李燾

2121₂ 伍

伍衡 11/6966
伍俱 10/6587
伍進 11/7343
伍黑龍 7 /4732

2121₂ 徑

徑山 見釋訥
徑畈 見徐霖

2121₂ 虛

虛齋 見趙以夫
虛游子 見葛書思
虛閑居士 見常同

2121₂ 盧

盧方春柳南
11/7640
盧訥 4 /2712
盧夏 2 /1306
盧子文 11/7218
11/7220
盧君常 4 /2277
盧億 1 /11
盧秉仲甫 4 /2452
5 /2774
盧秉之 4 /2386
盧任 10/6780
盧允升 12/7750
12/7805

盧仲賢　8/4969　8/5534　8/5535　9/6224　10/6265
盧多遜　1/10　1/11　1/12　1/13　1/15　1/16　1/42　1/220　1/222　1/223　1/400
盧宜之　9/6144
盧憲子章　12/7700
盧守勤　2/908
盧宗原　6/4115
盧察　2/804
盧澄　1/524
盧溪　見王庭珪
盧洪　3/1620
盧次山　3/1514
盧祖皋浦江、次夔、蒲江、菊澗、申之　11/7257
盧祖道　7/4478
盧郎中　3/1511
盧士安　2/729
盧士宏　2/775
盧奎强立、公圭　8/5138
盧革仲辛　1/640
盧摯　2/844
盧桐　4/2219
盧幹　9/5597
盧時用　7/4303
盧昭序　2/683　2/909
盧昭一　1/523
盧臣中　7/4358　7/4359
盧氏(張賓妻)　1/523
(蔡襄母)　3/1451　3/1503
盧益　6/3950
盧錫　3/1494
盧惇文　3/1511

2121_7 虎

虎臣　見吳曾
虎兒　見米友仁

2121_7 僊

僊公　4/2741

2122_0 何

何彥亨　6/3963
何彥猷　7/4519　8/5166　8/5180　8/5181
何文　10/6875
何文綬　7/4309
何新之　12/7967
何誼直　7/4616
何詠　2/899
何麒何祺、子應　8/5220　8/5221　9/6226
何正臣君表　4/2129　4/2430　4/2498　4/2499　5/2786　5/2836
何震之　12/7681
何平仲　3/1521　3/1576　3/1580　3/1584
何預　3/1515
何延世　3/1588
何琬　5/3329
何子端　8/5175
何子溫　5/3330　5/3375
何子剛　10/6726
何羣　2/883
何君庸　5/3028　5/3031
何君寶　2/837
何致　8/5361　8/5364
何處久　10/6562
何㮚文縝　6/3824　6/4052　7/4192　7/4627　7/4641　7/4642　7/4658　8/4979　8/4980　9/5605　9/5670　9/5683　10/6738
何參　2/1051　2/1052
何傅　8/4974
何德順崇道大師　4/2749　4/2756　6/3695
何德輔　9/5583
何德固　8/5375　8/5376
何仲祖　6/3534
何伸　6/3587
何覬何十三　5/3106
何伯慧　11/7233
何叔厚　10/6812
何佾德獻　8/5222　9/5796
何宗一何道士　5/2809　6/3658
何涉　1/657　3/1514　3/1571
何浦　8/4973
何溥商霖、通遠　8/4923　9/5570　9/5646　9/5762　10/6379
何灌　7/4345
何祺何麒、子應　7/4785　7/4786
何造誠　5/2987
何洵直　5/2899
何澹自然　8/5342　9/5650　9/6158　10/6887　11/7077　11/7251　11/7433
何淪　11/7120　11/7142
何道鄉　6/3554
何道士　見何宗一
何十三　見何覬
何太沖　5/3330

5 /3375
何希彭 3 /1476
何希全 10/6376
何友諒 11/7359
何古梅 12/7934
何大章 4 /2142 4 /2147
何大正 3 /1922
何大受 3 /1922
何大圭晋之 9 /5566
何大猷少嘉 10/6912 10/6939
何大節 8 /5406
何頡斯舉 5 /2789 5 /3106 5 /3256
何夢然 8 /5093
何萬 9 /5966
何蘧子楚、韓青老農 1 /108 7 /4805
何若任叟 7 /4230 7 /4236 8 /4952 9 /5640
何若谷 2 /1305
何蘊 10/6270
何執中伯通 5 /3429 5 /3430 6 /3469 6 /3474 6 /3476 6 /3492 6 /3614 6 /3615 6 /3616 6 /3618 6 /3932 7 /4192 8 /4956
何中立 2 /716
何損 6 /4008
何掄 2 /1349
何甲龍 11/7616
何昌言 6 /3803
何異月湖、同叔 8 /5351 8 /5498 9 /5595 9 /5624 9 /6159 10/6436 11/7075
何景初 5 /3125 5 /3127
何時 12/8000
何長善 7 /4574
何氏(洪皓祖母) 7 /4188
(陳康伯妻、魏國夫人) 8 /4956 8 /4973
(洪适曾祖母) 8 /5461 8 /5503
(洪炳妻) 9 /5632
(陳亮妻) 10/6935 10/6936
何熙志 8 /5291 8 /5293
何賢 6 /3533
何鎬叔京、臺溪先生 9 /5926 10/6272 10/6335
何善伯明 9 /5563 9 /5640
何楶 7 /4641 7 /4642 8 /5473
何釗 5 /3127
何鑄伯壽 5 /3127 6 /3976 7 /4219 7 /4302 7 /4513 7 /4518 7 /4519 8 /4909 8 /4910 8 /5165 8 /5166 8 /5181
何鎮 5 /3127
何智甫 7 /4240 9 /5565
何智父 11/7539
何敏 4 /2147
何棠 7 /4642
何炳 11/7535
何恢茂宏 10/6843 10/6881 10/6912
何恪茂恭 10/6728 10/6733 10/6734 10/6762 10/6765 10/6912
何郯聖從 2 /721 4 /2089 5 /2844 8 /5058 8 /5059 12/7812

2122_1 行

行可 見周時
行先 見陽孝本
行之 見蔡幼學 見孫德輿 見趙與時
行中 見朱服
行父 見勾龍如淵 見朱渙
行簡 見劉一止

2122_1 衡

衡仲 見陳允平

2122_1 衛

衛齊 1 /640
衛膚敏 6 /4039
衛紹欽 1 /127 1 /130 1 /134
衛涇文節、西園居士、後樂居士、清淑、拙齋居士 8 /5350 8 /5376 8 /5386 8 /5387 8 /5393 9 /5741 10/6349 11/7100 11/7227 11/7441
衛湜 11/7163
衛道 見張勳
衛克勤 1 /658
衛樸 11/7535
衛朴 4 /2320
衛景山 2 /795
衛公 見趙雄
衛鈞 3 /1922

2122_7 鬳

鬳齋 見林希逸

2122_7 膚

膚仲 見陳孔碩

2124_{1} 處

處度　見秦湛
處和　見錢端禮
處道　見胡彥明
處恭　見余端禮
處靜　見翁元龍
處厚　見安惇
見綦崇禮

2128_{4} 虞

虞奕　5/3125
5/3127　5/3142
虞允文 雍公、彬甫、忠肅、并甫
7/4330　8/4969
8/4999　8/5223
8/5225　8/5255
8/5260　8/5271
8/5278　8/5280
8/5281　8/5284
8/5288　8/5334
8/5423　8/5452
8/5483　8/5486
8/5542　8/5543
8/5557　9/5569
9/5574　9/5635
9/5646　9/5652
9/5653　9/5673
9/5676　9/5711
9/5753　9/5775
9/5778　9/5781
9/5808　9/5818
9/5948　9/5994
9/6089　9/6090
9/6094　9/6095
9/6097　9/6101
9/6113　9/6143
9/6204　9/6208
9/6214　9/6217
9/6222　9/6241
10/6286　10/6293
10/6294　10/6340
10/6372　10/6382
10/6384　10/6385
10/6386　10/6387
10/6396　11/7263
11/7342　11/7343
11/7428　11/7429
11/7430　11/7431
11/7449　11/7503
虞涭　5/3126
5/3127
虞兟　11/7510
虞仲琳　6/3590
虞仲房　8/5324
8/5325
虞澐　5/3126
5/3127
虞渚　5/3126
5/3127
虞深之　8/4891
虞澈　5/3126
5/3127
虞茂實　7/4594
虞栟　8/5498
虞防　3/1922
虞剛簡 子韶、仲易、滄江先生
8/5423　11/7430
11/7460
虞卿　見沈揆
虞普　8/5450
虞公亮　9/6143
虞公著 壽翁
12/7916
虞策　1/194
4/2173　5/2807
5/2951　5/2959
5/2960
虞懷忠　8/5271

2128_{6} 須

須溪　見劉辰翁

2140_{6} 卓

卓元夫　11/7583
卓契順　6/3659
卓氏(劉子羽妻)
8/4882
卓卿　見陳之茂

2172_{7} 師

師亮　見張齊賢
師頏　1/145
師聖　見侯仲良
師川　見徐俯
師皋　見安德裕
師皐　7/4595
師魯　見尹洙
師復　見陳宓
師憲　見黃公度
見賈似道
師宰　見謝景平
師宋　見陳公琭
師道　見陳洙
師直　見謝景溫
師中　見任伋
師回　見范杲
師是　見黃寔
師厚　見謝景初
見趙不譾
師美　見韓粹彥

2191_{2} 經

經臣　見左緯
經父　見孔文仲

2196_{1} 縉

縉雲先生
見馮時行
縉叔　見呂夏卿

2198_{6} 潁

潁濱遺老　見蘇轍

2198_{6} 穎

穎彥　見王庭秀
穎叔　見蔣之奇
見王遂
穎實　見董洪
穎禪師　5/3181

2200_{0} 川

川勤　7/4274

2210_{8} 豐

豐誼　8/5056

10/6469 10/6480
10/6552 10/6609
11/7029
豐稷清敏、相之
3/1921 5/3162
5/3263 5/3400
6/3560 6/3572
10/6469
豐之 見向滈
豐有俊宅之
11/7231

2211_0 此

此山 見馮去疾
此山居士
見范成大

2220_7 岑

岑彥高 6/3759
岑彥明 6/3722
6/3743
岑穰彥休
6/3561 6/3752
6/3764 6/3927
岑保正 1/494
岑象求巖起
4/2167 5/2806
岑素 1/184

2221_2 彪

彪居正德美
10/6269 10/6275

2221_2 能

能誠 9/5588
能之 見陳舉善

2221_4 任

任文薦 9/5879
任諒子諒 7/4785
7/4808 7/4809
任琳 7/4367
任君適 2/830
任孜 3/1418
3/1425
任信孺 9/6217
任采蓮(蘇軾乳母)
3/1378 6/3635
任師中 1/627
1/628 2/715
任伯 見謝克家
任伯雨德翁、得得居士、忠敏
3/1922 4/2170
5/3261 5/3264
6/3471 6/3600
9/5646 9/6125
11/7077
任伋任汲、師中
3/1387 3/1418
4/2152 4/2736
5/2770 5/2787
5/2791 5/2829
5/2834 5/2836
任紹子嚴、盤園
6/4025 6/4025
9/5786
任守信 1/642
任守忠 1/494
2/948 2/1163
2/1244 3/1749
3/1750
任宗堯 5/3437
任源 7/4805
任福 1/623
1/645 1/648
2/792 2/793
2/794 2/795
2/1226 2/1227
3/1381 3/1462
任淵子淵 5/2761
5/2978 5/3353
8/5248 9/5819
任清全 8/5240
任況之 6/3729
6/3735 6/3736
6/3741 6/3742
6/3748
任逢 3/1515
任道 見黃莘
見李仔
任道 4/2294
任士安 6/4137
8/5134 8/5172
任布 1/440
1/443
任希純 8/4940
任希夷伯起、宣獻、宣憲、斯庵
1/196 8/5032
8/5060 8/5062
任古 6/3879
任大中 3/1562
3/1581 3/1588
任大防仲微
5/2805 5/3026
任中正 1/155
1/162 1/487
1/495 1/529
任申先 7/4575
7/4657 7/4822
任盡言元受
9/6222
任青 5/3230
任奉古 1/155
任景初 6/3597
6/3615 6/3619
任晛 4/2713
任氏(濮安懿王妻) 2/1174
(鄭興裔曾祖母)
9/5855
任質言 9/5645
任隨
*1/49
1/54 1/59
1/63 1/64
1/71 1/73
任叟 見何若
任公漸 5/2992
5/2993
任榮 11/7616

2221_5 崔

崔立本之 1/249
1/334 3/1367
崔度 5/2775

崔慶 8 /5156
崔庠 2 /1179
崔端 1 /463
崔敦詩大雅
9 /5678
崔敦禮仲由
9 /5678 9 /5773
9 /5782 9 /5784
11/6999
崔虎 8 /5156
崔台符 4 /2181
5 /2899
崔德明 7 /4475
7 /4502
崔象之 6 /3929
崔復心 12/7971
崔縱 7 /4203
7 /4225
崔汝礪 1 /249
崔汝弼 4 /2279
崔次之 4 /2757
崔遐紹 6 /3722
崔遵度堅白
＊1/49
1 /53 1 /54
1 /57 1 /58
1 /59 1 /60
1 /61 1 /62
1 /66 1 /72
1 /79 1 /82
1 /84 1 /86
1 /87 8 /5273
崔嘉彥 9 /6040
崔世明 11/7341
崔懿 2 /704
崔增 7 /4438
8 /5132
崔申之 6 /3860
崔夫人（程頤曾祖母） 4 /2643
崔邦弼 8 /5127
崔甲 5 /2814
崔曙 1 /463
崔鷃德符
6 /3552 6 /4072
崔與之正子、清獻、菊坡
＊11/7337
1 /197 8 /5405
8 /5427 8 /5428
8 /5438 8 /5440
10/6664 11/7359
11/7405 11/7425
11/7430 11/7458
11/7459 11/7478
11/7533 11/7537
11/7560 11/7561
12/7663 12/7732
12/7748 12/7749
崔興 6 /3499
6 /3540
崔閑 6 /3919
崔公立 2 /1259
崔公度伯易、曲轅先生 2 /1168
4 /2300 4 /2303
5 /2913 5 /3055
崔鈞元播 6 /3730
6 /3739 6 /3747

2222_7 嵩

嵩溪遺老 見陳著

2222_7 鼎

鼎需禪人 7 /4292
鼎卿 見楊甲

2224_7 後

後司馬 見陳謙
後山 見陳師道
後樂居士 見衛涇
後溪 見劉光祖
後湖居士 見蘇堅
見蘇庠
後村 見劉克莊
後林 見李義山
後覺先生
見陽熙載

2224_8 巖

巖頭 7 /4284
巖壑 見朱敦儒
巖南 見方鳳
巖老 見黃景說
見宋傅
巖起 見余良弼
見岑象求
巖夫 見王說

2228_5 僕

僕斗南 11/7578

2233_1 熊

熊彥詩叔雅、曲肱先生
7 /4313 7 /4579
熊慶胄 7 /4178
熊飛 9 /5732
熊致遠 7 /4419
熊祥 11/7214
熊克子復 6 /4101
7 /4171 8 /5354
9 /6137 11/7423
11/7436 11/7517
熊志寧 7 /4413
7 /4417 8 /4874
熊朝 12/7913
熊本伯通 4 /2244
熊氏（劉爚母）
10/6949
熊鑑 10/6494
10/6521

2238_6 嶺

嶺庵先生
見謝堯仁

2260_1 訾

訾諧 8 /5174

2277_0 山

山齋 見易祓
山泉 見陳蒙
山窗 見程元岳
山楹 見周文璞

山甫 見蘇結
見趙善屾
山屋 見許月卿
山民 見徐照
山谷道人
見黃庭堅
山堂 見劉光祖

2277_0 幽

幽蘭居士
見孟元老

2285_3 幾

幾聖 見強至
見沈希顏
幾仲 見張子顏
幾復 見黃介
幾道 見黃好謙
見王復
見張動
見趙汝回
幾叟 見陳淵

2290_0 利

利建 見彭乘
利秀才 9 /5564

2290_1 崇

崇德君(黃庭堅姨母) 5 /2994
崇禮 見胡擀
崇道大師
見何德順
崇甫 見徐僑

2290_3 紫

紫玄翁 見黃裳
紫霞 見楊纘
紫霞翁 見楊纘
見趙汝騰
紫琳 見俞澹
紫巖 見張浚
紫巖先生 見張浚
紫微 見呂本中
紫源 見汪立信
紫芝 見趙師秀
紫帽山人
見方信孺
紫陽眞人
見張伯端

2290_4 柴

柴衮 3 /1922
柴禹錫 1 /15
1 /16 1 /17
1 /19
柴宗慶 1 /535
1 /545
柴宗訓 1 /10
柴中行 8 /5452
10/6669 11/7458
柴成務寶成
1 /257 1 /273
柴堂長景實
12/7975

2290_4 巢

巢元脩 4 /2739
5 /2791
巢迪 2 /741
巢氏(江璘妻)
11/7631 11/7632
巢谷 6 /3636
6 /3638

2290_4 樂

樂庵 見李衡
樂齋 見向滈
樂褒 3 /1611
樂秀才 2 /1053
樂備順之 9 /5756
9 /5822
樂安伯 見蔣堂
樂良 1 /271
樂活 見度正
樂道 見李康年
見王陶
見楊畋
見趙安仁
樂道聚 8 /5043
樂黃目 1 /463
樂史子正 3 /1634
樂軒 見陳藻
樂咼 10/6317
樂氏(張栻妻)
10/6258
樂岳 3 /1577
樂閑居士
見史正志
樂全居士
見張方平
樂笑翁 見張炎

2290_4 欒

欒沂 2 /773

2291_3 繼

繼道 見黃祖舜
繼周 見胡且
繼翁 見楊纘

2293_2 崧

崧老 見許翰

2321_2 允

允文 見吳浚
允夫 見程洵
允成 見繆烈

2324_2 傅

傅立 3 /1990
傅亮 6 /4087
6 /4088 6 /4126
6 /4127 6 /4132
6 /4133 6 /4134
6 /4152 7 /4580
7 /4581
傅慶 8 /5110
8 /5112 8 /5113
8 /5172
傅褒 12/7704
傅雩 6 /4122
傅雱 6 /3526
6 /3531 6 /4153
傅霖 1 /106
1 /185 1 /200

傅子雲琴山、季魯
10/6489 10/6536
10/6537 10/6538
10/6542 10/6546
10/6555 10/6557
10/6564 10/6567
10/6571 10/6575
10/6600
傅君光 4/2562
傅侹正夫 10/6677
10/6678 10/6681
10/6691 10/6692
10/6693
傅崧卿子駿、樵風
7/4668
傅伯壽景仁
4/2687 8/5308
8/5355 8/5356
9/5614 9/5738
9/5913 9/5998
9/6066 9/6134
10/6398 11/7438
11/7456 12/7848
傅伯成忠肅、景初、竹隱
3/1514 3/1518
3/1584 3/1587
4/2438 4/2545
9/6088 9/6090
10/6669 10/6691
11/7458 11/7528
傅向老 3/1646
傅穉 8/5059
8/5060
傅肩君倚 5/2982
傅宿 7/4579
傅永 2/705
傅潛 1/369
1/388 1/420
傅選 8/5122
8/5152 8/5166
8/5181
傅道夫 10/6678
傅堯俞欽之、獻簡
2/1175 2/1250
2/1251 2/1307
3/1766 3/1781
3/1921 4/2133
4/2160 4/2162
4/2163 4/2228
4/2256 4/2746
5/2795 5/2796
5/2899 5/2946
5/2952 5/3037
5/3261 5/3263
5/3320 5/3356
5/3358 5/3364
5/3361 5/3384
6/3600
傅夢泉子淵
10/6489 10/6515
10/6522 10/6532
10/6537 10/6550
傅耆伯壽、伯成
3/1514 3/1516
3/1523 3/1566
3/1567 3/1579
4/2562
傅楫 4/2259
6/3560
傅墨卿 5/3405
5/3406 5/3437
5/3447 8/4983
傅昌朝 11/7065
傅氏(潘良貴妻)
8/4983
傅朋 見吳說
傅公清江人,恩平守 8/5471
傅半千 12/8010
傅燮 10/6330

2324_7 俊

俊明 見李昴英
俊臣 見趙善俊

2325_0 臧

臧丙 1/217
1/218 1/286
臧禹 6/4112
臧師文 10/6630
臧師顏 10/6630
臧賓卿雲叟
10/6630
臧奎 1/443
臧梓 7/4381
7/4382
臧棟 7/4252
7/4254
臧氏(楊簡母)
10/6601

2328_4 獻

獻可 見呂誨
獻之 見李巘
獻肅 見陳良翰
見韓絳
獻惠 見胡元質
見吳琚
獻臣 見李淑
獻愍太子 見趙茂
獻簡 見傅堯俞
見孫逢吉

2333_8 然

然侍者 7/4270
然道 見趙師雍

2344_0 弁

弁陽老人 見周密

2350_0 牟

牟應龍 12/7893
牟子才存齋、存叟、節叟 11/7468
11/7474 11/7481
11/7507 12/7693
12/7814 12/7952

2360_4 昝

昝萬壽 12/7870
12/7872

2393_2 稼

稼軒 見辛棄疾

2397_2 嵇

嵇穎 2/896
2/990 2/991

嵇仲 見張叔夜

2420_0 射

射澤老農 見廉布

2421_0 壯

壯輿 見劉羲仲
壯愍 見曲端
壯節 見程叔達

2421_2 先

先之 見李樸
見劉牧
見萬庚

2421_7 仇

仇俌 3/1611
仇遠仁近 12/7955
12/8064
仇鼒 3/2026
仇夢得 5/3043
仇悆 6/4064

2422_1 倚

倚松老人 見饒節

2423_1 德

德充 見尹焞
德方 見謝方叔
德高 見王鎬
德文 見章服
德章 見鄒樗
德章 見章德象
德彰 見舒揚
德麟 見趙令畤
德元 見呂稽中
德孺 見程之元
見范純粹
德孫(蘇過女)
6/3677 6/3713
德秀 見鞏庭芝
見林穎
德行 見趙與時
德占 見徐禧
德山 7/4284
德獻 見何佾
德化縣君蘇軾妹、八娘 4/2750
德和 見沈介
德修 見劉光祖
德象 見張伯垓
德久 見潘檉
見鄒柄
德粲 見郭茂倩
德濟 見舒黻
德之 見董仲永
德源 見鄭清之
德淵 見樊滋
見趙與篙
德洪 見釋惠洪
德遠 見陳畏
見李浩
見張浚
德潤 見方大琮
德初 見施元之
德載 見李公輔
德基 見宋高宗
德茂 見章森
德恭 見鄧肅
德林 見程鈞
德起 見蕭振
德夫 見吳獵
見徐鹿卿
德素 見李粢
德成 見趙立
見趙立夫
德操 見饒節
見徐定
德昇葛勝仲僚友 6/3813
德昌 見宋眞宗
德明 見歐陽澈
見張鑑
1/388
德瞻 見喬拱
德陽 見林景熙
德叟 見李秉彝
見林居安
德翁 見任伯雨
德父 見趙景緯
見趙明誠
德美 見彪居正
德符 見崔鶠
德常 見黃伯固
德粹 見滕璘
德鄰 見郭良臣
德輝 見胡理

2424_1 侍

侍其瑋 6/3815

2426_0 儲

儲敦叙 見儲惇叙
儲國秀 12/7761
儲惇叙彥倫、儲敦叙 7/4294

2440_0 升

升甫 見徐搏
升卿 見黃杲

2441_2 勉

勉齋 見黃榦
勉翁 2/1024

2472_7 幼

幼度 見曾丰
幼元 見范成大
幼安 見強行父
見王襄
見辛棄疾
幼觀 見王過
幼學 見王伯大

2474_7 岐

岐公 見湯思退

2496_1 結

結誠 見范子明

2498_6 續

續古 見翁卷
見吳似孫

2500$_0$ 牛

牛皋 8/5094 8/5098 8/5100 8/5125 8/5126 8/5127 8/5128 8/5131 8/5132 8/5134 8/5136 8/5151 8/5152 8/5174
牛大監 6/3526
牛冕 1/147 1/148 1/277
牛顯 8/5155

2520$_6$ 仲

仲立 見徐度
仲方 見胡榘 見李維
仲高 見陸升之
仲辛 見盧革
仲章 見劉渙 見薛紱
仲言 見戚綸 見王明清
仲誠 8/5528
仲訥樸翁 3/1986
仲謨 見梁汝嘉 見裴綸 見王嘉言 見向傳範
仲謀 見裴綸 見張詢
仲郊 見吳埛
仲詢 見李諮
仲謙 見趙公豫
仲詳 見厲仲方 見徐天麟
仲一 見沈體仁
仲至 見鞏豐 見留正 見王欽臣
仲靈 見釋契嵩
仲靈湛(孟嵩妻) 11/7016
仲元 見徐徽
仲平 見張鍺
仲更 見劉羲叟
仲石 見陳巖
仲酉 見鄭噩
仲可 見王大受
仲天貺 5/2801 5/2802 5/2844 5/2845 6/3645
仲弓 見王實
仲豫 見蘇迨
仲信 見王廉清
仲秉 見黃鈞
仲止 見韓淲
仲虎 見蘇符
仲行 見王希呂
仲衡 見王希呂
仲熊 見黃非熊
仲山 見黃仁靜 見劉元高 見繆烈 (蘇過母) 6/3710
仲先 見魏野
仲伯達仲屯田 5/2834
仲和 見吳塤
仲微 見任大防 見尤燿
仲儀 見王素 見王應鳳
仲容 見許渤
仲實 見應孟明 見張模
仲宗 見張元幹
仲永 見李椿年
仲馮 見劉奉世
仲潛 見王爚
仲洪 見劉德秀
仲遠 見京鏜 見柳子文
仲達 見洪彥昇 見潘大觀 見王逵
仲通 見郭逵 見李敏之 見梁交 見張洞
仲塗 見柳開 見馬遵
仲滋 見蘇籀
仲南 見李丙
仲嘉 見汪大猷
仲古 見折彥質
仲賁 見黃楙
仲堪 見葉任
仲蒙 見李育 見芮燁
仲恭 見吳謙
仲權 見李巽 見吳鎰
仲車 見徐積
仲由 見崔敦禮
仲屯田 見仲伯達
仲素 見羅從彥
仲咸 見馮伉
仲甫 見盧秉 見呂穆仲
仲耕 見錢佃
仲易 見虞剛簡
仲思 見陳景周
仲顯 見王光祖
仲默 見蔡沈
仲貽 見高世則
仲暉 見樓炤
仲晦 見朱熹
仲堅 見梁固
仲叟 見劉羲叟
仲舉 見汪綱
仲與 見舒沂
仲賢 見鄭文寶
仲覽 見李翔
仲益 見孫覿 見鄭聞
仲并彌性 4/2694 9/6231
仲美 見劉棠
仲欽 見張維
仲簡 2/717 2/982

仲節 見蔡抗
仲輝 5/3144

2520_6 伸

伸仲 見錢紳

2522_7 佛

佛慧 見釋法泉
佛果 見釋克勤
佛照杲禪師 7/4280
佛印 見釋了元
佛燈 見釋珣
佛性 見釋泰

2522_7 倩

倩奴 5/2834

2524_3 傳

傳正 見蒲宗孟
傳道 見陳師仲 見章傳

2560_1 眚

眚翁 見蘇庠

2590_0 朱

朱慶基 2/1050 2/1051 2/1054
朱文翁 12/8011
朱文炳 12/7678
朱章 5/3101
朱端常 8/5420 11/7508
朱塾 8/4884 9/6026 9/6055
朱諤 8/5557
朱翊 7/4308
朱詢 8/5133
朱敦仁安之 9/6210
朱敦儒巖壑、伊水老人、洛川先生、希真 5/2977 9/6204 9/6207
朱說 見范仲淹
朱一飛 12/7966
朱正綱 8/5548
朱正基 2/1051
朱正甫 8/5156
朱正剛二山 8/5557
朱元弼 4/2300
朱元瑜 10/6533
朱元順 9/6227 9/6228
朱元紘 8/5052
朱元之 9/5998
朱震子發 3/1532 3/1551 3/1569 4/2475 6/3589 6/4027 7/4165 7/4172 7/4179 7/4507 8/4982 8/5241
朱可道 2/1180 2/1181
朱延之 3/1668
朱琳 7/4201
朱勔 5/3432 5/3433 6/3613 6/3622 6/3804 6/3838 6/4046 6/4109 6/4115 7/4192 7/4230 7/4443 7/4567 9/5605 9/5670
朱聖予 8/5548
朱翌新仲、灊山居士、省事老人 8/4913 8/5508 8/5526 9/5622 9/5697
朱鼐 8/5047 8/5052
朱致和 8/5367
朱處仁 2/1051
朱倬漢章 6/3868 6/3879 8/4958 8/4961 8/5522 8/5528 9/5574 9/5661
朱師閔 7/4413
朱穎茂實 12/7804
朱能 1/375 1/388 1/390 1/442 1/443 1/531
朱偁 7/4695
朱樂仲 5/3056
朱弁新仲、觀如居士、少章 3/1546 7/4189 7/4198 7/4205 7/4217 7/4218 7/4222 7/4224 7/4225 7/4243 7/4257 9/5964 9/5966
朱紱 6/3560
朱佐 12/7974
朱紘 3/1922
朱純之 4/2392 4/2428 4/2523
朱純臣 2/841
朱積寶 12/7748
朱伯玉 2/1303
朱伯起 9/5934
朱貔孫 12/7859
朱象先 4/2745 5/2844
朱絢 9/6005
朱叔庠 2/1051
朱叔似 9/5597
朱佺 8/5506
朱從道 1/607
朱進 1/580
朱安人(夏安佐母) 8/5470
朱定 4/2676
朱寔 8/5133
朱宗 7/4416
朱宲 1/637
朱濬 12/7803
朱黼 10/6456
朱溫 4/2181
朱禩孫 12/7882

朱渙行父、約山、濟仲、申父 12/7725
朱渙壽 12/7970
朱裕 8/5363 8/5368
朱士可 12/7966
朱克家 10/6521
朱在 9/6013 9/6031 9/6072 11/7198 11/7226
朱有章 3/1871 4/2124
朱熹元晦、仲晦、遁翁、滄洲病叟、文公 *9/6003 *9/6015 1/110 3/1522 3/1594 3/1738 4/2373 4/2374 4/2397 4/2421 4/2433 4/2434 4/2444 4/2446 4/2475 5/3347 6/3455 6/3486 6/3492 6/3561 6/3789 6/3793 6/4034 6/4101 6/4123 6/4154 6/4159 6/4160 7/4163 7/4165 7/4166 7/4169 7/4171 7/4173 7/4178 7/4181 7/4222 7/4326 7/4359 7/4459 7/4570 7/4646 7/4797 8/4863 8/4872 8/4873 8/4880 8/4882 8/4884 8/4886 8/4930 8/4937 8/4939 8/4940 8/4941 8/4975 8/5007 8/5012 8/5015 8/5199 8/5247 8/5280 8/5309 8/5311 8/5326 8/5343 8/5346 8/5347 8/5350 8/5351 8/5352 8/5353 8/5421 8/5444 8/5485 8/5491 9/5615 9/5699 9/5714 9/5717 9/5718 9/5753 9/5862 9/5931 9/5932 9/5945 9/5957 9/5958 9/5961 9/5962 9/5964 9/5966 9/5972 9/5996 9/5999 9/6000 9/6080 9/6084 9/6088 9/6089 9/6090 9/6091 9/6099 9/6100 9/6101 9/6102 9/6114 9/6115 9/6117 9/6121 9/6122 9/6129 9/6131 9/6132 9/6135 9/6138 9/6139 9/6140 9/6146 9/6147 9/6148 9/6149 9/6153 9/6155 9/6157 9/6158 9/6159 9/6161 9/6162 9/6163 9/6167 9/6169 9/6172 9/6177 9/6183 9/6188 9/6190 9/6195 9/6202 9/6203 9/6205 9/6208 9/6222 9/6233 9/6234 9/6237 9/6238 9/6245 9/6246 9/6248 9/6251 9/6252 9/6253 9/6254 10/6257 10/6267 10/6270 10/6274 10/6275 10/6278 10/6282 10/6284 10/6287 10/6290 10/6293 10/6298 10/6302 10/6303 10/6304 10/6307 10/6308 10/6312 10/6313 10/6321 10/6322 10/6323 10/6325 10/6327 10/6328 10/6330 10/6331 10/6335 10/6339 10/6341 10/6343 10/6344 10/6350 10/6387 10/6388 10/6397 10/6401 10/6421 10/6432 10/6433 10/6436 10/6440 10/6441 10/6464 10/6466 10/6471 10/6474 10/6475 10/6482 10/6483 10/6498 10/6499 10/6515 10/6517 10/6519 10/6520 10/6523 10/6524 10/6525 10/6530 10/6534 10/6537 10/6538 10/6539 10/6540 10/6549 10/6552 10/6556 10/6562 10/6574 10/6584 10/6595 10/6604 10/6623 10/6658 10/6669 10/6703 10/6724 10/6732 10/6776 10/6778 10/6780 10/6783 10/6794 10/6814 10/6816 10/6817 10/6818 10/6821 10/6823 10/6824 10/6839 10/6840 10/6844 10/6847 10/6849 10/6850 10/6851

10/6854 10/6858
10/6861 10/6866
10/6873 10/6875
10/6877 10/6881
10/6882 10/6884
10/6885 10/6886
10/6891 10/6893
10/6899 10/6902
10/6904 10/6910
10/6937 10/6942
10/6951 10/6952
10/6953 10/6954
11/6972 11/6989
11/7012 11/7013
11/7014 11/7016
11/7020 11/7021
11/7022 11/7027
11/7041 11/7042
11/7071 11/7074
11/7075 11/7079
11/7163 11/7166
11/7194 11/7195
11/7196 11/7199
11/7201 11/7208
11/7217 11/7304
11/7314 11/7328
11/7345 11/7347
11/7350 11/7362
11/7377 11/7379
11/7382 11/7397
11/7424 11/7429
11/7431 11/7438
11/7442 11/7443
11/7448 11/7467
11/7479 11/7490
11/7517 11/7518
11/7519 11/7520
11/7523 11/7530
11/7538 11/7541
11/7605 11/7633
12/7697 12/7719
12/7728 12/7760
12/7803 12/7836
12/7916 12/8030

朱吉 1 /642
1 /644
朱壽昌康叔
3 /1617 3 /1618
5 /2776 5 /2837
朱七三 12/8003
朱大成 1 /641
朱森 7 /4797
9 /6005
朱桴濟道 10/6515
朱載 7 /4618
朱越 3 /2036
朱埜 8 /4884
9 /6026
朱埴聖陶、堯章、古平、聖陶、古平
12/7962 12/7963
朱芾 7 /4198
7 /4364
朱勃遜之 5 /2803
5 /3249
朱華 3 /2013
12/8004
朱若樸 7 /4519
朱著 11/7372
11/7390 11/7392

朱世英 6 /3469
朱貫 2 /1100
2 /1103
朱棻文芳 12/7955
12/8064
朱觀 1 /644
1 /645 2 /793
朱榸 9 /6005
朱槔玉瀾、逢年
9 /5959 9 /6005
朱朝偉 5 /3260
朱幹叔 10/6535
朱松喬年、韋齋
4 /2675 6 /3788
6 /3791 6 /3792
7 /4163 7 /4173
7 /4570 7 /4571
7 /4593 7 /4633
7 /4695 7 /4696
7 /4725 7 /4726
7 /4786 7 /4797
7 /4801 8 /4880
8 /4881 8 /4937
9 /5567 9 /5643
9 /5644 9 /6005
9 /6006 9 /6014
9 /6021 9 /6022
9 /6023 9 /6024
9 /6032 9 /6055
朱中 11/7420
朱表臣 2 /838
2 /1285 4 /2749
6 /3457
朱泰卿亨道
9 /6115 10/6515

10/6518
朱振 9 /6005
朱軏 9 /5697
朱拱戊 12/8010
朱拱辰 8 /5474
朱昂靖裕先生、正裕先生、退叟、舉之 2 /1051
朱異 8 /4900
朱晞顏子淵
10/6533
朱晞顔 7 /4254
朱時發 5 /3074
5 /3371
朱嚴 1 /245
朱晛 5 /3002
朱明 6 /3993
朱明之 3 /2016
4 /2298
朱暉傳 5 /3249
朱瞻之 3 /1618
朱長文伯原
1 /470 4 /2593
4 /2595 4 /2687
5 /2885 10/6664
朱氏(曾鞏母)
3 /1651 5 /3156
5 /3159 6 /3924
(洪邁妻) 8 /5548
(洪遵妻) 8 /5557
朱質 8 /5379
朱服行中 4 /2756
4 /2757 5 /2815
5 /2905 5 /2942

6 /3561　6 /3854
朱熙載　6 /3554
朱巽　1 /443　1 /526
朱貫　2 /927
朱鑒子明　12/7734
朱勝非藏一
6 /3951　6 /3962　6 /4144　6 /4147　6 /4148　6 /4149　7 /4200　7 /4354　7 /4369　7 /4373　7 /4376　7 /4377　7 /4378　7 /4382　7 /4383　7 /4457　7 /4691　7 /4796　8 /5174　8 /5242　9 /6080
朱公武　5 /3097
朱公掞　3 /1549　3 /1915
朱智叔　5 /3331　5 /3332　5 /3375　5 /3378
朱智用　4 /2197
朱惟甫　9 /6005
朱堂　10/6629
朱光裔　5 /3264
朱光庭　2 /877
3 /1570　3 /1921　4 /2131　4 /2159　4 /2160　4 /2162　4 /2163　4 /2397　4 /2402　4 /2408　4 /2409　4 /2412　4 /2423　4 /2438　4 /2443　4 /2474　4 /2521　4 /2529　4 /2567　4 /2568　4 /2598　4 /2602　4 /2603　4 /2624　4 /2631　4 /2637　4 /2648　4 /2652　4 /2683　5 /2794　5 /2796　5 /2907　5 /3250　5 /3254　5 /3261　5 /3263　6 /3600
朱炎　2 /807
朱熠　12/7806　12/7813
朱煥文　12/7837

2590₆ 种

种誼　5 /2948
种諤　2 /1253
3 /1779　3 /1788　3 /1844　4 /2516
种放　1 /76
1 /78　1 /248　1 /286　1 /297　3 /1520　3 /1532　3 /1533　4 /2402　4 /2524　4 /2553　4 /2604　10/6804
种師道　5 /3407
5 /3448　6 /3583　6 /4082　6 /4083　6 /4113　6 /4117　6 /4119　6 /4160　7 /4657　8 /5327　9 /5605　9 /5670　10/6737
种師極　3 /1922
种師中　5 /3407
6 /4117　6 /4118　7 /4657　8 /5327　10/6737
种世衡　1 /622
1 /625　1 /632　1 /633　1 /642　1 /646　1 /649　1 /651　1 /657　7 /4834　11/7388

2591₇ 純

純老　見錢藻
純甫　見曾覿
純叟　見劉堯夫
純父　見余天錫
純公　見程顥

2598₆ 積

積夫　見毛子中

2599₆ 練

練亨甫　3 /2012
練子安　5 /3394
練塘　見吳說

2600₀ 白

白彥中　6 /4058
白玉蠑　9 /5694
白石　見黃景說　見姜夔
白石山人　見錢文子
白石道人　見姜夔
白雲居士　見張愈
白珽廷玉　12/7955　12/8064
白水　見劉勉之
白稹　1 /455
白牛居士　見陳舜俞
白宗愈原道　5 /3094
白萬德　1 /233
白均　5 /2869
白超　1 /160
白時中　5 /3426
5 /3430　5 /3448　6 /3561　6 /4045　6 /4110　6 /4113　7 /4655
白昭明　2 /1303
白氏（秦國夫人、韓世忠妻）
7 /4339　7 /4365
白鍔　7 /4235　7 /4236
白炎震　9 /6160
10/6436　11/7075

2600₀ 自

自齋　見史彌忠
自誠　見鄭性之
自信居士　見徐兢

自然 見何濬
見鄭鑑

2610_4 皇

皇甫斌文仲
8/5057 8/5351
9/6160 10/6344
10/6436 11/7075
11/7102 11/7441
皇甫遵 2/1356
4/2735 5/2836
皇甫恭 8/5378
皇甫知常 8/5073
8/5141

2620_0 佃

佃夫 見歐陽襄

2620_2 伯

伯充 見趙叔盎
伯高 見李義山
伯庸 見黃疇若
見王堯臣
伯庠 見宋庠
伯康 見龍可
伯誠 見應君實
伯諫 見李宗恩
伯玉 見陳振孫
見程振
見李縯
見吳天球
見張玘
伯可 見康與之
見呂午
伯瑞 見畢良史
伯強 見焦千之
伯承 見吳銓
伯子 見張孝伯
見楊長孺
伯珍 見李大異
伯仁 見陳世崇
見王正己
伯山 見郭江
見陸靜之
見趙子崧
伯崇 見范念德
伯允 見鄧友龍
伯仲 見王舉正
伯純 見孫冕
見范雍
伯和 見李大性
見李柟
見林鼐
見歐陽發
伯修 見陳師錫
見宇文昌齡
伯紀 見李綱
見湯漢
伯微 見李心傳
見陸持之
伯以 見晁說之
伯淳 見程顥
伯寓 見程瑀
伯宇 見晁載之
伯業 見蘇簡
伯達 見曹譜
見蘇邁
見范如圭
伯禮 見王伯庠
伯溫 見周恭先
伯通 見何執中
見熊本
伯嘉 見宋之瑞
伯壽 見傅耆
見何鑄
伯求 見陳蒙
伯恭 見呂祖謙
見向子諲
伯共 見向子諲
伯聲 見劉震
伯起 見任希夷
伯敬 見王奕
伯靜 見蔡淵
伯成 見傅耆
見章綍
伯易 見崔公度
伯昌 見楊子謨
見鄭逢辰
伯固 見蘇堅
見吳處厚
伯時 見李公麟
見沈義父
伯明 見何善
伯晦 見王爚
見尤焴
伯厚 見王應麟
伯原 見朱長文
伯長 見穆修
伯堅 見蔡松年
伯益 見陳俞
伯會 見王柏
伯養 見戴蒙
伯鎮 見劉鼎孫
伯忱 見周孚先

2621_0 但

但中庸 9/6141

2624_1 得

得得居士
見任伯雨
得之 見蔣山
見劉九思
得中 見李建中
得人 見南方應
得全居士 見趙鼎

2629_4 保

保寧 見釋勇
見釋曇華
保之 見鄒戩

2640_8 皋

皋之 見洪榛

2641_3 魏

魏主簿 5/3028
魏廣 2/1088
2/1089 2/1098
魏文翁嘉甫
11/7459 11/7504
11/7510
魏王 見趙愷
魏靄 12/7681
魏天應梅墅
12/7947

魏天與　12/7775
魏矼　7/4456　7/4457
魏廷堅　2/1067
魏瓘　4/2078
魏了翁華父、鶴山　*11/7499
1/198　3/1522　7/4188　8/5252　8/5311　8/5325　8/5379　8/5381　8/5389　8/5391　8/5396　8/5399　8/5401　8/5404　8/5405　8/5408　8/5410　8/5412　8/5420　8/5422　8/5424　8/5425　8/5432　8/5434　8/5435　8/5437　8/5438　8/5440　8/5449　8/5452　8/5498　9/5780　9/5988　10/6472　10/6483　10/6664　11/7106　11/7165　11/7339　11/7360　11/7366　11/7395　11/7405　11/7409　11/7425　11/7432　11/7450　11/7452　11/7453　11/7455　11/7458　11/7459　11/7461　11/7465　11/7469　11/7470　11/7472　11/7474　11/7495　11/7528　11/7529　11/7531　11/7532　11/7533　11/7536　11/7608　11/7609　12/7699　12/7700　12/7704　12/7706　12/7709　12/7710　12/7736
魏信臣　9/5752　9/5848
魏仁浦　1/6　1/7　1/9　1/415
魏行可　7/4225　7/4229
魏衍曲肱居士、昌世　5/3319　5/3326　5/3327　5/3328　5/3329　5/3332　5/3333　5/3339　5/3348　5/3366　5/3370　5/3372　5/3373　5/3376　5/3378　5/3381　5/3384
魏師遜　7/4230　9/5725　9/5756
魏繼宗　3/1997
魏伯殊　5/3021
魏和孫　11/7501　11/7502
魏叔平　2/895
魏綸君俞　5/2999
魏安行彥成　6/4032
魏良臣　7/4247　7/4314　7/4447　7/4448　7/4449　7/4451　7/4454　7/4455　7/4456　7/4458　7/4514　7/4515　7/4517　9/5644　9/5752　9/5757　9/5848　9/6202　9/6209
魏寅　2/1303
魏近思求己　11/7503
魏浩　8/5156
魏沐熏父　9/5730
魏士行　11/7501
魏直行　11/7501
魏克愚靜齋、明己　11/7510　11/7513　12/7736　12/7737
魏南壽　11/7501　11/7502
魏大昕　11/7501
魏孝璹　11/7501　11/7504
魏孝壽　11/7501
魏萃　11/7501
魏槐庭　11/7646
魏杞文節、南夫　9/5585　9/5667　9/5773
魏中復　9/5946
魏泰漢南處士、道輔、臨漢隱居　1/396　2/821　3/2042　4/2260　5/3071
魏邦達　7/4305
魏掞之元履、子實、艮齋先生　7/4171　7/4740　8/4873　8/4884　8/5301　8/5353　9/5859　9/6029　9/6030　9/6031　10/6277　10/6397
魏國夫人(洪皓妻)　7/4204
(韓琦妻)　2/1259　2/1261
魏易齋　12/7934
魏昇平　2/936
魏昭亮　1/522
魏昭昞　2/907
魏野仲先、草堂居士　1/175　1/259　1/396　1/412　1/429　1/430　1/431　1/432　1/433　1/435　1/438　3/1739
魏璧海　11/7503
魏氏(趙普妻)　1/3
(張俊妻)　7/4460
(范成大妻)　9/5752　9/5848
魏閑　3/1739
魏勝　7/4330

7 /4612 8 /5535
魏介之 1 /619
魏公 見陳俊卿
見史浩
見張浚
見蔣之奇
魏敏孫 11/7501
11/7502
魏鄰幾 5 /3006

2680₄ 吳

吳立 8 /5176
吳立禮 4 /2623
4 /2649
吳充正憲、冲卿
1 /26 2 /959
2 /994 2 /1011
2 /1060 2 /1111
2 /1143 2 /1145
2 /1180 2 /1181
2 /1202 2 /1208
2 /1209 2 /1212
2 /1302 3 /1641
3 /1707 3 /1831
3 /1835 3 /2007
3 /2053 4 /2067
4 /2071 4 /2230
4 /2430 4 /2483
4 /2699 5 /2787
5 /3218 5 /3255
5 /3264
吳亮 12/8004
吳亮工 4 /2740
吳彥 5 /2999
11/7360
吳彥舉 6 /4093
吳方慶 7 /4549
吳育正肅、春卿
1 /659 2 /679
2 /827 2 /926
2 /1032 2 /1059
2 /1069 2 /1132
3 /1471 3 /1951
4 /2066 4 /2119
4 /2124 4 /2290
5 /3265
吳應龍 7 /4800
吳豪 4 /2313
吳唐卿 3 /1603
吳文英君特、夢窗、覺翁 5 /3291
11/7310 12/7714
吳龍翰古梅、式賢
12/7738
吳誠若叔有
10/6534
吳益 10/6480
10/6609
吳說傅朋、練塘
4 /2287 7 /4320
吳謙仲恭 12/8062
12/8064
吳元亨 3 /1722
吳元充 9 /5978
吳元壽 11/7389
吳元成 10/6908
吳丙景南 11/7557
吳平仲 11/7254
吳石 10/6904
吳西林 11/7647
12/7968
吳可思道 5 /3148
吳天球伯玉
12/7719
吳天常 5 /3257
吳玕正仲 2 /838
6 /4124
吳延之 3 /1517
吳廷祚 1 /7
吳武陵 6 /3873
吳孟求 5 /3252
吳翌晦叔 10/6289
10/6298 10/6302
10/6308 10/6313
10/6342
吳琚居父、雲壑、獻惠、吳七郡王
8 /5367 10/6412
10/6457 11/7122
11/7254
吳及 1 /523
2 /732 2 /733
吳子純 12/8041
吳子良荆溪、明輔
11/6964 11/7139
11/7157 11/7165
11/7168 11/7530
12/7755 12/7756
12/7757 12/7759
12/7762 12/7763
12/7764 12/7787
12/7788 12/7789
吳子嗣 10/6535
吳君采 5 /2845
吳司錄 4 /2309
吳翼 8 /5205
吳柔勝 9 /6160
10/6436 11/7075
11/7224 11/7225
12/7700 12/7701
12/7706
吳玠 7 /4330
7 /4483 7 /4518
7 /4823 8 /5169
10/6737
吳政 12/7758
吳璘 6 /3981
7 /4214 8 /5224
8 /5253 8 /5381
8 /5555 10/6372
10/6737 11/7342
吳俯 11/7377
吳舜臣 3 /1775
吳季用 11/7420
吳愛卿(陸九淵妻) 10/6531
吳順之 1 /401
吳仁傑斗南
9 /5691 9 /5754
10/6549 11/7071
吳仁壽 12/7916
吳衍 12/7743
吳處厚伯固
1 /98 1 /234
2 /963 3 /1922
3 /2042 5 /2801
6 /3508

吳師尹 9 /5998
吳師仁 4 /2484
吳師禮 4 /2287
4 /2313 4 /2474
4 /2483 4 /2484
6 /3560
吳師古文節
7 /4722 8 /4987
吳偁 見吳儆
吳幾復 2 /729
2 /1121
吳參倚 12/7847
吳德仁 5 /3267
吳德素 6 /3991
吳儔 3 /1922
5 /3264 5 /3265
吳偉明元昭
7 /4293 7 /4322
吳幼敏功父
12/8062
吳縝 5 /2939
吳仲時 10/6548
吳倩 1 /265
吳純臣 11/7339
11/7356
吳自然 6 /3919
吳皇后高宗憲聖慈烈吳皇后
8 /5529
吳伯舉 6 /3462
吳凱 8 /5299
吳叔元 5 /3100
吳叔虎 7 /4695
吳紹祖 11/7420
吳似孫續古
12/8062 12/8063
吳倫 10/6329
吳儆文肅、吳偁、恭父、益恭、竹洲、竹洲先生
10/6320 10/6770
10/6780 10/6814
10/6815 10/6818
11/7377 11/7409
12/7732
吳復古子野、遠游
4 /2749 4 /2750
4 /2751 4 /2753
4 /2754 4 /2756
5 /2809 5 /2812
5 /2850 5 /2851
5 /2854 5 /3206
5 /3368 6 /3672
6 /3673
吳給 4 /2684
4 /2694
吳準齋 11/7531
吳安度 2 /963
4 /2181
吳安詩 3 /1921
4 /2166 5 /2801
5 /2913 5 /2959
5 /2960 5 /3254
5 /3255 5 /3261
5 /3264
吳安朝 8 /5189
8 /5190
吳安持 3 /1832
3 /1921 3 /2007
3 /2050 5 /3263
5 /3264
吳審禮 5 /2878
吳察 8 /4891
吳潛毅夫、履齋
11/7310 11/7326
11/7329 11/7471
11/7472 11/7512
12/7669 12/7670
12/7686 12/7703
12/7706 12/7711
12/7712 12/7714
12/7715 12/7719
12/7723 12/7727
12/7731 12/7732
12/7735 12/7739
12/7743 12/7744
12/7765 12/7793
12/7808 12/7809
12/7855 12/7907
12/7908 12/7965
12/7988
吳源南薰老人
8 /5551
吳淵退庵、道夫、道父、莊敏
12/7699 12/7705
12/7705 12/7709
12/7711 12/7712
12/7713 12/7723
吳漸茂榮
10/6511 10/6531
吳必大 8 /5452
11/7420
吳必明 7 /4414
吳浚允文 12/7882
12/8006
吳泳叔永、鶴林
8 /5398 8 /5403
8 /5406 8 /5410
8 /5427 8 /5428
8 /5429 8 /5430
8 /5433 8 /5436
8 /5450 8 /5455
11/7240 11/7453
11/7464 11/7467
11/7471 11/7479
11/7480 11/7507
11/7573 11/7579
11/7584
吳邃 1 /352
吳棨與權 12/7800
12/7801
吳湛 7 /4370
7 /4385 7 /4386
吳淇 8 /5278
吳漢英 10/6420
10/6457
吳溫彥 6 /4026
吳渭清翁 12/8061
12/8062
吳遇龍 12/7703
吳淑正儀 1 /45
1 /47
吳激彥高、東山
7 /4221
吳遂 11/7411
11/7412
吳遵路 1 /612
吳灤子量 10/6658

吳太元 5/2870
吳太初象先
3/1643 3/1656
吳直夫 12/7935
吳奎文肅、長文
2/722 2/723
2/724 2/725
2/726 2/728
2/734 2/735
2/756 2/997
2/998 2/999
2/1134 2/1136
2/1137 2/1139
2/1145 2/1150
2/1156 2/1171
2/1188 2/1203
2/1243 2/1253
2/1307 3/1488
3/1769 3/1771
3/1971 3/1972
4/2070 4/2076
5/2768 5/2828
5/2934 8/5049
8/5281
吳墉 11/7420
吳克忠 8/4891
吳志道 12/7916
吳七郡王 見吳琚
吳大經 11/7420
吳大中 7/4790
吳大成 11/7420
吳賁 2/704
吳獵文定、德夫、畏齋 8/5383
9/6160 10/6263
10/6323 10/6420
10/6436 10/6643
11/7075 11/7211
11/7212 11/7245
11/7256 11/7257
11/7296 11/7326
11/7503 11/7426
吳栻顧道 7/4221
吳棫才老 9/5706
吳夢炎 11/7510
吳芮 4/2306
吳芾湖山居士、明可 5/3124
5/3140 5/3151
7/4852 7/4853
7/4854
吳蒙 4/2306
吳茂森 10/6508
吳孝宗子經
2/1147
吳革 12/7790
吳若 10/6738
吳著作 2/1311
吳蕃 3/1964
4/2306
吳葵 11/7163
吳英茂實 9/6134
吳蕡 3/2026
4/2287 4/2306
4/2309
吳材 4/2721
吳執中 5/3111
6/3473
吳埴仲和 10/6617
吳坰仲郊 6/3743
10/6617
吳松年 8/5531
吳中 11/7366
吳中復 2/730
2/734 2/1105
2/1302 2/1308
3/1402 3/1433
3/1435 3/1485
3/1971 3/1972
3/1975 4/2093
5/2872
吳申 2/1182
3/1797
吳申全 3/1605
吳肅 2/1337
吳忠 1/239
吳表臣 7/4829
8/4878
吳夫人(王令妻)
4/2309
(真嵩妻) 11/7491
吳貴 12/8062
12/8064
吳挺 10/6428
11/7382
吳拱 9/5590
吳擇賓 5/3012
吳昉 7/4197
吳日行 8/4891
吳日休 8/4891
吳日宣 8/4891
吳日思 8/4891
吳日省 8/4891
吳國大長公主
7/4521
吳國華 5/3396
6/3788
吳國鑑 5/2965
吳思子正 5/3402
吳思齊子善、全歸子 12/8061
12/8062 12/8063
12/8064
吳思睿 12/7765
吳回 9/5891
9/5896
吳昌裔季永、青蓮山人、忠肅
11/7240 11/7358
11/7535 11/7573
吳固子善 3/1981
吳圜 11/7420
吳景山 7/4268
吳景初 3/1643
3/1656
吳顥若 10/6531
吳則禮子副、北湖居士 4/2713
5/3335 5/3380
吳時中 7/4588
吳明 3/1922
吳照鄰 3/1395
3/1401 3/1406
3/1417
吳畋 3/1947
4/2306
吳曦 8/5370

8 /5377　8 /5378
8 /5381　8 /5385
8 /5387　8 /5399
9 /5719　9 /5720
11/7348　11/7349
11/7359　11/7440
11/7441　11/7455
11/7503　11/7521
11/7522　12/7660
吳氏（歐陽修長媳）　2 /1178
（曾鞏母）　3 /1641　3 /1651
（王安石妻）　3 /1911
（王安石母）　3 /1947　3 /1977
（李綱母）　6 /4077　6 /4103
（陸九皋妻）　10/6494
（陸九淵妻）　10/6511
吳駙　11/7420
吳門老圃　見史正志
吳堅　11/7542　12/8001　12/8002
吳居厚敦老、居實　4 /2154
吳與可權　5 /3009
吳益　11/7255
吳全　6 /4137　7 /4425　8 /5125　8 /5132
吳鉉元鼎　12/7732
吳曾虎臣　1 /118　2 /1107　5 /3048　7 /4573
吳公遜　3 /1922
吳銖　7 /4367
吳錫　6 /4137　6 /4139　6 /4146　7 /4423　7 /4478　8 /5089　8 /5119　8 /5121　8 /5125　8 /5171
吳錫疇元倫、元範、蘭皋、蘭皋子　12/7732
吳知章　3 /1734
吳知古　12/7749
吳鎰仲權、敬齋　9 /6141　10/6904　11/7030　11/7031
吳銓伯承　9 /6235
吳敏元中　5 /3448　5 /3449　6 /3842　6 /3939　6 /4046　6 /4082　6 /4083　6 /4089　6 /4108　6 /4109　6 /4113　6 /4115　6 /4135　6 /4140　7 /4656　8 /5043
吳惟志　11/7420
吳炎　2 /682
吳愼微　7 /4554
吳耀卿　1 /333
吳燧　12/7693

2690_0 和

和彥威　8 /5433
和文　見李遵勗
和靖　見尹焞
和靖處士　見尹焞
和靖先生　見林逋
和王　見楊存中
和霍卿　9 /5997
和璟　8 /5133
和仲　見陳塤　見劉和叔　見舒鈃　見蘇軾
和峴晦仁　1 /224　2 /677　2 /686
和叔　見陳繹　見林大中　見呂大鈞　見孫抗　見邢恕　見袁燮　見黃育　見滕鉦
和中　見莫君陳　見司馬池
和甫　見初虞世　見孫固　見王安禮　見祝穆
和長老　5 /2808　5 /2848
和氏（趙普妻）　1 /3　1 /14　1 /24
和卿　見霍箎　見劉大聲
和勝　見梅執禮

2690_2 泉

泉大道　7 /4293
泉起　見王穎叔
泉田子　見許月卿
泉谷樵友　見徐鹿卿

2691_4 程

程亮　11/7376
程應昌　4 /2436
程廉廷本　10/6617
程文應　2 /1349　2 /1351　5 /2823
程文夷　11/7376　11/7377
程文炳　11/7376　11/7389
程六　見程之邵
程端彥　4 /2675　4 /2682　4 /2688　4 /2693
程端蒙正思、蒙齋　11/7196
程端懿　4 /2392　4 /2447　4 /2523
程端愨邵公　4 /2447　4 /2451
程端中　4 /2408　4 /2675　4 /2688

4 /2693
程端本 4 /2392
4 /2447 4 /2523
4 /2661
程端輔 4 /2447
程詠之 7 /4318
程敦厚子山
6 /4031 6 /4032
7 /4319
程正甫 6 /3653
程琉 4 /2427
4 /2450 4 /2636
4 /2659
程元 7 /4172
程元白 4 /2433
4 /2641
程元老 6 /3621
程元岳山窗、遠甫
12/7736
程元鳳文清、訥齋、申甫、申父
11/7590 12/7702
12/7718 12/7728
12/7732 12/7735
12/7736 12/7738
12/7740 12/7741
12/7742 12/7744
12/7861
程雷震 11/7420
程天倖 6 /3684
6 /3700
程天錫 4 /2436
程瑀伯寓、愚翁
6 /3989 7 /4429
8 /4980 8 /5471
程璠 4 /2427
4 /2482 4 /2568
4 /2577
程弘圖 9 /6104
程延壽 見程顒
程飛卿 12/8020
程珌懷古、洺水遺民
*11/7369
8 /5417 8 /5442
8 /5443 8 /5453
9 /5694 9 /5739
9 /5740 10/6585
11/7165 12/7699
12/7700 12/7716
程瓘 5 /3410
程琳文簡、天球
2 /840 2 /1110
2 /1119 4 /2123
4 /2422 4 /2427
4 /2644
程建用 5 /2795
程琭 11/7376
11/7377 11/7403
程羽 1 /112
1 /265 4 /2427
4 /2431 4 /2433
4 /2543 4 /2641
4 /2642
程珦 3 /1512
3 /1530 3 /1542
3 /1840 4 /2379
4 /2427 4 /2428
4 /2431 4 /2433
4 /2434 4 /2435
4 /2436 4 /2437
4 /2447 4 /2450
4 /2451 4 /2472
4 /2473 4 /2479
4 /2482 4 /2489
4 /2493 4 /2497
4 /2507 4 /2537
4 /2538 4 /2543
4 /2544 4 /2545
4 /2550 4 /2554
4 /2556 4 /2558
4 /2562 4 /2565
4 /2577 4 /2591
4 /2598 4 /2623
4 /2625 4 /2632
4 /2635 4 /2636
4 /2673 4 /2688
4 /2690 4 /2693
4 /2697 4 /2699
10/6697
程子通 5 /3410
程瑜叔寶 4 /2427
4 /2433 4 /2445
4 /2545 4 /2577
4 /2633
程侅 9 /5998
程千秋 8 /5175
程季 11/7376
程妥 7 /4389
7 /4390
程儒 4 /2752
程師孟公辟
3 /1516 3 /1523
3 /1578 3 /1581
3 /2034
程師回 7 /4461
程鑾奴 4 /2436
程彪美中 6 /3750
程鼎復亨 9 /6021
9 /6080
程德隆 11/7360
程德降 11/7459
程緒 11/7376
程健 11/7376
程自誠 11/7376
11/7377
程務實 12/7713
程俶 4 /2642
程俱北山、致道
5 /3283 5 /3291
5 /3293 5 /3294
5 /3296 5 /3299
5 /3306 5 /3309
5 /3313 5 /3314
5 /3315 5 /3316
6 /3852 6 /3906
6 /3919 6 /3920
6 /3922 6 /3923
6 /3924 6 /3925
6 /3926 6 /3927
6 /3932 6 /3937
6 /3955 6 /3983
8 /5297 8 /5306
9 /5925
程吳 11/7376
程叔達元誠、壯節
8 /5551 10/6534
程鱗 11/7420

程准 11/7253
程淮 11/7376
程灘 3/1370
程澶娘 4/2523
程之元德孺
5/2806 5/2949
5/3072 6/3701
6/3702
程之邵程七、懿叔
5/2799 5/2803
5/2844
程之才正輔
3/1395 5/2809
5/2810 6/3660
6/3668 6/3669
程之郃程六
5/2794 5/2798
程適 4/2427
程寄庵 7/4835
程宏圖 8/5178
8/5181
程寰 11/7376
程良器嘉量
6/3818 6/3819
程寶 11/7420
程沅 11/7376
程濬治之 2/1350
3/1583 4/2152
程源 11/7395
程顧 4/2483
程沂 8/4927
程邁 7/4411
7/4415 7/4416
7/4417 7/4421
7/4598 7/4599
7/4613 7/4720
7/4724 7/4725
7/4726 7/4799
7/4801 7/4802
7/4806 7/4809
程渭老 8/5544
程遇孫 8/5399
8/5404
程洵允夫、克庵、欽國 9/6024
10/6277
程迥可久、沙隨先生
9/6088 9/6091
10/6525 11/7432
程通 5/3148
程通孫 11/7418
程遹 4/2379
4/2427 4/2433
程逢堯 4/2537
4/2566
程道 4/2427
4/2445
程九萬鵬飛
11/7253
程奎 12/7813
程克俊 7/4230
8/5505 9/5639
程希振 4/2427
4/2433
程鼒 6/3750
程七 見程之邵
程友端 11/7376
程友諒 11/7376
程大昌泰之
8/5267 8/5269
8/5525 9/5825
9/5880 9/5881
9/5882 11/7377
程頡 4/2483
程嬌兒 4/2523
程戡 1/191
1/525 3/1752
3/1777 4/2076
4/2297 4/2302
4/2563
程夢文 12/7699
程芾 11/7331
程蕪 11/7376
程韓奴 4/2436
程若庸達原
12/7701
程若顏 12/7702
程若水 11/7380
11/7398 11/7418
程若沔 11/7420
程若沂 11/7403
程若愚 11/7377
11/7418 11/7420
程若疇 11/7400
程若曾 11/7418
程其弼 11/7420
程其仁 11/7418
程其深 11/7398
11/7418
程其載 11/7418
程其垕 11/7418
11/7420
程松冬老 8/5350
11/7251 11/7322
11/7348 11/7371
程振伯玉、剛愍
6/4054 7/4425
程振孫 11/7418
程頔 4/2451
程揆端卿 6/3780
7/4851
程昉 3/1787
3/1794 4/2387
4/2470 4/2472
程易 4/2693
程昺 4/2693
程晟 4/2693
程昌禹 6/4139
8/5132 8/5133
8/5137 10/6738
程昂 4/2688
程顒 4/2451
程顥純公、伯淳、程延壽、明道先生
*4/2375
*4/2415
2/871 2/976
3/1512 3/1521
3/1523 3/1532
3/1543 3/1546
3/1560 3/1570
3/1572 3/1573
3/1823 3/1833
3/1855 3/2039
3/2040 4/2107

4 /2109 4 /2113
4 /2545 5 /2874
5 /3387 5 /3395
5 /3396 6 /3456
8 /5301 8 /5443
8 /5444 9 /5744
9 /6009 9 /6014
9 /6084 10/6538
10/6767 11/7154
11/7506
程時行 10/6380
程暐 4 /2428
4 /2693 6 /3590
程暘 4 /2428
程鳴鳳朝陽
12/7736
程嗣弼 4 /2427
程嗣先 4 /2427
程嗣恭 4 /2427
程嗣隆 4 /2427
程頤正叔、正公、伊川先生
*4/2399
*4/2415
2 /872 2 /972
2 /973 2 /976
3 /1512 3 /1521
3 /1523 3 /1532
3 /1534 3 /1543
3 /1546 3 /1560
3 /1563 3 /1565
3 /1578 3 /1738
3 /1855 3 /1866
3 /1913 3 /1915
3 /1916 3 /1921
3 /1929 3 /2001
4 /2107 4 /2112
4 /2113 4 /2131
4 /2160 4 /2164
4 /2253 4 /2379
4 /2394 5 /2796
5 /2797 5 /2804
5 /2906 5 /2929
5 /3202 5 /3254
5 /3261 5 /3264
5 /3387 5 /3388
5 /3397 5 /3403
6 /3487 6 /3553
6 /3581 6 /3582
6 /3586 6 /3587
6 /3588 6 /3788
6 /3792 7 /4167
7 /4833 7 /4854
8 /4866 8 /4869
8 /4879 8 /4988
8 /5301 8 /5443
8 /5444 9 /5615
9 /5744 9 /5943
9 /6009 9 /6011
9 /6012 9 /6014
9 /6058 9 /6064
9 /6066 9 /6068
9 /6084 9 /6165
9 /6170 10/6270
10/6293 10/6296
10/6302 10/6308
10/6352 10/6445
10/6507 10/6509
10/6538 10/6619
10/6724 10/6741
10/6767 10/6768
10/6774 10/6783
10/6855 10/6871
11/6979 11/7023
11/7154 11/7343
11/7395 11/7448
11/7506
程剛 11/7376
程氏(蘇洵妻)
2 /1349 2 /1351
3 /1367 3 /1373
3 /1374 3 /1387
3 /1415 3 /1781
4 /2728 5 /2767
5 /2823 5 /2824
5 /2934
(蘇籀母) 7 /4769
程巽 11/7376
程仝 4 /2693
11/7376
程仝父 4 /2752
4 /2754 6 /3684
程介夫 12/7827
程會亨 11/7376
11/7377
程公許文簡、季與、滄州叟、滄洲、希穎 7 /4326
8 /5397 8 /5400
8 /5403 8 /5404
8 /5405 8 /5407
8 /5433 8 /5434
8 /5436 8 /5438
8 /5439 8 /5450
11/7339 11/7358
11/7360 11/7458
11/7459 11/7478
11/7479 11/7544
程公孫 4 /2650
4 /2659
程公儀 6 /3604
程公闢 3 /1560
3 /1604 5 /3178
程筠德林 5 /2806
程節信叔 5 /2812
11/7416
程掌叔運 11/7509
程恆 11/7420

2692_2 穆

穆仲 見楊惇
穆修穆脩、伯長
1 /264 1 /504
1 /564 1 /610
2 /779 2 /786
2 /811 2 /897
2 /1031 2 /1279
2 /1280 3 /1520
3 /1530 3 /1531
3 /1532 3 /1533
3 /1534 3 /1538
4 /2488 4 /2489
10/6741
穆之 見燕肅
穆夫人(柳承贇妻) 1 /207
穆介 1 /443
穆父 見錢勰

2693_0 總

總得 見張祁

總禪師 5 /3192
5 /3192
總長老 5 /2792
5 /2792

2694_1 緝

緝齋 見石斗文

2694_1 釋

釋齊德 6 /3654
釋廣(洞山一
7 /4271
釋廣恭 7 /4314
釋文璨 1 /315
釋文鼎 1 /331
釋文寵 1 /331
釋文湛 1 /331
釋文達 3 /2013
釋文懿 1 /331
釋文郁 8 /5210
釋文揵 4 /2227
釋文鑒 1 /159
2 /834
釋文瑩 1 /103
1 /109 1 /397
1 /431 2 /1051
5 /3266
釋辯(正堂)
7 /4315
(道場) 7 /4318
(海月) 5 /2778
釋顏(東林)
7 /4288
釋訥(徑山)
7 /4316
釋謙(開善)
5 /2802 7 /4287
7 /4288
釋靈沼 7 /4316
釋靈谷 2 /743
釋元(昭覺)
7 /4287
釋元淨(辯才)
5 /2786 5 /2793
5 /2846 5 /3178
5 /3184 5 /3192
5 /3193 6 /3629
釋元弗 7 /4317
釋死心 7 /4279
釋雅(慧日)
7 /4299
釋需(嗣法)
7 /4318
釋平(普融)
7 /4279 7 /4280
7 /4281 7 /4306
釋可庵 7 /4326
釋可久 5 /2776
5 /2831
釋可昇 7 /4319
釋彌光 7 /4292
7 /4322
釋珪(東林)
7 /4289 7 /4290
7 /4291
釋琳(普明)
7 /4285 7 /4314
(徑山) 5 /2815
釋聰(龍井)
7 /4835
(洞山) 4 /2741
釋珣(佛燈)
7 /4297
釋了元佛印
3 /1591 5 /2839
5 /3073 5 /3076
釋了德 7 /4269
釋了因 7 /4302
釋了明 7 /4319
釋了賢 7 /4322
釋了性 9 /5957
9 /6154
釋子珪 4 /2745
釋子長 5 /3146
釋勇(保寧)
7 /4290 7 /4310
釋重寶 5 /3327
釋重禮 1 /330
釋秀(圓通)
7 /4285
釋信(夢菴)
7 /4320
釋順 5 /2802
釋仁岳 1 /314
1 /315
釋行球 8 /5039
釋行全 6 /3658
釋卓(長靈)
7 /4307
釋卓契順 6 /3659
釋師能 12/7978
釋鼎需 7 /4322
釋崇廣 5 /3115
5 /3116
釋崇岳 5 /3268
釋崇勝(密公)
5 /3104
釋繼初 1 /331
釋繼明 7 /4308
7 /4316
釋稱老 7 /4576
釋秘演 2 /1032
2 /1065
釋化成 8 /4870
釋德濬 7 /4325
7 /4326
釋德清 5 /3115
釋佑光 2 /1311
釋贊能 6 /3844
釋贊寧 1 /249
1 /301 1 /410
釋仲密 7 /4306
釋仲希 6 /3822
釋佛日 7 /4312
釋佛智 7 /4315
釋佛鑑 7 /4283
釋自仁 1 /313
釋伽 6 /3685
釋伯新 5 /3115
釋保聰 3 /1386
釋和 5 /3328
釋惟禋 7 /4323
釋修義 5 /3084
釋脩仰 7 /4309
釋久修 1 /331
釋紹言 5 /3276

釋紹理 7 /4271
釋紹冲 6 /3654
釋紹明 8 /5504
釋紹鑒 3 /1846
釋從(海會)
7 /4271
釋從信 6 /3726
釋空(雪峰)
7 /4288 7 /4310
釋進文 5 /3021
釋守能 5 /3115
釋守淨 7 /4322
釋守欽 5 /2810
釋準(湛堂)
7 /4272 7 /4274
7 /4273 7 /4275
7 /4280 7 /4281
7 /4285
釋安永 7 /4267
釋定惠 1 /615
釋定光 7 /4291
釋寶薔 5 /2834
釋寶應 8 /5212
釋寶雲通 1 /310
釋寶綠 7 /4277
釋寶之 5 /3146
釋寶覺 3 /1982
釋寶月 5 /2851
5 /2964
釋寶印 9 /6231
釋宗璉 7 /4323
釋宗己 3 /1494
釋宗偉 11/7470
釋宗演 7 /4323
7 /4325
釋宗逮 7 /4310
釋宗本 7 /4552
7 /4558 7 /4574
釋宗杲曇晦、大慧普覺禪師
*7/4265
7 /4180 8 /4910
8 /4911 8 /4921
8 /4922 8 /4929
釋宗顥 2 /939
2 /968
釋宗曉 1 /316
釋宗覺 8 /5204
釋宗義 6 /3968
釋宗善 5 /3084
釋寂昭 1 /463
釋淵 5 /2786
釋淨初 7 /4322
釋淨慧 8 /5210
釋法雨 2 /1311
釋法泉(佛慧)
2 /1312 5 /2808
5 /2848
釋法安 5 /3034
釋法寶 7 /4322
釋法冲 3 /1969
釋法芝 5 /3301
釋法惠 4 /2732
釋法燈 1 /410
釋洪選 1 /309
釋洪智 7 /4543
釋遠(護國)
7 /4318
釋達觀 2 /835
釋冲密 7 /4322
釋清順(怡然)
5 /2802 5 /2844
釋神秀 1 /557
釋淨 2 /1311
2 /1313
釋淨思 2 /1295
釋淨智 7 /4323
釋祖詠 7 /4267
7 /4325
釋祖元(元師)
5 /3095 7 /4293
7 /4322
釋祖可 7 /4623
釋祖秀 7 /4296
釋海 7 /4291
釋海琳 2 /760
2 /761
釋海妙 1 /506
釋海印 6 /3771
釋遵璞 7 /4322
釋遵式 1 /311
1 /312
釋道顏 7 /4314
7 /4322
釋道謙 7 /4180
7 /4299 7 /4322
釋道先 7 /4269
釋道潛參寥子、妙總大師、曇潛
3 /1929
4 /2228 4 /2229
4 /2235 4 /2239
4 /2740 4 /2746
5 /2785 5 /2791
5 /2793 5 /2800
5 /2836 5 /2844
5 /3176 5 /3178
5 /3179 5 /3184
5 /3192 5 /3193
5 /3194 5 /3209
5 /3228 5 /3323
5 /3335 5 /3365
5 /3373 5 /3380
6 /3635 6 /3637
6 /3646 6 /3651
6 /3659 6 /3661
6 /3682 6 /3683
6 /3699 6 /3705
6 /3726
釋初(奉聖)
7 /4270 7 /4272
釋道源 7 /4320
釋道遵 5 /3115
釋道原 1 /67
1 /77 1 /78
釋道隱 1 /224
釋道印 7 /4323
釋才老 12/7721
釋克勤(佛果)
7 /4280
釋在純 5 /3084
釋希白 1 /163
1 /189
釋希賜 7 /4240
8 /5469 8 /5470

9 /5564 9 /5565 9 /5642
釋志端 7 /4274
釋志觀 5 /3115
釋志剛 11/7528
釋壽涯 3 /1520 3 /1538
釋大才 12/7700
釋眞(福清) 7 /4310
釋眞淨 7 /4279
釋眞成(棲雲) 7 /4556
釋眞歇 7 /4853
釋夢英 1 /238
釋梵隆(無住) 6 /3974
釋萬致一 9 /6230
釋芝 7 /4277
釋若訥 2 /834
釋蘊聞 7 /4304 7 /4322
釋蘊常 6 /3858
釋超 7 /4291
釋超暉 6 /3751
釋松思 2 /775
釋妙總 7 /4322
釋妙道 7 /4322
釋妙昌 9 /6154
釋中印 8 /5073 8 /5141
釋肅 7 /4275
釋本(薦福) 7 /4288 7 /4307
釋惠誠 4 /2750
釋惠崇 5 /3052
釋惠洪(覺範) 5 /3085 5 /3087 5 /3088 5 /3114 5 /3115 5 /3200 6 /4013 6 /4025 7 /4274 7 /4276 7 /4277 7 /4278 7 /4286
釋惠南 5 /2983
釋惠勤 2 /1074 5 /2776 2 /745
釋惠表 5 /2785 5 /2836
釋惠思 5 /2776 5 /2830
釋泰佛性 7 /4288 7 /4306
釋慧 5 /3328
釋慧齊 7 /4269
釋慧汶 5 /2806 5 /2847
釋慧恭 12/7709 12/7718 12/7722
釋慧照 7 /4322
釋慧周 2 /740
釋擇饒 11/6974
釋契順 5 /2850
釋契嵩 2 /1155
釋契圓 1 /243
釋日損 12/7770
釋昺 7 /4308
釋思辨 2 /1308
釋思聰 4 /2732 5 /2845 6 /3726
釋思岳 7 /4322
釋最 7 /4316
釋昌 7 /4270
釋圜悟 7 /4280 7 /4281 7 /4282 7 /4284 7 /4285 7 /4286 7 /4287 7 /4288 7 /4295 7 /4296 7 /4300 7 /4310
釋曇秀芝上人 4 /2750 6 /3668 6 /3672 6 /3675
釋曇穎 6 /3658
釋曇密 7 /4323
釋曇華(保寧) 7 /4319
釋曇懿(祥雲) 7 /4292 7 /4293
釋異聞 1 /313
釋圓照 5 /3021
釋景齊 5 /3116
釋景宗 5 /3051
釋景福順 2 /1351
釋景荃 12/7780
釋景泰 6 /3654
釋顯通 1 /311
釋明(長蘆) 7 /4291 7 /4319
釋明賾 7 /4566 7 /4574
釋昭 1 /312
釋嗣聰 1 /331
釋嗣清 10/6426
釋照(草堂) 7 /4278
釋匡眞 7 /4308
釋覺(天童) 7 /4314
釋覺岸 1 /67
釋覺心 7 /4540 7 /4541
釋覺圓 1 /311
釋隆 7 /4633 7 /4639
釋居泰 5 /3084
釋居簡 2 /1291
釋閑(大悲) 7 /4275 7 /4293
釋無擇 5 /3192
釋義和 5 /3270
釋義明 5 /3115
釋普賛 7 /4402
釋普賛 6 /3768 6 /3772
釋普璉 7 /4402
釋普化 7 /4307
釋普倫 7 /4402
釋普明 9 /5944
釋普覺超宗道人 7 /4322
釋善寶妙圜道人 7 /4318
釋善權 7 /4624

釋善本小本 5 /2803
釋智航 5 /3051
釋智緣 3 /2041 2 /775
釋智遠 5 /3076
釋智淸 2 /760
釋智因 1 /243
釋智朋 7 /4326
釋智常法真幻住道人 7 /4322
釋義琛 2 /809
釋知禮 ＊1 /307 1 /437
釋敏行無演 3 /1619
釋惟正 3 /1459
釋惟琳 5/2855
釋惟已 3 /1612 2 /745
釋惟信 12/7978
釋惟儼 2 /1032
釋惟禋 9 /5957
釋惟湜(清隱) 5 /2814 5 /2814
釋惟深 1 /243
釋惟鳳 5 /3084
釋惟尙 8 /4906 8 /4907 8 /4909
釋懷宗 6 /4086
釋懷賢 2 /838
釋尙賢 1 /315
釋常坦 3 /1961
釋悟超 6 /3734
釋悟本 7 /4322
釋炳 10/6595
釋懶瓚 1 /500
釋悅(雲峰) 7 /4273 7 /4277
釋悅躬 1 /613
釋瑩 7 /4325

2710_2 盤

盤洲 見洪适
盤園 見任紹
盤墅居士 見黃由
盤隱居士 見兪烈

2711_7 龜

龜山 見楊時
龜齡 見王十朋
龜溪 見沈與求
龜城叟 見龔開
龜父 見洪朋

2712_7 歸

歸來子 見晁補之
歸愚 見葛立方
歸愚老人 見曾敏行
歸愚翁 見鄭伯英
歸叟 見王直方

2712_7 酆

酆古庭 12/8008

2720_7 伊

伊賡 1 /199
伊水老人 見朱敦儒
伊川先生 見程頤

2721_2 危

危三畏 10/6494
危科 見危稹
危稹危科、逢吉、驪塘、巽齋 9 /5607 9 /5687 9 /5998
危仲壬 8 /5351 11/7075

2721_2 徂

徂徠 見石介

2721_2 倪

倪千里 8 /5394 10/6457 11/7222
倪伯珍 10/6535
倪詧 7 /4240 7 /4743 9 /5642
倪從慶 6 /3940 6 /3941
倪濤巨濟 6 /4014
倪直孺 3 /1922
倪思齊齋、文節、正甫 8 /5015 8 /5057 8 /5339 8 /5340 8 /5350 9 /5903 9 /5904 9 /5905 9 /5906 9 /5907 9 /5908 9 /5909 9 /5912 9 /5969 9 /5972 9 /5983 10/6586 11/7437 12/7862
倪巨川濟甫 10/6550
倪氏(潘介妻) 8 /4979
(陸秀夫妻) 12/8033
倪月卿 11/7525

2721_7 鳬

鳬繹先生 見顏太初

2722_0 向

向訓 3 /1922
向子忞宣卿 6 /4028 6 /4032
向子諲伯恭、伯共、薌林 1 /448 6 /3772 6 /3864 6 /4027 7 /4305 7 /4307 7 /4308 7 /4542 7 /4619 7 /4623 7 /4656 7 /4737 7 /4738 7 /4744 7 /4745 7 /4748 8 /4904 8 /4982 9 /5704 9 /5786

向子韶 5/3103 5/3401 6/3536
向子熹 5/3148
向子賁 6/4022
向傳老 3/1565
向傳範仲謨 4/2073 4/2075 4/2122 4/2127
向皇后神宗欽聖顯肅向皇后、向太后 1/612 3/1988 3/1988 5/2966 5/3204 5/3259 5/3335 6/3609
向伯升 10/6482
向約 1/637 1/655 5/3221
向佺 12/7675
向從道 11/7610
向滈豐之、樂齋 6/4028
向宗良 6/3464
向宗旦 4/2710
向宗回 5/3187 5/3190
向浯 8/5343
向冰若水 8/5062
向通漢 1/414
向䜛巨源、巨原 9/5569 9/5593 9/5594 9/5645
向士璧 12/7907 12/7908
向大中 5/3408
向拱 1/13
向氏(劉光世妻) 7/4460
向敏中文簡、常之 1/25 1/113 1/114 1/123 1/124 1/143 1/182 1/299 1/367 1/399 1/430 1/434 1/436 1/439 1/472 1/473 1/476 1/492 1/526

2722_2 修

修齋 見王爚
修懿 見錢明逸
修顒 2/961 2/967
修竹 見王英孫
修敏 見鄭僅

2723_2 象

象山先生 見陸九淵
象山翁 見陸九淵
象先 見吳大初 見薛叔似
象夫 見蔣傳

2724_2 將

將明 見王黼

2724_7 殷

殷崇義 1/33 1/36 1/39

2725_2 解

解元 7/4336 7/4425 7/4426 7/4430 7/4440 7/4446 7/4447 7/4449 7/4450 7/4453 7/4454 7/4455 7/4498 7/4499 7/4500
解程 5/3379
解空居士 7/4306
解潛 6/4135 6/4139 7/4520 8/4915 8/5133 8/5474
解大力 7/4357
解晦叔 2/1291
解氏(陳珦妻) 5/3379

2726_1 詹

詹亢宗 8/5017 9/6105
詹度 5/3399
詹阜民子南 8/5044 10/6524 10/6532 10/6554 10/6638 10/6672
詹久中 8/5375
詹叔 見王靖
詹徽之 11/7210
詹儀之 9/5732 9/5733 9/5791 9/5950 9/5951
詹淵 8/4994
詹太和 4/2307
詹大方 7/4230 7/4235 7/4523 7/4835 8/4911 8/5465 9/5562
詹標 7/4390 7/4391
詹蒼崖 12/7947
詹世顯 11/7537
詹體仁元善 8/5012 8/5041 8/5046 8/5057 9/5969 9/6087 9/6088 9/6149 9/6160 10/6312 10/6318 10/6346 10/6436 11/7028 11/7031 11/7075 11/7494 11/7533
詹範器之 4/2750

2728_4 侯

侯章 6/3518
侯元佐 3/1798
侯晉叔 4/2749 5/2849
侯可無可 4/2505
侯延慶季長 7/4802

侯延賞 1/460
侯子雲 9/6000
侯孚 4/2506
侯仁寶 1/3
1/10 1/15
1/265
侯仲良師聖
3/1522 3/1568
3/1578 3/1594
3/1914 4/2412
4/2474 4/2475
4/2634 4/2667
4/2669 4/2683
4/2688 4/2690
4/2697
侯仲連 3/1798
侯叔獻 4/2386
4/2452
侯淳 4/2506
侯永和 4/2131
侯顧道 3/1922
侯溥 5/2870
侯泳 2/789
侯道濟 4/2433
侯蒙文穆、元功
5/2981 5/3433
侯世與 4/2562
侯莫 1/20
侯懋 7/4416
侯拓 3/1580
侯陟 1/112
侯氏(程顥母)
3/1573 4/2538
侯臨 4/2745
侯騭 4/2587
侯敞 11/7140

2730_3 冬

冬老 見程松

2731_2 鮑

鮑度于山 11/7649
12/7790
鮑季和 9/5706
鮑彪 9/5647
鮑瀟清卿 10/6413
11/7123
鮑夢符 7/4315
鮑若雨商霖
4/2638 4/2639
4/2677 4/2683

2732_7 鄔

鄔濟民 12/7768

2733_6 魚

魚周詢 2/799
2/987 2/1069
3/1463

2740_0 身

身甫 見王澡

2740_7 阜

阜卿 見陳之茂

2742_7 鄒

鄒應龍應隆、南谷、景初 4/2111
鄒斌 10/6518
鄒元慶 6/3549
6/3555
鄒覃 6/3549
鄒賈 6/3549
鄒霖 6/3549
6/3555
鄒戩保之 6/3549
6/3555 6/3568
鄒臻 12/8011
鄒子房 2/1340
鄒伸之 11/7408
鄒自得 10/6656
鄒自厚 10/6656
鄒近仁魯卿
10/6617 10/6647
鄒浩至完、道鄉先生
*6/3547
3/1921 4/2257
4/2525 4/2597
4/2625 4/2668
4/2687 5/3057
5/3201 5/3209
5/3244 5/3264
5/3268 5/3344
5/3381 5/3400
5/3403 5/3409
5/3410 6/3460
6/3461 6/3463
6/3471 6/3487
6/3906 7/4646
7/4709 8/4912
鄒況 6/3549
6/3556 6/3568
鄒灝 12/8004
12/8007 12/8011
12/8013
鄒洞 6/3549
6/3556 6/3564
6/3568
鄒洞至明 6/3549
6/3567 6/3568
鄒沼 6/3549
6/3556 6/3568
鄒希孟 11/7079
鄒去非 6/4012
鄒梓 6/3557
6/3558
鄒概 6/3556
鄒樞 6/3556
鄒柄德久 4/2627
4/2642 5/3312
6/3551 6/3556
6/3566 6/3568
6/3569 6/3570
6/3572 6/4147
6/4148 7/4575
7/4708
鄒樗德章 9/5761
鄒夢遇元祥、子祥
10/6616 10/6656
鄒極一翁、適中
4/2162
鄒栩 6/3554
6/3569 6/3570
6/3572
鄒成 11/7365
鄒人傑 12/7916

鄒夔堯叟　5/3402
鄒智　6/3549　6/3555
鄒竺僧　6/3556

2744_9 彝

彝齋　見趙孟堅
彝甫　見徐範
彝叟　見范純禮
彝父　見徐範

2746_1 船

船娘(唐庚幼女)　6/3598

2760_3 魯

魯齋　見洪芹　見王柏
魯子　見顏度
魯君貺　5/3264　5/3265
魯經　2/698
魯訔　8/5051
魯宗道　1/493　3/1735
魯漸鴻父　8/5372
魯直　見黃庭堅
魯有開　2/931　5/2794　5/2831
魯國大長公主(仁宗第十一女，曹詩妻)　7/4521
魯卿　見葛勝仲　見鄒近仁
魯公　見蔡京　見陳康伯　見王淮

2762_0 句

句濤　8/4878
句昌泰　10/6480　10/6609

2771_2 包

包文輔　2/729
包詠　1/32
包誌　1/31
包諤　1/31
包君定　11/7198　11/7200
包總　2/711　2/727　2/729　2/733
包綬　2/711　2/732　2/733
包遜敏道　10/6508　10/6534　10/6541　10/6556
包揚顯道　10/6489　10/6489　10/6514　10/6519　10/6528　10/6540　10/6556　11/7204
包拯希仁、孝肅　*2/709　2/939　2/1072　2/1122　2/1132　2/1133　2/1134　2/1136　2/1139　2/1150　2/1302　3/1715　3/1964　6/4064
包昂顒叟　11/7009　11/7014　11/7154
包履常　11/7009
包令儀　2/711
包恢宏齋、宏父、道夫　10/6492　10/6570　10/6571　11/7541　11/7542　12/7864

2772_0 勾

勾龍如淵行父　8/5241
勾廷永　11/7351
勾宗禼　5/3085
勾昌泰　11/7029
勾熙載　10/6881
勾光祖　6/4027

2772_0 幻

幻住道人　見智常

2774_7 岷

岷隱　見戴溪

2780_0 久

久可　見曹漢炎

2780_6 負

負山居士　見張仲連

2790_4 粲

粲山　見陳琰

2790_9 黎

黎商老　8/5290
黎文晦　7/4310
黎靖德　1/111
黎確　6/4057
黎子雲　4/2754　5/2853　6/3688
黎師候　9/6225
黎德潤　1/640
黎伯登　11/7360　11/7459
黎遲晦叔　5/3066　5/3083
黎希聲　3/1439　6/3630
黎貴達　12/8007
黎威　6/3688
黎氏(唐庚妾)　6/3598　6/3621　(李昴英母)　12/7747
黎民表　6/3695
黎錞　2/1063

2791_7 紀

紀質　2/1228

2792_0 約

約山　見朱渙
約之　見蔡絛

約遇 1 /641
約甫 見厲仲方

2792₂ 繆

繆元德 12/7971
繆烈允成、仲山 12/8057
繆氏(謝翺妻) 12/8057

2792₇ 郗

郗彥修 5 /3305

2794₀ 叔

叔方 見陳昉
叔高 見杜斿
叔度 見潘景憲
叔章 見李芾
叔辯 見周若訥
叔京 見何鎬
叔詣 見孫近
叔謹 見楊恪
叔靈 見趙湘
叔雅 見王爽
見熊彥詩
叔夏 見張炎
叔平 見李深
見趙槩
叔羽 見葉翥
叔弼 見歐陽棐
叔子 見梁克家
見蘇峴
見王祜
叔重 見董楷
見董銖
見王仲符
叔虎 見林夢英
叔備 見翁合
叔升 見李孝博
叔和 見林鼐
見張塤
叔魯 見洪芹
叔安 見劉鎮
叔寄 見蘇迨
叔賓 見王休
叔寶 見程瑜
叔永 見吳泳
叔遠 見曹器
見王寧孫
叔達 見曹夙
見陳遇孫
見陳與行
叔遇 見慕容彥逢
叔潤 見李浹
叔通 見宇文虛中
叔運 見程掌
叔啓 見黃沃
叔才 見黃宗旦
見蘇舜元
叔才(葛勝仲詩友) 6 /3830
叔有 見吳誠若
叔奇 見喻良能
叔英 2 /773
叔靜 見孫謦
叔易 見陳恬
見陳廙
叔昌 見潘景愈
叔因 見錢廓
叔明 見蔣靜
叔晦 見沈煥
叔厚 見綦崇禮
叔原 見晏幾道
叔剛 見姚希得
叔暘 見黃昇
叔用 見晁冲之
叔興 見王昂
叔黨 見蘇過

2795₉ 稺

稺圭 見韓琦

2796₂ 紹

紹先 見柳開

2799₉ 綠

綠荷(文天祥婢) 12/8022

2820₀ 似

似之 見李彌遜
見楊興宗
似炬 見李彌大

2821₄ 佺

佺期 見王佺

2824₀ 微

微仲 見呂大防
微和尚 7 /4271
微之 見李心傳

2824₀ 徽

徽宗后 見邢后

2824₇ 復

復亨 見程鼎
復齋 見黃畚
見陳宓
見陸九齡
復君 見孔元忠
復之 見劉朔
復禮 見家安國
復古 見李迪
見宋迪
復堂 見舒純

2825₃ 儀

儀仲 見陳士表
儀之 見馮椅
儀甫 見杜範
儀卿 見嚴羽
儀父 見劉放
見王象之

2828₁ 從

從仲 見李大同
從之 見孫逢吉
從道 見王然
從周 見王鎬
從善 見黃降
見趙師羿

2829₄ 徐

徐鹿卿德夫、泉谷

樵友、清正
*11/7619
8 /4929 8 /4932
11/7541
徐彥伯 4 /2329
徐方直 12/7930
徐應龍 12/7703
徐府 7 /4624
徐庭筠 9 /5922
11/7537 11/7545
徐度敦立、仲立、惇立 2 /1310
6 /3912 6 /3962
6 /3963 6 /3969
6 /3976 6 /3983
6 /3990 6 /3991
7 /4318 7 /4320
8 /5297 8 /5529
9 /6087 9 /6138
徐慶 8 /5083
8 /5094 8 /5098
8 /5099 8 /5119
8 /5121 8 /5122
8 /5124 8 /5128
8 /5155
徐康惇濟 6 /3969
6 /3970 6 /3988
徐康國 8 /4981
徐文 5 /3054
徐文柔 5 /3175
徐文仲 5 /3175
徐文通 5 /3175
徐文英 5 /3175
徐文貴 11/7621
徐文昌 5 /3175
徐文剛 5 /3175
徐文卿樟丘、斯遠
11/7311
徐文美 5 /3175
(秦觀妻) 5 /3175
徐文饒 5 /3175
徐端常 6 /3697
徐誼子宜、宏父、忠文 8 /5351
9 /5999 9 /6098
9 /6158 9 /6159
10/6413 10/6436
10/6438 10/6457
10/6480 10/6512
10/6609 10/6639
10/6763 10/6877
10/6918 11/7030
11/7032 11/7065
11/7075 11/7076
11/7122 11/7141
徐誠 7 /4317
徐靖國 5 /3116
徐敦濟 7 /4314
徐正權 5 /2939
徐正夫 6 /3590
10/6938
徐五 9 /5836
徐元德居厚
9 /5931 9 /5998
10/6367 10/6380
10/6453 10/6480
10/6609 10/6813
10/6816 10/6818
10/6822 11/6993
11/7030
徐元杰子祥、仁伯、梅野、忠愍
8 /5549 11/7466
11/7474 11/7482
11/7531 11/7543
11/7641 12/7703
12/7720 12/7722
12/7723 12/7725
12/7749 12/7930
徐元輿 2 /825
徐石 4 /2271
徐天麟仲詳
9 /5742 9 /5742
9 /5744 9 /5745
12/8010
徐天祐受之、斯萬
12/7955 12/8060
12/8064
徐霖徑畈、景說
12/7802
12/7807 12/7830
12/7903
徐璣文淵、靈淵、致中 11/7126
11/7138 11/7139
11/7142
徐琮 11/7621
徐𪩘元用 5 /2813
徐確天隱、隱甫、隱父 5 /3027
5 /3032 5 /3038
5 /3089
徐珣 6 /4093
6 /4152 7 /4696
徐子禮 8 /5493
徐子志 11/7622
徐子壽 9 /5747
徐子中 11/7623
徐君平 5 /2951
徐翼 6 /3721
徐致虛 5 /3021
徐億 2 /1245
3 /1754
徐俯師川 5 /2977
5 /2995 5 /3102
6 /3453 6 /3479
6 /3962 6 /4140
7 /4284 7 /4294
7 /4623 7 /4626
7 /4633 7 /4634
7 /4638 7 /4659
7 /4673 7 /4738
7 /4744 7 /4748
7 /4799 7 /4800
7 /4822 7 /4824
徐秉哲 6 /3584
9 /5704 10/6738
徐仁父 11/7200
徐行簡 8 /5297
徐衡 11/7521
徐處仁擇之
3 /2053 7 /4656
徐師點 11/7221
徐僑文清、毅齋、崇甫 8 /5440
8 /5443 11/7458
11/7469 11/7609
徐崇 4 /2271

徐綬 1/574
徐仕 1/155
徐定德操 11/7155
徐緯 11/7105
徐仲孺 11/7621
徐伸幹臣 7/4529
徐積仲車、節孝 *4/2269
4/2578 5/2793
5/2805 5/2846
5/3015 5/3163
5/3226 5/3227
5/3228 5/3229
5/3255 5/3400
5/3409 6/3459
12/7797
徐得之思叔
4/2740 5/2850
6/3662 9/5727
9/5733 9/5743
9/5745 9/5747
徐儼夫桃渚、公望
11/7540 12/7848
徐似道淵子、竹隱
8/5052 8/5351
9/5783 11/7521
11/7522
徐徽仲元 5/3163
徐徽言 6/4056
10/6738
徐宣 11/7469
徐進 7/4350
徐適道 5/3021
徐安道 4/2282
徐安叟 4/2282
徐良佐舜舉
9/5563 9/5640
徐宗廣 8/5035
徐宗武 10/6781
徐宗孟 1/294
徐宗仁 12/7743
12/7878
徐遁 2/889
徐泌 2/1297
徐洪源 11/7621
徐禧德占 3/1679
3/1922 3/2025
4/2324 4/2515
4/2516 4/2517
4/2739 5/2790
5/2890 5/3104
5/3250 5/3348
徐婆惜 5/3449
徐冲 10/6438
徐清 6/3566
徐清叟意一、直翁、忠簡 8/5440
11/7533 12/7689
12/7731 12/7750
徐神翁 4/2282
徐湜 3/1890
徐潞兒 5/3400
徐澈 9/6143
徐道腴 5/2897
徐士廉 1/222
1/223
徐士穩 9/5724
徐直諒 6/3488
11/7596
徐嘉言 10/6499
徐吉 9/6208
徐嚞 9/5657
徐大亨 8/5205
徐大正 5/2793
5/3363
徐大受君猷
4/2739 4/2740
5/2791 5/2838
5/2839
徐大止 5/3322
徐大郎 7/4350
徐爽 4/2271
徐奭 1/159
1/176 2/1032
徐木子才、子材
9/5998 10/6738
10/6840 10/6866
徐載 10/6532
徐考叔 10/6338
徐夢莘商老
*9/5721
8/5348 9/5636
9/5696 9/5699
11/7423 11/7429
11/7437 11/7438
徐兢自信居士、明叔 7/4306
徐華老 11/7494
11/7495
徐世亨 9/5724
徐芸 11/7076
徐權 6/4062
徐林硯山居士、稚山 6/3881
6/3882 7/4306
7/4306 7/4322
徐執中 1/640
1/659
徐枏 8/5379
11/7503
徐中正 1/496
徐中行 9/5922
徐申 10/6338
徐囊 12/7882
徐夷直 1/45
徐搏升甫 9/5563
9/5640
徐成甫 5/3175
5/3176
徐拱辰 12/7703
12/7721
徐勣 6/3468
徐邦憲 10/6457
11/7344
徐國大長公主（宋太宗女，嫁吴元扆） 1/283
徐思正 4/2283
徐思遠 4/2283
徐昌裔 11/7533
徐景道 5/3063
徐疇 6/3697
徐明 7/4198
7/4364
徐昭文 9/6103
徐照靈暉、山民、

道暉 11/7126 11/7139
徐氏(十七娘,徐鉉女) 1/45
(胡彦瀫妻) 1/325
(趙抃母) 2/1297
(趙抃妻) 2/1310
(陳傅良母) 10/6405 10/6406
(余玠母) 12/7658
徐鳳子儀 10/6658 11/7494 12/7848
徐用和 9/5724
徐周 6/3940
徐履 8/4959
徐居父 11/7200
徐印 5/2869
徐與可 8/5175
徐鉉鼎臣 *1/29 1/54 1/241 1/284
徐無逸 2/1091 2/1098
徐無黨 2/1065 2/1091 2/1105 2/1107 2/1114
徐鍇 1/31 1/33 1/34 1/36 1/37
徐鐸振甫 5/2913 5/3245 5/3395 6/3905
徐翔龍 10/6494
徐筠孟堅 9/5733 9/5741 9/5743 9/5745 10/6444 10/6457
徐簡 9/5743 9/5744 11/7621
徐範彝甫、彝父 9/5743 9/6160 10/6436 10/6625 10/6626 11/7075
徐簵 9/5743
徐敏子 11/7407
徐常 5/2928 5/3261 5/3262 5/3264
徐燧 12/8032
徐榮叟文靖、茂翁、橘坡 11/7540

2835₁ 鮮

鮮于綽 3/1922 4/2408 5/3335 5/3380 6/4101
鮮于侁子駿 3/1921 4/2238 4/2597 4/2687 5/2776 5/2831 5/2834 5/2899 5/2947 5/2966 5/3179 5/3185 5/3187 5/3263 11/7308
鮮于伯機 12/7956

2854₀ 牧

牧齋 見孫松壽
牧心 見鄧牧

2870₀ 以

以道 見晁説之 見晁無斁

2891₂ 稅

稅與權巽甫、巽父 11/7509 11/7612

2921₂ 倦

倦翁 見岳珂

2998₀ 秋

秋崖 見方岳
秋壑 見賈似道
秋塘 見陳善

3010₂ 空

空青 見曾紆
空慧道人 7/4305

3010₂ 宜

宜甫 見王正路
宜叟 見章誼
宜翁 見劉誼
宜父 見劉誼

3010₆ 宣

宣靖 見曾公亮
宣子 見王佐
宣仁 見元祐太后高氏
宣仁聖烈后 見元祐太后高氏
宣仁皇后 見元祐太后高氏
宣仁太后 見元祐太后高氏
宣獻 見樓鑰 見任希夷 見宋綬
宣仲 見廉布
宣叔 見劉長言
宣憲 見任希夷
宣懿 見楊察
宣甫 見蘇緘
宣璧 11/7641
宣卿 見華直溫 見蔣璨 見向子忞

3011₅ 淮

淮海居士 見秦觀

3012₃ 濟

濟震 見劉涇
濟川 見馮檝
濟仲 見朱涣
濟之 見謝濤
濟道 見朱桴
濟南先生 見李廌
濟甫 見倪巨川
濟明 見錢世雄
濟父 見蕭公餉

3013₇ 濂

濂溪先生 見周敦頤

3014₆ 漳

漳南浪士 見郭祥正
漳南道人 見慶禪師

3014₇ 淳

淳甫 見范祖禹
淳叟 見劉堯夫 見周應合

3016₁ 涪

涪翁 見黃庭堅

3020₁ 寧

寧德皇后 見鄭皇后
寧極 見孔旼

3021₂ 完

完夫 見胡宗愈

3021₂ 宛

宛丘先生 見張耒
宛陵先生 見梅堯臣

3021₃ 寬

寬夫 見蔡居厚 見文彥博

3021₄ 寇

寇諲 1/447 1/448 3/1617
寇諴 1/447
寇誦 1/447
寇諭 1/447
寇元弼 5/3299 5/3375
寇延良 1/395
寇瑊 1/460 1/501
寇準平仲、萊國公、忠愍 *1/393 1/21 1/22 1/23 1/54 1/56 1/67 1/88 1/89 1/105 1/111 1/112 1/113 1/119 1/120 1/121 1/127 1/152 1/160 1/162 1/165 1/182 1/184 1/187 1/190 1/192 1/224 1/259 1/280 1/370 1/371 1/372 1/383 1/445 1/481 1/482 1/483 1/484 1/485 1/486 1/487 1/491 1/497 1/498 1/511 1/526 1/528 1/529 1/531 1/534 1/541 1/566 1/588 1/605 2/896 2/1041 2/1230 2/1262 3/1369 3/1370 6/3453 8/4879 8/4912 8/5224 8/5322 11/7551
寇賓 1/395
寇宗顏 3/1922
寇湘 1/395
寇國寶荆山 5/3326 5/3332 5/3333 5/3371 5/3378
寇昌朝 6/3632
寇氏(向子諲妾) 1/448
寇隨 1/447

3021₇ 扈

扈充 3/1922 4/2168
扈再興 11/7327 12/7662
扈從舉 8/5176
扈載 1/216
扈蒙日用 1/42 1/43 1/55 1/243 8/5273
扈成 8/5113

3022₇ 房

房庶 3/1711 3/1848

3022₇ 肩

肩吾 見方導
肩回 見柳閔
肩愈 見柳開

3022₇ 甯

甯子興 5/3109 5/3111

3023₂ 家

家安國復禮 5/2798 5/3092
家定國退翁 5/2797
家大酉 1/198 11/7339 11/7360 11/7368 11/7459
家檳本仲 11/7234
家抑 11/72180 11/7360 11/7459
家氏(唐庚母) 6/3597
家居道士 見米芾
家鉉翁則堂 12/7876 12/7899 12/8002

3026₂ 宿

宿藝 見薛奎

3030₁ 進

進伯 見呂大忠
進叔 見葛書思

進之 見湯思退
見張序

3030_2 之

之才 見曹良史
之翰 見孫甫

3030_2 適

適中 見鄒極
適用 見陳汝器

3033_6 憲

憲聖慈烈 見吳皇后
憲成 見李諮

3034_2 守

守齋 見楊纘
守和(道士) 2/1302
守道 見石介

3040_1 宇

宇文子英 見宇文价
宇文虛中龍溪老人、叔通、宇文黃中、肅愍 1/638 6/3528 6/3909 6/4045 6/4046 6/4112 7/4199 7/4214 7/4216 7/4217 7/4221 7/4230 7/4248 7/4250 7/4256 7/4259 7/4564 7/4655 7/4697 9/5569 9/5645
宇文師瑗 7/4695 7/4697
宇文紹節紹直 8/5290 8/5386 8/5389 9/5801 9/6157 10/6354 11/7212
宇文价子英 7/4533 8/5333 9/5612 9/5689 9/5732 9/5894 9/5895 9/5969
宇文之邵止止先生、公南 4/2560 4/2687
宇文黃中 見宇文虛中
宇文中允 11/7613
宇文挺臣 8/5383
宇文愚 1/155
宇文昌齡伯修 5/3070
宇文時中 6/3862
宇文氏(張栻母) 10/6258 10/6263 (張栻妻)10/6320
宇文粹中 5/3426 6/4119 7/4641

3040_4 安

安元 7/4656
安丙子文、晶然山叟 8/5331 8/5333 8/5381 8/5386 8/5387 8/5388 8/5390 8/5393 8/5398 8/5399 8/5400 8/5452 9/5720 10/6642 11/7327 11/7349 11/7358 11/7359 11/7360 11/7441 11/7506 11/7522 12/7660 12/7661 12/7663
安癸仲 8/5398 8/5399 8/5428
安信之 3/1922
安行 見陳居仁
安鼎 5/2952
安崇緒 1/43
安樂先生 見邵雍
安德裕師皋、益之 1/257 1/263 1/277
安伯恕 8/5393 11/7359
安之 見林居實
見朱敦仁
安守忠 1/20
安定先生 見胡瑗
安禮 見蔡元方
見姜處恭
安道 見錢顗
見余靖
見張動
見張方平
安燾厚卿 3/1864 3/1921 4/2155 4/2249 4/2250 4/2251 4/2252 4/2666 5/2811 5/2922 5/2940 5/2945 5/3075 5/3106 5/3263 5/3367
安老 見呂祉
安中 見黃覆
安惠 見鄧潤甫
見周起
安扶 6/4054
安國 見文勛
見張孝祥
安晚 見鄭清之
安卿 見陳淳
安民 3/1907 3/1924
安義 7/4375
安知逸 1/43
安簡 見邵亢
見王舉正
見王子誨
安惇處厚 4/2687 5/2811 5/2829 6/3461 6/3463 6/3472 6/3492 6/3560 6/3562 6/3563 6/3933 9/6125
安常 見龐安時
安忱 6/3472

3040$_7$ 字

字溪 見陽枋

3060$_6$ 宮

宮師 見蘇洵

3060$_6$ 富

富文 見孟庾
富言 2/893
2/894 2/895
2/896 2/899
2/901
富奕 2/893
富請 2/893
富平 11/7426
富弼彥國、文忠 *2/891
1/148 1/605
1/610 1/613
1/620 1/626
1/628 1/629
1/630 1/632
1/633 1/637
1/653 1/654
1/660 2/671
2/703 2/713
2/752 2/757
2/758 2/799
2/801 2/802
2/808 2/820
2/836 2/883
2/884 2/885
2/888 2/889
2/986 2/989
2/1046 2/1064
2/1080 2/1082
2/1113 2/1115
2/1119 2/1122
2/1132 2/1133
2/1142 2/1152
2/1158 2/1167
2/1168 2/1231
2/1232 2/1247
2/1302 2/1307
2/1338 2/1340
2/1345 3/1374
3/1382 3/1383
3/1385 3/1409
3/1410 3/1467
3/1473 3/1474
3/1489 3/1603
3/1605 3/1606
3/1794 3/1828
3/1839 3/1852
3/1888 3/1929
3/1970 3/2032
3/2038 3/2039
3/2042 4/2086
4/2092 4/2124
4/2126 4/2130
4/2179 4/2258
4/2300 4/2392
4/2464 4/2474
4/2518 4/2522
4/2523 4/2535
4/2563 4/2566
4/2580 4/2596
4/2634 4/2687
4/2691 4/2728
5/2767 5/2770
5/2771 5/2774
5/2825 5/2826
5/2842 5/2899
5/2934 5/2987
6/4084 7/4731
7/4802 8/4879
8/4912 8/5302
8/5305 8/5350
8/5548 9/5684
9/5963 10/6648
10/6792 10/6799
10/6890
富維申 3/2042
富翺 2/893
富紹庭 2/912
2/974 2/975
2/977 5/2842
富紹京 2/928
2/973 2/976
2/977
富紹隆 2/954
2/977
富紹榮 2/929
富收 2/893
富良 5/3004
富直亮 2/978
富直方 2/977
富直柔季申
6/3832 6/3849
6/3853 6/3854
6/3962 6/3995
6/3997 7/4299
7/4305 7/4322
7/4541 7/4676
7/4727 7/4729
7/4730 7/4733
7/4734 7/4737
7/4740 7/4802
7/4803 7/4805
7/4815 7/4823
富直清 2/978
富奭 2/893
2/899
富氏(田況妻)
2/903

3060$_8$ 容

容齋 見洪邁
容季 見王冏
容直 見袁轂
容夫 見葛洪

3060$_9$ 審

審言 見葉謹
見葉義問
審賢 見楊寘
審知 見王延政

3071$_4$ 宅

宅之 見豐有俊
見曾祖道

3073$_2$ 宏

宏齋 見包恢
見李燔
宏道 見盛章
見張勸
宏父 見包恢
見宋京
見徐誼

3073₂ 良

良謀　見蘇佑圖
良叔　見史彌忠
良貴　見蔣重珍
良甫　見孟猷

3077₂ 密

密首座　7/4280
密公　見釋崇勝

3080₁ 定

定庵　見甘茂榮
定庵居士　見陳公輔
定齋　見孫逢年
定章　見單煒
定夫　見蔡戡　見游酢　見張杓
定國　見王鞏　見王欽若
定叟　見馬應之

3080₁ 蹇

蹇序辰　3/1906　4/2277　5/2922　6/3476　6/3492　6/3558
蹇拱辰翊之　5/2799　5/2803
蹇周輔　3/2013　4/2154
蹇駒　8/5290

3080₆ 寅

寅仲　見王晞亮
寅菴　見黃大臨

3080₆ 賓

賓之　見劉夙
賓興　見趙薦

3080₆ 實

實齋　見蔣重珍
實之　見龔茂良　見王邁
實夫　見馬光祖
實翁　見陸秀夫

3080₆ 竇

竇諫議　1/628
竇元賓　1/299
竇平　3/1612
竇了然　5/3295
竇舜卿　2/702　4/2073　4/2078
竇偁　1/16　1/17　1/507
竇僖　1/219
竇儀　1/219　1/528
竇灝　7/4475
竇盥　6/3920

3080₆ 寶

寶文　見姚鉉
寶之　見黃茂先
寶成　見柴成務
寶月大師　4/2751

3090₁ 宗

宗可　見王大受
宗召　見饒虎臣
宗舜卿　6/3507
宗維　6/4127
宗順　6/3509　6/3544
宗儒　見高志寧　見葉士寧
宗穎　6/3499　6/3500　6/3507　6/3509　6/3537　6/3542　6/3543　6/3544
宗嶧　6/3507
宗約　見羅博文
宗之　見陳起
宗灝　6/3507
宗沃　6/3507
宗汝爲　5/3030　7/4832
宗汝賢　6/3497　6/3513
宗禮　見劉立之
宗澤汝霖、忠簡　＊6/3493　＊6/3501　6/3622　6/4059　6/4126　6/4127　6/4128　6/4129　7/4357　7/4363　7/4365　8/5103　8/5104　8/5105　8/5106　8/5108　9/5684　10/6737
宗滌甫　4/2424
宗若水　10/6534
宗英　見尤燿
宗惠　6/3507
宗拱　6/3507
宗顥　2/895
宗嗣尹　6/3544
宗嗣安　6/3544
宗嗣良　6/3544
宗嗣旦　6/3544
宗嗣益　6/3544
宗驥　見陽枋
宗卿　見丘崈
宗普　6/3544
宗簡　見婁機

3090₂ 永

永叔　見歐陽修
永之　見余元發
永年　見陳彭年　見羅椿

3090₄ 宋

宋亮　6/3768
宋齊愈文淵、退翁、求退翁　6/4097　6/4132　6/4159　6/4160　7/4578
宋高宗趙構、康

王、壽皇、光堯壽聖 1/365
1/448 4/2682
5/3120 5/3408
6/3481 6/3497
6/3498 6/3515
6/3516 6/3517
6/3577 6/3589
6/3843 6/3877
6/3943 6/3948
6/3949 6/3952
6/3969 6/4039
6/4050 6/4053
6/4055 6/4056
6/4087 6/4112
6/4127 6/4131
6/4143 6/4156
6/4159 7/4197
7/4200 7/4204
7/4205 7/4226
7/4231 7/4248
7/4358 7/4382
7/4388 7/4396
7/4401 7/4408
7/4420 7/4428
7/4441 7/4443
7/4445 7/4452
7/4453 7/4457
7/4460 7/4461
7/4462 7/4464
7/4476 7/4479
7/4480 7/4482
7/4483 7/4489
7/4494 7/4506
7/4509 7/4512
7/4515 7/4580
7/4581 7/4603
7/4662 7/4669
7/4674 7/4683
7/4691 7/4792
7/4794 7/4796
7/4798 7/4799
7/4802 7/4804
7/4814 7/4820
7/4823 7/4825
7/4826 7/4830
7/4832 7/4836
7/4837 7/4838
7/4844 7/4849
8/4879 8/4965
8/4980 8/4983
8/5204 8/5278
8/5341 8/5347
8/5511 8/5515
8/5528 8/5554
9/5572 9/5602
9/5606 9/5636
9/5637 9/5639
9/5644 9/5645
9/5647 9/5648
9/5655 9/5681
9/5684 9/5705
9/5715 9/5727
9/5753 9/5755
9/5756 9/5863
9/5874 9/5892
9/5945 9/5968
9/5969 9/5971
9/6048 9/6060
9/6061 9/6063
9/6083 9/6125
9/6210 9/6220
9/6247 9/6249
10/6260 10/6265
10/6372 10/6373
10/6407 10/6732
10/6887 10/6896
宋慶曾 3/1625
宋庠元憲、伯庠、宋郊、公序
1/508 1/566
1/588 1/623
2/697 2/723
2/724 2/733
2/828 2/907
2/1030 2/1144
2/1176 2/1304
2/1336 3/1454
3/1631 3/1632
4/2124 4/2125
4/2291 4/2293
4/2295 4/2306
4/2331 10/6931
宋度宗趙禥
12/7827 12/7857
12/7859 12/7966
12/7969 12/7971
12/8028
宋廣平 2/828
宋廣光 12/7670
宋文仲 10/6420
宋衮臣 6/3607
宋京宏父、迂翁 6/3768
宋端宗趙昰
12/7770 12/7829
12/7774 12/7827
12/7868 12/7973
12/7974 12/8004
12/8010 12/8038
12/8042 12/8058
宋端友 10/6385
10/6386
宋靖 6/3556
宋郊 見宋庠
宋正功 3/1625
宋璋 3/1616
宋瑞 見文天祥
宋瑄 3/1616
宋球 4/2128
宋琪 1/17
1/18 1/116
1/289
宋理宗趙昀、趙貴誠 8/5406
8/5418 8/5421
8/5439 11/7327
11/7361 11/7391
11/7457 11/7527
12/7663 12/7685
12/7694 12/7700
12/7759 12/7832
12/7860 12/7966
12/7988
宋盈祖 5/3048
宋子飛與道 10/6260
宋子房漢傑 5/2843
宋子茂 5/3079
宋子華 10/6643

宋君玉 1/146
宋維翰 3/1843
宋仁宗趙禎
1/89 1/351 1/379 1/490 1/504 1/531 1/533 1/565 1/566 1/567 1/570 1/572 1/573 1/580 1/582 2/674 2/683 2/687 2/689 2/696 2/698 2/719 2/725 2/727 2/733 2/735 2/750 2/753 2/754 2/755 2/767 2/774 2/775 2/835 2/836 2/895 2/903 2/904 2/911 2/921 2/936 2/941 2/942 2/986 2/1005 2/1020 2/1070 2/1079 2/1080 2/1110 2/1112 2/1113 2/1114 2/1122 2/1125 2/1127 2/1148 2/1155 2/1157 2/1158 2/1230 2/1240 2/1244 2/1279 2/1282 2/1306 3/1369 3/1376 3/1382 3/1439 3/1462 3/1467 3/1481 3/1497 3/1498 3/1499 3/1562 3/1603 3/1626 3/1630 3/1700 3/1735 3/1768 3/1975 3/1977 4/2125 4/2128 4/2130 5/2936 5/2957 5/3156 5/3340 8/5395
宋衍 6/3768
宋處仁 3/1625
宋綬宣獻、公垂
1/445 1/472 1/491 1/497 1/519 1/538 1/570 1/573 2/746 2/908 2/1059 2/1095 3/1457 3/1461 3/1615 3/1626 3/1627 3/1628 3/1629 3/1630 4/2344 8/5306 9/5881
宋傅巖老 11/7068 11/7074
宋德粹 6/3621
宋德之正仲 11/7461
宋甡茂叔 10/6643
宋白太素、素臣、文憲、文安
1/19 1/22 1/42 1/43 1/112 1/224 1/257 1/266 1/285 1/296 1/408 8/5273
宋皇后太祖孝章宋皇后 1/279 1/291 1/545 1/396
宋伯友 6/4051 6/4052
宋保國 3/1921 5/3264
宋皋 1/516 3/1625
宋龜符 3/1625
宋偓 1/396
宋紹恭彥安 11/7148
宋似孫 10/6370
宋徽宗淵聖、祐陵、道君 2/1362
3/1906 3/2042 4/2135 4/2716 5/2812 5/2853 5/2966 5/3128 5/3136 5/3149 5/3164 5/3165 5/3166 5/3204 5/3258 5/3332 5/3376 5/3420 5/3425 5/3447 5/3449 6/3460 6/3466 6/3561 6/3576 6/3607 6/3769 6/3775 6/3815 6/3866 6/3842 6/3913 6/3992 6/4079 6/4083 6/4084 6/4091 6/4108 6/4147 7/4190 7/4197 7/4204 7/4208 7/4209 7/4216 7/4217 7/4229 7/4541 7/4568 7/4569 7/4652 7/4790 7/4792 7/4805 7/4814 8/4979 8/5050 8/5347 9/5635 9/5705 9/5706 9/5753 9/5991 9/5992
宋沆 10/6643
宋寧宗 7/4237
8/5346 8/5406 9/5717 9/5983 9/5999 9/6012 9/6057 9/6153 9/6156 9/6188 10/6431 10/6567 12/7663 12/7700 12/7759
宋之瑞伯嘉、樵隱
9/5738 9/5971 9/5979 11/7433 11/7518 11/7520

宋之翰 8 /4924
宋守約 3 /1605 3 /1775
宋準子平 1 /223
宋安道 3 /1740
宋良 1 /650
宋宗儒 5 /3061
宋永亨 9 /5593 9 /5626
宋江 5 /3433
宋泌 1 /277
宋神宗趙頊
2 /951 2 /954
2 /970 2 /975
2 /976 2 /1008
2 /1178 2 /1231
2 /1251 2 /1255
2 /1258 2 /1261
2 /1309 3 /1504
3 /1517 3 /1577
3 /1604 3 /1634
3 /1767 3 /1780
3 /1793 3 /1796
3 /1806 3 /1808
3 /1815 3 /1823
3 /1855 3 /1885
3 /1980 3 /1998
3 /2004 4 /2126
4 /2127 4 /2128
4 /2129 4 /2130
4 /2215 4 /2340
5 /2770 5 /2793
5 /2808 5 /2943
5 /2957 5 /3039
5 /3041 5 /3060
5 /3069 5 /3070
5 /3159 5 /3340
5 /3347 5 /3353
5 /3416 6 /3481
6 /3599 6 /3640
7 /4233 8 /5018
9 /6194 10/6884
宋迪復古 3 /1517 3 /1582
宋湜 1 /44
1 /113 1 /114
1 /119 1 /120
1 /121 1 /124
1 /125 1 /134
1 /147 1 /285
1 /292 1 /297
1 /399
宋祁子京、景文
1 /99 1 /104
1 /144 1 /223
1 /245 1 /376
1 /398 1 /429
1 /557 1 /566
1 /588 1 /654
2 /677 2 /733
2 /992 2 /1001
2 /1044 2 /1060
2 /1065 2 /1075
2 /1087 2 /1136
2 /1143 2 /1144
2 /1148 2 /1232
3 /1471 3 /1842
4 /2124 4 /2125
4 /2330 4 /2335
5 /2761 5 /3264
6 /3607 6 /3754
6 /3888 9 /5819
宋選 2 /717
宋道 3 /1849
宋肇懋宗、楙宗
5 /2798 5 /3046
5 /3048 5 /3060
5 /3079
宋太宗趙匡義、趙光義、趙炅、熙陵
1 / 4 1 / 6
1 / 7 1 / 8
1 / 9 1 /10
1 /11 1 /14
1 /18 1 /19
1 /20 1 /24
1 /26 1 /40
1 /41 1 /42
1 /43 1 /44
1 /45 1 /46
1 /53 1 /55
1 /60 1 /61
1 /109 1 /110
1 /111 1 /112
1 /117 1 /121
1 /122 1 /123
1 /127 1 /135
1 /216 1 /224
1 /230 1 /236
1 /241 1 /246
1 /273 1 /275
1 /278 1 /283
1 /287 1 /289
1 /292 1 /295
1 /296 1 /328
1 /378 1 /398
1 /404 1 /405
1 /406 1 /410
1 /411 1 /413
1 /414 1 /415
1 /458 1 /471
1 /615 2 /672
8 /5531 10/6801
宋太祖趙匡胤、藝祖、昌陵 1 / 8
1 /4 1 / 5 1 / 6
1 / 9 1 /38
1 /40 1 /41
1 /53 1 /55
1 /105 1 /219
1 /263 1 /378
1 /471 3 /1861
8 /5227 8 /5531
10/6422 10/6790
10/6801 10/6803
宋士 見許月卿
宋才 見別之傑
宋希元 5 /2786
宋壽巖 3 /1922
宋壽卿 11/7608
11/7610 11/7611
11/7613
宋大章 4 /2151
宋眞宗趙元侃、趙恒、真廟、章聖、定陵 1 /52
1 /61 1 /66
1 /70 1 /72
1 /73 1 /74
1 /75 1 /76
1 /78 1 /79
1 /80 1 /81

1 /82 1 /84
1 /87 1 /89
1 /93 1 /134
1 /135 1 /143
1 /147 1 /151
1 /152 1 /160
1 /166 1 /169
1 /170 1 /171
1 /173 1 /174
1 /176 1 /178
1 /181 1 /184
1 /244 1 /246
1 /247 1 /248
1 /293 1 /295
1 /300 1 /301
1 /302 1 /303
1 /309 1 /332
1 /347 1 /351
1 /377 1 /378
1 /380 1 /413
1 /414 1 /414
1 /415 1 /417
1 /418 1 /419
1 /420 1 /423
1 /424 1 /425
1 /426 1 /428
1 /429 1 /431
1 /432 1 /434
1 /435 1 /438
1 /439 1 /440
1 /442 1 /444
1 /445 1 /458
1 /462 1 /466
1 /468 1 /472
1 /479 1 /480
1 /488 1 /490
1 /501 1 /518
1 /533 1 /558
1 /563 1 /566
1 /573 1 /608
2 /672 2 /674
2 /743 2 /895
2 /1049 2 /1230
3 /1367 3 /1368
3 /1369 3 /1453
3 /1626 8 /5273
8 /5531 8 /5537
10/6803

宋桓 6 /3768

宋彭年 3 /1862

宋樸 7 /4230

宋藻 8 /5488

宋恭帝 12/7827
12/7971 12/7973

宋孝宗 趙昚、孝皇、壽皇、阜陵、普安郡王
2 /1147 6 /4003
7 /4198 7 /4318
7 /4319 7 /4320
7 /4532 7 /4852
7 /4854 8 /4958
8 /5151 8 /5214
8 /5262 8 /5278
8 /5284 8 /5285
8 /5290 8 /5295
8 /5296 8 /5298
8 /5300 8 /5316
8 /5323 8 /5328
8 /5339 8 /5342
8 /5426 8 /5485
8 /5522 8 /5525
8 /5528 8 /5543
8 /5546 9 /5575
9 /5606 9 /5661
9 /5668 9 /5669
9 /5680 9 /5681
9 /5684 9 /5691
9 /5693 9 /5708
9 /5713 9 /5715
9 /5717 9 /5727
9 /5732 9 /5733
9 /5761 9 /5766
9 /5777 9 /5779
9 /5793 9 /5809
9 /5820 9 /5826
9 /5832 9 /5840
9 /5844 9 /5874
9 /5903 9 /5915
9 /5939 9 /5955
9 /5972 9 /5983
9 /5996 9 /6027
9 /6040 9 /6052
9 /6057 9 /6063
9 /6087 9 /6096
9 /6116 9 /6119
9 /6121 9 /6151
9 /6220 9 /6247
9 /6249 10/6265
10/6373 10/6407
10/6413 10/6419
10/6431 10/6465
10/6539 10/6794
10/6804 10/6902
10/6932 11/6973
11/7253

宋英宗 趙曙、英廟、厚陵 2 /774
2 /776 2 /947
2 /948 2 /949
2 /951 2 /952
2 /1006 2 /1157
2 /1166 2 /1169
2 /1171 2 /1178
2 /1240 2 /1242
2 /1243 2 /1244
2 /1251 2 /1306
2 /1354 3 /1438
3 /1497 3 /1500
3 /1501 3 /1502
3 /1516 3 /1603
3 /1634 3 /1728
3 /1735 3 /1775
3 /1977 3 /1980
4 /2125 4 /2126
4 /2128 4 /2130
4 /2729 5 /2769
5 /2770 5 /2823
5 /2828 5 /2829
5 /2937 5 /2957
5 /3156 5 /3340
7 /4233 8 /5537

宋林 10/6643

宋構成之 5 /2797

宋表微 3 /1625

宋揆方 3 /1625

宋哲宗 趙煦、哲廟、恭陵 2 /1358
3 /1901 3 /1906
4 /2130 4 /2134
5 /2793 5 /2806
5 /2943 5 /2966
5 /3039 5 /3159
5 /3161 5 /3162

5 /3163 5 /3258
5 /3320 5 /3353
5 /3204 5 /3356
5 /3376 5 /3420
6 /3481 6 /3561
6 /3599 6 /3602
6 /3607 6 /3640
6 /3905 6 /3906
9 /6125
宋輔 3 /1370
宋咸貫之 2 /744
2 /752 2 /774
2 /775 2 /1342
宋昌言 3 /1786
3 /1787 3 /1794
3 /1798
宋累 見謝翺
宋景純 6 /3829
宋景瞻 5 /2997
宋景輝 6 /3770
宋曉 6 /3803
6 /3804
宋晛 9 /5781
宋曔 6 /4115
宋匪躬 3 /1625
5 /2913 8 /5306
宋氏(周必大外祖母、衛國夫人)
9 /5871
宋質 11/7344
宋肱 6 /3771
宋用臣 5 /2916
宋駒厖父 11/6988
11/7148 11/7156
11/7160
宋金剛 7 /4387
7 /4388
宋欽宗趙桓、淵聖、欽廟、宋少帝、靖康皇帝
1 /638 5 /3406
5 /3407 6 /3842
6 /4056 6 /4080
6 /4083 6 /4108
6 /4109 6 /4110
6 /4115 6 /4154
6 /4156 6 /4160
7 /4197 7 /4204
7 /4235 7 /4351
7 /4577 7 /4578
7 /4658 7 /4790
7 /4792 7 /4805
8 /4980 9 /5577
9 /5648 9 /5684
9 /5707 9 /5753
9 /5992 11/7263
11/7265
宋熄 3 /1625
宋敏修中道
2 /830 2 /832
2 /1084 2 /1095
4 /2065
宋敏求次道
★3/1623
1 /148 2 /1001
2 /1008 2 /1009
2 /1128 2 /1131
2 /1144 3 /1798
3 /1809 3 /1810
3 /1850 3 /1973
4 /2126 4 /2129
4 /2330 4 /2336
4 /2344 4 /2360
4 /2498 5 /2772
5 /2870 5 /2934
宋光宗趙惇、光廟、崇陵 8 /5342
8 /5343 8 /5346
9 /5691 9 /5715
9 /5717 9 /5903
9 /5972 9 /5978
9 /5980 9 /5996
9 /5997 9 /6000
9 /6011 9 /6052
9 /6053 9 /6057
9 /6150 10/6419
10/6431 10/6539
10/6902 10/6932
11/7253 12/7660
宋倘賢 3 /1625
宋焞 3 /1625
宋燔 3 /1625
宋煜 3 /1625
宋灼 3 /1625
宋煇 3 /1625
宋炤 4 /2168
宋爚 3 /1625

3111₂ 江

江文叔江登、清卿
9 /6214 9 /6228
江文蔚 1 /35
江端禮子和、季恭、季共 5 /3050
5 /3320 5 /3354
江端友子我、七里先生 6 /3731
7 /4656 7 /4660
7 /4664 7 /4668
7 /4687 7 /4688
江端本子之
7 /4624
江翊黃 1 /293
江詢 3 /1922
江諮 8 /5078
8 /5148
江一鶚 9 /6104
江震 2 /1303
江登 見江文叔
江孫 11/7420
江瑛江英 11/7631
11/7632
江又新 11/7632
江璘 11/7631
11/7633
江處中 5 /3387
江德明 2 /1244
江休復鄰幾
1 /77 1 /520
2 /837 2 /1136
2 /1137 2 /1142
2 /1199 4 /2095
5 /3354
江自新 11/7632
江安常 7 /4322
江池 7 /4389
江汝明 5 /2943
江湖長翁 見陳造
江澈 8 /4962

江海　11/7404
江邃良　9 /5805
江九萬　11/7632
江士龍　9 /5598　9 /5679
江萬盈　11/7632
江萬頃　11/7632　11/7634　11/7649　11/7651　12/7970　12/7971
江萬齡　11/7632
江萬里子遠、古心、文忠　*11/7629　10/6570　12/7728　12/7767　12/7769　12/7793　12/7817　12/7820　12/7821　12/7827　12/7863　12/7873　12/7874　12/7961　12/7962　12/7965　12/7966　12/7967　12/7968　12/7969　12/7970　12/7971　12/7974　12/7975　12/7976　12/7981　12/7994
江萬全　11/7632
江萬善　11/7632
江華　11/7632
江英　見江瑛
江塤　11/7510
江拯　1 /498
江日新　11/7632
江斅　6 /3820
江岳　11/7420
江陵病叟　見項安世
江開月湖、開之　11/7420
江鎬用周　2 /1337　11/7632　11/7652　12/7769　12/7975
江公望民表、釣臺翁　5 /3408
江公著晦叔　5 /2815　5 /2854　5 /2899
江鈿　7 /4411　7 /4613
江鐸　11/7632　11/7651
江鈞　3 /1706
江鑑　11/7634
江少虞　1 /105　1 /233　8 /4928
江常少明　7 /4294　7 /4294　7 /4300
江炎　11/7632
江榮　11/7632
江燁　11/7631　11/7632　11/7633
江煜　11/7632
江燀　11/7632

3111₄ 汪

汪立信誠甫、紫源　12/7744　12/7878
汪立中　12/7701
汪應元　12/7703
汪應辰文定、玉山、聖錫、汪洋　1 /223　7 /4177　7 /4300　7 /4305　7 /4322　7 /4636　8 /4903　8 /4908　8 /4909　8 /4910　8 /4911　8 /4926　8 /4937　8 /4942　8 /5022　8 /5043　8 /5199　8 /5240　8 /5254　8 /5257　8 /5259　8 /5261　8 /5265　8 /5269　8 /5270　8 /5271　8 /5275　8 /5277　8 /5280　8 /5281　8 /5298　8 /5319　8 /5342　8 /5350　8 /5452　8 /5486　8 /5529　8 /5530　9 /5753　9 /5754　9 /5943　9 /5947　9 /6027　9 /6086　9 /6091　9 /6136　9 /6209　9 /6222　10/6270　10/6276　10/6392　10/6395　10/6397　10/6467　10/6500　10/6516　10/6645
汪龍友　10/6446
汪端義　8 /5045
汪正己　12/7740
汪元舉　9 /6214
汪覃　5 /2777
汪子淵　11/7527
汪召嗣　8 /5246
汪季良　10/6655
汪行簡　10/6623
汪衍　3 /1921　5 /3261　5 /3262　5 /3264
汪伯彥　4 /2682　6 /3517　6 /3518　6 /3519　6 /3524　6 /3525　6 /3529　6 /3541　6 /3543　6 /4120　6 /4124　6 /4131　6 /4132　6 /4133　6 /4136　6 /4155　6 /4160　7 /4355　7 /4364　7 /4576　7 /4586　7 /4673　7 /4691　7 /4795　8 /4981　8 /5105　9 /5684
汪伋及甫　10/6484　10/6485
汪綱仲舉、恕齋　11/7157　11/7169　11/7170　11/7171　11/7177
汪安仁　11/7060
汪瀫景漢　12/7721
汪汝淵　12/7704
汪洪　11/7420
汪逵季路　2 /1128

9 /5948 9 /6160
10/6436 11/7075
11/7217 11/7221
汪達 10/6644
10/6645
汪清英 12/7698
汪涓養源 6 /4027
7 /4319
汪澤民 1 /399
汪澈莊敏、明遠
8 /5179 8 /5525
9 /5570 9 /5581
9 /5634 9 /5708
9 /6214 9 /6219
10/6370 10/6371
10/6372 10/6373
10/6374 10/6375
10/6377 10/6378
10/6380 10/6381
汪洋 見汪應辰
汪克寬 9 /6103
汪大猷仲嘉
8 /5269 8 /5278
8 /5297 8 /5486
9 /6095 10/6465
10/6482
汪藻彦章、龍溪、浮溪 5 /3408
6 /3852 6 /3865
6 /3870 6 /3942
6 /3956 6 /3962
6 /4042 6 /4134
7 /4305 7 /4322
7 /4392 7 /4580
7 /4609 7 /4619
7 /4623 7 /4626
7 /4633 7 /4646
7 /4659 7 /4674
7 /4675 7 /4676
7 /4724 7 /4725
7 /4727 7 /4731
7 /4738 7 /4748
7 /4792 8 /5251
8 /5276 8 /5323
9 /5669
汪勃 7 /4230
9 /5564 9 /5565
9 /5641 9 /6084
11/7157
汪革信民 7 /4624
汪若海 10/6738
汪槔茂南 9 /5708
汪泰軒 12/7822
汪輔之正夫 2 /940
汪慧(樓鑰母)
10/6633
汪昱 12/7702
汪思温 6 /3862
汪杲 8 /5549
8 /5558
汪剛中 11/7466
汪氏(胡舜陟妻)
6 /4071
(方岳妻) 12/7698
汪介然彦確
7 /4222
汪公望 3 /1922

3112₇ 馮

馮方 7 /4176
8 /5215 9 /5574
9 /5652 9 /5654
9 /6222
馮唐英 12/7766
馮京文簡、當世
1 /589 2 /977
2 /1141 2 /1143
2 /1144 2 /1172
2 /1201 2 /1302
3 /1611 3 /2008
3 /2013 4 /2070
4 /2134 4 /2142
4 /2146 4 /2148
4 /2208 4 /2227
4 /2332 5 /2773
5 /2950 6 /3898
8 /5548
馮端 1 /233
馮靖 2 /1235
馮說 6 /3468
馮至游 7 /4695
馮元 2 /677
2 /750 9 /5930
馮元質 10/6535
馮震武 9 /5684
9 /6149 11/7031
馮平 2 /927
2 /1100 2 /1103
馮瓚 1 /8
馮理聖先 4 /2667
4 /2683 6 /3586
馮伉仲咸 1 /285
1 /288
馮仁叟 10/6637
馮行己 2 /973
3 /1840
馮繼業 1 /13
馮傳之 10/6534
馮伯藥 3 /1922
馮仰之 11/7502
馮象先 10/6635
10/6710
馮似宗 10/6637
馮進 8 /5109
8 /5110
馮守信 3 /1969
馮守規 1 /133
馮安世 11/7507
馮賽 8 /5142
馮宗道 2 /955
2 /1194 3 /1901
3 /1919
馮澄 12/8062
馮浩 1 /659
馮澥知命 5 /3407
6 /3523 6 /3959
6 /4119 6 /4124
7 /4580 7 /4658
馮有碩 12/7681
馮南載 11/7616
馮去疾此山
12/7699 12/7742
馮去非可遷、深居
12/7699 12/7742
馮媛安(楊恪妻)
10/6661
馮檝濟川 7 /4298
7 /4299 7 /4303
7 /4322

馮夢得初心、景説 6/3487 6/3791 11/7648 12/7869 12/7911 12/7992
馮茶叔 10/6635
馮桂芳 12/8062 12/8063 12/8064
馮椅儀之、奇之、厚齋 12/7699
馮如晦 5/2953
馮起 1/522
馮忠恕 4/2667 6/3585
馮泰卿 10/6535
馮輶 7/4371 7/4372 7/4375
馮拯道濟 1/89 1/414 1/415 1/429 1/444 1/445 1/477 1/478 1/484 1/487 1/494 1/495 1/497 1/499 1/529 1/533 1/535
馮國壽 10/6637
馮異 8/5333
馮景中 8/5047
馮時行縉雲先生、當可 10/6347
馮長寧 8/5141
馮氏(安知逸妻) 1/43
(楊簡姊) 10/6632
(楊簡妹) 10/6635
(陽景春妻) 11/7603 11/7604 11/7605 11/7607 11/7614
馮用休 7/4340
馮興宗振甫 10/6637
馮智舒 9/6103
馮恢 2/750

3112_7 灊

灊山居士 見朱翌

3113_8 添

添蘇 1/431

3116_1 潛

潛齋 見王埜
見范溫
潛子 見釋契嵩
潛道 見釋懷賢
潛菴源禪師 7/4277
潛夫 見劉克莊

3119_6 源

源信 1/312

3126_6 福

福康公主(仁宗長女) 2/998
福安(洪邁妾) 8/5549
福清 見釋眞
福國公 見陳俊卿
福公 見陳俊卿

3128_6 顧

顧庭美 7/4309
顧平甫 10/6638
顧強 9/6104 9/6116
顧子美 7/4624 7/4738
顧秀才 4/2756
顧凱 12/8045
顧復本 6/3519
顧寧 8/5015
顧禧癡絶叟、漫莊、景蕃、景繁 5/2762 8/5051 8/5052
顧道 見吳栻
顧成 5/3251
顧臨子敦 3/1561 3/1603 3/1921 4/2253 4/2255 4/2277 4/2404 4/2574 4/2608 4/2626 4/2687 5/2797 5/2899 5/2902 5/2903 5/2914 5/2917 5/2947 5/2953 5/3046 5/3051 5/3162 5/3254 5/3263 10/6768

3130_3 遯

遯翁 見袁陟

3130_4 迂

迂齋 見樓昉
迂夫 見司馬光
迂叟 見司馬光
迂翁 見宋京
迂父 見歐陽守道

3210_0 淵

淵天 見許洞
淵聖 見宋徽宗
淵子 見徐似道

3212_1 沂

沂中 見楊存中
沂公 見王曾

3214_7 浮

浮雲居士 見曾敏行
浮休居士 見張舜民
浮溪 見汪藻

3215_7 淨

淨德 見呂陶
淨空居士 見蔡向
見陳安常

3216_9 潘

潘謹修 1/497
潘謙之 11/7199 11/7200
潘正夫 7/4524

潘丙 5/2838 11/7361 11/7394
潘雷煥 10/6438
潘璟 4/2713
潘子順 10/6438
潘子眞清逸 1/506
潘致堯 7/4439
潘壬 11/7361 11/7394 12/7759
潘衡 6/3757 6/3758 6/3930
潘綆 5/3256
潘允迪 2/893 2/900
潘德夫 8/5044
潘佑 1/39 1/45
潘緯 8/5302 11/7011
潘儼 8/4983
潘凱南夫 12/7735
潘脩文叔 9/5730
潘攸 9/5588
潘徵茂修 11/7208
潘淳子真、谷口小隱 7/4623 7/4625
潘良能季成 8/5464
潘良佐 8/4979
潘良貴子賤、默成居士、義榮 *8/4977 6/3864 8/4904 8/5307 8/5308
潘宗簡 8/4979
潘必勝 10/6380
潘汝士 1/497
潘涓 8/5499
潘祖仁 8/4979
潘友文 11/7257
潘友諒 8/4983
潘友龍 8/4983
潘友端端叔 10/6473 10/6945
潘友德 10/6298
潘友之 10/6380
潘友直 8/4983
潘友恭 8/5044 9/5866
潘友益 8/4983
潘大觀仲達 4/2740 5/2789 5/3258 7/4624
潘大臨閻老、邠老 4/2740 5/2789 5/3081 5/3256 5/3259 5/3267 5/3271 5/3308 5/3316 7/4623 8/5225
潘枋 11/7395
潘柄瓜山 11/7194 11/7207 11/7225 11/7235 11/7236 11/7240 11/7245
潘夢得 12/7955
潘莘 8/5475 9/5758
潘植 9/6131
潘檉德久、轉庵 11/7285 11/7306 11/7310
潘屯田 1/315
潘甫 11/7394
潘昉 11/7574
潘景純 5/3276
潘景憲叔度 10/6287 10/6290 10/6292 10/6337 10/6338 10/6344 10/6397 10/6480 10/6609 10/6769 10/6812 11/7030
潘景良 10/6397
潘景溫 2/1116
潘景愈叔昌 9/6046 10/6298 10/6301 10/6397 10/6478 10/6783 10/6823 10/6842 10/6845 10/6848 10/6864 10/6882 10/6942 10/6944 11/7004 11/7012
潘羅支 1/369 1/370
潘時舉 11/7519
潘時 10/6418
潘疇 8/4983
潘畛 8/4983
潘氏(陳開祖母)(葉適養妹) 9/5922 11/6968
潘岳 12/8010
潘鳳 2/761 2/762
潘閔 4/2683
潘閬逍遥、逍遥子 1/224 1/226 1/232 1/234 1/270 1/272 1/405 1/408
潘興嗣延之、清逸居士 1/75 3/1513 3/1519 3/1546 3/1562 3/1578 3/1579 3/1590 3/1593 4/2476 5/2878
潘賢妃高宗妃、潘永壽女 6/3872 7/4408
潘釜 12/7715
潘介 8/4979
潘美 1/9 1/12 1/14 1/19 1/22 1/40 1/43 2/1235 8/5516
潘少白 12/7775

3218_4 溪

溪齋 見滕璘
溪西遺民 見鄭樵
溪園 見周應合
溪堂先生 見謝逸

溪堂居士 見俞汝尚

3218$_5$ 濮

濮王 見趙宗實
濮安懿王 見趙允讓

3219$_0$ 冰

冰壺 見趙潛
冰花先生 見錢世雄

3230$_6$ 遁

遁翁 見朱熹

3230$_9$ 遜

遜之 見朱勃

3300$_0$ 心

心齋 見周楷
心吾 見周楝
心巖 見周豫
心暇 見周林

3300$_4$ 必

必強 見毛剛伯
必先 見沈與求
見胥訓
必大 見王萬
必明 見劉愚

3312$_7$ 浦

浦江 見盧祖皋

3314$_2$ 溥

溥之 見鄭湜

3314$_7$ 浚

浚明 見胡宗

3316$_0$ 治

治先 見呂大器
治之 見程濬

3318$_6$ 演

演山 見黃裳

3319$_2$ 泳

泳齋 見楊伯嵒

3322$_7$ 補

補亡先生 見柳開
補之 見王無咎
見楊無咎
見鄭湜

3330$_3$ 邃

邃明 見張璪

3330$_9$ 述

述之 見沈繼祖
見姚勉
述古 見陳襄
述中 見林遹

3390$_4$ 梁

梁方平 7 /4349 7 /4350
梁交仲通 2 /1363 5 /2835
梁端 6 /3952
梁顗 2 /760
梁琯 6 /3661
梁子美才甫 6 /3512
梁師成 5 /3448 6 /3761 6 /3762 6 /3763 6 /3920 6 /4136 7 /4789 7 /4805 8 /5241 9 /5605 9 /5670
梁鼎凝正 1 /150 1 /188 1 /367 2 /1073
梁俊民 3 /1922
梁先 5 /2835
梁總 9 /6044
梁叔忱 5 /3366
梁寬 3 /1922
梁適 1 /624 1 /647 1 /649 2 /910 2 /988 3 /1467 3 /1481 3 /1485 4 /2293 4 /2295 4 /2297
梁安世次張 9 /5730
梁安國 3 /1922
梁宏 3 /1582 3 /1583
梁寔 2 /1113
梁灝 1 /63 6 /3456
梁溪 見尤袤
梁溪居士 見李綱
梁汝嘉仲謨 6 /3972 8 /4918 8 /4991
梁濤 4 /2162
梁士 3 /1922
梁克家文靖、叔子 7 /4607 8 /5230 8 /5269 8 /5271 8 /5339 8 /5542 9 /5566 9 /5571 9 /5664 9 /5673 9 /5949 9 /5963 9 /6033 9 /6090 9 /6101 9 /6111 9 /6122 9 /6249 10/6382 10/6385 10/6416 10/6453 11/7342 11/7431 11/7517 11/7518
梁南峰公壽 11/7605
梁燾況之 3 /1921 4 /2065 4 /2132 4 /2133 4 /2134 5 /2801 5 /2899 5 /3202 5 /3250 5 /3254 5 /3261 5 /3263 5 /3359 6 /3462 8 /4912
梁吉甫 2 /756
梁彬 9 /5900
梁蒨 2 /766

梁媼 6/3707
梁相 12/8062
梁揆 2/760
梁成大 11/7371
11/7404 11/7405
11/7494 11/7567
梁唯簡 3/1856
3/1863
梁固仲堅 1/524
梁顥太素 1/148
1/155 7/4757
8/5273 9/6240
梁氏（楊國夫人、韓世忠妻）
7/4339 7/4348
7/4393 7/4398
7/4405 7/4408
7/4465
（蘇籀母）7/4756
（蘇遲妻）7/4844
梁周翰元褒
1/102 1/141
1/210 1/213
1/215 1/221
1/245 1/271
2/1073
梁舉直 2/1133
梁與可 6/3727
6/3738 6/3741
梁興 8/5084
8/5138 8/5139
8/5140 8/5151
8/5155 8/5156
8/5159 8/5161
梁介子輔 8/5211
8/5271
梁令瓚 4/2131
梁公永 8/5544
梁銳 10/6912
梁鑰 12/7701
梁惟簡 5/2947
梁懷吉 3/1731
梁光 10/6539
梁怡德 6/3620

3400₀ 斗

斗山 見王奕
斗南 見吳仁傑

3411₂ 沈

沈立立之 5/2775
5/2831 5/2888
沈充 6/3569
沈亮功 9/5563
9/5640
沈彥 1/146
沈商卿 9/6215
沈康 3/1934
4/2080 4/2081
沈文彪 10/6633
沈章 1/146
沈該 6/3876
6/3879 7/4227
7/4846 8/4922
8/4955 8/4956
8/5465 8/5546
9/5570 9/5581
9/5945 9/6202
9/6214
沈調 6/3879
沈于 3/1922
沈霖逍遥翁
10/6462
沈瑄珂田山人、次律 6/3856
7/4677 7/4678
7/4679 7/4680
7/4683
沈承禮 1/514
沈子霖 10/6462
沈珍 7/4205
7/4208 7/4209
7/4212 7/4213
沈季誠 8/4921
沈季長道原
3/2016 4/2164
5/2905
沈睿達 5/3130
沈師 9/5996
沈繼祖述之
9/6068 9/6158
11/7074
沈傳曾 10/6484
沈自強 8/5505
沈自求 8/5505
沈壑 12/7850
沈躬行 4/2683
11/7129
沈魯曾 10/6484
沈作賓 8/5046
8/5047 8/5048
8/5049 11/7518
沈倫 1/13
1/14 1/16
1/17 1/20
1/218 8/5273
沈復 7/4252
9/5803
沈瀛子壽、竹齋
9/6225
沈宗道 7/4252
沈濬 8/5475
沈遯 3/1577
沈逵 2/1357
4/2725 4/2742
5/2793
沈清臣正卿、晦巖
11/7031
沈遘文通 2/1142
3/1728 3/1975
3/2052 4/2731
5/2768 5/2774
5/2936
沈�javascript 7/4222
沈邈子山 1/654
2/919
沈洵 6/3882
沈次旻 12/7718
沈渙 10/6383
沈遵 2/1117
沈士安 3/1871
沈希顏幾聖
3/1516 3/1580
3/1581
沈有開應先
8/5351 9/5980
9/6061 9/6159

10/6382 10/6383
10/6436 10/6457
10/6817 10/6913
11/7075
沈杰 見沈晦
沈大經元誠
11/7075
沈翥 12/7743
沈權 10/6463
沈起興宗 2/733
2/940 3/2011
5/3004
沈松年 7/4193
7/4252 8/5464
8/5493 9/5637
沈梅嬌 5/3441
沈夫人(鄒浩妻)
6/3566 6/3568
6/3569
沈貴妃(真宗妃、沈倫孫女)
2/1006 2/1157
沈括存中
*4/2315
1/115 1/636
2/1151 4/2516
5/2786 5/3124
9/6100 9/6182
沈揆虞卿、欣遇
9/5601 9/5939
9/5949 9/5967
9/6128
沈日益 2/1313
2/1329
沈思 7/4641
沈昌 10/6456
沈畸 4/2201
沈昭遠 6/4027
6/4029 7/4723
沈晦元用、胥山、沈杰 3/1534
7/4456 7/4580
8/4896 8/4914
9/5752
沈氏(江瑛妻)
11/7631
(洪彥先妻)
9/5633
(洪皓妻) 7/4193
7/4210 7/4252
8/5463 8/5503
8/5504 8/5508
9/5562 9/5696
(洪适妻、萊國夫人) 8/5462
8/5494 8/5496
沈體仁仲一
10/6456 11/7074
11/7129
沈周 4/2317
沈開 10/6462
沈民獻 10/6633
沈與求龜溪、必先、忠敏 6/3847
6/3850 6/3853
6/3855 6/3956
6/4140 7/4405
7/4452 7/4453
7/4461 7/4462
7/4466 7/4467
7/4678 7/4679
7/4683 7/4687
8/4899 8/4902
沈介德和 1/196
8/5167 8/5227
8/5465 8/5505
8/5526 8/5555
9/6141 9/6141
沈复 9/5814
沈義倫 1/11
1/12
沈義父伯時、時齋先生 12/7710
沈銖公權 6/3905
10/6462 10/6463
10/6465 10/6469
10/6473 10/6476
沈銘 10/6463
沈敏曾 10/6484
沈鏜 10/6463
10/6469 10/6473
10/6474
沈光宸 12/8032
沈省曾智甫
10/6464 10/6466
10/6483 10/6484
沈炎 11/7326
12/7743
沈炳 10/6469
10/6473
沈煥叔晦、端憲、定川
*10/6459
9/6099 10/6387
10/6462 10/6594
10/6595 10/6604
10/6605 10/6609
10/6611 10/6613
10/6691 10/6703
10/6904 10/6943
11/7029 12/7887

3411₅ 灌

灌園 見呂南公

3411₈ 湛

湛循 11/6999
湛然 見查道

3412₇ 滿

滿方中 4/2290
滿建中 4/2289
4/2303
滿涇 4/2290
滿在 8/5139
8/5140
滿存中 4/2290
滿求中 4/2290
滿執中 4/2287
4/2289 4/2303
滿中行思復
4/2236
滿恩復 5/2794
滿居中 4/2290
滿閎中 4/2290

3413₂ 法

法雲禪師 2/1311
5/3355

法宏首座 7/4310
法寶禪師 5/3330
法直 見劉才卿
法眞 見釋慧汶
法眞幻住道人 見釋智常

3414_0 汝

汝一 見劉度
汝玉 見祝禹圭
汝霖 見宗澤
汝能 見陳亮
汝濟 見黄恮
汝士 見胡舜舉
汝明 見胡舜陟

3414_7 凌

凌震 12/8012 12/8046
凌雲 見彭飛
凌皓 2/748
凌景夏季文 8/4897 8/5227 9/5760
凌景陽 2/1067 3/1452 3/1454 3/1455 4/2136
凌氏(蘇頌妻) 4/2136
凌策 1/155 1/163 1/189

3416_1 浩

浩溪 見劉貴
浩堂 見翁甫

3418_1 洪

洪修 9/5622
洪彥先彥暹、子深 7/4188 8/5461 8/5503 8/5554 9/5632
洪彥昇仲達 7/4188 7/4194 8/5467 9/5632
洪元英 6/4071
洪天錫文毅、君疇 12/7750 12/7856
洪霖 10/6457
洪羽 3/1922 7/4781
洪伉 8/5497 8/5499
洪信 8/5549
洪季陽 10/6552
洪仁 8/5499
洪偃 9/5622 9/5624
洪倬 8/5498 8/5499 11/7508
洪師中中行 12/7955 12/8064
洪崖 見周應合
洪僑 8/5499
洪侹 8/5549 8/5558
洪傒 8/5499
洪俌 8/5497 8/5499
洪傅 8/5499
洪俊 8/5499
洪俅 8/5499
洪儔 8/5499
洪佑 8/5499
洪僖 8/5549 8/5558
洪勳恕齋 12/7952
洪晧洪晧、光弼、忠宣 *7/4183 6/3875 7/4743 8/4912 8/4919 8/5011 8/5012 8/5167 8/5183 8/5461 8/5462 8/5463 8/5465 8/5466 8/5470 8/5472 8/5484 8/5503 8/5504 8/5506 8/5507 8/5508 8/5509 8/5511 8/5547 8/5554 9/5561 9/5565 9/5568 9/5569 9/5578 9/5585 9/5591 9/5625 9/5632 9/5633 9/5636 9/5638 9/5639 9/5641 9/5645 9/5656 9/5760 12/7938
洪晧父 見秦國公
洪伸 8/5549 8/5558
洪傳 8/5497
洪傃 8/5499
洪佃 8/5499 8/5558
洪侃 8/5462 8/5499
洪偲 8/5498 8/5499
洪儼 8/5497 8/5498 8/5499
洪俁 8/5499
洪僩 7/4235 8/5499
洪俶 8/5499
洪伋 8/5498 8/5499 9/5624 10/6551
洪仔 8/5499
洪伷 8/5549
洪儋 8/5498
洪芻駒父 3/1922 5/3019 5/3095 5/3102 5/3379 6/3912 6/4057 7/4623 7/4625 7/4633 7/4634 7/4650 7/4697 7/4738 7/4781 7/4800 8/5550
洪倪洪悅、悅 8/5549 8/5558
洪价洪恢 8/5549

洪儆 8/5499
洪儉 8/5499
洪侊 8/5549
洪倓 8/5499
8/5549 8/5558
洪逴 8/5461
洪适洪造、温伯、景温、景伯、盤洲、文惠
*8/5459
7/4193 7/4203
7/4204 7/4207
7/4231 7/4237
7/4239 7/4242
7/4243 7/4249
7/4252 7/4259
8/5012 8/5013
8/5015 8/5016
8/5032 8/5033
8/5271 8/5461
8/5503 8/5505
8/5511 8/5522
8/5525 8/5527
8/5539 8/5541
8/5547 8/5548
9/5562 9/5564
9/5569 9/5571
9/5580 9/5584
9/5585 9/5593
9/5598 9/5615
9/5625 9/5626
9/5633 9/5634
9/5636 9/5638
9/5641 9/5659
9/5663 9/5665
9/5670 9/5672
9/5674 9/5677
9/5679 9/5697
9/5698 9/5753
9/5758 9/5759
9/5762 9/5763
9/6116 9/6250
10/6950 11/7288
洪遜景何 7/4252
7/4255 9/5633
洪泌 8/5032
洪邃景裴 7/4252
7/4254 7/4255
8/5479 8/5481
9/5625 9/5633
洪邁景盧、容齋、野處、文敏
*9/5559
*9/5629
1/112 1/158
1/187 4/2476
6/3833 6/3886
7/4196 7/4237
7/4240 7/4249
7/4252 7/4254
8/5012 8/5022
8/5027 8/5028
8/5032 8/5033
8/5053 8/5220
8/5258 8/5259
8/5261 8/5279
8/5290 8/5327
8/5332 8/5339
8/5340 8/5341
8/5355 8/5462
8/5464 8/5466
8/5474 8/5476
8/5489 8/5490
8/5511 8/5522
8/5528 8/5541
8/5548 8/5553
9/5585 9/5724
9/5736 9/5739
9/5753 9/5762
9/5763 9/5764
9/5969 9/5970
9/5997 9/6145
9/6148 9/6150
9/6205 9/6224
9/6226 10/6621
11/7288 11/7430
11/7436 12/7847
洪造 見洪适
洪邈景徐 7/4241
7/4252 7/4254
8/5470 9/5633
洪迅 7/4252
7/4254 9/5633
洪咨夔平齋、舜俞
1/198 8/5420
8/5438 8/5440
8/5450 11/7339
11/7358 11/7360
11/7366 11/7395
11/7405 11/7432
11/7453 11/7459
11/7461 11/7467
11/7469 11/7473
11/7609 12/7666
12/7707 12/7732
洪遵景嚴、小隱、文安
*8/5501
7/4195 7/4247
7/4248 7/4252
7/4259 8/4996
8/5012 8/5018
8/5027 8/5031
8/5217 8/5461
8/5464 8/5465
8/5466 8/5472
8/5474 8/5480
8/5485 9/5562
9/5564 9/5569
9/5570 9/5580
9/5584 9/5585
9/5593 9/5595
9/5625 9/5633
9/5634 9/5641
9/5645 9/5660
9/5663 9/5670
9/5674 9/5676
9/5697 9/5753
9/5759 9/5760
9/6089 11/7288
洪道 見周必大
洪逖景孫 7/4203
7/4252 7/4254
9/5575 9/5579
9/5633 9/5636
洪士良 7/4188
8/5461 8/5503
9/5629
洪燾 12/7868
洪壽卿 8/5470
洪櫰 9/5633
9/5677 9/5695
9/5698

洪槺　8/5497
洪楀禹之　7/4252
7/4254　8/5549
8/5549　8/5558
洪桴　7/4252
7/4254　8/5492
8/5496　8/5497
洪機　7/4255
洪柲　7/4252
7/4254　8/5492
8/5496　8/5497
洪栐　7/4252
洪夢炎季思、默齋
10/6665
洪芹魯齋、叔魯
12/7856
洪芮　8/5498
洪芾　8/5497
8/5499
洪萬　8/5498
洪藺　8/5498
8/5499
洪蔚　8/5558
洪葳　6/3875
洪蘧　8/5499
洪艾　8/5558
洪著　8/5558
洪荀　8/5498
8/5499
洪蘊　8/5497
8/5499
洪栟　7/4695
7/4697
洪梓　7/4255
9/5613　9/5620
9/5621　9/5622
9/5624　9/5686
9/5693　9/5696
9/5697
洪橚　7/4252
9/5620
洪椿　7/4255
8/4957
洪塤　12/7707
洪槻洪格、規之
7/4248　7/4252
7/4254　8/5463
8/5472　8/5491
8/5493　8/5496
8/5496　8/5497
洪槔皋之　7/4252
7/4255　8/5549
8/5549　8/5558
洪柖　見洪榔
洪梱　7/4252
7/4255
洪樌　7/4254
8/5496　8/5497
8/5498
洪楹　7/4252
7/4255　8/5496
8/5497　8/5498
洪樇　7/4252
7/4254　8/5496
8/5497　8/5498
洪榔洪柖　7/4255
8/5496　8/5497
8/5498
洪枏　7/4255
洪瑴瑞　7/4791
洪槢　7/4239
8/5469　8/5497
洪格　見洪槻
洪桾　8/5558
洪槊　7/4252
洪中孚　6/3929
洪惠英　9/5618
洪邦直應賢
9/5563　9/5640
洪杲　7/4189
9/5633
洪昕　8/5467
9/5634　9/5642
洪曄　7/4189
7/4203　9/5633
洪晧　見洪皓
洪暎　7/4189
9/5633
洪曜　7/4189
9/5633
洪暉　7/4189
9/5633
洪曦　7/4189
9/5633
洪頤君實、本一
10/6666
洪朋龜父　7/4623
7/4781　7/4800
洪卿　見姚穎
洪興祖慶善
5/3217　6/3803
6/3804　6/3805
6/3857　6/3858
6/3862　6/3867
6/3875　7/4232
8/5461　8/5465
8/5471
洪尊祖　9/5946
洪簡子斐　10/6617
洪範　見余卞
洪光晦　8/5470
洪炎玉父　5/2977
5/3001　5/3005
5/3014　5/3115
7/4623　7/4625
7/4725　7/4781
7/4800　7/4801
7/4807　7/4811
8/5550
洪炳　7/4188
8/5461　8/5503
8/5553　9/5632
9/5696
洪忱　7/4255
洪恢　見洪价
洪悅　見洪侻

3418₅ 漢

漢章　見鄭剛中
見朱倬
漢傑　見宋子房
漢南處士　見魏泰
漢老　見李邴
漢臣　見狄青
漢卿　見張廷傑
漢公　見孫保
見孫何

3418₆ 瀆

瀆山　見謝方叔

3426₀ 祐

祐甫　見龐謙孺
祐陵　見宋徽宗

3426₀ 褚

褚伯秀褚師秀　12/7955

3430₃ 遠

遠游　見吳復古
遠甫　見程元岳

3430₅ 達

達可　見胡行仲
　見毛友
　見湯建
達之　見章良能
達道　見滕甫
達才　見胡拱
達夫　見鄭居中
達甫　見孟導
達明　見張瀫
達原　見程若庸
達臣　見曾敏行

3510₆ 冲

冲元　見許將
冲季　見孫貫
冲卿　見吳充
　見張頡

3512₇ 清

清毅　見陳塏
清正　見徐鹿卿
清上人　5/3034
清虛先生　見王鞏
清獻　見崔與之
　見杜範
　見游似
　見趙抃
清叔　見李蘩
　見劉子澄
　見張汾
清涼和公　5/3301
清憲　見趙挺之
清安上人　5/3303
清源　見張淏
清浦　見曹溼
清禪師　5/3103
清淑　見衛溼
清逸　見潘子眞
清逸居士
　見潘興嗣
清眞居士
　見周邦彥
清孝　見葛書思
清老　見杜穎
　見俞澹
清惠　見陳昉
清臣　見車若水
清隱　見陳巖
　見釋惠南
　見釋惟湜
清卿　見鮑濂
　見江文叔
　見李若水
清翁　見吳渭
清敏　見豐稷

3519₆ 涑

涑水先生
　見司馬光

3520₆ 神

神宗皇后
　見向皇后

3530₀ 連

連庶　2/1030
　2/1199
連庠　2/1030
連文鳳應山、百正、羅公福
　12/8062
連希元　2/1303
連南夫鵬舉
　7/4393
連世瑜　8/4924
連氏(劉爚母)
　10/6949

3530₆ 迪

迪卿　見夏庭簡

3610₂ 泊

泊宅翁　見方勺

3611₂ 況

況之　見梁燾

3611₂ 溫

溫信之　5/3256
溫仲舒　1/22
　1/23　1/143
　1/145　1/300
　1/303　1/366
　1/408　1/429
溫伯　見鄧潤甫
　見洪适
　見曾黯
溫包　6/3496
　6/3510
溫叔　見趙雄
溫濟　7/4480
　7/4481　7/4492
溫革　5/3277
溫若春　11/7339
　11/7356　12/7749
溫甫　見韓玉
溫國夫人(葛勝仲母)　6/3809
溫益　4/2171
　5/3201　6/3561

3612₇ 湯

湯三益　8/5551
湯璹　9/5606
　9/5687
湯建達可、藝堂
　10/6457　10/6658
湯衡　9/6203
湯允恭　6/3873
湯仲熊　11/7534

湯洪 8/5375
湯漢文清、伯紀、東澗 5/3393 10/6559 11/7494 11/7495 12/7801 12/7857 12/7869 12/7900 12/7975
湯淑遜 12/7832
湯南萬 11/7534
湯鹹 5/3261 5/3262 5/3264
湯東野 7/4379 7/4380 7/4393
湯邦彥朝美 8/5271 9/5880 9/6140
湯思謙 10/6533
湯思退岐公、進之 7/4315 7/4318 7/4319 7/4321 7/4322 7/4323 7/4847 7/4849 7/4850 8/4956 8/4957 8/4961 8/4969 8/4970 8/4972 8/4996 8/5197 8/5250 8/5323 8/5480 8/5481 8/5485 8/5509 8/5524 8/5525 8/5534 8/5535 8/5538 8/5555 9/5563 9/5570 9/5640 9/5647 9/5725 9/5756 9/5945 9/6029 9/6214 9/6223 9/6224 10/6374 10/6376 10/6733
湯鵬舉致遠 7/4268 7/4320 8/4955 8/4994 8/5509 8/5554 9/5757 9/5758
湯居善 5/3101
湯鹹 3/1921
湯悅 1/40 1/46

3612$_7$ 渭

渭川居士 見呂勝己
渭叔 見張渭
渭卿 見李畋

3614$_1$ 澤

澤民 見毛滂 見邵溥

3614$_7$ 漫

漫塘病叟 見劉宰
漫莊 見顧禧
漫翁 見陳垓

3618$_1$ 湜

湜老 5/2854

3621$_2$ 祝

祝康 6/3812 6/3815
祝靖 6/4131 7/4355 7/4356
祝謚 8/5274
祝元將 9/5799
祝丙 見祝穆
祝確 9/6031
祝環 10/6480 10/6609 11/7029
祝子權 10/6738
祝禹圭汝玉 9/6142
祝舜俞 1/108
祝穆和甫、祝丙 9/6131
祝才叔 10/6535
祝友 6/3957
祝櫰 9/6139
祝林宗有道 5/3089 5/3090
祝坦 1/524
祝氏(潘祖仁妻) 8/4979 9/6005
(朱熹母) 9/6031
(潘畛妻) 8/4983
祝無黨 5/3141 5/3142

3630$_2$ 邊

邊俊 8/5156
邊安野 8/5505
邊朝華(秦觀妾) 5/3198 5/3201
邊知白 6/3872 9/5945

3630$_3$ 還

還還先生 見高荷

3712$_0$ 洞

洞天 見許洞

3712$_0$ 湖

湖山居士 見吳芾

3712$_0$ 潮

潮溪先生 見陳善

3712$_0$ 澗

澗上丈人 見陳恬
澗泉 見韓淲
澗叟 見杜槃
澗谷 見羅椅

3712$_0$ 潤

潤之 見劉澥
潤父 見黃育 見鄭霖

3712$_7$ 滈

滈水先生 見李復

3712$_7$ 鴻

鴻慶居士 見孫覿
鴻甫 見曾漸

3713$_6$ 漁

漁仲 見鄭樵

3714_7 汲

汲南玉　5 /3089
　5 /3091
汲公　見呂大防

3714_7 沒

沒兀　1 /641

3716_1 澹

澹庵　見胡銓
澹庵現老　9 /5827
澹巖　見張澂
澹然居士　見毛奎

3716_4 洛

洛川先生
　見朱敦儒

3716_4 潞

潞國公　見文彥博

3718_1 凝

凝正　見梁鼎
凝之　見劉渙

3718_2 次

次膺　見晁端禮
次元　見周燾
次張　見梁安世
　見趙九齡
次儒　見呂南公
次仲　見陳亞卿
次律　見沈琯
次皡　見鄭仁舉
次道　見宋敏求
次韓　見姚愈
次中　見林旦
次夔　見盧祖皋
次公　見楊偕

3719_3 潔

潔齋　見范子長

3719_4 深

深寧老人
　見王應麟
深之　見龔原
　見李處道
　見李源
深道　見韋許
　見張勵
深甫　見龔原
　見譚惟寅
　見王回
　見許及之
　見曾子淵
深居　見馮去非
深父　見龔原
　見王回

3721_2 祖

祖德　見來之邵
祖士衡平叔 1 /496
祖無擇擇之
　2 /742　2 /743
　2 /761　2 /762
　2 /880　2 /881
　2 /882　2 /951
　2 /972　2 /1007
　2 /1060　2 /1137
　2 /1198　2 /1238
　2 /1339　2 /1340
　2 /1341　2 /1345
　3 /1605　3 /1948
　3 /1955　10/6323

3721_4 冠

冠之　見章甫

3722_0 初

初虞世和甫
　5 /3037
初寮　見王安中
初心　見馮夢得

3722_7 祁

祁寬　3 /1568
　4 /2475　6 /3590

3729_9 祿

祿禧　8 /5379
祿東之　9 /5818

3730_1 逸

逸民　見文務光

3730_2 通

通微　見謝縝
通遠　見何溥
通老　見黃中
　見楊椲
通叟　見王觀

3730_2 過

過昺　2 /1300

3730_3 退

退庵　見吳淵
退軒　見劉德秀
退叟　見朱昂
退翁　見家定國
　見宋齊愈
　見俞汝尚

3730_4 遐

遐叔　4 /2257
　5 /3057

3730_5 逢

逢純熙　3 /1922
逢吉　見危稹
逢盛　見尤時亨
逢原　見王令
　見姚希得
　見曾孝序
逢年　見朱椲

3772_7 郎

郎應辰　11/7625
郎翥　9 /5931
　9 /5934
郎景微　3 /1703
郎景明　9 /5931
　10/6794
郎曄　8 /4920
　8 /4928　8 /4929

8 /4931　8 /4932
郎簡　2 /682

3780_6 資

資深　見李定
資道　見王居安

3812_7 汾

汾陽　見十智同眞

3813_2 冷

冷清　2 /722
冷世光　9 /5968
9 /6148　9 /6149

3814_0 激

激仲　見晁公昂

3814_7 游

游醇　5 /3387
游酢定夫、廌山先生、廣平先生、文肅
*5/3385
3 /1522　3 /1542
3 /1594　4 /2413
4 /2435　4 /2440
4 /2453　4 /2466
4 /2472　4 /2474
4 /2490　4 /2497
4 /2498　4 /2513
4 /2514　4 /2530
4 /2578　4 /2592
4 /2649　4 /2651
4 /2652　4 /2658
4 /2664　4 /2671
4 /2679　4 /2683
4 /2689　5 /3335
5 /3395　5 /3397
5 /3398　5 /3406
6 /3453　6 /3479
6 /3564　7 /4633
7 /4638　8 /4864
8 /4868　10/6691
游師雄景叔
5 /2948　5 /3055
游先　5 /3394
游仲鴻子正、忠公、果齋、鑒虚
9 /6159　10/6436
11/7070　11/7075
11/7077　11/7502
11/7505
游似清獻、克齋、果山、景仁
8 /5427　8 /5431
8 /5440　11/7339
11/7360　11/7459
11/7469　11/7507
11/7537　11/7540
11/7541　11/7542
11/7573　11/7580
12/7680　12/7683
12/7715
游次公西池、子明
9 /5799
游九言文靖、誠之、九思、默齋
10/6480　10/6609
11/7030
游古意　12/7944
游執中　5 /3387
游撝　5 /3387
游捄　5 /3388
游拂　5 /3388
游損　5 /3388
游操存誠　8 /4952
8 /5464　9 /5640
游握　5 /3389
游擬　5 /3388
游掞　5 /3388
游氏(劉朔母)
10/6408
(劉炳妻) 11/7551
游企　6 /3774

3815_7 海

海野老農　見曾覿
海岳外史　見米芾

3816_7 滄

滄江先生
見虞剛簡
滄州叟　見程公許
滄洲　見程公許
見史彌堅
滄洲病叟　見朱熹
滄浪逋客　見嚴羽

3819_4 涂

涂任伯　10/6509

3825_1 祥

祥雲　見釋曇懿
祥瑛上人　5 /3150
祥甫　見李庭芝
祥符陵長老
7 /4746

3826_8 裕

裕齋　見馬光祖
裕甫　見舒益

3830_3 遂

遂初　見劉學雅
見尤袤
見張履信

3830_4 遊

遊初　見張履信

3830_4 遵

遵正　見折可適
遵璞　7 /4292
遵道　見楊迪
遵老　5 /3109

3830_6 道

道立　見鄧守安
道端禪客　7 /4319
道天　見吳淵
道臻　5 /3083
道君　見宋徽宗
道孚　見楊克
道純　見劉秤
見劉格
道鄉先生　見鄒浩
道淳上座　5 /3101

道源 見張宗
道溫 見釋文瑩
道潔 見袁溉
道祖 見章倧
道士 見錢自然
見邵彥肅
見守和
道場 見釋辯
道夫 見包恢
道輔 見方元寀
見王寀
見魏泰
道甫 見王自中
道暉 見徐照
道原 見劉恕
見沈季長
道舉 見李忠輔
道卿 見陸賀
見孫抃
見葉清臣
道父 見吳淵

3850₇ 肇

肇明 見薛昂

3912₀ 沙

沙世堅 9 /5795
沙隨先生 見程迥

3918₉ 淡

淡齋 見李深卿
淡軒老叟 見楊方

3930₂ 逍

逍遙 見潘閬
逍遙子 見潘閬
逍遙翁 見沈霖
逍遙公 見李椿年

4000₀ 十

十智同眞汾陽 7 /4277

4001₇ 九

九峰 見蔡沈
見蘇元老
九華子 見員興宗
九華山人 見陳巖
九思 見邢繹
見游九言

4002₇ 力

力道 見王肱

4003₀ 太

太虛 見秦觀
太皇太后 見高太后
太空 見許月卿
太初 見李沆
太素 見梁顥
見宋白
太簡 見蘇易簡

4010₀ 士

士彥 見胡元茂
士龍 見薛季宣
士元 見畢士安
士建中熙道 2 /871 2 /873 2 /880
士特 見翁挺
士表 見文儀
士美 見李邦彥

4010₂ 左

左言 7 /4355
左膚 6 /3463
左緯委羽居士、經臣 6 /3476
左次魏 9 /5613
左昌時 9 /6142

4010₂ 壺

壺山 見方大琮

4010₂ 直

直齋 見陳振孫
直孺 見賈黯
直之 見蔡必勝
見耿秉
直夫 見李浩
見張侃
見周去非
直卿 見黃榦
直翁 見史浩
見徐清叟

4010₄ 臺

臺溪先生 見何鎬

4010₆ 查

查雷奮 11/7420
查道湛然 1 /408
查籥元章 7 /4176 8 /5167 8 /5183 8 /5215 8 /5223 8 /5224 9 /6214 9 /6219

4020₀ 才

才彥 見張邵
才元 見李大臨
見王棫
才上人 6 /3922
才叔 見張愈
才老 見吳棫
見張掄
才中 見林邵
才甫 見梁子美
見張掄
才臣 見王子俊
才翁 見蘇舜元
見王英孫

4021₂ 克

克庵 見程洵
克齋 見陳琦
見董楷
見游似
克清 見辛泌
克勤 見趙時煥

4021₂ 堯

堯文 見舒煥

堯章　見姜夔
　見朱埴
堯京　見劉冀
堯夫　見邵雍
　見張汝士
　見范純仁
堯明　見王俊乂
堯叟　見鄒夔
堯民　見晁端仁

4021_4 在

在廷　見蘇元老

4022_7 希

希文　見范仲淹
希言　見章得象
希顏　見陳知微
　見劉無極
希元　見陳堯佐
　見王嗣宗
　見眞德秀
　見趙昱
希吾　見方導
希聖　見錢惟演
　見喬執中
　見王濆
希孟　見謝直
希仁　見包拯
希穎　見程公許
希仲　見龔明之
　5 /3009
希白　見錢易
希得　見賈同
希稷　見薛田
希魯　見蔣堂
希深　見謝絳
希道　見耿南仲
　見劉庠
希道　5 /3277
希古　見常安民
　見青陽簡
希眞　見朱敦儒
希載　見王胄
希范　見劉珏
希孝　5 /3008
希夷先生　見陳摶
希昱長老　2 /750
希呂　見費伯恭

4022_7 有

有容　見雍故
有道　見祝林宗

4022_7 南

南方應得人
　12/7916
南正　見趙丙
南強　見王容
南豐先生　見曾鞏
南山老人
　見姜特立
南仲　見趙葵
　見周南
南叔　見高稼
　見史彌鞏
南宮魯　4 /2444
南溪居士　見楊芾
南澗　見韓元吉
南圭　見方子容
南塘　見趙汝談
南坡　見葉秀發
南薰老人　見吳源
南華辯老　6 /3669
南夫　見鄧轂
　見潘凱
　見魏杞
南軒　見張栻
南陔　見王寀
南卿　見王阮
南谷　見鄒應龍

4023_1 赤

赤城　見羅適
赤城居士　見陳克

4024_7 皮

皮龍榮　11/7359
皮子良　2 /789
皮公弼　3 /1758
　4 /2182

4024_7 存

存齋　見陸九淵
　見羅願
　見牟子才
存誠　見游操
存誠子　見陳恬
存雅　見方鳳
存戶　見鄭與權
存之　見曾誠
存道　見楊從
存道先生　見賈同
存博　見屠約
存中　見沈括
存叟　見牟子才

4033_1 志

志康　見孫勰
志仲　見錢觳
志完　見鄒浩
志宏　見鄧肅
志道　見史正志
志英　見智圓大師
志中　見鄧晝
志愿　見智圓大師
志舉　見孫勴

4040_7 麥

麥允言　3 /1714
麥知微　1 /625
　2 /800

4040_7 友

友龍　見毛友
友魏　見錢良臣
友裕　見趙善綽

4040_7 李

李立　9 /5573
李立之　3 /1785
　3 /1786　3 /1787
李立遵　1 /434
李亨　7 /4478
李彥　6 /3759

6/3760　6/3764
6/3804　6/3827
6/3828　6/3932
6/4109　6/4115
李彥正　9/5902
李彥穎秀叔
7/4467　8/5032
8/5284　8/5301
8/5494　8/5495
9/5617　9/6138
李彥先　7/4368
李彥嘉　7/4307
李彥國　9/6228
李彥卿　6/3957
李彥光　7/4689
李序　8/5142
李商隱周隱
12/7954
李育仲蒙
3/1437　6/3898
李廌方叔、李豸、濟南先生
4/2743　5/2793
5/2798　5/2843
5/2847　5/2848
5/3060　5/3188
5/3209　5/3241
5/3249　5/3260
5/3324　5/3359
5/3367　6/3599
6/3632　6/3643
6/3702　6/3706
6/3708　6/3719
6/3720　6/3782
7/4767　7/4773
李應　3/1821
李應雷　12/7766
李應行　9/5620
李庶幾　1/245
李庭芝祥甫
11/7360　11/7459
11/7644　12/7743
12/7819　12/7821
12/7871　12/7872
12/7874　12/7875
12/7876　12/7877
12/7878　12/8003
12/8028　12/8034
12/8035　12/8036
12/8037　12/8038
12/8040
李庭幹　8/5131
李慶　5/3079
5/3085
李廣心　5/3085
李賡　6/4103
李庚子長　9/5758
李康　5/3010
李康伯　2/908
李康時　9/5620
9/5622
李康年樂道
5/3108　5/3112
李文伯去華
5/2999　5/3078
李文中　7/4731
7/4732　9/5620
李文輔　6/3620
李文舉　5/3257
5/3258　5/3263
李文會端友
7/4228　7/4229
7/4230　7/4294
8/4913　8/5248
8/5518　9/5639
李文饒　5/3221
李諒　1/26
李京　2/803
2/1072
李評　8/5505
李端懿　2/1115
2/1145
李端愿　2/1125
2/1127
李端民平叔
9/5761
李新元應、跨鰲居士　3/1922
李誼　6/4150
8/4982
李誠之　8/5406
李塾季修　8/5245
8/5289　8/5293
8/5294　8/5299
8/5302　8/5303
8/5304　8/5305
8/5308　8/5310
8/5318　8/5323
10/6272
李諤　7/4478
李望之　6/4152
李毅　4/2713
李詢　5/2979
李誦　9/6141
李韶　8/5440
12/7830
李諮仲詢、憲成
1/90　1/343
1/440　1/525
李謙　6/4152
9/6152
李詳　11/7065
李議之　7/4695
李正臣　4/2428
4/2436　4/2623
5/3104　6/3652
李正民方叔、大隱居士　7/4224
7/4258　7/4668
李至言幾　1/18
1/19　1/58
1/59　1/266
李亘　6/3930
李丕諒　1/650
1/652　1/653
李璋　3/1732
李元礪　11/7350
11/7523
李元瑜　4/2565
李元白　12/7894
李元綱　1/112
1/132
李元輔　4/2163
李丙仲南　8/5288
8/5354
李雱　8/5248
李需　6/4152

李震 6/4089 6/4152
李震午 11/7612
李平承之 4/2147
李晉 6/4092 6/4152
李雷應子應 12/7836 12/7830 12/7970
李石方舟子、蘊玉、知幾 7/4774 7/4851 9/5730
李西臺 見李建中
李可度 1/11
李醇儒 8/5396
李雲 10/6529
李天棐 12/7749
李天錫 2/1033
李珏廬陵民、元暉、鶴田 11/7216 11/7218 11/7220 11/7222 11/7224 11/7230 11/7354 11/7560 11/7561 12/8006
李彌正 8/4878
李彌遜似之、普現居士、筠溪居士 6/3995 6/3996 7/4667 7/4702 7/4719 7/4725 7/4733 7/4734 7/4735 7/4737 7/4738 7/4740 8/4878
李彌大似炬、無礙居士 5/3403 7/4353 7/4656
李碩 1/640
李發 3/1531 11/7428
李延 1/26
李延年 5/3261
李廷珪 5/3053
李廷老 2/837 5/3226
李琮 4/2157
李瑋 3/1732
李琳之李綱姪 6/4092
李建 6/4139
李建中得中、李西臺 5/2844
李孟傳文授 5/3439
李孟侯 1/194
李孟堅 7/4743 8/5244
李琛 7/4322 8/5554
李豸 見李廌
李邴文敏、雲龕、漢老 6/3962 7/4294 7/4294 7/4297 7/4301 7/4307 7/4322 12/7801
李承信 7/4774
李子先 5/2995
李子才挺之 4/2488 4/2489
李子奇 5/3059
李子愿 10/6576
李召甫 10/6939
李君貺 5/3017
李孜 8/5281
李改卿 12/7801
李重進 1/6
李秀之 6/4081 6/4100 6/4107 6/4152 6/4153
李禹卿 3/1645
李舜臣子思、隆山 11/7428 11/7430 11/7431 11/7432 11/7433 11/7434 11/7435 11/7469 11/7470 11/7480
李舜舉 4/2515 5/2790
李信 3/1817
李信甫 8/4937 8/4939
李委 5/2790 5/2839
李受 7/4233 8/5296
李季子 12/7701
李乘 4/2713
李集之 6/4078 6/4105 6/4152
李秉文 5/3012
李秉彝德叟 5/3003 5/3012 5/3013 5/3017 5/3105
李維仲方 *1/49 1/54 1/57 1/62 1/63 1/64 1/66 1/68 1/70 1/72 1/74 1/77 1/78 1/81 1/82 1/83 1/85 1/86 1/87 1/89 1/90 1/91 1/92 1/522 1/523 1/536 6/4092 6/4147 6/4152 7/4660 7/4664 7/4724
李順 1/60 1/125 1/126 1/129 1/130 1/131 1/138 1/141 1/142 1/156 1/160 1/191
李仁叔 12/7916
李虛己公受 1/525
李虛舟 2/764
李偃 6/4049
李行夫 6/3765
李行父 6/3766

李行簡　1/525
李衎　12/7956
李衡彥平、樂庵　9/5780　9/5860　9/6100　9/6101　11/6986
李衢　11/7643
李處度　7/4806
李處遯嘉仲　4/2687
李處道深之　5/3219
李處全晦庵、粹伯　8/4886　9/6097　10/6396
李卓　11/7612　12/7688
李師顏　7/4314
李師師　5/3438　5/3445　5/3449　5/3450
李師載　5/2982　5/3006
李師中誠之　2/1120　2/1260　4/2295　5/2772　5/2938　5/2939　10/6816
李經　6/3485　6/4077　6/4152　7/4660　7/4664　7/4671　7/4672　7/4713　7/4724
李穎　6/3720
李川　9/5590
李鼎　11/7360　11/7459
李鼎之　6/4093
李鼎臣　8/4914
李山　7/4414　8/5125　8/5155　8/5159
李山甫　2/1343
李幾仲　6/3674　6/3767
李幾道　5/3072
李崇矩　1/7　1/9　1/10
李樂天　5/3179
李繼一　4/2178
李繼捧　見趙保忠
李繼昌　1/425
李繼隆　1/21　1/328　1/347
李綖子儀　3/1704　3/1708　3/1718
李參　3/1990　4/2091　4/2598　4/2684　5/3012　8/5537
李參魯　2/1337
李佖　5/2831
李允　1/272
李允則　1/431　7/4834
李獻可　8/5254　11/7427　11/7428　11/7481
李獻臣　7/4305　7/4310
李獻卿　3/1645
李獻父　5/3071　5/3072
李巘獻之　9/5896　9/5897　9/5898　9/5900　9/5901　9/5902　9/5973　10/6425
李動天　8/5122
李仕衡　1/405
李備　5/3264　5/3265
李德孚　5/3127
李德師　5/3126　5/3127
李德芻　5/2898　5/2913
李德宗　5/3126
李德祖　6/3472
李德明　1/36
李德翁　9/5953
李升　6/4090　6/4152
李勉　7/4393
李特　8/5524
李幼武　6/4102
李稙　6/3712　6/3713　6/3772
李紘　1/607　1/616　4/2178
李緯　2/1260
李結　5/3201
李縝伯玉、萬如居士　12/7917
李仲信　8/5299
李仲宣　1/38
李仲容　2/898　2/1044
李仲昌　2/1302
李仲同　5/3024　5/3258
李仲舉　11/7131
李傑　3/1922
李紳　4/2282
李純午　11/7616
李績中　3/1922
李自明　4/2277
李皇后光宗慈懿李皇后　9/5979　10/6425　10/6427
李伯誠　10/6618
李伯牖　5/3032
李伯寅　9/5730
李伯英　4/2473　10/6666
李侃　6/3538
李垩　8/5337　8/5339　8/5341　8/5354　8/5356
李偲　4/2428
李得柔李道士、妙應　5/2797
李得素　5/2843
李和甫　5/3032
李縕　2/880

李穆 1/16
1/18 8/5273
李稷 4/2150
4/2158 4/2515
5/2795
李酆 3/1514
3/1571
李伊鼎成之
10/6533
李侗延平、願中
*8/4933
3/1522 3/1594
4/2514 6/3789
6/3791 7/4182
7/4549 8/5353
9/6007 9/6012
9/6022 9/6024
9/6025 9/6027
9/6029 11/7490
李修 3/1922
李脩孺 5/2795
李修己思永
11/7461
李仔任道 5/3091
5/3091
李奐 3/1612
李綱伯紀、梁溪居士、忠定
*6/4075
*6/4095
3/2042 5/3393
5/3407 5/3410
5/3431 5/3448
6/3498 6/3525
6/3526 6/3542
6/3543 6/3622
6/3931 6/3934
6/3962 6/4012
6/4017 6/4018
6/4019 6/4039
6/4056 7/4217
7/4351 7/4352
7/4355 7/4356
7/4418 7/4419
7/4421 7/4423
7/4470 7/4547
7/4549 7/4552
7/4553 7/4556
7/4557 7/4559
7/4560 7/4562
7/4567 7/4571
7/4575 7/4580
7/4582 7/4585
7/4586 7/4587
7/4592 7/4596
7/4597 7/4598
7/4603 7/4611
7/4618 7/4619
7/4622 7/4626
7/4633 7/4637
7/4638 7/4644
7/4645 7/4647
7/4652 7/4653
7/4654 7/4655
7/4656 7/4657
7/4658 7/4659
7/4660 7/4661
7/4662 7/4663
7/4664 7/4671
7/4672 7/4678
7/4690 7/4691
7/4693 7/4695
7/4699 7/4702
7/4703 7/4706
7/4707 7/4708
7/4709 7/4710
7/4711 7/4713
7/4716 7/4724
7/4733 7/4790
7/4793 7/4794
7/4807 8/4901
8/4997 8/5133
8/5327 8/5327
8/5347 8/5348
9/6080 10/6736
10/6737 11/7031
李綱姪 見李琳之
李絢 2/992
2/1086 2/1290
李叔文 10/6295
李叔端 11/7638
李叔易 7/4667
李叔時 5/3247
李叔翔 12/7803
12/7917
李似表 7/4308
李份 5/2895
李攸好德 6/3885
李微 7/4216
9/5638
李微仲 6/3767
李徵古 1/37
李復潏水先生、履中 4/2257
5/3057 7/4352
7/4353
李復禮 11/7408
李復圭 4/2073
李儀之 6/4078
6/4093 6/4104
6/4152
李僧護 6/4103
李從鎰 1/39
李聳 10/6705
李以申 12/7707
李綸季言 6/4080
6/4088 6/4134
7/4688 7/4693
李宜之 5/2836
李澶娘 4/2473
李沆文靖、太初
1/23 1/25
1/54 1/64
1/66 1/105
1/113 1/114
1/119 1/121
1/143 1/152
1/297 1/300
1/303 1/367
1/369 1/399
1/408 1/419
3/2040 5/2955
6/3462 8/5273
10/6798
李寬 2/1081
3/1980 7/4368
11/7141
李肩吾 11/7508
李宥 2/988
李宸妃太宗莊懿

皇后　1 /545
2 /983　2 /1041
李進　8 /5155
李之純　3 /1921
4 /2165　5 /2806
5 /2959　5 /3040
5 /3123　5 /3254
5 /3263
李之儀端叔、姑溪居士
＊5/3121
3 /1922　5 /2798
5 /2807　5 /2808
5 /2813　5 /2837
5 /3016　5 /3179
5 /3207　5 /3226
5 /3239　5 /3247
5 /3249　5 /3250
5 /3304　5 /3309
5 /3311　6 /3701
6 /3733　6 /3746
6 /3912
李之才　2 /749
3 /1532　3 /1542
李之孝　8 /5443
李之翰　11/7057
李憲　3 /1671
3 /1844　4 /2515
李憲仲　5 /2793
李守道　12/7748
李守節　1 /218
李安正　6 /3657
6 /3674　6 /3766
李安行　9 /5620
李審言　2 /837
李宏彥恢　7 /4421
7 /4422　7 /4425
7 /4428　7 /4443
李宏中　8 /5505
李良　11/7526
李良臣　4 /2713
李定資深　2 /761
2 /764　3 /1605
3 /1635　3 /1810
3 /1834　4 /2126
4 /2129　4 /2156
4 /2390　4 /2430
4 /2483　4 /2498
5 /2772　5 /2774
5 /2787　5 /2796
5 /2830　5 /2836
5 /3113
李寅亮功　5 /3111
5 /3112
李寅仲君亮
11/7045　11/7093
李實　7 /4511
李寶　7 /4501
7 /4502　8 /4957
8 /5084　8 /5094
8 /5098　8 /5100
8 /5151　8 /5152
8 /5156　8 /5175
8 /5526　8 /5555
李宗亮　8 /5122
李宗彥　9 /5793
9 /5794
李宗諤昌武
＊1/49
1 /54　1 /55
1 /58　1 /59
1 /60　1 /62
1 /63　1 /64
1 /66　1 /68
1 /70　1 /72
1 /74　1 /77
1 /78　1 /80
1 /81　1 /82
1 /157　1 /230
1 /255　1 /259
1 /269　1 /282
1 /286　1 /426
1 /472　8 /5273
8 /5546
李宗勉文清、强父
8 /5440　11/7531
11/7536　11/7537
11/7575　12/7708
12/7713
李宗之　6 /4078
6 /4088　6 /4104
6 /4152
李宗古　5 /3115
李宗易簡夫
1 /637　5 /2846
5 /2952　5 /3221
李宗恩伯諫
10/6341
李永言　3 /1901
3 /1903
李宲　6 /4018
6 /4020
李溉　3 /1532
李潛君行　3 /1539
4 /2669　4 /2687
李源深之　11/7131
李祉　3 /1922
5 /3264
李福　1 /436
李顧行　1 /228
李迂　3 /1645
李心傳伯微、微之、秀巖
＊11/7421
6 /4101　6 /4120
6 /4144　7 /4459
7 /4519　8 /5260
8 /5284　8 /5290
8 /5301　8 /5383
8 /5422　8 /5427
8 /5431　9 /5653
9 /5768　11/7339
11/7360　11/7435
11/7461
李泌　4 /2732
李浦　5 /3448
李浪子　見李邦彥
李溥　1 /333
1 /471　1 /475
1 /476　1 /480
李泳子永、蘭澤
7 /4750
李迨　7 /4379
李洧孫　12/7768
李汝翼　8 /5373
11/7102　11/7441
李汝明　見李明
李浩正信、德遠、直夫　4 /2188

7/4176 8/4996 8/5215 10/6510
李洪子大、芸庵 9/5787
李漢超 1/40 7/4834
李漢卿 3/1645
李浹叔潤 10/6473
李沐 9/5866 9/6144 10/6624 10/6625 10/6629 11/7073
李祺壽 8/5041
李達可 11/7428 11/7450 11/7462
李沖 11/7360
李沖元元中 5/3023
李清 2/1302 8/5156
李清照易安、易安居士 5/3258 5/3298 6/3599 8/4899 12/7974
李清臣邦直 2/1134 2/1170 2/1212 2/1213 2/1356 3/1807 3/1921 4/2155 4/2188 4/2411 4/2578 4/2653 4/2660 4/2666 4/2669 4/2678 4/2686 4/2687 4/2733 5/2787 5/2807 5/2808 5/2811 5/2813 5/2834 5/2947 5/2954 5/2956 5/3039 5/3197 5/3238 5/3263 5/3264 5/3303 5/3315 5/3416 6/3603 6/3605 6/3607
李迪文定、愛梅、復古、惠叔 1/88 1/248 1/249 1/373 1/439 1/440 1/442 1/444 1/445 1/484 1/485 1/486 1/487 1/488 1/491 1/492 1/526 1/529 1/530 1/531 1/532 1/538 2/746 2/899 2/1043 4/2524 5/3362
李迪(南宋人) 12/7988
李渭 2/796
李洞元 4/2483
李潤之 6/4152
李淑獻臣、邯鄲 1/440 2/726 2/983 2/996 2/1033 2/1044 2/1060 2/1071 2/1122 2/1302 2/1336 3/1467
李次翁 5/2977 5/3025
李深叔平 3/1922 6/3472
李深卿淡齋 10/6763 11/7194
李冠世英 10/6855
李初平 3/1513 3/1559 4/2537
李通 8/5119 8/5122 8/5156
李逢 1/399 3/2009 3/2010 3/2020
李選 7/4398 7/4399
李棨德素 5/2999 5/3051 5/3064 5/3071
李鄴 6/4046 7/4678 8/5141
李祥元德、肅簡 9/6087 9/6090 9/6160 10/6436 10/6623 10/6624 10/6626 11/7075 11/7156
李裕 6/3516
李裕文 9/5886 10/6401
李遵懿 4/2178
李遵勗和文、公武 1/94 1/314 1/537 1/542
李道 8/5174
李道傳貫之 8/5375 8/5376 8/5452 11/7222 11/7225 11/7226 11/7231 11/7427 11/7428 11/7430 11/7434 11/7435 11/7436 11/7437 11/7438 11/7439 11/7440 11/7442 11/7445 11/7446 11/7447 11/7450 11/7453 11/7469 11/7481
李道士 見李得柔
李道與 8/5125
李九齡 9/5693
李士斌 2/908
李士衡 1/166 1/466 1/473
李士寧 3/2009
李士雄子飛 5/3059 5/3063
李壆季允、悦齋 *8/5231 8/5041 8/5062 8/5370 8/5381 8/5385 8/5394 8/5433 8/5444 8/5450 8/5452 9/5805 10/6323 10/6344 10/6353

10/6436 10/6955
11/7075 11/7116
11/7160 11/7377
11/7391 11/7405
11/7409 11/7430
11/7455 11/7463
11/7464 11/7466
11/7469 11/7476
12/7664 12/7666
李直方 1 /496
李才甫 5 /3026
李克忠 4 /2073
李堯行 5 /3125
5 /3127 5 /3145
李堯輔 2 /1027
李堯光 5 /3126
5 /3144 5 /3147
李有慶 3 /1614
李南公 3 /1605
4 /2156 4 /2249
4 /2430 4 /2486
6 /3463
李存約 7 /4323
李志寧 5 /2943
李志道 12/7748
李志中 4 /2742
李燾子真、仁甫、仁父、巽巖、文簡 *8/5231
8 /5012 8 /5017
8 /5033 8 /5349
8 /5513 8 /5538
9 /5569 9 /5585
9 /5588 9 /5600
9 /5604 9 /5605
9 /5635 9 /5671
9 /5679 9 /5696
9 /5724 9 /5736
9 /5775 9 /5929
9 /5951 9 /5958
9 /6086 9 /6090
9 /6094 9 /6120
9 /6124 9 /6125
9 /6136 9 /6137
10/6327 10/6398
11/6991 11/7116
11/7410 11/7423
11/7424 11/7430
11/7436 11/7455
11/7484
李熹明甫 8 /5238
8 /5245 8 /5294
李友諒 6 /3560
李友直 8 /4937
8 /4939
李喜 8 /5156
李壽道 12/7747
李大二 7 /4740
李大正 7 /4750
8 /5489
李大理 9 /6143
李大鼎 8 /5207
李大有 7 /4714
李大忠 6 /3767
李大異伯珍
8 /5091 8 /5356
8 /5361 8 /5363
9 /5917 9 /6143
11/7138
李大同從仲
11/7371
李大臨才元
2 /1010 3 /1517
3 /1523 3 /1582
3 /1635 3 /1810
4 /2126 4 /2127
4 /2499
李大性伯和
7 /4318 7 /4320
8 /5050 8 /5367
9 /6143
李爽 11/7102
李賁 9 /5865
李木 9 /5888
9 /5889
李杌 5 /3403
李樞 2 /764
李彭商老、日涉翁
4 /2372 5 /3101
5 /3242 7 /4274
7 /4276 7 /4278
7 /4624 7 /4738
李樸先之 7 /4656
李朴 4 /2659
4 /2683
李棫 6 /4066
8 /5519 9 /5792
李埴 9 /6160
李勤 7 /4237
7 /4238
李夢聞 11/7225
李芳子 8 /5452
李芾叔章 6 /3572
12/7769 12/7793
12/7880 12/8023
李萬頃 11/7307
李蒙 6 /4152
李蔚 1 /220
李茂 12/8004
李茂之 6 /4152
李茂宗 3 /1583
李茂直 3 /1922
李芝 6 /4026
李莘野夫 5 /2792
5 /3040
李孝鼎 4 /2136
李孝友 9 /5978
李孝壽 4 /2201
6 /3473
李孝博彥博、叔升
5 /2805
李孝基 3 /1825
李孝忠 5 /3368
5 /3375 6 /4087
李孝義 10/6655
李孝美 8 /5508
李娃(孝娥,岳飛妻) 8 /5177
李耆俊 9 /6144
李耆壽 8 /5398
李若水清卿、李若冰、忠愍 6 /3514
6 /4080 6 /4125
10/6737
李若虛 8 /5080
8 /5139 8 /5151
8 /5152

李若川子至
9 /5663 9 /5775
9 /5776
李若之 6 /3631
李若冰 見李若水
李若樸 8 /5166
8 /5180 8 /5181
李若谷 7 /4230
李芘 7 /4414
7 /4725
李世良 8 /5154
李英俊 12/8012
李材叟 5 /3097
李藻元昭、清叔、桃溪先生
8 /5291 9 /5807
9 /5808 9 /5809
9 /5810 9 /5820
李植 2 /881
5 /3107 9 /5757
9 /5758
李楠伯和 7 /4174
8 /4877 11/7233
11/7447 11/7562
李横 7 /4427
7 /4431 7 /4432
7 /4439 7 /4440
8 /5069 8 /5125
8 /5127
李椿壽翁 8 /5308
9 /5793 9 /6234
李椿年仲永、逍遥公 8 /4991
8 /4992
李覿 8 /5156
李觀夢符 1 /452
2 /1107 5 /3027
李覿子範
5 /3027 5 /3029
李相之 8 /5022
9 /5567
李翹叟 5 /3097
李彀 6 /4047
李朝正 6 /3976
9 /5945
李好義忠壯
8 /5381 11/7441
李起潛 12/7761
李杞 4 /2147
4 /2149 4 /2150
4 /2151 4 /2154
5 /2795 5 /2830
5 /2831
李格 5 /3115
李格非文叔
3 /1922 5 /3258
5 /3264 5 /3323
5 /3334 5 /3380
5 /3366
李乾德 3 /1671
李敬子 11/7215
李棁 5 /3448
6 /4046 6 /4111
6 /4112
李梅山 12/7921
李中 8 /5237
8 /5238 8 /5244
8 /5245 8 /5251
8 /5259 9 /5588
10/6323
李中行 6 /3712
9 /5620
李中師君錫
2 /838 2 /841
2 /954 2 /955
2 /961 2 /963
2 /964 2 /965
2 /966 4 /2566
李中祐 3 /1761
4 /2067
李申之 6 /4091
6 /4152
李車 7 /4656
李接 11/7343
李肅 9 /5893
李肅之公儀
4 /2125 5 /2939
李惠 11/7240
李忠信 7 /4388
7 /4389
李忠傑 4 /2197
李忠輔道舉
12/7815
李由道 12/7748
李夫人(黄庭堅姨母) 5 /3018
李夷行 3 /1922
李夷伯子真
5 /3001 5 /3002
李貫 2 /793
3 /1922
李貴 6 /3498
6 /3541 7 /4202
李柬之 2 /746
2 /946 3 /1634
4 /2524
李東之 1 /249
1 /492
李泰 6 /4089
6 /4152
李振龍 12/7966
李輔聖 5 /3098
李成 6 /3540
6 /4063 7 /4201
7 /4202 7 /4231
7 /4408 7 /4409
7 /4493 7 /4494
7 /4500 7 /4508
7 /4689 8 /5069
8 /5070 8 /5109
8 /5110 8 /5116
8 /5117 8 /5125
8 /5126 8 /5128
8 /5141 8 /5142
8 /5153 8 /5161
8 /5168 11/7228
李成(宋末人)
12/8003
李成用 9 /5999
李捧 7 /4411
7 /4438 8 /5527
8 /5555
李覯泰伯、盱江先生
*2/1331
1 /452 1 /595
1 /619 1 /636

2 /673 2 /678
2 /679 2 /681
2 /682 2 /745
2 /758 2 /878
2 /880 2 /886
2 /887 2 /920
2 /935 3 /1530
3 /1575 3 /1645
4 /2080 4 /2119
4 /2578 4 /2579
11/7555
李擢 6 /4124
6 /4132 6 /4133
李邦彦士美、李浪子 5 /3425
5 /3448 5 /3449
6 /4045 6 /4046
6 /4082 6 /4110
6 /4113 12/7724
李昉 1 /17
1 /20 1 /23
1 /42 1 /55
1 /116 1 /222
1 /229 1 /230
1 /237 1 /242
1 /257 1 /259
1 /263 1 /267
1 /271 1 /275
1 /287 1 /290
1 /294 3 /1920
8 /5273 8 /5546
李俶 4 /2135
李昱 6 /4087
6 /4131 7 /4356
7 /4357
李易順之 7 /4501
7 /4598 7 /4600
7 /4601 7 /4602
7 /4603 7 /4697
7 /4698
李易初 5 /3297
李思和 5 /3400
李昪 12/7661
李昪之 6 /4046
李回 6 /3523
6 /3959 6 /4052
6 /4124 6 /4138
6 /4139 7 /4409
7 /4410 7 /4421
7 /4429 7 /4431
8 /5118 8 /5121
8 /5122 8 /5174
李昌齡 1 /414
1 /601 4 /2091
李昌之 6 /4093
李昌圖 11/7431
李昌夔 10/6317
李昴英文溪、俊明、忠簡
*12/7745
11/7362 11/7364
11/7365
李昂英 見李昴英
李景先 4 /2282
李景良 6 /3499
6 /3534
李景達 1 /39
李顯 1 /651
1 /661 1 /662
李顯忠世輔、忠襄
6 /3977 7 /4320
7 /4330 7 /4491
7 /4492 7 /4501
8 /4995 8 /5088
8 /5089 8 /5218
8 /5534 8 /5535
9 /6216 9 /6217
9 /6247 11/7386
李蹊成淑 9 /5730
李跋 7 /4368
李時英 12/7728
李明李汝明、吉甫
11/7221
李明叔 5 /3005
李鳴復 11/7534
11/7535 11/7536
11/7537 11/7542
李瞻 6 /3586
李昭亮 2 /724
2 /725 2 /1071
2 /1080 2 /1235
李昭玘成季
3 /1922 4 /2238
4 /2257 5 /2798
5 /2913 5 /3057
5 /3244 5 /3245
5 /3250 5 /3327
5 /3330 5 /3372
李昭遘 2 /1069
李嗣本 6 /3532
李鶚 10/6484
李照 2 /678
2 /685 2 /748
3 /1711 3 /1841
3 /1842 3 /1848
李畋渭卿、谷子
1 /137 1 /142
1 /151 1 /152
1 /153 1 /154
1 /155 1 /161
1 /162 1 /164
李壁季章、雁湖、石林
*8/5231
8 /5342 9 /5738
9 /6071 10/6323
10/6344 10/6586
11/7116 11/7164
11/7410 11/7430
11/7439 11/7441
11/7455 11/7463
李陟 3 /1986
李愿中 6 /3788
6 /3793 9 /6024
李厚 1 /637
5 /3006
李頎粹老 5 /3124
5 /3127
李原彥深 5 /3002
5 /3006 5 /3009
李原之 9 /5999
李巨源 1 /236
李長倩 5 /3083
李頤 6 /4152
李垕 8 /5271
8 /5284 8 /5285
8 /5286 8 /5288
8 /5289 8 /5294
8 /5295 8 /5298
8 /5305 8 /5317

8 /5318 8 /5323
8 /5455 9 /6096
李階 6 /3472
李肜季敵
4 /2151 5 /2977
5 /3030 5 /3103
李氏(王應麟妻)
12/7890
(柳承昫妻)
1 /207
(金經妻) 1 /309
(梅邈妻) 1 /363
(范仲淹妻)
1 /601
(歐陽修祖母)
2 /1021
(曾鞏妻)
3 /1562 3 /1645
(鄭獬母) 3 /1984
(張耒母) 5 /3218
(黃庶妻) 5 /3365
(秦國夫人、陳亨仲妻) 8 /4946
8 /4947
(魏國夫人、周葵妻) 8 /4998
(岳飛妻) 8 /5094
(鄭興裔曾祖母)
9 /5855
(劉爚妻)
10/6949 10/6952
(謝枋得妻)
12/7921 12/7922
李氏皇后(光宗后) 9 /5979
李質文伯 7 /4568
李隨 8 /5537
李夙 8 /5238
李同 6 /4152
李周 3 /1921
5 /2913 5 /3254
5 /3263
李居貞 1 /165
李問 3 /1979
7 /4747
李閎祖 8 /5452
李民 7 /4360
7 /4361
李巽仲權 1 /277
李與 8 /5156
李與賢 9 /5995
李興 3 /1976
8 /5155 8 /5156
李賢妃元德皇后、真宗母 1 /62
1 /301 1 /433
1 /545
李勝 6 /4058
10/6738
李仝 11/7355
11/7356 11/7358
11/7362 11/7388
11/7526 11/7529
12/7663 12/7664
12/7702
李金 9 /6232
10/6267
李錞 7 /4624
李介夫 5 /2895
李兼孟達 8 /5047
9 /5953 11/7522
李夔 6 /4078
6 /4079 6 /4080
6 /4081 6 /4103
6 /4104 6 /4105
6 /4106 6 /4107
8 /5238
李義 7 /4425
李義山後林、伯高
11/7628 12/7953
李含章 1 /365
1 /399
李曾伯可齋、長孺
12/7674 12/7681
12/7693 12/7718
12/7725 12/7742
12/7907
李會 6 /4133
李谷 7 /4843
李公謹 2 /1129
李公竦 5 /3218
李公麟龍眠居士、伯時 3 /2055
4 /2122 4 /2345
4 /2744 5 /2798
5 /2843 5 /2845
5 /3051 5 /3057
5 /3058 5 /3062
5 /3101 5 /3239
5 /3244 5 /3247
5 /3329 5 /3355
6 /3974 7 /4840
李公弼 4 /2756
李公佐 2 /1039
李公蘊 5 /3074
5 /3077
李公輔德載
5 /3221 5 /3255
5 /3259
李公昴 見李昴英
李公昂 見李昴英
李公義 3 /2002
李粲 11/7072
李鑄 8 /5411
8 /5418
李錫 11/7428
李鐊 11/7459
李知孝 8 /5420
11/7372 11/7403
11/7404 11/7405
11/7494 11/7508
11/7567
李鈞 5 /2940
李鏐季相 8 /5409
李翔仲覽 4 /2740
李斂 10/6551
李銓 8 /5411
8 /5418
李筠 1 /6
1 /218 10/6906
李筠翁 11/7208
李籲 4 /2423
4 /2474 4 /2484
4 /2508 4 /2511
4 /2518 4 /2562
4 /2592 4 /2598
4 /2631 4 /2653
4 /2683
李敏之仲通

4 /2444　4 /2473
4 /2477
李餘慶昌宗
3 /1964
李鏻　8 /5411
李惟新　1 /493
李惟希　1 /644
李惟熙　5 /2813
李懷道　5 /3031
李少府　2 /834
李光莊簡、泰發
3 /1907　5 /3409
6 /3957　6 /3959
6 /3960　6 /4150
7 /4243　7 /4303
7 /4307　7 /4308
7 /4322　7 /4429
7 /4616　7 /4644
7 /4650　7 /4651
7 /4743　8 /4908
8 /4983　8 /5214
8 /5244　8 /5354
9 /6208
李光化　1 /633
李光贊　1 /9
李光祖　5 /3079
李尚義　8 /5174
李常公擇　2 /881
2 /1074　3 /1605
3 /1810　3 /1887
3 /1991　4 /2061
4 /2208　4 /2232
4 /2254　4 /2255
4 /2256　4 /2330
4 /2333　4 /2373
4 /2464　4 /2483
4 /2484　4 /2498
4 /2732　4 /2741
5 /2772　5 /2786
5 /2801　5 /2832
5 /2833　5 /2834
5 /2835　5 /2899
5 /2939　5 /2976
5 /2989　5 /2990
5 /3003　5 /3012
5 /3014　5 /3017
5 /3042　5 /3043
5 /3061　5 /3063
5 /3067　5 /3192
6 /3631　9 /6037
李常寧　5 /3188
5 /3194
李當可　11/7428
李燔弘齋、宏齋
8 /5452　11/7240
11/7450　11/7466
11/7469　11/7504
12/7659　12/7662
李忱彥誠　5 /2979
5 /3258
李愼思敬中
4 /2153
李性傳　11/7339
11/7360　11/7428
11/7431　11/7435
11/7444　11/7459
11/7463　11/7464
11/7468　11/7471
11/7472　11/7474
11/7476　11/7480
11/7481　11/7482
11/7483　11/7543
李性道　12/7748
李煜　1 /9
1 /14　1 /38
1 /40　1 /41
1 /53　1 /54
1 /55　1 /363
1 /406　1 /555
10/6906
李熠　8 /5112
李煥之　10/6510

4046_1 嘉

嘉仲　見李處遯
嘉甫　見魏文翁
嘉量　見程良器
嘉叟　見王秬
嘉父　見張大亨
嘉猷　見唐堯封

4050_6 韋

韋齋　見朱松
韋讓　見韋驤
韋詮　8 /5156
韋許深道　5 /3144
5 /3405　6 /3746
韋宿　1 /154
1 /158
韋淵　7 /4524
韋道士　5 /2884
韋太后韋賢妃、顯仁皇后　7 /4216
7 /4219　8 /5516
9 /5572　9 /5577
9 /5992　9 /5647
9 /5706　10/6724
韋貴　2 /921
韋驤子駿、韋讓
5 /2914　5 /2918
5 /2919　5 /2920
5 /3083
韋阿大　3 /1782
韋賢妃　見韋太后

4060_0 古

古靈先生　見陳襄
古平　見朱埴
古心　見江萬里
古梅　見吳龍翰
古成之　1 /160
12/7749
古耕道　5 /2838
5 /2839
古愚　見余晦
古民　見謝直

4060_1 吉

吉倩　8 /5103
8 /5104
吉甫　見李明
見呂惠卿
見曾幾

4062_1 奇

奇之　見馮椅
奇甫　見孫偉
奇父　見孫偉

40641 壽

壽仁 見楊長孺
壽皇 見宋高宗
壽之 見袁長吉
壽南 見陳峴
壽老 見陳耆卿
壽臣 見劉唐老
壽朋 見莫儔
見喬行簡
壽卿 見關耆孫
見趙善悉
壽翁 見李椿
見虞公著
壽父 見蘇山
見蕭靜安
壽光縣太君(黄庭堅母) 5/3069

40710 七

七里先生
見江端友

40732 去

去非 見陳與義
見王遂
去華 見李文伯

40732 袁

袁立孺 11/7641
袁康 4/2290
4/2291
袁說友起巖、東塘
2/942 8/5012
8/5048 8/5050
8/5055 9/5614
9/5846 9/5849
9/5949 9/5960
9/5986 9/6087
11/7252 11/7438
袁聘儒 11/7174
11/7179
袁翼 4/2291
袁玠 12/7743
袁季厚 12/7779
12/7783
袁采君載 9/5998
袁順 10/6463
袁鼎東 11/7611
11/7612
袁仲素 12/7770
12/7778 12/7779
12/7780 12/7783
袁絢 5/3445
5/3446 5/3447
5/3449
袁復一 7/4739
袁謇 10/6480
10/6609 11/7030
袁溉道潔 4/2655
4/2684 10/6361
10/6363 10/6768
11/6979
袁漸國 11/7609
袁洪 12/7756
12/7883
袁祖巖 7/4323
袁祖安 8/5348
袁太初 12/7916
袁姬(柳開妾)
1/237
袁樞機仲
＊9/6073
8/5287 9/5735
9/5995 9/6001
9/6138 10/6525
10/6844 11/7032
11/7433
袁華 9/5766
袁枏 6/4069
6/4070 6/4071
袁轂容直、公濟
4/2745 5/2845
袁申儒 10/6457
袁甫 10/6483
10/6665
袁甫廣微、正肅、蒙齋 8/5440
10/6464 10/6564
10/6565 10/6617
10/6621 10/6667
10/6678 10/6695
11/7509 11/7635
12/7699 12/7710
袁軫 4/2291
袁顯忠 9/5589
袁陟遯翁、世弼
3/1579
袁長吉壽之
10/6884
袁勝之 9/6079
袁鏞 12/7883
袁惟正 3/1614
袁惟幾 4/2131
袁燮正獻、和叔、絜齋 8/5351
9/5992 9/6099
9/6160 10/6436
10/6461 10/6462
10/6465 10/6466
10/6468 10/6472
10/6474 10/6475
10/6483 10/6484
10/6485 10/6489
10/6555 10/6558
10/6563 10/6564
10/6566 10/6571
10/6575 10/6595
10/6603 10/6604
10/6605 10/6611
10/6612 10/6613
10/6638 10/6668
10/6691 10/6695
10/6703 11/6999
11/7075 11/7220
11/7558 12/7710
12/7887

40800 大

大亨 見呂聲之
大慶居士 見鄭俠
大雅 見崔敦詩
大悲 見釋閑
大受 見楊承之
大寧寬 7/4276
大溈智禪師
7/4313

大有　見范昌齡
大觀　見趙瞻
大慧　見釋宗杲
大愚叟　見呂祖儉
大防　見樓鑰
大隱　見楊適
大隱居士　見李正民
大覺璉　5 /3180
大覺禪師　5 /3183
大年　見杜椿　見王彭　見楊億
大猷　見張闡
大鄭公　見鄭伯熊

4080_1 眞

眞齊　11/7491　11/7496
眞京　11/7496
眞嵩　11/7491　11/7496
眞德秀希元、景元、西山、文忠　*11/7485　8 /5046　8 /5062　8 /5311　8 /5338　8 /5394　8 /5395　8 /5409　8 /5411　8 /5420　8 /5421　8 /5427　8 /5438　8 /5440　8 /5452　8 /5455　9 /6088　9 /6145　10/6465　10/6475　10/6642　10/6680　10/6692　10/6955　11/7225　11/7331　11/7365　11/7366　11/7372　11/7392　11/7395　11/7400　11/7401　11/7402　11/7405　11/7408　11/7432　11/7451　11/7465　11/7469　11/7470　11/7522　11/7528　11/7529　11/7531　11/7532　11/7533　11/7545　11/7562　11/7565　11/7566　11/7568　11/7571　11/7572　11/7573　11/7623　12/7700　12/7704　12/7706　12/7817　12/7848　12/7857　12/7874
眞空道人　7 /4271
眞志道仁夫　11/7492　11/7494　11/7496
眞如道人　7 /4305　7 /4306
眞隱山人　見張元幹
眞隱居士　見史浩
眞父　見張震

4090_0 木

木石　見尤焴
木天駿　10/6457
木待問應之、蘊之　6 /3803　7 /4255　8 /5533　8 /5558　9 /5627　9 /5893　9 /5934　9 /6087
木叔　見王枏

4090_3 索

索湘　1/327　1 /328　1 /346

4090_8 來

來上人　2 /841
來嵩　2 /833　2 /1093
來之邵祖德　3 /1905　4 /2134　5 /2807　5 /2959　5 /2960　5 /3367　6 /3553　6 /3557　6 /3565

4091_6 檀

檀敦信　5/3098
檀固　3 /1922

4093_1 樵

樵隱　見宋之瑞　見余玠
樵隱居士　見毛幵
樵風　見傅崧卿

4094_6 樟

樟丘　見徐文卿

4094_6 梓

梓材　見劉廷器

4191_6 樞

樞言　見張詵

4192_0 柯

柯辛　7/4205　7 /4213
柯君翰　9 /6025
柯山　見張耒
柯從周　12/7729
柯翰國材　10/6274
柯常　4 /2750

4212_2 彭

彭彥祥　7/4309
彭彥直　6 /4029
彭應求　3 /1511　3 /1563
彭醇　3 /1922
彭飛凌雲　6 /4023　6 /4029　6 /4030　6 /4036
彭乘利建　1 /159　1 /176　1 /437　2 /1052
彭衎　4 /2473
彭衛　4 /2473
彭任　2 /754
彭德純　3 /1513　3 /1562
彭德器　7 /4721

彭仲剛子復
9 /5953 9 /5957
11/7075
彭龜年子壽、止堂、忠肅
8 /5343 8 /5345
8 /5351 9 /5725
9 /5727 9 /5729
9 /5736 9 /5742
9 /5744 9 /5980
9 /5987 9 /6057
9 /6065 9 /6153
9 /6155 9 /6156
9 /6157 10/6436
11/7060 11/7075
彭良器 6 /3821
彭汝方 5 /3433
彭汝霖 3 /1906
彭汝礪器資
1 /618 4 /2214
4 /2260 4 /2574
4 /2714 4 /2715
4 /2743 5 /2949
5 /3161 5 /3245
彭君時(彭汝礪弟) 4 /2257
5 /3057
彭漢老 9 /6000
彭道微 5 /3091
彭士先 11/7580
彭士羲 4 /2078
彭友 8 /5122
8 /5123 8 /5168
彭嘉量 6 /3820
彭雄飛 6 /4004
彭大雅文子、忠烈
11/7534 12/7687
彭椿春卿 10/6617
彭忠 2 /794
彭思永 2 /1009
2 /1179 2 /1180
2 /1181 2 /1182
3 /1541 3 /1566
4 /2434 4 /2444
4 /2473 4 /2523
彭呂先 12/7966
彭暐 1 /255
彭明叔 12/7979
彭氏(程顥妻)
4 /2431 4 /2437
4 /2523
彭開 12/7837
彭興宗世昌
10/6533
彭鉉 11/7365
彭義斌 12/7759
彭惟節 1 /415

4220_0 蒯

蒯亮 1/33
1 /46

4240_0 荆

荆山 見寇國寶
荆溪 見吴子良
荆公 見王安石

4241_3 姚

姚彥聖 5 /2868
姚辛 8 /5398
姚端 10/6738
姚麟 4 /2128
姚一謙 9 /5865
姚平仲 6 /4082
6 /4083 6 /4113
6 /4140 6 /4160
7 /4347 8 /5327
姚勔 3 /1921
4 /2168 5 /2908
5 /3254 5 /3255
5 /3263
姚君俞 11/6977
姚政 8 /5079
8 /5080 8 /5151
8 /5152 8 /5166
8 /5181
姚舜明 6 /4054
7 /4430 7 /4432
姚穎洪卿
9 /5862 9 /5930
11/6993 11/7010
姚峕 12/7874
姚獻可 11/70040
姚勉雪坡、述之、成一 12/7736
姚自舜 3 /1515
姚從吾 9 /5653
姚寬西溪、令威
8 /5048
姚憲 9 /6101
姚宗慤 4 /2443
姚宗操 1 /82
姚汝賢唐佐
10/6919
姚漢英 10/6902
姚達 8 /5119
姚希得叔剛、逢原、橘州 12/7910
姚古 5 /3407
6 /4117 6 /4118
7 /4657 8 /5327
姚世安 12/7688
姚恕 1 /10
姚青 8 /5116
姚柬之 1 /425
姚甫 2 /1303
姚曄 3 /1511
姚原道 5 /2868
5 /2869
姚剛中 11/7276
姚氏(周國夫人、岳飛母)
8 /5094 8 /5100
8 /5101 8 /5139
8 /5140 8 /5146
姚兕 3 /1817
姚鵬 6 /3520
姚闢子張 2 /1124
2 /1170 2 /1239
2 /1353 3 /1413
3 /1437 3 /1447
3 /2048 5 /2823
姚丹元 5 /2806
姚鉉寶文 1 /69
1 /260
姚愈次韓 9 /6158
11/7076 11/7078

姚美叔　6/3769
姚恪　6/3805　9/5793

4252₁ 靳

靳賽　7/4202　7/4231
靳懷德　1/428

4282₁ 斯

斯立　見劉跂
斯庵　見任希夷
斯遠　見徐文卿
斯萬　見徐天祜
斯舉　見何頡

4291₃ 桃

桃源先生　見王說
桃溪先生　見李蘖
桃渚　見徐儼夫

4292₂ 杉

杉溪　見劉才邵

4292₂ 彬

彬甫　見虞允文

4295₃ 機

機仲　見楊篪　見袁樞

4298₅ 樸

樸翁　見葛天民　見鄭宗仁

見仲訥

4301₂ 尤

尤袤延之、遂初、梁溪、文簡　*9/5937　5/2977　8/5032　8/5063　8/5271　8/5339　8/5494　8/5495　9/5602　9/5608　9/5613　9/5688　9/5753　9/5946　9/6162　9/6163　9/6250　10/6340　10/6352　10/6512　10/6523　10/6531　10/6844　11/7032　11/7058　11/7267　11/7300
尤棐與忱　9/5940　9/5941　11/7300
尤褧　9/5941
尤梁　9/5940　9/5941
尤大成　9/5941
尤大公　9/5941
尤著　9/5941　9/5942
尤申陽秋　9/5939　9/5940　9/5941
尤時亨逢盛　9/5940　9/5941　9/5944
尤槩與平　9/5940　9/5941　11/7301
尤焴伯晦、木石、莊定　8/5440　9/5940　9/5941　11/7301　11/7405　11/7481　11/7484　11/7581　11/7582　12/7805
尤煓季端　9/5940　9/5941
尤輝　9/5940　9/5941　9/5942　9/5943
尤燿仲微、宗英　9/5940　9/5941
尤炯　12/7805
尤爚松泉生　9/5940　9/5988

4310₀ 式

式之　見戴復古
式賢　見吳龍翰

4373₂ 裘

裘萬頃元量、竹齋　10/6618
裘甫　見曾季貍
裘父　見曾季貍

4385₀ 戴

戴顏老　11/7541
戴丁戴佛　11/7163
戴汝白君玉　11/7541
戴師愈　3/1539　3/1592
戴勳　10/6658
戴勉齋　12/7983
戴佛　見戴丁
戴龜朋竹洲　11/7158
戴復古石屏、式之　12/7699　12/7702　12/7708
戴容　12/8064
戴良齊　11/7537
戴溪文端、岷隱、少望、肖望　10/6480　10/6609　10/6817　11/6994　11/7030　11/7249
戴泳　10/6623　12/7890
戴述　4/2683
戴逸卿　11/7530
戴道純　5/3103
戴道士　見戴日祥
戴道人　5/3147
戴十六　8/5354
戴在伯　10/6292
戴蒙伯養　5/2794　5/3149　10/6658
戴栩立子、文子　11/7154
戴日祥戴道士　4/2735　5/2835
戴器之　5/3076
戴覺民　11/7648
戴小八　4/2477

4390_1 朴

朴翁 見葛天民

4390_9 求

求己 見魏近思

求退翁 見宋齊愈

求暘祖 9 /5998

4394_7 梭

梭山 見陸九韶

梭山居士 見陸九韶

4410_0 封

封宜奴 5/3449

封覺民 3 /1922

4410_2 蓋

蓋郎中 5/3008

4410_2 藍

藍六 5/3112

藍元震 2 /1075

藍繼宗 1 /478 1 /493

藍整 6 /3534

藍國舉 12/7916

藍公佐 7 /4488 7 /4489 7 /4494

4410_4 荎

荎翁 見張端義

4410_5 董

董亨復 11/7524

董彥政 8 /5109

董庠 6 /3532

董贇 2 /747

董謀道 8 /5470

董詔 2 /1303

董敦逸 4 /2410 4 /2649 4 /2696 5 /2806 5 /2953 5 /2954 5 /2961

董五經 4 /2596 4 /2687

董球 9 /5580

董先 7 /4439 8 /5094 8 /5098 8 /5100 8 /5125 8 /5130 8 /5140 8 /5142 8 /5151 8 /5152 8 /5154 8 /5166

董倚 4 /2181

董德元體仁 6 /4027 6 /4030

董儲 3 /1381

董仲永德之 7 /4315 7 /4319 7 /4322

董傳 5 /2770 5 /2829

董龜玉 1 /145

董龜年 1 /366

董將 7 /4258

董紹孟 12/7770

董儀 2 /1300

董淳 8 /5273

董宗式 3 /1514 3 /1571

董宋臣 12/7750 12/7805 12/7807 12/7808 12/7812 12/7904 12/7988 12/7990

董逌彥遠 8 /5508 9 /5627

董必 5 /2812 5 /2923 5 /2924 5 /2965

董洪穎實 11/7572

董逵元達 5 /3015

董祥 3 /1922

董士廉 2 /799 2 /802

董吉 2 /1304

董楷正翁、叔重、克齋 12/7762 12/7790

董樸 12/7762 12/7763

董棨 3 /1738

董槐 11/7590 12/7739 12/7744 12/7904

董忠義 1 /156

董耘 5 /3433 6 /4086 6 /4121

董旻 7 /4422 7 /4429 7 /4447 7 /4448 7 /4450 7 /4451 7 /4452 7 /4453 7 /4454 7 /4455 7 /4466

董景愈 12/7781

董氏(包拯妻) 2/735

(秦國夫人、洪皓母) 7 /4188 8 /5461 8 /5503 8 /5554 7 /4204 7 /4198 7 /4204

(洪彥先妻) 9 /5632

董居誼 8 /5394 8 /5398 12/7661 12/7663

董居宜 8 /5376

董公衡 7 /4254

董銖叔重 3 /1537 11/7223

董榮 8 /5084 8 /5155

4411_2 范

范雍伯純、忠獻 1 /407 1 /435 1 /622 1 /633 2 /789 2 /908 2 /1225

范育巽之 4 /2585 4 /2653 4 /2687

5 /2774
范文度　1 /141
范文虎　12/7821　12/8037
范文甫　4 /2684
范諒　5 /3113
范端臣元卿、蒙齋先生　9 /5706　12/8064
范訥　6 /3498　6 /3515　6 /3520　6 /3526　6 /3527　7 /4583　7 /4584
范諤昌　3 /1532
范諷　1 /377　1 /539　1 /546　1 /612　2 /871　2 /872
范說　2 /682
范雩　9 /5752
范正平子夷　3 /1922　5 /3051　5 /3139　6 /3712　7 /4818
范正國子儀　7 /4810　7 /4818
范正思子默　5 /3051　5 /3110　7 /4818
范元禮　6 /3755
范百歲　5 /2949
范百祿子功　1 /141　2 /1175　3 /1921　4 /2167　4 /2254　5 /2847　5 /2899　5 /2914　5 /2953　5 /3060　5 /3133　5 /3160　5 /3263　5 /3303
范百嘉　5 /2949　6 /3646　6 /3780　7 /4763
范百揆　7 /4763
范醇夫　4 /2408
范延世　見范世延
范延貴　1 /177
范廷　1 /328
范廷昭　1 /301
范瓊　6 /3523　6 /4059　6 /4060　6 /4083　7 /4366　7 /4369　10/6339　10/6738
范子文　4 /2692
范子該少約　11/7461
范子諒　4 /2712
范子淵　3 /2002　3 /2005　4 /2153　4 /2154
范子奇中濟　4 /2156　4 /2255　5 /2806　5 /2872
范子中　5 /2967
范子明結誠　5 /2868
范子長少才、潔齋　8 /5381　8 /5436　11/7461
范致君　6 /3561
范致虛謙叔　4 /2412　4 /2682　4 /2696　6 /3561　6 /3582　6 /3838　6 /3933
范季遠　6 /3757
范季隨周士　9 /6225
范師尹　9 /5752
范師道　2 /1149　2 /1302　2 /1303　2 /1304　5 /2933
范仲訥　11/7304
范仲尹　2 /836
范仲壬　9 /6160　10/6436
范仲黼文叔　9 /6160　10/6436　10/6480　10/6609　11/7029　11/7069　11/7075
范仲淹文正、朱說、希文　*1/593　1 /60　1 /157　1 /323　1 /324　1 /335　1 /340　1 /349　1 /354　1 /402　1 /507　1 /565　1 /568　1 /570　1 /573　1 /575　1 /576　1 /582　1 /583　1 /591　2 /671　2 /673　2 /675　2 /676　2 /678　2 /684　2 /696　2 /703　2 /713　2 /746　2 /747　2 /748　2 /749　2 /750　2 /753　2 /757　2 /758　2 /785　2 /790　2 /791　2 /792　2 /794　2 /797　2 /798　2 /799　2 /801　2 /802　2 /805　2 /807　2 /810　2 /820　2 /824　2 /825　2 /836　2 /869　2 /870　2 /875　2 /876　2 /877　2 /878　2 /881　2 /882　2 /883　2 /884　2 /885　2 /886　2 /887　2 /888　2 /896　2 /897　2 /898　2 /901　2 /902　2 /903　2 /908　2 /915　2 /916　2 /917　2 /918　2 /919　2 /920　2 /924　2 /925　2 /926　2 /930　2 /931　2 /984　2 /985　2 /989　2 /1040　2 /1045

2 /1048 2 /1049
2 /1058 2 /1067
2 /1068 2 /1070
2 /1071 2 /1075
2 /1082 2 /1104
2 /1225 2 /1226
2 /1227 2 /1228
2 /1229 2 /1231
2 /1232 2 /1238
2 /1263 2 /1282
2 /1286 2 /1287
2 /1288 2 /1336
2 /1337 2 /1340
2 /1341 2 /1343
2 /1351 3 /1369
3 /1373 3 /1374
3 /1376 3 /1377
3 /1379 3 /1381
3 /1382 3 /1385
3 /1397 3 /1457
3 /1458 3 /1464
3 /1465 3 /1466
3 /1471 3 /1474
3 /1530 3 /1536
3 /1538 3 /1561
3 /1920 3 /1954
4 /2061 4 /2062
4 /2063 4 /2065
4 /2106 4 /2107
4 /2122 4 /2179
4 /2288 4 /2497
4 /2515 4 /2517
4 /2553 4 /2579
5 /2825 5 /2843
5 /3003 5 /3221
6 /3647 6 /3712
6 /3717 7 /4177
7 /4260 7 /4818
8 /5197 8 /5213
8 /5220 8 /5222
8 /5228 8 /5301
8 /5350 8 /5358
8 /5471 9 /5605
9 /5751 9 /5759
9 /5865 9 /5867
9 /5965 10/6318
10/6648 10/6792
10/6816 12/7797

范仲芑西叔
8 /5271 9 /5711

范仲藝東叔
9 /5711 10/6902
10/6911 11/7043

范純仁堯夫、忠宣
1 /597 1 /601
1 /606 2 /811
2 /870 2 /886
2 /887 2 /925
2 /957 2 /975
2 /976 2 /977
2 /1113 2 /1114
2 /1172 2 /1174
2 /1247 2 /1307
3 /1605 3 /1711
3 /1765 3 /1777
3 /1782 3 /1823
3 /1831 3 /1843
3 /1865 3 /1867
3 /1868 3 /1869
3 /1872 3 /1886
3 /1897 3 /1899
3 /1911 3 /1913
3 /1914 3 /1921
3 /2029 3 /2039
4 /2132 4 /2134
4 /2162 4 /2171
4 /2184 4 /2249
4 /2250 4 /2386
4 /2423 4 /2469
4 /2474 4 /2497
4 /2523 4 /2533
4 /2564 4 /2565
4 /2597 4 /2624
4 /2628 4 /2629
4 /2634 4 /2653
4 /2666 4 /2687
4 /2698 4 /2744
5 /2794 5 /2795
5 /2796 5 /2798
5 /2802 5 /2806
5 /2807 5 /2809
5 /2827 5 /2874
5 /2954 5 /2955
5 /2956 5 /2958
5 /2959 5 /2966
5 /3136 5 /3137
5 /3138 5 /3139
5 /3159 5 /3166
5 /3186 5 /3197
5 /3201 5 /3202
5 /3235 5 /3238
5 /3254 5 /3259
5 /3261 5 /3263
5 /3367 5 /3376
5 /3388 6 /3453
6 /3479 6 /3551
6 /3566 6 /3570
6 /3600 6 /3647
6 /3713 7 /4764
7 /4810 7 /4818

范純佑 1 /601
1 /605 2 /676
2 /896 2 /927
2 /946

范純禮彝叟、恭獻
1 /597 1 /601
1 /610 1 /615
3 /1921 4 /2411
4 /2422 4 /2474
4 /2514 4 /2515
4 /2591 4 /2595
4 /2669 4 /2687
5 /2829 5 /2917
5 /2968 5 /3162
5 /3254 5 /3261
5 /3263

范純粹德孺
1 /597 1 /601
1 /633 2 /871
3 /1921 5 /2794
5 /2834 5 /3010
5 /3041 5 /3106
5 /3107 5 /3110
5 /3116 5 /3254
5 /3261 5 /3263
6 /3511

范積中 7 /4412
9 /6031

范彙中 3 /1922

范寥信中 5 /3114
5 /3117 5 /3118
5 /3119 6 /3759
6 /3763 6 /3764
6 /3765 6 /3767

7 /4704
范寬之 1 /659
范之柔 8 /5395
范寅賓元觀、元規
6 /4012 6 /4013
6 /4017
范宗尹覺民
1 /28 6 /3848
6 /3962 6 /4133
6 /4134 7 /4409
7 /4410 7 /4656
7 /4689 7 /4691
8 /5114 8 /5494
范宗傑 2 /1231
范漴 7/4490
范汝爲 6 /4137
7 /4411 7 /4412
7 /4413 7 /4414
7 /4415 7 /4416
7 /4417 7 /4418
7 /4419 7 /4420
7 /4427 7 /4597
7 /4601 7 /4613
7 /4614 7 /4739
7 /4801 7 /4806
7 /4809 8 /4874
8 /5118 9 /6079
9 /6080
范達甫 9 /6228
范沖范冲、元長
4 /2476 4 /2668
4 /2683 6 /3585
6 /3586 7 /4172
7 /4705 8 /5240
8 /5242 8 /5397
范溫元實、潛齋
5 /3111 5 /3118
5 /3179 5 /3196
5 /3206 5 /3210
5 /3211 6 /3761
6 /3762 8 /5241
范澤 9 /5752
范潩 7 /4202
范祖平 7 /4215
范祖禹正獻、淳甫、夢得 2 /966
2 /971 2 /972
3 /1703 3 /1812
3 /1831 3 /1841
3 /1843 3 /1853
3 /1869 3 /1878
3 /1898 3 /1904
3 /1914 3 /1915
3 /1921 3 /2030
4 /2120 4 /2133
4 /2254 4 /2327
4 /2329 4 /2330
4 /2331 4 /2332
4 /2335 4 /2337
4 /2341 4 /2342
4 /2343 4 /2349
4 /2355 4 /2362
4 /2364 4 /2365
4 /2367 4 /2369
4 /2396 4 /2474
4 /2525 4 /2530
4 /2543 4 /2544
4 /2546 4 /2622
4 /2625 4 /2634
4 /2635 4 /2647
4 /2654 4 /2665
4 /2687 5 /2803
5 /2805 5 /2808
5 /2809 5 /2847
5 /2899 5 /2903
5 /2916 5 /2954
5 /2960 5 /3041
5 /3069 5 /3072
5 /3075 5 /3077
5 /3162 5 /3179
5 /3196 5 /3197
5 /3200 5 /3202
5 /3203 5 /3206
5 /3210 5 /3252
5 /3263 5 /3266
6 /3456 6 /3676
6 /3721 6 /4110
6 /4131 6 /4135
7 /4760 8 /4912
8 /5240 8 /5242
8 /5298 8 /5329
8 /5398 9 /5935
9 /6137 11/7043
范祖德 3 /1625
范祖朴 2 /1024
范祥 1 /650
2 /704 2 /705
2 /719 2 /720
2 /727 2 /728
2 /732 2 /734
2 /1231
范圭元功 6 /3780
7 /4851
范墉 1 /600
范才元 7 /4810
范吉 9 /6080
范大琮 2 /977
范大珪 2 /977
范域 4 /2684
4 /2692
范藻 9 /5787
范夢齡 1 /451
范蔚宗 10/6820
11/6998
范葳 9 /5827
范莘 9 /5754
9 /5848
范蓀季才 11/7461
11/7502
范世延范延世
6 /3499 6 /3534
6 /3535 6 /3542
范茲 9 /5848
范坦 5 /3267
范如圭伯達
4 /2681 7 /4175
7 /4179 8 /4881
8 /5353 8 /5353
范振 6 /3858
范成象 9 /5754
9 /5757 9 /5758
9 /5770 9 /5827
9 /5830
范成大至能、石湖居士、致能、此山居士、幼元、文穆
＊9/5749
5 /2761 5 /3199
7 /4251 8 /5022
8 /5032 8 /5051

8 /5255 8 /5271
8 /5280 8 /5281
8 /5475 8 /5493
8 /5494 8 /5495
8 /5543 8 /5557
9 /5656 9 /5660
9 /5662 9 /5694
9 /5711 9 /5712
9 /5724 9 /5761
9 /5878 9 /5939
9 /5976 9 /5991
9 /6097 9 /6098
9 /6205 9 /6208
9 /6210 11/7265
11/7267 11/7269
11/7270 11/7289
11/7293 11/7302
11/7322 11/7377
范邦惠 12/7768
范擒虎 7 /4412
范國儁 1 /595
1 /597
范旻 1 /514
范昌齡大有
6 /3856
范杲師回 1 /102
1 /221
范果 1 /24
范景 2 /734
范器之 11/7402
范氏(蘇過妻)
6 /3646 6 /3780
(蘇遠妻) 7 /4763
(潘良貴妻)
8 /4983
范岳 9 /6080
范質 1 / 5
1 / 6 1 / 7
1 / 8 1 /428
8 /5023
范用吉 11/7407
范同 7 /4230
7 /4445 7 /4507
7 /4509 8 /5161
11/7371
范念德伯崇
8 /4873 9 /6013
9 /6030 9 /6031
9 /6072 10/6274
10/6275 10/6281
10/6289
范鍾 11/7537
11/7540 11/7541
11/7579 12/7679
12/7684 12/7702
12/7706 12/7717
12/7720 12/7721
12/7724 12/7725
12/7729 12/7749
范鎮忠文、景仁
1 /139 1 /141
1 /144 1 /162
1 /409 1 /435
1 /577 2 /707
2 /839 2 /841
2 /994 2 /1001
2 /1005 2 /1111
2 /1124 2 /1125
2 /1127 2 /1137
2 /1139 2 /1143
2 /1146 2 /1173
2 /1176 2 /1183
2 /1198 2 /1210
2 /1211 2 /1242
2 /1248 2 /1250
2 /1302 2 /1303
2 /1305 2 /1352
3 /1458 3 /1636
3 /1710 3 /1711
3 /1717 3 /1727
3 /1735 3 /1766
3 /1798 3 /1806
3 /1807 3 /1823
3 /1824 3 /1831
3 /1841 3 /1847
3 /1848 3 /1849
3 /1897 3 /1901
3 /1911 3 /1914
3 /1927 3 /1975
3 /2038 4 /2073
4 /2092 4 /2096
4 /2132 4 /2146
4 /2438 4 /2730
5 /2767 5 /2768
5 /2772 5 /2787
5 /2834 5 /2836
5 /2844 5 /2868
5 /2870 5 /2872
5 /2874 5 /2877
5 /2934 5 /2939
5 /2949 5 /3068
5 /3266 6 /3639
6 /3646 6 /3713
6 /3717 6 /3764
7 /4215 7 /4763
7 /4823 7 /4852
范鏜 6 /3907
范光祖 5 /3076
范炎 11/7572

4412_7 蒲

蒲庭鑒 7/4624
7 /4738
蒲聖用 11/7616
蒲師道 3 /1515
蒲宗孟傳正
3 /1515 3 /1517
3 /1519 3 /1523
3 /1540 3 /1572
3 /1582 3 /1593
3 /1806 4 /2516
5 /2792 5 /2870
6 /3552 6 /3690
6 /3719 7 /4615
蒲宗閔 4 /2149
4 /2150 4 /2154
4 /2158
蒲永昇 5 /2837
蒲江 見盧祖皋
蒲溪 見鄭霖
蒲溪愚叟 見常楙
蒲澈 6 /3719
蒲志同 5 /3090
蒲大防元禮
5 /2990 5 /2994
蒲來矢 9 /6057
蒲鴈友 11/7616
蒲氏(周敦頤妻)
3 /1515 3 /1574

4412_7 勤

勤上人 5/2831

4420_7 夢

夢升 見黃注
夢得 見孫抃
見謝堯仁
見范祖禹
夢齡 見王壽朋
夢窗 見吳文英
夢良 見曹逢時
夢協 見桂萬榮
夢菴 見釋信
夢錫 見楊冠卿
夢符 見李觀

4421_2 蘆

蘆川老人
見林季仲
蘆川居士
見張元幹

4421_4 花

花庵 見黃昇
花日新 5/3311
花翁 見孫惟信
花光花光仲仁
5/3114

4421_4 莊

莊彥質 7/4309
莊夏 11/7227
莊綽季裕
1/98 10/6365
莊穆皇后
見見郭皇后
莊叔 見趙逵
莊定 見尤焴
莊冶 9/5780
莊懿皇太后
見李宸妃
莊懿李后
見李宸妃
莊肅 見史嵩之
莊惠 見楊輔
莊簡 見李光
見章楶
莊敏 見龔茂良
見馬光祖
見龐籍
見汪澈
見吳淵

4422_2 茅

茅宗愈唐佐
8/5035 8/5038
8/5044
茅相 12/8010
茅氏(韓世忠妻)
7/4339 7/4530

4422_7 芮

芮氏(吕祖謙妻)
10/6399 10/6402
芮燁芮曄、仲蒙、
國器 10/6395
10/6396 10/6397
10/6399 10/6411
10/6773
芮煇芮輝 6/3806
6/3872 8/5217

4422_7 薌

薌林 見向子諲

4422_7 萬

萬庠 8/5205
萬庚先之 8/5206
8/5210
萬廷老 6/3858
萬君特 4/2119
萬道同 12/7971
萬九成 10/6550
萬如居士 見李縝
萬氏(王十朋母)
8/5196
萬卿 見周起
萬少佺 6/3994

4422_7 薦

薦福 見釋本

4422_7 蒨

蒨桃(寇準妾)
1/396 1/433

4422_7 蕭

蕭齋郎 5/3028
蕭袞 5/3115
蕭裦 5/3115
蕭碩 12/7966
蕭發 12/8004
蕭彤 3/1922
蕭子雲 5/3019
蕭君玉 3/1964
蕭顗子莊 5/3410
蕭佐 10/6353
蕭德藻千巖、東夫
9/5841 9/5998
9/6140 11/7266
11/7268 11/7270
11/7271 11/7276
11/7289 11/7291
11/7301 11/7306
蕭儼 1/37
蕭和父 11/7275
蕭注 2/766
2/1338
蕭滾 11/7275
蕭之敏 10/6955
蕭定基 3/1952
蕭宗 12/7964
蕭淵 5/2793
5/2840
蕭逵 8/5361
蕭清臣 8/5175
蕭洵 3/1986
蕭裕父 11/7275
蕭恭父 11/7275
蕭革 2/746
蕭世顯 12/7677
蕭楚 4/2684
蕭楚才 1/182
蕭英甫 12/7976

蕭幹 6/3773
蕭振德起 10/6363
10/6363
蕭靜安壽父
12/7979
蕭彧 1/35
1/37
蕭國梁挺之
8/5014 8/5017
蕭固 2/764
3/1981
蕭時父 11/7275
11/7284
蕭氏(劉良佐妻)
12/7961
(劉辰翁妻)
12/7964
蕭服 4/2201
9/6000
蕭巽 5/3020
蕭曾 12/7966
蕭公餉濟父
5/3019
蕭欲仁 5/3403
蕭燧照鄰 8/5302
9/5604 9/5607
9/5609 9/5614
9/5825 9/5881

4422_7 蘭

蘭皋 見吳錫疇
蘭皋子 見吳錫疇
蘭澤 見李泳

4422_7 藺

藺庭彥 7/4305
藺大節持正
5/3083

4422_8 芥

芥隱 見龔頤正

4423_2 蒙

蒙齋 見程端蒙
見袁甫
蒙齋先生
見范端臣
蒙齋野逸
見蔡正孫
蒙川 見劉黻

4423_7 蔗

蔗溪 見趙立
蔗境 見趙與滂

4424_2 蔣

蔣元蕭 8/5230
蔣元中 8/4924
蔣礪 10/6420
蔣廷俊 8/5174
蔣瓘 3/1517
蔣璨宣卿、景坡
9/5759
蔣重珍—梅老人、良貴、實齋、蔣奎、忠文 11/7391
11/7507 12/7845
蔣行簡 10/6366
蔣處定楊簡表弟婦 10/6670
蔣偕 1/632
1/657 1/660
9/5943
蔣山得之 11/7509
蔣繼周世修
9/5602 9/5838
9/5840
蔣傅象夫 9/6160
10/6625 10/6626
11/7075 10/6436
蔣峴 11/7574
蔣寧祖 7/4618
蔣之勉 8/4987
蔣之儀 2/1189
蔣之奇穎叔
2/1009 2/1084
2/1175 2/1179
2/1181 2/1189
3/1643 3/1921
4/2238 4/2278
4/2473 5/2793
5/2806 5/2824
5/2847 5/2905
5/3016 5/3277
6/3560 6/3609
6/3782
蔣安石 2/877
蔣灌 3/1583
蔣湋彥回 5/3115
5/3116
蔣津 3/1922
蔣奎 見蔣重珍
蔣存誠秉信
10/6651
蔣大年 5/3115
蔣求 6/3561
蔣芾 8/4993
8/5018 8/5265
8/5266 8/5267
8/5488 9/5590
9/5591 9/5873
9/5947 9/6094
蔣世雄 6/3586
蔣靜叔明 8/4987
蔣槩 3/1513
3/1562
蔣氏(范成大祖母) 9/5752
蔣堅 9/5580
9/5665
蔣公順成父
11/7509
蔣猷 6/3920
蔣堂樂安伯、希魯
2/696 2/1286
4/2140 4/2141
4/2167 4/2563
8/4987

4425_3 茂

茂誠 見邵迎
茂衡 見羅中彥
茂獻 見章穎
茂修 見潘徽
茂叔 見宋甡

見葉秀發
見周敦頤
茂宏 見何恢
茂實 見劉仲光
見吳英
見趙汝騰
茂宗 見張銑
茂直 見王正甫
茂南 見林杞
見汪槔
茂恭 見何恪
茂老 見胡松年
茂振 見周麟之
茂明 見惠哲
茂翁 見徐榮叟
茂榮 見吳漸

4425_3 藏

藏一 見朱勝非

4428_6 蘋

蘋洲 見周密

4429_4 葆

葆眞居士 見折彥質

4430_2 芝

芝上人 見曇秀
芝山老人 見趙以夫

4430_5 蓮

蓮峰先生 見史堯弼
蓮社居士 見張掄

4433_1 燕

燕度 2/1072 3/1496 4/2071
燕仰之 6/4069 6/4070 6/4071
燕肅穆之 1/417 1/435 1/437 1/443
燕國長公主(高懷德妻) 1/11 1/291
燕公楠 2/844

4433_8 恭

恭率翁 見釋慧恭
恭聖仁烈 見楊皇后
恭獻 見范純禮
恭叔 見周行己
恭甫 見許應龍
恭父 見劉珙 見吳儆
恭簡 見王剛中

4433_8 慕

慕容彥逢文友、叔遇 5/3426
慕容延釗 8/5516

4433_9 懋

懋宗 見宋肇
懋達 見黃育
懋賢 見龐元英

4439_4 蘇

蘇序正平、釋祖可 2/1351 3/1368 3/1369 3/1370 3/1371 3/1372 3/1375 3/1376 3/1381 3/1384 3/1394 3/2053 5/2823 5/2825 5/2933 7/4623
蘇庠後湖居士、眚翁、養直 1/448 5/2854 7/4623 7/4625 7/4642 7/4643 7/4646 7/4647 7/4747 7/4749
蘇文瓘 7/4804
蘇京 2/1024
蘇諤 7/4858
蘇翊 7/4756
蘇詡 7/4768 7/4792 7/4858 7/4859 7/4860
蘇誦 7/4858
蘇二十八郎 7/4850
蘇元老九峰、在廷 5/2841 5/2968 6/3690 6/3691 6/3715 6/3721 6/3763
蘇平仲 7/4760
蘇不欺子正 5/2838
蘇璠 1/319 1/324 1/345 1/349
蘇子元 4/2157
蘇子平 5/3013 5/3017 6/3640
蘇子明 6/3627
蘇位 3/1368 3/1430
蘇爲 1/312
蘇舜元叔才、才翁 1/637 1/655 2/1031 2/1123 2/1273 2/1276 2/1277 2/1284 2/1285 3/1475 3/1485 5/2988 5/3267 5/3278
蘇舜賓 2/1276 2/1284
蘇舜欽子美 *2/1271 2/742 2/744 2/749 2/750 2/801 2/808 2/829 2/832 2/1031 2/1045 2/1064 2/1077 2/1081 2/1086 2/1091 2/1093 2/1103 2/1106 2/1199 2/1232 2/1333 3/1379

3 /1384 3 /1385
3 /1413 3 /1474
3 /1478 3 /1479
3 /1485 3 /1530
3 /1534 3 /1631
3 /2048 4 /2063
5 /3267 5 /3275
9 /5849 10/6741
蘇維甫 1 /496
蘇虞叟 11/7309
蘇師德仁仲
7 /4316
蘇師旦 8 /5355
8 /5364 8 /5373
8 /5374 11/7323
11/7441 11/7522
12/7661
蘇穎士 4 /2127
蘇嶠季真 6 /3780
6 /3781 7 /4824
7 /4825 9 /5614
蘇山壽父
6 /3630 7 /4522
7 /4782 7 /4831
蘇允淑 1 /410
蘇緘宣甫 4 /2119
4 /2120 4 /2122
4 /2128 4 /2157
蘇德 7 /4400
7 /4403
蘇佑圖良謀
4 /2117
蘇升時中
6 /3615
蘇結山甫
4 /2119
蘇生 9 /5601
蘇仲昌 4 /2117
4 /2121
蘇佛兒 4 /2755
蘇紳 2 /1068
4 /2117 9 /6232
蘇峴叔子 6 /3732
6 /3752 6 /3780
6 /3781 6 /3782
7 /4824 7 /4825
蘇繹 4 /2118
4 /2128
蘇象先 4 /2133
蘇叔明 11/7510
蘇從周 7 /4643
7 /4748
蘇液 2 /1276
蘇宿 2 /1276
2 /1277
蘇安世 2 /770
2 /989 3 /1967
蘇安靜 3 /1729
蘇安節 4 /2738
5 /2789 5 /2838
蘇寀 2 /1182
2 /1304 5 /2937
蘇遯 5 /2792
5 /2839 5 /2840
5 /2851 5 /2942
6 /3627 6 /3637
6 /3639
蘇适 2 /1356
4 /2741 5 /2840
5 /2942 5 /2967
5 /2969 5 /2970
5 /3222 6 /3638
6 /3642 6 /3657
6 /3664 6 /3721
6 /3723 6 /3743
6 /3770 6 /3772
6 /3774 6 /3780
6 /3784 7 /4755
7 /4756 7 /4757
7 /4758 7 /4759
7 /4761 7 /4762
7 /4763 7 /4764
7 /4765 7 /4768
7 /4770 7 /4777
7 /4778 7 /4781
7 /4783 7 /4785
7 /4787 7 /4788
7 /4789 7 /4790
7 /4821 7 /4835
蘇遜 5 /2969
5 /2970 5 /3222
7 /4763 7 /4765
7 /4766 7 /4783
7 /4787 7 /4790
7 /4835
蘇泌 2 /1275
2 /1276
蘇迨仲豫、叔寄、竺僧
2 /1024 4 /2755
4 /2756 5 /2813
5 /2823 5 /2845
5 /2846 5 /2849
5 /2854 5 /2942
5 /3224 5 /3322
5 /3364 5 /3365
6 /3627 6 /3629
6 /3630 6 /3631
6 /3636 6 /3639
6 /3640 6 /3641
6 /3642 6 /3643
6 /3644 6 /3646
6 /3647 6 /3648
6 /3650 6 /3651
6 /3652 6 /3658
6 /3661 6 /3666
6 /3669 6 /3670
6 /3675 6 /3682
6 /3688 6 /3690
6 /3691 6 /3696
6 /3697 6 /3698
6 /3699 6 /3701
6 /3702 6 /3704
6 /3705 6 /3716
6 /3721 6 /3722
6 /3723 6 /3724
6 /3732 6 /3752
6 /3776 6 /3781
6 /3782 6 /3783
6 /3927 7 /4610
7 /4651 7 /4759
7 /4764 7 /4805
蘇斗老 7 /4761
蘇邁伯達 3 /1424
4 /2735 4 /2737
4 /2751 4 /2755
4 /2756 4 /2757
5 /2786 5 /2792
5 /2811 5 /2812
5 /2813 5 /2823
5 /2829 5 /2840

5 /2849 5 /2852
5 /2854 5 /2855
5 /2900 5 /2942
5 /2946 6 /3627
6 /3629 6 /3630
6 /3631 6 /3632
6 /3633 6 /3634
6 /3635 6 /3638
6 /3639 6 /3640
6 /3642 6 /3647
6 /3649 6 /3650
6 /3651 6 /3658
6 /3659 6 /3661
6 /3666 6 /3667
6 /3668 6 /3669
6 /3670 6 /3675
6 /3676 6 /3677
6 /3678 6 /3679
6 /3682 6 /3685
6 /3688 6 /3690
6 /3695 6 /3697
6 /3698 6 /3699
6 /3701 6 /3702
6 /3704 6 /3705
6 /3715 6 /3719
6 /3720 6 /3724
6 /3732 6 /3733
6 /3734 6 /3780
6 /3782 7 /4523
7 /4759 7 /4764
7 /4805

蘇遠 2 /1356
4 /2741 5 /2840
5 /2942 6 /3638
6 /3642 6 /3643
6 /3657 6 /3664
6 /3680 6 /3681
6 /3683 6 /3708
6 /3715 6 /3748
6 /3775 7 /4757
7 /4758 7 /4759
7 /4760 7 /4761
7 /4762 7 /4763
7 /4764 7 /4766
7 /4767 7 /4770
7 /4773 7 /4777
7 /4778 7 /4782
7 /4787 7 /4790

蘇洎 5 /3278

蘇渭 9 /6144

蘇祝 3 /2001

蘇泂召叟 11/7292
11/7328 11/7333

蘇洵宫師、老泉、老蘇、明允
＊2/1347
＊3/1365
1 /131 1 /564
1 /608 2 /937
2 /1108 2 /1121
2 /1122 2 /1124
2 /1144 2 /1145
2 /1170 2 /1175
2 /1176 2 /1191
2 /1239 3 /1583
3 /1604 3 /1646
3 /1780 3 /1978
3 /2048 4 /2124
4 /2125 4 /2726
4 /2728 4 /2730
4 /2748 5 /2767
5 /2768 5 /2770
5 /2823 5 /2824
5 /2825 5 /2827
5 /2829 5 /2933
5 /2937 5 /3266
6 /3630 6 /3660
8 /5286 8 /5305
8 /5410

蘇洵幼姊 見蘇氏

蘇澹 3 /1368
3 /1379 5 /2823

蘇涣文父、公群
3 /1369 3 /1370
3 /1371 3 /1372
3 /1375 3 /1381
3 /1389 3 /1391
3 /1392 3 /1396
3 /1402 3 /1437
3 /1438 5 /2823
5 /2936 6 /3715
7 /4771

蘇迥 3 /1922

蘇過叔黨、叙川居士
＊6/3625
4 /2744 4 /2749
4 /2750 4 /2752
4 /2753 4 /2754
5 /2808 5 /2809
5 /2812 5 /2823
5 /2846 5 /2847
5 /2848 5 /2849
5 /2850 5 /2851
5 /2852 5 /2853
5 /2942 5 /3204
5 /3206 5 /3224
6 /3926 6 /3927
6 /3930 6 /3931
7 /4759 7 /4760
7 /4761 7 /4763
7 /4766 7 /4767
7 /4769 7 /4770
7 /4771 7 /4777
7 /4782 7 /4789
7 /4793 7 /4805
7 /4825 7 /4843
7 /4844

蘇遲 2 /1356
4 /2741 4 /2756
5 /2814 5 /2840
5 /2942 5 /2968
5 /2970 5 /2971
6 /3638 6 /3642
6 /3657 6 /3664
6 /3676 6 /3714
6 /3723 6 /3733
6 /3774 6 /3775
6 /3783 7 /4755
7 /4756 7 /4757
7 /4758 7 /4759
7 /4760 7 /4763
7 /4764 7 /4765
7 /4767 7 /4768
7 /4769 7 /4770
7 /4771 7 /4772
7 /4774 7 /4775
7 /4777 7 /4778
7 /4779 7 /4781
7 /4785 7 /4787
7 /4788 7 /4789
7 /4792 7 /4797
7 /4798 7 /4799
7 /4800 7 /4802

7 /4805 7 /4812
7 /4815 7 /4817
7 /4830 7 /4835
7 /4843 7 /4844
7 /4845 7 /4858
蘇激 2 /1276
蘇太祝 5 /2993
蘇在庭 6 /3714
7 /4770
蘇希白 2 /1350
蘇嘉 3 /1922
4 /2127 5 /3264
蘇壽 2 /1276
蘇大通 5 /3085
蘇森 7 /4859
蘇協 2 /1273
2 /1276
蘇夢得 2 /766
蘇棼 11/7580
蘇耆國老
2 /1046 2 /1273
2 /1275 2 /1276
2 /1277 2 /1278
2 /1279 2 /1280
2 /1281 8 /5546
蘇若蘭 5 /3079
蘇著庭藻
7 /4747
蘇黄門 見蘇轍
蘇植 7 /4830
11/7360 11/7459
蘇格 7 /4349
7 /4425
蘇振文 11/7455
蘇軾子瞻、和仲、東坡
＊2/1347
＊4/2723
＊5/2759
＊5/2821
1 /100 1 /141
1 /253 1 /256
1 /305 1 /352
1 /402 1 /457
1 /577 1 /591
1 /601 2 /819
2 /839 2 /840
2 /877 2 /914
2 /938 2 /942
2 /966 2 /1121
2 /1126 2 /1128
2 /1142 2 /1170
2 /1176 2 /1201
2 /1202 2 /1204
2 /1210 2 /1211
2 /1247 2 /1264
2 /1310 3 /1377
3 /1378 3 /1391
3 /1399 3 /1403
3 /1407 3 /1415
3 /1424 3 /1428
3 /1433 3 /1435
3 /1439 3 /1443
3 /1444 3 /1447
3 /1496 3 /1510
3 /1520 3 /1537
3 /1570 3 /1593
3 /1594 3 /1601
3 /1606 3 /1646
3 /1728 3 /1795
3 /1798 3 /1823
3 /1834 3 /1835
3 /1864 3 /1871
3 /1900 3 /1901
3 /1915 3 /1917
3 /1920 3 /1921
3 /1923 3 /1996
3 /2024 3 /2025
3 /2027 3 /2028
3 /2040 4 /2043
3 /2046 3 /2048
3 /2052 3 /2053
3 /2054 4 /2061
4 /2123 4 /2124
4 /2125 4 /2126
4 /2127 4 /2128
4 /2129 4 /2130
4 /2131 4 /2132
4 /2133 4 /2134
4 /2135 4 /2139
4 /2152 4 /2154
4 /2156 4 /2157
4 /2159 4 /2160
4 /2163 4 /2166
4 /2167 4 /2168
4 /2183 4 /2226
4 /2238 4 /2254
4 /2255 4 /2257
4 /2276 4 /2277
4 /2279 4 /2328
4 /2330 4 /2335
4 /2342 4 /2343
4 /2345 4 /2347
4 /2358 4 /2359
4 /2360 4 /2363
4 /2368 4 /2369
4 /2371 4 /2408
4 /2409 4 /2410
4 /2438 4 /2595
4 /2624 4 /2646
4 /2648 4 /2650
5 /2874 5 /2877
5 /2879 5 /2881
5 /2884 5 /2887
5 /2890 5 /2892
5 /2893 5 /2894
5 /2895 5 /2898
5 /2899 5 /2900
5 /2902 5 /2904
5 /2908 5 /2909
5 /2910 5 /2911
5 /2915 5 /2916
5 /2927 5 /2936
5 /2938 5 /2939
5 /2940 5 /2941
5 /2942 5 /2948
5 /2952 5 /2953
5 /2964 5 /2967
5 /2971 5 /3001
5 /3005 5 /3007
5 /3037 5 /3038
5 /3042 5 /3043
5 /3044 5 /3045
5 /3047 5 /3048
5 /3049 5 /3051
5 /3052 5 /3053
5 /3054 5 /3055
5 /3057 5 /3058
5 /3060 5 /3061
5 /3062 5 /3063
5 /3064 5 /3065
5 /3068 5 /3071

5 /3073 5 /3075
5 /3084 5 /3085
5 /3090 5 /3094
5 /3095 5 /3096
5 /3097 5 /3099
5 /3101 5 /3102
5 /3104 5 /3105
5 /3108 5 /3112
5 /3114 5 /3117
5 /3130 5 /3131
5 /3132 5 /3133
5 /3135 5 /3138
5 /3146 5 /3148
5 /3162 5 /3176
5 /3177 5 /3178
5 /3180 5 /3181
5 /3182 5 /3183
5 /3185 5 /3188
5 /3189 5 /3190
5 /3191 5 /3193
5 /3194 5 /3197
5 /3198 5 /3202
5 /3203 5 /3205
5 /3208 5 /3209
5 /3210 5 /3220
5 /3224 5 /3225
5 /3232 5 /3233
5 /3236 5 /3238
5 /3239 5 /3242
5 /3244 5 /3248
5 /3249 5 /3251
5 /3252 5 /3253
5 /3259 5 /3260
5 /3261 5 /3262
5 /3263 5 /3266
5 /3271 5 /3277
5 /3280 5 /3281
5 /3294 5 /3297
5 /3298 5 /3303
5 /3308 5 /3309
5 /3311 5 /3316
5 /3320 5 /3323
5 /3324 5 /3343
5 /3354 5 /3358
5 /3360 5 /3361
5 /3362 5 /3363
5 /3365 5 /3367
5 /3371 5 /3376
5 /3380 5 /3430
6 /3458 6 /3472
6 /3488 6 /3599
6 /3600 6 /3601
6 /3602 6 /3603
6 /3604 6 /3605
6 /3606 6 /3607
6 /3609 6 /3610
6 /3629 6 /3630
6 /3631 6 /3633
6 /3634 6 /3635
6 /3637 6 /3638
6 /3640 6 /3641
6 /3642 6 /3643
6 /3644 6 /3646
6 /3647 6 /3648
6 /3649 6 /3650
6 /3651 6 /3652
6 /3653 6 /3654
6 /3655 6 /3656
6 /3657 6 /3658
6 /3659 6 /3661
6 /3662 6 /3664
6 /3665 6 /3667
6 /3671 6 /3672
6 /3673 6 /3674
6 /3677 6 /3678
6 /3679 6 /3680
6 /3681 6 /3683
6 /3685 6 /3686
6 /3687 6 /3688
6 /3689 6 /3690
6 /3691 6 /3692
6 /3693 6 /3695
6 /3697 6 /3700
6 /3702 6 /3703
6 /3704 6 /3708
6 /3709 6 /3717
6 /3724 6 /3733
6 /3758 6 /3761
6 /3763 6 /3769
6 /3776 6 /3780
6 /3782 6 /3784
6 /3889 6 /3890
6 /3903 6 /3927
6 /3930 6 /3935
6 /4009 6 /4021
7 /4215 7 /4234
7 /4240 7 /4314
7 /4315 7 /4316
7 /4523 7 /4625
7 /4627 7 /4648
7 /4747 7 /4756
7 /4758 7 /4759
7 /4760 7 /4763
7 /4764 7 /4769
7 /4771 7 /4772
7 /4776 7 /4781
7 /4788 7 /4789
7 /4791 7 /4795
7 /4805 7 /4806
7 /4809 7 /4820
7 /4823 7 /4825
7 /4826 7 /4837
7 /4843 7 /4844
8 /4917 8 /5029
8 /5042 8 /5051
8 /5055 8 /5093
8 /5207 8 /5226
8 /5286 8 /5299
8 /5301 8 /5302
8 /5364 8 /5443
8 /5525 8 /5528
8 /5556 9 /5601
9 /5603 9 /5642
9 /5661 9 /5682
9 /5771 9 /5819
9 /5849 10/6765
11/7076 11/7414
11/7568 12/7797
12/7861 12/7874
12/7915 12/7954
12/7979 12/7991

蘇轍子由、同叔、穎濱遺老、文定、蘇黄門

＊2/1347
＊5/2931
1 /253 1 /441
2 /878 2 /942
2 /1024 2 /1052
2 /1053 2 /1121
2 /1142 2 /1201
2 /1202 2 /1204
2 /1209 2 /1210
2 /1211 2 /1213

2/1214 3/1392
3/1403 3/1405
3/1407 3/1415
3/1480 3/1496
3/1497 3/1570
3/1728 3/1872
3/1873 3/1901
3/1911 3/1912
3/1921 3/1975
3/1990 3/1991
3/2003 4/2123
4/2124 4/2125
4/2126 4/2131
4/2133 4/2134
4/2135 4/2139
4/2166 4/2188
4/2260 4/2331
4/2335 4/2342
4/2344 4/2360
4/2371 4/2438
4/2646 4/2649
4/2666 4/2726
4/2728 4/2729
4/2732 4/2734
4/2736 4/2740
4/2741 4/2745
4/2750 4/2752
5/2765 5/2768
5/2771 5/2772
5/2774 5/2787
5/2788 5/2792
5/2793 5/2797
5/2802 5/2803
5/2804 5/2811
5/2812 5/2813
5/2823 5/2828
5/2829 5/2830
5/2834 5/2836
5/2839 5/2840
5/2843 5/2844
5/2847 5/2849
5/2851 5/2852
5/2868 5/2869
5/2879 5/2886
5/2887 5/2892
5/2899 5/2900
5/2901 5/2905
5/2907 5/2908
5/2928 5/3022
5/3025 5/3037
5/3039 5/3048
5/3051 5/3058
5/3062 5/3074
5/3099 5/3131
5/3132 5/3137
5/3138 5/3179
5/3189 5/3197
5/3198 5/3203
5/3212 5/3224
5/3227 5/3238
5/3239 5/3247
5/3254 5/3261
5/3263 5/3266
5/3271 5/3343
5/3355 6/3458
6/3599 6/3601
6/3602 6/3603
6/3605 6/3610
6/3614 6/3618
6/3630 6/3631
6/3633 6/3634
6/3636 6/3638
6/3641 6/3642
6/3644 6/3645
6/3646 6/3647
6/3648 6/3650
6/3662 6/3664
6/3671 6/3676
6/3678 6/3679
6/3680 6/3681
6/3682 6/3683
6/3701 6/3702
6/3704 6/3705
6/3710 6/3714
6/3715 6/3716
6/3717 6/3720
6/3721 6/3723
6/3725 6/3732
6/3734 6/3763
6/3770 6/3776
6/3777 6/4072
7/4627 7/4628
7/4754 7/4755
7/4756 7/4759
7/4760 7/4761
7/4763 7/4764
7/4765 7/4767
7/4768 7/4769
7/4770 7/4771
7/4772 7/4773
7/4774 7/4775
7/4776 7/4777
7/4778 7/4779
7/4780 7/4788
7/4791 7/4795
7/4806 7/4820
7/4821 7/4834
7/4837 7/4844
7/4855 7/4859
7/4860 8/4912
8/5286 8/5302
8/5411 8/5528
9/5661 9/5842
11/7077

蘇易簡太簡
1/110 1/113
1/116 1/125
1/126 1/135
1/171 1/258
1/259 1/265
1/399 1/469
2/1273 2/1274
2/1275 2/1276
8/5546

蘇昺見蘇昞

蘇杲 5/2823

蘇景先 2/1350
3/1380 5/2823

蘇景瞻 12/8010

蘇昞季明、蘇昺
3/1922 4/2423
4/2446 4/2474
4/2490 4/2573
4/2588 4/2615
4/2631 4/2678
6/3581 10/6283

蘇明父 6/3860

蘇劉義 12/8002
12/8010 12/8028
12/8039

蘇氏(蘇洵幼姊)
3/1381
(韓世忠妻)

7 /4493
蘇堅後湖居士、伯固 4 /2745
5 /2801 5 /2802
5 /2805 5 /2813
5 /2844 5 /2854
5 /3079 7 /4623
7 /4625 7 /4738
蘇叟 2 /1276
2 /1277
蘇愈 6 /3608
蘇頌子容、魏公 *4/2115
1 /118 1 /148
1 /256 1 /273
2 /942 2 /945
2 /974 2 /1012
2 /1063 2 /1101
2 /1105 2 /1154
2 /1184 2 /1186
2 /1211 2 /1260
3 /1430 3 /1445
3 /1635 3 /1810
3 /1832 3 /1925
4 /2483 4 /2498
4 /2636 4 /2649
4 /2698 5 /2804
5 /2806 5 /2899
5 /2916 5 /2950
5 /2953 5 /2960
5 /3167 5 /3264
6 /3551 6 /3552
6 /3553 6 /3564
6 /3601 6 /3602
6 /3703 6 /3798
8 /5025 9 /5951
9 /6026
蘇竺 6 /3780
蘇筌 5 /2823
6 /3677
蘇簦 5 /2970
7 /4835
蘇筠 5 /2970
7 /4757 7 /4766
7 /4767 7 /4768
7 /4772 7 /4777
7 /4790
蘇簡伯業 5 /2970
7 /4757 7 /4766
7 /4781 7 /4782
7 /4785 7 /4788
7 /4792 7 /4795
7 /4800 7 /4806
7 /4811 7 /4815
7 /4831 7 /4834
7 /4846 7 /4857
蘇籥 5 /2823
6 /3676 6 /3677
6 /3699 6 /3713
6 /3748 6 /3750
6 /3752 6 /3774
6 /3780 6 /3781
7 /4789
蘇符仲虎 5 /2823
6 /3630 6 /3632
6 /3634 6 /3676
6 /3677 6 /3699
6 /3705 6 /3706
6 /3707 6 /3709
6 /3732 7 /4522
7 /4523 7 /4767
7 /4782 7 /4792
7 /4805 7 /4815
7 /4817 7 /4818
7 /4820 7 /4821
7 /4822 7 /4823
7 /4824 7 /4825
7 /4826 7 /4827
7 /4829 7 /4830
7 /4831 7 /4832
7 /4835 7 /4838
7 /4843 7 /4846
7 /4851 7 /4852
蘇笈 5 /2823
6 /3780
蘇箴 5 /2970
7 /4757 7 /4790
7 /4835
蘇篴 5 /2823
6 /3780
蘇簟 6 /3634
6 /3780
蘇篳 5 /2823
蘇簞 5 /2823
6 /3631 6 /3676
6 /3699 6 /3732
蘇範 5 /2970
7 /4757 7 /4756
7 /4789
蘇籀仲滋
*7/4753
5 /2970 5 /2971
6 /3705 6 /3716
6 /3774 7 /4612
7 /4695 7 /4696
7 /4767
蘇答 7 /4757
7 /4790
蘇筥 7 /4789
蘇籌 5 /2823
6 /3677
蘇節 5 /2823
6 /3780
蘇箕 5 /2823
6 /3677
蘇[illegible] 5/2823
蘇簣 6 /3782
蘇簀 5 /2823
6 /3781
蘇策 5 /2970
7 /4757 7 /4766
7 /4834 7 /4846
7 /4847 7 /4858
蘇築 5 /2970
7 /4757 7 /4766
7 /4789
蘇籍季文
5 /2823 6 /3780
7 /4825 7 /4829
7 /4835 7 /4843
7 /4844 7 /4851
蘇箱 5 /2970
7 /4757 7 /4790
7 /4835
蘇粹之 7 /4734
蘇粹中 7 /4659
7 /4747
蘇恆 5 /3425

4440_0 艾

艾軒 見林光朝

4440₁ 莘

莘老 見劉摯
見孫覺

4440₆ 草

草廬 見林肅
草窗 見周密
草堂 見林用中
見釋照
見謝鑰
草堂和尚 7/4291
草堂逸老 見葛密
草堂居士 見魏野

4440₇ 孝

孝章 見宋皇后
孝靖 見陳居仁
孝先 見王曾
孝叔 見劉述
孝友先生 見葛敏修
孝著 見胡傅
孝肅 見包拯
孝錫 見杜純

4445₆ 戟

戟山 見韓度

4445₆ 韓

韓亮 7/4377 7/4411 7/4430 7/4482
韓彥 5/2933
韓彥直 7/4339 7/4365 7/4482 7/4522 7/4529 7/4530 9/5955 11/6992
韓彥古子師 7/4339 7/4340 7/4365 7/4482 7/4529 7/4530 7/4531 7/4532 7/4533 8/5292 10/6854 10/6886
韓彥樸 7/4339 7/4340 7/4482 7/4529 7/4530
韓彥臣 7/4468 7/4469 7/4496
韓彥質敏達 7/4339 7/4529 7/4530
韓慶 7/4333
韓度戟山 11/7538
韓廣 7/4333
韓京 6/4017 6/4137 6/4139 7/4423 8/5119 8/5121 8/5171
韓端彥 2/1259
韓玉温甫 9/5994 9/6128 10/6340
韓丕 1/43 1/266
韓琉 2/1221
韓元龍 9/6211
韓元象中父 9/6217
韓元吉南澗、無咎 6/3732 6/3752 6/3781 6/3927 6/3961 6/3969 6/3997 6/3999 6/4000 7/4825 8/5271 8/5287 8/5299 8/5304 8/5341 9/5635 9/5687 9/5710 9/5753 9/6079 9/6130 9/6202 9/6203 9/6204 9/6211 9/6214 9/6242 10/6392 10/6396 10/6726 10/6909
韓震 12/7875
韓璩 2/1221 2/1222
韓瑨公表 6/3753 6/3926 6/3927 6/3933
韓瑄 2/1221
韓琙 7/4529
韓琯 6/3747
韓球 2/1221 6/4138
韓琦稚圭、穉圭、忠獻 *2/1217 1/26 1/56 1/98 1/130 1/104 1/131 1/193 1/194 1/201 1/249 1/256 1/303 1/354 1/601 1/621 1/625 1/626 1/627 1/628 1/630 1/631 1/632 1/634 1/641 1/647 1/648 1/652 1/653 1/654 1/655 1/660 1/661 2/703 2/714 2/753 2/779 2/780 2/791 2/792 2/794 2/796 2/797 2/798 2/799 2/801 2/802 2/803 2/808 2/810 2/811 2/840 2/877 2/881 2/883 2/884 2/885 2/888 2/889 2/905 2/916 2/917 2/920 2/924 2/925 2/927 2/929 2/931 2/934 2/938 2/939 2/944 2/945 2/946 2/947 2/948 2/949 2/950 2/952

2 /955 2 /964
2 /965 2 /969
2 /970 2 /989
2 /1005 2 /1046
2 /1067 2 /1078
2 /1079 2 /1086
2 /1092 2 /1094
2 /1095 2 /1097
2 /1101 2 /1107
2 /1113 2 /1118
2 /1122 2 /1145
2 /1148 2 /1150
2 /1151 2 /1152
2 /1154 2 /1155
2 /1156 2 /1157
2 /1160 2 /1161
2 /1163 2 /1164
2 /1165 2 /1167
2 /1168 2 /1170
2 /1171 2 /1174
2 /1176 2 /1177
2 /1178 2 /1186
2 /1197 2 /1201
2 /1203 2 /1209
2 /1210 2 /1213
2 /1260 2 /1288
2 /1302 2 /1308
2 /1350 3 /1381
3 /1385 3 /1402
3 /1404 3 /1408
3 /1409 3 /1432
3 /1436 3 /1439
3 /1441 3 /1444
3 /1457 3 /1465
3 /1466 3 /1467
3 /1474 3 /1487
3 /1500 3 /1516
3 /1534 3 /1570
3 /1647 3 /1706
3 /1727 3 /1728
3 /1754 3 /1760
3 /1769 3 /1771
3 /1775 3 /1787
3 /1788 3 /1794
3 /1799 3 /1807
3 /1809 3 /1926
3 /1927 3 /1933
3 /1951 3 /1954
3 /1955 3 /1956
3 /1975 3 /1981
3 /1991 3 /1995
3 /2001 4 /2063
4 /2123 4 /2128
4 /2179 4 /2217
4 /2258 4 /2302
4 /2306 4 /2464
4 /2505 4 /2539
4 /2580 4 /2690
4 /2691 4 /2708
4 /2725 4 /2728
5 /2767 5 /2768
5 /2770 5 /2772
5 /2825 5 /2826
5 /2840 5 /2847
5 /2934 5 /2935
5 /2936 6 /3717
7 /4615 7 /4858
8 /4912 8 /5103
8 /5229 8 /5350
8 /5358 9 /6136
11/7256
韓琚子温 2 /802
2 /1221
韓君表 6 /3752
韓翼甫 12/7953
韓玠 5 /2945
韓重贇 1 /8
韓侂胄 8 /5054
8 /5057 8 /5063
8 /5350 8 /5354
8 /5357 8 /5362
8 /5364 8 /5366
8 /5367 8 /5370
8 /5372 8 /5373
8 /5376 8 /5378
8 /5383 8 /5384
8 /5412 8 /5413
9 /5719 9 /5720
9 /5736 9 /5978
9 /5984 9 /5999
9 /6001 9 /6014
9 /6065 9 /6067
9 /6089 9 /6090
9 /6153 9 /6155
9 /6156 9 /6158
9 /6188 10/6434
10/6436 10/6579
10/6586 10/6625
10/6626 10/6629
11/7064 11/7065
11/7070 11/7073
11/7083 11/7094
11/7099 11/7100
11/7121 11/7156
11/7202 11/7212
11/7255 11/7256
11/7257 11/7318
11/7323 11/7325
11/7345 11/7347
11/7348 11/7349
11/7371 11/7382
11/7404 11/7408
11/7409 11/7440
11/7441 11/7447
11/7478 11/7490
11/7492 11/7496
11/7503 11/7520
11/7521 11/7522
11/7556 11/7557
12/7660 12/7661
韓億 1 /492
2 /899 2 /1224
4 /2623 7 /4795
韓維秉國、持國
2 /934 2 /958
2 /959 2 /1116
2 /1139 2 /1251
2 /1256 2 /1257
3 /1605 3 /1737
3 /1738 3 /1770
3 /1781 3 /1832
3 /1855 3 /1921
3 /1980 3 /2000
3 /2001 3 /2018
3 /2039 4 /2084
4 /2157 4 /2164
4 /2166 4 /2473
4 /2483 4 /2507
4 /2508 4 /2513
4 /2534 4 /2566
4 /2567 4 /2591
4 /2600 4 /2601
4 /2623 4 /2626
4 /2631 4 /2633

4 /2656 4 /2687
4 /2708 4 /2718
5 /2794 5 /2796
5 /2870 5 /2871
5 /2906 5 /2948
5 /3160 5 /3165
5 /3254 5 /3261
5 /3263 6 /3552
6 /3570 6 /3752
6 /3754 6 /3912
7 /4795 7 /4821
11/7076
韓縉 6 /3767
韓川 2 /1358
3 /1921 4 /2162
4 /2171 5 /2794
5 /2907 5 /3069
5 /3201 5 /3254
5 /3261 5 /3263
5 /3323 5 /3366
韓綜 3 /1454
4 /2565
韓德威 1 /23
韓休 7 /4341
韓岐 5 /3101
韓縝玉汝 2 /841
3 /1873 3 /2011
3 /2043 4 /2155
4 /2164 4 /2243
4 /2246 4 /2247
4 /2248 4 /2249
4 /2251 4 /2252
4 /2623 4 /2636
5 /2793 5 /2795
5 /2944 5 /2945
韓燮仲和 11/7538
11/7539
韓仲通 7 /4319
7 /4322
韓傑 7 /4341
韓純彥 2 /1259
韓綱 2 /1074
韓絳康公、子華、獻肅 1 /139
1 /140 1 /193
2 /839 2 /840
2 /941 2 /995
2 /1046 2 /1102
2 /1113 2 /1123
2 /1125 2 /1127
2 /1136 2 /1139
2 /1203 2 /1260
2 /1285 2 /1306
2 /1307 2 /1352
3 /1414 3 /1487
3 /1605 3 /1777
3 /1913 3 /1991
3 /2006 3 /2007
3 /2009 3 /2018
3 /2039 4 /2072
4 /2076 4 /2083
4 /2085 4 /2091
4 /2126 4 /2132
4 /2227 4 /2402
4 /2438 4 /2470
4 /2525 4 /2567
4 /2601 4 /2609
4 /2623 4 /2633
4 /2719 5 /2767
5 /2771 5 /2772
5 /2773 5 /2774
5 /2797 5 /2798
5 /2898 5 /2997
5 /2998 5 /3060
5 /3061 8 /5494
韓良彥 2 /1259
韓良臣 7 /4520
韓宗彥 2 /1130
3 /1921
韓宗武文若
6 /3752 6 /3753
7 /4795
韓宗儒 4 /2164
韓宗師 4 /2157
4 /2164 4 /2392
4 /2524 4 /2670
韓宗道 4 /2474
4 /2565 4 /2687
韓宗直 4 /2102
韓宗古 4 /2240
韓宗質 4 /2591
6 /3752
韓滮仲止、澗泉
8 /5305 8 /5341
11/7310 12/7926
韓溥韓浦 1 /228
韓治 3 /1922
5 /2913
韓補 12/7724
韓清 8 /5084
8 /5152
韓洎 1 /228
1 /239
韓祥 10/6565
韓道 見楊適
韓十 見黃祖
韓直 7 /4495
韓嘉彥 2 /1259
韓梓 7 /4341
韓樟 7 /4341
韓森 7 /4341
韓杌 7 /4344
韓樞 7 /4341
韓樗 7 /4530
韓彬叔 4 /2656
韓梃 7 /4340
7 /4529 7 /4530
韓桴 7 /4344
韓楷 7 /4341
韓茂卿 8 /5047
韓華國 6 /3718
韓世良 7 /4444
7 /4466 7 /4475
韓世清 6 /3959
7 /4410
韓世忠良臣、忠武
*7/4327
5 /3434 6 /3541
6 /4137 6 /4138
6 /4139 7 /4200
7 /4303 7 /4520
7 /4601 7 /4663
7 /4670 7 /4671
7 /4725 7 /4806
7 /4816 7 /4831
8 /5082 8 /5084
8 /5085 8 /5086
8 /5087 8 /5088
8 /5089 8 /5090

8 /5091 8 /5116
8 /5122 8 /5139
8 /5144 8 /5157
8 /5159 8 /5161
8 /5162 8 /5166
8 /5169 8 /5175
8 /5181 8 /5182
8 /5185 8 /5376
8 /5506 9 /5611
9 /5612 9 /5638
9 /5689 9 /5864
9 /5970 9 /5997
9 /6079 9 /6080
10/6359 10/6360
10/6736 10/6737
10/6895
韓杕 7 /4340
7 /4442 7 /4523
7 /4529 7 /4530
韓模 7 /4344
韓林 7 /4341
韓贄 2 /1305
韓椿 7 /4341
韓相 7 /4341
韓楫 6 /3774
7 /4341
韓栩 7 /4340
7 /4530
韓桷 7 /4344
韓格 7 /4340
7 /4530
韓松 7 /4341
韓蟲兒 2 /1159
2 /1160
韓青老農 見何薳
韓本 7 /4341
韓忠彥 2 /1259
2 /1260 3 /1811
3 /1906 4 /2120
4 /2135 4 /2716
4 /2717 4 /2718
4 /2719 4 /2720
5 /2812 5 /2813
5 /2814 5 /2899
5 /2950 5 /2954
5 /3166 5 /3167
5 /3204 6 /3460
6 /3463 6 /3467
6 /3470 6 /3471
6 /3562 6 /3601
6 /3602 6 /3607
6 /3608 6 /3609
6 /3611 7 /4762
7 /4763
韓忠恕 7 /4858
韓邦光 6 /4022
韓國 1 /139
韓國華 2 /802
2 /946 2 /1164
2 /1221
韓黯 7 /4795
韓固 6 /3586
韓昴子平 7 /4813
7 /4816
韓景祐 1 /136
1 /137
韓景賢 6 /3822
韓則 7 /4333
韓跋 5 /3264
5 /3265
韓曉 11/7431
韓璧 5 /3117
9 /6141
韓氏(富弼母)
2 /893
(濮安懿王妻)
2 /1174
(蘇籀妻) 7 /4858
(吕祖謙妻)
10/6392 10/6395
韓周 1 /623
1 /644
韓駒子蒼、陵陽先生 1 /500
7 /4278 7 /4286
7 /4288 7 /4290
7 /4294 7 /4300
7 /4624 7 /4773
7 /4815
韓熙載 1 /38
1 /54
韓兼 3 /2053
韓公廉 4 /2131
8 /5025
韓光魏 11/7420
韓肖胄 7 /4230
7 /4439 7 /4440
7 /4490
韓常 7 /4401
8 /5084 8 /5085
8 /5086 8 /5089
8 /5090 8 /5152
8 /5153 8 /5156
8 /5160
韓粹彥師美
2 /1259
韓炳 11/7431
韓性 12/7900
韓燮 10/6670

4446_0 姑

姑溪居士
見李之儀

4446_0 茹

茹孝標 2/760
茹履 8 /5205

4449_3 蓀

蓀渚 見王休

4450_4 華

華彥 見邵昇
華不注山人
見周密
華參 1 /319
1 /324 1 /345
1 /349
華心居士 7 /4309
華直溫宣卿
4 /2119
華旺 8 /5156
華長老 7 /4310
華陽老人 見張綱
華父 見馬光祖
見魏了翁

4450_6 革

革齋 見文儀

4450_6 葦

葦溪翁 見趙鼎臣

4460_0 苗

苗翊 7/4200 7 /4378 7 /4382 7 /4384 7 /4385 7 /4389 7 /4390 7 /4391
苗再成 12/7874 12/7875 12/8003
苗瑀 7 /4376 7 /4384 7 /4389 7 /4390
苗翌 7 /4670
苗傅 6 /3577 6 /3952 6 /4135 7 /4199 7 /4200 7 /4355 7 /4367 7 /4369 7 /4370 7 /4371 7 /4372 7 /4373 7 /4374 7 /4376 7 /4377 7 /4379 7 /4380 7 /4381 7 /4382 7 /4383 7 /4384 7 /4385 7 /4387 7 /4388 7 /4389 7 /4390 7 /4391 7 /4667 7 /4669 7 /4671 7 /4673 7 /4793 7 /4796 8 /5116
苗振 4 /2109 4 /2463 4 /2577
苗授 4 /2651 4 /2687
苗昌言 10/6500
苗景 4 /2131
苗時中子居 4 /2711
苗履 4 /2651 4 /2687

4460_1 耆

耆卿 見柳永

4460_2 苕

苕溪 見劉一止
苕溪漁隱 見胡仔

4460_4 若

若水 見向冰
若瓊 見張玉
若虛 見陳充
若冲 見陳德用
若晦 見俞烈
若鳳 見王應鳳

4460_4 著

著齋 見高定子

4460_9 蕃

蕃叟 見陳武

4471_2 老

老雲 見王朝雲
老泉 見蘇洵
老蘇 見蘇洵

4471_7 世

世弼 見王純亮 見袁陟
世修 見蔣繼周
世英 見李冠
世忠 7 /4477
世輔 見李顯忠
世成 見黃文晟
世昌 見杜衍 見彭興宗
世臣 見劉安世

4472_7 葛

葛立方歸愚、常之 *6/3795 7 /4527 7 /4679 7 /4681 7 /4682 7 /4685
葛立豫 6 /3801 6 /3802
葛立卓 6 /3801 6 /3802
葛立經 6 /3841 6 /3842
葛立參 6 /3801 6 /3802
葛立中 6 /3801 6 /3802 6 /3809 6 /3833 6 /3845
葛立器 6 /3801 6 /3802
葛立悌 6 /3841 6 /3842
葛應龍 11/7535
葛鄘 6/3799
葛詳 6 /3799
葛元延 6 /3833
葛天民樸翁、朴翁、柳下、無懷、義銛 11/7263 11/7298 11/7299 11/7309 11/7312
葛延之 6 /3690
葛自得 11/7143
葛和仲 6 /3801 6 /3802 6 /3820 6 /3837 6 /3841 6 /3845
葛郛 6 /3801 6 /3802 6 /3878
葛郜周先 6 /3801 6 /3802 6 /3809 6 /3876
葛儀仲 6 /3801 6 /3802 6 /3841
葛進 10/6738
葛宮公雅 6 /3799 6 /3800 6 /3803
葛密子發、草堂逸老 3 /1454 3 /1455 6 /3799 6 /3800 6 /3802 6 /3803
葛宗古 1 /649 1 /655
葛宗臣 6 /3858

葛源　3/1966
葛洪容夫　1/353　8/5394　10/6633　11/7329
葛漢卿　6/3878
葛邲楚輔　6/3800　6/3801　6/3802　6/3803　8/4976　9/5732　9/5982　10/6917　10/6931　11/7519
葛次仲亞卿　6/3797　6/3800　6/3802　6/3810　6/3829　6/3831
葛友諒　3/1666
葛友卿　6/3838
葛大川　5/3146
葛茂宗　3/1922
葛蘊　3/1578
葛書思虛游子、進叔、清孝　6/3799　6/3800　6/3802　6/3803　6/3809　6/3814　6/3815
葛氏(蔡襄妻)　3/1489
葛開眞　6/3852
葛舉　5/3197
葛興祖　3/1980
葛勝仲文康、魯卿　*6/3795　6/3802　6/3905　6/3935　6/3936　6/3937　6/3938　6/3956　6/3960　7/4619　7/4657　7/4681　7/4682　7/4685
葛公綽　3/1501
葛鍾　12/8011
葛敏修聖功、孝友先生　5/3020
葛惟甫　6/3799
葛惟明　3/1455
葛懷敏　1/625　1/644　1/652　2/753　2/790　2/796　2/1228
葛鄰　6/3801　6/3802　6/3876
葛輝　3/1922
葛郯謙問　6/3801　6/3801　6/3802　6/3874　6/3876　6/3879

4473₂ 芸

芸庵　見李洪
芸居　見陳起
芸閣先生　見呂大臨
芸叟　見張舜民

4473₂ 藝

藝堂　見湯建

4474₁ 薛

薛亨　8/5139　8/5142
薛齊誼　2/1015
薛慶　7/4202　7/4231　7/4673　7/4689
薛庠　10/6357
薛廣　7/4355　7/4356
薛顏　1/461　1/495
薛塾　2/1061　2/1134
薛元禮　10/6357
薛強立　10/6357
薛弼　7/4653　7/4654　7/4732　7/4733　7/4837　8/5166　8/5175　8/5511　10/6357　10/6358　10/6359　10/6360　11/7145
薛季宣士龍、艮齋、薛常州　*10/6355　4/2356　4/2655　9/5924　9/5926　9/6248　9/6251　10/6396　10/6397　10/6408　10/6409　10/6410　10/6411　10/6413　10/6414　10/6596　10/6715　10/6763　10/6765　10/6768　10/6769　10/6771　10/6784　11/6972　11/6975　11/6979　11/7001　11/7068　11/7089　11/7123　11/7131　11/7141　11/7145　11/7178
薛季隨　10/6597
薛仁輔　8/5166　8/5181
薛師雍　10/6438　10/6453
薛師旦　10/6358
薛樂道　5/2992　5/3056
薛允中　1/53　1/54
薛仲庚子長　10/6457　11/7006
薛仲孺公期　2/1116　2/1131　2/1134　2/1203　2/1204　2/1205　2/1207
薛向　2/734　2/1253　3/1844　3/1971　3/1972　3/1989　3/2003　5/2771
薛疑之玉成、季常　10/6658
薛叔似象先　8/5351　8/5371　8/5374　8/5376　9/5974　9/6159　9/6188　10/6413

10/6436 10/6438
10/6466 10/6535
10/6544 10/6603
10/6762 10/6763
10/6784 10/6877
10/6918 11/6999
11/7016 11/7075
11/7077 11/7162
11/7163 11/7212
薛紹 11/7125
11/7129
薛徽言 7/4822
10/6357 10/6358
11/7123
薛儀 3/1825
薛良朋季益
8/5475 8/5476
9/5583 9/5666
薛宗孺 2/1134
2/1179
薛沄 10/6414
10/6597
薛溶 10/6388
10/6597
薛直孺 2/1057
薛奎宿藝、簡肅
1/190 2/695
2/746 2/984
2/1052 2/1134
2/1200 3/1735
薛嘉言 10/6357
薛大圭禹圭
9/5620
薛極會之 11/7494
薛田希稷 1/190
薛昌言 10/6357
薛昌朝景庸
4/2572 5/2774
薛昂肇明 3/1906
3/2053 5/3430
5/3449 6/3458
6/3476 6/3492
6/3853 6/3943
薛映景陽
*1/49
1/52 1/54
1/56 1/60
1/61 1/63
1/65 1/69
1/71 1/74
1/77 1/78
1/79 1/81
1/83 1/84
1/85 1/86
1/87 1/88
1/89 1/90
1/177 1/367
1/489 1/521
2/915 2/1073
薛昭 1/264
1/285
薛長孺 2/745
2/1149
薛氏(歐陽修妻)
2/984 2/1023
2/1028 2/1053
2/1146 2/1213
2/1215 5/2950
薛居正文惠、子平
1/7 1/10
1/11 1/12
1/13 1/15
薛常州 見薛季宣

4477_0 甘

甘師顏 3/2014
甘佩誦 12/7685
甘茂榮定庵、榮可
11/7647 12/7964
12/7967
甘昺 9/5893
甘昪 9/5688
9/6048 9/6123
甘氏(徐鹿卿母)
11/7621 11/7623

4480_1 共

共甫 見劉珙
見趙師邦

4480_1 楚

楚建中 2/973
3/1840 3/1849
楚楚杭妓 1/560
楚輔 見葛邲
楚昭輔 1/12
1/13 1/16
1/17

4480_4 樊

樊彥思 8/5290
樊序 9/6206
樊聖可 5/3146
樊仲璋 12/7983
樊漢廣 9/5820
樊滋德淵 6/3861
樊氏(葛立方妻)
6/3831
樊知古 1/211
1/227 1/230
1/233
樊光遠 8/4902

4480_4 葵

葵軒 見張栻

4480_4 莫

莫彥平 6/3935
莫子純 9/5916
莫君陳和中
5/2800 5/2844
莫儔壽朋 5/3425
6/4078 6/4124
7/4318 7/4656
莫將少虛 6/3990
6/3998 7/4212
7/4214 7/4518
7/4732 7/4831
莫叔光 9/5616
莫濟 8/5290
9/5585 9/5673
9/5780 9/6100
9/6101 11/6987
莫漳 9/6141
莫沔 5/3208
莫沖 9/6222
10/6408
莫澤 11/7372

11/7395 11/7405
11/7494
莫汲 8 /5482
莫閏甫 7 /4318
莫公晟 6 /4066
莫簡 8 /5398
12/7663

4480_5 芙

芙蓉楷禪師
7 /4271

4480_5 英

英臣 見劉彥弼

4480_6 黃

黃充 5 /3331
5 /3332 5 /3376
黃充實 5 /3328
黃彥 5 /3099
黃彥孚 5 /3032
黃彥節 7 /4318
7 /4319 7 /4322
黃序 8 /5397
黃商楫 6 /3486
黃育黃渥、潤父、懋達、和叔
5 /3022 5 /3023
5 /3025
黃應龍壁林
10/6576
黃庶亞父 5 /2978
5 /3365
黃廉夷仲 4 /2154
4 /2328 5 /2794
5 /2913 5 /2945
5 /2982 5 /3013
5 /3055 5 /3070
黃庭堅魯直、山谷道人、涪翁、黃太史、文節
*5/2973
1 /256 1 /583
2 /954 2 /955
3 /1511 3 /1520
3 /1542 3 /1593
3 /1854 3 /1878
3 /1921 3 /1923
3 /2023 3 /2049
3 /2051 3 /2055
4 /2061 4 /2213
4 /2226 4 /2257
4 /2357 4 /2358
4 /2359 4 /2360
4 /2362 4 /2364
4 /2365 4 /2369
4 /2370 4 /2625
4 /2743 4 /2744
4 /2750 5 /2761
5 /2786 5 /2798
5 /2808 5 /2813
5 /2824 5 /2843
5 /2852 5 /2876
5 /2883 5 /2886
5 /2888 5 /2891
5 /2898 5 /2901
5 /2902 5 /2909
5 /2913 5 /2928
5 /3140 5 /3141
5 /3143 5 /3145
5 /3151 5 /3178
5 /3179 5 /3187
5 /3190 5 /3192
5 /3196 5 /3197
5 /3198 5 /3199
5 /3202 5 /3206
5 /3209 5 /3210
5 /3212 5 /3214
5 /3231 5 /3232
5 /3234 5 /3235
5 /3236 5 /3237
5 /3239 5 /3241
5 /3244 5 /3245
5 /3250 5 /3252
5 /3260 5 /3261
5 /3262 5 /3263
5 /3264 5 /3265
5 /3266 5 /3268
5 /3271 5 /3272
5 /3294 5 /3308
5 /3310 5 /3311
5 /3312 5 /3316
5 /3320 5 /3321
5 /3322 5 /3329
5 /3350 5 /3352
5 /3353 5 /3354
5 /3358 5 /3360
5 /3364 5 /3365
5 /3367 5 /3371
5 /3374 5 /3384
5 /3421 6 /3479
6 /3599 6 /3600
6 /3603 6 /3604
6 /3606 6 /3607
6 /3608 6 /3610
6 /3613 6 /3650
6 /3666 6 /3693
6 /3702 6 /3708
6 /3763 6 /3764
6 /3890 6 /4003
6 /4009 7 /4623
7 /4626 7 /4781
7 /4789 7 /4800
7 /4838 8 /4912
8 /4936 8 /5041
8 /5343 8 /5417
9 /5819 9 /5849
12/7978 12/7979
黃度文叔 9 /6061
9 /6087 9 /6088
9 /6160 10/6410
10/6416 10/6436
10/6441 11/7058
11/7059 11/7068
11/7075 11/7083
11/7084 11/7093
11/7134 11/7155
黃慶基 4 /2167
5 /2806 5 /2961
5 /3074 5 /3249
黃慶長 11/7315
黃慶曾 9 /6154
黃唐 9 /5738
黃文捷 11/6974
黃文晟世成
4 /2065 10/6539
10/6611
黃文昌 7 /4322
7 /4323
黃章覲復 10/6457
11/7155 11/7162

黄諒正 5/3107
黄襄聖謨 5/2980
黄龍忠道者
7/4273
黄新淦 8/4922
黄斌老 5/3083
5/3086 5/3094
黄誠 8/5132
8/5136
黄靖國 5/3023
黄敦逸 4/2168
黄正 2/740
2/741 2/743
2/744
黄正己 11/7093
黄正叔 5/3141
黄至明 5/3018
黄元章 9/5969
黄元綬如是居士
7/4312
黄元仲 12/8041
黄元授 6/4012
黄震東發 9/5762
9/5849 10/6698
10/6705 10/6753
12/7769 12/7900
黄覆安中 4/2130
黄石坦老 9/6249
11/7525
黄雲瑞達 11/7072
黄非熊仲熊、念四
5/2997 5/3041
黄預 5/3321
5/3327 5/3330
5/3352 5/3372
5/3373
黄孺人 12/8008
黄瑀 11/7193
11/7194
黄烈 5/3438
5/3439
黄瑊 3/1459
黄珪 8/4894
黄珙 2/774
黄琫 10/6721
黄豫 5/3374
黄子立 5/3098
黄子升 8/5215
黄君慶 3/1513
黄香 11/7193
黄仁靜仲山
11/7093
黄何 11/7377
黄衡平國 6/4017
6/4018 6/4019
黄師道 2/774
黄經臣 6/3473
黄穎 4/2260
黄豐 7/4695
黄循齋 11/7608
11/7611 11/7612
11/7613
黄循聖 6/3590
黄循中 10/6540
黄嶽 10/6551
黄幾叔 11/7257
黄佐 8/5132
8/5133 8/5134
8/5135 8/5136
黄德和 2/908
8/5377
黄德甫 5/2983
黄德粹 5/2857
黄休復 1/137
黄仲堪念八
5/3041
黄仲威 7/4319
7/4323
黄仲炎 11/7174
黄純父思梅
12/7975 12/7979
黄自元 2/761
黄伯思霄賓、雲林子、長睿
7/4618 11/7318
黄伯固德常、忠簡
8/5426 8/5435
11/7466 11/7561
黄彝子舟、與迪
5/3086 5/3096
黄叔高 11/7610
黄叔度元發
5/2983
黄叔雅 12/7900
黄叔豐元吉
10/6494 10/6537
黄叔獻天民
5/3073 5/3074
5/3078 5/3091
5/3099 5/3100
黄叔豹嗣文
5/3099 5/3101
5/3102
黄叔向嗣直
5/3079 5/3080
黄叔達知命
5/2982 5/3009
5/3022 5/3027
5/3032 5/3073
5/3078 5/3079
5/3080 5/3085
5/3087 5/3088
5/3090 5/3355
黄叔通 11/7494
黄叔敖 5/2982
黄作 8/4994
黄從 12/8006
黄從岳 11/6974
黄注夢升 2/1028
2/1050 2/1058
5/3002
黄淳 5/2979
黄宇 11/7526
黄安期 3/1922
黄定泰之 3/1924
9/6098 10/6413
黄寔師是 5/2761
5/2792 5/2806
5/2840 5/2998
5/3068 5/3222
5/3258 7/4756
7/4788 7/4789
9/5820
黄宗 3/1563
黄宗旦叔才

1 /286 1 /293
1 /496 1 /519
黃涉 1 /366
黃潛善 4 /2682
6 /3520 6 /3524
6 /3525 6 /3528
6 /3529 6 /3540
6 /3541 6 /3543
6 /4114 6 /4120
6 /4121 6 /4123
6 /4124 6 /4126
6 /4127 6 /4131
6 /4132 6 /4133
6 /4135 6 /4136
6 /4155 6 /4160
7 /4355 7 /4364
7 /4586 7 /4673
7 /4691 7 /4795
8 /4981 8 /5105
黃濬 8 /4927
黃灝商伯、西坡
9 /6160 10/6436
10/6665 11/7075
11/7533
黃遷 3 /1922
黃沃叔啓 9 /5622
黃黼 9 /6159
10/6436 11/7075
黃瀓 8 /5351
黃汝霖 7 /4267
黃漢傑 2 /1342
黃邁 9 /5899
9 /5902
黃迪 7 /4347
黃渥 見黃育
黃次淵 6 /4012
黃渙 9 /5825
黃祖韓十 5 /3079
5 /3085
黃祖舜繼道
8 /4927 8 /4959
8 /4968 9 /5573
9 /5708
黃祖善 5 /3065
黃通介夫 2 /1341
黃汾 2 /767
黃洽 9 /5900
9 /6087 9 /6088
10/6400 10/6416
11/7028
黃道元 3 /1719
黃道存 11/7217
黃道夫 5 /3245
黃太史 見黃庭堅
黃士元 4 /2065
黃士安 3 /1479
黃才 3 /1922
黃蕘翁 7 /4602
黃南仲 11/7193
黃杰 5 /3073
黃友顏顏徒
5 /3096
黃友進 11/7245
黃友聞聞善
5 /3096 5 /3098
5 /3107
黃友益益修
5 /3096 5 /3107
黃去疾 5 /3393
7 /4551 12/8006
黃大圭 10/6721
10/6766
黃大臨元明、寅菴
5 /2982 5 /3006
5 /3022 5 /3073
5 /3074 5 /3077
5 /3078 5 /3099
5 /3104 5 /3105
5 /3109 5 /3113
5 /3117 5 /3118
黃賁 5 /3045
黃桓 5 /3084
黃柄 5 /3101
黃樸 5 /3066
5 /3073 5 /3074
5 /3078 5 /3091
12/7702
黃朴 11/7462
黃萬石 12/7871
12/7877 12/7882
12/7990 12/7996
12/8000
黃茂先寶之
5 /3102
黃茂宗 2 /1028
黃葆光元暉
5 /3438
黃艾 9 /6065
10/6480 10/6609
11/7029
黃莘任道 4 /2294
4 /2297
黃世寧 1 /645
1 /646
黃世永 7 /4312
9 /5994
黃棶仲賁 5 /3098
5 /3107
黃觀 1 /156
1 /157 1 /158
黃相小德 5 /3073
5 /3079 5 /3084
5 /3101 5 /3116
黃柷 11/7193
黃鶴 8 /5051
黃好謙幾道
5 /2910 5 /3026
5 /3068 5 /3222
黃棿 5 /3073
黃梠 5 /3090
黃榦直卿、勉齋
＊11/7191
8 /5429 8 /5452
9 /6013 9 /6072
10/6328 10/6329
10/6945 11/7428
11/7450 11/7453
11/7454 11/7467
11/7469 11/7561
12/7659 12/7662
12/7663
黃中通老、簡肅
8 /4961 9 /5570
9 /5577 9 /5658
9 /5947 9 /6031
11/7031 11/7344
黃申 8 /5425
11/7360 11/7459
黃申之 8 /5375

黃忠 9 /5868
黃由子由、盤墅居士 8 /5351 9 /5862 9 /6059 9 /6159 10/6436 11/7072 11/7075 11/7250
黃夷簡 1 /516
黃貴 1 /644
黃東 11/7193 11/7194 11/7198 11/7199 11/7201 11/7204 11/7205 11/7207
黃輔 11/7198 11/7226
黃成之 5 /3114
黃軺 11/7208
黃邦正 3 /1922
黃輅 11/7198 11/7199
黃輹 11/7201
黃掞子餘 7 /4307 8 /5474
黃日新齊賢 9 /5627
黃國弼 11/7473
黃冕 7 /4477
黃昇玉林、叔陽、花庵 6 /3904 9 /5804
黃異 1 /526
黃杲升卿 9 /6229 11/7193 11/7194 11/7196
黃杲卿 4 /2260 5 /2998
黃景說巖老、白石 11/7301
黃睦 5 /3078
黃晞聱隅子、景微 4 /2120 4 /2123 4 /2302 4 /2304 4 /2539 4 /2687
黃時 11/7193
黃疇若伯庸、竹坡 8 /5376 8 /5388 8 /5393
黃明達 4 /2756
黃嗣深 5 /2982
黃照晦甫 5 /3096 5 /3098
黃黔 5 /3308
黃隱 3 /1921 4 /2158 4 /2161 5 /3101 5 /3261 5 /3264
黃氏(王安石祖母) 3 /1948 3 /1951
(江萬里妻) 11/7632
(蘇适妻) 6 /3780 7 /4756 7 /4789
(蘇遠妻) 7 /4762 7 /4764
(蘇籀母) 7 /4787
(周葵大母) 8 /4987 10/6425
(陸九淵母) 10/6541
(陳亮祖母) 10/6721 10/6738 10/6766 10/6936
(陳亮母) 10/6766 10/6936
(曾鞏母) 3 /1654
(曾布祖母) 4 /2706
(余靖母) 2 /739 2 /750
黃鳳 11/7351
黃覺 1 /377
黃同寅 6 /4093
黃履安中 2 /1360 3 /1868 3 /1905 3 /1921 4 /2153 4 /2716 5 /2803 5 /2924 5 /3077 6 /3559 6 /3560 6 /4103 6 /4104
黃降從善 4 /2247 5 /3049
黃興公 11/7234
黃鑒唐卿 2 /1030 2 /1036
黃鏞敬軒 12/7877 12/7971 12/7992
黃兌 10/6587
黃介幾復 5 /2980 5 /2981 5 /3026 5 /3038 5 /3046 5 /3055
黃介景達 9 /5569 9 /5645
黃義充 11/6974
黃義勇 11/7217
黃義剛 9 /5933 11/7204
黃公度師憲、知稼翁 6 /3803 6 /3863 6 /3872 8 /5241 9 /5622 9 /5634 9 /5644 9 /5696
黃鍰用和 7 /4661
黃鑄 8 /5045
黃銖子厚、谷城 8 /5007
黃鈞仲秉 8 /5271 9 /6090 9 /6141 9 /6141 11/6987
黃篪 12/7718 12/7722
黃節夫妙德居士 7 /4315
黃策 3 /1922
黃懷信 3 /1775 3 /2002
黃裳演山、冕仲、紫玄翁 5 /2913 5 /2917 5 /3054 5 /3055 6 /3550 7 /4630
黃裳文叔、兼山、忠文 9 /5978 9 /6057 10/6422 10/6425 10/6427 11/7058 11/7059

11/7344
黃炎　5 /2897
黃悛汝濟　12/7954
黃𤲙子耕、復齋
9 /5953　11/7137
11/7523

4490₀ 材

材甫　見張掄

4490₁ 蔡

蔡彥清　8 /5548
蔡齊　1 /434
1 /499　1 /535
1 /603　3 /1529
3 /1532　3 /1629
蔡高　3 /1452
3 /1453　3 /1456
3 /1462　3 /1469
蔡卞文正、元度
3 /1835　3 /1905
3 /1906　3 /1936
3 /2016　3 /2030
3 /2031　3 /2044
3 /2045　3 /2051
4 /2154　4 /2678
4 /2715　4 /2716
4 /2717　5 /2813
5 /2924　5 /2965
5 /3073　5 /3077
5 /3167　6 /3458
6 /3459　6 /3462
6 /3474　6 /3478
6 /3489　6 /3492
6 /3559　6 /3604
6 /3762　8 /5241
8 /5242
蔡廙　8 /5426
蔡文忠　3 /1537
蔡襄君謨、忠惠
＊3/1449
1 /457　1 /618
1 /627　1 /653
2 /673　2 /682
2 /689　2 /748
2 /753　2 /785
2 /794　2 /800
2 /829　2 /884
2 /898　2 /916
2 /944　2 /994
2 /1060　2 /1066
2 /1067　2 /1068
2 /1070　2 /1079
2 /1085　2 /1095
2 /1131　2 /1155
2 /1164　2 /1185
2 /1241　3 /1655
3 /1923　4 /2072
4 /2126　4 /2257
4 /2744　5 /2768
5 /2934　5 /3057
5 /3239　6 /3472
6 /3995　8 /5229
8 /5292　9 /5752
蔡京元長、魯公
3 /1738　3 /1835
3 /1872　3 /1873
3 /1905　3 /1907
3 /1911　3 /1923
3 /1924　3 /2032
3 /2053　4 /2154
4 /2200　4 /2201
4 /2202　4 /2372
4 /2597　4 /2659
4 /2682　4 /2695
4 /2716　4 /2719
4 /2720　5 /2809
5 /2811　5 /2814
5 /2929　5 /2944
5 /2945　5 /3115
5 /3139　5 /3167
5 /3250　5 /3263
5 /3267　5 /3309
5 /3402　5 /3429
5 /3430　5 /3447
5 /3449　6 /3456
6 /3460　6 /3463
6 /3465　6 /3466
6 /3467　6 /3471
6 /3473　6 /3478
6 /3481　6 /3482
6 /3488　6 /3489
6 /3492　6 /3564
6 /3565　6 /3602
6 /3604　6 /3605
6 /3609　6 /3610
6 /3612　6 /3613
6 /3614　6 /3615
6 /3616　6 /3617
6 /3618　6 /3620
6 /3621　6 /3622
6 /3623　6 /3700
6 /3704　6 /3709
6 /3713　6 /3715
6 /3719　6 /3746
6 /3762　6 /3834
6 /3869　6 /3905
6 /3905　6 /3909
6 /3910　6 /3911
6 /3912　6 /3913
6 /3914　6 /3915
6 /3917　6 /3920
6 /3921　6 /3932
6 /3940　6 /4045
6 /4115　6 /4134
6 /4136　6 /4153
7 /4192　7 /4444
7 /4588　7 /4615
7 /4626　7 /4628
7 /4630　7 /4637
7 /4654　7 /4694
7 /4767　7 /4851
8 /4867　8 /4868
8 /4979　8 /5237
8 /5239　8 /5242
8 /5252　8 /5279
9 /5605　9 /5635
9 /5669　9 /5670
9 /6097　10/6294
11/7025　11/7478
蔡竑　7 /4618
蔡詵子羽　9 /5730
蔡靖　6 /3921
蔡正孫蒙齋野逸、粹然　12/7947
蔡元方安禮
5 /3396　5 /3398
蔡元定文節、西山、季通
8 /5351　9 /5866
9 /5970　9 /6012
9 /6035　9 /6068
9 /6070　9 /6071

9 /6158 9 /6161
10/6436 10/6951
10/6954 11/7074
11/7075 11/7533
蔡元道 4 /2119
4 /2120
蔡元翰 4 /2119
4 /2120
蔡天申 3 /1824
蔡霖 9 /6104
蔡彌邵元德
10/6781
蔡碩 4 /2162
蔡瑞 11/7021
蔡琇 3 /1451
3 /1478
蔡延慶 2 /1177
4 /2148
蔡武伯 11/7276
蔡確持正 3 /1837
3 /1868 3 /1905
3 /1907 3 /1922
3 /1928 3 /2001
4 /2155 4 /2243
4 /2251 4 /2323
4 /2324 4 /2483
4 /2499 4 /2601
4 /2744 5 /2790
5 /2793 5 /2794
5 /2801 5 /2944
5 /3161 6 /3508
9 /6125
蔡承禧景繁
2 /1200 3 /2011
4 /2130 5 /2792
蔡子因 6 /3973
蔡致君 6 /3749
蔡偃 2 /1305
蔡經國 7 /4618
蔡任子重 11/7105
蔡巒 5 /3422
蔡幾先 5 /2970
蔡待時 11/7055
蔡休文 4 /2118
蔡幼學行之
8 /5351 9 /5934
9 /6160 10/6405
10/6412 10/6413
10/6436 10/6446
10/6450 10/6456
10/6513 11/7075
11/7149 11/7154
蔡傳 3 /1505
蔡伯希 4 /2619
蔡匀 3 /1459
3 /1488 3 /1506
蔡向瞻明、净空居士 8 /5466
8 /5022 9 /5567
蔡仍 6 /3590
蔡翛 5 /3437
5 /3447
蔡絛百衲居士、約之、無爲子
6 /3939 7 /4569
蔡旬 3 /1506
蔡攸 5 /3430
5 /3437 5 /3447
5 /3448 6 /3909
6 /4045 6 /4047
6 /4109 6 /4115
6 /4134 8 /4979
9 /5605 9 /5670
9 /6095
蔡濟忠 9 /6228
蔡宰 6 /3870
蔡準 5 /2775
5 /2831
蔡宓 6/3473
蔡濬沖 4 /2118
蔡淵伯静、節齋
8 /5452
蔡必勝直之
11/7064 11/7065
11/7083
蔡迨堅吾 6 /3590
11/7276
蔡沈仲默、九峰
9 /6071 12/7741
12/7925
蔡清宇 9 /6207
蔡淑 11/7055
蔡冠卿 5 /2774
5 /2830
蔡滋 9 /6084
蔡遵 7 /4345
蔡肇天啓 5 /2798
5 /3243 5 /3244
5 /3276 5 /3284
蔡洸 3 /1505
3 /1506
蔡克明 5 /3139
蔡奭 3 /1452
蔡樞子應 7 /4294
7 /4294 7 /4295
7 /4322
蔡嬌 4 /2101
蔡載天任 6 /3865
蔡戡定夫 7 /4624
7 /4690 8 /5426
9 /6139 10/6480
10/6609 11/7030
蔡芳原 12/7932
蔡恭 3 /1451
蔡懋 5 /3448
6 /4046 6 /4048
6 /4083 6 /4113
7 /4655
蔡勘 7 /4620
7 /4722
蔡薿文饒 6 /3471
6 /3473 6 /3476
6 /3492 6 /3616
蔡觀 4 /2283
蔡均 3 /1505
蔡松年伯堅
10/6579
蔡抗子直、仲節
2 /773 4 /2124
11/7590 12/7730
12/7741
蔡挺子正、子政、敏肅 2 /708
2 /774 4 /2108
8 /5323 8 /5415
蔡旻 3 /1505
3 /1506

蔡顒 3/1451
蔡蹈 6/3561
蔡氏(劉恕妻) 4/2364
(葛立方岳母) 6/3861
(范成大母) 9/5752
蔡居厚寬夫 6/3923 6/3925
蔡巽 4/2358
蔡鎬 11/7021 11/7022 11/7055
蔡公彥 5/2864 5/2881
蔡玆 9/6023

4490_3 綦

綦崇禮處厚、叔厚 6/3571 7/4394 7/4444 7/4800

4490_4 茶

茶山居士 見曾幾

4490_4 葉

葉應輔 11/7525
葉康直 5/2947 5/3160
葉文翁 11/7160
葉諒 7/4418 7/4419 7/4420
葉龍起 12/7780
葉謹審言 12/8063
葉敦禮 5/3387
葉謙亨 9/5873
葉元潾 9/6142
葉元老 11/7509
葉雅 11/6967
葉承 6/3561
葉子廉 9/5566
葉子謙 7/4733
葉子強 11/7433
葉子儀 12/7699
葉秀發南坡、茂叔 10/6638
葉季 11/6967
葉愛梅 12/7944
葉止 11/6967
葉衡 8/5029 10/6581 10/6739 10/6751 10/6770 10/6775 10/6781 11/6980 11/6984
葉處和 8/5221
葉綽 6/3890 6/3892
葉任仲堪 3/1483
葉鼎臣 12/7790
葉綬 6/3890 6/3892
葉佑之 3/1700
葉絺 6/3890
葉絺 6/3892
葉續翁 11/6970
葉綝 9/6082
葉伸 3/1922
葉伯文 9/5995
葉凱 6/3895
葉將 7/4579
葉綱 6/3887 6/3888 6/3892 6/3908
葉紹翁靖逸、嗣宗 9/6201 9/6230 10/6322
葉份 7/4676 7/4727 7/4736
葉繕 6/3890 6/3892
葉繪 6/3890 6/3892
葉宣 11/6966 11/6969 11/7092
葉淮 11/7580
葉適正則、水心居士 *11/6957 5/3393 6/4153 8/5264 8/5335 8/5351 8/5372 8/5386 8/5412 9/5566 9/5650 9/5922 9/5929 9/5935 9/5972 9/6049 9/6121 9/6122 9/6137 9/6149 9/6159 9/6248 9/6254 10/6362 10/6382 10/6408 10/6433 10/6436 10/6480 10/6603 10/6608 10/6659 10/6715 10/6725 10/6811 10/6813 10/6816 10/6817 10/6818 10/6823 10/6844 10/6858 10/6866 10/6875 10/6883 10/6885 10/6892 10/6902 10/6904 10/6908 10/6909 11/7269 11/7343 11/7377 11/7436 11/7503 11/7564 12/7758 12/7911
葉宓 11/6967 11/6969 11/7091 11/7130
葉良臣 11/6975
葉宗武 6/3926
葉宗質 6/3926
葉寀 11/6967 11/6969 11/7091 11/7169 11/7171 11/7172
葉福歌 11/6966
葉濤致遠 3/2022 3/2025 3/2051 4/2742 5/2792 5/2922 5/3183 5/3245 5/3254 6/3907 6/3907
葉祐之元吉 10/6664
葉邁 11/6966

11/6968
葉造 11/6966
11/6968
葉淸臣道卿
1 /90 1 /619
1 /635 2 /703
2 /750 2 /791
2 /1336 6 /3887
6 /3888 8 /5527
葉濃 7 /4592
葉逮 11/6966
11/6968
葉溫叟 6 /3889
6 /3892
葉還 11/6966
11/6968
葉淑 11/6967
葉祖洽 2 /932
4 /2240 5 /2900
5 /3175 6 /3560
6 /3912
葉過 11/6966
11/6968
葉士龍 11/7209
11/7223 11/7226
11/7228 11/7231
葉士寧宗儒
11/6974 11/7126
11/7129
葉媛(葉適女)
11/6967 11/6969
11/7010 11/7020
葉翥叔羽 8 /5350
9 /5617 9 /5738
11/7303 11/7437
葉夢鼎西澗、鎮之
12/7722 12/7755
12/7756 12/7757
12/7759 12/7761
12/7766 12/7767
12/7774 12/7793
12/7820 12/7821
12/7827 12/7863
12/7867 12/7871
12/7910
葉夢得少蘊、石林居士
＊6/3883
1 /144 1 /223
1 /298 1 /562
3 /1907 5 /3263
5 /3291 5 /3292
5 /3295 5 /3308
5 /3313 5 /3314
5 /3316 6 /3752
6 /3753 6 /3754
6 /3756 6 /3757
6 /3759 6 /3760
6 /3836 6 /3837
6 /3838 6 /3850
6 /3854 6 /4004
7 /4197 7 /4609
7 /4728 7 /4730
7 /4731 7 /4793
7 /4798 7 /4815
9 /5951 10/6570
10/6725 11/6966
葉夢得是齋
10/6575
葉夢授 6 /4089
葉懋 7 /4543
葉著 5 /3425
葉世英 3 /1922
葉蕢 11/7541
葉蘩 6 /3890
葉蘊 6 /3890
葉楠郎 11/6967
葉模 6 /3890
6 /3892 6 /3893
6 /3896 6 /3954
6 /3968 6 /3970
6 /3987 6 /3999
葉棟 6 /3890
6 /3891 6 /3892
6 /3954 6 /3962
葉桯 6 /3890
6 /3891 6 /3892
6 /3954
葉楫 6 /3890
6 /3892
葉起翁 11/6970
葉櫓 6 /3890
6 /3892
葉格 7 /4412
葉振端 11/6966
葉招積 7 /4412
葉思益 11/6966
葉黯晦叔 9 /5565
9 /5566 9 /5642
9 /5643 9 /5706
葉顒 8 /5484
9 /5580 9 /5581
9 /5582 9 /5584
9 /5585 9 /5587
9 /5667 9 /5671
9 /5994 9 /5999
9 /6142 11/7160
葉時 8 /5384
葉疇 9 /5946
葉味道賀孫、知道
8 /5452 11/6965
11/7200 11/7609
葉阿自 11/6967
葉阿皁 11/6966
葉阿勝 11/6967
葉氏(江瑛妻)
11/7631
(黄斡母) 11/7205
葉助 6 /3889
6 /3890 6 /3892
6 /3899 6 /3900
6 /3918 6 /3923
6 /3997
葉隆 6 /3821
葉羲叟 6 /3888
6 /3892 6 /3997
葉義問審言
8 /4959 8 /4962
8 /4963 9 /5573
9 /5574 9 /5652
9 /5654 9 /5655
9 /5758 9 /6216
葉公濟 11/6965
葉鐵 7 /4412
葉鐵骨 7 /4419
葉籈 6 /3892
葉筠 6 /3892
6 /3893 6 /3902
6 /3903

葉箋　6 /3891　6 /3892　6 /3893
葉簬　6 /3892　6 /3895
葉籌　6 /3892
葉簨　6 /3891　6 /3892
葉簀　6 /3891　6 /3892
葉光祖顯之　11/6966
葉煇　11/6970

4490₄ 藥

藥寮居士　見謝伋
藥洲　見廖瑩中

4490₈ 萊

萊國公　見寇準

4491₀ 杜

杜充　6/3500　6 /3543　6 /4061　7 /4394　7 /4395　7 /4396　7 /4410　7 /4676　7 /4691　8 /5108　8 /5109　8 /5110　8 /5114
杜彥　6 /4016　6 /4048
杜應之　2 /762
杜庶　12/7908
杜訢　2 /1114
杜誘　4 /2078
杜諮　3 /1518　3 /1588
杜斿叔高　10/6584
杜誨求趣翁　4 /2173
杜醇　3 /1958　12/7887
杜天舉　8 /4914
杜琳　6 /3522　7 /4440　7 /4475
杜子方　4 /2731　5 /2778　5 /2831
杜子謹　11/7545
杜子師　5 /3268
杜子卿　5 /2994
杜君章　6 /3929
杜壬　3 /2026
杜衍正獻、世昌　1 /623　1 /632　1 /637　1 /660　2 /754　2 /758　2 /797　2 /801　2 /802　2 /875　2 /880　2 /883　2 /884　2 /889　2 /916　2 /924　2 /926　2 /927　2 /1031　2 /1043　2 /1047　2 /1066　2 /1076　2 /1081　2 /1083　2 /1100　2 /1103　2 /1125　2 /1126　2 /1203　2 /1232　2 /1286　2 /1288　3 /1383　3 /1385　3 /1472　3 /1473　3 /1474　3 /1500　3 /1656　3 /1954　3 /1957　3 /1959　4 /2079　4 /2080　4 /2122　4 /2123　8 /4991　8 /5270　9 /5849　12/7797
杜穎清老　8 /5012　8 /5028　8 /5028　8 /5030　8 /5058
杜德稱　11/7501
杜紘　5 /2946　5 /3327　5 /3330
杜仲觀　5 /3029　5 /3297　5 /3305
杜純孝錫　3 /1921　4 /2164　4 /2474　4 /2525　5 /2906　5 /2917　5 /3250　5 /3254　5 /3264　5 /3321　5 /3360
杜槃澗叟　5 /3034　5 /3034
杜叔五　8 /5108　8 /5109
杜濬　11/7544
杜福　8 /5364
杜淵　11/7544
杜沂　5 /2788　5 /2836
杜洪道　6 /3610
杜渙　3 /1957
杜祁　2 /989　2 /1103
杜滸　12/8001　12/8003　12/8011　12/8058
杜太后昭憲杜太后、宋太祖母　1 /11
杜才叔　11/7507
杜堯臣　1 /443
杜友宣　11/7517
杜大珪　1 /144
杜樞　1 /659
杜彬　2 /1089
杜莘老　9 /6222
杜孝嚴　8 /5452
杜華　9 /5570　9 /5646
杜植　11/7358
杜椿大年　11/7028
杜杞　1 /630　2 /752　2 /919
杜申孫　11/7616
杜挺之　2 /838
杜耕甫　11/7536
杜擇之　5 /3327　5 /3372
杜杲于耕、子昕　11/7538　12/7668　12/7669　12/7713
杜默　2 /889　2 /1062
杜曄　11/7522

杜氏(魏了翁妻) 11/7503
(蘇舜欽妻) 2/1283
(葉適母) 11/6967 11/6995
杜用 6/4087 6/4131 7/4356 7/4357
杜輿 4/2748 5/2805
杜八子 7/4740
杜益 11/7503
杜鎬文周 1/516
杜介 5/2793 5/2797 5/2841
杜午 8/5432
杜曾 2/1069
杜知仁仁仲 11/7519 11/7545
杜範成己、儀甫、立齋、清獻 *11/7515 8/5440 11/7405 11/7469 11/7480 11/7579 12/7679 12/7680 12/7720 12/7723 12/7725 12/7749 12/7848
杜惟則 4/2095
杜常 2/932 5/2913
杜炎巳 11/7616
杜燁 11/7545

4491_2 蘊

蘊玉 見李石
蘊之 見木待問

4491_4 桂

桂應魁 10/6702
桂武仲 12/7932
桂萬榮夢協 10/6667 10/6668 10/6681 10/6696
桂如淵 8/5432 8/5433 11/7465 12/7664 12/7665
桂氏(謝枋得母) 12/7923

4491_5 權

權邦彥朝美 6/3498 6/3519 6/3521 6/3525

4492_7 菊

菊山 見唐珏
菊澗 見盧祖皐
菊坡 見崔與之
菊坡先生 見陳居仁

4498_6 橫

橫渠 見張載
橫浦 見張九成

4499_0 林

林廉天 10/6438
林庚 11/7205
林端仲 11/7208
林謨丕顯 11/7196 11/7201
林靈素 5/3449 6/3497 6/3513 8/4982
林元章 10/6409 11/6973
林元仲 6/3994
林雷時 11/7542
林栗 9/5974 9/6011 9/6049 9/6222 10/6844 10/6902 11/7021 11/7022 11/7027 11/7030 11/7175 11/7343
林碩 10/6637
林璞 11/7142
林武 11/7205
林琦 12/8011
林羽梅塢 11/7199 11/7209 11/7230 11/7231 11/7233 11/7234 11/7235 11/7239
林珦 8/5522
林瑑 11/7553 11/7557 11/7569
林鼐元秀、伯和 10/6480 10/6609 11/6975 11/7004 11/7028 11/7030 11/7056 11/7518
林聚 8/5112
林豫順之 5/3249
林子元 9/5622
林子燕 10/6446 10/6456
林子熙 10/6438
林君雅 10/6654
林君抃 6/3661
林邵才中 5/3127
林爲之 5/3010
林億 4/2123
林季仲蘆川老人、懿成、竹軒 10/6438
林季復 11/7155
林膚 3/1922
林處恭 12/7756
林虞 5/3107
林穎德秀 11/7152
林崧公材 10/6784 10/6785
林德祖 6/3961
林待聘 7/4493 7/4507 7/4509
林勳 10/6781
林特 1/150 1/184 1/435 1/464 1/476 1/483 1/487 1/488 1/496 1/531 1/532
林幼常 11/7155
林仲麟景沖

10/6436 10/6625
10/6626 11/7075
林仲則 11/7205
林自 3/1906
6/3458 6/3459
6/3492
林伯成 8/5056
林仰少瞻 7/4305
8/4909
林修 5/3282
林叔豹 10/6630
林徽之天和
6/3676
林儀 4/2124
林從周 2/741
2/742 2/743
2/744
林之奇三山先生、拙齋、少穎
7/4171 7/4174
7/4175 8/4872
8/4873 8/4877
8/4879 8/4884
9/5567 9/6091
9/6204 9/6211
10/6391 10/6392
10/6399 11/7194
11/7481
林之芳 8/4918
林適可 7/4291
林憲雪巢、景思
9/5952 9/5953
9/5954 9/5955
9/5968
林安宅 8/5197
8/5487 8/5490
林良 11/7517
林宗簡 10/6415
林永年 12/8010
林淵叔懿仲
10/6456 11/7042
林逋君復、和靖先生 1/260
1/555 1/634
2/742 2/743
2/745 3/1368
6/3644
林迪 6/3496
6/3510
林湜正甫 11/7028
11/7082
林潔己 8/5388
林遹述中 7/4799
11/7553
林逢吉 11/7536
林選 11/7552
林道安 12/7916
林道人 4/2745
林肇 5/3125
林希文節、醒老、子中 2/1062
2/1359 2/1360
3/2042 4/2130
4/2660 4/2744
4/2745 4/2756
5/2802 5/2803
5/2805 5/2845
5/2940 5/3069
5/3073 5/3077
5/3159 5/3280
5/3324 5/3345
5/3351 5/3367
6/3810 6/3811
6/3904 8/5292
9/5856
林希逸鬳齋、肅翁、竹溪 10/6681
11/7551 11/7597
11/7598 11/7599
林有年 10/6471
林鼐叔和、草廬
10/6848 11/6975
11/7127 11/7144
11/7155
林志行 11/7625
林志甯 4/2514
4/2683 5/3396
林壽公 11/7640
林雄 見林旦
林大鼐 6/3872
林大備 10/6456
11/6990
林大聲欲仲
6/4026 6/4026
林大中正惠、和叔
8/5351 9/5977
9/5979 9/6159
10/6436 11/7075
11/7518
林大節 4/2592
4/2684
林奭 12/7813
林栟 9/5731
9/6139
林埏 11/7553
林機景度 8/5274
8/5275 8/5277
8/5280 8/5285
9/5878
林楷 1/353
林載 10/6456
林榕 11/7552
林夢英叔虎
10/6542
林懋 6/3496
6/3510
林孝澤 11/7552
林黃中 9/6231
林執善 8/5361
林棟 12/8000
林杞茂南 6/3819
7/4390 7/4391
林柞 4/2750
林中鱗 9/6160
林夫 見唐坰
林夫人(王谹妻)
5/3014
林攄彥振 5/3127
6/3935 7/4821
林成季井伯
8/5052 11/7554
林旦子明、次中、林雄 5/2774
5/2913
林景熙霽山、石田、德陽 10/6655
12/8035 12/8060
林明仲 8/5215

林略 11/7339 11/7359
林頤叔正仲 10/6409 10/6417 10/6456 11/7042 11/7126
林氏(張元幹祖母) 7/4611
(張九成妻) 8/4890 8/4900
(楊簡妻) 10/6670
(劉夙妻) 11/7551
(劉彌正妻) 11/7552
(鄭興裔妻) 9/5856 9/5862
林用中草堂、東屏、擇之 9/6031 10/6275 10/6336 10/6338 10/6340 10/6342 10/6352 10/6520
林陶 8/5281
林居安德叟 11/7170 11/7171
林居實安之 10/6398 10/6410 10/6456
林岊 6/3486 11/7217
林介 12/7702
林夔孫 11/7633
林節(劉克莊妻) 11/7553 11/7557 11/7558 11/7560 11/7563 11/7567 11/7568 11/7579
林敏功高隱處士、子仁、松坡 7/4623 7/4624
林光謙 11/7641
林光祖 11/7090
林光朝文節、謙之、艾軒 8/5271 8/5275 8/5282 8/5287 8/5310 8/5350 8/5538 8/5556 9/5789 9/5798 9/5803 9/6088 9/6091 9/6121 11/6978 11/7124 11/7275 11/7551 11/7555
林光甫 9/5799
林恢 10/6562

4499_0 楙

楙宗 見宋肇

4541_7 執

執中 見高子莫 見劉彝

4594_4 棲

棲雲 見釋眞成

4594_4 樓

樓可 5/3209
樓璩 9/5779
樓弆元應 10/6726
樓觀 11/7518
樓郁 12/7887
樓昉迂齋 10/6638 11/7469 12/7845 12/7847 12/7900
樓昭 11/7371
樓鑰攻媿、宣獻、大防 1/597 3/1738 5/3416 5/3439 7/4205 7/4329 7/4522 7/4523 8/5011 8/5012 8/5013 8/5024 8/5041 8/5042 8/5045 8/5055 8/5057 8/5058 8/5062 8/5351 8/5509 8/5533 8/5549 8/5556 9/5725 9/5739 9/5740 9/5742 9/5744 9/5747 9/5828 9/5909 9/5910 9/5911 9/5935 9/5954 9/5978 9/5979 9/5982 9/5983 9/5984 9/5991 9/6056 9/6064 9/6065 9/6087 9/6153 9/6159 10/6405 10/6412 10/6432 10/6433 10/6436 10/6444 10/6446 10/6448 10/6450 10/6462 10/6619 10/6623 10/6637 10/6638 10/6674 10/6877 10/6907 11/7075 11/7083 11/7084 11/7088 11/7132 11/7145 11/7294 11/7295 11/7296 11/7297 11/7323 11/7325 11/7326 11/7397 11/7433 11/7445
樓炤仲暉 7/4230 7/4268 7/4314 7/4315 7/4322 7/4822 7/4825 7/4851

4611_0 坦

坦庵 見趙師俠
坦叔 見釋寶印
坦夫 見呂夷簡 見辛棄疾
坦夫(北宋末人) 5/2987

4611_2 覣

覣道人 1/60

4621_2 觀

觀復 見黃章 見王蕃
觀如 見鄭剛中
觀如居士 見朱弁
觀堂 見劉望之

4622₇ 獨

獨醒道人　見曾敏行
獨樂翁　見岳履祥
獨善　見史彌鞏

4633₀ 恕

恕齋　見洪勳
見汪綱
見謝堂

4640₀ 如

如山　見顔度
如幻、如夢(葛天民侍姬)　11/7263
如是居士　見黄元綬
如晦　見裴煜
如璧　見饒節
如瑩　見張澂

4680₆ 賀

賀廩　5/3307　5/3315　5/3316
賀孫　見葉味道
賀子儀　7/4202
賀繼能　5/3292
賀允中子忱　6/3969　7/4174　7/4177　7/4849　8/4959　8/4996　8/5250　9/5571　9/5650　9/5953　9/6215　10/6728　11/7341
賀房　5/3315
賀安世　5/3292
賀氏(韓世忠母)　7/4333
賀勝璋(賀鑄女)　5/3303
賀鑄方回、慶湖遺老、鑑湖遺老　*5/3289　5/3109　5/3209　5/3222　5/3404　6/3599　6/3922　6/3932
賀惟慶　5/3292
賀恂　2/1195

4690₀ 相

相山居士　見王之道
相之　見豐稷

4690₂ 柏

柏孝隆　2/893　2/900

4692₇ 楊

楊立　12/7876　12/7879　12/7881
楊立之　4/2120
楊雍　1/396
楊彦璋　3/1922
楊彦翼　10/6550
楊彦中　6/3585
楊彦瞻　12/7951　12/7952
楊齊伯　9/6239
楊齊賢　3/1523
楊方子直、淡軒老叟　10/6436　10/6952
楊應誠　6/3948　6/3955
楊應桂　12/7913
楊庭顯　10/6591　10/6594　10/6606　10/6608　10/6610　10/6624　10/6706
楊唐老　5/3113
楊康功　5/2793　6/3641
楊康國　5/2798　5/3096
楊文　12/7681　12/7683　12/7686
楊文詡　3/1968
楊文仲　12/7872
楊文逸　1/56
楊文蔚　3/1871
楊章　9/5867
楊褒　2/1124　5/2774　5/3224　5/3268
楊麟　1/642　1/655　7/4315
楊正臣　3/1468
楊王休　7/4310
楊瓌寶　5/3256
楊元賓　4/2290
楊元明　2/837
楊元卿　2/766　2/767
楊再興　8/5084　8/5119　8/5121　8/5140　8/5151　8/5153　8/5154　8/5173
楊可世　7/4347
楊可輔　7/4199　7/4379　7/4380
楊可昇　7/4228
楊雲堂　1/63
楊天　1/194
楊天王　7/4350
楊天惠　1/193
楊礪　1/61　1/266
楊戩　6/3759　6/3760　6/3764　6/3920　6/3931　6/3932
楊珪　8/5085
楊瓘　5/3008
楊琪　10/6484
楊琳君全　5/3092　11/7506
楊環寶　3/1922
楊聰父　7/4718
楊孟容　5/2797
楊瓊　1/369

1 /388
楊承之大受
12/7955 12/8064
楊子謨伯昌
8 /5375
楊子聰 2 /821
2 /823 2 /826
2 /1034 2 /1036
2 /1037 2 /1038
2 /1041 2 /1042
楊子富 10/6653
楊子祥 10/6653
楊子才 10/6653
楊子耕 5 /3138
楊子聞 5 /3020
5 /3026
楊政 6 /3981
楊億大年
*1/49
1 /51 1 /54
1 /55 1 /56
1 /57 1 /58
1 /59 1 /60
1 /61 1 /62
1 /63 1 /64
1 /65 1 /67
1 /68 1 /70
1 /73 1 /74
1 /75 1 /76
1 /77 1 /79
1 /80 1 /81
1 /82 1 /83
1 /84 1 /85
1 /86 1 /87
1 /88 1 /93
1 /107 1 /114
1 /122 1 /143
1 /160 1 /168
1 /170 1 /180
1 /182 1 /183
1 /262 1 /269
1 /314 1 /316
1 /367 1 /372
1 /396 1 /418
1 /424 1 /425
1 /428 1 /441
1 /442 1 /473
1 /474 1 /483
1 /484 1 /485
1 /510 1 /511
1 /512 1 /516
1 /517 1 /518
1 /519 1 /520
1 /525 1 /527
1 /528 1 /530
1 /547 1 /555
1 /591 2 /882
2 /1073 2 /1338
2 /1379 6 /3799
10/6741
楊舜卿 9 /5866
11/7059
楊么 6 /4141
7 /4468 8 /5068
8 /5071 8 /5125
8 /5129 8 /5131
8 /5132 8 /5136
8 /5141 8 /5143
8 /5161 8 /5170
8 /5176
楊維忠 7 /4355
7 /4367 7 /4369
楊行先 見陽孝本
楊肯堂 12/7956
楊師亮 12/8004
楊生 10/6670
10/6708
楊偁 5 /3264
5 /3265
楊偕次公 1 /613
2 /697 2 /1044
2 /1070 2 /1076
2 /1101 3 /1467
3 /1468
楊崇勳 1 /442
1 /485
楊佐 4 /2093
楊倚 1 /62
1 /68
楊德勝 8 /5126
楊偉 4 /2076
楊休 7 /4695
楊勉齋 11/7610
12/7682
楊皓明叔 5 /3080
5 /3081 5 /3082
5 /3083 5 /3084
5 /3093
楊皓(南宋人)
9 /5893
楊幼輿 9 /5996
9 /6000 11/7321
楊紘 2 /724
4 /2121
楊緯 3 /1427
楊纘紫霞、紫霞翁、繼翁、守齋
12/7953
楊綝 3 /1922
楊仲良明叔
6 /3909 8 /5455
楊傑 1 /262
2 /1135 3 /1841
5 /2794 5 /2844
5 /2845
楊皇后宋寧宗恭聖仁烈楊皇后
11/7392
楊伯嵒泳齋
12/7951 12/7952
12/7953
楊保政 1 /172
楊壄 10/6707
楊仔 12/8000
楊似雲 11/7520
楊价 12/7680
12/7682
楊倫 10/6706
楊徽之 1 /54
1 /58 1 /415
楊復信齋 11/7194
11/7201 11/7206
11/7214 11/7221
11/7223 11/7227
11/7234 11/7236
11/7238 11/7240
楊儀 2 /1060
楊從存道 5 /3028
楊繪元素、無爲子

4 /2732 5 /2774
5 /2832 5 /2870
楊倓 8 /5312
楊進 6 /3498
6 /3530 6 /3535
6 /3539 6 /3540
6 /3541 6 /3542
7 /4354 7 /4356
7 /4357 7 /4363
8 /5156 10/6738
楊之美 2 /837
楊適季和、大隱、韓道、時可
12/7887
楊安國 2 /888
楊宏中充甫
6 /3486 9 /6160
10/6436 10/6625
10/6626 11/7075
楊良卿 6 /3742
楊定 2 /1254
2 /1255 3 /1779
3 /1788 11/7517
楊寘審賢 2 /1091
3 /1602 3 /1933
6 /3797 6 /3803
楊宗惠康功
4 /2152
楊宗輔 10/6591
10/6650 10/6706
楊察宣懿、隱甫
1 /574 2 /716
2 /901 2 /990
2 /992 2 /1301
4 /2076
楊永德 2 /1110
楊汪中 11/7364
楊灝 3 /1614
楊淵 4 /2181
楊沂中 見楊存中
楊濮 11/7279
楊業 1 /15
1 /19 1 /43
1 /367
楊演 10/6591
10/6706
楊汝亨 7 /4205
楊汝礪 10/6518
楊汝明 10/6350
楊邁 1 /226
楊津 1 /198
楊迪遵道 4 /2423
4 /2537 4 /2585
4 /2591 4 /2623
4 /2649 4 /2660
4 /2669 4 /2671
4 /2675 4 /2683
楊澤民 5 /3440
5 /3443
楊遇 8 /5152
楊淑妃真宗章惠皇后、楊太妃
1 /572 1 /611
楊淑妃度宗妃、楊太妃 12/8028
楊次公 9 /5996
9 /6000 9 /6001
11/7289 11/7321
楊冠卿夢錫
7 /4723 9 /6237
楊遹 5 /3389
楊遂 1 /304
楊遵 3 /1376
楊道夫 9 /6068
10/6522
楊九鼎 8 /5399
楊太 6 /4139
楊大淵 12/7677
楊士元 11/7321
楊直卿 11/7610
楊圭 10/6628
10/6706 11/7127
11/7491
楊克道孚 5 /3221
5 /3257
楊克一 5 /3220
楊克勤 5 /3232
楊在 10/6670
10/6709
楊希堂 1 /343
楊存 9 /6000
楊存中和王、沂中
6 /3984 6 /4146
7 /4474 7 /4477
7 /4478 7 /4492
7 /4501 7 /4503
7 /4506 7 /4531
8 /4962 8 /5076
8 /5077 8 /5084
8 /5085 8 /5086
8 /5087 8 /5088
8 /5089 8 /5090
8 /5091 8 /5139
8 /5146 8 /5147
8 /5156 8 /5157
8 /5160 8 /5197
8 /5215 9 /5573
9 /5651 9 /5708
楊存忠 7 /4524
8 /5376
楊熹 11/7503
楊嘉言 5 /3439
11/7322
楊奇遇 12/7905
楊壽佺 9 /5995
楊大雅子正
2 /983 2 /1045
楊大芳 12/7955
楊大昌正之
11/7276
楊大全 12/7672
楊朴 5 /3011
楊埜 10/6661
10/6670 10/6708
楊基 10/6670
10/6709
楊芳 8 /5351
9 /6159 11/7075
楊芾文卿、南溪居士 9 /5991
楊萬里廷秀、誠齋、文節
*9/5989
5 /3117 6 /4004
6 /4005 6 /4009
6 /4014 6 /4023
6 /4028 6 /4033

6 /4034 6 /4036
8 /5015 8 /5271
8 /5336 8 /5337
8 /5339 8 /5343
9 /5611 9 /5612
9 /5613 9 /5635
9 /5653 9 /5685
9 /5689 9 /5690
9 /5699 9 /5724
9 /5734 9 /5739
9 /5741 9 /5753
9 /5756 9 /5834
9 /5841 9 /5847
9 /5939 9 /5941
9 /5942 9 /5947
9 /5948 9 /5954
9 /5955 9 /5956
9 /5965 9 /5966
9 /5967 9 /5968
9 /5970 9 /5972
9 /5975 9 /5976
9 /5985 9 /6098
9 /6105 9 /6111
9 /6118 9 /6138
9 /6148 9 /6162
9 /6183 9 /6184
9 /6186 9 /6188
9 /6197 9 /6205
9 /6208 10/6262
10/6272 10/6353
10/6533 11/7251
11/7271 11/7272
11/7278 11/7282
11/7287 11/7289
11/7302 11/7306
11/7314 11/7316
11/7320 11/7377
11/7401 12/8023
楊懋卿 8 /5093
8 /5190
楊世雄 6 /4016
楊世威 12/7675
楊世昌 8 /5042
楊世質 1 /334
楊桂 10/6705
楊權 10/6628
楊權卿 10/6710
楊姝(李之儀妾)
5 /3126 5 /3127
5 /3140 5 /3148
5 /3150
楊椿文安、元老
7 /4852 8 /4959
8 /4963 8 /5525
楊棟元極 6 /3790
8 /4942 12/7910
楊楫通老 11/7219
11/7220 11/7275
楊聲伯 11/7274
楊姐 5 /2833
楊杞元卿、鱣堂先生 9 /5994
楊中玉 5 /3089
楊青 6 /3519
楊忠輔 9 /5971
楊由義 8 /5535
楊素 8 /5343
楊泰之 8 /5387
楊蟠公濟 3 /1968
5 /2802 5 /2803
5 /2845
楊輔莊惠、嗣勛
8 /5376 8 /5387
8 /5452 9 /5737
9 /5738 10/6642
11/7438 11/7440
11/7441 11/7444
楊輔世 9 /5996
楊成 8 /5082
8 /5152 12/7679
楊咸孺 5 /3089
楊韡 5/3090
楊邦弼 9 /5874
楊邦乂 6 /3958
6 /3959 9 /5996
10/6737 12/8023
楊日嚴 2 /748
2 /989 4 /2563
楊國寶應之
4 /2543 4 /2652
4 /2653 4 /2683
楊甲鼎卿 8 /5271
楊畏子安
3 /1921 4 /2133
4 /2134 4 /2653
4 /2666 5 /2803
5 /2806 5 /2808
5 /2960 5 /3095
5 /3254 5 /3263
6 /3557 6 /3603
楊岊景山 5 /3092
楊異 3 /1370
楊景受 8 /5558
楊景棻 5 /3038
楊景春 10/6550
楊景略康功
5 /3132
楊時中立、文靖、龜山
＊5/3391
3 /1522 3 /1562
3 /1594 3 /2032
4 /2283 4 /2390
4 /2405 4 /2413
4 /2421 4 /2423
4 /2474 4 /2485
4 /2497 4 /2499
4 /2501 4 /2513
4 /2514 4 /2517
4 /2523 4 /2532
4 /2543 4 /2561
4 /2592 4 /2601
4 /2615 4 /2616
4 /2622 4 /2629
4 /2649 4 /2651
4 /2652 4 /2656
4 /2657 4 /2658
4 /2660 4 /2670
4 /2672 4 /2674
4 /2675 4 /2681
4 /2683 4 /2689
4 /2691 4 /2694
5 /3299 5 /3314
5 /3387 5 /3388
5 /3389 5 /3390
6 /3455 6 /3456
6 /3472 6 /3481
6 /3485 6 /3489
6 /3490 6 /3492
6 /3568 6 /3569

6/3570　6/3589
6/3717　6/3788
6/3789　6/3791
6/3793　6/4080
6/4103　6/4143
7/4549　7/4550
7/4551　7/4633
7/4646　7/4661
7/4854　8/4867
8/4869　8/4871
8/4885　8/4895
8/4896　8/4899
8/4918　8/4935
8/4940　8/5352
9/5855　9/5943
9/6005　9/6006
9/6022　9/6024
9/6029　10/6269
10/6291　10/6302
10/6308　10/6476
10/6761　10/6768
11/7124　11/7470
11/7490　11/7538
楊器之　5/3099
楊明夫　11/7613
楊昭儉　1/220
楊畋樂道　1/651
2/758　3/1977
5/2768　5/2828
5/2934　5/2936
楊豚　10/6706
楊愿　7/4230
8/4913　11/7162
楊巨源　8/5381
11/7349　11/7359
11/7441　12/7660
楊長孺伯子、壽仁、東山、東山潛夫　9/5592
9/5734　9/5847
9/5995　9/5996
9/5998　9/6000
9/6001　9/6138
11/7316　11/7317
11/7321
楊頤　10/6939
楊垕　10/6707
楊朏　3/1922
楊氏(孔文仲母)
5/2863
(孔文仲祖母)
5/2881
(魏士行妻)
11/7503
(徐夢莘母)
9/5724
(沈煥妻)10/6468
(李燾妻)8/5343
(蘇渙妻)5/2936
8/5378
(蘇轍保母)
5/2834　5/2841
(楊大雅女)
2/983　2/984
(岳成妻、慶國夫人)　8/5100
(周密妻)12/7951
(歐陽修妻)
2/1028　2/1045
2/1047
楊闢　2/1062
2/1074
楊履道　5/3091
楊興宗似之
8/5017　11/7275
楊賢實　4/2673
楊金　10/6670
10/6705　10/6709
楊翁　11/6974
楊兑　12/7681
楊介　5/3221
楊令問　1/498
楊無咎補之
5/3220　7/4738
8/5049
楊愈　2/900
楊義　11/7407
楊公弼　7/4410
楊美球　3/1426
楊美琪　3/1426
楊美琳　3/1426
楊美珣　3/1426
楊美人　12/7864
楊欽　8/5132
8/5135　8/5136
楊篪機仲　10/6628
10/6710
楊簡敬仲、慈湖先生
*10/6589
9/6099　9/6160
10/6383　10/6436
10/6462　10/6465
10/6466　10/6474
10/6475　10/6480
10/6483　10/6484
10/6485　10/6489
10/6513　10/6537
10/6553　10/6554
10/6556　10/6557
10/6563　10/6564
10/6566　10/6568
11/6999　11/7030
11/7075　11/7458
11/7528　12/7886
12/7887
楊簡姊　見馮氏
楊簡妹　見馮氏
楊簡表弟婦
見蔣處定
楊篆　10/6624
10/6628　10/6707
楊符信祖　7/4624
楊籌　10/6628
10/6647　10/6706
楊籍文仲　10/6628
10/6710
楊惟　10/6627
10/6706
楊惟忠　6/4139
7/4345　7/4347
楊懷玉　1/493
楊懷敏　2/922
楊惇穆仲　11/7275
楊堂　10/6670
10/6710
楊�　10/6707
楊恬天隱　10/6706
楊忱明叔　2/1101

3 /1977
楊憶 10/6670
10/6710
楊慥 10/6707
楊恢 8 /5450
8 /5452 10/6707
楊懌 10/6636
10/6708
楊愰 10/6708
楊儋 10/6708
楊恪叔謹 10/6627
10/6627 10/6649
10/6670 10/6694
10/6708
楊炤 10/6420
楊燦 11/7344
楊愉 10/6696
10/6707
楊悔 10/6627
10/6708

4711₇ 圯

圯老 見黃石

4712₀ 均

均父 見夏侃

4712₇ 鄞

鄞江先生 見周鍔

4713₈ 懿

懿德皇太后
見符皇后
懿仲 見林淵叔
懿叔 見程之邵
懿成 見林季仲
懿簡 見趙瞻
懿節皇后
見邢皇后
懿恪 見王拱辰

4722₇ 郗

郗漸 6/4088

4722₇ 郝

郝彥雄 7/4471
7 /4473
郝政 8 /5119
8 /5121 8 /5140
郝處俊 3 /1975
郝緒 1 /649
郝良弼 11/7510
郝通 8 /5119
8 /5121
郝太冲 1 /113
1 /264 1 /265
郝抃 7 /4490
郝晸 6 /4137
6 /4139
郝昭信 1 /170
1 /171
郝氏(韓世忠曾祖母) 7 /4333
郝隨 6 /3564
郝惟立 4 /2168

4722₇ 郁

郁貺 3/1922

4722₇ 鶴

鶴山 見魏了翁
鶴林 見吳泳
鶴田 見李珏

4740₁ 聲

聲伯 見劉瓛
聲遠 見孟鏗

4742₀ 朝

朝彥 見陳廷傑
朝瑞 見奚從靑
朝隱子 見陸軫
朝陽 見程鳴鳳
朝美 見權邦彥
見湯邦彥
見王時雍

4742₀ 麴

麴植 1/214
麴嗣復 5 /3432

4742₇ 媯

媯民 見賈黃中

4744₇ 好

好庵 見方信孺
好德 見李攸

4752₀ 鞠

鞠詠 1/90
1 /91 1 /338
1 /499 1 /536
鞠仲謀 1 /254
1 /266 1 /267
1 /268
鞠眞卿 2 /1302
鞠拯 3 /1583
鞠常可久、鞠恒
1 /301

4762₀ 胡

胡彥瀫 1 /319
胡彥瀫 1 /324
1 /325
胡彥明處道
5 /2982 5 /3063
胡庭直 9 /5731
9 /5732
胡唐老 6 /4054
胡文柔(李之儀妾) 5 /3124
5 /3128 5 /3129
5 /3134 5 /3135
5 /3139 5 /3142
胡訪 7 /4512
胡襄 8 /5269
胡奕修 5 /3125
胡端修 3 /1922
胡端叔 12/7984
胡訥 3 /1590
胡詮 10/6644
胡一之 12/7760
胡三省 12/7760
12/7765 12/7766
12/7767 12/7768
12/7778 12/7785

12/7788　12/7900
胡元茂士彥
5 /3323　5 /3324
5 /3366　5 /3367
胡元質獻惠、長文
8 /5255　8 /5261
8 /5271　8 /5316
8 /5540　9 /5817
9 /5841　9 /6148
胡元叙　12/7885
胡晉臣　9 /5733
9 /5981　9 /5982
9 /6050　10/6917
11/7027
胡�　11/7494
胡瑗翼之、文昭、安定先生
＊2/669
1 /615　1 /619
2 /643　2 /743
2 /750　2 /827
2 /869　2 /876
2 /886　2 /887
2 /888　2 /896
2 /939　2 /1089
2 /1123　2 /1125
2 /1133　2 /1137
2 /1214　2 /1224
2 /1303　2 /1345
3 /1530　3 /1536
3 /1543　3 /1545
3 /1561　3 /1564
3 /1565　3 /1575
3 /1590　3 /1711
3 /1842　3 /1848
4 /2207　4 /2273
4 /2300　4 /2479
4 /2502　4 /2540
4 /2541　4 /2542
4 /2651　5 /3174
5 /3401　8 /5443
9 /5865　10/6388
10/6476　10/6741
12/7925
胡廷直　1 /341
1 /351
胡醴　11/7616
胡珵德輝　3 /1923
6 /4114　8 /4903
8 /5352
胡瑑　11/7344
胡承師　1 /319
1 /324　1 /335
1 /346
胡子敬　12/7916
胡子持　12/7781
胡億　6 /4042
胡舜申　6 /4041
6 /4044　6 /4061
7 /4407
胡舜陟汝明、三山老人
＊6/4037
6 /3857　6 /3859
6 /3860　6 /3861
7 /4407　8 /4869
9 /5792
胡舜舉汝士
6 /4041
胡舜俞　6 /4041
胡航公濟　10/6824
胡維　5 /3125
胡紡　7 /4396
7 /4490　7 /4599
7 /4600　7 /4601
8 /5162
胡仁修　4 /2757
胡行仲達可
10/6738
胡衍　11/7152
胡衛　8 /5404
胡倬　6 /4043
胡師文　5 /3399
胡穎　12/7707
12/7717
胡崇　12/7719
胡傅孝著　6 /4043
胡俊明　6 /4081
胡侁　1 /353
胡贇　1 /11
胡納　2 /671
胡紘　8 /5041
9 /6068　9 /6158
11/6979　11/7073
11/7295　11/7345
胡緯　5 /3125
胡仲堯　1 /45
胡紳　5 /3125
胡績　5 /3125
胡細　1 /331
胡盤居　12/7974
胡俛公謹　5 /2933
胡仰元高　6 /4059
6 /4072
胡仔元任、苕溪漁隱　4 /2423
6 /4039　6 /4042
6 /4065　6 /4067
7 /4643　7 /4746
7 /4747
胡穉　7 /4534
7 /4628　7 /4690
胡紹立　6 /4033
胡從　4 /2473
胡聳　8 /4877
胡淮　1 /319
1 /324　1 /345
1 /349
胡淳　7 /4164
8 /4877
胡寧　7 /4164
8 /4877
胡宿文恭、武平
1 /538　2 /724
2 /734　2 /828
2 /835　2 /993
2 /998　2 /1005
2 /1060　2 /1111
2 /1129　2 /1156
2 /1185　2 /1238
3 /1457　3 /1458
3 /1461　3 /1485
3 /1502　3 /1520
3 /1530　3 /1538
3 /1539　3 /1586
3 /1727　3 /1766
3 /1975　4 /2076
4 /2083　4 /2085
4 /2090　4 /2126

4/2497 5/2768
5/2934 5/3125
6/3553
胡之柔 5/3145
胡憲原仲、籍溪先生
*7/4161
4/2665 7/4165
8/4867 8/4868
8/4869 8/4875
8/4876 8/4880
8/4881 8/4883
8/5215 8/5353
9/6006 9/6022
9/6091 10/6392
10/6732
胡安修 6/3561
胡安老 7/4164
胡安國康侯、文定、文定公
3/1522 3/1594
4/2525 4/2695
5/3401 5/3409
5/3410 6/3584
6/3589 6/3793
6/3940 6/4027
6/4135 7/4164
7/4165 7/4166
7/4179 7/4181
7/4656 8/4876
8/4877 8/5301
9/6101 9/6102
9/6141 10/6276
10/6345 10/6357
10/6407 10/6445
10/6769 11/7431
11/7479 11/7538
胡宏五峰、五峰先生、仁仲 3/1517
3/1522 3/1533
7/4164 7/4180
7/4745 8/4877
8/5316 8/5317
9/6027 10/6258
10/6262 10/6263
10/6264 10/6276
10/6288 10/6335
10/6345 10/6350
胡良 3/1922
5/2929
胡定之 5/2789
胡寅致堂先生、明仲 3/1584
3/1854 6/3857
6/3940 6/4018
6/4028 7/4164
7/4243 7/4306
7/4815 8/4876
8/4880 8/4919
8/4929 9/5756
9/6027 9/6201
9/6204 9/6208
9/6227 10/6337
10/6783
胡實廣仲 10/6275
10/6288 10/6296
10/6304 10/6352
胡宗浚明 10/6446
10/6450 10/6456
胡宗堯 2/994
2/1110 2/1111
胡宗質 5/3125
胡宗愈完夫
3/1586 3/1921
4/2156 4/2254
4/2255 4/2260
4/2404 4/2609
5/2794 5/2899
5/2906 5/2907
5/2960 5/3160
5/3263 6/3552
胡宗炎 6/3553
胡潛 3/1922
胡沂 9/5779
9/5947 10/6394
胡淮 1/324
胡清 8/5154
8/5156
胡湘 1/319
1/324 1/345
1/349
胡洞微明之
5/3102
胡澥 7/4741
9/6144
胡沼 6/4041
胡深 7/4502
胡滁 2/675
2/689
胡直孺少汲
5/2977 6/3912
7/4258 7/4410
胡克順 1/45
胡克家 9/5960
胡希聖 11/7570
胡南逢 7/4340
胡志康 2/682
2/689
胡志寧 2/682
胡大昌 12/7693
胡大時季隨
10/6258 10/6262
10/6290 10/6298
10/6344 10/6352
10/6457
胡大原 10/6288
胡柯 2/1015
2/1019
胡彭 1/324
1/326
胡楷 1/319
1/324 1/333
1/344 1/345
1/349
胡夢昱季汲、季昭、剛簡、竹林愚隱 8/5420
11/7469 11/7508
11/7622 11/7647
12/8023
胡蒿 12/7719
胡革 10/6691
胡世將承公
7/4414 7/4416
7/4598
胡桂 1/319
1/345 1/349
胡樋 8/5522
胡觀光 6/4034

胡槻 11/7217 11/7563
胡松 12/7966
胡松年茂老
6 /3860 6 /3870
7 /4439 7 /4452
7 /4461 7 /4629
7 /4814 8 /5130
胡惠齋 11/7250
胡輔之彥國
5 /3142
胡咸 6 /4041
胡拱達才 10/6513
10/6599
胡撰 11/6999
胡撙崇禮
11/6989 11/7137
胡昉 1 /309
胡昉（南宋人）
8 /5055 8 /5219
8 /5534 8 /5535
9 /6224 9 /6231
胡旦繼周、周父
1 / 1 8 1 /109
1 /110 1 /225
1 /226 1 /245
2 /746 4 /2091
11/7524
胡思成 9 /6142
胡田 5 /3264
5 /3265
胡顯 12/7707
胡賑 1 /324
1 /329
胡則正惠公、子正
＊1/317
＊1/321
1 /500 1 /503
胡時 10/6413
10/6456
胡氏(韓琦母)
2 /1221
（薛季宣妻）
10/6358
胡堅常 8 /5021
8 /5055
胡居敬 1 /353
胡令儀 1 /339
1 /606
胡僧仲 11/7359
胡榘仲方
8 /5015
胡知禮 11/7109
胡銓澹庵、忠簡、邦衡
6 /3488 6 /4003
6 /4008 6 /4020
6 /4022 6 /4026
6 /4029 6 /4030
6 /4031 6 /4034
6 /4035 7 /4216
7 /4607 7 /4622
7 /4721 7 /4722
7 /4723 7 /4741
7 /4742 7 /4743
8 /4969 8 /4996
8 /5018 8 /5197
8 /5217 8 /5229
8 /5271 8 /5274
8 /5350 8 /5481
8 /5482 8 /5531
8 /5533 8 /5537
9 /5996 9 /6000
9 /6030 9 /6032
9 /6089 9 /6093
9 /6144 9 /6209
9 /6222 9 /6225
10/6375 12/8023
胡策 6 /4041

4772$_7$ 邯

邯鄲 見李淑

4780$_1$ 起

起季 見辛次膺
起巖 見袁說友
起之 見龍昌期

4780$_4$ 趣

趣翁 見杜誨求

4780$_6$ 超

超然居士
見趙表之
超宗道人
見釋普覺

4792$_0$ 柳

柳彥輔 1/553
柳三變 見柳永
柳三復 1 /553
1 /565
柳三接 1 /553
1 /573
柳下 見葛天民
柳夏卿 1 /208
柳瑾子玉 5 /2770
5 /2773 5 /2778
5 /2831 5 /2832
柳聖功 5 /3020
柳承贊 1 /207
1 /208
柳承業 1 /207
柳承遠 1 /207
1 /208 1 /210
柳承翰 1 /206
1 /208 1 /209
1 /211 1 /242
柳承昫 1 /207
1 /208 1 /212
1 /244
柳承陟 1 /207
1 /208 1 /212
1 /244
柳子文仲遠
5 /2852 5 /3225
柳舜卿 1 /208
柳崇 1 /553
1 /554 1 /556
柳阜之 11/7277
柳宜無疑 1 /254
1 /282 1 /553
1 /555 1 /557
1 /558 1 /561
1 /562 1 /568
1 /587 1 /588
柳宣 1 /254
1 /554 1 /555

1 /556
柳肩吾 1 /207
1 /208 1 /243
柳宏 1 /554
1 /555 1 /558
柳賨 1 /554
1 /555
柳察 1 /554
1 /555
柳永三變、耆卿、景莊
*1/551
1 /5530 3 /1976
5 /3315
柳宲 1 /554
1 /555
柳涉 1 /247
柳溪釣翁
見史正志
柳淇 1 /553
1 /585 1 /589
2 /1344
柳涀 1 /246
柳通叟 5 /3012
5 /3054
柳涗 1 /553
1 /583
柳南 見盧方春
柳城甫 5 /3021
柳材 1 /243
柳植 4 /2293
柳閏 1 /207
1 /208
柳閱 1 /207
1 /208
柳閔肩回
1 /205 1 /207
1 /208 1 /217
1 /227 1 /245
柳開仲塗、紹先、肩愈、補亡先生、東郊野夫
*1/203
1 /44 1 /54
1 /102 1 /208
1 /258 1 /286
1 /408 1 /591
2 /786 2 /872
2 /1379 3 /1534
4 /2524 10/6741
柳闕 1 /207
1 /208
柳問 1 /207
1 /208
柳閦展如 1 /207
1 /208 5 /3047
柳小娘 12/8008
12/8024

4792₂ 杼

杼山居士 見劉岑

4792₇ 橘

橘州 見姚希得
橘坡 見徐榮叟

4794₇ 穀

穀叔 見鄭耕老

4796₄ 格

格齋 見王子俊

4824₀ 散

散翁 見阮閱

4832₇ 驁

驁鴻 1/547

4844₁ 幹

幹臣 見徐伸
幹譽 見許亢宗

4864₀ 敬

敬齋 見吳鎰
敬可 見釋慧恭
敬仲 見楊簡
敬叔 見馬夔
敬心 見周樅
敬中 見李慎思
敬夫 見張栻
敬軒 見黃鏞
敬甫 見陳善
敬叟 見陳以莊
見釋居簡
敬父 見張元簡

4893₂ 松

松崖 見岳履祥
松山 見丁木
松泉生 見尤爚
松年 見嚴松
松窗 見錢端禮
松坡 見林敏功
松坡居士 見京鏜
松菊道人 見阮閱
松隱 見曹勛

4894₁ 栟

栟櫚 見鄧肅

4895₇ 梅

梅彥臣 2/818
2 /833
梅讓 2 /817
2 /833 2 /1094
梅詢文肅、昌言
*1/357
1 /437 1 /443
2 /817 2 /818
2 /833 3 /1984
梅正臣 2 /817
2 /833 2 /834
梅君俞 3 /1922
梅禹臣 2 /818
2 /833
梅鼎臣公度
1 /364 1 /376
1 /389 2 /740
2 /741 2 /744
2 /818 2 /828
梅佐 2 /740
2 /741 2 /744
梅純臣 2 /818
2 /833
梅得臣 1 /364
1 /389 2 /818

梅壑　12/8003
梅龜兒　2 /817　2 /819
梅宣義　5 /2802
梅宰　1 /364
梅寶臣　1 /365　1 /389　2 /818
梅灝子明　4 /2257　5 /2844　5 /3054　5 /3057
梅溪　見史達祖　見王十朋
梅遠　2 /817
梅津　見尹焕
梅清臣　1 /369　1 /387　1 /390
梅邈　1 /363　1 /377　1 /389　2 /817
梅士同　2 /831
梅克家　2 /818
梅堯臣聖俞、宛陵　*2/813　1 /93　1 /364　1 /370　1 /387　1 /542　1 /544　2 /679　2 /781　2 /791　2 /804　2 /808　2 /817　2 /827　2 /900　2 /901　2 /902　2 /910　2 /983　2 /985　2 /994　2 /1034　2 /1035　2 /1036　2 /1038　2 /1039　2 /1042　2 /1043　2 /1044　2 /1045　2 /1046　2 /1055　2 /1056　2 /1059　2 /1061　2 /1064　2 /1077　2 /1084　2 /1086　2 /1089　2 /1090　2 /1091　2 /1092　2 /1093　2 /1094　2 /1095　2 /1101　2 /1102　2 /1105　2 /1116　2 /1120　2 /1122　2 /1123　2 /1124　2 /1127　2 /1130　2 /1131　2 /1132　2 /1133　2 /1134　2 /1135　2 /1136　2 /1137　2 /1138　2 /1142　2 /1143　2 /1144　2 /1199　2 /1350　3 /1374　3 /1413　3 /1414　3 /1419　3 /1420　3 /1421　3 /1422　3 /1429　3 /1482　3 /1633　3 /2048　4 /2059　4 /2065　4 /2070　4 /2079　4 /2082　4 /2094　4 /2295　4 /2725　4 /2728　5 /2799　5 /2825　5 /2826　5 /3141
梅南　見曹良史
梅垣　見郭德章
梅執禮和勝　6 /3584　6 /4054　6 /4107　7 /4656
梅摯公儀　2 /839　2 /1075　2 /1112　2 /1119　2 /1125　2 /1127　2 /1129　2 /1138　2 /1352　4 /2438　5 /2767
梅垌　2 /817
梅塢　見林羽
梅墀　2 /817　2 /819
梅超　1 /363　1 /389　2 /817
梅增　2 /817　2 /819　2 /841　2 /1143
梅輔臣　1 /366　1 /390　2 /818
梅成和　1 /364
梅墅　見魏天應
梅野　見徐元杰
梅所　見王夢震　見曾應龍

4928_0 狄

狄詠　5/2795　5 /2842
狄諮　3 /1781
狄棐　1 /440　3 /1980
狄青武襄、漢臣　1 /642　1 /645　1 /646　1 /661　2 /756　2 /757　2 /765　2 /766　2 /770　2 /791　2 /793　2 /797　2 /799　2 /998　2 /1072　2 /1122　2 /1127　2 /1232　3 /1380　3 /1397　4 /2069　4 /2077　4 /2122　4 /2123　4 /2296　4 /2302　5 /2842　10/6906
狄咸　5 /2813

4942_0 妙

妙應　見李得柔
妙德居士　見黄節夫
妙總無著道人　7 /4299
妙總大師　見釋道潛
妙圓道人　見釋善寶
妙圓居士　7 /4270

4980_2 趙

趙立德成、蔗溪　7 /4229
趙立夫德成　1 /353
趙充夫　9 /6142
趙庇民　8 /4900　10/6476

趙雍(北宋人)
1 /601
趙雍趙廱、竹潭
11/7321 12/7707
趙亮 11/7441
趙彥倓 11/7154
趙彥清 5 /3064
5 /3079
趙彥逾 9 /5961
9 /6060 10/6430
11/7058 11/7065
趙彥道景平
4 /2636
趙彥眞 9 /5932
趙彥若元考
3 /1638 3 /1662
3 /1798 3 /1838
3 /1921 4 /2213
4 /2240 4 /2361
4 /2364 5 /2899
5 /2951 5 /3069
5 /3075 5 /3077
5 /3263 5 /3264
8 /5281
趙彥橚 10/6911
11/7119 11/7156
趙彥中 8 /5332
趙彥輔子欽
11/7202
趙彥成 5 /3079
趙彥操 9 /6154
趙彥呐 8 /5428
8 /5430 8 /5433
8 /5450 11/7359
11/7365 12/7664
趙彥械 10/6563
10/6639
趙彥恂 9 /6143
趙齊 1 /18
趙方彥直、忠肅
8 /5391 10/6264
10/6588 11/7224
11/7326 11/7327
12/7706 12/7707
趙庾 5 /2833
趙文 9 /6162
趙言 5 /3010
趙端 5 /3068
趙端禮 7 /4738
7 /4739
趙端懿 1 /26
趙端頤 11/7572
趙訓之 10/6911
趙斌 6 /3585
趙謚 10/6420
趙竑 8 /5406
8 /5418 8 /5420
11/7361 11/7391
11/7394 11/7457
11/7527 11/7528
11/7529 12/7758
12/7759
趙諶 6 /4049
趙竭節 7 /4388
7 /4389
趙敦臨 4 /2351
趙諗 4 /2719
趙亞才 2 /1297
2 /1298 2 /1322
趙至 5 /2939
趙元佐 1 /18
趙元僖 1 /19
1 /20 1 /24
1 /271
趙元傑 1 /425
趙元侃 見宋眞宗
趙元儼 2 /1074
趙元份 1 /66
1 /68
趙元滔 見趙滔
趙丙南正
2 /973 3 /1839
趙震 5 /3433
趙平民 12/7916
趙酉泰 11/7616
趙醇 11/7522
趙雲 8 /5155
趙天祖 3 /1922
趙不棄 7 /4839
趙不謗師厚
7 /4315
趙不悳仁仲
8 /5290 11/7020
趙不干晋臣
9 /5623
趙不流 9 /5610
趙不迹 8 /5047
8 /5048 8 /5049
趙霖 2 /1305
2 /1312
趙頊 見宋神宗
趙孺人 8 /5474
趙玭 1 /9
趙瑗 11/7341
趙璠 12/8006
趙廷美 1 /13
1 /15 1 /16
1 /18 1 /42
1 /400
趙珪 1 /28
趙孟傳 12/7882
趙孟逵 12/7941
趙孟濚 12/8006
12/8011
趙孟堅子固、彝齋
11/7323 12/7953
趙玘 11/7109
趙珣 1 /650
3 /1922
趙乃裕 12/8003
趙承亮 3 /1811
趙承宗 1 /3
1 / 4 1 / 6
1 /10 1 /11
1 /15 1 /22
1 /23
趙承煦 1 /3
1 / 8 1 /11
1 /17 1 /21
1 /22 1 /23
1 /24 1 /25 1 /26
趙承熙 1 /20
趙豫 8 /5045
趙子充 5 /3068
趙子幾 3 /2011

趙子崧伯山
6 /4127 7 /4581
趙子嶙公遠
7 /4664 7 /4666
趙子洹 8 /4990
趙子潚 8 /5045
8 /5532
趙子節 6 /3538
趙鞏 9 /6160
10/6436 11/7075
趙君厚 12/7991
趙君舉 5 /3041
趙君猷 11/7288
趙君錫 3 /1766
3 /1921 5 /2800
5 /2803 5 /2929
5 /2949 5 /2952
5 /3191 5 /3254
5 /3263
趙瑜 3 /1821
趙垂慶 1 /43
趙僡 2 /1313
趙舜和 11/7199
11/7200
趙季西 7 /4644
趙季仁 11/7231
趙秉淵 8 /5159
趙何 7 /4451
7 /4452 7 /4455
趙卨 3 /1671
3 /1921 3 /2012
4 /2516 5 /3254
5 /3261 5 /3263
趙屼 3 /1851
趙岯 2 /1311
趙師峮 11/7410
11/7419
趙師郱共甫
10/6628
趙師雍然道
10/6540
趙師夏 8 /5044
11/7224
趙師秀靈秀、天樂、紫芝
11/7126 11/7139
趙師虙 9 /6053
趙師巖 12/7722
趙師俠坦庵、趙師使、介之 6 /3961
趙師使 見趙師俠
趙師淵 9 /6103
11/7522
趙師葴詠道
10/6539 10/6540
11/7520
趙師恕 11/7208
11/7236 11/7238
11/7609
趙師旦 3 /1973
趙師羿從善
11/7149 11/7156
趙師民周翰
3 /1709 5 /3218
5 /3264 8 /5297
趙貞 1 /3
趙鼎元鎮、得全居士、忠簡 1 /28
2 /1175 2 /1251
2 /1307 3 /1766
3 /2032 6 /3588
6 /3589 6 /3736
6 /4018 6 /4120
6 /4141 6 /4144
6 /4149 6 /4150
6 /4155 7 /4217
7 /4243 7 /4246
7 /4393 7 /4402
7 /4429 7 /4452
7 /4453 7 /4458
7 /4461 7 /4464
7 /4466 7 /4468
7 /4474 7 /4475
7 /4481 7 /4492
7 /4507 7 /4520
7 /4533 7 /4534
7 /4675 7 /4676
7 /4813 7 /4814
7 /4816 7 /4817
7 /4819 7 /4830
7 /4848 8 /4863
8 /4880 8 /4901
8 /4902 8 /4904
8 /4906 8 /4911
8 /4990 8 /4991
8 /5115 8 /5124
8 /5127 8 /5130
8 /5141 8 /5161
8 /5163 8 /5179
8 /5182 8 /5240
8 /5242 8 /5247
8 /5521 9 /5564
9 /5611 9 /5612
9 /5641 9 /5687
9 /5689 9 /5861
9 /5970 9 /5991
9 /5992 9 /5997
10/6359 10/6382
10/6724 10/6737
10/6801 11/7478
趙鼎臣承之、葦溪翁、竹隱畸士
5 /3138 6 /3727
6 /3728 6 /3729
6 /3731 6 /3737
6 /3738 6 /3740
6 /3741 6 /3742
6 /3747 6 /3750
趙崇度 11/7496
趙崇嵓 11/7140
趙崇德 7 /4216
趙崇憲 8 /5452
趙崇袍 11/7540
趙崇遂 10/6666
趙崇榟 11/7404
趙崇簡 8 /5045
趙允讓濮安懿王
2 /1153 2 /1161
2 /1162 2 /1165
2 /1171 2 /1173
2 /1174 2 /1209
2 /1247 3 /1634
3 /1760 3 /1761
7 /4233
趙俊 8 /5084
8 /5155
趙德 7 /4212
趙德亮 12/7835
趙德文 2 /1090

趙德崇 1/16

趙德芳 1/11 1/12 1/13 1/15

趙德昭 1/4 1/6 1/8 1/10 1/11 1/13 1/14 3/1990

趙佶 見宋徽宗

趙升叔 5/3101

趙贊 1/413

趙稹 1/524

趙甡 7/4423

趙仲琹 6/3816

趙仲龐 3/1989

趙仲糜 7/4233

趙仲強 5/3129

趙仲行 3/1989

趙仲宗 11/7199

趙仲永 8/5214

趙仲禮 10/6647

趙仲湜 7/4598 7/4599 7/4600

趙仲蒼 3/1812

趙仲夔 3/1990

趙傳之 11/7615

趙伯璘 7/4215 7/4216

趙伯牛 8/5089

趙伯圭 9/5608 9/5610 9/5829

趙伯威 8/5038

趙保吉 1/297 1/370

趙皋卿 5/2794 5/2841

趙像之 9/5992 9/6001 9/6142

趙屼 2/1299 2/1304 2/1305 2/1306 2/1309 2/1311 2/1312 2/1313 2/1328 2/1329 5/2842

趙約 5/3264 5/3265 5/3433

趙叔近 7/4198 7/4364 7/4365

趙叔盎伯充 5/2847 5/3055 5/3073 6/3771

趙倫 7/4215 11/7542

趙儀之 6/3755

趙從讜 2/759

趙從約 1/26

趙從式 3/1811

趙以夫虛齋、芝山老人、用父 11/7173 11/7481 11/7483

趙濟 1/130 2/962 2/965

趙寬堂 11/7531 11/7532 11/7533

趙穿 10/6861

趙安仁文定、樂道 1/168 1/434 8/5273

趙安易 1/3 1/18 1/23

趙富文 9/6239

趙宏 3/1643 3/1656

趙良規 2/990 2/1086

趙良嗣 6/4039 6/4046

趙良恪 5/3294

趙密 7/4474 8/5554

趙寅 12/7686 12/7687

趙宗辯 3/1989

趙宗諤 2/971

趙宗綽 7/4233

趙宗述 3/1989

趙宗懿 3/1749

趙宗惠 3/1811

趙宗閔 5/3016

趙永實 8/5322

趙潛元晋 12/8037

趙溍冰壺、趙元溍 12/8010

趙禋 見趙槩

趙禎 見宋仁宗

趙澄 7/4228

趙必遁 12/7813

趙必适 11/7544

趙必愿 11/7543

趙述 1/28

趙述美 6/3770 7/4788

趙汝廩 11/7612

趙汝誼 10/6326

趙汝謙 10/6535

趙汝議 11/7164

趙汝讜蹈中、懶庵 8/5041 8/5052 8/5452 9/6160 10/6436 11/6964 11/7020 11/7075 11/7157 11/7176

趙汝談文懿、南塘、履常 8/5440 9/6160 10/6436 11/7020 11/7075 11/7405 11/7474 11/7564 11/7635

趙汝淳子野、靜齋 9/5625

趙汝述 11/7494

趙汝禖 11/7404

趙汝捍 11/7535

趙汝愚子直、忠定 2/1257 3/1738 7/4260 8/5271 8/5282 8/5287 8/5297 8/5299 8/5346 8/5350 8/5351 8/5354 8/5356 9/5601 9/5613 9/5621 9/5638 9/5679

9/5695　9/5696
9/5714　9/5866
9/5949　9/5951
9/5967　9/5973
9/5978　9/5979
9/5999　9/6064
9/6065　9/6067
9/6068　9/6090
9/6126　9/6153
9/6159　9/6188
10/6433　10/6436
10/6512　10/6616
10/6623　10/6624
10/6625　10/6626
10/6629　11/7058
11/7059　11/7063
11/7069　11/7075
11/7083　11/7122
11/7199　11/7202
11/7203　11/7253
11/7344　11/7345
11/7379　11/7478
11/7496　11/7519
11/7572
趙汝回幾道
11/7015
趙汝明　12/7701
趙汝駉　11/7141
趙汝騰庸齋、紫霞翁、茂實　11/7201
11/7474　11/7484
趙汝鐸振文
11/7143　11/7145
11/7171
趙汝鐩　8/5408
趙洪　1/28
趙淇　12/7878
趙漢英　6/3722
趙祺　12/7852
12/7854
趙逵莊叔　6/3882
8/5298　9/6248
趙澧夫　11/7535
趙湘叔靈　1/170
1/175　1/496
2/1297
趙衵晦之　5/2833
趙潤　8/5175
趙迥　1/3
趙逢　1/213
1/214　8/5057
8/5059
趙汾　9/6208
趙滋　2/930
3/1739　3/1761
趙海　6/3499
6/3539
趙道夫　7/4300
趙十朋　11/7538
趙九齡次張
7/4663　7/4683
8/4997　8/5112
10/6735
趙士瑗　7/4792
趙士儴　8/5150
8/5166　8/5181
趙士虯　3/1798
趙士暕　5/3335
趙克繼　3/1811
3/1812
趙希元　1/27
趙希瓐　12/7721
趙希弁　1/250
趙希魯　1/26
1/28
趙希濬　8/5387
8/5388
趙希瀞　12/7735
趙希莊　1/27
趙希蒼　11/7163
趙希懋　11/7258
趙希塈　12/7673
趙希肱　11/7625
趙希錧　10/6457
趙希懌正惠
11/7213　11/7216
11/7217　11/7348
趙南紀　10/6441
趙志英智圓大師
1/3
趙志愿智果大師
1/3
趙嘉進　1/227
趙吉甫　12/8002
趙昚　見宋孝宗
趙奇　6/3774
趙奇夫　11/7357
趙雄温叔、文定、衛公　6/3781
7/4330　7/4341
7/4382　7/4426
7/4467　7/4473
7/4491　7/4505
7/4515　7/4532
7/4534　8/5259
8/5271　8/5288
8/5316　8/5323
8/5334　8/5341
9/5600　9/5826
9/6039　9/6087
9/6089　9/6124
9/6125　9/6138
9/6188　10/6344
10/6396　10/6428
10/6471　11/7000
11/7434
趙大全　8/5355
11/7502
趙桓　見宋徽宗
趙彬　7/4228
趙楷　11/7407
趙載　1/231
趙越　3/1922
趙范武仲、中庵
8/5431　11/7329
11/7406　11/7407
12/7663　12/7664
12/7702　12/7704
12/7707　12/7708
12/7714
趙翥　1/27
趙萬　8/5116
8/5117
趙薦賓興　4/2152
5/2769　5/2828
趙茂獻愍太子
6/3471

趙若琚居父
11/7540
趙蕃章泉、昌父
8 /5011 8 /5012
8 /5017 8 /5019
8 /5021 8 /5024
8 /5025 8 /5026
8 /5311 9 /5719
11/7311 12/7926
趙世仍 3 /1989
趙世澤 6 /3601
6 /3610
趙世逸 3 /1811
3 /1812
趙世隆 6 /3499
6 /3505 6 /3538
趙世居 3 /2010
趙世興 6 /3499
6 /3538
趙葵庸齋、信庵、南仲、忠靖
8 /5431 8 /5450
11/7329 11/7406
11/7407 11/7540
11/7541 11/7598
11/7641 12/7664
12/7665 12/7667
12/7668 12/7669
12/7671 12/7683
12/7684 12/7685
12/7702 12/7703
12/7704 12/7705
12/7706 12/7707
12/7710 12/7713
12/7714 12/7716
12/7717 12/7720
12/7724 12/7726
12/7731 12/7760
12/7789 12/7860
12/7907 12/7908
12/7917 12/7932
趙柟 7 /4656
趙構 見宋高宗
趙榛信王
6 /3537 6 /3540
趙賀 1 /412
趙均國景平
4 /2597 4 /2687
6 /3553
趙柳材 3 /1750
趙樽 7 /4495
趙聿之 9 /6058
趙抗 2 /1297
2 /1300 2 /1301
2 /1313 2 /1324
趙抃清獻、閱道、知非子
*2/1293
*2/1319
1 /104 1 /140
1 /197 1 /198
1 /309 2 /687
2 /952 2 /959
2 /967 2 /996
2 /1113 2 /1115
2 /1145 2 /1190
2 /1255 3 /1432
3 /1487 3 /1516
3 /1517 3 /1518
3 /1519 3 /1523
3 /1530 3 /1571
3 /1579 3 /1582
3 /1585 3 /1587
3 /1590 3 /1592
3 /1852 3 /2037
3 /2039 4 /2182
5 /2772 5 /2776
5 /2842 5 /2874
5 /2940 9 /5963
11/7358
趙肅 12/7703
趙表之超然居士
7 /4282 7 /4297
7 /4300 7 /4319
趙貴方 11/7531
11/7532
趙貴誠 見宋理宗
趙橐 12/8010
趙東 12/7668
趙振 2 /1225
2 /1297
趙挺之正夫、清憲
2 /1358 5 /2798
5 /2924 5 /3038
5 /3038 5 /3057
5 /3107 5 /3374
5 /3380 5 /3381
5 /3384 6 /3557
6 /3609
趙掞 2 /1297
趙哲 7 /4379
7 /4380
趙成之 7 /4743
趙咸寧 2 /985
趙拊 2 /1297
2 /1300 2 /1312
2 /1313 2 /1323
趙揚 2 /1297
2 /1298 2 /1299
2 /1300 2 /1301
2 /1303 2 /1305
2 /1308 2 /1310
2 /1313 2 /1323
2 /1324
趙拯 1 /659
2 /1297 2 /1300
趙輅 11/7225
趙撙 8 /5544
9 /5590 10/6371
10/6372
趙昰 見宋端宗
趙昱希元 11/7461
趙昺 12/7829
12/7774 12/7973
12/7974 12/8038
12/8039 12/8042
趙晟 1 /211
1 /226 1 /227
趙思齊 1 /26
1 /27
趙思復 1 /27
趙思恭 1 /28
趙思忠 1 /28
趙思明 1 /27
趙㬎 12/8038
趙昌言 1 /20
1 /43 1 /233
1 /234 1 /257
1 /429

趙景珍　5/2996
5/2997　5/3067
趙景緯德父、星渚
11/7611　11/7616
趙景道　5/2997
趙時砎　11/7575
趙時侉　12/8010
趙時橐　12/7765
12/7789
趙時賞　12/8006
12/8008
趙時煥文晦、克勤、時敏　10/6570
趙曮趙洵　8/5362
12/7721
趙曙　見宋英宗
趙明　1/649
8/5039
趙明誠德父
5/3374　8/5048
趙明遠　4/2060
11/7612　11/7613
趙瞻大觀、懿簡
2/1175　2/1251
2/1307　3/1766
3/1901　3/1919
3/1921　4/2588
4/2687　5/2899
5/3261　5/3263
趙野　5/3448
5/3449　6/3498
6/3520　6/4046
6/4048　6/4115
趙嗣祖　9/5910
趙嗣恭　5/2940
趙煦　6/3607
趙匡胤　見宋太祖
趙匡義　見宋太宗
趙匡美　見趙光美
趙槩康靖、平叔、叔平、趙禋
2/839　2/1006
2/1085　2/1127
2/1135　2/1138
2/1150　2/1156
2/1162　2/1174
2/1177　2/1190
2/1207　2/1239
2/1244　2/1288
2/1307　3/1445
4/2076　4/2082
4/2122　4/2130
10/6904
趙氏（張栻曾祖母）　10/6258
（寇湘妻）　1/396
（燕國夫人、鄭興裔母）　9/5855
（賀鑄妻）
5/3294　5/3311
（柳承遠妻）
1/207
（成紀縣君、承宗女）　1/25
1/26
（劉隲母）　1/67
（陸秀夫妻）
12/8030　12/8033
（歐陽修妻母、金城夫人）　2/1105
（俞似之妻）
9/5568　9/5856
趙履信　1/76
1/172　1/173
1/304
趙開　8/5322
趙礐　1/27
趙民彥　9/6058
趙與稟　12/8022
趙與弼　12/7728
趙與糖　12/7875
趙與訔　11/7313
12/7790
趙與滂燕境、肖範
6/4159
趙與澤　12/7742
趙與芮　12/7770
12/7860　12/7882
12/8003　12/8021
趙與懽　12/7708
趙與輈　10/6575
趙與時行之、德行
7/4251　9/5625
趙與𨦇　2/844
趙與𥲤德淵、忠惠
9/6106　9/6118
9/6194　10/6682
10/6695　10/6703
12/7735　12/7749
趙介如　12/7981
趙令矜　9/6209
趙令穰　7/4834
趙令超　3/1795
趙令蠙　5/2996
趙令邦　3/1788
趙令時德麟、景貺
1/111　2/1360
3/1922　4/2726
4/2746　4/2747
5/2804　5/2805
5/2806　5/2846
5/2847　5/3323
5/3363　5/3365
5/3366　6/3648
6/3912
趙無量　7/4709
7/4711
趙夔　6/3770
趙普則平
*1/1
1/57　1/192
1/256　1/273
1/278　1/280
1/281　1/286
3/1785　3/1861
3/1994　4/2575
8/5270　8/5322
趙善　8/5383
趙善璙　1/137
趙善悉壽卿
11/7143
趙善綽友裕
11/7201
趙善岫山甫
11/7527
趙善繼　8/4921
8/4922　8/4925
趙善俊俊臣

9 /6154
趙善佐 9 /6144
趙善瀚 11/7472
11/7512
趙善書 12/7703
趙善括無咎、應齋居士 1 /340
9 /6001
趙善譽靜之
10/6603 11/6999
11/7213
趙公廙 9 /5648
趙公頊 9 /6227
趙公豫仲謙
8 /5045
趙公孚 9 /5967
趙公衡 9 /5999
趙公壽 5 /2996
5 /3068
趙範 8 /5450
趙少師 2 /1311
趙光美匡美
1 / 4 1 / 6
1 / 7 1 / 8
1 /10 1 /11
趙尙寬 2 /734
趙炎 11/7525
趙棠 10/6264
趙粹中 8 /5299
8 /5301
趙恒 見宋眞宗
趙焯景昭 9 /6115
10/6519
趙愷魏王
9 /5828 9 /5829
9 /5830 9 /5926
9 /5926 9 /5927
趙愭 8 /5484
趙燁拙齋、景明
9 /5965 9 /6115
10/6519
趙鄰幾亞之
8 /5273
趙榮 7 /4491
7 /4493 7 /4494
7 /4495 7 /4500
7 /4501 7 /4505

5000_6 中

中立 見楊時
中庵 見趙范
中齋 見鄧剡
中庸子 見陳充
中行 見洪師中
中仙 見王沂孫
中山 見陳合
中道 見宋敏修
中甫 見鄧剡
見王介
中父 見韓元象

5000_6 史

史育之 12/7849
史慶崇 5 /3089
史辯 4 /2713
史誠 6 /3586
史正志樂閑居士、吳門老圃、志道、柳溪釣翁 8/5197
8 /5218 8 /5542
10/6293 10/6350
史晉卿 11/7404
史珏 6 /3654
史彌正 9 /6253
10/6612 11/7517
史彌鞏南叔、獨善
8 /5408 10/6612
10/6638 12/7849
12/7900
史彌遠 4 /2716
8 /5383 8 /5406
8 /5409 8 /5418
8 /5438 8 /5440
9 /5720 10/6612
10/6669 11/7323
11/7327 11/7328
11/7329 11/7349
11/7361 11/7363
11/7371 11/7377
11/7382 11/7391
11/7394 11/7398
11/7400 11/7403
11/7404 11/7409
11/7415 11/7457
11/7468 11/7490
11/7494 11/7495
11/7496 11/7508
11/7522 11/7523
11/7527 11/7528
11/7529 11/7531
11/7568 12/7661
12/7664 12/7665
12/7700 12/7702
12/7703 12/7759
12/7806 12/7847
史彌大 10/6612
史彌林 10/6612
史彌忠文靖、自齋、良叔
10/6612 10/6645
12/7720 12/7721
史彌堅滄洲、忠宣、固叔
8 /5044 10/6612
史強本 6 /3759
史孟傳 11/7502
史及 6 /3597
史子甲 11/7473
史虛白 1 /38
史師道 8 /5390
史經臣彥輔
3 /1380 3 /1388
3 /1395 3 /1404
3 /1417 6 /3667
史能之 12/7849
史嵩之子申、子由、莊肅
4 /2716 10/6612
11/7404 11/7405
11/7480 11/7537
11/7539 11/7541
11/7542 11/7578
11/7581 11/7582
11/7583 12/7669
12/7670 12/7711
12/7717 12/7718
12/7720 12/7721
12/7722 12/7723
12/7725 12/7726

12/7742 12/7749
12/7847 12/7930
史巖之 12/7908
史幾先 8/4926
史得之 6/3745
史紹卿 11/7404
史儀 6/3534
史沆 3/1380
3/1395 3/1417
6/3667
史守之 10/6612
10/6669
史宇之 11/7404
12/7886
史安 8/5133
史宅之 11/7404
11/7535 11/7587
史良卿 11/7404
史定之子應、月湖漁老 10/6612
10/6614
史寅午 11/7534
史賓之子貫
12/7718 12/7720
史漸 10/6612
史浩文惠、魏公、直翁、真隱居士、忠定 8/4923
8/4967 8/4968
8/5033 8/5045
8/5046 8/5182
8/5197 8/5487
8/5495 8/5529
8/5530 8/5532
9/5569 9/5601
9/5634 9/5681
9/5708 9/5773
9/5782 9/5826
9/6036 9/6120
9/6121 9/6122
10/6266 10/6321
10/6374 10/6400
10/6464 10/6465
10/6473 10/6475
10/6482 10/6483
10/6522 10/6603
10/6611 10/6624
10/6669 11/6999
11/7000 11/7017
11/7063 12/7703
史達祖梅溪、邦卿
12/7699
史涓 10/6612
史肎之 12/7849
史祥天休、天林
5/3112
史才 7/4230
史堯弼唐英、蓮峰先生 8/5240
史有之 12/7849
史南壽 6/3622
史萬卿 12/7890
史著明 6/3597
史中輝 2/1197
史胄之 12/7849
史夫人(張祺妻)
5/3085
史貴 8/5159
史持正 7/4713
史瞿 5/2933
史昭吉 6/3597
史昭錫 2/1244
史氏(蘇洵母)
3/1375
(蘇轍妻) 2/1352
3/1403 4/2750
5/2933 5/2970
7/4783 7/4787
(唐庚母) 6/3596
6/3597 6/3600
6/3612
史同卿 11/7404
史學齋 11/7610
史會彥昇 5/3092
史會卿 11/7404
史公亮少弼
11/7505
史鑄應之 5/3087
5/3092

5000₆ 申

申俊 6/3523
申之 見盧祖皋
見舒卷
申宗古 1/425
申世景 7/4421
申夫 見陳方
申甫 見程元鳳
申父 見程元鳳
見朱渙
申錫 見周承祐

5000₆ 車

車若水玉峰山民、
清臣 11/7536
11/7543

5013₆ 蟲

蟲娘汴妓 1/565
1/568

5022₇ 青

青蓮山人
見吳昌裔
青松居士 見俞灝
青陽簡希古
4/2257
青閱居士
見孫逢吉

5022₇ 肅

肅注 2/772
肅之 見岳珂
肅禪師 5/3070
肅愍 見宇文虛中
肅翁 見林希逸
肅父 見姜噩
肅簡 見李祥

5023₀ 本

本一 見洪蹟
本仲 見家擴
本之 見崔立
本心 見全晉孫
見文及翁
本堂 見陳著

5033₃ 惠

惠和 見陳仕堯

惠叔 見李迪
見鄭僑
惠潮 2/763
惠哲茂明 11/7132
惠光 2/762

5033_6 忠

忠齋 見留夢炎
忠文 見黄裳
見蔣重珍
見王十朋
見徐誼
見張叔夜
見周端朝
見范鎮
忠襄 見孟珙
忠靖 見趙葵
忠玉 見馬珹
忠烈 見彭大雅
見文彦博
忠獻 見韓琦
見張浚
見范雍
忠壯 見李好義
忠穆 見郭逵
見呂頤浩
忠宣 見洪皓
見留正
見史彌堅
見范純仁
忠定 見李綱
見史浩
見張燾
見趙汝愚
見鄭清之
忠肅 見陳亨仲
見陳瓘
見傅伯成
見賈涉
見劉珙
見彭龜年
見錢端禮
見吳昌裔
見虞允文
見余端禮
見趙方
忠惠 見蔡襄
見翟汝文
見方大琮
見余天錫
見趙與簄
見鄭僑
忠輔 見李世輔
忠愍 見丁黼
見徐元杰
見寇準
見李若水
忠介 見唐震
忠公 見呂祖儉
見游仲鴻
忠簡 見胡銓
見黄伯固
見李昴英
見徐清叟
見趙鼎
見宗澤
忠敏 見任伯雨
見沈與求
忠恪 見章誼

5040_4 婁

婁行父 5/3015
婁師德 3/1975
婁寅亮陟明
8/5353
婁機彦發、宗簡
9/5598 9/5622
9/5678 9/5679
9/5698

5044_7 冉

冉璡 12/7675
12/7676
冉璞 12/7675
12/7676

5060_8 春

春伯 見羅點
春卿 見彭椿
見吳育

5073_2 表

表文 見王琦
表聖 見田錫
表卿 見周執羔
表民 見章望之

5080_2 夷

夷仲 見黄廉
見王衜
夷伯 見鄭鉞
夷叔 見劉望之
夷甫 見常秩
夷父 見常秩

5080_6 貴

貴誠 見宋理宗
見趙昀
貴一 見陳經正

5090_3 素

素臣 見宋白

5090_4 秦

秦元 6/4048
6/4049
秦天錫 11/7394
秦琥 6/4070
秦孟西 11/7650
秦仔 6/3517
6/4054
秦定 5/3175
5/3178 5/3180
5/3197
秦宗古 4/2124
秦湛處度
5/3111 5/3118
5/3191 5/3199
5/3208 5/3210
5/3211 5/3212
5/3213 8/5241
秦希甫 3/1922
秦梓 6/3866
7/4699 7/4700
8/5552
秦塤 8/5482
9/5707 9/5756

9 /6201 9 /6202
9 /6208
秦觀少游、邗溝居士、淮海居士、太虛
*5/3171
1 /584 2 /1361
3 /1560 3 /1921
3 /2025 4 /2205
4 /2220 4 /2229
4 /2230 4 /2234
4 /2239 4 /2259
4 /2625 4 /2737
5 /2785 5 /2788
5 /2791 5 /2801
5 /2806 5 /2813
5 /2835 5 /2837
5 /2844 5 /2846
5 /2847 5 /2853
5 /2917 5 /2922
5 /2941 5 /3015
5 /3060 5 /3067
5 /3070 5 /3114
5 /3120 5 /3151
5 /3163 5 /3220
5 /3233 5 /3238
5 /3239 5 /3240
5 /3241 5 /3245
5 /3246 5 /3250
5 /3254 5 /3261
5 /3263 5 /3264
5 /3266 5 /3268
5 /3269 5 /3271
5 /3272 5 /3294
5 /3307 5 /3309
5 /3311 5 /3322
5 /3343 5 /3344
5 /3349 5 /3353
5 /3356 5 /3369
5 /3380 5 /3430
6 /3599 6 /3606
6 /3607 6 /3610
6 /3635 6 /3640
6 /3692 6 /3694
6 /3697 6 /3702
6 /3704 6 /3708
7 /4838 8 /4912
9 /5706 11/7077
秦觀父 見元化公
秦覿少儀 5 /3067
5 /3180 5 /3187
5 /3190 5 /3193
5 /3213 6 /3645
秦檜會之 5 /3347
6 /3588 6 /3589
6 /3866 6 /3867
6 /3868 6 /3869
6 /3871 6 /3874
6 /3875 6 /3879
6 /3968 6 /3974
6 /3997 6 /4003
6 /4020 6 /4030
6 /4031 6 /4039
6 /4041 6 /4063
6 /4066 6 /4067
6 /4069 6 /4070
6 /4071 6 /4112
6 /4148 6 /4150
7 /4176 7 /4228
7 /4229 7 /4230
7 /4232 7 /4235
7 /4237 7 /4243
7 /4246 7 /4248
7 /4250 7 /4329
7 /4337 7 /4338
7 /4400 7 /4421
7 /4467 7 /4480
7 /4483 7 /4488
7 /4489 7 /4491
7 /4492 7 /4494
7 /4496 7 /4498
7 /4501 7 /4505
7 /4507 7 /4509
7 /4510 7 /4512
7 /4514 7 /4515
7 /4516 7 /4519
7 /4521 7 /4522
7 /4523 7 /4524
7 /4525 7 /4529
7 /4642 7 /4645
7 /4651 7 /4659
7 /4691 7 /4694
7 /4695 7 /4697
7 /4709 7 /4722
7 /4725 7 /4734
7 /4741 7 /4797
7 /4820 7 /4822
7 /4826 7 /4829
7 /4830 7 /4832
7 /4833 7 /4835
7 /4844 7 /4851
7 /4852 7 /4854
8 /4879 8 /4905
8 /4906 8 /4909
8 /4910 8 /4911
8 /4913 8 /4916
8 /4919 8 /4951
8 /4954 8 /4991
8 /4992 8 /4993
8 /5075 8 /5085
8 /5086 8 /5095
8 /5145 8 /5148
8 /5149 8 /5150
8 /5157 8 /5158
8 /5161 8 /5162
8 /5163 8 /5164
8 /5165 8 /5167
8 /5171 8 /5174
8 /5178 8 /5180
8 /5182 8 /5242
8 /5244 8 /5247
8 /5250 8 /5251
8 /5252 8 /5297
8 /5354 8 /5371
8 /5384 8 /5465
8 /5467 8 /5471
8 /5480 8 /5482
8 /5506 8 /5511
8 /5518 8 /5521
8 /5552 8 /5554
9 /5565 9 /5569
9 /5591 9 /5632
9 /5633 9 /5637
9 /5639 9 /5645
9 /5706 9 /5707
9 /5726 9 /5756
9 /5943 9 /5945
9 /5991 9 /5992
9 /6044 9 /6082
9 /6084 9 /6085
9 /6201 9 /6208
9 /6209 9 /6212
9 /6232 10/6335
10/6358 10/6359

10/6724 10/6725
10/6796 10/6801
10/6807 10/6894
11/7157 11/7263
11/7320 11/7349
11/7371 11/7478
12/7660 12/7693
12/7937
秦觀少章 4/2726
5/2800 5/2801
5/2805 5/3050
5/3065 5/3067
5/3079 5/3180
5/3187 5/3188
5/3189 5/3190
5/3191 5/3193
5/3213 5/3241
5/3248 5/3320
5/3321 5/3322
5/3354 5/3358
5/3360 5/3362
5/3365
秦國太夫人(富弼母) 2/942
秦羲 1/290
秦光弼 6/3518
秦熺 6/3871
8/4912 8/5178
8/5465 8/5506
8/5554 9/5756
9/6082

5090_6 東

東徽之 4/2293
4/2303
東氏(梅堯臣母)
2/837
東熙之 4/2293
4/2303

5090_6 東

東齋 見陳峴
東郊野夫 見柳開
東發 見黃震
東山 見吳潡
見楊長孺
東山潛夫
見楊長孺
東山居士 見張守
東幾 見岳珂
東叔 見高載
見范仲藝
東溪 見高登
東溪先生
見劉伯熊
東禪惠老 5/3021
東澗 見湯漢
見許應龍
東塘 見袁說友
東塘處士 見陳瑾
東坡 見蘇軾
東萊先生
見呂本中
見呂祖謙
東林總公 3/1539
東夫 見蕭德藻
東屏 見林用中
東谷居士
見鄭汝諧
東堂禪師 2/1311
東堂居士 見毛滂

5090_9 泰

泰發 見李光
泰山先生 見孫復
泰伯 見李覯
泰之 見程大昌
見黃定
泰禪師 7/4300

5103_2 振

振文 見趙汝鐸
振甫 見馮興宗
見徐鐸

5104_0 軒

軒山居士 見王蘭

5178_6 頓

頓起 5/2835
5/2938 5/2939
5/2940 5/2990

5193_2 耘

耘老 見賈收

5202_1 折

折彥質仲古、葆真居士 6/4082
6/4085 7/4172
7/4656 7/4706
7/4707 7/4711
8/5125 9/5564
9/5641
折可適遵正
4/2187 4/2191
4/2197 5/3131
5/3146 6/3558
折可大 6/3744
折繼世 2/1253
折克行 6/3744

5204_1 挺

挺之 見李子才
見魏掞
見蕭國梁

5206_4 括

括蒼先生 見龔原

5207_2 拙

拙齋 見林之奇
見王大受
見趙烨
拙齋居士 見衛涇
拙軒 見張侃

5225_7 靜

靜齋 見魏克愚
見趙汝淳
靜修 見劉燾
靜之 見趙善譽
靜春先生
見劉清之
靜隱老宿 7/4270
靜常先生 見曹輔

5302_7 輔

輔廣 8/5311

8 /5452　11/7504
輔之　見龔鼎臣
輔逵　8 /5516
輔達　8 /5554
輔道　見王寀

5310₂ 盛

盛亮　1/475
盛度文肅、公量
1 /339　1 /439
1 /442　1 /523
1 /525　1 /526
1 /528　2 /899
2 /1044　4 /2744
盛章宏道　6 /3477
6 /3804　6 /3824
盛僑　3 /1561
5 /2913　5 /3225
盛仲模　4 /2118
盛皋　9 /5620
盛次仲　5 /2913
盛陶　2 /1014
盛侖　6 /3774
盛小叢　11/7316
盛光祖子紹
6 /3896

5320₀ 成

成彦雄　1/32
成一　見姚勉
成戬　3 /1476
成子　見許奕
成己　見杜範
成季　見李昭玘
成季恭　7 /4319
成制　見劉瑗
成伯　見陳侗
成象　見王著
成叔　見鄭文遹
成之　見鄧考甫
見李伊鼎
見宋構
成良臣　5 /3141
成淑　見李蹊
成逸　5 /3115
成大　見方溥
成材　見鄧柞
成權　5 /3115
成肅　見陳升之
成閔　7 /4336
7 /4449　7 /4450
7 /4496　7 /4499
7 /4500　7 /4505
7 /4506　8 /4953
8 /4962　10/6370
10/6371
成父　見蔣公順
成公　見呂祖謙
成節履中
5 /3089　5 /3091
成悦　1 /176

5320₀ 威

威敏　見孫沔

5320₀ 戚

戚方　8/5110
8 /5112　8 /5113
9 /5589　9 /6217
戚秉道　5 /2778
5 /2831
戚師道元魯
3 /1564
戚綸仲言　1 /65
1 /258　1 /293
1 /305　1 /332
1 /475　1 /516
戚士遜　12/7724
戚氏(秦觀母)
5 /3199
戚同文堅素先生
2 /671　3 /1561

5320₀ 咸

咸臨　見劉和叔

5404₁ 持

持正　見蔡確
見藺大節
持正先生
見施德操
持國　見韓維

5408₁ 拱

拱壽　見王拱辰

5500₀ 井

井亮采　5/2959
井伯　見林成季

5504₃ 轉

轉庵　見潘柽
轉庵居士　見章甫

5508₀ 扶

扶搖子　見陳摶

5523₂ 農

農師　見陸佃

5533₇ 慧

慧然　7/4306
慧覺道人　6 /3935

5560₀ 曲

曲端正甫、壯愍
6 /3542　6 /4160
9 /5612　10/6339
10/6738　11/7426
曲轅先生
見崔公度
曲肱先生
見熊彦詩
曲肱居士　見魏衍

5560₆ 曹

曹彦約昌谷、簡甫
8 /5419　9 /5744
11/7425　11/7430
11/7458　11/7459
11/7461
曹應酉　11/7420
曹文中　6 /3820
6 /3821
曹譜伯達　5 /3084
5 /3084
曹正性之　10/6617
曹霑　7 /4340

7/4498
曹元素 2/750
曹晉叔 9/6030 10/6274 10/6335
曹碩 6/3890
曹琮 8/5516
曹瑋 1/374 1/377 1/388 1/390 1/440 1/444 1/485 1/486 1/492 1/538 1/648 7/4834 8/5516
曹璪子華 5/3408
曹璨 1/467
曹致大 12/7677 12/7680
曹穎叔 3/1491
曹偕 2/1146
曹利用 1/372 1/423 1/424 1/441 1/483 1/484 1/485 1/487 1/529 1/530 1/533 1/539
曹崇之 6/4009
曹太后仁宗慈聖光獻曹皇后 2/945 2/947 2/1146 2/1147 2/1160 2/1167 2/1173 3/1577 3/1607 5/2786
曹嶧 9/6104
曹部 12/8010
曹組元寵 7/4568
曹叔寶 7/4318
曹叔遠 12/7700
曹佾 3/1747
曹儀 1/522
曹良史之才、梅南 12/7955 12/8064
曹涇弘齋、清浦 12/7820
曹澄孫 12/8041
曹冰 7/4246
曹泳 7/4743 7/4842 9/6201
曹漢炎久可 10/6679 10/6702 10/6705
曹逢時夢良 8/5206 8/5209 8/5217
曹洋 7/4502
曹克明 1/178
曹杰 12/7966
曹友聞 8/5432 11/7471
曹奇 12/7974
曹彬國華 1/9 1/12 1/13 1/17 1/19 1/40 1/43 1/55 1/125 1/263 4/2599 8/5432 8/5516 10/6897
曹荀龍 5/3066
曹覲 2/1343
曹杓 5/3440
曹翰 1/12 4/2599
曹東墟 10/6698
曹東谷 12/7947
曹輔子方、靜常先生 5/2798 5/2801 5/2803 5/2844 5/2912 5/3060 5/3063 5/3064 5/3195 5/3243 5/3449 6/3669 6/4009 7/4580
曹成 6/4090 6/4139 7/4421 7/4422 7/4423 7/4427 7/4429 7/4430 7/4443 8/5109 8/5119 8/5120 8/5121 8/5141 8/5168 8/5173
曹觱 12/7700 12/7701
曹耜 9/6105
曹晟 6/3517
曹曚 6/4085
曹勛功顯、松隱、公顯 7/4219 7/4315 7/4323 7/4518
曹器叔遠 3/1515 8/5399 8/5401 10/6408 10/6441 10/6451 10/6455 10/6456
曹氏(司馬光母) 3/1707
曹夙叔達 10/6614
曹興 3/1922
曹興宗 3/1922
曹部 10/6696 10/6697
曹鈞 8/5245 9/6084
曹光實 1/404
曹煥 2/1202 4/2740 5/2790 5/2839 5/2890 5/2942 5/2970 7/4778

5580₆ 費

費翊 12/7737 12/7742
費琦 3/1516 3/1575
費伯恭希呂 12/7825 12/7830 12/7835
費世文 12/7826 12/7837
費翽 12/7742
費巳孫 11/7616

5590₀ 耕

耕道 見竺大年

5602$_7$ 暢

暢大隱　4/2684
暢中伯　4/2684

5604$_1$ 擇

擇之　見陳琦
見林用中
見徐處仁
見祖無擇

5608$_6$ 損

損之　見陳越
見王益

5609$_4$ 操

操斗祥　12/7728
操明甫　12/7728

5619$_3$ 螺

螺女(吕祖謙女)　10/6395

5681$_2$ 規

規之　見洪槻

5701$_9$ 拯

拯廬　2/712

5702$_7$ 邦

邦彦　見陳良翰
邦衡　見胡銓
邦直　見李清臣
邦杰　見姜特立
邦用　見邢世材
邦卿　見史達祖
邦美　見時彦

5703$_3$ 揔

揔老　4/2741

5790$_3$ 絜

絜齋　見袁燮

5798$_6$ 賴

賴文政　11/7343
賴仙芝　4/2750　6/3658

5811$_2$ 蛻

蛻齋　見龔原
見譚惟寅

5824$_0$ 敖

敖秋崖　12/7974
敖陶孫器之、臞庵、臞翁　9/5843

5840$_1$ 聱

聱隅子　見黃晞

6001$_5$ 唯

唯室　見陳長方

6010$_0$ 日

日涉翁　見李彭
日華　見陳曄
日嚴　見王曮
日用　見扈蒙

6010$_5$ 星

星渚　見趙景緯

6011$_3$ 晁

晁文柔　3/1658
晁端彦美叔
2/1128　4/2348　4/2443　4/2727　5/2805　5/2826　5/3231
晁端仁堯民
5/3007　5/3008　5/3009　5/3042　5/3057　5/3331　5/3335　5/3336　5/3371　5/3376　5/3380
晁端禮次膺
5/3011　5/3421　5/3429　5/3447
晁端友君成
6/3890
晁端頤聖思
5/3030
晁說之以道、景迂生　1/104
1/314　3/1546　3/1575　3/1853　3/1921　3/2046　4/2339　4/2348　4/2359　4/2361　4/2362　4/2366　4/2369　4/2371　4/2373　4/2673　4/2687　5/2806　5/3051　5/3052　5/3377　5/3382　5/3447　6/3599　6/3628　6/3702　6/3713　6/3776　6/3784　6/3927　6/3929　6/3971　6/3989　6/4049　7/4651　7/4656　7/4727　7/4780　7/4783　7/4786
晁元忠　5/3032　5/3057
晁仲參　3/1990
晁仲約　1/629　2/919
晁將之　6/3752　6/3927
晁佺　1/52
晁適道　5/3065
5/3067　5/3189
晁宗慤晁忠愨
1/92　2/791　3/1462
晁宗恪　3/1581
3/1665　3/1667
晁補之歸來子、無咎　2/1099
3/1562　3/1913　3/1921　4/2257　4/2367　4/2370　4/2373　4/2443　4/2747　5/2798　5/2804　5/2805

5 /2813 5 /2846
5 /2898 5 /2909
5 /2913 5 /2927
5 /2928 5 /3009
5 /3010 5 /3039
5 /3043 5 /3045
5 /3050 5 /3053
5 /3057 5 /3062
5 /3094 5 /3101
5 /3120 5 /3151
5 /3196 5 /3198
5 /3203 5 /3206
5 /3212 5 /3214
5 /3223 5 /3233
5 /3236 5 /3237
5 /3238 5 /3239
5 /3241 5 /3243
5 /3244 5 /3245
5 /3248 5 /3249
5 /3250 5 /3252
5 /3254 5 /3261
5 /3264 5 /3266
5 /3271 5 /3272
5 /3320 5 /3331
5 /3335 5 /3339
5 /3354 5 /3355
5 /3359 5 /3372
5 /3373 5 /3375
5 /3381 6 /3599
6 /3600 6 /3650
6 /3712 6 /3890
6 /3901 6 /3971
7 /4838 8 /4912
晁沖之叔用、用道、具茨先生
5 /3366 5 /3383
6 /3928 7 /4624
晁遇 8 /5133
晁深之 5 /3341
晁深道 5 /3067
晁迥文元、明遠
＊1/49
1 /52 1 /54
1 /56 1 /57
1 /58 1 /59
1 /61 1 /64
1 /65 1 /66
1 /67 1 /69
1 /71 1 /74
1 /76 1 /78
1 /79 1 /80
1 /81 1 /82
1 /83 1 /84
1 /85 1 /86
1 /87 1 /89
1 /91 1 /92
1 /93 1 /113
1 /114 1 /157
1 /168 1 /176
1 /297 1 /399
1 /523 1 /525
1 /526 8 /5273
8 /5546
晁道夫 5 /3027
晁載之伯宇
5 /3324 5 /3366
6 /3731 5 /3368
晁忠愍 見晁宗慤
晁氏(曾鞏妻)
3 /1561 3 /1567
3 /1581 3 /1644
3 /1645
(葉夢得母)
6 /3890 6 /3898
6 /3997
晁無斁以道
5 /3326 5 /3327
5 /3370 5 /3372
晁公武子止、昭德、昭德先生
1 /32 6 /3731
8 /5271 8 /5480
8 /5481 8 /5525
9 /5567 9 /6214
晁公爲 6 /3971
晁公汝 6 /3971
晁公遡子西
8 /5243 8 /5269
晁公壽 6 /3971
晁公耄 6 /3972
6 /3989
晁公昂激仲
6 /3971 6 /3972
6 /3978

6015_3 國

國佐 見陳公輔
國華 見曹彬
國老 見蘇耆
國材 見柯翰
國器 見陳瑾
見芮燁
國鎮 見毛維瞻

6021_2 四

四水潛夫 見周密

6022_7 易

易庵 見陳謙
易齋 見王大受
易紱元章 8 /5364
8 /5365
易安 見李清照
易安居士
見李清照
易祓彥章、彥祥、山齋 11/7100
11/7320 11/7321
易足居士 見章甫

6033_0 思

思誠 見陳景思
思正 見陳端中
思順 見張履信
思純 見羅處約
思叔 見徐得之
見張繹
思復 見滿中行
思永 見李修己
思道 見陳洙
見吳可
思梅 見黃純父
思公 見錢惟演

6033_2 愚

愚翁 見程瑀

6040_0 田

田彥伊 1/63
1 /459

田謹賢 12/7879
田登 3/2033
田瓘 8/5154
田琳 8/5373
田承君 5/3335 5/3380
田承進 1/460
田重進 1/19 1/43
田爲不伐 5/3437
田幾道 11/7284
田允修 8/5377
田俊邁 8/5373 8/5377 11/7102
田叔通田國博 5/2835
田紹斌 1/369 1/388
田從先 5/3333 5/3378
田述古明之 4/2474 4/2479 4/2683
田祐 4/2473
田況元均 1/104 1/191 1/627 1/643 2/703 2/756 2/768 2/774 2/893 2/898 2/901 2/903 2/924 2/938 2/989 2/993 2/1060 2/1080 2/1082 2/1100 2/1341 3/1976 3/1397 3/1410 3/1653 4/2079 4/2297 4/2306 4/2141 4/2563
田渭 9/5610
田澮 9/6160 10/6436 11/7075
田如鼇 7/4456 7/4457
田晝田晝、承君 3/2048
田晝田晝、承君 2/1052 6/3552
田盛 4/2712
田邦直 8/5159
田國博 見田叔通
田昇 9/6057
田氏(柳承昫妻) 1/207
(李之儀母) 5/3131
田全璧 9/5598
田錫表聖 1/21 1/22 1/110 1/257 1/276
田鈞子平 5/3097 5/3097
田欽祚 1/232
田敏 1/648

6040₄ 晏

晏敦復景初 4/2684 7/4531 7/4822 10/6358
晏殊元獻、同叔 1/426 1/489 1/519 1/520 1/521 1/528 1/530 1/538 1/542 1/543 1/557 1/561 1/564 1/580 1/581 1/583 1/585 1/591 1/606 1/607 1/608 1/613 1/614 2/752 2/753 2/831 2/832 2/870 2/884 2/893 2/897 2/898 2/908 2/911 2/912 2/913 2/915 2/982 2/1032 2/1061 2/1065 2/1069 2/1079 2/1089 2/1095 2/1102 2/1109 2/1114 2/1232 3/1372 3/1373 3/1383 3/1454 3/1466 3/1472 3/1473 3/2042 4/2072 4/2123 4/2330 4/2332 4/2334 4/2473 5/3221 5/3294
晏幾道叔原、小山 5/3013 5/3014 5/3294
晏修睦 4/2309
晏容 4/2473
晏成裕 2/942
晏氏(富弼妻) 2/949 2/977 2/898 2/900
晏知止 5/3323 5/3366

6040₇ 曼

曼叔 見孫永
曼卿 見石延年

6041₂ 冕

冕仲 見黃裳

6044₇ 最

最樂居士 7/4737

6044₇ 晏

晏淵亞夫 11/7455 11/7607 11/7616

6050₄ 畢

畢慶長 1/447
畢再遇 10/6529
畢仲孫 4/2735
畢仲游公叔 1/256 1/261 1/279 1/425 2/1211 3/1880

3 /1921 5 /2898
5 /2928 5 /3067
5 /3101 5 /3127
5 /3237 5 /3250
5 /3261 5 /3264
6 /3632 6 /3742
畢從善 3 /1625
畢憲父畢朝散
5 /3026
畢良史死齋、伯瑞、少董 7 /4224
畢漸 5 /3197
6 /3561 6 /3575
6 /3604
畢造 8 /5061
畢士安文簡、舜舉、仁叟、士元
1 /152 1 /257
1 /261 1 /262
1 /279 1 /419
1 /420 1 /423
1 /425 1 /426
9 /5959
畢世長 2 /927
2 /1100 2 /1103
畢朝散 見畢憲父
畢氏(宋敏求母)
3 /1625

6060_0 回

回溪 見鄭僑

6060_0 昌

昌言 見梅詢
見石揚休
見張問
昌武 見李宗諤
昌齡 見孫錫
見王伯朋
昌宗 見李餘慶
昌世 見魏衍
昌朝 見陽枋
昌國 見謝諤
昌父 見趙蕃
昌谷 見曹彥約

6060_2 呂

呂彥祖 3/1922
呂齊孫 10/6393
呂商隱周輔
9 /5712
呂文德 11/7541
12/7864 12/7865
12/7907 12/8034
12/8035
呂文仲 1 /43
1 /287
呂文煥 12/7918
12/8001 12/8037
呂言 1 /334
呂諒卿 3 /1922
呂端 1 /25
1 /135 1 /413
1 /414 1 /415
1 /435 1 /575
6 /3462 8 /5273
呂誨獻可 1 /458
2 /870 2 /950
2 /1150 2 /1167
2 /1171 2 /1172
2 /1173 2 /1174
2 /1175 2 /1244
2 /1250 2 /1251
2 /1302 2 /1303
2 /1304 2 /1307
3 /1753 3 /1765
3 /1781 3 /1785
3 /1823 3 /1824
3 /1825 3 /1826
3 /1912 3 /1985
3 /1989 3 /1998
3 /2039 4 /2144
4 /2145 4 /2341
5 /2771 6 /3484
呂誨叔 2 /1098
呂元明 5 /3067
呂元鈞 5 /3208
呂夏卿縉叔
2 /1010 2 /1065
2 /1117 2 /1118
2 /1143 2 /1144
4 /2120 5 /2867
呂棐 9 /6157
呂延嗣 4 /2174
呂武 12/8003
呂弸中 10/6391
呂子居 4 /2612
呂喬年 10/6484
呂舜元 7 /4315
呂季殊 10/6940
呂季魯 10/6940
呂季時 10/6940
呂季懷 10/6940
呂季恂 10/6940
呂師孟 12/7995
12/8001
呂師愈少韓
10/6940 11/7062
11/7074
呂師夔 12/7918
呂稽中德元
6 /3585 6 /3590
7 /4812
呂倚 5 /2815
5 /2854
呂德卿 9 /5621
呂升卿 3 /1572
3 /1669 3 /2010
5 /2812 5 /2965
呂皓雲溪遺叟、子陽、吕浩 1 /353
10/6940 11/7062
11/7137 11/7165
呂傳嗣 4 /2174
呂和卿 4 /2161
5 /2946
呂穆仲仲甫
5 /2831 5 /3264
5 /3265
呂約 10/6940
11/7062
呂絢 6 /3566
呂緣嗣 4 /2174
呂紹寧 2 /1067
呂給事 1 /223
呂宜之 8 /5290
呂之望 7 /4592

呂源 2 /923
6 /4069 6 /4071
10/6940 11/7062
呂祉安老 6 /3572
6 /3964 6 /3965
6 /3966 6 /4140
6 /4149 7 /4172
8 /4982 8 /5077
8 /5145 8 /5147
呂浩 見呂皓
呂祐 1 /528
呂祐之 1 /292
呂沖之 10/6457
呂溱 1 /579
1 /580 1 /589
2 /1025 2 /1139
3 /1488 4 /2072
4 /2076 4 /2091
4 /2096
呂溫卿 6 /3642
6 /3683
呂遇龍 1 /353
呂祖謙伯恭、東萊先生、成公
* 10/6389
3 /1927 7 /4171
7 /4326 8 /5241
8 /5271 8 /5282
8 /5287 8 /5298
8 /5305 8 /5307
8 /5315 8 /5324
8 /5342 8 /5350
8 /5351 9 /5862
9 /5928 9 /5932
9 /5945 9 /5948
9 /5961 9 /5996
9 /6009 9 /6034
9 /6036 9 /6041
9 /6081 9 /6087
9 /6088 9 /6091
9 /6092 9 /6098
9 /6100 9 /6104
9 /6113 9 /6114
9 /6115 9 /6117
9 /6188 9 /6195
9 /6245 9 /6248
9 /6251 9 /6252
10/6257 10/6287
10/6290 10/6291
10/6292 10/6297
10/6304 10/6306
10/6307 10/6308
10/6312 10/6313
10/6321 10/6330
10/6340 10/6342
10/6344 10/6345
10/6347 10/6374
10/6385 10/6411
10/6412 10/6414
10/6415 10/6416
10/6445 10/6456
10/6470 10/6471
10/6473 10/6499
10/6505 10/6512
10/6516 10/6517
10/6522 10/6561
10/6582 10/6595
10/6674 10/6675
10/6724 10/6731
10/6732 10/6733
10/6751 10/6759
10/6761 10/6763
10/6765 10/6769
10/6771 10/6776
10/6779 10/6783
10/6784 10/6811
10/6814 10/6815
10/6817 10/6818
10/6820 10/6822
10/6823 10/6839
10/6840 10/6846
10/6848 10/6864
10/6882 10/6885
10/6910 10/6944
10/6945 10/6949
10/6950 11/6972
11/6990 11/6991
11/6993 11/6996
11/6998 11/7003
11/7089 11/7166
11/7178 11/7196
11/7270 11/7481
12/7848
呂祖禹 4 /2631
呂祖儉子約、大愚叟、忠公
8 /5452 9 /6046
9 /6067 9 /6071
9 /6159 10/6344
10/6436 10/6470
10/6473 10/6474
10/6475 10/6478
10/6480 10/6483
10/6484 10/6604
10/6605 10/6606
10/6609 10/6611
10/6623 10/6629
10/6815 10/6818
10/6823 10/6864
10/6881 10/6882
10/6900 10/6903
10/6914 10/6942
11/7012 11/7029
11/7032 11/7075
11/7202 11/7203
呂祖泰 8 /5351
9 /5914 9 /6161
10/6436 11/7075
11/7520
呂游陽 8 /5282
呂道人 5 /3043
呂士瞻 10/6345
呂直 3 /1929
呂希純子進
3 /1625 3 /1921
4 /2171 4 /2543
4 /2659 4 /2683
5 /2899 5 /2954
5 /2960 5 /3201
5 /3254 5 /3263
呂希績 3 /1922
5 /3254 5 /3264
呂希道景純
5 /2772 5 /2830
呂希哲原明、滎陽、滎陽先生
2 /827 3 /1565
3 /1921 4 /2401
4 /2437 4 /2474
4 /2542 4 /2543
4 /2546 4 /2624
4 /2634 4 /2678

4 /2683 5 /3221
5 /3254 5 /3261
5 /3264 5 /3333
5 /3368 5 /3378
8 /5271 9 /6013
10/6293
呂南公灌園、次儒
5 /3163
呂嘉問 3 /1997
3 /2004 3 /2006
3 /2012 3 /2018
4 /2173 4 /2709
4 /2719 5 /2779
5 /3158 6 /3557
6 /3560
呂大圭 12/7872
呂大中 見呂本中
呂大忠進伯
4 /2474 4 /2575
4 /2576 4 /2610
4 /2679 4 /2683
4 /2700
呂大器治先
10/6391 10/6392
10/6393 10/6394
10/6395 10/6396
10/6761
呂大防正愍、微仲、汲公 1 /27
2 /870 2 /950
2 /1172 2 /1174
2 /1307 3 /1765
3 /1770 3 /1782
3 /1787 3 /1904
3 /1921 3 /2046
4 /2112 4 /2132
4 /2133 4 /2134
4 /2135 4 /2184
4 /2254 4 /2409
4 /2576 4 /2577
4 /2585 4 /2626
4 /2628 4 /2631
4 /2634 4 /2650
4 /2651 4 /2666
4 /2687 4 /2697
4 /2698 4 /2699
4 /2744 5 /2794
5 /2798 5 /2802
5 /2803 5 /2807
5 /2808 5 /2809
5 /2811 5 /2907
5 /2947 5 /2950
5 /2951 5 /2953
5 /2954 5 /2956
5 /2959 5 /2960
5 /2962 5 /2964
5 /2977 5 /3069
5 /3070 5 /3075
5 /3077 5 /3162
5 /3197 5 /3202
5 /3203 5 /3217
5 /3241 5 /3250
5 /3254 5 /3260
5 /3261 5 /3263
5 /3280 5 /3367
5 /3376 6 /3600
6 /3603 6 /3604
6 /3605 6 /3614
7 /4786 8 /5292
8 /5359 10/6789
呂大臨芸閣先生、與叔 1 /622
2 /968 4 /2394
4 /2397 4 /2423
4 /2435 4 /2437
4 /2441 4 /2474
4 /2483 4 /2491
4 /2499 4 /2500
4 /2508 4 /2512
4 /2515 4 /2521
4 /2531 4 /2568
4 /2572 4 /2576
4 /2577 4 /2584
4 /2585 4 /2586
4 /2588 4 /2592
4 /2595 4 /2611
4 /2612 4 /2613
4 /2637 4 /2640
4 /2653 4 /2654
4 /2656 4 /2683
5 /2806 5 /3269
8 /4864 8 /4868
10/6023 10/6345
呂大鈞和叔
3 /1515 3 /1523
4 /2438 4 /2474
4 /2576 4 /2683
呂楷 1 /523
呂藩 1 /435
呂蒙正文穆、聖功
1 /13 1 /18
1 /20 1 /22
1 /23 1 /228
1 /266 1 /277
1 /281 1 /284
1 /293 1 /363
1 /366 1 /413
1 /429 1 /543
2 /894 3 /1367
8 /5531
呂蔚 1 /575
1 /576 1 /577
1 /591
呂華年（呂祖謙女） 10/6392
10/6397
呂荀 1 /435
呂蕢 4 /2576
呂聲之大亨
10/6457
呂好問舜徒
1 /364 3 /2032
5 /3408 6 /3584
6 /3717 6 /4124
7 /4285 7 /4585
8 /5307
呂切問舜從
4 /2678 4 /2687
呂中岳 11/7541
呂本中文清、紫微、東萊先生、呂大中、居仁
4 /2489 4 /2681
5 /3269 5 /3403
5 /3404 6 /3589
6 /3717 6 /3718
6 /3720 6 /4120
6 /4124 6 /4125
6 /4131 6 /4155
7 /4170 7 /4172
7 /4180 7 /4285
7 /4290 7 /4297

7 /4305　7 /4318
7 /4322　7 /4586
7 /4623　7 /4624
7 /4626　7 /4633
7 /4642　7 /4643
7 /4644　7 /4656
7 /4659　7 /4662
7 /4699　7 /4700
7 /4702　7 /4703
7 /4704　7 /4705
7 /4719　7 /4720
7 /4776　7 /4786
7 /4813　7 /4824
8 /4878　8 /4886
8 /4906　8 /4914
9 /5717　10/6308
10/6724
呂惠卿吉甫
2 /969　2 /1129
2 /1151　3 /1795
3 /1796　3 /1797
3 /1800　3 /1808
3 /1809　3 /1873
3 /1905　3 /1913
3 /1920　3 /1924
3 /1925　3 /1968
3 /1985　3 /1986
3 /1987　3 /1991
3 /1992　3 /2002
3 /2006　3 /2007
3 /2008　3 /2009
3 /2010　3 /2011
3 /2012　3 /2013
3 /2019　3 /2024
3 /2038　3 /2044
3 /2046　3 /2047
3 /2054　4 /2158
4 /2323　4 /2324
4 /2708　4 /2709
5 /2772　5 /2776
5 /2779　5 /2796
5 /2875　5 /2907
5 /2937　5 /2945
5 /2963　6 /3495
6 /3509　6 /3602
6 /3642　8 /5332
8 /5557　9 /6125
11/7434
呂由庚　3 /1825
3 /1826
呂夷簡文靖、坦夫
1 /2 6　1 /373
1 /493　1 /526
1 /545　1 /604
1 /612　1 /616
1 /621　1 /623
1 /625　1 /630
1 /631　1 /632
2 /671　2 /695
2 /696　2 /714
2 /746　2 /748
2 /753　2 /785
2 /795　2 /797
2 /801　2 /884
2 /910　2 /911
2 /912　2 /923
2 /986　2 /1043
2 /1063　2 /1064
2 /1070　2 /1075
2 /1114　3 /1377
3 /1383　3 /1384
3 /1457　3 /1463
3 /1464　3 /1467
3 /1629　3 /1886
4 /2121　7 /4310
7 /4319　8 /5322
呂口　2 /993
呂景　3 /1770
3 /1785
呂景初　2 /1149
2 /1302　3 /1485
呂明　8 /5498
呂昭問　8 /5545
呂晦　2 /1262
2 /1326
呂愿中　8 /5519
呂頤浩元直、忠穆
＊6/3573
1 /28　6 /3945
6 /3946　6 /3962
7 /4200　7 /4202
7 /4360　7 /4371
7 /4373　7 /4379
7 /4380　7 /4381
7 /4382　7 /4387
7 /4394　7 /4396
7 /4397　7 /4398
7 /4399　7 /4402
7 /4409　7 /4414
7 /4416　7 /4421
7 /4429　7 /4431
7 /4439　7 /4441
7 /4470　7 /4533
7 /4534　7 /4670
7 /4671　7 /4676
7 /4689　7 /4691
7 /4733　7 /4812
8 /4897　8 /4981
8 /5274　9 /5611
9 /5612　9 /5612
9 /5687　9 /5689
9 /5690　9 /5970
9 /5991　9 /5997
9 /6080　10/6737
呂氏（陳亮曾祖母）　10/6721
呂岳孫　10/6392
呂堅中　4 /2672
6 /3590
呂同　4 /2209
呂陶元均、净德
＊4/2137
1 /56　3 /1515
3 /1521　3 /1577
3 /1921　4 /2132
4 /2631　5 /2870
5 /2875　5 /2901
5 /2906　5 /2923
5 /2938　5 /2949
5 /3201　5 /3254
5 /3263　8 /5514
10/6890
呂居簡　2 /734
2 /889　2 /927
2 /961
呂熙　7 /4390
7 /4391
呂勝己季克、渭川居士　10/6321
呂午伯可、竹坡
11/7542　12/7708
12/7709　12/7736

呂義山 4 /2612 4 /2614 4 /2684
呂義卿 9 /5691
呂公立 4 /2140
呂公雅 5 /2791
呂公孺稚卿 4 /2163
呂公弼 2 /1110 2 /1254 2 /1255 2 /1307 3 /1486 3 /2018 4 /2098 4 /2099 4 /2143
呂公綽 2 /746 2 /763
呂公著正獻、晦叔、小呂申公 1 /27 2 /972 2 /1096 2 /1099 2 /1112 2 /1122 2 /1135 2 /1171 2 /1207 2 /1251 2 /1435 3 /1518 3 /1541 3 /1585 3 /1587 3 /1605 3 /1635 3 /1715 3 /1743 3 /1745 3 /1779 3 /1781 3 /1808 3 /1809 3 /1815 3 /1816 3 /1828 3 /1831 3 /1832 3 /1855 3 /1865 3 /1866 3 /1870 3 /1871 3 /1875 3 /1877 3 /1881 3 /1882 3 /1883 3 /1889 3 /1896 3 /1905 3 /1907 3 /1910 3 /1913 3 /1915 3 /1916 3 /1920 3 /1921 3 /1928 3 /1951 3 /1964 3 /1980 3 /2018 3 /2028 3 /2039 3 /2040 4 /2109 4 /2119 4 /2130 4 /2132 4 /2134 4 /2135 4 /2208 4 /2240 4 /2250 4 /2254 4 /2259 4 /2385 4 /2392 4 /2402 4 /2409 4 /2429 4 /2430 4 /2431 4 /2437 4 /2452 4 /2453 4 /2464 4 /2468 4 /2473 4 /2483 4 /2484 4 /2485 4 /2486 4 /2492 4 /2498 4 /2499 4 /2516 4 /2524 4 /2543 4 /2545 4 /2546 4 /2553 4 /2568 4 /2571 4 /2597 4 /2599 4 /2601 4 /2621 4 /2622 4 /2625 4 /2629 4 /2630 4 /2634 4 /2635 4 /2648 4 /2659 4 /2687 4 /2693 4 /2698 4 /2714 5 /2772 5 /2793 5 /2794 5 /2795 5 /2798 5 /2800 5 /2808 5 /2811 5 /2898 5 /2907 5 /2949 5 /2963 5 /3036 5 /3184 5 /3212 5 /3250 5 /3256 5 /3260 5 /3263 5 /3269 5 /3376 6 /3551 6 /3552 6 /3570 6 /3605 6 /3717 6 /3720 8 /5292 9 /5935
呂知止 6 /3711 6 /3713
呂知常 5 /3036
呂欽問 6 /3720
呂餘慶 1 /7 1 /8 1 /10 1 /11
呂小小 7 /4406 7 /4407
呂懷玉 4 /2140
呂榮義 6 /3595 6 /3596 6 /3616 6 /3622

6060₄ 固

固叔 見史彌堅

6060₄ 圖

圖南 見陳摶

6066₀ 晶

晶然山叟 見安丙

6073₂ 畏

畏齋 見吳獵
見余天錫
曇潛 見釋道潛
曇晦 見釋宗杲

6080₁ 是

是庵 見王胄
是齋 見葉夢得

6080₆ 員

員興宗九華子、顯道 8 /5017 8 /5267 8 /5283 11/7459
員榮祖 11/7460

6080₆ 圓

圓澄禪師 5/3368
圓祐禪師 2 /752
圓通 見釋秀
圓通大師 見釋懷賢 5 /3240
圓通賢 5 /3180
圓照 2 /968

6090₄ 果

果齋 見游仲鴻
果山 見游似

6090_6 景

景庸　見薛昌朝
景度　見林機
景文　見劉季孫
見宋祁
見王質
景望　見鄭伯熊
景說　見馮夢得
見徐霖
見鄭霖
景元　見眞德秀
見鄭伯英
景平　見趙均國
見趙彥道
景裴　見洪邃
景孫　見洪遜
景建　見曾極
景仁　見傅伯壽
見游似
見范鎮
景盧　見洪邁
景何　見洪遜
景儒　見王沖
景山　見方鳳
見翁甫
見謝伯初
見楊岳
景德禪師　2 /1311
景純　見刁約
見呂希道
見胥偃
景伯　見洪适
景叔　見王祜
見游師雄
景微　見黃晞
景徐　見洪邈
景綸　見羅大經
景實　見柴堂長
見唐震
景福順公　3 /1390
景迂生　見晁說之
景兆　見鄭虎臣
景漢　見汪覹
景達　見黃介
景沖　見林仲麟
景溫　見洪适
景初　見傅伯成
見鄒應龍
見晏敦復
景南　見方雲翼
見吳丙
景坡　見蔣瓛
景莊　見柳永
見王嗣宗
景韓　見岳斗祥
景蕃　見顧禧
景申　見岳履祥
景泰　1 /653
景思　見林憲
見謝伋
景回　見陳庸
景嚴　見洪遵
景晛　見趙令畤
景明　見趙燁
見陳誠之
景瞻　見余嶸
景昭　見趙焯
景賢　見唐震
景繁　見蔡承禧
見顧禧

6091_5 羅

羅敦叙　6/3793
羅棐恭　9 /5994
羅孟弼　7 /4313
羅子有　10/6623
羅處約思純
1 /258　1 /259
1 /272　1 /273
1 /275
羅鼎臣　3 /1922
羅崇勳　1 /493
3 /1736
羅德業　12/7885
羅自賓　1 /156
羅從彥仲素、文質、豫章先生
＊6/3785
3 /1522　3 /1592
3 /1594　4 /2514
4 /2670　4 /2683
5 /3403　7 /4556
8 /4936　8 /4938
8 /5353　9 /6005
9 /6022　9 /6024
11/7490
羅適正之、赤城
8 /5038　11/7154
羅宗禮　9 /6025
羅漸　6 /3792
羅濱　1 /578
羅汝　7 /4513
羅汝楫彥濟
8 /4913　8 /5163
8 /5164　8 /5182
8 /5537
羅太碩人　9 /5996
羅友　6 /3793
羅大經景綸
1 /116　9 /5613
10/6668
羅博文宗約
7 /4315
羅革　6 /3793
羅世傳　11/7523
羅世英　6 /4011
6 /4025
羅椅子遠、澗谷
12/7926
羅椿永年　9 /5994
9 /5999
羅中彥茂衡
5 /3029
羅春　9 /5972
羅東父　11/7608
11/7610
羅耕　12/7966
羅日愿　10/6645
羅愚端誠、北林、季能　8 /5429
8 /5434　11/7534
羅點春伯　8 /5018
8 /5429　9 /5610
9 /5978　9 /6149

10/6543 10/6781
10/6893 11/7031
11/7058 11/7519
羅畸疇老 7/4556
羅疇 6/4106
羅願端良、存齋、鄂州 8/5011
8/5012 8/5014
8/5019 8/5026
8/5027 8/5028
8/5029 8/5030
8/5031 8/5032
8/5033 12/7868
羅氏（王應鳳妻） 12/7846
（鄧肅母） 7/4549
（韓琦母） 2/1221
（楊萬里繼母） 9/5993 9/5995
9/5996
羅閑十 8/5122
羅公福 見連文鳳
羅公旦 7/4322
羅少陸 8/5205
羅輝 12/8006

6101_4 旺

旺約 3/1466

6104_0 盱

盱江先生 見李覯

6128_6 顛

顛叟 見包昂

6138_6 顯

顯仁皇后 見韋太后
顯德居士 7/4319
顯之 見葉光祖
顯道 見包揚
見員興宗
顯肅皇后 見鄭皇后
顯忠 見李世輔
顯東 6/3818

6204_9 呼

呼延次升 6/3537
6/3542
呼延通 7/4448
7/4450 7/4453
7/4454 7/4469
7/4471 7/4472
7/4475 7/4502
呼延棫 11/7360
呼千 8/5164

6217_7 蹈

蹈中 見趙汝譡

6240_0 別

別峰 見釋寶印
別之傑宋才 11/7473 11/7540
12/7715

6280_0 則

則全 1/309
則堂 見家鉉翁

6338_4 默

默齋 見洪夢炎
見王應鳳
見游九言
默成居士 見潘良貴
默堂先生 見陳淵

6402_7 晞

晞髮子 見謝翱

6404_1 時

時亨 見王剛中
時彥邦美 6/3456
時齋先生 見沈義父
時可 見翁元龍
見楊適
時舜舉 2/926
時紫芝 4/2482
時進叔 5/3014
時適 5/3299
時起之 9/6218
時中 見蘇升
見王安道
時中 5/3028
時氏（張孝祥繼母） 9/6213
時舉 見文及翁
時父 見方遇
時公美 5/3245
時敏 見趙時煥

6404_1 疇

疇老 見羅畸

6412_7 跨

跨鰲居士 見李新

6502_7 嘯

嘯齋 見周晉

6624_8 嚴

嚴羽儀卿、滄浪逋客、丹丘 12/7702
嚴子卿 7/4305
嚴師夔 11/7608
嚴允 7/4399
嚴侶君友 12/8065
嚴永吉 7/4401
7/4402 7/4403
嚴滋 10/6559
嚴植 11/7509
嚴松松年 10/6517
10/6537
嚴昌裔 9/6144
嚴畏 10/6705
嚴景 7/4391

6650_6 單

單君貺 5/2824
單德忠 7/4475
單藻 8/5174
單時 8/5269
9/5583 9/5667
單驤 4/2739

單普 8 /4915
單錫 5 /3244
單煒定章、炳文 11/7276

6666_8 器

器之 見敖陶孫 見劉安世 見詹範
器資 見彭汝礪

6702_0 明

明可 見吳芾
明子京 2 /880
明己 見魏克愚
明允 見蘇洵
明德李皇后太宗明德李皇后、明德太后 1 /66 1 /67 1 /71 1 /516 1 /545
明仲 見胡寅 見曾公亮 見張垣
明叔 見郭知章 見賈易 見徐兢 見楊忱 見楊仲良 見楊皓 見周晉
明復 見孫復
明之 見胡洞微 見田述古
明遠 見汪澈 見張洞 見晁迥
明禪師 7 /4308
明道先生 見程顥
明教大師 見釋契嵩
明肅太后 見劉皇后
明橐 8 /5122
明輔 見吳子良
明甫 見李熹
明揚 見章君庭
明略 見廖正一
明鎬 1 /643 1 /656 1 /657 1 /658 2 /1091 3 /1709 4 /2291
明父 見方暹
明公 見張載

6706_1 瞻

瞻叔 見高定子 見王靖 見王之望
瞻明 見蔡向

6706_2 昭

昭慶公主(太宗女) 1 /231
昭德 見晁公武
昭德先生 見晁公武
昭遠 見張滉
昭甫 見王昌世 見吳太初 見陳明
昭覺 見釋元
昭慈聖烈孟皇后 見孟皇后

6712_2 野

野齋 見周文璞
野處 見洪邁
野夫 見李莘

6716_4 路

路彥彬 10/6542
路彥捷 7 /4308
路謙亨 10/6521
路紀 5 /2805
路允迪 5 /3405 5 /3437 6 /3950 6 /3962 7 /4668
路德章 10/6943
路綸 4 /2337
路彬 9 /6087
路振子發 1 /166 4 /2337

6722_0 嗣

嗣文 見黃叔豹
嗣宗 見葉紹翁
嗣法 見釋需
嗣直 見黃叔向
嗣勛 見楊輔

6722_7 鄂

鄂州 見羅願
鄂鄰 2 /909

6733_6 照

照禪師 7/4274
照鄰 見蕭燧

6802_1 喻

喻師夏卿 10/6919 11/6998
喻良弼 10/6770
喻良能香山、叔奇 8 /5213 8 /5494 8 /5495 9 /6126 11/7322
喻樗玉泉、子才 7 /4307 7 /4854 8 /4896 8 /4903 9 /5943 9 /6091 10/6382
喻用國 12/7905

6802_7 盼

盼兒 11/7254

6805_7 晦

晦庵 見李處全 見朱熹
晦齋 見謝直
晦仁 見和峴
晦巖 見沈清臣
晦仲 見王炎
晦伯 見劉爚
晦叔 見江公著 見黎暹

見劉昱
見呂公著
見王曙
見王炎
見王灼
見吳翌
見葉黯
晦之 見張景
見趙袒
晦夫 見歐陽闢
晦甫 見黃照
晦翁 見朱熹
晦堂禪師 5 /3192

7010_4 壁

壁林 見黃應龍

7121_2 阮

阮逸天隱 2 /677 2 /678 2 /683 2 /686 2 /687 2 /1224 3 /1848 10/6775
阮太虛 12/7933
阮朝瑞 7 /4726
阮閱散翁、松菊道人、閎休、美成 1 /101

7121_5 雁

雁湖居士 見李壁

7122_0 阿

阿云 3/1782 3 /1792
阿崧 見劉鎮
阿灰 見張曙

7122_1 陟

陟明 見婁寅亮

7122_7 厲

厲文翁聖錫、龔翁、小山 11/7580 12/7805
厲仲方厲詳、仲詳、約甫 11/7008 11/7021 11/7104 11/7120 11/7129 11/7144
厲模 8 /5426
厲邦俊元明 11/7008 11/7021
厲號 1 /331

7124_7 厚

厚齋 見馮椅
見王應麟
厚之 見元絳
厚軒居士 見王自中
厚卿 見安燾

7128_6 願

願中 見李侗

7129_6 原

原仲 見胡憲
原伯 見曾逢
原叔 見王洙
原道 見白宗愈
原明 見呂希哲
原父 見劉敞

7131_2 驪

驪塘 見危稹

7132_7 馬

馬亮 1 /168 1 /182 1 /337
馬彥溥 7 /4379 7 /4382 7 /4388 7 /4389
馬應之定叟 10/6617
馬端 4 /2121
馬端復 12/7813 12/7820 12/7828 12/7831 12/7837
馬端蒙 12/7830 12/7837
馬端頤 12/7837
馬端履 12/7830 12/7837
馬端巽 12/7833
馬端臨貴與、竹洲 ＊12/7795
馬端益 12/7837
馬端常 12/7832 12/7833
馬毅 6 /3853
馬元龍 8 /4989
馬醇粹老 5 /3010
馬天驥 6 /3486
馬廷鸞翔仲、玩芳病叟 ＊12/7795 8 /5326 11/7646 11/7647 12/7860 12/7899 12/7917 12/7954
馬城忠玉 5/3069 5 /3097 5 /3107
馬琮 5 /3264 5 /3265
馬建 9 /5614
馬強叔 6 /3608
馬羽 6 /4029
馬柔吉 7 /4200 7 /4376 7 /4382 7 /4384 7 /4385 7 /4670
馬政 5 /3429
馬季良 1 /540 3 /1735
馬仁俊 1 /493
馬仁裕 1 /32
馬巖甫 12/7798 12/7800 12/7802 12/7808 12/7817 12/7825
馬參議 6 /3973
馬先覺 9 /5756 9 /5822
馬德昌 12/7835
馬德昌 12/7977
馬勳 1 /644

馬仲甫 1/659
馬伸 4/2682 4/2683 4/2684 4/2694 12/7937
馬純子約 5/3219
馬純父 11/7645
馬皋 6/3538 8/5112
馬絳 2/697
馬從一 3/1925
馬進 8/5116 8/5117 8/5118
馬準 6/4139
馬定遠 9/5590
馬宗道 4/2626
馬永伯 2/871
馬永卿 4/2407 8/4870
馬漢臣 3/1933 3/1957
馬祐 4/2073
馬涓 3/1922 5/2982 5/3193 5/3266 5/3335 6/3495 6/3508
馬初心 12/7981
馬遵仲塗 2/1302 3/1485 12/7797 12/7803
馬希言 8/5540 8/5557
馬南塘 12/7810
馬存子才 12/7797 12/7828
馬友 6/4139 7/4421 7/4422 7/4423 7/4425 7/4427 7/4429 7/4443 8/5119 8/5121 8/5168
馬大同 8/5313 9/6139 10/6480 10/6609 11/7029
馬樸季文 10/6617
馬夢得正卿 4/2738 5/2848
馬萬頃 8/5299 8/5302
馬中庸 3/1718
馬擴 6/3541 7/4366 7/4669
馬忠 6/4113 7/4357
馬秦 7/4480
馬咸 7/4599 7/4600
馬固道 5/3021 5/3030
馬默 2/1192 2/1307 3/1770 3/1921 5/3254 5/3263
馬時行 9/6222
馬煦 12/7956
馬氏(張九成妻) 8/4890 8/4900 8/4903
(潘宗簡妻) 8/4979
馬駿孺 12/7798 12/7799 12/7800 12/7807 12/7808 12/7809 12/7834 12/7836
馬騏 4/2139
馬全福 10/6580
馬令 1/31
馬公直 7/4347
馬知節正惠、子元 1/136 1/188
馬鈞 12/7967
馬光 12/7797 12/7799
馬光祖實夫、裕齋、莊敏、華父 11/7472 11/7512 12/7765 12/7790 12/7813 12/7908
馬忱之 4/2713
馬灼 12/7797 12/7799
馬燮敬叔 10/6617

7171_1 匡

匡義 見趙光義
匡美 見趙光美

7171_6 區

區有鄰 3/1583

7171_7 巨

巨師古 7/4387 7/4438 7/4474 7/4484
巨山 見方岳 見張嵲
巨濟 見劉涇 見倪濤
巨源 見孫洙 見向瀋
巨原 見向瀋
巨臣 見王子俊

7173_2 長

長文 見胡元質 見吳奎
長靈 見釋卓
長元 見陳善
長孺 見常楙 見李曾伯 見聶冠卿
長睿 見黃伯思
長源 見孔延之 見王滌
長道 見顏復
長蘆 見釋明
長嘯 見王柏
長卿 見陳康伯 見劉震孫
長民 見劉牧

7178_6 頤

頤堂 見王灼

7210_0 劉

劉立言 4/2059

4 /2098
劉立之宗禮
4 /2059 4 /2061
4 /2062 4 /2063
4 /2064 4 /2065
4 /2066 4 /2067
4 /2119 4 /2396
4 /2434 4 /2435
4 /2437 4 /2449
4 /2451 4 /2453
4 /2466 4 /2473
4 /2474 4 /2482
4 /2499 4 /2507
4 /2528 4 /2535
4 /2602
劉立禮 4 /2059
4 /2061
劉彥 7 /4360
7 /4361
劉彥弼英臣
6 /4015
劉彥遠 7 /4656
劉彥禮 7 /4308
劉育 3 /2010
劉卞子 8 /5289
劉應龍 12/7810
劉應李 7 /4168
劉庭式 5 /3225
劉度汝一 8 /5227
8 /5274
劉慶 1 /231
劉慶孫 3 /1714
劉庠希道 1 /193
2 /1178 3 /2041
4 /2150 4 /2152
4 /2163 4 /2462
劉唐老壽臣
3 /1921 4 /2596
5 /2902 5 /2913
5 /3261 5 /3264
劉唐年劉監倉
5 /2791
劉廣之 5 /3089
5 /3091
劉康年 8 /5175
劉文慶 3 /1709
劉文舜 6 /4057
6 /4058 6 /4059
劉文質 2 /694
9 /5922
劉章(劉爚女)
10/6951
劉奕 1 /659
3 /1480
劉竘 10/6738
劉斌 3 /1821
劉誼三茅翁、宜翁、宜父 4 /2711
劉誠之 8 /5039
8 /5042 8 /5045
劉詵應伯 8 /5136
劉靖 11/7577
劉靖之子和
8 /5026 8 /5027
8 /5310 8 /5311
8 /5342
劉謂 3 /1922
劉望之觀堂、夷叔
9 /5646
劉詞 1 /4
劉放儀父 4 /2063
4 /2100
劉誨 7 /4199
劉麟 7 /4439
7 /4457 7 /4459
7 /4477 7 /4481
7 /4663 8 /5141
8 /5169
劉一止行簡、苕溪
6 /3865 7 /4318
7 /4667 7 /4681
7 /4687 7 /4805
7 /4821 7 /4823
8 /4897 8 /4899
劉三傑 9 /6158
11/7322
劉正 6 /3584
劉正彥 6 /3577
6 /3952 6 /4058
6 /4059 6 /4135
7 /4199 7 /4200
7 /4367 7 /4369
7 /4370 7 /4371
7 /4373 7 /4374
7 /4376 7 /4379
7 /4380 7 /4381
7 /4383 7 /4384
7 /4387 7 /4388
7 /4389 7 /4390
7 /4391 7 /4667
7 /4669 7 /4673
7 /4793 7 /4796
8 /5117
劉正夫 6 /3620
劉王彥 7 /4671
劉靈昭 11/7577
劉元方 6 /3643
劉元高仲山
4 /2328 4 /2357
劉元瑜 2 /768
劉元達 4 /2742
劉元茂石澗
11/7531
劉元振 8 /4864
8 /4868
劉震伯聲 3 /1578
3 /1642 3 /1643
3 /1653 3 /1654
劉震孫長卿、朔齋
6 /3489 7 /4327
劉平 1 /337
1 /436 1 /501
1 /650 1 /662
2 /790 2 /908
3 /1704 3 /1714
8 /5377
劉晉之 11/7542
12/7849
劉醇 8 /5133
劉天民 9 /5758
劉貢 10/6952
劉珏希范 6 /4119
7 /4359 7 /4658
7 /4685 10/6626
劉琸 11/7562
劉玶 7 /4175
8 /4884 9 /6029

劉彌正 11/6979 11/7133 11/7551 11/7552 11/7555 11/7556 11/7557 11/7558 11/7559 11/7566 11/7568 11/7579
劉彌邵 11/7551 11/7554 11/7575
劉彌恭 11/7551
劉顗 4/2328
劉棐 6/4138 6/4140
劉瑞邁 5/3278
劉瑗成制 6/4023 6/4024
劉璠 1/623
劉璞 3/1583
劉發 4/2289 4/2290 4/2298 4/2299 4/2300 4/2302 4/2304 4/2312
劉延慶 7/4349 7/4565 9/5605 9/5670 10/6721 10/6935
劉延年 8/5175
劉廷讓 1/13 1/19 1/20
劉廷瑞 12/8002
劉廷器梓材 11/7249
劉冀堯京 6/4023
劉琯 4/2136
劉琮 6/4021
劉珪 4/2148
劉瑾元忠 2/1179
劉琦 3/1794 3/1795
劉珙恭父、共甫、共父、忠肅 8/4946 8/5007 8/5259 8/5529 8/5536 9/5571 9/5635 9/5649 9/5650 9/5670 9/5673 9/5729 9/5874 9/6029 9/6031 9/6084 9/6090 9/6097 9/6188 9/6205 9/6222 9/6232 9/6233 9/6234 9/6235 9/6238 10/6267 10/6276 10/6302 10/6303 10/6313 10/6318 10/6322 10/6336 10/6342 10/6343 10/6379 10/6381 10/6818
劉瑛 8/5015
劉璪 12/7966
劉強甫 11/7591 11/7592 11/7600
劉孟容公度 11/7207
劉承珪 1/466 1/517
劉承弼 9/5992 9/5995
劉承忠 2/791
劉豫 6/3585 6/3930 6/4063 6/4140 6/4141 6/4148 7/4204 7/4205 7/4225 7/4425 7/4430 7/4431 7/4446 7/4453 7/4457 7/4461 7/4469 7/4471 7/4472 7/4473 7/4475 7/4479 7/4481 7/4482 7/4486 7/4487 7/4489 7/4518 7/4813 7/4814 7/4816 8/4898 8/5061 8/5070 8/5075 8/5077 8/5127 8/5128 8/5129 8/5131 8/5141 8/5143 8/5144 8/5150 8/5173 8/5185 8/5186 8/5554 9/5637 9/5705 9/5706 9/5991 9/5992 11/7035
劉及至父 6/3813
劉子羽 7/4172 7/4173 7/4322 8/4880 8/4882 8/4884 8/5007 9/6006 9/6022
劉子翬彥沖、病翁、屏山 *8/5003 1/554 7/4163 7/4167 7/4171 7/4174 7/4177 7/4180 7/4300 7/4700 7/4703 8/4866 8/4867 8/4868 8/4873 8/4874 8/4875 8/4876 8/4880 8/4881 8/4882 8/4884 8/4886 8/5353 9/6022 9/6029
劉子翼 8/5007
劉子澄玉淵、清叔 11/7407 12/7707
劉子思 2/826
劉子堅 6/4006
劉玠 9/6058
劉瑜 8/4909
劉政 1/623 1/644 1/646
劉政(南宋人) 8/5152 8/5153
劉重卿 9/5947
劉位 7/4689 10/6738
劉秀巖 12/7914
劉喬卿 6/4028
劉舜元 6/4031

劉信可 12/7934
劉季裴少度
8 /5017 8 /5267
劉季孫景文
4 /2745 4 /2751
5 /2800 5 /2801
5 /2802 5 /2803
5 /2804 5 /2806
5 /2844 5 /2845
5 /2846 5 /2851
5 /3053
劉季蒙 10/6550
劉航 3 /1824
劉維慶 2 /682
劉何 4 /2201
劉衍 6 /3499
6 /3532 6 /3533
6 /3534 6 /3535
劉衡 8 /5132
8 /5136 8 /5138
劉倬 8 /5056
劉師文 8 /5361
劉師勇 12/7874
劉經 8 /5110
8 /5111
劉經國 3 /1922
劉秤道純 4 /2358
4 /2359 4 /2360
劉穎公實 9 /5738
10/6264 11/7132
劉岑季高、杼山居士 6 /3514
6 /3967 7 /4306
7 /4307 7 /4320
7 /4322 8 /5020
劉鼎孫伯鎮
12/8010 12/8029
劉山甫 11/7549
11/7591 11/7599
11/7600
劉幾仲 4 /2755
5 /2854
劉崇之 11/7031
劉崇超 1 /517
劉繼元 1 /14
1 /23 1 /41
1 /111 1 /224
1 /364
劉繼先 9 /5847
劉繼明 1 /364
劉參 11/7359
劉允升 6 /4017
8 /5166 8 /5181
劉允濟 6 /3789
6 /3791
劉仔 5 /3168
劉綜 1 /524
劉佐 4 /2150
4 /2154
劉德章 6 /4020
6 /4023 6 /4027
6 /4031
劉德秀仲洪、退軒
8 /5350 8 /5361
8 /5364 9 /5699
9 /5739 9 /6142
9 /6157 11/7304
11/7438
劉德禮 9 /6000
劉德妃 1 /81
劉德妙 1 /496
劉勳 8 /4864
劉勉之致中、白水 *8/4861
4 /2665 7 /4163
7 /4166 7 /4167
7 /4170 7 /4171
7 /4181 8 /4881
8 /5353 9 /6006
9 /6022 10/6725
劉幼發 12/8032
劉仲達 2 /1352
4 /2727 4 /2742
5 /2840
劉仲堪 1 /255
劉仲景 4 /2131
劉仲光茂實
10/6619 11/7008
劉倩叔 5 /2840
劉自虛 9 /5622
劉皇后宋真宗章獻明肅劉皇后
1 /89 1 /179
1 /93 1 /440
1 /504 1 /532
1 /566 1 /566
1 /567 1 /570
1 /572 1 /573
2 /695 2 /983
2 /1041 2 /1244
3 /1376 3 /1735
4 /2597 5 /2957
6 /3471
劉伯文 10/6515
劉伯正 11/7541
11/7543 12/7720
劉伯熊東溪先生
8 /5410
劉伯協 10/6542
劉儼子思 9 /6228
劉和 4 /2064
劉和叔和仲、咸臨
4 /2358 4 /2359
4 /2360
劉繹 9 /5580
9 /5661
劉將孫 12/7963
12/7967 12/7968
12/7969 12/7970
12/7974 12/7979
12/7982
劉彝執中 3 /1456
3 /2011 4 /2386
4 /2452 4 /2502
5 /2771
劉槃 12/8000
劉約 4 /2328
劉綱 7 /4440
劉絢質夫 4 /2423
4 /2474 4 /2518
4 /2520 4 /2592
4 /2598 4 /2599
4 /2630 4 /2631
4 /2640 4 /2653
4 /2662 4 /2681
4 /2683 7 /4659
7 /4661 7 /4747
劉叔子 11/7613

劉叔向 10/6734
劉復 8/5142 10/6445
劉復雄 8/5142
劉復村 12/7980 12/7983
劉從政 10/6939
劉從德 1/540 2/909
劉牧先之、長民
1/205 1/643 2/880 2/922 2/1342 3/1532 3/1980
劉沆 2/933
2/934 2/936 2/994 2/1045 2/1111 2/1141 2/1301 2/1303 3/1656 4/2123 4/2124 4/2295 4/2297 4/2302
劉汶 11/7600
劉寧止無虞
7/4656
劉宬 11/7567
劉進 2/793
劉宰平園、漫塘病叟 8/5413
8/5414 8/5420 8/5428 8/5434 8/5440 8/5443 8/5449 9/5805 10/6556 11/7165 11/7450 11/7453 11/7462 11/7464 11/7467 11/7468 11/7508 11/7517 11/7538 11/7540 11/7545
劉宰小村 11/7652 12/7968
劉安上元禮
4/2102 4/2639 4/2642 4/2683
劉安世讀易老人、元城先生、世臣、器之 3/974
3/1546 3/1824 3/1886 3/1905 3/1913 3/1921 3/1923 3/1929 3/1930 4/2132 4/2638 4/2639 4/2661 5/2795 5/2798 5/2801 5/2809 5/2814 5/2815 5/2855 5/2898 5/3057 5/3162 5/3244 5/3250 5/3263 5/3321 5/3361 5/3403 5/3408 6/3453 6/3474 6/3478 6/3479 6/4025 6/4027 7/4478 7/4648 8/4867 8/4869 8/4871 8/4878 8/4885 8/4912 9/5992
劉安節元承
4/2423 4/2539 4/2573 4/2596 4/2616 4/2624 4/2638 4/2639 4/2642 4/2654 4/2683 4/2686 4/2694 6/3561 10/6658
劉寄 6/3931
劉良佐 12/7961 12/7962
劉良臣 12/7964
劉定 6/3558
劉定國 4/2063
4/2080 4/2102
劉寅 7/4479
劉寶 7/4336
7/4373 7/4374 7/4382 7/4475 7/4499 7/4500 7/4505 7/4506 7/4510 8/4953 8/4960 8/4963 9/5647
劉宗傑唐輔
4/2711
劉永 12/7681
劉永行 8/5156
劉永年 3/1874
5/3062 5/3250
劉涇濟震、巨濟、前溪 5/2835
5/3240
劉沔 5/2815
6/3694
劉濬 2/694
劉源 12/8006
劉福 11/7406
劉沂 11/7600
劉活 7/4228
劉遁 1/500
劉必達 8/4892
劉滬 2/694
2/756 2/757 2/799 2/1232
劉溥 11/7408
劉黼 10/6701 10/6703
劉黻蒙川、聲伯、質翁 9/6060
10/6698 12/7873 12/7930
劉述孝叔 3/1604
3/1794 4/2732 5/2772 5/2833
劉汝礪 12/7963 12/7970
劉浩 6/3519
6/3529 8/5104
劉洪道 6/4139
7/4410 7/4431
劉漢弼 11/7474
12/7723 12/7749
劉逵公路 3/1907
4/2201
劉逵 6/3532
6/3534
劉清之子澄、静春

先生 6/4006 8/5033 8/5309 8/5310 8/5342 8/5343 9/5861 9/5958 9/6009 9/6034 9/6041 9/6046 9/6115 9/6121 9/6122 9/6140 10/6288 10/6323 10/6338 10/6343 10/6344 10/6396 10/6397 10/6480 10/6518 10/6519 10/6609 10/6773 10/6778 10/6944 11/6989 11/7029 11/7194 11/7197
劉洙 11/7600
劉溫潤 2/704
劉溫其 7/4172 8/4873
劉溫叟 5/3261
劉混康 7/4568
劉澤 11/7600
劉湜 1/654 2/803 2/1075
劉遇 1/14
劉洞齋 12/7946
劉淑女 5/3231
劉汲 6/3617
劉澥潤之 11/7249 11/7249
劉凝 5/3372
劉渙仲章 *2/691
劉渙西澗、凝之 2/1103 3/1775 4/2328 4/2329 4/2332 4/2333 4/2345 4/2346 4/2347 4/2355 4/2357 4/2360 4/2367 4/2373 4/2374 4/2388 4/2471 4/2472 5/2941 5/3017 5/3018 9/5957 9/6037 11/7600
劉過改之、龍洲 *11/7247 6/3778 9/5865 10/6585 11/7333 12/7973
劉退夫 5/3080
劉滋 5/3091 8/4864 8/4865
劉海 7/4379
劉道子 8/5289
劉道淵 2/1202
劉肇 10/6939
劉啓晦 10/6556
劉瀵 11/7600
劉九皋 12/7877
劉九思得之 10/6617
劉太后 見劉皇后
劉士彥 5/2978 5/3044 8/5055
劉士元 見劉卿月
劉才邵杉溪、美中 6/4007 6/4009 6/4019 6/4024 7/4228 7/4518 7/4524 7/4579 7/4838 8/4950 9/5992
劉才卿法直 5/3056
劉克永子修 11/7557 11/7559 11/7595
劉克遜無競 11/7553 11/7559 11/7575 11/7584
劉克勤 11/7018
劉克莊潛夫、劉灼、文定、後村 *11/7547 5/3384 8/4863 9/5692 11/7133 11/7165 11/7173 11/7339 11/7360 11/7459 11/7482 11/7494 11/7495 11/7628 11/7641 12/7699 12/7703 12/7707 12/7716 12/7725 12/7869 12/7989
劉克剛 11/7555 11/7559 11/7575 11/7589
劉堯夫純叟、淳叟、劉單 9/6140 10/6497 10/6903
劉希 3/1643
劉希仁居厚 11/7555 11/7559 11/7578 11/7590 11/7592 11/7596
劉希道 11/7554 11/7562
劉有方 3/1774 3/1806 6/3932
劉燾靜修、無言 5/2807 5/3244 6/3850 6/3935 6/3936 6/3937
劉熹 10/6949
劉友益 9/6103
劉吉甫 3/1922
劉雄 8/5393
劉去非 11/7276 11/7277 11/7297
劉大辯 10/6328
劉大任 6/4017
劉大郎 7/4350
劉大聲和卿 10/6938
劉大中立道 6/3589 6/4018 7/4300 7/4301 7/4322 8/5122 8/5123
劉大小老 6/3993 6/3994
劉來孫 8/5150 8/5155

劉韜仲　9/6100
劉式　1/153
劉棫　11/7641
劉莊孫正仲
12/7756　12/7757　12/7761　12/7768　12/7773　12/7775　12/7777　12/7780　12/7781　12/7784　12/7793　12/7887
劉芮子駒、順寧
10/6335
劉薦　5/3035
劉蒙叟　1/516
劉茂實元弼
6/4007　6/4032
劉懋子勉　10/6949
10/6950　10/6951
劉孝恭　8/5524
8/5555
劉孝韙　9/5883
9/5885　9/5886　10/6399
劉孝榮　8/5267
劉勃　3/1922
劉華甫　12/7946
劉苜　7/4340
劉世顯　11/7387
劉楚　1/443
劉蘩　11/7577
劉林　10/6576
劉摯莘老　1/27
2/735　3/1921　4/2127　4/2128　4/2131　4/2132　4/2134　4/2135　4/2153　4/2155　4/2156　4/2188　4/2246　4/2297　4/2409　4/2472　4/2608　4/2666　4/2687　4/2698　5/2774　5/2794　5/2795　5/2796　5/2800　5/2802　5/2803　5/2808　5/2811　5/2899　5/2903　5/2907　5/2940　5/2947　5/2951　5/2952　5/2960　5/2962　5/2964　5/2965　5/3119　5/3162　5/3191　5/3202　5/3250　5/3254　5/3261　5/3263　5/3376　6/3460　6/3462　6/3465　6/3476　6/3601　6/3605　7/4639　7/4769　8/5022　8/5292
劉觀　8/5327
劉恕道原
*4/2325
3/1709　3/1766　3/1767　3/1812　3/1834　3/1853　3/1890　3/2021　3/2024　3/2039　3/2054　5/2776　5/2831　5/2869　5/3258　5/3372　8/5294　10/6362
劉如愚　8/5007
劉楫　8/5126
8/5127
劉墀　1/231
劉猊　7/4459
7/4470　7/4471　7/4473　7/4477　7/4478　8/5141
劉起世　11/7554
劉起晦建翁
9/5998　11/7092　11/7556
劉櫸　8/5123
劉格道純　4/2328
4/2360　5/3018　5/3055
劉韐　6/3516
6/4048　6/4117　7/4172　7/4563　7/4564　7/4565　7/4598　7/4657　8/5006　8/5102　10/6737
劉敬夫　10/6537
劉申朔齋　11/7513
劉青　12/8045
劉肅　2/793
5/3440
劉忠　6/4063
7/4421　7/4425　7/4426　7/4427　7/4428　7/4430　7/4438　7/4443　8/5119　8/5122　8/5124　8/5177
劉奉世仲馮
3/1921　4/2063　4/2098　4/2102　4/2171　4/2364　5/2863　5/2922　5/2954　5/2956　5/3070　5/3201　5/3238　5/3254　5/3263　7/4764
劉春　10/6413
劉貴浩溪　12/7961
劉泰　9/5573
劉搗　8/5042
劉拯彥修　1/416
5/3077　5/3197　5/3368　5/3430　6/3933　7/4194　7/4297　7/4300　7/4308
劉邦政　11/7249
劉邦治　11/7249
劉邦直　5/3097
5/3098
劉蟾　11/7577
劉昉方明　7/4309
劉呈才　6/4006
劉昱晦叔　5/3050
5/3264　5/3265　6/3741　6/3742
劉國華　10/6779
劉昺　10/6949

10/6950 10/6954
劉思道 5/3143
劉愚必明 11/7018
11/7141 11/7142
劉晏 7/4367
7/4389 7/4396
劉昇 11/7577
劉甲 8/5056
8/5377 11/7222
劉昌 11/7559
劉昌言禹謨
1/24 1/237
劉昌詩興伯
6/3902
劉昌祚 5/2950
劉景豐 12/7966
劉景純 2/720
劉景明 9/5994
劉旰 1/61
1/135 1/136
1/137 1/138
劉蹈 5/3261
劉默 6/4086
劉貽孫 1/648
1/661
劉時輝 11/7249
劉跂斯立、學易先生 5/3261
8/5022 9/5567
劉嬰 11/7577
劉單 見劉堯夫
劉晛 8/4865
劉暘 10/6939
劉明仲 5/3062
劉明達 11/7479
劉明甫 11/7585
11/7600
劉路 7/4540
7/4639 7/4640
劉照 8/4864
劉辰翁須溪、會孟
*12/7959
11/7637 11/7647
11/7652 12/7703
12/7744
劉厚南子固
10/6633 10/6658
劉馬軍 1/484
劉長言宣叔
7/4540
劉槩孟節 2/930
劉垕 10/6949
10/6950 10/6954
10/6955
劉氏(方釆妻)
11/7553 11/7586
(文天祥祖母)
12/7995
(謝翱妻) 12/8064
(王庭珪妻)
6/4023
(張元幹祖母)
7/4610 7/4611
7/4632
(孔文仲母)
5/2881
(何彥猷妻)
8/5180
(朱熹妻)
8/4884 9/6035
(魏掞之妻)
8/4884
(宗澤母)
6/3495 6/3510
(葉夢得祖母)
6/3997
(柳承陟妻)
1/208 1/389
(梅詢妻) 1/389
(余玠母) 12/7658
劉質 1/523
劉附 11/7641
劉勵用之 11/7208
劉隨 1/340
1/499 1/504
1/537
劉騏 12/7701
12/7720
劉几 2/787
2/973 3/1460
3/1758 3/1840
3/1841 3/1849
劉夙賓之 8/5282
8/5287 10/6337
10/6396 10/6408
11/6972 11/6978
11/7124 11/7133
11/7551
劉風 8/5020
劉覺 4/2731
劉用之 6/3774
劉同 8/4864
劉履 11/7600
劉駒 11/7577
劉熙古 1/10
劉學雅正之、遂初
11/7208
劉學古 8/4884
劉艮齋 11/7611
劉民先 8/5006
劉巽 2/1288
劉興 12/8012
劉興祖 9/5899
劉監倉 見劉唐年
劉隲
*1/49
1/54 1/57
1/62 1/64
1/65 1/67
1/70 1/72
1/74
劉全美 3/2053
5/3176
劉翁 7/4843
劉介 3/1616
劉斧 1/108
劉兼濟 2/727
劉羲仲壯輿
3/1834 4/2335
4/2349 4/2357
4/2358 4/2363
4/2364 4/2365
4/2366 4/2367
4/2368 4/2369
4/2370 4/2371
4/2372 5/3101
5/3258 5/3328
5/3372 6/3701

劉羲叟仲更、仲叟
2 /685　2 /686
2 /1084　2 /1143
2 /1144　3 /1711
5 /3056　8 /5268
劉無極希顏
7 /4685　7 /4687
劉愈　8 /4924
劉會之　11/7526
11/7527
劉美　1 /89
1 /440　1 /499
1 /528　1 /535
1 /546　4 /2177
劉鋹　1 /15
劉頒政　6 /3849
劉銑　1 /651
劉錡武穆、信叔
6 /3976　6 /3978
6 /3979　6 /3980
7 /4176　7 /4212
7 /4320　7 /4329
7 /4330　7 /4484
7 /4495　7 /4501
7 /4503　7 /4508
7 /4509　8 /5079
8 /5080　8 /5081
8 /5082　8 /5084
8 /5085　8 /5086
8 /5087　8 /5088
8 /5089　8 /5090
8 /5091　8 /5150
8 /5151　8 /5156
8 /5197　9 /5638
9 /5651　9 /5654
9 /6204　9 /6216
9 /6217　9 /6219
10/6367　10/6371
劉鎮方叔、子山、叔安、阿崧、隨如
7 /4345　7 /4347
劉錦絢　11/7600
劉錫　6 /3541
7 /4363
劉知命　6 /3718
劉欽　10/6952
劉朔復之　8 /5282
8 /5287　9 /5925
10/6379　10/6382
10/6383　10/6407
11/6972　11/6978
11/7092　11/7124
11/7551
劉朔齋　2 /844
劉銳　7 /4475
10/6738
劉筠子儀、文恭
*1/49
1 /54　1 /55
1 /62　1 /64
1 /65　1 /66
1 /68　1 /70
1 /71　1 /72
1 /73　1 /75
1 /77　1 /78
1 /80　1 /82
1 /83　1 /84
1 /85　1 /86
1 /88　1 /89
1 /90　1 /91
1 /92　1 /93
1 /143　1 /170
1 /262　1 /315
1 /487　1 /510
1 /511　1 /512
1 /519　1 /520
1 /531　1 /532
1 /547　2 /712
2 /720　10/6741
劉簡　10/6939
劉攽貢父、公非
1 /256　1 /281
1 /408　1 /508
2 /1151　3 /1444
3 /1604　3 /1766
3 /1812　3 /1853
3 /2005　3 /2007
3 /2049　3 /2050
3 /2051　4 /2059
4 /2060　4 /2065
4 /2067　4 /2119
4 /2120　4 /2133
4 /2228　4 /2238
4 /2254　4 /2330
4 /2332　4 /2337
4 /2338　4 /2340
4 /2342　4 /2343
4 /2362　4 /2363
4 /2364　4 /2730
4 /2731　4 /2732
5 /2772　5 /2774
5 /2786　5 /2797
5 /2798　5 /2829
5 /2831　5 /2843
5 /2863　5 /2902
5 /2904　5 /2905
5 /2908　5 /2911
5 /3063　5 /3133
5 /3186　5 /3226
5 /3245　5 /3266
劉範　10/6938
10/6939
劉敏　5 /2939
劉箕　10/6939
劉惟輔　7 /4361
劉懷英　6 /4034
劉少逸　1 /272
劉光裔　2 /984
劉光烈　7 /4444
劉光弼　7 /4443
劉光祖後溪、山堂、德修
1 /198　8 /5351
8 /5409　9 /5866
9 /5896　9 /5995
9 /6061　9 /6065
9 /6153　9 /6158
9 /6159　10/6436
11/6971　11/7075
11/7077　11/7164
11/7429　11/7434
11/7445　11/7450
11/7454　11/7455
劉光世　5 /3407
6 /3960　6 /3978
6 /3979　6 /3980
6 /4146　7 /4200
7 /4215　7 /4329
7 /4355　7 /4356
7 /4357　7 /4358
7 /4359　7 /4360

7/4369 7/4370
7/4371 7/4379
7/4380 7/4381
7/4382 7/4384
7/4385 7/4394
7/4395 7/4406
7/4410 7/4429
7/4431 7/4432
7/4437 7/4438
7/4440 7/4441
7/4443 7/4445
7/4456 7/4457
7/4458 7/4459
7/4460 7/4461
7/4464 7/4470
7/4476 7/4477
7/4492 7/4501
7/4521 7/4524
7/4530 7/4666
7/4669 7/4670
7/4671 8/5069
8/5075 8/5089
8/5115 8/5116
8/5139 8/5141
8/5143 8/5174
8/5175 10/6738
11/7269
劉當時 4/2102
5/3101 5/3261
5/3262 5/3264
劉炎發 12/7966
劉焞文潛 8/5017
8/5309 8/5551
9/5594 9/5951
9/6090 9/6101
10/6323 10/6348
10/6395
劉棠仲美 6/4025
劉炳 6/3920
6/3921
劉炳(劉克莊祖)
11/7551
劉炳韜仲 12/7703
劉炳先 9/5847
劉忱 3/1729
5/3261
劉燁 1/439
1/443 1/502
2/787 5/3261
劉煒 11/7252
劉恪 見劉格
劉灼 見劉克莊
劉煇 2/1135
劉煥 5/3426
6/3921
劉煥(宋末人)
12/7978
劉敞原父、公是先生
*4/2057
1/101 1/192
1/201 2/837
2/838 2/996
2/1000 2/1002
2/1096 2/1098
2/1099 2/1109
2/1113 2/1115
2/1119 2/1134
2/1137 2/1140
2/1141 2/1145
2/1146 2/1147
2/1148 2/1153
2/1154 2/1156
2/1187 2/1338
3/1588 3/1970
4/2119 4/2120
4/2124 4/2126
4/2330 4/2333
4/2341 4/2364
4/2732 5/2863
5/3245 9/6140
10/6445 11/7194
劉爚晦伯、雲莊、文簡
*10/6947
9/5970 9/6098
9/6100 10/6480
10/6604 10/6609
11/7030 11/7231
11/7494 11/7523
劉榮 12/8018

7210_2 丘

丘崇 8/5271
丘仲謀 2/788
丘宓宗卿 8/5033
8/5373 8/5377
8/5378 8/5379
8/5412 9/5617
9/6001 9/6086
9/6087 9/6089
10/6861 11/7083
11/7084 11/7102
11/7256 11/7316
11/7322 11/7377
11/7380 11/7381
11/7382 11/7387
11/7401 11/7521
11/7522
丘夢雷 12/8011
丘楫 5/3012
丘岳 12/7706
12/7707 12/7725
丘鐸文 9/5643

7220_0 剛

剛愍 見程振
剛簡 見胡夢昱

7223_0 瓜

瓜山 見潘柄

7223_7 隱

隱直 見張諷
隱甫 見邵叔豹
見王山民
見徐確
見楊察
隱父 見徐確

7244_7 髯

髯翁 見厲文翁

7277_2 岳

岳立 8/5100
岳亨 8/5109
岳震 8/5094
8/5178
岳霆 8/5094
8/5178
岳雷 7/4519

8 /5175 8 /5178
岳雲 8 /5084
8 /5092 8 /5094
8 /5125 8 /5153
8 /5154 8 /5165
8 /5166 8 /5168
8 /5172 8 /5176
8 /5178 8 /5180
8 /5183
岳霖 8 /5094
8 /5167 8 /5178
8 /5180
岳珂亦齋、倦翁、肅之、東幾
5 /3282 5 /3284
7 /4209 7 /4329
7 /4722 8 /5259
8 /5499 8 /5525
9 /5775 11/7257
11/7474 11/7475
11/7624
岳飛鵬舉、武穆
＊8/5065
6 /3499 6 /3500
6 /3505 6 /3531
6 /3544 6 /4039
6 /4068 6 /4069
6 /4071 6 /4133
6 /4137 6 /4139
6 /4141 6 /4146
6 /4160 7 /4213
7 /4214 7 /4218
7 /4303 7 /4329
7 /4330 7 /4335
7 /4421 7 /4423
7 /4445 7 /4466
7 /4468 7 /4470
7 /4483 7 /4484
7 /4485 7 /4490
7 /4501 7 /4503
7 /4505 7 /4507
7 /4509 7 /4510
7 /4511 7 /4512
7 /4514 7 /4516
7 /4519 7 /4663
7 /4832 8 /4991
8 /4997 8 /5353
8 /5418 9 /5612
9 /5638 9 /5861
9 /6204 9 /6206
9 /6208 10/6357
10/6359 10/6360
10/6372 10/6373
10/6724 10/6736
10/6737 11/7264
11/7319 11/7342
11/7426 12/7660
12/7663 12/7732
12/7759
岳德 6 /3982
岳和 8 /5094
8 /5100 8 /5103
岳斗祥景韓
12/7756 12/7756
岳吉 7 /4419
岳楚雲 5 /3422
5 /3424
岳楚雲妹 5 /3423
岳超 7 /4336
7 /4472 7 /4475
7 /4510
岳成 8 /5100
岳甫 8 /5182
10/6480 10/6609
11/7030
岳履祥獨樂翁、松崖、景申 12/7756

7280_6 質

質肅 見唐介
質夫 見劉絢
見章楶
質翁 見劉瀫

7421_4 陸

陸立之 10/6494
陸詵 3 /1537
4 /2337 5 /2938
6 /3596
陸諤 10/6501
陸望之 10/6494
陸麟之 10/6494
10/6521 10/6550
陸元雅 9 /5717
陸元禮 9 /5717
陸元用 9 /5717
陸元簡 9 /5717
陸元敏 9 /5717
陸戩 10/6493
陸珪廉叔 9 /5704
陸丞 3 /1566
陸子龍 9 /5717
9 /5718 9 /5719
9 /5720
陸子虡 9 /5708
9 /5713 9 /5715
9 /5717 9 /5718
9 /5719 9 /5720
陸子虞 8 /5047
陸子修 9 /5719
9 /5720
陸子遹 9 /5719
9 /5720
陸子布 8 /5049
9 /5717 9 /5718
9 /5720
陸子坦 9 /5717
9 /5719 9 /5720
陸子聿 9 /5717
2 /1005
陸子惔 9 /5717
陸琰 9 /6095
陸秀夫君實、實翁、陸右丞
＊12/8025
12/7775 12/7872
12/7905 12/7925
12/7974 12/8010
12/8012 12/8030
陸師閔 4 /2151
5 /2945 6 /3558
陸經子履 2 /1005
2 /1061 2 /1171
2 /1184 2 /1196
2 /1302 4 /2474
4 /2494
陸循之 10/6517
陸繇 12/8033
12/8034 12/8035
12/8040

陸參 3/1515
3/1532 3/1536
陸峻 8/5361
陸德輿 11/7643
12/7729
陸德光 7/4565
陸升之仲高
8/5244 9/5706
10/6498
陸佃農師、陶山
3/1921 3/2031
4/2121 4/2126
5/2899 5/2951
5/3069 5/3077
5/3263 6/3470
6/3912 9/5704
陸伯壽 10/6902
陸濟 10/6322
陸宰元鈞 9/5704
陸安 7/4390
9/5978
陸濬 10/6534
10/6538 10/6541
陸必強 7/4419
陸必先 7/4419
陸演 10/6493
陸冲 10/6569
陸清 6/3960
陸清夫君明
12/8030 12/8033
陸渙之 10/6548
陸游務觀、放翁
*9/5701
1/31 5/2762
5/3199 6/3956
7/4626 7/4831
8/4959 8/5011
8/5012 8/5046
8/5048 8/5049
8/5051 8/5052
8/5053 8/5054
8/5058 8/5341
8/5355 8/5356
9/5623 9/5635
9/5698 9/5753
9/5760 9/5761
9/5776 9/5798
9/5800 9/5804
9/5811 9/5817
9/5819 9/5821
9/5848 9/5939
9/5956 9/5967
9/5973 9/5975
9/5977 9/5983
9/5984 9/5985
9/5991 9/6205
9/6225 11/7252
11/7256 11/7267
11/7292 11/7325
11/7350 11/7438
陸九韶子美、梭山、梭山居士
9/6037 9/6051
10/6498 10/6525
10/6569 10/6571
10/6575
陸九皋子韶
10/6494 10/6568
陸九齡文達、子壽、復齋 9/5859
9/5867 9/6009
9/6034 9/6115
9/6251 10/6327
10/6396 10/6397
10/6402 10/6465
10/6499 10/6505
10/6507 10/6508
10/6509 10/6510
10/6517 10/6518
10/6519 10/6550
10/6553 10/6569
10/6570 10/6571
10/6573 10/6575
10/6594 10/6595
10/6616 11/6989
陸九淵子靜、象山翁、存齋、文安
*10/6487
3/2045 8/5498
9/5863 9/5962
9/5967 9/5999
9/6009 9/6034
9/6040 9/6051
9/6098 9/6115
9/6248 9/6251
9/6253 9/6254
10/6397 10/6440
10/6466 10/6480
10/6597 10/6598
10/6599 10/6600
10/6603 10/6605
10/6607 10/6608
10/6609 10/6611
10/6616 10/6618
10/6635 10/6678
10/6681 10/6691
10/6697 10/6699
10/6703 10/6740
10/6762 10/6771
10/6776 10/6778
11/6989 11/6999
11/7029 11/7056
陸九郎(陸秀夫子) 12/8033
12/8037
陸九思 10/6493
10/6568
陸九叙子儀
10/6493 10/6534
10/6568
陸友諒 7/4617
陸右丞 見陸秀夫
陸七郎(陸秀夫子) 12/8033
12/8035
陸大有 12/8030
陸賁之 10/6498
陸芳春 12/8030
陸賀道卿 10/6493
10/6508 10/6511
10/6568
陸均 6/4101
陸表民 3/1922
陸靜之伯山
9/5706
陸持之伯微
10/6512 10/6556
10/6635
陸損之 10/6498
陸軫齊卿、朝隱子

9 /5704
陸景忠　12/7910
陸景旦　12/7742
陸阿喜　9 /5717
陸氏(周敦頤妻)　3 /1515　3 /1536　3 /1574
(劉子翬妻)　8 /5007
(范成大母)　9 /5752
陸艮之　10/6504
陸八郎(陸秀夫子)　12/8033　12/8036
陸益之　10/6498
陸銑　5 /2869
陸惟忠子厚　4 /2751　4 /2751　6 /3672
陸倘之　10/6494
陸棠　7 /4413　7 /4414　7 /4415　7 /4416　7 /4417　7 /4419
陸榮　12/8030

7423₂ 隨

隨齋　見張釜
隨如　見劉鎭
隨隱　見陳世崇

7424₇ 陵

陵陽先生　見韓駒

7521₈ 體

體仁　見董德元

7529₆ 陳

陳立道　5 /3409
陳亨仲忠肅　8 /4945　8 /4947
陳亨伯　6 /3517　8 /5461　9 /5684
陳充若虛、中庸子　1 /43　1 /155
陳充(陳亮弟)　10/6722　10/6724
陳亮同甫、汝能、龍川　＊10/6711　4 /2655　4 /2680　8 /5033　8 /5034　9 /5639　9 /5683　9 /5696　9 /5865　9 /5928　9 /5933　9 /6056　9 /6206　9 /6222　9 /6248　9 /6253　9 /6254　10/6322　10/6333　10/6341　10/6342　10/6360　10/6381　10/6387　10/6414　10/6440　10/6516　10/6722　11/6972　11/6988　11/6991　11/6994　11/6995　11/6996　11/7004　11/7012　11/7013　11/7016　11/7017　11/7018　11/7032　11/7053　11/7062　11/7068　11/7074　11/7090　11/7140　11/7159　11/7253　11/7256　11/7344　11/7519　12/8061
陳彥章　7 /4387　7 /4388　7 /4438
陳彥通　9 /5713
陳彥默　5 /3264　5 /3265
陳方申夫　12/7955　12/8064
陳高安　見陳廷俊
陳庸景回　3 /1413　9 /6253
陳卞　6 /3957
陳慶勉　12/7701　12/7703
陳唐　3 /1922
陳廙叔易　6 /3581
陳賡　2 /787　3 /1583
陳康伯長卿、文正、文恭、魯公)　6 /3881　7 /4696　7 /4847　7 /4848　7 /4849　7 /4850　7 /4852　7 /4853　7 /4857　8 /4997　8 /5253　8 /5353　8 /5481　8 /5486　8 /5528　8 /5529　8 /5530　9 /5571　9 /5576　9 /5640　9 /5649　9 /5650　9 /5660　9 /5708　9 /6027　9 /6086　9 /6158　11/7125
陳康侯　8 /4946
陳文龍子龍、君賁　12/7820　12/7827　12/7828　12/7881　12/8040　12/8041
陳文諭　1 /344
陳文什　10/6720　10/6722
陳文清　8 /4945
陳文懿　1 /172
陳文義　8 /4945
陳章　3 /1601
陳交　3 /1601
陳襄述古、古靈先生　＊3/1599　2 /674　2 /932　2 /935　2 /938　2 /941　2 /958　2 /959　2 /965　2 /970　2 /971　2 /972　3 /1444　3 /1492　3 /1493　3 /1758　4 /2124　4 /2259　4 /2430　4 /2468　4 /2476　4 /2479　4 /2564　4 /2732　5 /2774　5 /2776　5 /2777

5 /2778 5 /2831
5 /2832 5 /2883
5 /2938 6 /3456
陳六齡 11/6992
陳龍復 12/8011
陳端 5 /3352
陳端己 10/6456
陳端仁 10/6583
陳端中思正
10/6907
陳誠之景明
7 /4848 8 /4916
8 /4956 8 /5007
9 /6214
陳誠之 11/7565
陳詠之 10/6567
陳靖 1 /498
10/6405
陳說 10/6456
陳說道 5 /2988
5 /2989
陳謙水雲、後司馬、易庵、益之
3 /1519 9 /5999
9 /6098 9 /6144
9 /6188 10/6412
10/6603 11/6999
11/7143 11/7212
11/7371
陳讜正仲
8 /5013 8 /5050
9 /5650 11/7508
陳一之 10/6883
陳正 見陳大方
陳正彙 6 /3469
6 /3472 6 /3473
6 /3476 6 /3482
6 /3483
陳正式興宗
7 /4557 7 /4559
7 /4561
陳正由 6 /3472
陳正同 7 /4748
7 /4750
陳亞卿次仲
7 /4306
陳玉汝 11/7591
陳瑫 8 /5136
陳元龍 5 /3440
5 /3443
陳元平 11/7200
陳元凱 1 /63
陳元倪 5 /2968
陳元靚 1 /581
陳元器 8 /4921
陳西巖 12/7934
陳雷 11/7530
陳天倪 7 /4771
陳天隱 12/7933
12/7947
陳賈 9 /5973
9 /5974 9 /6045
9 /6149 9 /6158
9 /6254 10/6839
11/7022 11/7343
11/7517
陳孺 9 /5838
9 /5839
陳型醇甫 5 /2989
陳登 5 /3352
5 /3363 5 /3381
陳瑷 見陳振孫
陳烈 2 /1130
3 /1492 3 /1493
3 /1603 3 /1606
4 /2092 4 /2281
陳廷山 1 /21
陳廷俊陳高安
10/6721 10/6722
10/6739 10/6772
10/6839 10/6936
陳廷傑朝彥
8 /4918
陳孔碩北山、膚仲
10/6954 11/7227
11/7458
陳武蕃叟 9 /6160
10/6412 10/6436
11/7075
陳球 6 /4138
陳戩 7 /4385
陳珪 5 /2778
5 /2831
陳瑾東塘處士、國器 11/7033
11/7142
陳瓘瑩中、了齋、了翁、了堂、忠肅
*6/3451
3 /1904 3 /1905
3 /1906 3 /1922
3 /2045 4 /2373
4 /2525 4 /2659
4 /2687 4 /2714
4 /2715 5 /3035
5 /3102 5 /3164
5 /3250 5 /3261
5 /3264 5 /3270
5 /3400 5 /3401
5 /3405 5 /3406
5 /3409 6 /3562
6 /3564 6 /3567
6 /3568 6 /3570
6 /4080 6 /4106
7 /4278 7 /4548
7 /4559 7 /4576
7 /4588 7 /4626
7 /4633 7 /4635
7 /4637 7 /4638
7 /4646 7 /4648
7 /4666 7 /4714
7 /4748 8 /4912
8 /5332 9 /5957
9 /6037 10/6320
11/7098 11/7508
陳琦克齋、擇之
6 /3890 9 /6234
陳琪 5 /3339
5 /3340 5 /3342
陳琳 1 /619
陳確 9 /5583
陳琫 10/6766
陳碧虛 5 /3239
陳珣 5 /3379
陳璆 2 /1335
陳承禮 2 /1170
3 /1774
陳承敏 5 /3339

陳豫　7 /4343　9 /5922
陳子修　12/8041
陳子通　5 /3405
陳子惠　5 /3010
陳子由　11/7605
陳君一　10/6937
陳君儀　5 /3011
陳君授　6 /4028　6 /4030
陳乙　4 /2078
陳琰玉汝、粲山
1 /503　11/7596　11/7600
陳耿　4 /2068
陳舜封　1 /625
陳舜俞白牛居士、令舉
2 /940　2 /956　2 /1151　4 /2345　4 /2346　4 /2347　4 /2732　5 /2873
陳季雅彥羣　11/7061
陳季張　5 /2990　5 /2992　5 /2994
陳季習　11/7431
陳季任　7 /4300
陳衍　5 /2961
陳師仲傳道
5 /2804　5 /2940　5 /3299　5 /3321　5 /3325　5 /3339　5 /3343　5 /3360　5 /3365　5 /3369
陳師道後山、履常、無己
＊5/3317　＊5/3337
1 /115　1 /398　1 /421　2 /1005　3 /1658　3 /1664　4 /2256　4 /2334　4 /2367　4 /2369　4 /2744　4 /2746　5 /2761　5 /2801　5 /2804　5 /2845　5 /2846　5 /3020　5 /3045　5 /3046　5 /3050　5 /3063　5 /3065　5 /3068　5 /3095　5 /3096　5 /3184　5 /3233　5 /3235　5 /3239　5 /3241　5 /3242　5 /3250　5 /3251　5 /3252　5 /3259　5 /3260　6 /3599　6 /3603　6 /3606　6 /3647　6 /3648　6 /3700　6 /3782　7 /4623　9 /5819
陳師朴　10/6434　10/6438
陳師韓　12/8007
陳師轍　10/6420　10/6438　10/6439　10/6446
陳師黯　5 /3339　5 /3366　5 /3369
陳師錫伯修、閑樂先生
3 /1922　5 /3249　5 /3270　6 /3620
陳經子履　2 /1033　2 /1037　2 /1046　3 /1461　4 /2565
陳經正貴一
4 /2671　4 /2678　4 /2683　4 /2684
陳經仲彥文
6 /3837　6 /3936
陳經邦　4 /2671　4 /2683
陳經國　12/8040
陳豐　5 /3352　5 /3381
陳鼎新　12/7719
陳偁　6 /3456
陳巖仲石、清隱、九華山人
10/6456　11/7032
陳巖起　10/6819
陳巖叟　9 /5582　9 /5666
陳巖肖子象　9 /5581
陳乳　3 /1922
陳利用　1 /20
陳綬　4 /2170
陳允平西麓、君衡、衡仲
5 /3443　10/6701　12/7784　12/7887
陳傅良君舉、止齋
＊10/6403
3 /1738　4 /2655　8 /5349　8 /5351　8 /5353　9 /5725　9 /5727　9 /5729　9 /5743　9 /5744　9 /5927　9 /5931　9 /5933　9 /5934　9 /5982　9 /5986　9 /6054　9 /6061　9 /6064　9 /6065　9 /6121　9 /6122　9 /6153　9 /6159　9 /6245　9 /6248　9 /6254　10/6292　10/6358　10/6370　10/6378　10/6380　10/6381　10/6382　10/6383　10/6384　10/6412　10/6480　10/6608　10/6715　10/6762　10/6763　10/6768　10/6769　10/6772　10/6816　10/6817　10/6818　10/6838　10/6844　10/6858　10/6866　10/6875　10/6876　10/6877　10/6885　10/6891　10/6911　10/6918　10/6919　10/6945　11/6972　11/6973　11/6990　11/6991　11/6996　11/7001　11/7004

11/7013 11/7018
11/7028 11/7029
11/7032 11/7041
11/7042 11/7059
11/7068 11/7071
11/7072 11/7075
11/7088 11/7092
11/7123 11/7129
11/7141 11/7150
11/7155 11/7178
11/7519
陳俊卿應求、正獻、魏公、福國公、福公、陳魏公
6 /4100 6 /4153
7 /4531 8 /5015
8 /5179 8 /5259
8 /5271 8 /5275
8 /5276 8 /5277
8 /5279 8 /5281
8 /5301 9 /5569
9 /5577 9 /5583
9 /5590 9 /5635
9 /5659 9 /5666
9 /5667 9 /5673
9 /5674 9 /5675
9 /5684 9 /5729
9 /5770 9 /5775
9 /5831 9 /5947
9 /5994 9 /5997
9 /6031 9 /6047
9 /6095 9 /6113
9 /6123 9 /6222
10/6264 10/6379
10/6818 11/7265
11/7430
陳絹晉卿 10/6542
陳仕堯惠和
8 /4945
陳德方 5 /3018
陳德用若冲
7 /4691
陳偉 11/7236
陳偉器 11/7651
陳偉節 8 /4972
8 /4973 8 /4975
陳佑 5 /3264
陳佑甫 4 /2719
陳升之成肅
2 /957 2 /1103
2 /1188 2 /1304
3 /1792 3 /1795
3 /1809 3 /1986
4 /2126 4 /2143
4 /2334 5 /2770
5 /2771 5 /2772
5 /2773 5 /2885
5 /2937
陳贊明 1 /451
1 /507
陳纘 8 /5361
8 /5364
陳仲溫 2 /1340
陳倩君美 4 /2711
陳傳正 4 /2153
4 /2170
陳純益 5 /2992
陳自強 8 /5354
8 /5355 8 /5370
8 /5384 9 /6187
11/7322 11/7438
11/7521 11/7522
陳自修 8 /5556
陳皇后宋神宗欽慈陳皇后 5 /3335
陳伯震 8 /5394
陳伯予 9 /5720
陳伯瑜 6 /3472
陳伯雄 10/6270
陳伯援 10/6720
陳伯量 10/6658
陳魏公 見陳俊卿
陳峴壽南、東齋
9 /5685 9 /5738
9 /6160 10/6436
11/7075
陳繹和叔 2 /1151
2 /1190 3 /1976
4 /2120 4 /2124
4 /2132
陳凱 11/7218
陳侗成伯 2 /953
4 /2163 5 /2794
陳修卿 8 /5471
陳仍 11/7236
陳象之 3 /1601
陳解 12/7966
陳郛 5 /3264
陳峒 11/7343
陳繆 10/6935
10/6936
陳叔慶 2 /1225
陳倫 11/7195
陳從易簡夫
1 /68 1 /440
1 /445 1 /519
1 /525 2 /982
4 /2117
陳以初 9 /5650
陳以莊敬叟
11/7565
陳繪 10/6935
10/6936
陳宜中與權
11/7513 12/7743
12/7827 12/7873
12/7875 12/7876
12/7877 12/7878
12/7930 12/7966
12/7972 12/8001
12/8002 12/8012
12/8028 12/8039
12/8040 12/8041
12/8042 12/8044
陳沆 10/6935
10/6936
陳濟 9 /6103
陳淳北溪、安卿
9 /6026
陳淬 6 /3519
6 /3520 7 /4396
8 /5109 8 /5110
陳寵 3 /1494
陳進 8 /5175
陳之淵 7 /4238
8 /5536 9 /5925
陳之奇 1 /507
陳之茂阜卿
7 /4306 7 /4316

8 /4899　8 /5474　9 /5706　9 /5707　9 /5947　11/7411
陳之賢　8 /5340　8 /5344
陳宓師復、復齋　11/7226　11/7235　11/7236　11/7238　11/7240　11/7458　11/7469　12/7662
陳安石　2 /1245　4 /2159
陳安期　5 /2888　5 /2937
陳安節　8 /4970　8 /4972　8 /4974
陳安常净空居士　7 /4310
陳宇　9 /6144
陳良弼　7 /4585
陳良能性之　10/6886
陳良祐　8 /5269
陳良翰獻肅、邦彦　8 /5230　8 /5259　8 /5271　8 /5276　10/6276　11/7154
陳寅　12/7743
陳宗　12/7743
陳宗召　9 /5738　9 /5914
陳宗仁　1 /353
陳宗禮立之、文定、千峰　3 /1581
陳宗旦　5 /3339
陳宗譽彦聲　9 /5705
陳察　3 /1922
陳永圖　1 /642
陳源　9 /5866　9 /5978　9 /5980　9 /5981　10/6426　10/6427　11/7060
陳淵幾叟、默堂先生、陳漸、知默　3 /1843　4 /2684　5 /3400　5 /3402　6 /3476　6 /3481　6 /3788　6 /3792　7 /4547　7 /4548　7 /4550　7 /4551　7 /4561　7 /4562　7 /4566　7 /4637　8 /4938
陳淵叔　9 /5765
陳漸　見陳淵
陳沃　10/6935　10/6936
陳汝作　7 /4602
陳汝器適用　5 /3023　5 /3026
陳汝羲　5 /2940
陳洪進　1 /14　1 /19
陳漢　9 /6221
陳漢公　2 /1340
陳祐　3 /1922　5 /3261
陳祐甫　4 /2721
陳達翁　12/7947
陳造唐卿、江湖長翁　9 /5864　11/7267
陳洙師道、思道　3 /1727
陳邁亨伯　5 /3433　6 /3728　6 /3773　6 /4050　6 /4051　7 /4195　7 /4639
陳迪　4 /2719
陳泊　5 /3339
陳洎亞之　2 /1075
陳遇亨伯　6 /3935
陳遇孫叔達　11/7461
陳淑　5 /3339
陳涵　10/6935　10/6936
陳次尹　10/6721　10/6722　10/6738　10/6739　10/6752　10/6767　10/6770　10/6936
陳次升當時　3 /1921　4 /2245　5 /3261　5 /3263
陳次公　2 /1339　2 /1345
陳渙　10/6935　10/6936
陳通　7 /4197　7 /4663
陳過庭　6 /3497　6 /3514　6 /4052　7 /4225
陳資　1 /344
陳瀹　10/6935　10/6936
陳祥道　5 /3245
陳裕之　3 /1601
陳道人　見陳起
陳太初　4 /2725　5 /2825
陳士表儀仲　12/7775
陳垓漫翁　8 /5059　8 /5064
陳克子高、赤城居士　6 /3964　6 /3966　6 /3983
陳堯佐文惠、希元　1 /333　1 /372　1 /475　1 /479　2 /1073　2 /1080　2 /1223　7 /4858
陳堯咨　1 /248　1 /329　1 /526
陳堯英秀伯　11/7141
陳堯叟唐夫、文忠　1 /168　1 /182　1 /184　1 /326　1 /364　1 /382　1 /422　7 /4786　8 /5322
陳希亮公弼

2 /918 5 /2768
5 /2787
陳希舜 11/7610
陳希穎 3 /1601
陳有方 2 /751
陳志崇 11/7033
11/7142
陳友 11/7527
陳吉老 5 /3027
5 /3030 5 /3031
5 /3032
陳壽 8 /5360
陳去華 10/6537
陳大方陳正
6 /3484 12/7693
陳大淵 9 /5642
陳概平甫 10/6263
10/6268 10/6301
10/6302
陳塏可齋、子爽、清毅 10/6696
10/6697 10/6698
陳彭年文僖、永年
1 /47 1 /54
1 /65 1 /395
1 /474 1 /523
8 /5273
陳媛 5 /3339
陳彬 10/6405
陳樸 1 /198
8 /5053
陳越損之
＊1/49
1 /54 1 /55
1 /64 1 /66
1 /68 1 /70
1 /72 1 /75
1 /79 1 /80
1 /81
陳樾 12/7703
陳藻文遠、元潔、樂軒 3 /1582
陳夢參 11/7277
陳夢容 11/7277
陳夢兆 7 /4576
陳薦彦升 2 /1307
3 /1781 3 /1795
3 /1798 3 /1808
3 /1811 5 /2870
陳蒙山泉、伯求
12/7755 12/7756
12/7757 12/7790
陳懋欽 12/7992
陳莘叟 10/6405
10/6437
陳孝慶 8 /5372
11/7257
陳孝忠 5 /3325
5 /3331
陳孝嚴 12/7748
陳蕞 6 /3872
陳韡子華、抑齋
11/7227 11/7360
11/7402 11/7459
11/7560 11/7561
11/7592 11/7594
11/7641 12/7744
12/7749
陳耆卿壽老
9 /5953 11/6964
11/7150 11/7165
11/7168 11/7171
11/7524 11/7525
11/7528 11/7530
11/7531 11/7532
11/7533 12/7760
12/7761 12/7789
陳若拙與能
6 /3828 6 /3830
陳若拙敏之 1 /399
陳著謙之、子微、嵩溪遺耄、本堂
10/6679 12/7896
陳蕃孫 11/7216
陳苣 12/7773
陳世儒 4 /2128
4 /2129
陳世崇伯仁、隨隱
10/6664
陳世卿 6 /3456
陳蔡 5 /2913
陳林仲 8 /4945
陳執方 2 /756
陳執中 2 /768
2 /996 2 /1113
2 /1115 2 /1120
2 /1302 2 /1303
3 /1472 3 /1473
4 /2070 4 /2293
4 /2297 4 /2300
10/6800
陳旭 2 /722
2 /724 2 /725
2 /998 2 /1131
2 /1139 2 /1148
3 /1495 3 /1796
4 /2296
陳坦然 2 /751
陳塤習庵、和仲
10/6566 10/6568
10/6664 10/6667
10/6696 12/7702
12/7703 12/7713
11/7465 11/7471
11/7531 12/7701
12/7719
陳觀性 6 /3738
陳恕 1 /22
1 / 2 3 1 /65
1 /151 1 /366
1 /370 1 /408
1 /417 1 /418
3 /1952
陳賀 10/6720
10/6722 10/6935
陳均子公、公齋
1 /282 6 /3909
11/7423 11/7424
11/7436
陳懿 12/8011
12/8012 12/8013
陳起宗之、芸居、陳道人
11/7564 11/7565
11/7570 12/7700
陳杞 5 /3439
陳桷季壬、無相居士 7 /4447
7 /4452 7 /4453

7 /4464　7 /4474
7 /4475　7 /4476
7 /4612　7 /4829
陳松磵　6 /3454
陳肅　2 /1340
陳忠　7 /4205
陳由義　8 /5558
陳夫人(蘇頌母)
4 /2117　4 /2127
4 /2130　4 /2643
陳貴　8 /5134
陳貴誼正甫
8 /5452
陳東少陽　5 /3448
6 /3571　6 /3951
6 /4045　6 /4083
6 /4113　6 /4115
6 /4133　6 /4136
7 /4586　10/6738
11/7643
陳振孫伯玉、直齋、陳瑗　1 /198
4 /2305　6 /3804
8 /5022　11/7172
陳軒元輿　4 /2257
5 /2798　5 /2915
5 /3010　5 /3054
5 /3055　5 /3057
陳持　9 /5871
陳拱之　3 /1601
陳摶希夷先生、扶搖子、圖南
1 /56　1 /108
1 /109　1 /110
1 /111　1 /200
1 /271　3 /1520
3 /1532　3 /1539
4 /2402　4 /2596
4 /2604　9 /6147
陳損　1 /525
陳損之　10/6480
10/6609　11/7029
11/7431
陳規元則　8 /5081
10/6655　11/7230
陳邦　10/6405
陳掞　8 /5211
陳昉叔方、清惠、節齋　11/7628
陳日休　5 /3100
陳國舉　10/6436
陳見素　2 /903
2 /1033　3 /1977
陳易簡　3 /1871
陳思恭　6 /4061
7 /4362　7 /4363
7 /4379　7 /4382
7 /4383　10/6907
陳思忠　6 /4013
陳昇之　6 /3798
陳昌運元嘉
10/6893
陳畏德遠　11/6994
陳景山　8 /4976
陳景俊　8 /5370
陳景初　3 /1978
5 /3220
陳景思思誠
9 /5650　9 /6158
11/7125
陳景周仲思
10/6276
陳旺　6 /4065
陳顒　8 /5122
陳則　10/6738
陳則之　3 /1601
陳瑀　12/8041
陳咏　10/6885
陳睦　5 /2786
5 /2794　5 /2870
5 /2944
陳曄日華　9 /5625
9 /5625　11/7269
陳曙　2 /764
2 /765　4 /2122
陳明昭甫　10/6728
10/6785　10/6849
10/6887　10/6893
陳晦　1 /344
陳厚　12/7953
陳長方齊之、唯室
8 /4903　8 /4906
8 /4926
陳長寧　6 /3536
陳剛正已　10/6515
10/6516
陳剛中彥柔
6 /4026　7 /4722
7 /4741
陳騤　8 /5012
8 /5017　8 /5032
8 /5306　8 /5315
8 /5342　8 /5465
8 /5507　9 /5884
9 /5888　9 /5948
9 /5949　9 /6111
10/6398　10/6401
11/7065　11/7518
11/7519
陳氏(王應麟母)
12/7845　12/7871
(王逵妻) 3 /1980
(孔平仲妻)
5 /2892
(尹焞母) 6 /3581
(朱伯履妻)
9 /5951
(程琳母) 3 /1977
(宗澤妻) 6 /3497
6 /3500　6 /3513
(江璘妻) 11/7632
(江燁妻) 11/7632
(李覯妻) 2 /1334
2 /1342
(林榕妻) 11/7552
(劉克永妻)
11/7594　11/7595
(胡則妻)　1 /319
1 /344　1 /355
(韓世忠妻)
7 /4493
(趙師�липа妻)
10/6628
(劉克莊妻)
11/7558　11/7569
(劉大聲母)
10/6939
(鄭伯熊母)
9 /5922

陳質 1 /507
陳體仁 8 /5229
陳堅 12/7993
陳鳳 11/7520
陳隆之 12/7672
陳覺 1 /37
陳鵬 4 /2165
陳鵬飛少南
10/6444 11/6992
陳居仁安行、孝靖、菊坡先生
8 /4945 8 /5290
9 /5585 9 /5594
9 /5607 9 /5676
9 /5685 9 /5698
9 /5732 9 /6047
10/6584 11/7433
陳熙月泉 12/7914
陳熙明 6 /3654
陳開祖一鶚
8 /4917 8 /4918
8 /4919 9 /5922
陳舉 5 /3107
6 /3560
陳舉善能之
8 /5308 8 /5540
8 /5557
陳與行叔達
10/6825
陳與義去非、簡齋
*7/4527
6 /3601 6 /3808
6 /3828 6 /3830
6 /3832 6 /3833
6 /3863 6 /3866
7 /4628 7 /4629
7 /4630 7 /4640
7 /4642 7 /4643
7 /4644 7 /4649
7 /4652 7 /4818
8 /4990 9 /6204
11/7280 12/7976
陳貫 2 /790
陳益 10/6721
10/6722 10/6738
10/6766 10/6936
陳俞舜卿、伯益、益之 12/7965
12/7973 12/7982
陳弟 1 /643
陳愈 7 /4317
陳幷 3 /1922
陳義和 11/7227
11/7245
陳合文惠、維善、中山、惟善
12/7869
陳善長元 10/6263
陳善敬甫、子兼、秋塘、潮溪先生
11/7303
陳公亮 9 /5967
陳公璟師宋
9 /5730
陳公凱君用
12/8063
陳公實 9 /5705
9 /5706
陳公輔定庵居士、國佐 6 /3587
6 /4091 6 /4116
6 /4147 7 /4629
7 /4657 7 /4705
8 /4904 8 /5301
9 /5971 9 /6084
11/7154
陳公舉帝臣
12/8063
陳公益 5 /2991
5 /3006
陳公美 3 /1381
陳公敘 7 /4561
陳鎔 11/7521
陳知元 10/6721
10/6722
陳知微希顏
1 /523
陳知儉公廙
4 /2474 4 /2499
4 /2579 4 /2580
4 /2687
陳知質 6 /4054
陳欽 8 /4945
陳敏彥振 6 /3830
9 /5589
陳光裔 3 /1922
陳恬叔易、澗上丈人、存誠子
4 /2535 7 /4785
陳慥方山子、龍丘子、季常
4 /2736 4 /2737
4 /2740 4 /2750
5 /2787 5 /2789
5 /2790 5 /2791
5 /2838 5 /2850
5 /2989 5 /2992
5 /3060 6 /3652
6 /3659 8 /5556
陳恢 3 /1457
陳恢之 3 /1601
陳煒光仲 11/7555
陳恂 5 /3264
5 /3265
陳煥 8 /5054
8 /5057
陳榮緒 5 /3110
5 /3111
陳榮仲 8 /4945
陳榮古 1 /655
2 /717

7621₅ 臞

臞庵 見敖陶孫
臞軒 見王邁
臞翁 見敖陶孫

7622₇ 陽

陽元澤 11/7605
陽醴 11/7614
陽嵩 11/7606
陽德新 11/7615
陽伯高 11/7603
陽秋 見尤申
陽存子 11/7607
11/7609 11/7610
陽枋宗驥、昌朝、正父、字溪

*11/7601
12/7680 12/7681
12/7682 12/7683
12/7685 12/7688
陽孝本行先、楊行先 5/2814
陽昂 11/7606
11/7611 11/7613
11/7614 11/7615
11/7618
陽景春 11/7603
11/7604 11/7605
11/7614
陽明 11/7603
陽同父 11/7604
11/7606 11/7607
陽熙載應祥、後覺先生 11/7603
陽全庵 11/7611
11/7613 11/7615
陽全甫 11/7606
11/7607 11/7609
11/7610 11/7611
11/7612
陽義方 11/7614
陽少箕 11/7606
11/7613 11/7614
11/7615
陽光遠 11/7605
陽炎巳 11/7615
11/7616
陽炎卯 11/7607
11/7611 11/7613
11/7614 11/7615
11/7616 11/7617
陽恪 11/7614

7710₄ 堅

堅吾 見蔡迨
堅上人 8/5479
堅白 見崔遵度
堅素先生 見戚同文
堅首座 7/4271

7712₇ 邱

邱子服 10/6453
邱彪 7/4371
邱德 7/4205
7/4207 7/4212
7/4213
邱牧 11/7521
邱良孫 1/624
邱迪嘉 12/7749
邱壽儁 11/7524
邱眞長 11/7140
邱萬 7/4391
邱橚 8/5498
邱成 8/5248
邱與權 2/1304

7721₀ 鳳

鳳臺子 見王得臣

7721₂ 尼

尼道安 1/44
1/284
尼惠普 2/945
4/2483
尼慧覺 7/4313
尼長老 7/4291

7721₂ 閱

閱道 見趙抃

7721₂ 覺

覺之 見許彥先
覺心道人 6/3833
覺老 見釋了元
覺軒 見唐彥舉
覺民 見范宗尹
覺翁 見吳文英
覺範 見釋惠洪

7721₅ 隆

隆山 見李舜臣
隆祐太后 見孟皇后
隆藏主 7/4285

7722₀ 月

月泉 見陳熙
月湖 見何異
見江開
月湖漁老 見史定之

7722₀ 用

用誠 見張伯端
用休 見謝天伸
用和 見黃鍰
用之 見劉勵
用道 見晁冲之
用周 見江鎬
用叟 見張道
用父 見趙以夫

7722₀ 同

同叔 見何異
見蘇轍
見晏殊
同甫 見陳亮

7722₀ 陶

陶弼商翁 1/5060
2/769
陶豫介石 5/3115
5/3116
陶子駿 5/2792
陶山 見陸佃
陶俊 8/5102
陶贊仲 10/6540
陶之眞 9/5949
陶士遜 12/8010
陶去泰 8/5269
陶著 8/5175
陶桂一 12/7662
陶楙 1/199
陶轂 1/216
10/6790
陶與諧 8/4932

7722₀ 周

周立 3/1583
周立之 5/3278
周彥 見王庠
周彥文 9/5719

周彥先 3/1968 3/1970
周彥質 見周文之
周彥卿 3/1509
周高 3/1566
周應合淳叟、溪園、洪崖 8/5540
周文璞方泉、晉仙、山楹、野齋 11/7285
周文之彥質 5/2811 5/3011 6/3822
周文清 5/3295
周文敏 3/1591
周端朝西麓、子靖、子静、忠文 9/6160 10/6436 10/6625 10/6626 11/7075
周證 3/1922
周識 3/1510 3/1528 4/2537 8/5174
周詵 9/5871
周竦 2/1328
周謣 3/1922
周望 6/4061 6/4153 7/4389 7/4394 7/4396
周敦頤敦實、茂叔、元公、濂溪先生 *3/1507 *3/1525 2/1305 3/1969 4/2380 4/2395 4/2419 4/2421 4/2422 4/2429 4/2434 4/2435 4/2436 4/2437 4/2438 4/2442 4/2444 4/2475 4/2476 4/2482 4/2486 4/2497 4/2526 4/2536 4/2537 4/2541 4/2542 4/2545 4/2562 4/2658 4/2664 4/2667 4/2689 4/2697 5/2878 5/3104 8/4907 8/4936 8/5443 8/5444 9/5615 9/6009 9/6012 9/6014 9/6033 9/6034 9/6037 9/6066 10/6308 10/6325 10/6538 10/6561 10/6673 10/6696 10/6767 11/7154 11/7506 11/7508 12/7966
周麟之茂振 6/3797 6/3805 6/3873 7/4846 7/4851 8/4958 8/4961 8/5250 8/5251 9/5572 9/5627 9/5873
周三畏 7/4519
周正仁甫 3/1509 3/1510 10/6618
周正卿 3/1509
周元中 6/4136
周元舉 6/3845 6/3846 7/4684
周晉嘯齋、明叔 12/7951 12/7952
周天驥 12/7973 12/8000
周礪 3/1509 3/1510 3/1528 3/1529 8/5549
周珌 12/7951
周武仲 7/4583
周琮 8/5268
周璪 8/5538 8/5539 8/5556
周聰 6/4065
周孟陽 2/896
周承祐申錫 8/4997
周豫心巖 8/4992
周子善 12/8023
周尹正孺 4/2151 5/2798 5/2912 5/2949
周邵 8/5210
周柔弟 9/5873
周位 12/7951
周孚先伯忱 4/2674 4/2676 4/2684 8/4903 8/4988 10/6535
周季仲 3/1509
周季次 3/1509
周季友 3/1509
周穜 4/2743 5/2800
周仁 8/5209
周仁熟 5/3280
周虛己 5/3101
周行己恭叔 3/1523 4/2637 4/2639 4/2651 4/2683 10/6658 11/7001 11/7141
周虞仲 3/1509
周紆 3/1922
周穎 7/4618
周鼎臣鎮伯 11/7156
周熊 2/760
周利建 9/5871
周紫芝竹坡居士、少隱 2/844 5/3151 6/3873 8/5013
周綰 6/3789 6/3793
周縯 3/1509
周先 見葛郘
周德 6/4119
周德廣 8/5209
周德遠 8/5209
周德友 7/4748

9 /6213
周德載 8 /5226
周德夫 5 /3031
周德貽 8 /5209
周勉 10/6446
10/6448 10/6449
10/6450 10/6457
周仲章 3 /1509
3 /1510 3 /1517
3 /1528
周仲英 6 /3575
周仲翔 8 /5207
周純忘機 6 /4025
周純明 4 /2474
4 /2480 4 /2683
周秩 3 /1905
4 /2135 5 /2899
5 /2962
周伯高 3 /1510
3 /1528 4 /2537
周伯玉 4 /2300
周伯順 3 /1509
周伯熊 2 /843
10/6515
周伯達 2 /1345
3 /1509
周伯駿 6 /4093
周絪 3 /1509
周緼 3 /1509
周叔夏 3 /1509
周倫 8 /5132
8 /5134 8 /5136
周綸 9 /5872
9 /5912 9 /5915
9 /5916
周沆子真 3 /1509
周之德 10/6678
周之綱 9 /5960
周之翰 3 /1612
周守中 2 /682
周審言 7 /4193
周良元忠 10/6535
10/6607
周良卿 3 /1509
周密公謹、草窗、蘋洲、四水潛夫
＊12/7949
6 /3885 8 /5254
8 /5292 11/7329
12/7703 12/7725
12/7801 12/7826
12/7827 12/7832
12/8064
周寅 9 /5787
周永微 3 /1922
周沅 5 /3297
周必正子中、乘成
9 /6140
周必達子工
9 /5786
周必大子充、洪道、平園、文忠
＊9/5869
2 /1099 2 /1128
3 /2046 5 /2979
6 /3732 6 /3891
6 /4003 6 /4004
6 /4005 6 /4010
6 /4017 6 /4018
6 /4029 6 /4032
6 /4033 6 /4034
6 /4035 7 /4163
7 /4166 7 /4168
7 /4170 7 /4177
7 /4238 7 /4308
7 /4518 7 /4607
7 /4608 7 /4609
7 /4749 7 /4768
7 /4773 7 /4858
7 /4859 8 /4997
8 /4998 8 /4999
8 /5271 8 /5282
8 /5285 8 /5286
8 /5287 8 /5289
8 /5290 8 /5291
8 /5293 8 /5297
8 /5298 8 /5299
8 /5301 8 /5303
8 /5305 8 /5307
8 /5310 8 /5312
8 /5316 8 /5323
8 /5324 8 /5326
8 /5329 8 /5334
8 /5336 8 /5339
8 /5343 8 /5351
8 /5354 8 /5360
8 /5369 8 /5463
8 /5475 8 /5479
8 /5494 8 /5497
8 /5503 8 /5523
8 /5525 8 /5528
8 /5530 8 /5534
8 /5536 8 /5552
9 /5585 9 /5592
9 /5595 9 /5598
9 /5604 9 /5607
9 /5609 9 /5613
9 /5627 9 /5635
9 /5648 9 /5660
9 /5675 9 /5678
9 /5699 9 /5700
9 /5708 9 /5724
9 /5734 9 /5739
9 /5742 9 /5751
9 /5753 9 /5755
9 /5757 9 /5758
9 /5760 9 /5761
9 /5765 9 /5766
9 /5780 9 /5783
9 /5786 9 /5787
9 /5811 9 /5862
9 /5864 9 /5868
9 /5928 9 /5935
9 /5947 9 /5948
9 /5949 9 /5952
9 /5956 9 /5964
9 /5967 9 /5968
9 /5972 9 /5974
9 /5975 9 /5979
9 /5983 9 /5985
9 /5999 9 /6000
9 /6001 9 /6047
9 /6048 9 /6049
9 /6084 9 /6100
9 /6101 9 /6122
9 /6151 9 /6159
9 /6187 9 /6188
9 /6247 9 /6250
10/6344 10/6385
10/6386 10/6401

10/6402 10/6414 10/6415 10/6419 10/6436 10/6461 10/6482 10/6483 10/6550 10/6574 10/6725 10/6763 10/6820 10/6844 10/6887 10/6893 10/6903 10/6907 11/6987 11/7032 11/7075 11/7251 11/7347 11/7517 11/7518 11/7521 12/7847 12/7903 12/8023
周必大姊 見尚氏
周演 2/1303
周祕 12/7951
周湛 2/713 3/1509
周濤 3/1509
周淸叟 10/6494 10/6521 10/6556
周渭 1/188
周洵 3/1509
周澹 3/1509
周裕 12/8040
周遵遒 5/2929
周遵道 3/1922
周道輔 5/3020
周道甫 5/3021
周啓明 1/63
周士 見王以寧 見范季隨
周直卿 3/1509
周堯卿子俞 2/749 3/1530 3/1542
周希孟 3/1492
周南南仲 8/4879 8/5041 8/5052 8/5062 9/6160 10/6436 11/7007 11/7075 11/7100 11/7133
周燾元翁、次元 3/1509 3/1519 3/1521 3/1528 3/1580 3/1583 3/1594 5/2802 5/2844 5/3022 5/3023 5/3029 5/3030
周嘉正 1/496 3/1968
周嘉仲 11/7277
周吉甫 12/7801 12/7803
周壽 3/1509 3/1519 3/1521 3/1528 3/1570 3/1583 3/1594
周去非直夫 9/5799
周大辨 8/4995
周大雅 2/1306
周大仁 8/4999
周大壯 8/4996
周大直 8/4997
周大中 8/4996
周大本 8/4997
周大昌 8/4998
周大年 8/4994
周大猷 8/4998
周楷心齋、尚正 8/4991 8/4997 8/4999
周式 3/1509
周棫 11/7528
周芳 12/7951
周茂先 3/1968
周恭先伯溫 4/2674 4/2676 4/2677 4/2684
周莘尹潛 7/4542
周孝恭 12/7951
周萃 8/4987
周若訥叔辯 10/6820
周世修 8/5209
周世昌 2/704
周世昌(南宋人) 8/5477
周芑秀實 6/4021
周葵立義、惟心居士、簡惠 *8/4985 6/3866 7/4845 7/4852 8/4969 8/5533 8/5535 8/5538 10/6726 10/6728 10/6731 10/6732 10/6733 10/6737 10/6775
周英 1/644
周英伯 10/6751
周權巽伯 9/5621
周林心暇、尚友 8/4993
周執羔表卿 8/5271 9/5581 9/5582 9/5666
周楝心吾、尚才 8/4992
周坦平甫 10/6658 11/7474 11/7642
周均 3/1583
周起安惠、萬卿 1/166 1/337 1/440 1/444 1/486
周杞 7/4379 7/4380 8/5112
周格 7/4197
周翰 見孔宗翰 見文及甫 見趙師民
周樅敬心、尚文 8/4991 8/4998
周聿 6/3990 7/4518
周輔 見呂商隱
周輔成 3/1509 3/1510 3/1529 3/1531 4/2537
周成 7/4497
周成子 11/7523

周操　8/5482
8/5536
周邦彦慶先、清真居士、美成
*5/3411
5/3294　6/3599
6/4021　11/7263
周邦式　5/3413
周昉　5/3335
5/3380
周日嚴　4/2131
周顥　9/5904
周時行可　8/5224
周嗣武　9/5810
周隱　見李商隱
周騤　1/609
1/613
周氏(李煜妻)
1/38
(蘄國夫人、韓世忠妻)　7/4339
7/4364　7/4365
7/4493　7/4531
7/4532
周質軒　12/7932
周同　8/5102
周開祖　5/3305
周卿　見度正
周興　3/1517
3/1531　3/1583
3/1584
周賢廑　10/6939
周人　12/7913
周父　見胡旦
周公予　6/4006
周美　1/642
周鑄(周邦彦曾孫)　5/3439
周鑄(周密子)
12/7954
周鍔廉彦、鄞江先生　5/3428
周鐸　3/1509
3/1510
周智強　3/1510
3/1529
周智臣　5/3146
周邠　5/2777
5/2785　5/2831
5/3413　5/3415
5/3434
周銓　12/7924
周篪　8/5053
周節夫　7/4272
周惟簡　1/40
周懷政周懷正
1/440　1/441
1/442　1/443
1/445　1/485
1/486　1/491
周光宗　8/5206
周輝　8/4932
周燮　2/1338
2/1339

7722₇ 鵬

鵬飛　見程九萬
鵬舉　見連南夫
見岳飛

7723₂ 展

展如　見柳閎

7724₁ 屏

屏山　見劉子翬

7724₇ 履

履齋　見孫奕
見吳潛
履道　見王安中
履中　見成節
見李復
履善　見文天祥
履常　見陳師道
見趙汝談

7726₄ 居

居仁　見呂本中
居實　見高茂華
見吳居厚
居敬　見王居安
居厚　見徐元德
見劉希仁
居父　見吳琚
見趙若琚

7726₄ 屠

屠約存博　12/7955
12/8064

7726₇ 眉

眉庵壽老　9/5827

7727₂ 屈

屈信　8/5432

7728₂ 欣

欣遇　見沈揆

7729₁ 際

際可　見翁逢龍

7732₀ 駒

駒父　見洪芻

7733₁ 熙

熙道　見士建中

7736₄ 駱

駱科　6/4068
8/5160

7740₀ 閔

閔從先　4/2119

7740₁ 聞

聞復　5/2808
5/2848
聞人武子　7/4443
聞人滋　8/4959
8/5517
聞人茂德　9/6091
聞善　見黃友聞

7740₇ 學

學易先生　見劉跂

7744$_0$ 丹

丹山 見翁合
丹丘 見嚴羽

7744$_1$ 開

開之 見江開
開善 見釋謙

7744$_7$ 段

段諷 5/2965
段廷直 6/4031
段仲謀 5/2857
段繹段屯田 4/2733 5/2832
段倫 1/138
段希元 2/895 2/936
段松 8/5388
段屯田 見段繹
段拂 6/3832 7/4230
段思 7/4365
段恩 7/4370
段曄 1/483 1/521
段氏(馬廷鸞母) 12/7798 12/7799 12/7809 12/7811 12/7817
段少連 1/116 2/697 2/751 2/752
段煜 1/463

7750$_8$ 舉

舉之 見朱昂

7755$_0$ 毋

毋廷瑞仁叔 12/7914
毋沆 4/2182

7760$_1$ 閤

閤老 見潘大臨

7760$_2$ 留

留正仲至、忠宣 1/28 8/5020 8/5271 8/5333 8/5343 8/5351 8/5542 9/5867 9/5900 9/5971 9/5980 9/5982 9/5983 9/5998 9/6055 9/6099 9/6157 9/6159 9/6188 10/6421 10/6428 10/6436 10/6625 10/6913 10/6931 11/7058 11/7061 11/7064 11/7075 11/7253 11/7303 11/7345 11/7518 11/7519 11/7520
留淸卿 9/5768
留夢炎忠齋 11/7542 11/7834 12/7719 12/7816 12/7876 12/7882 12/7910 12/7911 12/7919 12/7935 12/8000 12/8018 12/8020
留觀德 9/5758
留耕 見王伯大

7760$_2$ 閭

閭勍 6/3499 6/3534 6/3539 6/3540 6/3541 7/4363 8/5108
閭丘孝直 5/2832
閭邱陞 6/3520

7772$_0$ 印

印應雷 12/7873

7773$_2$ 艮

艮齋 見應恕 見薛季宣
艮齋先生 見魏掞之 見謝諤

7773$_2$ 閬

閬休 見阮閱
閬中 見鄭穆

7774$_7$ 民

民師 見謝舉廉
民表 見江公望
民瞻 見王庭珪

7775$_0$ 母

母儀 見謝希孟

7777$_2$ 關

關彥瞻 5/3354
關師古 8/5141
關禮 9/5898 9/5901 11/7064 11/7065
關大猷子遠 12/7916
關彬 11/7365
關耆孫壽卿 9/5766
關景仁 3/1662 5/2802
關景暉 3/1641 3/1661 4/2706 5/3155
關無黨 7/4280 7/4281

7777$_7$ 閻

閻文應 1/612 1/615 1/663
閻瑾 7/4355 7/4356
閻子常 5/3010
閻仲 11/7065
閻臯 7/4417
閻復 2/844
閻安中 8/4969 8/5211 8/5483

閻士良 2/1302
閻求仁 4/2229 5/2993
閻中立 6/3499 6/3534
閻夫人(胡舜陟母) 6/4044

7778_2 歐

歐育 5/2793
歐靖 1/187
歐世英 2/1095
歐靜 1/609
歐陽高照 2/770
歐陽忞 2/1019
歐陽辯季默
2/993 2/1023 2/1098 2/1213 2/1215 4/2747 5/2798 5/2804 5/2846 5/3048 5/3363
歐陽襄佃夫
5/3118
歐陽奕 2/990
2/1023 2/1086 2/1192 2/1213 2/1214
歐陽誠發 5/3116 6/3716
歐陽識 7/4723
歐陽靖 8/5292
歐陽詢 11/7638
歐陽麗 3/1583
歐陽棐叔弼
2/991 2/1009 2/1014 2/1023 2/1024 2/1091 2/1099 2/1120 2/1141 2/1156 2/1178 2/1183 2/1189 2/1210 2/1213 2/1214 2/1215 3/1921 4/2259 4/2747 5/2804 5/2846 5/3249 5/3261 5/3264 5/3322 5/3336 5/3363 5/3365 5/3381 6/3642 6/3810 6/3918
歐陽發伯和
2/986 2/1013 2/1023 2/1024 2/1060 2/1143 2/1185 2/1198 2/1208 2/1213 2/1214 5/3247
歐陽愻 2/1024 2/1213 2/1214
歐陽延世 2/1215
歐陽建世 2/1015
歐陽偃 2/1019 2/1021
歐陽師 2/1023 2/1084
歐陽穎 2/1042
歐陽獻元老
6/3697
歐陽修永叔、醉翁、文忠、六一居士
*2/979 *2/1017
1/92 1/114 1/248 1/253 1/284 1/292 1/380 1/390 1/540 1/541 1/542 1/543 1/544 1/547 1/571 1/580 1/591 1/617 1/618 1/624 1/627 1/634 1/642 1/654 1/660 2/673 2/687 2/732 2/733 2/734 2/748 2/753 2/776 2/781 2/782 2/783 2/785 2/786 2/797 2/798 2/799 2/800 2/802 2/808 2/809 2/811 2/819 2/820 2/821 2/822 2/823 2/824 2/825 2/826 2/829 2/831 2/832 2/834 2/836 2/839
2/842 2/871 2/874 2/875 2/877 2/884 2/888 2/889 2/898 2/900 2/901 2/902 2/904 2/911 2/916 2/918 2/923 2/924 2/926 2/929 2/930 2/931 2/932 2/933 2/935 2/936 2/937 2/939 2/944 2/945 2/949 2/950 2/966 2/1040 2/1132 2/1239 2/1241 2/1242 2/1244 2/1248 2/1264 2/1302 2/1303 2/1338 2/1341 2/1352 3/1374 3/1377 3/1383 3/1385 3/1388 3/1391 3/1401 3/1402 3/1403 3/1404 3/1406 3/1407 3/1408 3/1409 3/1412 3/1414 3/1415 3/1420 3/1421 3/1423 3/1429 3/1431 3/1432 3/1433 3/1435 3/1438

3 /1441 3 /1443
3 /1452 3 /1457
3 /1458 3 /1462
3 /1463 3 /1464
3 /1465 3 /1466
3 /1467 3 /1471
3 /1488 3 /1497
3 /1499 3 /1500
3 /1504 3 /1530
3 /1535 3 /1560
3 /1562 3 /1568
3 /1592 3 /1633
3 /1642 3 /1643
3 /1653 3 /1654
3 /1655 3 /1716
3 /1751 3 /1752
3 /1760 3 /1763
3 /1767 3 /1768
3 /1807 3 /1826
3 /1836 3 /1920
3 /1934 3 /1955
3 /1964 3 /1965
3 /1966 3 /1968
3 /1971 3 /1975
3 /1978 3 /2048
3 /2052 4 /2059
4 /2072 4 /2073
4 /2075 4 /2076
4 /2089 4 /2091
4 /2094 4 /2095
4 /2098 4 /2120
4 /2122 4 /2127
4 /2207 4 /2259
4 /2291 4 /2297
4 /2299 4 /2311
4 /2318 4 /2330
4 /2333 4 /2335
4 /2337 4 /2339
4 /2346 4 /2358
4 /2368 4 /2422
4 /2423 4 /2427
4 /2433 4 /2438
4 /2574 4 /2726
4 /2728 4 /2730
4 /2735 4 /2746
5 /2767 5 /2768
5 /2773 5 /2774
5 /2775 5 /2823
5 /2825 5 /2826
5 /2827 5 /2830
5 /2838 5 /2844
5 /2845 5 /2877
5 /2934 5 /2938
5 /3002 5 /3027
5 /3148 5 /3224
5 /3294 5 /3295
5 /3363 5 /3430
6 /3599 6 /3628
6 /3642 6 /3823
6 /3906 6 /3918
6 /4004 6 /4009
7 /4177 7 /4640
8 /4912 8 /5195
8 /5207 8 /5264
8 /5268 8 /5301
8 /5344 8 /5443
8 /5480 9 /5972
9 /5977 9 /6162
10/6741 10/6770
10/6791 11/7414
11/7555 12/7915
12/8023

歐陽從道 5 /3031
歐陽憲 2 /1024
2 /1213
歐陽守道迂父、巽齋、公權 11/7636
11/7637 11/7643
11/7644 11/7645
12/7962 12/7963
12/7966 12/7970
歐陽安永 6 /4003
6 /4021 6 /4025
6 /4031
歐陽通理 2 /1104
歐陽澈德明
6 /3571 6 /3951
7 /4586 10/6738
歐陽懋 2 /1024
7 /4611 7 /4615
7 /4623 7 /4639
7 /4640
歐陽觀 2 /981
2 /1021 2 /1022
2 /1024 2 /1025
2 /1107
歐陽恕 2 /1024
2 /1213
歐陽中立 3 /1922
5 /3264 5 /3265
歐陽奉世 2 /1215
歐陽旦 2 /1021
歐陽昺 2 /1022
2 /1055 2 /1105
歐陽晟 2 /1085
歐陽曄 2 /981
2 /984 2 /1021
2 /1025 2 /1053
歐陽嗣立 2 /1023
2 /1106 2 /1155
歐陽愿 2 /1024
歐陽臣明 6 /4026
歐陽氏(文天祥妻) 12/8006
12/8008 12/8022
12/8023
(蘇迨妻)
6 /3646 6 /3648
6 /3704 6 /3732
歐陽闢晦夫
5 /2813 5 /3207
歐陽朔 2 /1024
2 /1213 2 /1214
歐陽煥 2 /1104
2 /1106

7780₁ 具

具茨先生
見晁冲之

7780₁ 巽

巽齋 見歐陽守道
見危稹
巽巖 見李燾
巽伯 見周權
巽之 見范育
巽甫 見稅與權

7780₁ 與

與平 見尤槼
與可 見文同

見翁合
與政 見唐仲友
與信 見唐仲義
與能 見陳若拙
與叔 見呂大臨
與之 見王次點
與迪 見黄彝
與道 見宋子飛
與直 見錢端禮
見唐仲溫
與權 見陳宜中
見吳榮
與忱 見尤棐

7780_1 興

興上人 5/3034
興伯 見劉昌詩
興之 見王聞詩
興宗 見陳正式
見邵亢
見沈起
見石振
興舍 3 /1466

7780_6 貿

貿遠 見曾淵子

7780_6 貫

貫之 見李道傳
見宋咸
見王邁

7780_6 賢

賢節 見王庠

7790_4 閑

閑樂先生
見陳師錫

7810_9 鑒

鑒虛 見游仲鴻
鑒湖遺老 見賀鑄

7823_2 陰

陰諒臣 1/649

7876_6 臨

臨漢隱居 見魏泰

7929_9 滕

滕康子濟
8 /5548
滕元秀 9 /5987
滕珂 2 /842
滕珙 8 /5548
12/7701
滕強恕 8 /5394
11/7344
滕璘德粹、溪齋
10/6457 10/6474
10/6475 10/6604
10/6605 12/7701
12/7740
滕處厚謹仲
11/7509
滕峸 8 /5364
滕宬廉靖處士、季度 8 /5052
8 /5063 11/6968
11/7007 11/7111
11/7152 11/7154
滕宗諒子京
1 /584 1 /619
1 /625 1 /646
1 /652 2 /680
2 /805 2 /885
2 /920 2 /1072
2 /1088 10/6816
滕宗卿 11/7447
滕祐 7 /4359
滕希靖 5 /3135
滕友 3 /1922
滕茂實 7 /4225
滕超 1 /149
滕甫元發、達道、章敏 3 /1917
3 /2053 4 /2214
4 /2217 5 /2806
5 /2846 5 /2951
5 /2953 10/6816
滕屠 9 /5797
滕興公 5 /3134
滕鉦和叔
12/7701 12/7740

8000_0 八

八娘(蘇軾妹)
6 /3659

8010_2 益

益修 見黄友益
益之 見安德裕
見陳謙
見陳俞
益恭 見吳儆

8010_4 全

全晉孫本心
10/6679
全琮 8 /5136
全子才 11/7406
11/7407 12/7704
12/7707
全歸子 見吳思齊
全太后宋度宗全皇后 12/8003
12/8038
全眞 見張守
全璧天粹 5 /3099
全翁 見張鑄

8010_9 金

金文剛子濟
12/7737
金經 1 /309
金準 11/7420
金安節彥亨
6 /4150 7 /4482
8 /5529 8 /5530
8 /5536 9 /5875
9 /6000 12/7737
金淵 11/7577
金大亨元卿
10/6907
金城夫人(薛奎妻) 2 /1052
金極 3 /1922
金光襲 8 /5508

8033₂ 念

念四　見黃仲熊
念八　見黃仲堪

8033₂ 愈

愈上人　5/2813
　　5/2853

8033₃ 慈

慈辯禪師
　見釋寶印
慈元　5/3089
慈雲　1/338
　　1/339
慈聖光獻太后
　見曹太后
慈湖先生　見楊簡

8040₄ 姜

姜唐佐君弼、公弼
　4/2754　4/2754
　4/2755　6/3695
姜噩肅父　11/7263
　　11/7264
姜元圉　11/7263
姜瑛　11/7331
姜瓊　11/7331
姜處度　11/7160
姜處恭安禮
　　11/7061
姜師仲　6/3821
姜俌　11/7262
姜俊民　11/7263

姜特立南山老人、
　邦杰　9/5975
　9/5980　9/5983
姜岵　11/7262
姜凱　8/5297
　8/5299　8/5302
姜魯　2/717
姜安子　11/7275
姜潛　2/880
　2/889　3/1806
姜補之　6/3820
姜遵　1/602
姜泮　11/7262
姜才　12/7874
姜蓋　1/426
姜靜　11/7262
姜頤　11/7263
姜氏(曾文照妻)
　1/44　1/285
姜周臣　6/3821
姜夔堯章、石帚、
　白石
　*11/7259
　7/4329　9/5841
　9/5846　9/5848
　9/5976　11/7252
　11/7255　11/7479
　12/7698　12/8057

8040₇ 夔

夔玉　見王球

8044₁ 幷

幷甫　見虞允文

8055₃ 義

義夫　見余玠
義成公主　1/19
義甫　見孔平仲
義銛　見葛天民
義榮　見潘良貴

8060₁ 合

合齋　見王柟

8060₁ 普

普現居士
　見李彌遜
普安郡王
　見宋孝宗
普明　見釋琳
普覺禪師
　見釋宗杲

8060₁ 善

善長　見孟元

8060₆ 曾

曾應龍梅所
　12/7964
曾慶老(曾鞏女)
　3/1561　3/1645
　3/1660　3/1661
曾庠　4/2707
　4/2709　5/3156
　5/3158
曾文照　1/44
曾誕　6/3557

　6/3567
曾誠存之　6/3752
　6/3927　6/3928
　6/3929　6/3933
曾說　3/1625
曾三聘　8/5351
　9/6143　9/6159
　10/6436　11/7075
　11/7330
曾三復　9/6143
　11/7330
曾三異雲巢、無疑
　2/1015
曾噩　7/4624
　7/4666
曾元忠　5/3335
　5/3380　5/3410
曾天猷　7/4739
曾延鐸　4/2705
曾子淵深甫
　12/7962
曾鞏子固、文定、
　南豐先生
　*3/1639
　*3/1649
　2/839　2/1062
　2/1063　2/1085
　2/1087　2/1090
　2/1091　2/1111
　2/1126　2/1147
　2/1201　2/1205
　2/1210　2/1211
　2/1310　2/1311
　2/1327　3/1388
　3/1391　3/1447

3 /1530 3 /1571
3 /1579 3 /1933
3 /1934 3 /1949
3 /1953 3 /1954
3 /1956 3 /1959
3 /1963 3 /1979
3 /1984 3 /2018
4 /2080 4 /2130
4 /2213 4 /2215
4 /2330 4 /2337
4 /2340 4 /2349
4 /2361 4 /2438
4 /2705 4 /2706
4 /2710 4 /2712
4 /2727 4 /2728
4 /2730 5 /2770
5 /2772 5 /2789
5 /2825 5 /2826
5 /2829 5 /2862
5 /2879 5 /2883
5 /2892 5 /2942
5 /3155 5 /3156
5 /3159 5 /3167
5 /3182 5 /3227
5 /3231 5 /3233
5 /3250 5 /3319
5 /3329 5 /3341
5 /3344 5 /3347
5 /3348 5 /3349
5 /3350 5 /3353
5 /3373 6 /3599
6 /3690 7 /4771
9 /6024 9 /6088
11/7555
曾致虛 4 /2374
曾致堯正屋
2 /1087 3 /1643
3 /1651 3 /1655
3 /1656 3 /1953
4 /2705 5 /3155
曾伉 4 /2386
4 /2452
曾季貍裘甫、裘父
9 /6225 10/6336
10/6541
曾集 9 /5998
10/6301 10/6352
曾統 5 /3168
5 /3409
曾仁旺 4 /2705
5 /3155
曾紆空青、公衮、公卷
3 /1922 4 /2711
5 /3115 5 /3119
6 /3922 6 /3952
6 /3955 7 /4290
8 /5175 12/7825
曾穎茂 10/6570
11/7640
曾幾文清、吉甫、茶山居士 4 /2681
5 /2881 7 /4306
7 /4315 7 /4322
7 /4619 7 /4701
7 /4824 8 /5042
9 /5708 9 /6204
9 /6231 10/6391
10/6496 12/7926
曾纁 5 /3168
曾綖 4 /2711
曾絣 4 /2713
曾牟 3 /1562
3 /1581 3 /1641
3 /1657 3 /1659
4 /2705 4 /2706
4 /2707 5 /3155
5 /3156
曾絨 5 /3168
曾綰 3 /1681
曾綜 3 /1681
曾德操(曾鞏妹)
3 /1579 3 /1654
3 /1669 4 /2706
4 /2709 5 /3155
5 /3157
曾德耀(曾鞏妹)
3 /1561 3 /1653
3 /1661 4 /2705
4 /2707 5 /3155
5 /3156
曾[代/心] 3 /1681
曾[甜/心] 3 /1681
曾緯 5 /3168
曾緒 3 /1588
曾續 5 /3168
曾仲恭 10/6771
曾仲錫 5 /2806
5 /2807 5 /3134
曾緄 5 /3168
曾纓 4 /2711
曾伃 7 /4612
曾阜 3 /2009
4 /2706 5 /3155
曾魯仲 11/7199
曾絇 4 /2711
曾綗 3 /1681
曾絢 5 /3168
曾叔遲 7 /4315
曾叔卿 3 /1656
4 /2706
曾從龍一龍、君錫
11/7512
曾縱 5 /2970
5 /3168
曾宰子翊 3 /1561
3 /1564 3 /1581
3 /1641 3 /1652
3 /1657 3 /1961
4 /2705 4 /2707
4 /2708 5 /3155
5 /3156 5 /3157
曾準 5 /2864
曾淵子廣微、貿遠
12/7768 12/7790
12/7875 12/7876
12/7899 12/8010
曾漸鴻甫 8 /5351
11/7142
曾治鳳君輝
11/7364
曾汲古子濬
10/6663 10/6677
曾祖道宅之
10/6514 10/6540
曾逢原伯 7 /4171
10/6321 10/6392
10/6393
曾肇子開、文昭

＊5/3153
3 /1581　3 /1641
3 /1656　3 /1657
3 /1921　4 /2121
4 /2158　4 /2164
4 /2279　4 /2705
4 /2706　4 /2707
4 /2708　4 /2714
4 /2717　4 /2718
4 /2719　4 /2720
4 /2722　5 /2797
5 /2902　5 /2904
5 /2905　5 /2926
5 /3044　5 /3050
5 /3069　5 /3077
5 /3232　5 /3263
5 /3329　5 /3370
5 /3376　5 /3377
5 /3410　6 /3466
6 /3550　6 /3572
8 /5278
曾士倬　2 /844
曾布子宣、文肅
＊4/2703
3 /1578　3 /1581
3 /1641　3 /1653
3 /1657　3 /1659
3 /1921　3 /1986
3 /1992　3 /2008
3 /2018　4 /2181
4 /2192　4 /2196
4 /2653　5 /2774
5 /2779　5 /2812
5 /2813　5 /2814
5 /2924　5 /3071
5 /3155　5 /3156
5 /3157　5 /3158
5 /3163　5 /3164
5 /3165　5 /3166
5 /3167　5 /3168
5 /3206　5 /3250
5 /3261　5 /3376
6 /3460　6 /3466
6 /3467　6 /3469
6 /3470　6 /3471
6 /3492　6 /3557
6 /3603　6 /3798
6 /3908　7 /4636
8 /5292　8 /5329
9 /6125　11/7098
11/7434
曾燾　5 /3264
5 /3265
曾怘　3 /1581
曾蓋　3 /1922
曾懋　6 /3498
6 /3500　6 /3520
6 /3544
曾孝序逢原
6 /4014
曾孝廣　5 /2847
曾孝寬　4 /2159
4 /2163
曾世選　6 /4020
曾楙　6 /3952
曾覿純甫、海野老農　8 /4995
9 /5668　9 /5709
9 /5761　9 /5861
9 /5875　9 /6029
9 /6031　9 /6120
9 /6121　9 /6123
10/6804
曾極景建　12/7912
曾丰幼度　11/7264
曾忠　12/7748
曾夫人（文天祥母）　12/8012
曾悊　3 /1681
曾撙節夫　10/6315
10/6317
曾唯　12/7998
曾旼彥和　5 /3316
6 /3558
曾日升　8 /4919
曾易占不疑
3 /1651　3 /1652
3 /1657　3 /1954
3 /1960　4 /2705
4 /2706　4 /2722
5 /3155　5 /3349
曾昱　3 /1681
曾黯戇庵溫伯、溫伯　9 /5719
曾畢　3 /1657
曾曄　3 /1652
3 /1658　4 /2705
4 /2706　5 /3155
曾昪　3 /1652
曾瞍　11/7442
曾喚　8 /5050
8 /5053
曾旼　3 /1968
曾氏（文天祥祖母）　12/8008
（王安石祖母）
3 /1968
（王補之妻）
3 /1660
曾覺　3 /1563
3 /1565　3 /1567
3 /1652　4 /2705
4 /2707　4 /2709
5 /3155　5 /3156
5 /3157
曾開天游　6 /3968
7 /4172　7 /4293
7 /4322　8 /4878
曾興老（曾鞏女）
3 /1562　3 /1563
3 /1646
曾羲仲　5 /2881
曾愈　3 /1681
曾會　1 /315
1 /327
曾公亮宣靖、明仲
1 /2 6　1 /315
1 /654　2 /950
2 /958　2 /959
2 /970　2 /1060
2 /1075　2 /1143
2 /1148　2 /1149
2 /1150　2 /1151
2 /1156　2 /1174
2 /1177　2 /1178
2 /1239　2 /1243
2 /1249　2 /1252
2 /1301　2 /1307
2 /1324　3 /1445
3 /1485　3 /1499

3 /1516 3 /1607
3 /1783 3 /1796
3 /1815 3 /1980
3 /1981 3 /2039
4 /2129 4 /2218
4 /2302 4 /2308
4 /2342 5 /2768
5 /2771 5 /2772
5 /2773 5 /2826
5 /2934 5 /2937
5 /2938 5 /3159
曾公孚 4 /2120
曾敏 3 /1968
曾敏行歸愚老人、浮雲居士、達臣、獨醒道人
9 /5978
曾懷 1 /28
5 /3168 8 /5278
8 /5542
曾惇 8 /5467
9 /5952
曾愔 5 /3168
曾懍 5 /3168
曾悟 5 /3168
曾恉 5 /3168
曾恬天隱 7 /4306
曾怡 5 /3168
曾悰 5 /3168
曾愖 5 /3168
曾慥端伯、至游居士 4 /2757
5 /3081 5 /3168
6 /4026 7 /4625
8 /5056
曾恢 5 /3168
曾忳 5 /3168
曾憓 5 /3168
曾煜 3 /16470
3 /1641 3 /1644
曾懙 5 /3168
曾恂 5 /3168
曾惲 5 /3168
曾憺 5 /3168
曾恪 5 /3168
曾熠 10/6639
10/6672 10/6676
曾悅 5 /3168
曾悌 5 /3168
曾惔 5 /3168

8060_6 會

會孟 見劉辰翁
會之 見秦檜
見王柏
見王逢
見夏侯嘉正
見薛極

8060_8 谷

谷子 見李畋
谷城 見黃銖
谷口小隱 見潘淳

8073_2 公

公序 見宋庠
公齋 見陳均
公度 見劉孟容
見梅鼎臣
公廙 見陳知儉
公言 見丁謂
公衮 見曾紆
公謹 見胡俛
見周密
公望 見徐儼夫
公疏 見賈同
公雅 見丁度
見葛宮
公非 見劉攽
公武 見李遵勗
公弼 見陳希亮
見姜唐佐
公群 見蘇渙
公垂 見宋綬
公受 見李虛己
公休 見司馬康
公叔 見畢仲游
公儀 見高弁
見李肅之
見梅摯
公濟 見胡航
見邵博
見楊蟠
見袁轂
公定 見謝悰
公實 見劉穎
公遠 見趙子嶙
公澤處士 7 /4683
公退陳師道舅
5 /3333 5 /3380
公圭 見盧奎
公南 見宇文之邵
公壽 見梁南峰
公材 見林崧
公權 見歐陽守道
見沈銖
公期 見薛仲孺
公表 見韓瑨
公靜 見謝愔
公擇 見李常
公操 見石介
公量 見盛度
公是先生 見劉敞
公點 見丁騭
公顯 見曹勛
公默先生 見王向
公明 見王炎
公路 見焦瑗
見劉逵
公辟 見程師孟
公巽 見翟汝文
公卷 見曾紆
公悅 見方澤

8073_2 養

養正 見龔頤正
見張敦頤
養源 見汪涓
見翁彥深
養直 見孟浩
見蘇庠
養明 見余晦

8080_4 美

美叔 見晁端彥

美中 見程彪 見劉才邵
美成 見阮閱 見周邦彥

8090_4 余

余卞洪範 3/1922 5/3021 5/3022 5/3024 5/3264
余慶 2/739 2/740 2/741 2/742 2/752
余袞 2/742
余龍學 12/7686
余端禮處恭、忠肅 8/5045 9/5613 9/5999 9/6000 11/7065 11/7433 11/7519 11/7520
余靖安道、襄公 *2/737 1/616 1/617 1/618 1/619 1/627 1/657 2/701 2/785 2/800 2/825 2/884 2/916 2/918 2/923 2/1049 2/1066 2/1067 2/1068 2/1070 2/1071 2/1080 2/1162 2/1335 2/1339 2/1341 3/1377 3/1391 3/1410 3/1457 3/1463 3/1464 3/1465 3/1466 3/1470 3/1471 3/1472 3/1474 3/1479 3/1498 3/1965 8/4912
余元慶 12/8003 12/8004
余元發永之 10/6617
余天錫純父、忠惠、畏齋 12/7700 12/7847
余璹子壽 11/7561
余玠義夫、樵隱 *12/7653 9/5611 11/7541 11/7610 12/7713 12/7718 12/7720 12/7736 12/7963
余禹臣 2/752
余舜臣 2/751 2/770 2/772 2/773 11/7424
余千里 12/7658
余仁合 2/1298
余崇 10/6639
余德卿 2/749
余仲菲 2/751
余仲華 2/749
余仲荀 2/744 2/751 2/752 2/762 2/768 2/770 2/775
余伯莊 2/743 2/751 2/752 2/760
余翺 6/3500 6/3544
余叔英 2/747 2/765
余紹祖 9/6141
余徵卿 2/745
余復 8/5342 9/5738
余復明 12/7658
余從周 3/1516 3/1577
余嶸景瞻 6/3485 11/7124
余安裕 12/7913 12/7914
余良弼巖起 7/4695 7/4696
余汝霖 7/4413
余澤 2/740
余澮 5/3035
余深 5/3430 5/3449
余逢原 11/7420
余太古餘古 11/7252
余堯弼 7/4230 7/4237 7/4238 8/5467 8/5482
余堯臣 2/749 2/768 2/772
余希端 2/741 2/751
余希翊 2/740 2/745 2/749 2/758
余嚞 11/7520
余爽 3/1921 5/3261 5/3264
余藻 4/2337 5/2868 5/2869
余蘭卿 2/743
余蓮卿 2/745
余蕙卿 2/744
余執度 7/4252 7/4254 9/5611
余椿年 12/7658 12/7665
余如孫余師忠 12/7658 12/7690 12/7691 12/7693 12/7694
余梅卿 2/744
余棋 9/6158
余中 2/1309 5/3225 5/3227 5/3245 6/3803
余惠應 2/768
余忠卿 8/5558
余疇若 2/1338
余嗣立 2/772
余嗣襄 2/770
余嗣京 2/770
余嗣祖 2/774
余嗣恭 2/761
余嗣昌 2/752

2 /774
余嗣隆 2 /773
2 /749
余嗣光 2 /758
余晦古愚、養明
11/7613 12/7690
12/7693
余氏(楊時妻)
5 /3402
(劉元振妻)
8 /4865
余貫 5 /3225
余勝 7 /4413
7 /4594 7 /4595
余公彥 10/6373
余炎 12/7913

8211_5 鍾

鍾離子 見翁彥深
鍾離少翁 7 /4747
鍾謨 1 /36
鍾正甫 3 /1922
6 /3463 6 /3561
鍾棐子翼
2 /1351 4 /2727
5 /2825 5 /2854
鍾弱翁 5 /3143
鍾禹功 7 /4215
鍾季正 10/6617
鍾行 5 /2913
鍾將之 5 /3201
鍾儀 8 /5132
8 /5136
鍾宏子虛 10/6617
鍾大鳴 11/7577
鍾傿 1 /35
1 /37
鍾相 8 /5132
鍾槩 3 /1390
5 /2825
鍾美 見王令

8315_0 鐵

鐵庵 見方大琮

8315_3 錢

錢彥遠子高
1 /550 5 /3255
8 /5281
錢廓元卿、叔因
10/6753 10/6818
10/6844 10/6854
錢文子文季、白石山人 10/6456
錢端禮處和、松窗、忠肅、與直
6 /3781 7 /4320
8 /5483 8 /5486
9 /5673 9 /5713
9 /5951 9 /6030
9 /6093 9 /6094
9 /6245
錢端公 5 /2831
錢諶 8 /5112
錢一 5 /2998
錢延年 2 /1263
錢建 3 /1580
錢弱翁 6 /3567
錢子虛 7 /4312
錢致堯 1 /497
錢信 1 /514
錢顗安道 2 /1304
3 /1794 3 /2039
4 /2732 5 /2770
5 /2772 5 /2776
5 /2778 5 /2831
錢僊芝 1 /533
錢行簡 1 /353
錢仙芝 4 /2705
錢德循 5 /3303
錢紳伸仲 6 /3865
9 /5562
錢自然道士
2 /1310
錢佃仲耕 10/6886
錢伯言 7 /4360
錢伯同 10/6535
錢得臣 2 /1339
錢儼誠允 9 /5600
錢穆 4 /2328
錢象先 2 /762
錢象祖 3 /2033
8 /5370 8 /5383
8 /5386 8 /5411
11/7521 11/7522
錢俶 1 /12
1 /14 1 /21
1 /53 1 /56
1 /57 1 /90
1 /268 1 /406
1 /513 1 /514
1 /515 1 /535
1 /600 10/6801
10/6906
錢儀 1 /514
錢良臣友魏
8 /5302 8 /5303
9 /5751 9 /6128
11/7312
錢遜叔 7 /4702
錢漢英 12/8006
錢遹 4 /2721
錢滋 9 /5886
錢才翁 5 /3043
錢堯卿 11/7072
錢希武 11/7313
3 /1922
錢桓 8 /5190
錢槱誠甫 10/6665
10/6666
錢藻醇老、純老
2 /831 2 /940
3 /1646 3 /1665
3 /1679 4 /2214
4 /2337 4 /2730
5 /2772 5 /2829
錢萬中 8 /5208
錢蒙仲 5 /2800
5 /2802
錢若水 1 /125
1 /218 1 /258
1 /293 1 /296

1 /297　1 /300
1 /408　8 /5273
12/7994
錢世雄濟明、冰花先生　4 /2756
5 /2855　6 /3638
6 /3719
錢菊泉　12/7955
錢䚟穆父　3 /1921
4 /2146　4 /2744
5 /2794　5 /2795
5 /2797　5 /2798
5 /2799　5 /2804
5 /2806　5 /2843
5 /2847　5 /2870
5 /2874　5 /2895
5 /2998　5 /3044
5 /3054　5 /3061
5 /3220　5 /3231
5 /3242　5 /3249
5 /3254　5 /3263
7 /4702
錢郁　1 /514
錢瑴志仲　5 /3044
錢中孚　1 /643
錢申伯　7 /4702
7 /4707　7 /4708
錢聿　2 /713
錢東美　5 /3220
錢拓　3 /1516
3 /1581
錢曈　1 /548
1 /550
錢昉　1 /550
錢昱　1 /514
錢易希白　1 /52
1 /98　1 /144
1 /145　1 /176
1 /256　1 /398
1 /550
錢易直季莊
11/7006
錢昌武　5 /3225
錢景諶　3 /2041
錢景臻　1 /550
錢景山　4 /2713
錢景祥孺文
3 /1922　5 /3044
錢景芬　5 /3296
錢昞　1 /550
錢昕　1 /550
錢曖　1 /88
1 /513　1 /525
1 /540　1 /546
1 /549　1 /550
錢暄　1 /550
錢眈　1/550
錢時融堂、融堂先生、子是
10/6566　10/6591
10/6665　10/6680
10/6692　10/6693
10/6695　11/7474
錢曄　1 /550
錢曜　1 /550
錢明逸子飛、修懿
1 /550　1 /632
2 /924　2 /989
2 /1085　2 /1172
2 /1263
錢�　1 /550
錢曦　1 /550
錢晦　1 /537
1 /550
錢長卿　4 /2240
5 /2900
錢氏
（胡則妻）1 /319
（梅邈妻）1 /377
（劉恕母）
4 /2328　4 /2330
（劉美妻、越國夫人）　1 /90
1 /535
錢用章　8 /5216
錢周材　10/6393
錢公輔君倚
1 /601　2 /689
2 /841　3 /1965
4 /2145　4 /2733
5 /2831　8 /5296
錢鏐　1 /324
錢惟濟
＊1/49
1 /54　1 /56
1 /57　1 /67
1 /71　1 /75
1 /79　1 /80
1 /85　1 /89
1 /91　1 /92
1 /93　1 /513
1 /515　1 /524
1 /539　1 /540
錢惟濬　1 /408
1 /513　1 /514
錢惟灝　1 /514
錢惟治　1 /514
1 /515　1 /518
錢惟演文僖、希聖、思公
＊1/49
＊1/509
1 /54　1 /56
1 /66　1 /68
1 /69　1 /70
1 /72　1 /74
1 /77　1 /79
1 /80　1 /81
1 /82　1 /83
1 /84　1 /86
1 /87　1 /88
1 /89　1 /90
1 /91　1 /92
1 /93　1 /169
1 /170　1 /263
1 /441　1 /484

1 /485 1 /487
1 /488 1 /498
2 /781 2 /782
2 /784 2 /821
2 /822 2 /900
2 /982 2 /1033
2 /1034 2 /1035
2 /1036 2 /1037
2 /1038 2 /1040
2 /1042 2 /1076
3 /1374 4 /2059
8 /5546
錢恤 2 /1035

8418_1 鎮

鎮伯 見周鼎臣
鎮之 見葉夢鼎

8471_2 饒

饒珉 11/7214
饒虎臣宗召
12/7720 12/7744
12/7878
饒達 8 /5116
饒壽翁 10/6541
饒青 8 /5119
饒氏(李覯妻)
2 /1342
(陸九淵 母)
10/6504 10/6507
饒節倚松老人、德操、如璧 5 /3335
5 /3380 7 /4623

8794_0 斜

斜川居士 見蘇過

8660_0 智

智緣 3/1995
智甫 見沈省曾
智圓大師志英、志愿 1 /24
智果大師
見趙志愿
智常幻住道人
7 /4307

8680_0 知

知非子 見趙抃
知幾 見李石
知稼翁 見黃公度
知道 見葉味道
知默 見陳淵
知命 見馮澥
見黃叔達
知常 見張根

8712_0 釣

釣臺翁 見江公望

8718_2 欽

欽聖皇后 5/2813
欽聖憲肅皇后
見向皇后
欽之 見傅堯俞
欽夫 見張栻
欽國 見程洵
欽慈皇后陳氏
見陳皇后

8722_7 邠

邠老 見潘大臨

8742_0 朔

朔齋 見劉申
見劉震孫

8752_0 翔

翔仲 見馬廷鸞
翔夫 見張庖民

8762_2 舒

舒亶信道、懶堂
3 /1834 4 /2128
4 /2129 4 /2233
4 /2238 5 /2836
6 /3560
舒彥舉 6 /3632
舒庭堅 12/7756
12/7792
舒雅子正
*1/49
1 / 3 8 1 /51
1 /52 1 /53
1 /54 1 /55
1 /57 1 /58
1 /60 1 /62
1 /63 1 /65
1 /67 1 /69
1 /73 1 /78
舒琥西美 10/6516
10/6605 10/6636
舒烈 10/6463
11/6999
舒延祖 12/7792
舒琬 10/6605
舒球 10/6605
舒琪元英
10/6605 10/6606
舒琳 10/6605
舒璘廣平、文靖、元賓、元質
9 /6098 9 /6099
10/6462 10/6465
10/6466 10/6471
10/6474 10/6475
10/6480 10/6483
10/6595 10/6605
10/6609 10/6611
10/6623 10/6630
10/6636 10/6670
10/6703 10/6710
11/6999 11/7030
12/7759 12/7789
12/7885 12/7887

12/7894
舒琰 10/6605
舒季臨 12/7756 12/7792
舒統 12/7788
舒虎臣 12/7789
舒衍 10/6484
舒繼明 8 /5175 8 /5176
舒允(舒烈孫) 10/6463
舒仲容 12/7756 12/7792
舒仲堪 12/7756 12/7792
舒純復堂 12/7760 12/7789
舒繩祖 12/7758
舒繩叟 12/7792
舒叔獻 12/7756 12/7792
舒倫 12/7789
舒綸 10/6640
舒宏叟 12/7792
舒沂仲與 10/6484
舒溪叟 12/7792
舒瀫德濟 10/6605
舒斗祥 12/7763
舒雄 1 /58
舒標 12/7789
舒蒙 12/7788
舒楊叟 12/7792
舒揚德彰 10/6621 10/6640
舒杲彥升 11/7143
舒景雲 12/7766 12/7789
舒景愈 12/7789
舒氏(王應麟妻) 12/7890
舒岳祥舜侯、景薛 *12/7751 12/7887
舒熙叟 12/7792
舒益裕甫 10/6614 10/6621
舒鈃和仲 10/6484
舒銑 10/6631 10/6670 10/6710
舒堂 見鄭鉞
舒光曾 12/7792
舒卷申之 5 /302
舒煥堯文 4 /2257 4 /2735 5 /2835 5 /3005 5 /3244 6 /3632

8768_2 欲

欲仲 見林大聲

8782_7 鄭

鄭充耘 9 /5934
鄭雍 3 /1921 4 /2133 5 /2803 5 /2922 5 /2954 5 /2955 5 /3261
鄭彥祥 11/7494
鄭膺 3 /2013
鄭庶 9 /6104
鄭庭晦 2 /1312
鄭文寶仲賢 1 /46 1 /242 1 /419
鄭文遹成叔 11/7200 11/7201 11/7208
鄭褒 1 /272 1 /293 1 /294 1 /452 1 /457
鄭諶 5 /3120
鄭靖老 4 /2755 5 /3239 6 /3684 6 /3696 6 /3759
鄭諤 2 /1303
鄭望之 6 /4046 6 /4111 7 /4676
鄭郊 5 /3034
鄭噩仲酉 11/6978 11/7012 11/7074
鄭元亮 7 /4297
鄭元祐 1 /120 1 /121
鄭元肅 11/7245
鄭丙少融、少嘉 9 /5617 9 /5732 9 /5795 9 /5824 9 /5887 9 /5890 9 /5892 9 /5974 9 /6010 9 /6045 9 /6252 9 /6254 10/6400 11/7022 11/7343
鄭震 7 /4243
鄭天覺 6 /3719 6 /3733
鄭霖雪巖、潤父、蒲溪、景說 10/6696 10/6697 12/7759 12/7760 12/7850
鄭發 11/7587 12/7759 12/7760
鄭戩文肅、天休 2 /703 2 /790 2 /791 2 /799 2 /800 2 /1075 2 /1097 2 /1232
鄭璹 9 /5857
鄭建德 8 /5297 8 /5299 8 /5302
鄭羽 8 /5064
鄭瑤 12/7765
鄭子辯 8 /5455
鄭君乘 5 /3244

鄭翼之 9/5855
鄭禹功雙槐居士 7/4298 7/4314 7/4321
鄭爲仁 9/5934
鄭億 5/3125 5/3127
鄭億年 6/4045 9/5855
鄭仁舉次皞 11/7276
鄭虎臣景兆 12/7769 12/8038
鄭處仁 9/5934
鄭穎叔 5/3145
鄭僑惠叔、忠惠、回溪 3/1738 8/5342 9/5608 9/5969 9/5972 9/5973 9/6050 9/6139 10/6596 11/7519
鄭僑年 7/4243 9/5855
鄭崇謙仲 12/7716 12/7718
鄭獻翁 12/8041
鄭台僧 9/5934
鄭壯 8/5122
鄭僅彥能、修敏 5/3043 5/3047
鄭德儀 2/1022
鄭俠一拂居士、西塘先生、大慶居士、介夫 2/1214 3/1921 3/2002 3/2006 3/2007 3/2008 4/2254 5/2812 5/2814 5/3261 5/3264 7/4622 7/4633 9/5716
鄭升之 9/5761
鄭仲熊 7/4230 9/5725 9/5756
鄭仲禮 10/6347
鄭紳 9/5855
鄭自成 11/7523
鄭皇后宋徽宗寧德皇后、顯肅皇后 6/3866 6/3992 6/4147 7/4814 9/5706 9/5855 9/5992
鄭伯麟 9/5934
鄭伯熊景望、文肅、大鄭公 *9/5919 8/5299 8/5307 8/5538 9/6090 10/6358 10/6377 10/6379 10/6381 10/6384 10/6409 10/6410 10/6413 10/6417 10/6715 10/6763 10/6773 10/6785 10/6822 10/6823 11/6972 11/6976 11/7000 11/7002 11/7068 11/7089 11/7131 11/7141
鄭伯海 9/5934
鄭伯英歸愚翁、景元 9/5922 9/5924 9/5928 9/5932 9/5933 10/6362 10/6378 10/6381 10/6410 10/6480 10/6609 10/6783 10/6785 10/6815 10/6919 11/6972 11/7001 11/7029 11/7055 11/7142
鄭穆閎中 3/1492 3/1493 3/1602 5/3054
鄭總 6/3595
鄭向 3/1511 3/1531 3/1532 3/1534 3/1535 3/1536 3/1537 3/1540
鄭修年 6/4045 9/5855
鄭伋 4/2233
鄭條 3/1534
鄭奐 3/1840
鄭叔熊 4/2093
鄭叔茂 8/4921
鄭從政 1/646
鄭宣 1/231
鄭甯夫 11/7536
鄭之壽 7/4309
鄭適 1/45
鄭守忠 2/907
鄭準 9/5868
鄭安道 9/6021
鄭宗亮惟忠 11/7208
鄭宗仁樸翁 12/8060
鄭江 12/7707
鄭遜志 8/5208
鄭必復 12/7905
鄭汝諧舜舉、東谷居士 9/5610 10/6478 10/6479
鄭清之文叔、德源、安晚、忠定、鄭燮 8/5438 8/5440 10/6696 11/7406 11/7408

11/7468 11/7482
11/7530 11/7531
11/7533 11/7534
11/7535 11/7543
11/7568 11/7579
11/7580 11/7581
11/7584 11/7587
12/7666 12/7683
12/7684 12/7686
12/7705 12/7708
12/7716 12/7724
12/7728 12/7731
12/7735 12/7749
12/7851
鄭湜文肅、溥之、補之 8 /5351
9 /5617 9 /6159
10/6427 10/6436
10/6531 10/6552
11/7031 11/7075
11/7622
鄭逢辰伯昌 11/7572
鄭澥 2 /1307
鄭滋 9 /5857
12/8036
鄭士彥 7 /4599
7 /4600
鄭士秀 9 /5597
鄭希甫 2 /1279
鄭志誠 1 /170
鄭志仁 9 /5934
鄭嘉會 5 /2814
鄭雄飛 11/7533
鄭大亨 9 /5896
9 /5899
鄭樵溪西遺民、漁仲 8 /5061
9 /6085 9 /6086
10/6732 11/7275
11/7555
鄭求仁 9 /5934
鄭藻 9 /5855
9 /5857 9 /5863
鄭芳叔 12/7900
鄭茂老 8 /5469
鄭耆仁 9 /5934
鄭蕃 9 /5855
9 /5857
鄭勘 2 /1304
鄭𣪊 7 /4381
鄭獬毅夫 3 /1445
3 /1976 3 /2052
3 /2053 4 /2144
7 /4610
鄭好仁 9 /5934
鄭轂 4 /2496
鄭抗 9 /5859
9 /5863 9 /5865
9 /5867
鄭由仁 9 /5934
鄭夫人(李覯母)
2 /1344
(周敦頤生母)
3 /1511
鄭撝 9 /5861
鄭挺 9 /5861
9 /5862 9 /5865
9 /5866 9 /5867
鄭成忠 7 /4280
鄭甫 9 /5855
鄭耕老穀叔
11/7074
鄭提幹 7 /4316
鄭損 9 /5859
9 /5862 9 /5866
9 /5867 11/7362
11/7465 12/7663
12/7664
鄭邦憲 9 /5901
鄭昱 1 /299
鄭昂尚明 7 /4293
7 /4297 7 /4322
鄭圓僧 9 /5934
鄭景宗 1 /222
1 /235
鄭昭 9 /5855
鄭鄖 9 /6144
鄭防 5 /3052
鄭厚 8 /5365
鄭剛中亨仲、北山、漢章、觀如
＊7/4261
7 /4243 7 /4518
7 /4743 7 /4744
10/6738
鄭氏(王應麟妻)
12/7890
(寇延良妻)
1 /395
(宋敏求母)
3 /1631
(劉炳妻) 11/7551
(歐陽修母)
2 /981 2 /994
2 /1022 2 /1023
2 /1025 2 /1026
2 /1027 2 /1104
2 /1107
(蘇舜欽妻)
2 /1379 2 /1381
(周敦頤母)
3 /1511 3 /1529
3 /1537
(周壽妻) 3 /1521
(楚國夫人、陳與義妻) 8 /4946
(秦國夫人、陳亨仲妻) 8 /4946
8 /4947
鄭居中達夫
5 /3425 5 /3426
5 /3430 6 /3616

6/3620 6/3932
鄭熙績 9/5922
鄭聞正獻、仲益
8/5271 9/5668
9/5814 9/5877
鄭舉之 7/4293
鄭舉善 7/4750
鄭與權存户
6/3813
鄭興裔興宗、光錫、忠肅
*9/5853
鄭公寧 9/5934
鄭釗 9/5865
鄭鉞雲我、夷伯、舒堂、鄭少偉
12/8041
鄭鑄 9/5862
鄭鐸 9/5865
鄭知幾維心
6/3855 6/3861
7/4681
鄭鑑自明 10/6399
10/6903
鄭鎡 9/5867
鄭簡子 11/7537
鄭少偉 見鄭鉞
鄭少魏 9/5865
9/5868
鄭炳 10/6839
鄭忱德 10/6366
鄭性之信之、自誠、毅齋、文定
8/5438 10/6638
11/7243 11/7390
鄭耀 5/3127
鄭燦 3/1510
鄭燮 見鄭清之

8810_1 竺

竺僧 見蘇迨
竺大年耕道
10/6463 10/6484

8812_7 筠

筠溪居士
見李彌遜

8822_0 竹

竹齋 見沈瀛
見裘萬頃
竹洲 見戴龜朋
見吳儆
竹洲先生 見吳儆
竹潭 見趙雍
竹溪 見林希逸
竹坡 見黄疇若
見呂午
竹坡居士
見周紫芝
竹林愚隱
見胡夢昱
竹林居士
見廖正一
竹軒 見林季仲
竹昺 1/661
竹隱 見傅伯成
見孫應時
見徐似道
竹隱畸士
見趙鼎臣

8822_7 簡

簡亢 5/3157
簡齋 見陳與義
簡翼 見張璪
簡世傑 9/5823
簡肅 見黄中
見薛奎
簡惠 見周葵
簡夫 見陳從易
見李宗易
簡甫 見曹彦約
簡卿 見王居安

8824_3 符

符彦卿 1/7
1/214 1/216
1/219 1/396
符秀才 4/2754
5/2812
符行中 8/5246
符皇后懿德皇太后 1/545
符昭壽 1/147
符昭願 1/214
符惟忠 2/911

8832_7 篤

篤素居士
見張孝伯

8834_1 等

等觀居士
見廖季繹

8872_7 節

節齋 見蔡淵
見陳昉
節孝 見徐積
節夫 見夏侯旄
見曾撙
節叟 見牟子才

8874_0 敏

敏仲 見王古
敏叔 見張景修
敏之 見高若訥
敏達 見韓彦質
敏道 見包遜
敏若 見石悉
敏肅 見蔡挺

見王之望
敏節　見王庶

8877$_7$ 管

管天下　7/4732
管發　12/7987
管璆　8/5494
管湛　11/7351

8879$_4$ 餘

餘古　見余太古

8880$_4$ 笑

笑笑先生　見文同

8896$_1$ 籍

籍溪先生　見胡憲

9000$_0$ 小

小醜(劉光世女)　7/4215
小山　見厲文翁
見晏幾道
小德　見黃相
小村　見劉宰
小本　見釋善本
小呂申公　見呂公著
小隱　見洪遵

9001$_5$ 惟

惟心居士　見周葵
惟忠　見鄭宗亮
惟曉　見尹煥
惟善　見陳合

9003$_2$ 懷

懷古　見程珌

9004$_7$ 惇

惇立　見徐度
惇濟　見徐康
惇夫　見邢居實

9020$_0$ 少

少度　見劉季裴
少章　見秦覯
見朱弁
少望　見戴溪
少張　見許安世
少融　見鄭丙
少弼　見史公亮
少虛　見莫將
少穎　見林之奇
少稷　見尹穡
少伊　見許景衡
少詹　見丁希亮
少約　見范子該
少儀　見秦觀
少述　見孫侔
少汲　見胡直孺
少激　見文抗
少游　見秦觀
少才　見范子長
少南　見陳鵬飛
少嘉　見何大猷
見鄭丙
少董　見畢良史
少韓　見呂師愈
少蘊　見葉夢得
少愚　見張愈
少明　見江常
少瞻　見林仰
少隱　見周紫芝
少陽　見陳東

9021$_2$ 光

光武　見張孝先
光弼　見洪皓
光獻太后　見曹太后
光仲　見陳煒
光叔　見張世南
光堯壽聖　見宋高宗
光薦　見鄧剡
光盛　8/5520

9021$_2$ 党

党進　1/12
党超　7/4205　7/4212　7/4213
党忠　7/4355　7/4356
党懷英　10/6579
党尙友　8/5174

9022$_7$ 尙

尙文　見周樅
尙正　見周楷
尙才　見周棟
尙友　見周林
尙顯　1/659
尙明　見鄭昂
尙氏(周必大姊)　9/5875
尙學林　12/7980
尙公緒　6/3519

9022$_7$ 肖

肖望　見戴溪
肖範　見趙與滂

9022$_7$ 常

常立子允　3/1921　5/3245　5/3246　5/3261　5/3264

常衮 3/1785
常珙 4/2141
常建 6/3831
常子然 6/3731
常任俠 6/3731 6/3780
常鼎 2/793
常秩夷甫、夷父 2/942 2/1096 2/1186 2/1187 2/1199 2/1213 3/2055 4/2484 4/2574 4/2622 5/3261 10/6352
常總 3/1592
常之 見葛立方 見向敏中
常安民希古 3/1905 3/1921 5/3057 5/3101 5/3249 5/3261 5/3264 5/3269 6/3731 6/3746 6/3747 7/4819
常良孫 9/5907
常褚 8/5043 8/5046 8/5052
常有開 11/7510
常恭 9/5793 9/5794
常權 11/7558
常楙蒲溪愚叟、長孺 12/7880
常甫 見王安仁
常景 6/3519 6/3520
常同子正、虛閑居士 6/3746 6/3858 6/3864 6/4066 6/4067 7/4441 7/4443 7/4812 7/4819 8/4904 8/4906 8/4982
常父 見孔武仲

9050_0 半

半山 見王安石

9050_2 掌

掌文紀 3/1618
掌禹錫唐卿 3/1618 3/1766 4/2123 4/2124 4/2126 4/2333
掌宣 1/410

9060_2 省

省事老人 見朱翌

9060_6 當

當可 見馮時行
當世 見馮京
當時 見陳次升
當叟 見王庶

9090_4 米

米襄陽 見米芾
米元溍 1/658
米信 1/19 1/229
米信黼 5/3275
米佐 5/3275
米黻 5/3195
米友仁元暉、虎兒、懶拙老人 5/3276 5/3280 5/3282 5/3284 5/3285 6/3783 7/4856 9/5597 9/5959
米友知 5/3282 5/3284
米芾鹿門、襄陽、家居、海岳外史、無礙、米襄陽 *5/3273 4/2745 5/2814 5/2815 5/2855 5/3097 5/3239 5/3294 5/3302 5/3304 5/3305 5/3309 5/3311 5/3316 6/3703 6/3704 7/4221 7/4615 7/4856 9/5833 10/6819 11/7318
米巨秀 5/3285

9094_8 粹

粹然 見蔡正孫
粹伯 見李處全
粹道 5/2992
粹老 見李頎 見馬醇
粹翁 見王摭

9182_7 炳

炳文 見單煒
炳之 見王伯虎
炳如 見高文虎

9306_0 怡

怡然 見釋清順

9408_1 慎

慎從吉 1/443 1/478 1/521 1/523 1/524
慎中 見王寅
慎思 見鄧忠臣
慎鈞 1/523
慎銳 1/523

9501$_0$ 性

性空道人 7/4307
性之 見曹正
見陳良能
見王銍
性善 見度正

9682$_7$ 燭

燭湖居士
見孫應時

9708$_6$ 懶

懶庵 見釋鼎需
見趙汝讜
懶拙老人
見米友仁
懶堂 見舒亶

9722$_7$ 鄰

鄰幾 見江休復
見孫僅

9910$_3$ 瑩

瑩上座 7/4299
瑩中 見陳瓘

9990$_2$ 滎

滎陽 見呂希哲
滎陽先生
見呂希哲

9990$_4$ 榮

榮諲 2/1306
2/1309
榮可 見甘茂榮
榮安 見王詵
榮茂實 7/4315
7/4316 7/4321
榮薿 7/4322
榮輯子邕
5/3056
榮國太夫人（葉夢得繼母）
6/3923
榮長老 5/2778

索引字頭音序檢字表

本表收入《宋人年譜叢刊人名索引》中所列字頭，按漢語拼音順序排列。表分四欄，每欄包括字頭漢字及其四角號碼與所在頁碼三項内容。

A

阿	7122_0	207
愛	2040_7	64
艾	4440_0	152
安	3040_4	100
敖	5824_0	196
鼇	5840_1	196

B

八	8000_0	236
白	2600_0	78
百	1060_2	37
柏	4690_2	172
半	9050_0	251
邦	5702_7	196
包	2771_2	94
保	2629_4	79
寶	3080_6	102
葆	4429_4	146
鮑	2731_2	93
北	1211_0	50
本	5023_0	190
碧	1660_2	55
必	3300_4	112
畢	6050_4	198
壁	7010_4	207
邊	3630_2	119
卞	0023_0	6
辯	0044_1	12
弁	2344_0	72
彪	2221_2	69
表	5073_2	191
別	6240_0	205
賓	3080_6	102
彬	4292_2	138
邠	8722_7	245
冰	3219_0	112
栟	4894_1	181
秉	2090_7	65
炳	9182_7	251
病	0012_7	2
并	8044_1	238
伯	2620_2	79
泊	3610_2	118
補	3322_7	112
不	1090_0	38
步	2120_1	65

C

才	4020_0	122
材	4490_0	164
采	2090_7	65
蔡	4490_1	164
粲	2790_4	94
滄	3816_7	121
藏	4425_3	146
操	5609_4	196
曹	5560_6	194
草	4440_6	153
岑	2220_7	69
查	4010_6	122
茶	4490_4	166
柴	2290_4	71
昌	6060_0	199
長	7173_2	208
常	9022_7	250
暢	5602_7	196
超	4780_6	180
巢	2290_4	71
潮	3712_0	119
朝	4742_0	177
晁	6011_3	196
車	5000_6	190
陳	7529_6	220
誠	0365_0	13
承	1723_2	57
乘	2090_1	65
程	2691_4	84
成	5320_0	194

癡 0018_1 2
持 5404_1 194
赤 4023_1 123
充 0021_2 2
冲 3510_6 118
崇 2290_1 71
蟲 5013_6 190
仇 2421_7 73
疇 6404_1 205
初 3722_0 120
處 2124_1 68
儲 2426_0 73
褚 3426_0 118
楚 4480_1 159
川 2200_0 68
傳 2524_3 75
船 2746_1 94
春 5060_8 191
醇 1064_7 37
純 2591_7 78
淳 3014_7 99
慈 8033_3 238
此 2211_0 69
次 3718_2 120
聰 1643_0 55
從 2828_1 95
徂 2721_2 91
崔 2221_5 69
翠 1740_8 59
粹 9094_8 251
存 4024_7 123

D

達 3430_5 118
大 4080_0 135
戴 4385_0 138
單 6650_6 205
丹 7744_0 233
但 2621_0 79
澹 3716_1 120
淡 3918_9 122
當 9060_6 251
党 9021_2 250
蹈 6217_7 205
道 3830_6 121
德 2423_1 73
得 2624_1 79
等 8834_1 249
鄧 1712_7 56
迪 3530_6 118
狄 4928_0 182
帝 0022_7 4
佃 2620_0 79
刁 1712_0 56
釣 8712_0 245
疊 1710_2 56
丁 1020_0 33
鼎 2222_7 70
定 3080_1 102
冬 2730_3 93
東 5090_6 193
董 4410_5 139
洞 3712_0 119
竇 3080_6 102
斗 3400_0 113
讀 0468_6 15
瀆 3418_6 118
獨 4622_7 172
篤 8832_7 249
度 0024_7 6
杜 4491_0 168
端 0212_7 13
段 7744_7 233
兌 8021_2 237
敦 0844_0 17
惇 9004_7 250
遯 3130_3 110
遁 3230_6 112
頓 5178_6 193

E

鄂 6722_7 206
二 1010_0 18

F

法 3413_2 114
蕃 4460_9 157
樊 4480_4 159
范 4411_2 139
方 0022_7 3
房 3022_7 99
放 0824_0 17
蜚 1113_6 39
費 5580_6 195
汾 3812_7 121
豐 2210_8 68
酆 2712_7 91
封 4410_0 139
馮 3112_7 109
逢 3730_5 120
鳳 7721_0 228
佛 2522_7 75
膚 2122_7 67
孚 2040_7 64
鳧 2721_7 91
涪 3016_1 99
福 3126_6 110
浮 3214_7 110
芙 4480_5 160
扶 5508_0 194
符 8824_3 249

輔	5302_7	193
傅	2324_2	71
阜	2740_7	93
負	2780_6	94
復	2824_7	95
富	3060_6	101
G		
改	1874_0	63
蓋	4410_2	139
甘	4477_0	159
幹	4844_1	181
剛	7220_0	217
戇	0733_8	15
高	0022_7	4
皋	2640_8	79
革	4450_6	156
葛	4472_7	157
格	4796_4	181
艮	7773_2	233
耕	5590_0	195
耿	1948_0	63
龔	0180_1	13
功	1412_7	54
攻	1814_0	63
宮	3060_6	101
恭	4433_8	146
公	8073_2	241
鞏	1750_6	59
拱	5408_1	194
貢	1080_6	38
共	4480_1	159
勾	2772_0	94
姑	4446_0	156
古	4060_0	134
穀	4794_7	181
谷	8060_8	241
顧	3128_6	110
固	6060_4	203
瓜	7223_0	217
冠	3721_4	120
觀	4621_2	171
關	7777_2	233
管	8877_7	250
灌	3411_5	114
貫	7780_6	236
光	9021_2	250
廣	0028_6	7
龜	2711_7	91
歸	2712_7	91
規	5681_2	196
桂	4491_4	169
貴	5080_6	191
袞	0073_2	12
郭	0742_7	15
國	6015_3	197
果	6090_4	203
過	3730_2	120
H		
海	3815_7	121
邗	1742_7	59
韓	4445_6	153
邯	4772_7	180
漢	3418_5	117
郝	4722_7	177
好	4744_7	177
浩	3416_1	115
何	2122_0	66
和	2690_0	84
閤	7760_1	233
合	8060_1	238
賀	4680_6	172
鶴	4722_7	177
亨	0020_7	2
衡	2122_1	67
橫	4498_6	169
弘	1223_0	50
宏	3073_2	101
洪	3418_1	115
鴻	3712_7	119
閎	7773_2	233
侯	2728_4	92
後	2224_7	70
厚	7124_7	207
呼	6204_9	205
湖	3712_0	119
壺	4010_2	122
胡	4762_0	177
虎	2121_7	66
護	0464_7	15
扈	3021_7	99
花	4421_4	144
華	4450_4	156
淮	3011_5	98
懷	9003_2	250
環	1613_2	55
還	3630_3	119
幻	2772_0	94
皇	2610_4	79
黃	4480_6	160
翬	1750_6	59
徽	2824_0	95
回	6060_0	199
惠	5033_3	190
慧	5533_7	194
晦	6805_7	206
會	8060_6	241
霍	1021_5	35
J		
嵇	2397_2	72

積	2598$_6$	78
緝	2694$_1$	88
激	3814$_0$	121
機	4295$_3$	138
及	1724$_7$	57
汲	3714$_7$	120
吉	4060$_1$	134
戢	4445$_6$	153
籍	8896$_1$	250
幾	2285$_3$	71
計	0460$_0$	13
霽	1022$_3$	35
冀	1280$_1$	54
季	2040$_7$	64
繼	2291$_3$	71
紀	2791$_7$	94
濟	3012$_3$	98
際	7729$_1$	232
家	3023$_2$	99
嘉	4046$_1$	134
賈	1080$_6$	38
稼	2393$_2$	72
肩	3022$_7$	99
堅	7710$_4$	228
兼	8023$_7$	237
蹇	3080$_1$	102
簡	8822$_7$	249
諫	0569$_6$	15
建	1540$_0$	54
澗	3712$_0$	119
薦	4422$_7$	144
鑒	7810$_9$	236
將	2724$_2$	92
江	3111$_2$	107
姜	8040$_4$	238
蔣	4424$_2$	145
焦	2033$_1$	64
結	2496$_1$	73
潔	3719$_3$	120
絜	5790$_3$	196
節	8872$_7$	249
解	2725$_2$	92
芥	4422$_8$	145
介	8022$_0$	237
金	8010$_9$	236
今	8020$_7$	237
謹	0461$_5$	15
晉	1060$_1$	36
縉	2196$_1$	68
進	3030$_1$	99
靳	4252$_1$	138
覲	4611$_2$	171
京	0090$_6$	12
經	2191$_2$	68
荊	4240$_0$	137
驚	4832$_7$	181
晶	6066$_0$	203
井	5500$_0$	194
景	6090$_6$	204
靖	0512$_7$	15
徑	2121$_2$	65
凈	3215$_7$	110
敬	4864$_0$	181
靜	5225$_7$	193
久	2780$_0$	94
九	4001$_7$	122
廄	0024$_7$	6
鞠	4752$_0$	177
居	7726$_4$	232
駒	7732$_0$	232
菊	4492$_7$	169
橘	4792$_7$	181
舉	7750$_8$	233
句	2762$_0$	94
巨	7171$_7$	208
具	7780$_1$	235
倦	2921$_2$	98
潏	3712$_7$	119
覺	7721$_2$	228
君	1760$_7$	60
均	4712$_0$	177
俊	2324$_7$	72
浚	3314$_7$	112

K

開	7744$_1$	233
康	0029$_9$	7
珂	1112$_0$	39
柯	4192$_0$	136
可	1062$_0$	37
克	4021$_2$	122
空	3010$_2$	98
孔	1241$_0$	51
寇	3021$_4$	99
跨	6412$_7$	205
蒯	4220$_0$	137
寬	3021$_3$	99
匡	7171$_1$	208
鄺	0722$_7$	15
況	3611$_2$	118
葵	4480$_4$	159
夔	8040$_7$	238
括	5206$_4$	193

L

來	4090$_8$	136
萊	4490$_8$	168
賴	5798$_6$	196
藍	4410$_2$	139
蘭	4422$_7$	145
懶	9708$_6$	252

郎	3772_7	120
老	4471_2	157
樂	2290_4	71
雷	1060_1	36
冷	3813_2	121
黎	2790_9	94
驪	7131_2	207
李	4040_7	123
立	0010_8	2
栗	1090_4	39
酈	1722_7	57
利	2290_0	71
力	4002_7	122
厲	7122_7	207
廉	0023_7	6
濂	3013_7	98
連	3530_0	118
蓮	4430_5	146
璉	1513_0	54
練	2599_6	78
良	3073_2	102
梁	3390_4	112
亮	0021_7	2
了	1720_7	56
廖	0022_2	3
林	4499_0	169
臨	7876_6	236
鄰	9722_7	252
嶺	2238_6	70
藺	4422_7	145
靈	1010_8	33
淩	3414_7	115
陵	7424_7	220
令	8030_2	237
劉	7210_0	208
留	7760_2	233
柳	4792_0	180
六	0080_0	12
龍	0121_1	12
隆	7721_5	228
樓	4594_4	171
婁	5040_4	191
廬	0021_2	2
盧	2121_2	65
蘆	4421_2	144
魯	2760_3	94
鹿	0021_2	2
潞	3716_4	120
祿	3729_9	120
路	6716_4	206
陸	7421_4	218
欒	2290_4	71
螺	5619_3	196
羅	6091_5	204
洛	3716_4	120
駱	7736_4	232
閭	7760_2	233
呂	6060_2	199
履	7724_7	232
率	0040_3	10
綠	2799_9	95

M

麻	0029_4	7
馬	7132_7	207
麥	4040_7	123
滿	3412_7	114
漫	3614_7	119
曼	6040_7	198
毛	2071_5	64
茅	4422_2	144
茂	4425_3	145
懋	4433_9	146
楙	4499_0	171
貿	7780_6	236
沒	3714_7	120
万	1022_7	35
梅	4895_7	181
眉	7726_7	232
美	8080_4	241
蒙	4423_2	145
孟	1710_2	55
夢	4420_7	144
彌	1122_7	39
米	9090_4	251
密	3077_2	102
勉	2441_2	73
冕	6041_2	198
苗	4460_0	157
妙	4942_0	182
岷	2774_7	94
民	7774_7	233
閔	7740_0	232
敏	8874_0	249
明	6702_0	206
繆	2792_2	95
莫	4480_4	159
默	6338_4	205
牟	2350_0	72
母	7775_0	233
穆	2692_2	87
牧	2854_0	98
木	4090_0	136
慕	4433_8	146

N

那	1752_7	60
南	4022_7	123
訥	0462_7	15
能	2221_2	69
倪	2721_2	91
尼	7721_2	228

念	8033_{2}	238
聶	1044_{1}	36
寧	3020_{1}	99
甯	3022_{7}	99
凝	3718_{1}	120
牛	2500_{0}	74
農	5523_{2}	194

O

歐	7778_{2}	234

P

潘	3216_{9}	110
盤	2710_{2}	91
盼	6802_{7}	206
龐	0021_{1}	2
裴	1173_{2}	50
彭	4212_{2}	136
鵬	7722_{7}	232
丕	1010_{9}	33
皮	4024_{7}	123
平	1040_{9}	36
蘋	4428_{6}	146
屏	7724_{1}	232
僕	2228_{5}	70
朴	4390_{1}	139
璞	1218_{5}	50
濮	3218_{5}	112
蒲	4412_{7}	143
浦	3312_{7}	112
溥	3314_{2}	112
樸	4298_{5}	138
普	8060_{1}	238

Q

七	4071_{0}	135
棲	4594_{4}	171
戚	5320_{0}	194
齊	0022_{3}	3
岐	2474_{7}	73
祁	3722_{7}	120
奇	4062_{1}	134
耆	4460_{1}	157
綦	4490_{3}	166
起	4780_{1}	180
器	6666_{8}	206
謙	0863_{7}	17
千	2040_{0}	64
灊	3112_{7}	110
潛	3116_{1}	110
前	8022_{1}	237
錢	8315_{3}	243
倩	2522_{7}	75
蒨	4422_{7}	144
彊	1121_{6}	39
強	1623_{6}	55
譙	0063_{1}	12
喬	2022_{7}	63
樵	4093_{1}	136
欽	8718_{2}	245
琴	1120_{7}	39
勤	4412_{7}	144
秦	5090_{4}	191
清	3512_{7}	118
青	5022_{7}	190
慶	0024_{7}	6
秋	2998_{0}	98
丘	7210_{2}	217
邱	7712_{7}	228
裘	4373_{2}	138
求	4390_{9}	139
麴	4742_{0}	177
曲	5560_{0}	194
區	7171_{6}	208
屈	7727_{2}	232
臞	7621_{5}	227
去	4073_{2}	135
趣	4780_{4}	180
泉	2690_{2}	84
佺	2821_{4}	95
荃	4410_{4}	139
權	4491_{5}	169
全	8010_{4}	236
群	1865_{1}	63

R

然	2333_{8}	72
冉	5044_{7}	191
髯	7244_{7}	217
饒	8471_{2}	245
仁	2121_{0}	65
任	2221_{4}	69
日	6010_{0}	196
融	1523_{6}	54
容	3060_{8}	101
榮	9990_{4}	252
孺	1142_{7}	50
茹	4446_{0}	156
如	4640_{0}	172
汝	3414_{0}	115
阮	7121_{2}	207
瑞	1212_{7}	50
芮	4422_{7}	144
潤	3712_{0}	119
若	4460_{4}	157

S

三	1010_{1}	18
散	4824_{0}	181
桑	1790_{4}	63
沙	3912_{0}	122
山	2277_{0}	70

杉	4292_2	138
善	8060_1	238
啇	0022_7	4
上	2110_0	65
尙	9022_7	250
韶	0766_2	16
少	9020_0	250
邵	1762_7	62
紹	2796_2	95
射	2420_0	73
伸	2520_6	75
身	2740_0	93
深	3719_4	120
申	5000_6	190
神	3520_6	118
審	3060_9	101
沈	3411_2	113
愼	9408_1	251
升	2440_0	73
聲	4740_1	177
眚	2560_1	75
省	9060_2	251
聖	1610_4	54
盛	5310_2	194
詩	0464_1	15
施	0821_2	17
師	2172_7	68
石	1060_2	36
實	3080_6	102
湜	3618_1	119
十	4000_0	122
時	6404_1	205
史	5000_6	189
侍	2424_1	73
釋	2694_1	88
適	3030_2	100
士	4010_0	122
式	4310_0	138
世	4471_7	157
是	6080_1	203
守	3034_2	100
受	2040_7	64
壽	4064_1	135
叔	2794_0	95
疎	1519_6	54
樞	4191_6	136
舒	8762_2	245
述	3330_9	112
恕	4633_0	172
杼	4792_2	181
束	5090_6	193
雙	2040_7	64
水	1290_0	54
稅	2891_2	98
舜	2025_2	63
順	2108_6	65
說	0861_2	17
朔	8742_0	245
司	1762_0	61
斯	4282_1	138
思	6033_0	197
死	1021_2	35
似	2820_0	95
四	6021_2	197
嗣	6722_0	206
嵩	2222_7	70
崧	2293_2	71
松	4893_2	181
宋	3090_4	102
蘇	4439_4	146
宿	3026_2	99
涑	3519_6	118
肅	5022_7	190
素	5090_3	191
隨	7423_2	220
邃	3330_3	112
遂	3830_3	121
孫	1249_3	51
蓀	4449_3	156
損	5608_6	196
梭	4394_7	139
索	4090_3	136

T

臺	4010_4	122
太	4003_0	122
泰	5090_9	193
譚	0164_6	12
覃	1040_6	35
檀	4091_6	136
坦	4611_0	171
湯	3612_7	118
唐	0026_5	6
桃	4291_3	138
陶	7722_0	228
滕	7929_9	236
體	7521_8	220
天	1080_4	37
添	3113_8	110
田	6040_0	197
苕	4460_2	157
鐵	8315_0	243
庭	0024_1	6
廷	1240_1	51
挺	5204_1	193
通	3730_2	120
童	0010_5	1
同	7722_0	228
涂	3819_4	121
圖	6060_4	203

屠 7726_{4} 232
退 3730_{3} 120
蜕 5811_{2} 196

W

媧 4742_{7} 177
瓦 1071_{7} 37
玩 1111_{2} 39
完 3021_{2} 99
宛 3021_{2} 99
萬 4422_{7} 144
汪 3111_{4} 108
王 1010_{4} 19
忘 0033_{1} 7
望 0710_{4} 15
旺 6101_{4} 205
危 2721_{2} 91
微 2824_{0} 95
威 5320_{0} 194
維 2091_{5} 65
韋 4050_{6} 134
唯 6001_{5} 196
惟 9001_{5} 250
委 2040_{4} 64
葦 4450_{6} 157
謂 0662_{7} 15
衛 2122_{1} 67
魏 2641_{3} 79
渭 3612_{7} 119
畏 6073_{2} 203
溫 3611_{2} 118
文 0040_{0} 8
聞 7740_{1} 232
翁 8012_{7} 237
巫 1010_{8} 33
鄔 2732_{7} 93
吳 2680_{4} 81
毋 7755_{0} 233
無 8033_{1} 237
五 1010_{2} 18
武 1314_{0} 54
伍 2121_{2} 65
務 1722_{7} 57

X

西 1060_{4} 37
奚 2080_{4} 65
溪 3218_{4} 111
希 4022_{7} 123
郗 4722_{7} 177
晞 6402_{7} 205
熙 7733_{1} 232
席 0022_{7} 4
習 1760_{2} 60
遐 3730_{4} 120
夏 1040_{7} 35
僊 2121_{7} 66
先 2421_{2} 73
鮮 2835_{1} 98
咸 5320_{0} 194
賢 7780_{6} 236
閑 7790_{4} 236
顯 6138_{6} 205
獻 2328_{4} 72
憲 3033_{6} 100
襄 0073_{2} 12
香 2060_{9} 64
薌 4422_{7} 144
相 4690_{0} 172
祥 3825_{1} 121
翔 8752_{0} 245
項 1118_{6} 39
向 2722_{0} 91
象 2723_{2} 92
霄 1022_{7} 35
逍 3930_{2} 122
蕭 4422_{7} 144
肖 9022_{7} 250
小 9000_{0} 250
孝 4440_{7} 153
嘯 6502_{7} 205
笑 8880_{4} 250
斜 8794_{0} 245
謝 0460_{0} 13
辛 0040_{1} 10
新 0292_{1} 13
心 3300_{0} 112
莘 4440_{1} 153
欣 7728_{2} 232
信 2026_{1} 64
星 6010_{5} 196
興 7780_{1} 236
邢 1742_{7} 59
行 2122_{1} 67
醒 1661_{5} 55
性 9501_{0} 252
熊 2233_{1} 70
修 2722_{2} 92
秀 2022_{7} 63
胥 1722_{7} 57
虛 2121_{2} 65
須 2128_{6} 68
盱 6104_{0} 205
徐 2829_{4} 95
許 0864_{0} 17
續 2498_{6} 73
宣 3010_{6} 98
軒 5104_{0} 193
薛 4474_{1} 158
學 7740_{7} 232
雪 1017_{7} 33
熏 2033_{1} 64

遜	3230_9	112
巽	7780_1	235

Y

亞	1010_2	18
鄢	1732_7	57
言	0060_1	12
顏	0128_6	12
延	1240_1	51
巖	2224_8	70
嚴	6624_8	205
閻	7777_7	233
兖	0021_2	2
演	3318_6	112
彦	0022_2	2
硯	1661_2	55
鬳	2122_7	67
燕	4433_1	146
晏	6040_4	198
雁	7121_5	207
楊	4692_7	172
陽	7622_7	227
養	8073_2	241
瑤	1717_2	56
堯	4021_2	122
姚	4241_3	137
藥	4490_4	168
耶	1742_7	59
野	6712_2	206
葉	4490_4	166
一	1000_0	18
伊	2720_7	91
彝	2744_9	94
儀	2825_3	95
宜	3010_2	98
沂	3212_1	110
圯	4711_7	177
夷	5080_2	191
頤	7178_6	208
怡	9306_0	251
倚	2422_1	73
以	2870_0	98
亦	0023_0	6
意	0033_6	7
翊	0712_0	15
毅	0724_7	15
翼	1780_1	63
逸	3730_1	120
藝	4473_2	158
懿	4713_8	177
易	6022_7	197
益	8010_2	236
義	8055_3	238
殷	2724_7	92
陰	7823_2	236
寅	3080_6	102
鄞	4712_7	177
尹	1750_7	59
隱	7223_7	217
印	7772_0	233
應	0023_1	6
英	4480_5	160
瑩	9910_3	252
滎	9990_2	252
潁	2198_6	68
穎	2198_6	68
雍	0021_5	2
庸	0022_7	6
顒	6128_6	205
詠	0369_2	13
永	3090_2	102
泳	3319_2	112
用	7722_0	228
幽	2277_0	71
游	3814_7	121
遊	3830_4	121
尤	4301_2	138
有	4022_7	123
友	4040_7	123
幼	2472_7	73
祐	3426_0	118
迂	3130_4	110
于	1040_0	35
虞	2128_4	68
魚	2733_6	93
漁	3713_6	119
愚	6033_2	197
俞	8022_1	237
余	8090_4	242
餘	8879_4	250
禹	2022_7	63
宇	3040_1	100
與	7780_1	235
玉	1010_3	19
豫	1723_2	57
裕	3826_8	121
郁	4722_7	177
喻	6802_1	206
愈	8033_2	238
欲	8768_2	246
淵	3210_0	110
元	1021_2	34
源	3119_6	110
袁	4073_2	135
員	6080_6	203
圓	6080_6	203
原	7129_6	207
遠	3430_3	118
願	7128_6	207
約	2792_0	94
岳	7277_2	217
閱	7721_2	228

月 7722_{0} 228
雲 1073_{2} 37
芸 4473_{2} 158
秐 5193_{2} 193
筠 8812_{7} 249
允 2321_{2} 71
蘊 4491_{2} 169

Z

在 4021_{4} 123
昝 2360_{4} 72
臧 2325_{0} 72
澤 3614_{1} 119
擇 5604_{1} 196
則 6280_{0} 205
曾 8060_{6} 238
翟 1721_{5} 57
宅 3071_{4} 101
鱣 2031_{6} 64
詹 2726_{1} 92
瞻 6706_{1} 206
展 7723_{2} 232
湛 3411_{8} 114
章 0040_{6} 10
張 1123_{2} 39
漳 3014_{6} 99
樟 4094_{6} 136
掌 9050_{2} 251
昭 6706_{2} 206
召 1760_{2} 60
肇 3850_{7} 122
趙 4980_{2} 182
照 6733_{6} 206
折 5202_{1} 193
蔗 4423_{7} 145
甄 1111_{7} 39
臻 1519_{4} 54
眞 4080_{1} 136
震 1023_{2} 35
振 5103_{2} 193
鎮 8418_{1} 245
拯 5701_{9} 196
正 1010_{1} 18
鄭 8782_{7} 246
之 3030_{2} 100
芝 4430_{2} 146
知 8680_{0} 245
直 4010_{2} 122
執 4541_{7} 171
止 2110_{0} 65
廌 0022_{7} 4
至 1010_{4} 32
致 1814_{0} 63
稚 2091_{5} 65
穉 2795_{9} 95
治 3316_{0} 112
志 4033_{1} 123
陟 7122_{1} 207
質 7280_{6} 218
智 8660_{0} 245
中 5000_{6} 189
忠 5033_{6} 191
鍾 8211_{5} 243
种 2590_{6} 78
重 2010_{5} 63
仲 2520_{6} 74
周 7722_{0} 228
諸 0466_{0} 15
朱 2590_{0} 75
邾 2792_{7} 95
竺 8810_{1} 249
竹 8822_{0} 249
燭 9682_{7} 252
祝 3621_{2} 119
著 4460_{4} 157
轉 5504_{3} 194
莊 4421_{4} 144
壯 2421_{0} 73
拙 5207_{2} 193
酌 1762_{0} 62
卓 2140_{6} 68
訾 2260_{1} 70
資 3780_{6} 121
子 1740_{7} 57
紫 2290_{3} 71
梓 4094_{6} 136
自 2600_{0} 78
字 3040_{7} 101
宗 3090_{1} 102
總 2693_{0} 87
揔 5703_{3} 196
鄒 2742_{7} 93
祖 3721_{2} 120
醉 1064_{8} 37
最 6044_{7} 198
遵 3830_{4} 121
左 4010_{2} 122

索引字頭筆畫檢字表

本表收入《宋人年譜叢刊人名索引》中所列字頭，按漢字筆畫順序排列。表分四欄，每欄包括字頭漢字及其四角號碼與所在頁碼三項內容。

1畫

一	1000_0	18

2畫

二	1010_0	18
十	4000_0	122
丁	1020_0	33
七	4071_0	135
八	8000_0	236
九	4001_7	122
刁	1712_0	56
力	4002_7	122
了	1720_7	56

3畫

三	1010_1	18
于	1040_0	35
士	4010_0	122
大	4080_0	135
万	1022_7	35
才	4020_0	122
上	2110_0	65
山	2277_0	70
千	2040_0	64
川	2200_0	68
久	2780_0	94
及	1724_7	57
之	3030_2	100
小	9000_0	250
子	1740_7	57

4畫

友	4040_7	123
巨	7171_7	208
王	1010_4	19
井	5500_0	194
天	1080_4	37
元	1021_2	34
木	4090_0	136
五	1010_2	18
不	1090_0	38
太	4003_0	122
尤	4301_2	138
瓦	1071_7	37
止	2110_0	65
少	9020_0	250
日	6010_0	196
中	5000_6	189
仁	2121_0	65
仇	2421_7	73
介	8022_0	237
今	8020_7	237
公	8073_2	241
勾	2772_0	94
牛	2500_0	74
毛	2071_5	64
升	2440_0	73
月	7722_0	228
丹	7744_0	233
卞	0023_0	6
六	0080_0	12
文	0040_0	8
方	0022_7	3
斗	3400_0	113
心	3300_0	112
以	2870_0	98
孔	1241_0	51
幻	2772_0	94
允	2321_2	71
尹	1750_7	59
毋	7755_0	233
水	1290_0	54

5畫

邗	1742_7	59
功	1412_7	54
艾	4440_0	152
古	4060_0	134
石	1060_2	36

左	4010_2	122
去	4073_2	135
玉	1010_3	19
正	1010_1	18
甘	4477_0	159
世	4471_7	157
本	5023_0	190
可	1062_0	37
丕	1010_9	33
平	1040_9	36
北	1211_0	50
四	6021_2	197
申	5000_6	190
田	6040_0	197
冉	5044_7	191
史	5000_6	189
印	7772_0	233
令	8030_2	237
冬	2730_3	93
瓜	7223_0	217
用	7722_0	228
句	2762_0	94
包	2771_2	94
丘	7210_2	217
白	2600_0	78
立	0010_8	2
半	9050_0	251
必	3300_4	112
永	3090_2	102
弘	1223_0	50
幼	2472_7	73
召	1760_2	60
弁	2344_0	72
司	1762_0	61
尼	7721_2	228
民	7774_7	233
皮	4024_7	123
母	7775_0	233

6 畫

邦	5702_7	196
邢	1742_7	59
式	4310_0	138
迂	3130_4	110
圯	4711_7	177
朴	4390_1	139
芝	4430_2	146
吉	4060_1	134
共	4480_1	159
老	4471_2	157
西	1060_4	37
有	4022_7	123
在	4021_4	123
存	4024_7	123
成	5320_0	194
百	1060_2	37
死	1021_2	35
匡	7171_1	208
至	1010_4	32
夷	5080_2	191
此	2211_0	69
光	9021_2	250
吕	6060_2	199
同	7722_0	228
回	6060_0	199
曲	5560_0	194
竹	8822_0	249
先	2421_2	73
廷	1240_1	51
朱	2590_0	75
伍	2121_2	65
仲	2520_6	74
任	2221_4	69
伊	2720_7	91
似	2820_0	95
延	1240_1	51
自	2600_0	78
向	2722_0	91
行	2122_1	67
邠	8722_7	245
全	8010_4	236
合	8060_1	238
危	2721_2	91
充	0021_2	2
亦	0023_0	6
冲	3510_6	118
次	3718_2	120
冰	3219_0	112
江	3111_2	107
汲	3714_7	120
汝	3414_0	115
幷	8044_1	238
宇	3040_1	100
守	3034_2	100
宅	3071_4	101
安	3040_4	100
字	3040_7	101
米	9090_4	251
祁	3722_7	120
那	1752_7	60
艮	7773_2	233
阮	7121_2	207
如	4640_0	172
好	4744_7	177
牟	2350_0	72

7 畫

攻	1814_0	63
均	4712_0	177
杜	4491_0	168
材	4490_0	164
杉	4292_2	138

邯	4772_7	180
克	4021_2	122
志	4033_1	123
芙	4480_5	160
芸	4473_2	158
芮	4422_7	144
花	4421_4	144
芥	4422_8	145
赤	4023_1	123
孝	4440_7	153
李	4040_7	123
巫	1010_8	33
車	5000_6	190
束	5090_6	193
來	4090_8	136
扶	5508_0	194
折	5202_1	193
求	4390_9	139
步	2120_1	65
肖	9022_7	250
岐	2474_7	73
別	6240_0	205
吳	2680_4	81
岑	2220_7	69
利	2290_0	71
秀	2022_7	63
何	2122_0	66
但	2621_0	79
佃	2620_0	79
伸	2520_6	75
伯	2620_2	79
佛	2522_7	75
邱	7712_7	228
身	2740_0	93
余	8090_4	242
谷	8060_8	241
希	4022_7	123
孚	2040_7	64
狄	4928_0	182
言	0060_1	12
亨	0020_7	2
辛	0040_1	10
忘	0033_1	7
况	3611_2	118
冷	3813_2	121
汪	3111_4	108
沙	3912_0	122
沂	3212_1	110
汾	3812_7	121
沒	3714_7	120
沈	3411_2	113
兌	8021_2	237
完	3021_2	99
宋	3090_4	102
宏	3073_2	101
初	3722_0	120
良	3073_2	102
改	1874_0	63
君	1760_7	60
阿	7122_0	207
壯	2421_0	73
妙	4942_0	182
邵	1762_7	62

8畫

玩	1111_2	39
青	5022_7	190
表	5073_2	191
武	1314_0	54
坦	4611_0	171
林	4499_0	169
松	4893_2	181
杼	4792_2	181
耶	1742_7	59
直	4010_2	122
若	4460_4	157
茂	4425_3	145
苗	4460_0	157
英	4480_5	160
范	4411_2	139
苕	4460_2	157
茅	4422_2	144
述	3330_9	112
亞	1010_2	18
東	5090_6	193
郁	4722_7	177
奇	4062_1	134
拙	5207_2	193
叔	2794_0	95
卓	2140_6	68
虎	2121_7	66
長	7173_2	208
尙	9022_7	250
呼	6204_9	205
岷	2774_7	94
旺	6101_4	205
明	6702_0	206
旴	6104_0	205
昌	6060_0	199
易	6022_7	197
忠	5033_6	191
具	7780_1	235
迪	3530_6	118
固	6060_4	203
果	6090_4	203
牧	2854_0	98
知	8680_0	245
和	2690_0	84
郳	2792_7	95
委	2040_4	64
季	2040_7	64
竺	8810_1	249

秉	2090_7	65
侍	2424_1	73
佺	2821_4	95
岳	7277_2	217
阜	2740_7	93
徂	2721_2	91
欣	7728_2	232
金	8010_9	236
念	8033_2	238
釆	2090_7	65
受	2040_7	64
周	7722_0	228
放	0824_0	17
京	0090_6	12
性	9501_0	252
怡	9306_0	251
凈	3215_7	110
法	3413_2	114
泊	3610_2	118
泳	3319_2	112
治	3316_0	112
宗	3090_1	102
定	3080_1	102
宜	3010_2	98
宛	3021_2	99
空	3010_2	98
郎	3772_7	120
肩	3022_7	99
房	3022_7	99
建	1540_0	54
居	7726_4	232
屈	7727_2	232
姑	4446_0	156
孟	1710_2	55
承	1723_2	57

9 畫

珂	1112_0	39
春	5060_8	191
項	1118_6	39
柯	4192_0	136
相	4690_0	172
柏	4690_2	172
柳	4792_0	180
胡	4762_0	177
封	4410_0	139
郝	4722_7	177
荆	4240_0	137
南	4022_7	123
草	4440_6	153
荃	4410_4	139
茶	4490_4	166
茹	4446_0	156
革	4450_6	156
查	4010_6	122
厚	7124_7	207
咸	5320_0	194
威	5320_0	194
持	5404_1	194
拱	5408_1	194
挺	5204_1	193
括	5206_4	193
拯	5701_9	196
省	9060_2	251
昭	6706_2	206
盼	6802_7	206
則	6280_0	205
是	6080_1	203
星	6010_5	196
畏	6073_2	203
思	6033_0	197
幽	2277_0	71
种	2590_6	78
秋	2998_0	98
香	2060_9	64
重	2010_5	63
保	2629_4	79
信	2026_1	64
侯	2728_4	92
俊	2324_7	72
修	2722_2	92
段	7744_7	233
皇	2610_4	79
泉	2690_2	84
禹	2022_7	63
後	2224_7	70
郗	4722_7	177
俞	8022_1	237
負	2780_6	94
昝	2360_4	72
勉	2441_2	73
施	0821_2	17
計	0460_0	13
亮	0021_7	2
兗	0021_2	2
彥	0022_2	2
帝	0022_7	4
度	0024_7	6
庭	0024_1	6
炳	9182_7	251
洪	3418_1	115
洞	3712_0	119
洛	3716_4	120
前	8022_1	237
宣	3010_6	98
宮	3060_6	101
美	8080_4	241
姜	8040_4	238
祐	3426_0	118
祖	3721_2	120
神	3520_6	118
祝	3621_2	119

冠 3721_4 120
屏 7724_1 232
退 3730_3 120
陟 7122_1 207
韋 4050_6 134
胥 1722_7 57
眉 7726_7 232
姚 4241_3 137
約 2792_0 94
紀 2791_7 94

10畫

耕 5590_0 195
耘 5193_2 193
敖 5824_0 196
素 5090_3 191
秦 5090_4 191
泰 5090_9 193
桂 4491_4 169
格 4796_4 181
桃 4291_3 138
栟 4894_1 181
耿 1948_0 63
軒 5104_0 193
酌 1762_0 62
眞 4080_1 136
貢 1080_6 38
袁 4073_2 135
華 4450_4 156
莫 4480_4 159
莘 4440_1 153
莊 4421_4 144
恭 4433_8 146
索 4090_3 136
耆 4460_1 157
栗 1090_4 39
連 3530_0 118
起 4780_1 180
夏 1040_7 35
原 7129_6 207
振 5103_2 193
致 1814_0 63
晉 1060_1 36
柴 2290_4 71
馬 7132_7 207
党 9021_2 250
逍 3930_2 122
時 6404_1 205
剛 7220_0 217
員 6080_6 203
晁 6011_3 196
晏 6040_4 198
圓 6080_6 203
畢 6050_4 198
眚 2560_1 75
笑 8880_4 250
乘 2090_1 65
倩 2522_7 75
倚 2422_1 73
倪 2721_2 91
倦 2921_2 98
師 2172_7 68
射 2420_0 73
皋 2640_8 79
徑 2121_2 65
徐 2829_4 95
殷 2724_7 92
奚 2080_4 65
翁 8012_7 237
留 7760_2 233
逢 3730_5 120
郭 0742_7 15
高 0022_7 4
衮 0073_2 12
席 0022_7 4
唐 0026_5 6
病 0012_7 2
凌 3414_7 115
浦 3312_7 112
涑 3519_6 118
浩 3416_1 115
海 3815_7 121
涂 3819_4 121
浮 3214_7 110
浚 3314_7 112
朔 8742_0 245
益 8010_2 236
兼 8023_7 237
家 3023_2 99
容 3060_8 101
祥 3825_1 121
展 7723_2 232
陸 7421_4 218
陵 7424_7 220
陳 7529_6 220
陰 7823_2 236
陶 7722_0 228
恕 4633_0 172
務 1722_7 57
能 2221_2 69
桑 1790_4 63
通 3730_2 120
孫 1249_3 51
純 2591_7 78

11畫

規 5681_2 196
彬 4292_2 138
梅 4895_7 181
梓 4094_6 136
梭 4394_7 139
執 4541_7 171

著	4460_{4}	157
萊	4490_{8}	168
菊	4492_{7}	169
黃	4480_{6}	160
曹	5560_{6}	194
麥	4040_{7}	123
盛	5310_{2}	194
戚	5320_{0}	194
雪	1017_{7}	33
堅	7710_{4}	228
區	7171_{6}	208
虛	2121_{2}	65
處	2124_{1}	68
彪	2221_{2}	69
常	9022_{7}	250
唯	6001_{5}	196
晦	6805_{7}	206
晞	6402_{7}	205
野	6712_{2}	206
鄂	6722_{7}	206
崧	2293_{2}	71
崔	2221_{5}	69
崇	2290_{1}	71
曼	6040_{7}	198
冕	6041_{2}	198
婁	5040_{4}	191
過	3730_{2}	120
國	6015_{3}	197
敏	8874_{0}	249
符	8824_{3}	249
進	3030_{1}	99
得	2624_{1}	79
從	2828_{1}	95
船	2746_{1}	94
斜	8794_{0}	245
欲	8768_{2}	246
釣	8712_{0}	245
魚	2733_{6}	93
象	2723_{2}	92
逸	3730_{1}	120
翊	0712_{0}	15
訥	0462_{7}	15
許	0864_{0}	17
商	0022_{7}	4
率	0040_{3}	10
章	0040_{6}	10
望	0710_{4}	15
麻	0029_{4}	7
庸	0022_{7}	6
康	0029_{9}	7
鹿	0021_{2}	2
惟	9001_{5}	250
惇	9004_{7}	250
清	3512_{7}	118
添	3113_{8}	110
淮	3011_{5}	98
淳	3014_{7}	99
涪	3016_{1}	99
淡	3918_{9}	122
深	3719_{4}	120
寇	3021_{4}	99
寅	3080_{6}	102
宿	3026_{2}	99
密	3077_{2}	102
梁	3390_{4}	112
扈	3021_{7}	99
張	1123_{2}	39
屠	7726_{4}	232
陽	7622_{7}	227
隆	7721_{5}	228
將	2724_{2}	92
媧	4742_{7}	177
習	1760_{2}	60
紹	2796_{2}	95
巢	2290_{4}	71
貫	7780_{6}	236

12畫

絜	5790_{3}	196
琴	1120_{7}	39
棲	4594_{4}	171
斯	4282_{1}	138
散	4824_{0}	181
敬	4864_{0}	181
朝	4742_{0}	177
彭	4212_{2}	136
堯	4021_{2}	122
壺	4010_{2}	122
葉	4490_{4}	166
萬	4422_{7}	144
葛	4472_{7}	157
董	4410_{5}	139
葆	4429_{4}	146
葦	4450_{6}	157
葵	4480_{4}	159
覃	1040_{6}	35
惠	5033_{3}	190
達	3430_{5}	118
超	4780_{6}	180
硯	1661_{2}	55
雁	7121_{5}	207
雲	1073_{2}	37
揔	5703_{3}	196
紫	2290_{3}	71
掌	9050_{2}	251
喻	6802_{1}	206
最	6044_{7}	198
晶	6066_{0}	203
景	6090_{6}	204
鼎	2222_{7}	70
貴	5080_{6}	191
單	6650_{6}	205

嵇	2397$_2$	72
程	2691$_4$	84
稅	2891$_2$	98
喬	2022$_7$	63
等	8834$_1$	249
無	8033$_1$	237
智	8660$_0$	245
傅	2324$_2$	71
順	2108$_6$	65
鄔	2732$_7$	93
焦	2033$_1$	64
復	2824$_7$	95
須	2128$_6$	68
遁	3230$_6$	112
舒	8762$_2$	245
欽	8718$_2$	245
舜	2025$_2$	63
鄒	2742$_7$	93
貿	7780$_6$	236
然	2333$_8$	72
詠	0369$_2$	13
敦	0844$_0$	17
童	0010$_5$	1
遊	3830$_4$	121
馮	3112$_7$	109
湛	3411$_8$	114
湖	3712$_0$	119
湜	3618$_1$	119
湯	3612$_7$	118
溫	3611$_2$	118
渭	3612$_7$	119
淵	3210$_0$	110
游	3814$_7$	121
翔	8752$_0$	245
曾	8060$_6$	238
善	8060$_1$	238
普	8060$_1$	238
富	3060$_6$	101
甯	3022$_7$	99
道	3830$_6$	121
遂	3830$_3$	121
祿	3729$_9$	120
補	3322$_7$	112
裕	3826$_8$	121
強	1623$_6$	55
費	5580$_6$	195
巽	7780$_1$	235
遐	3730$_4$	120
開	7744$_1$	233
閑	7790$_4$	236
閎	7773$_2$	233
閔	7740$_0$	232
疎	1519$_6$	54
賀	4680$_6$	172
結	2496$_1$	73
幾	2285$_3$	71
13畫		
瑞	1212$_7$	50
楊	4692$_7$	172
楙	4499$_0$	171
幹	4844$_1$	181
靳	4252$_1$	138
甄	1111$_7$	39
鄢	1732$_7$	57
鄞	4712$_7$	177
勤	4412$_7$	144
蒯	4220$_0$	137
蓋	4410$_2$	139
蓮	4430$_5$	146
夢	4420$_7$	144
蒨	4422$_7$	144
蒲	4412$_7$	143
蓀	4449$_3$	156
蒙	4423$_2$	145
賈	1080$_6$	38
楚	4480$_1$	159
聖	1610$_4$	54
遠	3430$_3$	118
雷	1060$_1$	36
損	5608$_6$	196
頓	5178$_6$	193
裘	4373$_2$	138
與	7780$_1$	235
訾	2260$_1$	70
粲	2790$_4$	94
虞	2128$_4$	68
當	9060$_6$	251
蛻	5811$_2$	196
跨	6412$_7$	205
路	6716$_4$	206
嗣	6722$_0$	206
嵩	2222$_7$	70
農	5523$_2$	194
愚	6033$_2$	197
照	6733$_6$	206
稚	2091$_5$	65
筠	8812$_7$	249
節	8872$_7$	249
傳	2524$_3$	75
鳧	2721$_7$	91
僊	2121$_7$	66
微	2824$_0$	95
愈	8033$_2$	238
會	8060$_6$	241
愛	2040$_7$	64
解	2725$_2$	92
詹	2726$_1$	92
靖	0512$_7$	15
詩	0464$_1$	15
誠	0365$_0$	13
新	0292$_1$	13

雍	0021_{5}	2
意	0033_{6}	7
廉	0023_{7}	6
廌	0022_{7}	4
慎	9408_{1}	251
溥	3314_{2}	112
源	3119_{6}	110
溪	3218_{4}	111
滄	3816_{7}	121
慈	8033_{3}	238
義	8055_{3}	238
資	3780_{6}	121
福	3126_{6}	110
褚	3426_{0}	118
群	1865_{1}	63
肅	5022_{7}	190
際	7729_{1}	232
疊	1710_{2}	56
經	2191_{2}	68
遜	3230_{9}	112
14 畫		
璉	1513_{0}	54
瑤	1717_{2}	56
靜	5225_{7}	193
碧	1660_{2}	55
輔	5302_{7}	193
嘉	4046_{1}	134
臺	4010_{4}	122
壽	4064_{1}	135
慕	4433_{8}	146
蔡	4490_{1}	164
蔗	4423_{7}	145
蔣	4424_{2}	145
薌	4422_{7}	144
趙	4980_{2}	182
綦	4490_{3}	166
厲	7122_{7}	207
臧	2325_{0}	72
熙	7733_{1}	232
蜚	1113_{6}	39
裴	1173_{2}	50
暢	5602_{7}	196
圖	6060_{4}	203
管	8877_{7}	250
熏	2033_{1}	64
僕	2228_{5}	70
遯	3130_{3}	110
鳳	7721_{0}	228
端	0212_{7}	13
說	0861_{2}	17
韶	0766_{2}	16
齊	0022_{3}	3
廣	0028_{6}	7
廄	0024_{7}	6
廖	0022_{2}	3
適	3030_{2}	100
榮	9990_{4}	252
滎	9990_{2}	252
漢	3418_{5}	117
滿	3412_{7}	114
漫	3614_{7}	119
漁	3713_{6}	119
漳	3014_{6}	99
演	3318_{6}	112
粹	9094_{8}	251
鄭	8782_{7}	246
鄰	9722_{7}	252
寬	3021_{3}	99
賓	3080_{6}	102
寧	3020_{1}	99
實	3080_{6}	102
養	8073_{2}	241
肇	3850_{7}	122
聞	7740_{1}	232
閭	7760_{2}	233
閣	7760_{1}	233
隨	7423_{2}	220
鄧	1712_{7}	56
翟	1721_{5}	57
翠	1740_{8}	59
熊	2233_{1}	70
維	2091_{5}	65
綠	2799_{9}	95
15 畫		
慧	5533_{7}	194
橫	4498_{6}	169
樞	4191_{6}	136
樓	4594_{4}	171
樟	4094_{6}	136
醇	1064_{7}	37
醉	1064_{8}	37
穀	4794_{7}	181
蕺	4445_{6}	153
蕃	4460_{9}	157
蘊	4491_{2}	169
鞏	1750_{6}	59
趣	4780_{4}	180
震	1023_{2}	35
霄	1022_{7}	35
歐	7778_{2}	234
賢	7780_{6}	236
駒	7732_{0}	232
髯	7244_{7}	217
膚	2122_{7}	67
稼	2393_{2}	72
黎	2790_{9}	94
儀	2825_{3}	95
樂	2290_{4}	71
德	2423_{1}	73
衛	2122_{1}	67

質 7280_{6} 218
盤 2710_{2} 91
餘 8879_{4} 250
樊 4480_{4} 159
滕 7929_{9} 236
穎 2198_{6} 68
劉 7210_{0} 208
魯 2760_{3} 94
諸 0466_{0} 15
毅 0724_{7} 15
慶 0024_{7} 6
瑩 9910_{3} 252
潔 3719_{3} 120
潮 3712_{0} 119
潛 3116_{1} 110
潘 3216_{9} 110
潤 3712_{0} 119
澗 3712_{0} 119
潏 3712_{7} 119
審 3060_{9} 101
遵 3830_{4} 121
履 7724_{7} 232
閱 7721_{2} 228
豫 1723_{2} 57
翬 1750_{6} 59
練 2599_{6} 78
緝 2694_{1} 88

16 畫

璞 1218_{5} 50
鼇 5840_{1} 196
樸 4298_{5} 138
樵 4093_{1} 136
橘 4792_{7} 181
機 4295_{3} 138
賴 5798_{6} 196
醒 1661_{5} 55
融 1523_{6} 54
薛 4474_{1} 158
薦 4422_{7} 144
蕭 4422_{7} 144
燕 4433_{1} 146
霍 1021_{5} 35
操 5609_{4} 196
擇 5604_{1} 196
臻 1519_{4} 54
頤 7178_{6} 208
舉 7750_{8} 233
駱 7736_{4} 232
冀 1280_{1} 54
鬳 2122_{7} 67
盧 2121_{2} 65
嘯 6502_{7} 205
默 6338_{4} 205
器 6666_{8} 206
興 7780_{1} 236
還 3630_{3} 119
積 2598_{6} 78
穆 2692_{2} 87
篤 8832_{7} 249
衡 2122_{1} 67
錢 8315_{3} 243
學 7740_{7} 232
獨 4622_{7} 172
穎 2198_{6} 68
鮑 2731_{2} 93
諫 0569_{6} 15
謂 0662_{7} 15
龍 0121_{1} 12
鄺 0722_{7} 15
凝 3718_{1} 120
潞 3716_{4} 120
澤 3614_{1} 119
激 3814_{0} 121
澹 3716_{1} 120
濂 3013_{7} 98
憲 3033_{6} 100
彊 1121_{6} 39
壁 7010_{4} 207
閻 7777_{7} 233
隱 7223_{7} 217
縉 2196_{1} 68

17 畫

環 1613_{2} 55
檀 4091_{6} 136
聰 1643_{0} 55
韓 4445_{6} 153
鞠 4752_{0} 177
藏 4425_{3} 146
藍 4410_{2} 139
聲 4740_{1} 177
戴 4385_{0} 138
臨 7876_{6} 236
螺 5619_{3} 196
蹈 6217_{7} 205
嶺 2238_{6} 70
穉 2795_{9} 95
魏 2641_{3} 79
儲 2426_{0} 73
徽 2824_{0} 95
鍾 8211_{5} 243
鮮 2835_{1} 98
謝 0460_{0} 13
謙 0863_{7} 17
襄 0073_{2} 12
應 0023_{1} 6
燭 9682_{7} 252
鴻 3712_{7} 119
濮 3218_{5} 112

濟 3012_3 98
蹇 3080_1 102
邃 3330_3 112
彌 1122_7 39
翼 1780_1 63
懋 4433_9 146
孺 1142_7 50
總 2693_0 87
繆 2792_2 95

18 畫

轉 5504_3 194
覲 4611_2 171
藝 4473_2 158
藥 4490_4 168
聶 1044_1 36
豐 2210_8 68
瞻 6706_1 206
顒 6128_6 205
蟲 5013_6 190
簡 8822_7 249
歸 2712_7 91
雙 2040_7 64
邊 3630_2 119
鎮 8418_1 245
龜 2711_7 91
謹 0461_5 15
顏 0128_6 12
瀆 3418_6 118
彝 2744_9 94

19 畫

麴 4742_0 177
蘋 4428_6 146
蘆 4421_2 144
蘇 4439_4 146
藺 4422_7 145
願 7128_6 207
疇 6404_1 205
羅 6091_5 204
嚴 6624_8 205
鵬 7722_7 232
譚 0164_6 12
譙 0063_1 12
廬 0021_2 2
龐 0021_1 2
癡 0018_1 2
懶 9708_6 252
懷 9003_2 250
寶 3080_6 102
關 7777_2 233

20 畫

蘭 4422_7 145
獻 2328_4 72
酆 2712_7 91
釋 2694_1 88
饒 8471_2 245
籍 8896_1 250
覺 7721_2 228
灌 3411_5 114
護 0464_7 15
竇 3080_6 102
繼 2291_3 71

21 畫

權 4491_5 169
酈 1722_7 57
鐵 8315_0 243
灊 3112_7 110
辯 0044_1 12
鶴 4722_7 177
顧 3128_6 110
夔 8040_7 238
續 2498_6 73

22 畫

懿 4713_8 177
霽 1022_3 35
驚 4832_7 181
鑒 7810_9 236
體 7521_8 220
巖 2224_8 70
臞 7621_5 227
讀 0468_6 15
龔 0180_1 13

23 畫

顯 6138_6 205
欒 2290_4 71

24 畫

觀 4621_2 171
靈 1010_8 33
鱣 2031_6 64

26 畫

驪 7131_2 207
戇 0733_8 15

宋紀年簡表

公元	干支	宋紀年
960	庚申	宋太祖趙匡胤 **建隆**元年
961	辛酉	二年
962	壬戌	三年
963	癸亥	四年十一月改元。**乾德**元年
964	甲子	二年
965	乙丑	三年
966	丙寅	四年
967	丁卯	五年
968	戊辰	六年十一月改元。**開寶**元年
969	己巳	二年
970	庚午	三年
971	辛未	四年
972	壬申	五年
973	癸酉	六年
974	甲戌	七年
975	乙亥	八年
976	丙子	九年十二月改元。 宋太宗趙光義 **太平興國**元年
977	丁丑	二年
978	戊寅	三年
979	己卯	四年
980	庚辰	五年

981	辛巳	六年
982	壬午	七年
983	癸未	八年
984	甲申	九年十一月改元。**雍熙**元年
985	乙酉	二年
986	丙戌	三年
987	丁亥	四年
988	戊子	**端拱**元年
989	己丑	二年
990	庚寅	**淳化**元年
991	辛卯	二年
992	壬辰	三年
993	癸巳	四年
994	甲午	五年
995	乙未	**至道**元年
996	丙申	二年
997	丁酉	三年
998	戊戌	宋真宗趙恒　**咸平**元年
999	己亥	二年
1000	庚子	三年
1001	辛丑	四年
1002	壬寅	五年
1003	癸卯	六年
1004	甲辰	**景德**元年
1005	乙巳	二年
1006	丙午	三年
1007	丁未	四年
1008	戊申	**大中祥符**元年

1009	己酉	二年
1010	庚戌	三年
1011	辛亥	四年
1012	壬子	五年
1013	癸丑	六年
1014	甲寅	七年
1015	乙卯	八年
1016	丙辰	九年
1017	丁巳	**天禧**元年
1018	戊午	二年
1019	己未	三年
1020	庚申	四年
1021	辛酉	五年
1022	壬戌	**乾興**元年
1023	癸亥	宋仁宗趙禎 **天聖**元年
1024	甲子	二年
1025	乙丑	三年
1026	丙寅	四年
1027	丁卯	五年
1028	戊辰	六年
1029	己巳	七年
1030	庚午	八年
1031	辛未	九年
1032	壬申	十年十一月改元。**明道**元年
1033	癸酉	二年
1034	甲戌	**景祐**元年
1035	乙亥	二年
1036	丙子	三年

1037	丁丑	四年
1038	戊寅	五年十一月改元。**寶元**元年
1039	己卯	二年
1040	庚辰	三年二月改元。**康定**元年
1041	辛巳	二年十一月改元。**慶曆**元年
1042	壬午	二年
1043	癸未	三年
1044	甲申	四年
1045	乙酉	五年
1046	丙戌	六年
1047	丁亥	七年
1048	戊子	八年
1049	己丑	**皇祐**元年
1050	庚寅	二年
1051	辛卯	三年
1052	壬辰	四年
1053	癸巳	五年
1054	甲午	六年三月改元。**至和**元年
1055	乙未	二年
1056	丙申	三年九月改元。**嘉祐**元年
1057	丁酉	二年
1058	戊戌	三年
1059	己亥	四年
1060	庚子	五年
1061	辛丑	六年
1062	壬寅	七年
1063	癸卯	八年
1064	甲辰	宋英宗趙曙　**治平**元年

1065	乙巳			二年
1066	丙午			三年
1067	丁未			四年
1068	戊申		宋神宗趙頊	**熙寧**元年
1069	己酉			二年
1070	庚戌			三年
1071	辛亥			四年
1072	壬子			五年
1073	癸丑			六年
1074	甲寅			七年
1075	乙卯			八年
1076	丙辰			九年
1077	丁巳			十年
1078	戊午			**元豐**元年
1079	己未			二年
1080	庚申			三年
1081	辛酉			四年
1082	壬戌			五年
1083	癸亥			六年
1084	甲子			七年
1085	乙丑			八年
1086	丙寅		宋哲宗趙煦	**元祐**元年
1087	丁卯			二年
1088	戊辰			三年
1089	己巳			四年
1090	庚午			五年
1091	辛未			六年
1092	壬申			七年

1093	癸酉	八年
1094	甲戌	九年四月改元。**紹聖**元年
1095	乙亥	二年
1096	丙子	三年
1097	丁丑	四年
1098	戊寅	五年六月改元。**元符**元年
1099	己卯	二年
1100	庚辰	三年
1101	辛巳	宋徽宗趙佶 **建中靖國**元年
1102	壬午	**崇寧**元年
1103	癸未	二年
1104	甲申	三年
1105	乙酉	四年
1106	丙戌	五年
1107	丁亥	**大觀**元年
1108	戊子	二年
1109	己丑	三年
1110	庚寅	四年
1111	辛卯	**政和**元年
1112	壬辰	二年
1113	癸巳	三年
1114	甲午	四年
1115	乙未	五年
1116	丙申	六年
1117	丁酉	七年
1118	戊戌	八年十一月改元。**重和**元年
1119	己亥	二年二月改元。**宣和**元年
1120	庚子	二年

1121	辛丑	三年
1122	壬寅	四年
1123	癸卯	五年
1124	甲辰	六年
1125	乙巳	七年
1126	丙午	宋欽宗趙桓 **靖康**元年
1127	丁未	二年五月改元。 宋高宗趙構 **建炎**元年
1128	戊申	二年
1129	己酉	三年
1130	庚戌	四年
1131	辛亥	**紹興**元年
1132	壬子	二年
1133	癸丑	三年
1134	甲寅	四年
1135	乙卯	五年
1136	丙辰	六年
1137	丁巳	七年
1138	戊午	八年
1139	己未	九年
1140	庚申	十年
1141	辛酉	十一年
1142	壬戌	十二年
1143	癸亥	十三年
1144	甲子	十四年
1145	乙丑	十五年
1146	丙寅	十六年

1147	丁卯	十七年
1148	戊辰	十八年
1149	己巳	十九年
1150	庚午	二十年
1151	辛未	二十一年
1152	壬申	二十二年
1153	癸酉	二十三年
1154	甲戌	二十四年
1155	乙亥	二十五年
1156	丙子	二十六年
1157	丁丑	二十七年
1158	戊寅	二十八年
1159	己卯	二十九年
1160	庚辰	三十年
1161	辛巳	三十一年
1162	壬午	三十二年
1163	癸未	宋孝宗趙昚 **隆興**元年
1164	甲申	二年
1165	乙酉	**乾道**元年
1166	丙戌	二年
1167	丁亥	三年
1168	戊子	四年
1169	己丑	五年
1170	庚寅	六年
1171	辛卯	七年
1172	壬辰	八年
1173	癸巳	九年

1174	甲午	**淳熙**元年
1175	乙未	二年
1176	丙申	三年
1177	丁酉	四年
1178	戊戌	五年
1179	己亥	六年
1180	庚子	七年
1181	辛丑	八年
1182	壬寅	九年
1183	癸卯	十年
1184	甲辰	十一年
1185	乙巳	十二年
1186	丙午	十三年
1187	丁未	十四年
1188	戊申	十五年
1189	己酉	十六年
1190	庚戌	宋光宗趙惇 **紹熙**元年
1191	辛亥	二年
1192	壬子	三年
1193	癸丑	四年
1194	甲寅	五年
1195	乙卯	宋寧宗趙擴 **慶元**元年
1196	丙辰	二年
1197	丁巳	三年
1198	戊午	四年
1199	己未	五年
1200	庚申	六年

1201	辛酉	嘉泰元年
1202	壬戌	二年
1203	癸亥	三年
1204	甲子	四年
1205	乙丑	開禧元年
1206	丙寅	二年
1207	丁卯	三年
1208	戊辰	嘉定元年
1209	己巳	二年
1210	庚午	三年
1211	辛未	四年
1212	壬申	五年
1213	癸酉	六年
1214	甲戌	七年
1215	乙亥	八年
1216	丙子	九年
1217	丁丑	十年
1218	戊寅	十一年
1219	己卯	十二年
1220	庚辰	十三年
1221	辛巳	十四年
1222	壬午	十五年
1223	癸未	十六年
1224	甲申	十七年
1225	乙酉	宋理宗趙昀　寶慶元年
1226	丙戌	二年
1227	丁亥	三年

1228	戊子		紹定元年
1229	己丑		二年
1230	庚寅		三年
1231	辛卯		四年
1232	壬辰		五年
1233	癸巳		六年
1234	甲午		端平元年
1235	乙未		二年
1236	丙申		三年
1237	丁酉		嘉熙元年
1238	戊戌		二年
1239	己亥		三年
1240	庚子		四年
1241	辛丑		淳祐元年
1242	壬寅		二年
1243	癸卯		三年
1244	甲辰		四年
1245	乙巳		五年
1246	丙午		六年
1247	丁未		七年
1248	戊申		八年
1249	己酉		九年
1250	庚戌		十年
1251	辛亥		十一年
1252	壬子		十二年
1253	癸丑		寶祐元年
1254	甲寅		二年

1255	乙卯	三年
1256	丙辰	四年
1257	丁巳	五年
1258	戊午	六年
1259	己未	**開慶**元年
1260	庚申	**景定**元年
1261	辛酉	二年
1262	壬戌	三年
1263	癸亥	四年
1264	甲子	五年
1265	乙丑	宋度宗趙禥 **咸淳**元年
1266	丙寅	二年
1267	丁卯	三年
1268	戊辰	四年
1269	己巳	五年
1270	庚午	六年
1271	辛未	七年
1272	壬申	八年
1273	癸酉	九年
1274	甲戌	十年
1275	乙亥	宋恭帝趙㬎 **德祐**元年
1276	丙子	二年五月改元。 宋端宗趙昰 **景炎**元年
1277	丁丑	二年
1278	戊寅	三年五月改元。 衛王趙昺 **祥興**元年
1279	己卯	二年